*Karl May auf dem Balkon des Clifton Hotels
an den Niagarafällen (1908)*

KARL MAYS FRIEDENSWEGE

SEIN WERK ZWISCHEN VÖLKERSTEREOTYP UND PAZIFISMUS

HERAUSGEGEBEN
VON
HOLGER KUßE

KARL-MAY-VERLAG
BAMBERG·RADEBEUL

© 2013 Karl-May-Verlag, Bamberg
Herausgegeben von Holger Kuße
Herausgeber der grünen Bände: Bernhard Schmid
Alle Urheber- und Verlagsrechte vorbehalten
Deckelbild: Sascha Schneider
Kolorierung und Bearbeitung: Torsten Greis / pinta
Frontispiz: Fotografie von 1908

Druck: Beltz Bad Langensalza GmbH, Bad Langensalza
ISBN 978-3-7802-0198-0

www.karl-may.de

INHALT

Vorwort

Die Bedeutung Karl Mays als pazifistischer Autor und als Schriftsteller, der die Begegnung von Kulturen in allen ihren Konflikten und Chancen in abenteuerlichen bis märchenhaften Geschichten durchspielt, wird in der Gegenwart immer stärker wahrgenommen. Der Austausch mit Bertha von Suttner, der Friedensnobelpreisträgerin von 1905, sein Roman *Und Friede auf Erden!* als ein Art pazifistisches Manifest, seine Forderung der Versöhnung von Orient und Okzident, seine Aufwertung der indianischen Kulturen Nordamerikas, die Utopie einer Menschheitskultur ohne Kriege und ohne Grenzen, in die alle Kulturen und Nationen eingehen, soziale Ungerechtigkeit sich gleichsam auflöst und die Geschlechter selbstverständlich gleichberechtigt sind, all' diese Aspekte seines Friedensdenkens sorgen für die Aktualität Karl Mays.

Mit der besonderen Wertschätzung des Pazifisten und Utopisten May ist eine steigende Aufmerksamkeit auf das Spätwerk verbunden, denn klare Positionen in diese Richtung vertritt er vor allem in Werken, Vorträgen und Briefen seit 1900. Karl Mays Spätwerk nicht nur in seiner historischen, sondern auch in seiner aktuellen Bedeutung zu würdigen, ist deshalb sinnvoll und notwendig, sich jedoch auf unmittelbar und eindeutig pazifistisch ausgerichtete Texte zu beschränken, wird der Spannung im Gesamtwerk Karl Mays und der Aktualität seines Friedensdenkens nicht ganz gerecht. Karl May hat auch eine dunkle Seite, geprägt von Feindbildern und negativen Völkerstereotypen. In manchen Erzählungen werden sie leitmotivisch ausgebaut, in anderen relativiert, zurückgenommen oder auch unterlaufen, um sie schließlich zu überwinden. In dieser Dynamik ist Karl Mays Friedensdenken vor allem als Prozess der Überwindung und Selbstüberwindung stereotyper und ausgrenzender Vorstellungen vom Anderen und als Weg der Überwindung von Angst und Aggression gegenüber dem Fremden vorbildhaft. Dieser Weg bietet – in fiktionaler Form – auch Vorbilder in aktuellen Fragen globaler Krisen- und Konfliktbewältigung, denn die Überwindung – in der Sprache Karl Mays: der Weg von Ardistan nach Dschinnistan – ist auch ein Prozess des Lernens am und vom Anderen. Positive Fremdwahrnehmung und die kritische Wertschätzung des Andersseins des Anderen, ohne die Werthaltungen und Verhaltensformen des Anderen blindlings in allem zu bejahen, ist der Hauptweg, der in Mays Welten zum Frieden führt. Dieser globale, universale Weg zum zwischenmenschlichen Frieden ist unmittelbar verbunden mit Wegen des Einzelnen zu seinem inneren Frieden. Im Verlauf der Werkgeschichte entwickelt sich Mays Friedensdenken zu einem umfassenden ganzheitlichen Lebenskonzept, das nicht nur als pazifistisch, sondern als irenisch im Sinne eines ganzheitlichen Heilungsprozesses zu verstehen ist, der den äußeren Frieden zwischen Menschen einschließt. Karl May erzählt die Überwindung des Bösen als Heilungsprozess und Weg zum physisch und psychisch gesunden Leben.

Vom Friedensdenken bei Karl May zu sprechen, heißt also, von verschiedenen – miteinander verbundenen – Wegen zum Frieden, von Friedenswegen zu reden, die im Werk in immer neuen Geschichten vor Augen geführt werden und die sich auch hundert Jahre nach Karl Mays Tod fortsetzen: in der Arbeit von Museen, in der wissenschaftlichen Aufmerksamkeit auf diesen Aspekt seines Werkes, in Teilen der gegenwärtigen Eventkultur (in Freilichtspielen, in jährlichen Karl May-Festen usw.) und in seiner Präsenz im öffentlichen Bewusstsein. Der Band „Karl Mays Friedenswege" trägt diesem Bogen, auf dem sich Karl Mays Friedenswege entwickeln, Rechnung. Vom Werk bis in die Gegenwart und innerhalb des Werkes von den Fortsetzungsromanen und Erzählungen aus Karl Mays literarischer Frühzeit bis zum utopischen Symbolismus nach 1900 werden in vier Teilen Mays pazifistisch-utopisches und irenisches Denken (I), die Vielfalt der Begegnungen von Kulturen (II), das „Edelmenschentum", das sich Karl May als vollendete und verwirklichte Utopie dachte (III), und die Wirkungen seines Werks und seines Denkens in der Gegenwart (IV) vorgestellt.

Karl Mays Friedenswege sind nicht singulär. Sie haben ihre Kontexte, Vorbilder und Parallelen. Eine wichtige Rolle spielen in den Beiträgen des Bandes deshalb auch der Vergleich und die Kontrastierung von Karl Mays Friedensdenken und seiner Erzählungen über Wege zum Frieden mit der Literatur sowie den pazifistischen und lebensreformerischen Strömungen seiner Zeit.

Zum hundertsten Todestag von Karl May fand am 30. und 31. März 2012 in Dresden das Symposium „Vom Völkerstereotyp zum Pazifismus – Karl May interkulturell gelesen" statt, auf dem bereits die Leitgedanken zum Band „Karl Mays Friedenswege" diskutiert wurden und aus dem einige der hier veröffentlichten Beiträge hervorgegangen sind. „Karl Mays Friedenswege" ist jedoch kein Tagungsband. Ein Teil der Beiträge wurde für die Publikation stark überarbeitet und teilweise erweitert. Eine Reihe von Beiträgen wurde eigens für den Band verfasst: der Aufsatz von Holger Kuße zum ersten Teil, die Artikel von Ekkehard Koch und Christoph F. Lorenz zum dritten und die von Holger Kuße und Ekkehard Bartsch, von André Köhler sowie von Peter Wayand zum vierten Teil. Speziell für die Publikation im vorliegenden Band wurde das Interview mit René Wagner vom Karl-May-Museum Radebeul geführt.

Als Herausgeber danke ich dem Karl-May-Verlag und seinem Lektor Roderich Haug für die Betreuung der Publikation. Zu danken ist ferner Elena Schabanov und Saskia Metan aus Dresden für ihre Unterstützung bei der Erstellung der Manuskriptvorlagen.

Dresden, September 2013   *Holger Kuße*

In den Beiträgen dieses Bandes wird zumeist auf die Erstveröffentlichungen May'scher Texte Bezug genommen. Da es viele Titelvarianten gibt, manche Werke bei der Aufnahme in die *Gesammelten Werke* bzw. *Gesammelten Reiseerzählungen* andere Titel erhielten und einige im Verlauf der über 120-jährigen Geschichte der GW umbenannt wurden, soll die nachstehende Übersicht das Auffinden etwas erleichtern. Hier ist in Klammer jeweils die Bandnummer und gegebenenfalls auch der abweichende Titel angegeben.

Aqua benedetta = *Das Zauberwasser* (48), *Ardistan und Dschinnistan I-II* = *Ardistan* und *Der Mir von Dschinnistan* (31-32), *Babel und Bibel* (49), *Briefe über Kunst* (81), *Das Straußenreiten der Somal* (79), *Der Boer van her Roer* = *Das Kaferngrab* (23), *Das Märchen von Sitara* (34), *Der Geist des Llano estakado* (35), *Der Girl-Robber* = *Ein Abenteuer auf Ceylon* (84), *Der Kys-Kaptschiji* = *Der Händler von Serdescht* (23), *Der schwarze Mustang* = *Halbblut* (38), *Der Scout* (eingearbeitet in 8), *Der Sohn des Bärenjägers* (35), *Die Rose von Sokna* = *Eine Befreiung* = *Von Mursuk bis Kairwan* (38), *Durch Wüste und Harem* = *Durch die Wüste* (1), *Ein Blizzard* (23), *Ein jetzt Vielgenannter* (72), *El Sendador* = *Am Rio de la Plata u. In den Kordilleren* (12-13), *Et in terra pax* = Teile I und II von *Und Friede auf Erden!* (30), *Frau Pollmer, eine psychologische Studie* (85), *Geographische Predigten* (72), *Giölgeda Padishanün* = *Durch die Wüste* und *Durchs wilde Kurdistan* (1-2), *Gott lässt sich nicht spotten* = *Der Flucher* (23), *Himmelsgedanken* (49), *Ibn el'amm* (71), *Im Lande des Mahdi I-III* = *Menschenjäger, Der Mahdi* u. *Im Sudan* (16-18), *Im Reiche des silbernen Löwen I-IV* = *Der Löwe der Blutrache, Bei den Trümmern von Babylon, Im Reiche des silbernen Löwen* u. *Das versteinerte Gebet* (26-29), *Im Sonnenthau* = *Der Grenzmeister* (43), *Karl May als Erzieher* (86), *Kong-Kheou, das Ehrenwort* = *Der blaurote Methusalem* (40), *Mein Glaubensbekenntnis* (81), *Mein Leben und Streben* (34), *Merhameh* (81), *Orangen und Datteln* = *Sand des Verderbens* (10), *Pandur und Grenadier* (42), *Satan und Ischariot I-III* = *Die Felsenburg, Krüger Bei* u. *Satan und Ischariot* (20-22), *Schamah* (81), *Scheba et Thar* (eingearbeitet in 26), *Sonnenscheinchen* (43), *Sur le rapprochement franco-allemand* (81), *Ulane und Zouave* (79), *Unter Würgern* = *Die Wüstenräuber* = *Die Gum* (10), *Wanda* (72), *Winnetou IV* = *Winnetous Erben* (33).

Die Haupthandlung des ursprünglich dreibändigen *Old Surehand* findet sich in den *Gesammelten Werken* heute in *Old Surehand I-II* (14-15), die eingeschobenen Geschichten des alten *Surehand II* in *Kapitän Kaiman* (19).

Karl Mays Kolportageromane in den *Gesammelten Werken*: *Das Waldröschen* (51-55 u. 77), *Die Liebe des Ulanen* (56-59), *Der verlorene Sohn* (64, 65, 74-76), *Deutsche Herzen, deutsche Helden* (60-63 u. 78) und *Der Weg zum Glück* (66-68, 73 u. 78).

I Wege zum Frieden

„Es sei Friede!" – Karl May, der Pazifismus und die Lebenserformbewegungen seiner Zeit

von Holger Kuße

1. Es sei Friede: Umriss im Werk

„Es sei Friede! Es sei Friede!" Mit diesem Wunsch und Versprechen endet Karl Mays letzte zu Lebzeiten veröffentliche Erzählung *Merhameh* (1910). Mit diesen Worten beenden zwei fiktive orientalische Stämme fast identischen Namens, die eng miteinander verwandten Münazah und Manazah, den Kreislauf ihrer gegenseitigen Blutrache. Das Friedensgelöbnis, das die Rache ablöst, wiederholen sie, wenn „ein Zwiespalt […] zum Kampf" zu führen droht, und sie erinnern sich dabei gegenseitig der Friedensvermittlerin, deren Name *Merhameh* „Barmherzigkeit" bedeutet (May *Merhameh* 2000, 107 u. 85). Die kurze Erzählung ist programmatisch für das Spätwerk Karl Mays, das ganz dem Friedensdenken als einer Suche nach dauerhaft friedlichen Wegen aus vermeintlich unauflösbaren Konflikten gewidmet ist. In durchsichtiger Namenssymbolik personifiziert Karl May in dieser letzten Schaffensperiode nach 1900 die Werte und Verhaltensweisen, die für ein friedliches Zusammenleben aller Menschen und – in nicht geringerem Maße – für den inneren Frieden des Einzelnen unabdingbar sind. Vor *Merhameh* war in der Erzählung *Schamah* (1907/1908) das titelgebende Mädchen die Verkörperung der „Verzeihung". In der Begegnung mit ihr wird aus dem Jungen *Thar*, dessen Name „Rache" bedeutet, ein heimlicher Helfer und Versöhner. Nicht zu helfen ist dagegen dem finsteren Schmugglerkönig und Mörder *Abdahn Effendi* aus der gleichnamigen Erzählung (1907/1908). Dieser fette „Herr der Leiber", wie sein Name übersetzt lautet, haust im türkisch-persischen Grenzgebiet mit vier Komplizen aus beiden Ländern, die im Quartett auftreten, sich durch angemaßte Offiziersränge aufspielen und sich nur in ihren eindeutigen Physiognomien voneinander unterscheiden: Vogelgesicht, Bulldoggengesicht, Fuchsgesicht und Mardergesicht (May *Abdahn Effendi* 2000, 14). Die Bande aus reinem Materialismus, Habsucht, Rücksichtslosigkeit, Hinterlist und Betrug kann nur untergehen und verschwinden, soll das Land von ihnen frei werden.

Im Handlungsverlauf und der Symbolik dieser Erzählungen aus dem Spätwerk sind die Wege zum Frieden, wie sie Karl May in dieser Zeit sieht, zu erkennen. Gemeinsam ist ihnen, dass sie sowohl als Geschichten der äußeren Befriedung zwischen Konfliktparteien als auch als inneres Drama, als Weg der Überwindung von Aggression, Hass und Gewalt in einem Menschen gelesen werden können (und letztlich das eine das andere bedingt). Gemeinsam ist den Erzählungen auch, dass Frieden und Friedfertigkeit eine Form der Einsicht sind. In *Merhameh* ist es die Einsicht, dass sich dem Schein nach gerechtfertigte Gewalt, die Rache, nicht gegen den Feind, sondern gegen den Rächer selbst wendet. In *Schamah* ist es die Einsicht, dass keine anderen Werte als Liebe und gegenseitiges Verzeihen gute menschliche Gemeinschaften ermöglichen und diese Werte immer ein größeres Recht haben als jede Art von religiösem und nationalem Dogmatismus. In *Abdahn Effendi* lautet die klare Botschaft, dass Materialismus Unfrieden und Gewalt bedeutet und überwunden werden muss, wenn die Gerechtigkeit, verkörpert in Ben Adl, dem Sohn des ehemaligen, vertriebenen Grenzwächters – dem „Sohn der Gerechtigkeit" –, herrschen soll.

Die Erzählungen sind Erzählungen und keine theoretischen Abhandlungen. Sie schildern unabhängig von ihrer universal gedachten Symbolik immer Einzelfälle, die sich nicht als systematisches Programm und politische Strategie zum Aufbau des Weltfriedens verallgemeinern lassen, die aber zeigen, welche Lebenshaltung notwendig ist, um überhaupt das Gelöbnis „Es sei Friede" aussprechen zu können. May nannte diese Haltung *Edelmenschentum* – ein Begriff, den er von der Pazifistin und Friedensnobelpreisträgerin Bertha von Suttner (1843–1914) übernahm (s. Kuße/Bartsch *in diesem Band*), der sich aber auch als Gegenbegriff zu Friedrich Nietzsches (1844-1900) *Übermensch* verstehen lässt (Wohlgschaft 1994, 491; Kramer 2011, 184-185; Schmiedt 2011, 270f.). Die Heldinnen Merhameh und Schamah sind solche Edelmenschen.

Merhameh tritt bereits in dem groß angelegten, zweibändigen Roman *Ardistan und Dschinnistan* (1909) auf. Sie ist dort die Tochter eines Fürsten, Vertrauten und Abgesandten des Mirs von Dschinnistan, dem Reich des Guten. Sein Name Abd el Fadl bedeutet „Diener der Güte" (May *Ardistan und Dschinnistan I* 1909, 523). Merhameh, die „Barmherzigkeit" und Tochter des „Dieners der Güte", ist 16 Jahre alt, charmant und witzig. Ihr „schönes, altes und doch so junges Gesicht" zeigt, wie der Erzähler an einer Stelle bemerkt, eine „kleine, kaum bemerkbare Schalkhaftigkeit" (May *Ardistan und Dschinnistan II* 1909, 637). Für Katharina Maier ist sie eine „liebenswerte Mädchenfrau" und das „vielleicht beste Beispiel" für die in Mays Spätwerk typische „Verbindung von Abstraktem und Konkretem" (Maier 2012, 423). Im zweiten Band beendet Merhameh einen Kriegszug gegen die Naturmenschen des Landes Ussulistan, indem sie den Heerführer, der sich allerdings schon von seinen Gegnern unter der Führung des Sohns des Mirs von Dschinnistan umzingelt weiß, von der Sinnlosigkeit seines Vorhabens überzeugt. Maier schreibt dazu: „Solange die Welt so ist wie sie ist (gewaltmenschlich und fehlerhaft) muss der veredelte Heros der Barmherzigkeit den Weg bereiten" (ebd., 435). In der Erzählung *Merhameh*, die ebenfalls im mythischen Orient, im „östlichen Teil von Ardistan, also tief im orientalischen Hinterland" spielt (May *Merhameh* 2000, 85) – und das heißt in Mays Symbolik: tief im Reich der Gewalt –, tritt Merhameh aktiv als Barmherzigkeit auf. Schon als Kind kann sie den Tyrannen des Landes, den Mir von Ardistan, dazu bewegen, Gefangene frei zu geben. Nun hebt sie als Gast des Scheiks der Münazah, der ihr sein Leben verdankt, das Todesurteil gegen einen Mörder auf. Der gefangene Dichter Ali Ben Masuhl, der den Bruder des Scheiks erschossen hat, wird dank Merhamehs Fürsprache nicht nur nicht hingerichtet, sondern zu seinem Stamm zurückgeleitet. Dieser ist unter der Führung des Bruders des Geretteten jedoch bereits unterwegs, die schon vollzogen geglaubte Hinrichtung zu rächen. Der Bluträcher erschießt beim Überfall seinen eigenen Bruder. Vor dem Sterbenden schließen die verfeindeten Stämme Frieden und Merhameh verkündet die Einsicht, zu der ihre Geschichte führte: „Allah nur allein ist gerecht. Nimmt der Mensch die Rache in die Hand, so trifft er niemand als nur den eigenen Bruder. Von nun an sei Friede" (May *Merhameh* 2000, 107).

Die „Rache" findet ihre Verkörperung in dem Jungen Thar, der in der Erzählung *Schamah* gegenüber der passiven Titelheldin, der „Verzeihung", die eigentliche Hauptfigur des Geschehens ist. Thar ist ein lebhaftes, fröhliches Kind, das sich ganz der Welt der alttestamentarischen Helden wie Gideon oder Josua hingibt und in abenteuerlichen Verkleidungen ihre Taten nachspielt. Er ist der Sohn des reichen Jerusalemer Händlers Mustafa Bustani, eines der besten Freunde Kara Ben Nemsis, der ihn am Anfang der Erzählung besucht – jedoch nicht mehr als Abenteurer, sondern – typisch für das Spätwerk – als Tourist in

Begleitung seiner Frau. Mustafa Bustani und sein Sohn gehören einer besonderen ethnisch-religiösen Gruppe an: den, wie May schreibt, „Judarabern", Moslems, die sich dadurch auszeichnen, dass sie „den überlieferten Hass gegen die Hebräer nach und nach aufgegeben haben" (May *Schamah* 2000, 108), allerdings eine deutliche Distanz zum Christentum pflegen pflegen (vgl. Udolph *in diesem Band*). Die Abneigung belastet zwar nicht die enge Freundschaft zwischen dem Jerusalemer Händler und dem frommen Christen Kara Ben Nemsi, aber Mustafa Bustani trägt sich mit einer Schuld gegenüber seinem Bruder, den er, als dieser eine Christin heiratete, aus der Familie verstieß und ins Elend stürzte. Bei einem Ausflug nach Hebron, einer Stadt, die, so der Erzähler, einen freundlichen Namen, aber eine unfreundliche Bevölkerung hat (ebd., 138), begegnet die Reisegruppe einer Frau, die mit ihrer Tochter auf einer Pilgerreise unterwegs ist. Als Christen werden die beiden von fanatisierten, von Erwachsenen aufgehetzten Kindern bedrängt, die drohen, die Tochter zu ersäufen. Thar verteidigt sie in kindlichem Heroismus und schlägt tatsächlich die kleinen Hooligans in die Flucht. Sein Selbstbewusstsein ist ausgeprägt: „Ihr seid Kanaaniter, Hethiter, Jebusiter, Girgasiter, Heviter, Ammoniter, Siniter, Arkiter, Zemariter, Arvaditer, Hamathiter und Sidoniter! Die Feinheiten des Islam sind an euch vorübergegangen und nur der Bodensatz ist sitzen geblieben" (ebd., 161), schleudert er seinen islamistischen – wie wir heute sagen würden – Feinden entgegen. Er besiegt sie in einer Reihe von Zweikämpfen. Das so heroisch gerettete Mädchen Schamah wird sein Schwarm. Natürlich ist die Mutter niemand anders als die Frau des verstoßenen und mittlerweile verstorbenen Bruders Mustafa Bustanis. Indem Thar, sein Sohn, die Familie zusammenführt, hat die Rache sich symbolisch selbst überwunden und stattdessen die Verzeihung ins Haus geholt – so wie der verstoßene Bruder es Mustafa Bustani zuvor im Traum angekündigt hatte: Er werde ihm seine Verzeihung senden (ebd., 182).

Mustafa Bustani ist gewandelt. Die Ausgrenzung anderer, nur weil sie einen anderen Glaubensweg beschreiten als den eigenen, ist überwunden.

Auch der schmierige Gangster Abdahn Effendi kommt zur Einsicht, aber sie rettet ihn nicht mehr. Die Liste seiner und seiner Komplizen Verbrechen ist lang: „Zwei Adjutanten umgebracht! Zwei Hauptleute und zwei Oberleutnants umgebracht! Vier Offiziersdiener umgebracht! Zwei Kommandanten unschuldig in Ketten gebracht! Heute wieder schon auf der Tat, vier Personen umzubringen! Allezeit bereit, sich untereinander abzuschlachten! Den Staat um Millionen beraubt! […]" (May *Abdahn Effendi* 2000, 78f.). Auch auf Kara Ben Nemsi und Hadschi Halef Omar war ein Sprengstoffattentat geplant. Abdahn Effendis Frau, das heißt in Mays Symbolik, seine Seele, verlässt ihn, um sich von ihm zu befreien. Endgültig überführt bricht der nun Seelenlose zusammen, aber nicht „wie ein fester, schwerer Körper, sondern wie ein lockerer Haufen von Erde oder Asche, der sich in nichts verlieren will" (ebd., 75). Vom Materialismus bleibt am Ende nichts übrig.

Friedensbringer

Es ist kein Zufall, dass in den späten Erzählungen, in denen Gewalt nicht nur beendet, sondern das Böse im Menschen überwunden wird, Kinder und Jugendliche, vor allem Mädchen auftreten. Eine weitere Geschichte, die in den Kreis von *Merhameh* und *Schamah* gehört, aber an Karl Mays frühe erzgebirgische Dorfgeschichten anknüpft, ist ebenfalls nach einer jungen Heldin benannt: *Sonnenscheinchen* (1903). In ihr verhindert ein achtjähriges Mädchen mit diesem beredten Spitznamen, dass ihr Vater Rache an einem intriganten und zugleich unfähigen Pachtbauern nimmt, der ihn einst vom Hof drängte. Damit rettet sie nicht nur ihren Vater, sondern auch den Übeltäter, der nach Amerika abgeschoben wird, durch die Begegnung mit dem Kind aber auch auf dem Weg ist, ein anderer zu werden. Sonnenscheinchen schenkt ihm einen Glückspfennig, den er bis zu seinem Tod aufzuheben verspricht. Und die Anwesenden sind sehr erstaunt, dass das Kind „selbst bei so einem Menschen, wie der Pachthofer war, ein edles Gefühl hervorgerufen hatte" (May *Sonnenscheinchen* 1903, 42). Was hier wie auch in den anderen Erzählungen zur Umkehr führt, ist die in den Kindern verkörperte Unbekümmertheit, nicht nur ihre Freiheit von Ressentiments, sondern auch von Berechnung und von den Kategorien des Rechts (im formalen Sinne), der Strafe und der Vergeltung. Nur so können sie das reine Gute sein. Zu Merhameh bemerkt Katharina Maier, dass alles, was sie tut, „ein Akt selbstverständlicher Menschenliebe" ist (Maier 2012, 424). Ihre Verspieltheit wirkt in *Ardistan und Dschinnistan* auf den grüblerisch gewordenen Kara Ben Nemsi des Spätwerks gerade deshalb so ansteckend und „ein wenig wie ein Jungbrunnen" (ebd., 428), weil Merhameh ihr Spiel „ohne jede Bosheit, aus reiner Freude am Dasein und an den Menschen" treibt (ebd.).

Die Unbekümmertheit, Unschuld und Menschenliebe lässt sich nicht erzwingen. Sie ist da oder nicht und kann nur frei angenommen werden. Im Roman *Ardistan und Dschinnistan* fordert der Prinz Palang, der Palastrevolutionär, Usurpator und die Verkörperung des absoluten Bösen, der auch *Panther* genannt wird, Merhameh zur Frau. Natürlich verweigert sie sich ihm. Es gelingt ihm auch nicht, sich ihrer zu bemächtigen. Stattdessen führt sie als orientalische Jeanne d'Arc ihren Stamm gegen seine Truppen und macht sich auf, nach der Vernichtung der Streitmacht des Panthers, die allerdings nicht in Schlachten, sondern durch Naturgewalten und „kluges Manövrieren" seiner Gegner geschieht (Stolte 1988, 96), als mythisch-literarische Florence Nightingale die Verwundeten zu pflegen.

Die Boten und Vermittler des Friedens müssen nicht zwingend Kinder oder Jugendliche sein. Mary Waller in *Und*

Friede auf Erden! (1904), Karl Mays Antwort auf den deutschen Hurrapatriotismus während der Niederschlagung des Boxeraufstandes in China (s. Lorenz *in diesem Band*), ist kein Kind mehr, als sie ihren Vater, den Missionar Waller, durch Asien begleitet, ihn von seinem religiösen Fanatismus abzubringen versucht und das Friedensgedicht des Erzählers, *Tragt Euer Evangelium heraus* (s. ebd. und Kuße/Bartsch *in diesem Band*), verbreitet. Auch Schakara, die Kara Ben Nemsi in *Durchs wilde Kurdistan* (1892) als Sechzehnjährige von einer Vergiftung heilte, ist erwachsen, als sie ihm in *Im Reiche des Silbernen Löwen III* (1902) wieder begegnet, ihn nach einer lebensbedrohlichen Typhuserkrankung gesund pflegt und schließlich beim Schutz des Friedensreiches des Ustad im vierten Teil des Romans zur Seite steht. Über allen, halb Mensch, halb Geist, steht die greise kurdische Fürstin Marah Durimeh, die in *Durchs wilde Kurdistan* als Ruh 'i kulyan, als „Geist der Höhle", mit Unterstützung Kara Ben Nemsis bereits den Frieden zwischen nestorianischen Christen und Kurden stiftete, in *Ardistan und Dschinnistan* Kara Ben Nemsi auf seine Friedensmission nach Ardistan entsendet und die selbst im fernen Westen Autorität genießt. Sie ist den Indianern in *Winnetou IV* (1910) als „Königin Marimeh" bereits bekannt, bevor Old Shatterhand von ihr erzählt hat (May *Winnetou IV* 1910, 276). Im Schlussteil dieses Romans soll ihr Bild neben dem von Tatellah-Satah, dem weisen Medizinmann der indianischen Renaissance am Mount Winnetou, auf einen Wasserfall, den „Schleierfall", projiziert werden. Beide sollen zur Rechten und zur Linken des gen Himmel fliegenden Winnetou, wie ihn Sascha Schneider (1870–1927) als Deckelbild für *Winnetou III* entworfen hatte, erscheinen. Damit ist eine Christusikonografie angedeutet, in der anstelle der Kreuzigung Himmelfahrt und Auferstehung in den Mittelpunkt rücken und Tatellah-Satah und Marah Durimeh die Positionen von Johannes und Maria unter dem Kreuz einnehmen. Aber nicht nur das: Die Projektion

Illustration zu Winnetou IV von Zdeněk Burian

19

auf den Wasserfall – auf einen Schleier aus Wasser – ruft
durch die Verbindung von Licht und Wasser in der Ge-
stalt eines Altars eine ganze Reihe religiöser Assoziationen
auf: ‚lebendiges Wasser‘, ‚lebensspendende Kraft‘, ‚geistige
Erneuerung‘ und ‚Erleuchtung‘ der neuen menschlichen
Gemeinschaft (May *Winnetou IV* 1910, 569f. und 611).
Noch entrückter als Marah Durimeh ist der Mir von
Dschinnistan, der Herr über das Reich der vollendeten
Nächstenliebe. An ihm wie auch an der Figur Kara Ben
Nemsi zeigt sich, dass ebenso wenig wie das Alter das
Geschlecht eine Voraussetzung des Edelmenschentums
und des Charismas ist, Frieden zu verkünden und Frieden
zu schaffen. Auch Old Shatterhand/Kara Ben Nemsi
kommt ja in allen Erzählungen immer wieder die Rolle
des Friedensstifters zu, ebenso anderen herausragenden
Figuren wie Klekih-petra, dem in *Winnetou I* (1893) nur
eine kurzer, aber bedeutender Auftritt vergönnt ist, oder
dem Ustad, der das Ideal des guten, den Frieden schüt-
zenden Herrschers verkörpert (*Im Reiche des Silbernen Löwen III-IV*) (vgl. Schäfer *in diesem Band*).

In den späten Romanen treten die Friedensbringer
häufig als Paare auf, in deren Beziehungen ähnlich der
Unbekümmertheit und Unschuld der Kinderhelden die reine Liebe sichtbar wird. Das kann die harmonische Liebesehe
sein wie die zwischen dem reifen Old Shatterhand und seinem Herzle (*Winnetou IV*) oder zwischen Yin und Sir John
Raffley, die in *Und Friede auf Erden!* das Friedensreich der
Shen gründen (s. Koch *in diesem Band*), oder wie zwischen
Mary Waller und dem chinesischen Arzt Tsi, die sich im
selben Roman verloben. Die Liebe kann sich aber auch in
der platonisch-seelischen Verbindung und Partnerschaft
ausdrücken, wie sie Kara Ben Nemsi mit Merhameh
(*Ardistan und Dschinnistan*) und mehr noch mit Schakara
erlebt, die für ihn seine *Dschanneh*, seine *Seele* ist (*Im Reiche
des silbernen Löwen III-IV*). Diese Dschanneh ist die reine
Menschlichkeit, die Kara Ben Nemsi am Anfang und am

Ende seines Weges nach und durch Ardistan begegnet. Ihre Beziehung ist komplementär (Maier 2012, 407-410). Kara Ben Nemsi ist der Geist, Schakara die Seele. Zusammen sind sie unüberwindlich, was besonders in *Im Reiche des silbernen Löwen IV* deutlich wird. Der Krieg zwischen dem Reich des Ustad und seinen Feinden findet, bevor er ernsthaft zu entbrennen droht, zunächst stellvertretend als Pferderennen statt, in dem der Aggressor, der Herrscher über das Nichts, der „Fürst der Schatten", Ahriman Mirza, gegen Kara Ben Nemsi antritt. Er wird von ihm und Schakara gemeinsam besiegt. Schakara hat eine geradezu hypnotische Macht über den Gewaltmenschen. „Sie hat ihre Augen! Sie hat ihre Gestalt, ihre Stimme! Und sie hat auch ihre Gedanken und ihre Macht! Da bin ich nichts; da muß ich gehorchen!" (May *Im Reiche des silbernen Löwen IV* 1903, 595), ruft er aus und setzt seinen Dolch, der seine Zerstörungskraft symbolisiert, im Wettrennen gegen das Pferd Kara Ben Nemsis, den unüberwindlichen Rapphengst Syrr. Kara Ben Nemsi gewinnt das Rennen, besitzt somit den Dolch und hat damit gemeinsam mit Schakara den Gegner entwaffnet und seiner Kraft beraubt (vgl. auch Maier 2012, 409).

Zwei Wege zum Frieden

Den Paaren, die sich in der Liebe zwischen Mann und Frau, symbolisch als Geist und Seele oder auch in großen Freundschaften (allen voran der zwischen Winnetou und Old Shatterhand) in ihrem Friedenswillen und ihrem Menschsein ergänzen, stehen einsame Feinde gegenüber, deren Bosheit und Verlorenheit sich nicht zuletzt darin zeigt, dass sie keine Partner haben und auch keine dauerhaften Freunde gewinnen können und nicht gemeinschaftsfähig sind. Das sind Gangster wie Santer in *Winnetou* oder der Cornel Brinkley in *Der Schatz im Silbersee,* die jederzeit bereit sind, auch ihre eigenen Kumpanen und Komplizen

21

zu verraten, und finstere Gestalten wie die alten Häuptlinge Tangua und To-kei-chun, die selbst als Greise noch in einer Welt des Hasses und der Gewalt leben (*Winnetou IV*), der Panther, der nicht nur den Mir von Dschinnistan, den Herrn des Guten, angreifen, sondern auch seinen eigenen Herrn, den tyrannischen Mir von Ardistan, dessen oberster Heerführer er ist, vernichten will, oder Ahriman Mirza, dessen Name ein Synonym für Zerstörung ist. Sie alle gehen am Ende der Erzählungen zugrunde. Es gibt aber auch ambivalente Figuren wie den Mir von Ardistan oder Abu Kital, den „Vater des Kampfes" in Mays Drama *Babel und Bibel* (1906), die als Gewaltherrscher und Kriegstreiber auftreten, sich aber zum Guten und zum Frieden bekehren lassen – nicht zuletzt durch das Vorbild guter menschlicher Gemeinschaften, Freundschaft und Liebe. Kein Gewaltherrscher, aber ebenfalls zwischen dem Guten und dem Bösen hinundhergerissen ist der religiöse Fanatiker Waller in *Und Friede auf Erden!*, der dem Wahnsinn verfällt, aber durch menschliche Zuwendung, die Liebe seiner Tochter und ärztlichen Beistand geheilt werden kann.

Damit zeichnen sich vor allem zwei Wege ab, die in Karl Mays Werk zum Frieden führen. Der eine Weg ist der des Überwindens des Bösen, der andere der seines Verschwindens, das ein Versinken oder Begrabenwerden sein kann: indem die Träger des Bösen buchstäblich in Wasser, Sand oder Schlamm untergehen oder sich zu Tode stürzen und unter Felsen und Geröll verenden. Der eine Weg ist der Weg der Einsicht, dass Frieden besser ist als Gewalt, Herrschaft und Krieg. Der zweite Weg führt zur Auflösung der Aggression durch den Tod des Aggressors – ein Weg, der auf den ersten Blick nicht wirklich pazifistisch erscheint, da die physische Vernichtung ‚der Bösen' und der Sieg ‚der Guten' eine Methode der Befriedung ist, durch die sich Märchen, Western-, Action- und Science-Fiction-Spektakel üblicherweise auszeichnen. Auch ein James Bond hat seine Lizenz zum Töten im Dienste ‚des Guten' und gegen ‚das Böse' erhalten, dennoch dürften die filmischen Abenteuer dieses Old Shatterhand in seiner fantastischen Kampfeskraft noch übertreffenden Helden kaum als pazifistisch zu bezeichnen sein. Die Besonderheit bei Karl May, aufgrund derer sich auch dieser zweite Weg als ein Weg nicht nur zum, sondern *des* Friedens verstehen lässt, liegt darin, dass die Inkarnationen des Bösen, die zu einer Umkehr und zur Einsicht, also zum ersten Weg nicht fähig sind, sich – wenn auch ungewollt – selber richten. Das ist schon bei dem Erzschurken Santer so, der in *Winnetou III* (1893) das erste Testament des Apachenhäuptlings missversteht und sich bei dem Versuch, den sagenhaften Goldschatz der Indianer zu heben, selbst in die Luft sprengt. Der gottlose Rassist Old Cursing Dry aus der Erzählung *Gott läßt sich nicht spotten* (May *Auf fremden Pfaden* 1897, 501-566) blendet sich ungewollt bei einem Selbstmordversuch mit einer nur mit Pulver geladenen Pistole und stirbt am Ende auf eben die Weise, die er selbst in einer seiner ‚Fluchorgien' vorhergesagt hatte. In *Ardistan und Dschinnistan* endet der Panther im Wahnsinn, begeht in seiner Hybris schwerwiegende strategische Fehler, erkennt nicht die Gefahr, die ihm vom Fluss Ssul, der symbolisch „Frieden" bedeutet, droht. Als sich dessen ausgetrocknetes Flussbett wieder mit Wasser füllt, wird die Insel, auf die sich die Verkörperung des Bösen zurückgezogen und so von der Welt, von den Menschen und vom Leben isoliert hat (Biermann 2010, 139), umspült und schließlich überflutet. Der Panther lässt sich nicht einmal retten. Er ertrinkt in den Wassermassen, die das verwüstete Land wieder fruchtbar werden lassen, und ihn „sah kein Auge jemals wieder" (May *Ardistan und Dschinnistan II* 1909, 649). Der Fürst der Schatten in *Im Reiche des silbernen Löwen*, Ahriman Mirza, flieht vor seinem Gewissen, das ihm als sein Chodem, sein geistiger Doppelgänger, gegenübertrat – gespielt freilich von niemand anderem als dem Ustad, dessen Vernichtung er geplant hatte. Ahriman Mirza verfällt ebenfalls dem Wahnsinn, erschießt sein eigenes Pferd mit dem beredten Namen „Teufel" – ein symbolischer Selbstmord – und lallt, nachdem ein Bergsturz seine Armee der Schatten vernichtet und ihn selbst in die Tiefe gerissen hat, am Ende verwirrt und blöde sein sich selbst bereitetes Schicksal vor sich hin: „Ahriman Mirza ist der Fürst der Schatten, und wenn er stürzt, ist es mit ihnen aus. Ahriman Mirza ist der Fürst der Schatten, und wenn er stürzt, ist es mit ihnen aus – – –!" (May *Im Reiche des silbernen Löwen IV* 1903, 632) Eine ähnliches Szenario hatte sich schon am Ende der *Old Surehand*-Trilogie abgespielt. Dan Etters, der sich auch als General Douglas ausgibt, gerät in Panik, als er in dem mythischen Indianer Kolma Puschi die Indianerin Tehua Bender wiedererkennt, deren Familie er zerstört hatte und von der er glaubte, sie wie ihren Bruder ermordet zu haben. Seine Flucht endet im Absturz. Ein Felsen, der auf ihn stürzt, zermalmt seinen Unterleib. Einen tödlichen Absturz nach zunehmendem Verfall in den Wahnsinn erlebt Dilke, der Neffe des amerikanischen Missionars Waller in *Und Friede auf Erden!*, ein unverbesserlicher Chauvinist, Kolonialist und schließlich sogar Drogenhändler. Und auch der Schut, der Mafiaboss im Orientzyklus, stürzt sich letztlich selbst in die Schlucht – auf der Flucht vor Kara Ben Nemsi, der den tödlichen Abgrund auf seinem Rappen Rih überfliegt. In den frühen Erzählungen Mays ist es kaum anders. Der Ausbeuter, Betrüger, Schmuggler, Anführer einer Verbrecherbande und Sexualstraftäter Fritz Seidelmann in dem erzgebirgischen Krimi und Kolportageroman *Der verlorene Sohn oder Der Fürst des Elends* (1884–1886) verschüttet sich selbst, als er auf der Flucht ein Bergwerk sprengt, um seinen Verfolgern zu entkommen. Sterbend kommt dieser Schurke aber zur Einsicht, gesteht seine Taten und wird so im letzten Moment zu einem guten Schächer am Kreuz (Lukas 23, 40-43). Das wiederholt sich später in *Old Surehand III* (1896) im Sterben des Rassisten, Gottesleugners und Diebs Old Wabble, der seinen qualvollen Tod – sein Unterleib ist in einem gespaltenen Baumstamm eingeklemmt – dadurch selbst herbeigeführt hat, dass er sich mit dem Satan Dan Etters einließ, der ihn wenig später aus purem Sadismus auf diese Weise umbringen ließ. Aber Old Wabble lässt sich ebenfalls in seinen letzten Lebensminuten von Old Shatterhand zu Gott und dem Guten bekehren. Das Motiv kommt mit einigen Variationen mehrmals vor. Die Old Wabble sehr ähnliche Figur Old Cursing Dry (s. o.) bereut nach dem Tod seines Sohnes und im Angesicht des eigenen Endes. Der Bösewicht El Sendador aus dem ursprünglich gleichnamigen Roman (1889–1891), der in den Gesammelten Reiseromanen in den Bänden *Am Rio de la Plata* und *In den Cordilleren* (1894) erschien, erkennt dagegen seine Bosheit kurz vor dem Tod, nachdem sein Sohn errettet wurde.

Das Ende der Bösen lässt sich unterschiedlich interpretieren. Es lässt sich vordergründig als göttliches Strafgericht verstehen (die Rache, die allein Allahs ist und nicht des Menschen, wie Merhameh lehrt; s. o.), wichtiger ist aber etwas anderes: dass die Täter durch ihr eigenes Handeln zu Tode kommen und dieses Handeln von der Macht des Bösen gesteuert wird, der sie sich verschrieben haben. Blickt man auf die Reihe der Wahnsinnigen und der Todesfälle, in denen jeweils die abgründigen Schurken und mit ihnen das Böse aus der Erzählung verschwinden, so fällt auf, dass May in ihnen ein altes Motiv variiert: das Motiv des Teufelspaktes, in dem bei May das Summum malum und die Menschen, die sich ihm verschreiben, identisch sind. Das Böse wird in den Schurken Gestalt, die einen Pakt mit dem Bösem geschlossen haben. Aus diesem Pakt gibt es kein Entrinnen. Der Teufel bringt seine Jünger am Ende immer um, indem sie sich selbst zu Tode bringen. Nur einige haben die Chance, den Weg, den sie gegangen sind, im Sterben zu verlassen und ihre Seele zu retten.

Die zwei Wege zum Frieden, die Einsicht in den Wert des Friedens und das Verschwinden des Bösen, ergeben sich aus den zwei Situationen des Unfriedens, in denen sich Menschen befinden. Im ersten Fall handelt es sich um einen menschlichen Unfrieden, der aus Habsucht, Herrschsucht, Rassismus, Eifersucht und anderen menschlichen Unzulänglichkeiten herrührt oder seine Ursache in Missverständnissen hat (so zum Beispiel wenn von eigentlich guten Indianern Old Shatterhand fälschlich als Feind angesehen und behandelt wird). Hier ist Überzeugung möglich, kann durch Worte, manchmal auch durch List Einsicht herbeigeführt werden. Im zweiten Fall besteht diese Möglichkeit nicht. Der Teufel lässt sich nicht bekehren. Hier bleibt nur die Hoffnung, dass sich das Böse selber richtet. Und da Karl-May-Bücher bis ins Spätwerk hinein moderne Märchenbücher sind, erfüllt sich in ihnen diese Hoffnung. Wichtig für die Einschätzung des Friedensdenkens, das darin zum Ausdruck kommt, ist jedoch: Selbst die Überhelden, selbst ein Old Shatterhand und Kara Ben Nemsi können das Böse nur verfolgen, aber nicht besiegen. Die physischen Waffen, die das gute Ich bei sich trägt, sind hier völlig unbrauchbar und werden auch nicht gebraucht. Die eigentliche Waffe ist die starke Hoffnung, dass sich das Böse selbst vernichten wird. Diese Waffe ist nicht nur etwas für Märchen. Das Ende der größten Verbrecher in den letzten hundert Jahren in Europa, von denen der eine im Selbstmord und der andere in „Verfolgungswahn und Verratsparanoia" endete, wie sein Todesbiograf Klaus Kellmann (2011, 99) schreibt, lässt vermuten, dass zumindest in diesem Teil ein Verlauf der Geschichte wie in *Winnetou III*, *Old Surehand III*, *Ardistan und Dschinnistan II* oder *Im Reiche des silbernen Löwen IV* auch in der Realität gar nicht so unrealistisch ist.

Frieden ist in Karl Mays Welt nicht nur die Negation des Bösen und die Abwesenheit von Gewalt. Frieden ist auch positiv bestimmt, und zwar als gute Gemeinschaft. Das Merkmal der Bösen ist immer, dass sie einsame Menschen sind. Das Merkmal der Guten ist, dass sie Gemeinschaften bilden. Solche Gemeinschaften sind: Liebespaare, enge Freundschaften, Gemeinschaften verlässlicher Gefährten wie die durch den Wilden Westen reitenden Westmänner oder auch die multikulturelle Reisegruppe im Orientzyklus – ihr gehören wechselnd ein Deutscher, ein Engländer, Beduinen und Kurden an – und schließlich die utopischen Gemeinschaften des Spätwerks wie der Clan Winnetou (*Winnetou IV*) oder das Reich der Shen (*Und Friede auf Erden!*) oder gar ganze Staaten wie Dschinnistan oder auch Ardistan nach der Wandlung seines Herrschers, des Mirs von Ardistan, vom Tyrannen zum guten König.

Gemeinschaften entstehen nicht erst im Spätwerk. Sie sind schon ein Ideal, bevor Karl May seine Wende zum symbolistischen Roman vollzog. Aber wenn Liebende vereint und Familien zusammengeführt werden wie in den weltumspannenden Romanen *Waldröschen oder die Rächerjagd rund um die Erde* (1882–1884) oder *Deutsche Herzen, deutsche Helden* (1885–1888) oder auch in *Old Surehand* (1894–1896), dann ist das zunächst einmal nicht mehr als das übliche Happy End der Unterhaltungsliteratur und enthält noch keine Friedensbotschaft im umfassenden Sinne. Dazu bedarf es einer Situation, die nicht nur von Verbrechern und ihren schurkischen Umtrieben aus der Ordnung gebracht wird, sondern die nachhaltig gestört, von Unfrieden insgesamt geprägt ist wie das Land Ardistan oder zumindest bedroht wird wie das von den Schatten des Ahriman Mirza bedrängte friedliche Tal der Dschamikun in *Im Reiche des silbernen Löwen III-IV*. In diesen Romanen ebenso wie in Erzählungen wie *Abdahn Effendi* steht die fiktive Handlungswelt für die von Gewalt und Unfrieden geprägte Welt als ganze. Karl May nennt diesen Zustand „Ardistan" oder auch, wenn es um den Wilden Westen geht, die „dark and bloody grounds", aus denen sich alle Beteiligten (stellvertretend für die ganze Menschheit) buchstäblich emporarbeiten müssen, um aus Wesen mit niederen Instinkten zu Edelmenschen zu werden. Die Wege führen bergauf, wie May rückblickend seine Symbolik darstellt. Sie haben „bei den Arabern von der Wüste bis zum Dschebel Marah Durimeh und bei den Indianern von dem Urwald und der Prärie bis zum Mount Winnetou aufzusteigen. Auf diesem Wege soll der Leser vom niedrigen Anima-Menschen bis zur Erkenntnis des Edelmenschentums gelangen" (May *Mein Leben und Streben* 1910, 209; s. auch Kuße/Bartsch *in diesem Band*). Wenn dagegen unheilbare Schurken und Verbrecher, die Verkörperungen des Bösen, von Höhen in den Tod stürzen, so haben sie, wie Marcus Andrew Hurttig im Katalog zur Leipziger Ausstellung über die „Weltenschöpfer" Richard Wagner, Max Klinger und Karl May schreibt, „den Tugendberg zwar erstiegen, sich aber als unwürdig erwiesen" (Hurrtig 2013, 130). Und es bedeutet noch mehr: Mit dem Absturz endet der Versuch des Bösen, die Höhen des Guten für sich zu erobern und zu zerstören. Letztlich ist es ein Teufelssturz. In *Old Surehand III* drückt sich das in der scheinbar paradoxen Namenssymbolik des letzten Gebirges aus, das die Helden erreichen. Der höchste Gipfel müsste eigentlich einen guten Namen haben, was beim Mount Winnetou und dem Dschebel Marah Durimeh ja auch der Fall ist. Hier jedoch heißt der Ort des finalen Geschehens „Devilshead". Auf dem Weg zu dieser Höhe kommen die Helden zur Erkenntnis ihrer Familienzusammengehörigkeit (der Weiße Old Surehand und der Indianer Apanatschka erkennen sich dank der detektivischen Kombinationsgabe Old Shatterhands als Brüder), sie erleben also tatsächlich einen geistigen Aufstieg, aber für den Schurken Dan Etters wird dieselbe Höhe zum Ort der Begegnung mit dem Teufel, dem er sich verbundenen hatte und der ihn nun zu sich holt. Er stürzt ab.

Auf dem Weg zur Höhe und zugleich auf dem Weg durch das Werk Karl Mays ändern sich die Mittel, mit denen die Helden für das Gute und den Frieden kämpfen. Dass auch in den Reiseerzählungen der „Grundtenor […] die Gerechtigkeit, die friedliche Aussöhnung, die Liebe im Sinne des Evangeliums" ist (Wohlgeschaft 1994, 277) und auch vor 1900 die Erzählungen Mays trotz „Superwaffen und Kraftmeiereien […] ‚Friedensgeschichten'" sind (ebd., 627), heißt nicht, dass die Figuren immer gleich handeln. Der Kara Ben Nemsi/Old Shatterhand war ebenso wie schon Dr. Sternau im Frühwerk zwar „von jeher auch ein Streiter für das Gute gewesen" (Stolte 1967, 7), aber sein Streiten verlässt sich in den berühmten Reiseerzählungen sehr auf die eigene Körperkraft und das Abschreckungspotenzial des „Zaubergewehrs". In *Winnetou IV* stellt Old Shatterhand nun fest:

> Wer da glaubt, in der alten Weise verfahren zu können, der ist verloren. Mein Bärentöter hängt daheim. Mein Henrystutzen und meine Revolver stecken im Koffer. Sie haben sich überlebt. (May *Winnetou IV* 1910, 358)

Und am Anfang von *Ardistan und Dschinnistan* klagt Hadschi Halef Omar gegenüber Kara Ben Nemsi:

> Der schwere, sicher treffende Bärentöter, der fünfundzwanzigschüssige Henrystutzen, mit denen du uns aus so vielen Gefahren rettetest, sie wurden weggepackt. Du wolltest dich nicht mehr auf die Waffen, sondern auf die Liebe, auf die Humanität verlassen. Aber weißt du, was dann kam? Was die Folge war? […] Die Humanität brachte uns um die Abenteuer. (May *Ardistan und Dschinnistan I* 1909, 36f.)

Nun stimmt das nicht ganz. Die Abenteuer gehen auch im Spätwerk weiter, der Henrystutzen wird wieder ausgepackt, weil das Reisen durch Ardistan sonst zu gefährlich wäre (ebd., 37), in *Und Friede auf Erden!* setzt der Ich-Erzähler zumindest die Schmetterhand ein (May *Und Friede auf Erden!* 1904, 154) und in *Ardistan und Dschinnistan II* ebenso wie in *Im Reiche des silbernen Löwen IV* kommt es nur deshalb nicht zur bewaffneten Auseinandersetzung, weil Naturgewalten – Erdbeben, Wasserfluten, Bergsturz – sie verhindern. Im letzten Roman, in *Winnetou IV*, werden die Feinde des Guten, der Versöhnung und des Zusammenschlusses aller Indianerstämme in einer Höhle verschüttet und eingeschlossen und dadurch kampfunfähig. Eine bewaffnete Streitmacht war aber schon gegen sie unterwegs. Andererseits wird auch von den Fortsetzungsromanen bis zu den berühmten Reiseerzählungen nicht nur geschossen und zugeschlagen. In *Ardistan und Dschinnistan I* belehrt Hadschi Halef Omar die Verbündeten im Kampf gegen den Krieg und das Böse, dass sich der Sieg durch „List und Güte" und nicht nur „durch Haß und Blut" erringen lasse und dass er und Kara Ben Nemsi „Uebung haben in dieser Art, zu siegen" (May *Ardistan und Dschinnistan I* 1909, 543).

Im Werk lässt sich also eine Entwicklung sehen, in der die physischen Mittel der Befriedung immer mehr in den Hintergrund treten und den psychologischen immer mehr Raum gegeben wird, ohne dass allerdings die ersten ganz verschwinden und die zweiten am Anfang gar nicht vorhanden gewesen wären. Ich habe diese Entwicklung an anderer Stelle als *Pazifizierung* bezeichnet, die sich von einem konsequenten *Pazifismus*, wie ihn zum Beispiel Lev Nikolaevič Tolstoj (1828–1910) vertrat, in der bleibenden Akzeptanz von Gewaltmitteln als letzter Möglichkeit der Friedenssicherung unterscheidet (Kuße 2012, 168-172).

Karl Mays Friedenswege sind nicht nur Wege zur Sicherung des äußeren Friedens, sie sind nicht minder Wege zum Frieden im Inneren der handelnden Personen und Gemeinschaften (s. besonders Brauneder *in diesem Band*). Und während der erste Friede erreicht sein kann, wenn das Böse – die Übeltäter – in Wasserfluten, unter Geröll oder im Feuer zugrunde gehen, so kann vom zweiten, vom inneren Frieden nur dann die Rede sein, wenn der einzelne Mensch das Böse in sich oder die Gemeinschaft das Trennende in ihr überwunden haben. Dieses innere Böse sind nicht nur die Fehler, um nicht zu sagen: Sünden der Herrschsucht, der Habsucht und der Hybris, es sind vor allem die Neigung zur Ausgrenzung anderer, weil sie anders sind als man selbst, und der vorurteilsvolle Blick auf alles Fremde, der sich in der exotischen Welt der May'schen Abenteuer vor allem als Völkerstereotyp zeigt. Derer gibt es im Werk Karl Mays nicht wenige: „Der Chinese zeichnet sich mehr durch List und Verschlagenheit als durch Körperkraft aus" (May *Am Stillen Ocean* 1894, 176); „So dumm wie diese Menschen kann man wirklich nur in Sibirien sein" (May *Deutsche Herzen, deutsche Helden* 2004, 27773) usw. Ganz besonders schlecht kommen immer wieder die Armenier „mit den Habichtsnasen" und die Griechen „mit den listigen Augen" weg (May *Im Reiche des silbernen Löwen I* 1898, 616). Hier folgte May gängigen Vorurteilen seiner Zeit (vgl. Kramer *in diesem Band*), die bis ins Spätwerk hinein immer wieder durchscheinen. Dem steht jedoch das Bekenntnis entgegen, dass es in allen Völkern gute und schlechte Menschen gebe und weder die Herkunft noch der religiöse Glaube für die Beurteilung eines Menschen von Bedeutung seien (vgl. Bach *in diesem Band*; Kuße 2011b und *in diesem Band*). Die zerstörerische Wirkung des Vorurteils spricht May an, wenn er zum Beispiel in *Und Friede auf Erden!* zu China bemerkt:

Freilich, wer ein so groß, dick und fett gepflegtes Vorurteil mit sich bringt, daß sein klares, unparteiisches Urteil von diesem gefräßigen Behemoth vollständig verschlungen worden ist, der wird hier, an der Außenpforte der chinesischen Welt, nichts als den oberflächlichen Eindruck verspüren, daß er jetzt den ersten Schritt in das Land der Bizarritäten getan habe. (May *Und Friede auf Erden!* 1904, 202f.)

May selbst hatte dieses „Land der Bizarritäten" in seinem populären humoresken Roman *Kong-Kheou, das Ehrenwort* (1888/1889), besser bekannt unter dem Titel der ersten Buchausgabe *Der blau-rote Methusalem* (1892), ordentlich lächerlich gemacht. Nun, in *Und Friede auf Erden!*, werden Chinesen zu den eigentlichen Helden (Stolberg 2012). Das Friedensreich der Shen verdankt sich der Liebe und Gemeinsamkeit zwischen der chinesischen Künstlerin Yin und dem englischen Adligen Sir John Raffley. Die Debatte, ob denn nun May ein Verkünder billiger Vorurteile über schmutzige Orientalen, ebenso schlitzohrige wie schlitzäugige Chinesen, hinterhältige Armenier, feige Türken, dumme Neger, treudoofe Russen, brutale Indsmen (wenn sie nicht vom richtigen Stamm sind) und imperialistische Engländer ist oder im Gegenteil genau gegen diese Vorverurteilungen und Aggressionen literarisch vorgeht, wie er es in seinen letzten Lebensjahren nicht müde wird zu betonen, ist lang und nicht selten emotionsgeladen (vgl. Schmiedt 1978; Koch 1993; Küppers 1996; Berman 1997, 41-164; Melzig 2003; Udolph 2008; Hodaie 2009 u.a.; Kuße 2011b und *in diesem Band*). Aber ob oder ob nicht, ist wahrscheinlich gar nicht die richtige Frage, sondern wie der Autor und seine Figuren mit Vorurteilen umgehen. Wenn der Weg zum Frieden ein Weg der Überwindung des inneren Bösen ist, dann lässt sich das ganze Werk Mays auch als eine Realisation dieses Überwindungsweges lesen. Es geht nicht darum (es hat letztlich wohl auch gar keinen Sinn), sich und anderen in politischer Korrektheit Vorurteile und Aggressionen zu verbieten, sondern es muss darum gehen, mit ihnen umzugehen – und dass darin May auch ganz praktisch eine Hilfe sein kann, zeigt zum Beispiel Peter Wayand aus seiner Erfahrung als Lehrer (*in diesem Band*). May ist „ein Reiter am Abgrund im Dienste des Pazifismus", schreibt Rüdiger Scharper (2011, 12) recht treffend. Der Weg zum Frieden ist ein Kampf gegen Vorurteile und Ausgrenzungen – ein Kampf der literarischen Figuren, aber auch des Autors gegen sich selber. Am Ende des Ritts, am Ende von Karl Mays Friedenswegen entlang des Abgrunds begegnen uns jedoch innerlich befriedete Menschen und gelingende Gemeinschaften. Deshalb ist Mays Friedensdenken auch nicht mit Gewaltverzicht gleichzusetzen. Es umfasst mehr als Pazifismus in diesem engeren Sinne. Mays literarische Friedenswege sind Heilungswege der Einzelnen wie der Gemeinschaften, die treffender als mit *Pazifismus* mit dem aus dem Griechischen abgeleiteten Begriff *Irenik* charakterisiert werden können. Nach der Definition von Wolfgang Philipp (1915–1969) ist *Irenik* eine *ganzheitliche Heilkunde*, „die den politischen Frieden elementar mitbefaßt", vor allem aber „lebendige Menschen aus den tödlichen ideologischen Maschinen, den dämonischen Zirkeln, den vereisenden mentalen Katatonien" herausführt, ohne „mentaler Egalismus und Pazifismus" zu sein, „der der Meinung ist, weil man die Menschen lieben solle, müsse man auch alle ihre Überzeugungen lieben. Irenik liebt die ideologisch erkrankten Menschen, nicht die Krankheiten, die sie zugrunde richten. Mit aller Kraft verwirft sie umgekehrt die Vorstellung, man müsse die Krankheiten durch Vernichtung der Kranken vernichten" (Philipp 1980, 8). Und noch über die Heilung hinaus sucht May seit der Wende zum Spätwerk nach Wegen zur Vervollkommnung, nach Wegen zum Edelmenschentum. Tatsächlich geht es in der Entwicklung des Werks nicht mehr nur um die Überwindung des Bösen, sondern um die Vervollkommnung der Menschheit im Reich der Edelmenschen. Frieden im vollen Sinne scheint nur möglich in dieser Vollkommenheit, weshalb May bei seinem letzten Auftritt in Wien 1912 auch vom Weg ins Reich der Edelmenschen und nicht vom Pazifismus in der schlichteren Variante der Friedenskongresse, Nichtangriffspakte und dem Bekenntnis zum Gewaltverzicht spricht (Kuße/ Bartsch *in diesem Band*).

Da am Ende der erzählten Abenteuer Menschen ihren inneren Frieden finden und sie, wenn auch nicht immer aus dem äußeren, so doch aus dem inneren Ardistan herausfinden (vgl. Brauneder *in diesem Band*) und May im Spätwerk sogar utopische Gemeinschaften eines zukünftigen ewigen Friedens entwirft, lässt sich bei ihm von einem *irenischen Optimismus* sprechen (Kuße 2012). Mays Friedenswege führen nicht nur in Richtung des Friedens, sie gelangen auch zu ihm hin. Das gilt für die meisten Romane und Erzählungen im Einzelnen wie auch für die Werkentwicklung im Ganzen. Leitende Gedanken finden sich schon sehr früh. Zum Beispiel in *Das Buch der Liebe* aus der Mitte der siebziger Jahre des 19. Jahrhunderts. Auch wenn May später von seiner Mitautorschaft an diesem populärwissenschaftlichen, teilweise kulturgeschichtlichen, teilweise sexualkundlichen Aufklärungsbuch nichts mehr wissen wollte, finden sich hier schon Vorstellungen von jenem utopischen Zustand des Friedens und der Liebe, das er später das „Reich der Edelmenschen" nannte (Sudhoff 2006, 27f.). Auch der utopische irenische Optimismus ist schon spürbar. So wie Planeten das Licht der Sonne zurückleuchten, schreibt der junge Karl May emphatisch, so könne auch der Mensch, in dessen Herz ein Strahl der göttlichen Liebe gefallen sei, diesen unmöglich in seinem Innern verschließen (May 2006, 59f.). Der Gedanke lässt sich fortführen. Auch wenn das Gegenteil, das Böse und die Zwietracht, in der Welt ist, wird sich das Licht doch über die Welt ausbreiten.

In dieser globalen Optik hat May bereits seine frühen Unterhaltungsromane verfasst, die in wöchentlichen Heftlieferungen verbreitet wurden. Die Serie *Das Waldröschen* führt den Leser auf eine *Rächerjagd rund um die Erde.* In *Deutsche Herzen, deutsche Helden* ist eine deutsche Familie durch unglückliche Umstände auseinandergerissen und über die Welt verstreut. Am glücklichen Ende steht wie zu erwarten die Familienzusammenführung. Dass die Handlungen um die Welt gehen, schenkt dem Leser Weltreisen, die er selbst nicht machen könnte. Das ist aber nur ein Grund. In der globalen Szenerie klingt bereits Mays späteres weltumspannendes Friedensdenken an. Auch hier passt schon Sascha Schneiders um die Weltkugel fliegender, sich um die Welt herumbeugender, sich herumschmiegender Engel der Erstausgabe von *Und Friede auf Erden!* Das Bild konnte deshalb für den vorliegenden Band wieder aufgegriffen werden, der nicht nur auf das symbolistische, bewusst utopisch-pazifistische (oder besser: irenische) Spätwerk beschränkt ist.

In *Das Waldröschen*, dessen Geschehnisse im Hauptteil im mexikanischen Krieg gegen die französische Invasion (1861–1866) unter Napoleon III. (1808–1873) spielen, verfolgen die Helden, allen voran Old Shatterhands Vorläufer Dr. Sternau, nicht nur diverse Betrüger und Gewaltverbrecher, sie bemühen sich auch um vertrauensbildende Maßnahmen und Frieden zwischen den Konfliktparteien. Dr. Sternau hat eine große Nähe zum Präsidenten Mexikos, dem Freiheitshelden Benito Juárez (1806–1872), versucht aber auch den unglückseligen Marionettenkaiser Maximiliam I. (1832–1867) zu retten, dessen Erschießung er natürlich nicht verhindern kann. In einem Teil von *Deutsche Herzen, deutsche Helden* bewegt sich die Handlung nach Sibirien, wo sich das Mädchen Karparla (in späteren Ausgaben Karpala) als „Engel der Verbannten" dem Unglück sibirischer Häftlinge annimmt. Sie ist selbst ein auf einem Gefangenentransport verloren gegangenes Findelkind, das in einer tungusischen Familie lebt. Dass ihre Mutter eine Tscherkessin war, ihr Vater jedoch ein deutscher Bäcker, der nach Russland ausgewandert in die missliche Lage eines Verbannten geriet, und sie am Schluss nach Deutschland zurückkeiratet, wird von May nicht ohne biedermeierliche Deutschtümelei erzählt, lässt aber ebenso die Utopie einer umfassenden Menschheitsgemeinschaft erahnen. In einem Menschen werden alle Konfliktlinien zwischen Eroberern und indigener Bevölkerung, zwischen Unterdrückern und Unterdrückten, Fremden und Einheimischen aufgehoben. Diese Andeutung einer Friedensutopie wird besonders deutlich, vergleicht man den Sibirienteil von *Deutsche Herzen, deutsche Helden* mit den thematisch verwandten Episoden *In Sibirien* und *Die Russen am Amur* aus Sir John Retcliffes (1815–1878) Romanzyklus *Biaritz* (1868–1876), die May möglicherweise als Vorlage dienten. Bei Retcliffe stehen Gewalt und Aggression im Vordergrund. An eine Aussöhnung und Verschwisterung aller ist in seinem Sibirien nicht zu denken (Retcliffe *Abenteuer in Sibirien* 1976).

Deutlicher als in den frühen Werken wird die Suche nach Wegen zum Frieden in den berühmten Reiseerzählungen. Karl Mays Winnetou ist ein durch den Westen reitender Friedenskönig, der seine Völker zu einer großen Nation vereinen will, aber nicht wie eines seiner historischen Vorbilder, Tecumseh (1768–1813), um militärische Stärke gegen die weißen Eindringlinge zu gewinnen, sondern um auch mit diesen zu einem, wie wir heute sagen würden, Interessensausgleich zu kommen. Die Tragik des Helden besteht darin, dass er sich in zahlreichen Einzelabenteuern und der glücklosen Verbrecherjagd nach dem Mörder seines Vaters und seiner Schwester regelrecht verzettelt und schließlich bei einer seiner vielen Rettungsaktionen ums Leben kommt. So kommt bei dem großen Vorhaben am Ende nichts heraus als der Tod und die Erinnerung an heroische Abenteuer. Das ist zwar ein eindrückliches Bild für den „Untergang der indianischen Nation", konnte aber Karl May nach 1900, als die Friedensutopien immer mehr Raum in seinem Werk einnahmen, nicht recht befriedigen. Aus der Trilogie wurde 1910 mit Mays letztem Roman eine Tetralogie und das Friedenswerk Winnetous erhielt ein erfolgreiches Ende. Das Vermächtnis des Häuptlings vereint in *Winnetou IV* die Stämme zu einer Nation und diese Nation mit der ganzen Menschheit, denn der Clan Winnetou, die Keimzelle des neuen friedvollen Gemeinwesens, ist mit Marah Durimeh und durch sie mit dem Orient und durch den Orient mit der ganzen Welt verbunden. Zwei Gegnerschaften treten gegen dieses Bündnis auf: die alten Kräfte rachsüchtiger und kampflustiger Kriegshäuptlinge wie der alte Feind Tangua und eine Gruppe von Winnetouverehrern, die ihm ein gewaltiges Denkmal setzen wollen. Die alten Feinde sind für den gesetzten, aber immer noch agilen Old Shatterhand und sein Herzle mühelos auszutricksen und zu besiegen. Sie sind längst zu Karikaturen ihrer selbst geworden. Die eigentliche Bedrohung stellen die Verehrer Winnetous dar, die ihn naiv als kriegerischen Helden einer heroischen Vergangenheit missverstehen und gerade in der Verehrung durch ein Denkmal sein Vermächtnis zerstören. Auch ihr Irrtum wird am Ende überwunden. Dem Weg in eine neue Welt, zu einem neuen Leben steht buchstäblich nichts mehr im Wege. An diesen Beginn einer neuen Zeit führen auch die Reisen durch den Orient. Im Orientzyklus, auf dem Weg von der Entdeckung eines Mordes in der algerisch-tunesischen Wüste bis zur Entlarvung des Schuts in Albanien, wird Frieden äußerlich durch die Zerschlagung einer das ganze damalige osmanische Reich beherrschenden Mafiaorganisation erreicht. Wichtiger aber noch ist, dass May die christlich begründete Humanität, die Kara Ben Nemsi verkörpert, durch den Orient schickt, um dort eine Leuchtspur des Guten zu hinterlassen. Und noch wichtiger ist, dass im Lichte dieser Spur die spirituellen Kräfte des May'schen Orients selbst hervortreten, die sich in Marah Durimeh bündeln. Im Spätwerk ist sie dann die beherrschende Figur. Im dritten und vierten Band von *Im Reiche*

des silbernen Löwen steht Marah Durimeh als unangefoch-
tene Autorität hinter der Regentschaft des Ustad und seines
kleinen utopischen Reiches in den persischen Bergen. In
Ardistan und Dschinnistan sorgt sie im Hintergrund dafür, dass es nicht zum Krieg der Erde (Ardistan) gegen den
Himmel (Dschinnistan) kommt, sondern Kara Ben Nemsi
den finsteren Mir von Ardistan zu einem guten Herrscher
werden lässt, der sich mit dem Mir von Dschinnistan gegen
die bösen Kräfte in seinem Inneren (dem Inneren seines
Herzens und dem Inneren seines Landes), angeführt vom
unrettbaren Finsterling Panther, verbündet und das Böse
besiegt. Auch hier kann nun eine Ära des ewigen Friedens
beginnen.

Ein meditatives Bild, das während seiner Nordamerikareise entstand, zeigt Karl May auf dem Balkon des Clifton Hotels an den Niagarafällen (s. Frontispiz dieses Bandes). Auf
dem Foto ist er in großer Ruhe zu sehen und doch irgendwie, mit angewinkelten Beinen, auf dem Sprung. Die bis
dahin letzten Romane, *Und Friede auf Erden!*, *Im Reiche des
silbernen Löwen*, *Ardistan und Dschinnistan*, kamen nicht nur
wie früher (in den meisten Fällen) zu einem Happy End,
sondern führten in die Vollkommenheit. In *Winnetou IV*,
dem Roman, der nach der Nordamerikareise entsteht, ist
das nicht anders. Die Figuren des Romans bewegen sich
fast träge durch die weite Landschaft in die Berge hinauf, viele der Hauptfiguren sind alt, manche schon Greise. Das Geschehen ist ein permanenter Rückblick. Eine
Wiederbegegnung mit den einstigen Kämpfern des Wilden
Westens folgt auf die andere. Karl May verschnauft in seinem Sessel auf dem Hotelbalkon. So sieht es aus. Zugleich
ist der Roman aber auch die Erzählung eines Aufbruchs.
Eine Lichtshow wird organsiert, ein Flugzeugpionier um-
rundet das Bergmassiv, eine neue Generation tritt auf, eine
neue Nation wird gegründet, ein neues Leben beginnt,
die ganze Menschheit soll vom Mount Winnetou aus in
ein neues Stadium eintreten, das ein fantastisch anmuten-

des Reich des Himmels, aber auch ganz irdisch eine neue Gesellschaftsordnung darstellt. In *Winnetou IV* wird die mythisch-kosmologische Dimension der letzten Romane wieder mehr geerdet. Die Zukunftsperspektive bleibt träumerisch, aber mit der handfesten Technik (Elektrizität, Fotografie, Flugzeug) und der Idee der indianischen Gründung einer Art Menschheitsstadt entsteht auch eine politische und gesellschaftliche Alternative zur realen, nationalistisch und kapitalistisch geprägten Wirklichkeit. Das Paradies wird auf die Erde geholt. Es ist jedoch nicht ganz eindeutig, ob das Paradies tatsächlich errichtet werden – oder ob die Menschheit nur seine Grenze erreichen kann. Unter dem Einfluss der Lebensreform (s. u.) ist das Erste durchaus denkbar, aus christlicher Perspektive, die May ja nie verlässt, eher nicht, in ihr muss sich das Überschreiten der Grenze im mystischen Schweigen verlieren. Wie May nach ebenso zahlreichen Romanen wie Lebensjahren seine Helden, sich selbst und natürlich seine Leser an diese Grenze geführt hat, wird aus einer Beobachtung deutlich, die Martin Lowsky zu den Reiserzählungen macht: Mays Helden kommt so gut wie nie jemand entgegen. „Er und seine Nebenfiguren, ob gute oder böse, ziehen alle in dieselbe Richtung; allenfalls werden Mitmenschen eingeholt oder überholt" (Lowsky 2012, 135). Das trifft für *Winnetou IV* zu. Davor, auf dem Weg durch Ardistan nach Dschinnistan, geschieht jedoch an entscheidender Stelle etwas anderes. Als sich Kara Ben Nemsi, seine Gefährten und der geläuterte Mir von Ardistan aus der „Stadt der Toten", in die sie der Panther gelockt hatte, befreien können und eine regelrechte Auferstehung erleben – „Wir hatten das Grab gesprengt", berichtet der Erzähler (May *Ardistan und Dschinnistan II* 1909, 493) –, kommt ihnen Hilfe aus den Bergen Dschinnistans entgegen. Entgegen kommen ihnen die Heere aus dem Grenzland zwischen Ardistan und Dschinnistan, El Hadd, später auch aus Halihm, dessen Fürst Abd el Fadl, der „Diener der Güte" ist. Diese Heere vereinen sich mit denen Dschinnistans und bilden mit den Helden um Kara Ben Nemsi ein Bündnis gegen die Truppen des Panthers. Beim Anblick „des sich von den Felswänden milchweiß abhebenden Reiterzuges, dessen Helme und Lanzenspitzen goldene Strahlen zu uns sandten", muss Kara Ben Nemsi „an die ‚Heerscharen Gottes' denken, von denen in so vielen, alten, frommen Büchern die Rede ist" (ebd.). Die, die dem Grab entronnen sind, erleben die unmittelbare Begegnung mit den Boten des verborgenen Reiches Dschinnistans oder auch: mit den Engeln Gottes. Die Symbolik ist nicht schwer zu entschlüsseln. In der Dualität von Tod und Leben kommt Gott dem Leben entgegen. Nach Dschinnistan (in den Himmel selbst?) ist dann allerdings ein neuerlicher Aufbruch notwendig, der auch die erreichten Friedensschlüsse noch hinter sich lässt und die Reisenden wieder auf einen Weg bringt, auf dem noch nicht zu sehen ist, ob und wer ihnen entgegen kommen wird. Der Roman gilt als unvollendet, tatsächlich aber hat er ein sehr passendes Ende: „Wir aber wendeten unseren weiteren Aufstieg nun nach den Bergen, über deren Pässe der Weg nach Dschinnistan führte, und unserem hohen, weiteren Ziele zu – – – " (May *Ardistan und Dschinnistan II* 1909, 651).

2. Pazifismus und Lebensreform: Karl May im Kontext

1919, noch unmittelbar unter dem Eindruck des Ersten Weltkriegs, bemerkte der Reformpädagoge Ludwig Gurlitt (1855–1931) zu Karl May:

> Mit seinen Gedanken für den Völkerfrieden, Völkerbund, Ausgleich der Konfessionen, Versöhnung des Orients mit dem Okzident und anderen mehr gehört er zu den aufgeklärtesten und fortschrittlich wirksamsten Schriftstellern seiner Zeit. (Gurlitt 2009, 559)

Tatsächlich haben Karl Mays Friedenswege viele Gemeinsamkeiten mit pazifistischen Politik-, Gesellschafts- und Lebensentwürfen um 1900. Sie lassen sich jedoch keiner der vielfältigen politischen, religiösen und lebensreformerischen Strömungen zwischen der Mitte des 19. Jahrhunderts und dem Ausbruch des Ersten Weltkriegs ohne weiteres zuordnen. Mays Friedenswege sind bei aller Parallelität ein ganz eigenes Phänomen und ihre Besonderheiten werden im Vergleich noch deutlicher als in der ausschließlich werkimmanenten Betrachtung. Am nächsten ist May, zumindest in der Spätphase seines Lebens und seines Werks, der Pazifismus Bertha von Suttners (1843–1914), mit der er auch persönlich eng verbunden war. In einem Brief 1905 an sie rechnete sich May zu ihren Schülern (Hatzig 1971, 249). In seiner letzten Rede in Wien 1912 zitierte er aus ihrem damals jüngsten Roman *Der Menschheit Hochgedanken* (1911) (Kuße/Bartsch *in diesem Band*). Deutlich weniger, um nicht zu sagen: keine Berührungen hatte May dagegen zum organisatorischen Pazifismus Alfred Hermann Frieds (1864–1921), dem jedoch Bertha von Suttner nicht fern stand. Zusammen gaben beide die nach von Suttners bekanntestem Roman benannte Zeitschrift *Die Waffen nieder!* heraus. Enge Beziehungen pflegte Bertha von Suttner auch zu Lev Nikolaevič Tolstoj (1828–1910), dessen radikalen Pazifismus sie jedoch ablehnte, auch wenn sie den russischen Schriftsteller und ,Weisen von Jasnaja Poljana' als ihren Lehrmeister bezeichnete (Belentschikow 2012, 65). Tolstojs radikale Haltung teilte auch May nicht, aber im optimistischen Glauben an die Möglichkeit der Vervollkommnung des Menschen weisen Mays und Tolstojs Vorstellungen durchaus Übereinstimmungen auf (Kuße 2012). Innerhalb dieses geistigen Umfeldes um 1900 ist eine weitere Richtung oder vielmehr ein ganzes Potpourri an Bewegungen bemerkenswert, aus denen sich viele Anklänge in Mays Denken und Werk wiederfinden lassen: die sogenannten Lebensreformbewegungen mit ihrer Neu-

Bertha von Suttner (1843–1914)

entdeckung des Körpers, der Gesundheit, des natürlichen Lebens und der utopischen Gemeinschaft von Menschen, die ohne Hierarchie und institutionelle Ordnung füreinander leben wollen (Hofmann-Oedenkoven 1906; Landmann 2000; Buchholz u.a. 2001; Schwab/Lafranchi 2001; Voswinckel 2009).

Da Mays Friedenswege immer Wege der Überwindung oder Vernichtung des Bösen darstellen, hat die Vorstellung, was das Böse eigentlich ist, eine zentrale Bedeutung in den Vergleichen. Für May lässt sich mit Blick auf die Schurken, die fast immer am Rande des Wahnsinns leben, das Böse als schwere Erkrankung bezeichnen und in dieser Richtung wird es auch in den Lebensreformbewegungen aufgefasst, während für von Suttner das Böse eher einen schweren Irrtum darstellt und für Tolstoj sogar die Normalität gesellschaftlichen Lebens ist. Die Abschnitte zu Bertha von Suttner, Lev Tolstoj und die Lebensreform sind in diesem Kapitel deshalb mit den unterschiedlichen Vorstellungen vom Bösen überschrieben: *Das Böse als Irrtum*; *Das Böse in der Normalität*; *Das Böse als Krankheit.*

Übereinstimmungen von Karl Mays Friedensdenken und den pazifistischen Bewegungen seiner Zeit gibt es auch zu Albert Schweitzers (1875–1965) Ethik der tätigen Nächstenliebe. Der Vergleich führt zwar weit über die Zeit Karl Mays hinaus, aber Schweitzers Denken hat in ihr seine Ursprünge. Inhaltlich sind sich Karl May und Albert Schweitzer recht nah, weshalb sich im Vergleich zum Denken und Wirken Schweitzers zeigen lässt, ob Karl Mays Friedenswege nur literarische Träumereien oder auch heute praktisch relevante Optionen darstellen: für das Leben des Einzelnen ebenso wie für das Bemühen um gelingende Gemeinschaften (bis hin zur Größe der Weltgemeinschaft). Im Vergleich zu Schweitzer wird auch Mays Verständnis von Kultur, Kulturdifferenz und Kulturentwicklung deutlich, das in seinem Friedensdenken eine zentrale Rolle spielt, läuft dieses doch auf die Utopie

Lev Nikolaevič Tolstoj (1828–1910)

einer Menschheitskultur hinaus, die sich durch Einigkeit ohne Totalitarismus auszeichnet, indem sie kulturelle Differenzen und Eigenentwicklungen als Werte der utopischen Gemeinschaft aller begreift. In diesem Kapitel geht es in Abwandlung von Schweitzers „Ehrfurcht vor dem Leben" um die *Ehrfurcht vor den Kulturen*.

Das Böse als Irrtum: Bertha von Suttner

In *Die Waffen nieder!* (1889), dem Erfolgsroman, der Bertha von Suttner berühmt machte, erinnert sich die Ich-Erzählerin, die österreichische Gräfin Martha Althaus, in ihrer Jugend, mit siebzehn Jahren „ein recht überspanntes Ding" gewesen zu sein. Sie träumte sich in die Rolle der Jeanne d'Arc, wollte sein wie die „himmelsbegnadete Heldenjungfrau" – „Die Oriflamme schwingen, meinen König krönen und dann, sterben – für das Vaterland, das teure" (von Suttner *Die Waffen nieder!* 2006, 5). Solche Träume sind der große Irrtum, der gute Menschen an das Böse ausliefert. *Die Waffen nieder!* erzählt aus der Ich-Perspektive die Geschichte der Gräfin. Hineingeboren in den konservativen habsburgischen Adel teilt sie zunächst dessen Ideale von Ehre, Vaterland und militärischem Ruhm; allerdings kommen ihr schon recht früh Zweifel am Wertekanon ihrer Welt. So stimmt sie die Kriegsbegeisterung ihres ersten Mannes, des Grafen Arno Dotzky, kurz vor Ausbruch des österreichischen Krieges um Sardinien (1859) bereits skeptisch. Sie erkennt im Pathos der Pflichterfüllung zum „Schutz des häuslichen Herdes" etwas anderes:

> Wenn also mein Mann begeistert in den Krieg ziehen wollte, so war es doch nicht so sehr das dringende Bedürfnis, Weib und Kind und Vaterland zu schützen, als vielmehr die Lust an dem abenteuerlichen, Abwechslung bietenden Hinausmarschieren – der Drang nach Auszeichnung – Beförderung ... (von Suttner *Die Waffen nieder!* 2006, 15).

Ihr Mann kehrt aus dem Sardinischen Krieg, der für Österreich in der Schlacht bei Solferino mit einer Niederlage endete, nicht wieder. Die Skepsis Marthas wächst. Sie entwickelt sich zur Pazifistin und wird darin von ihrem zweitem Mann bestärkt, dem Baron Friedrich von Trilling, der zwar Offizier, aber dennoch auch entschiedener Kriegsgegner ist. Er überlebt die folgenden Kriege, den Deutsch-Dänischen Krieg von 1864 und den Krieg Preußens gegen den Deutschen Bund von 1866, an dessen Folge – eine Choleraepidemie bricht aus – jedoch die Geschwister Marthas sterben. Der Vater stirbt wenig später aus Kummer. Unter dem Eindruck dieser Ereignisse verstärkt das Ehepaar seine pazifistischen Aktivitäten, doch Trilling kommt wie Marthas erster Mann wieder durch einen Irrtum ums Leben. War es im Falle Dotzkys der eigene Irrtum, der ihn begeistert in den Krieg und damit in den eigenen Untergang trieb, so wird Trilling das Opfer eines fremden Irrtums. Martha und Friedrich halten sich zu Beginn des Deutsch-Französischen Krieges von 1870/1871 in Paris auf. Trilling wird irrtümlich für einen preußischen Spion gehalten und erschossen. Sie verspürt jedoch weder Zorn, noch sinnt sie auf Rache, sondern erkennt, dass „die Menschen, welche die Tat vollbracht", nicht die Schuld trifft, sondern: „Der allein Schuldige ist der *Geist* des Krieges und diesem nur könnte mein – allzuschwaches – Verfolgungswerk gelten" (ebd., 390). Deshalb kann der Roman auch hoffnungsvoll enden. Marthas Sohn aus erster Ehe übernimmt ihre pazifistische Gesinnung und wird selbst in ihrem Sinne aktiv. Es geht weiter und – Bertha von Suttner zeigt sich als Optimistin – weiter aufwärts.

Der Roman lebt von Gesprächen, Diskussionen und inneren Monologen, die alle Irrtümer durchgehen, die Menschen zum Bösen in Gestalt von Gewalt und Krieg treiben. Das beginnt mit falschen Werten wie Ruhm, Ehre und vermeintlichen Rechten, die über die Würde des Lebens und das Recht selbst gestellt werden (Götz 1996, 97).

Dazu gehört die parteiliche Zuschreibung schlechter und guter Eigenschaften, in der alles Schlechte, „als da sind: Eroberungsgier, Rauflust, Haß, Grausamkeit, Tücke" nur beim „Feind" gesucht und nicht auch bei sich selbst erkannt wird (von Suttner *Die Waffen nieder!* 2006, 25). Aus diesem Irrtum folgt der Irrtum der Rache und aus ihr der Kreislauf der Gewalt:

> Rache und immer wieder Rache? Jeder Krieg muß einen Besiegten aufweisen und wenn dieser nur in einem nächsten Krieg Genugtuung finden kann, einem nächsten, der natürlich wieder einen genugtuungheischenden Besiegten schaffen wird – wann nimmt das ein Ende? (ebd., 266)

Zu den Irrtümern zählt aber auch die Ergebung in die angebliche Notwendigkeit und Unabwendbarkeit des Krieges – „es muß ja sein – es muß ja sein. Andere Entschuldigung gibt es für die Greuel des Kriegführens keine, als die das Wörtlein ‚muß' enthält" (ebd., 35), weshalb die Abschaffung des Krieges eine sinnlose Forderung sei – denn „ebenso gut könnte ich sagen, man solle das Erdbeben abschaffen…" (ebd., 37). Zu den Irrtümern gehört die Vergötzung des Staates, die Martha bei ihrem Vater erlebt, wenn er sagt: „Mein Kind, ein Reich, ein Staat lebt ein längeres und wichtigeres Leben als die Individuen" und daraus den Schluss zieht: „Darum ist das wichtigste und höchste, was jeder einzelne erstreben muß und wofür er jederzeit gern sterben soll, die Existenz, die Größe, die Wohlfahrt des Reiches" (ebd., 40f.). Und zu den Irrtümern gehört die blasphemische Rechtfertigung kriegerischer Gewalt mit dem angeblichen Willen Gottes und der göttlichen Weltordnung. Ein Geistlicher behauptet: „Der Krieg ist von Gott selbst inventiert und den Menschen gelehret worden" (ebd., 317). Zu den Irrtümern gehören nicht zuletzt die falsche Scham und das peinliche Verschweigen der Realitäten des Krieges:

Als ich gar eines Abends von den Verstümmelten sprach und das Los derer beklagte, die im Namen des Mannesmuts, der Manneszucht und der Mannesehre in den Krieg getrieben, von dort zurückkehren müssen, ihrer Mannheit auf ewig beraubt – –

„Martha! *Vor den Mädchen!!!*" stöhnte Tante Marie; im Tone der höchsten sittlichen Entrüstung.

Da riß mir die Geduld: „O über eure Prüderie – und o über eure zimperliche Wohlanständigkeit! *Geschehen* dürfen alle Greuel, aber nennen darf man sie nicht. [...] Das ist eine grausame Moral, wißt ihr das? Grausam und feig! Dieses Wegschauen – mit dem leiblichen und mit dem geistigen Auge – das ist an dem Beharren so vielen Elends und Unrechts schuld!" (ebd., 267)

Es ist jedoch möglich zur Einsicht zu kommen. Sie findet Martha nicht nur bei sich, sondern auch bei ihrem Mann, dem Bertha von Suttner das Wort „Edelmensch" in den Mund legt und der für Martha selbst zur Verkörperung des Edelmenschentums wird. Das Wort fällt in einer Diskussion mit Marthas Vater – als Gegensatz zu „Edelleute", womit Tilling den wahren, inneren Adel gegen den nur äußerlich ererbten setzt:

„Oho, Sie wollen gar den Adel abschaffen, Sie Radikaler?" rief mein Vater.

„Den feudalen allerdings. ,Edelleute' braucht die Zukunft keine."

„Desto mehr Edelmenschen," bekräftigte Friedrich.

„Und diese neue Gattung wird Ohrfeigen einstecken?"

„Sie wird vor allem keine austeilen."

„Und sich nicht verteidigen, wenn der Nachbarstaat einen kriegerischen Einfall macht?"

„Es wird keine einfallenden Nachbarstaaten geben – ebensowenig als jetzt unsere Landsitze von feindlichen Nachbarburgen umgeben sind. Und wie der heutige Schloßherr keinen Troß bewaffneter Knappen mehr braucht –"

„So soll der Zukunftsstaat des bewaffneten Heeres entraten können? Was wird denn aus Euch Oberstleutnants?"

„Was ist aus den Knappen geworden?"

So hatte sich der alte Streit wieder einmal entsponnen und derselbe wurde noch eine Zeit lang fortgesetzt. Ich hing mit Entzücken an Friedrichs Lippen; es tat mir unsäglich wohl, die Sache erhöhter Gesittung von ihm so fest und sicher vertreten zu sehen, und im Geiste verlieh ich ihm selber den Titel, den er vorhin genannt hatte: ‚Edelmensch'!" (ebd., 120f.)

Fortschrittsoptimismus und Aufstiegsmetaphorik

Die pazifistische Bewegung – 1892 gründete Bertha von Suttner zusammen mit Alfred Hermann Fried die Deutsche Friedensgesellschaft – war für sie nicht nur ein Mittel zur Eindämmung kriegerischer Auseinandersetzungen, sondern ein Weg zur moralischen Höherentwicklung der Menschheit, die den Geist des Krieges überwinden werde. Sie sah in dieser Höherentwicklung sogar eine der Entwicklung der Schöpfung innewohnende Notwendigkeit. „Das ewige Werden ist zugleich ein ewiges Veredeln", schreibt sie 1904 in *Inventarium einer Seele*: „Das Streben nach Verbreitung, nach Verschönerung, nach Vervollkommnung ist die allen Dingen innewohnende Lebenskraft" (von Suttner *Inventarium einer Seele* 1904, 69). Und dazu gehört natürlich der Friede: „Der Friede ist ein Zustand, welcher aus dem Fortgange der Kultur sich notwendig ergeben muß" (ebd., 107).

Karl May griff diesen Gedanken auf: *Empor ins Reich der Edelmenschen!* – dieser Titel seines letzten Vortrags in Wien am 22. März 1912 ist sowohl eine Forderung als auch der Ausdruck der Erwartung, dass es zu diesem Aufstieg aller in ein Reich der Nächstenliebe und des ewigen Friedens auch tatsächlich kommen werde (Kuße/Bartsch *in diesem Band*).

Die Aufstiegs- und Höhenmetaphorik, die für May im autobiografischen Rückblick auf sein Werk so wichtig war – schon die Bewegungen seiner Helden aus den Prärien und

Wüsten hinauf in die Berge in den Reiseerzählungen sollten symbolisch den Aufstieg zu geistiger und moralischer
Höhe symbolisieren (Kuße/Bartsch *in diesem Band*) –, ist
als solche noch nichts Besonderes. Sie folgt einer universalen menschlichen Metaphorik, die das Oben mit dem
Glück und dem Guten und das Unten mit negativen Assoziationen verknüpft (Lakoff/Johnson 1980). Die Verbindung von Höhe und Göttlichem ist archaisch, ein immer
wiederkehrendes religiöses Motiv (die Götter des Olymp,
die hochgelegene Walhalla, Moses auf dem Berg Sinai, Jesus auf der Berg Tabor usw.) und ist gerade in der spätro-
mantischen, schwergeistigen Zeit Mays ein beliebtes Sujet
(vgl. Scholdt 2000, 98f.; Hahn 2004, 158-163; Ueding
2012, 278-283; Schaper/Lemke-Matwey 2013). May selbst
hatte von der universalen religiösen Bedeutung des Berges
schon in seinen *Geographischen Predigten* (1875/1876) geschrieben. Dort zählt er vom Berg Ararat bis zum Berg der
Himmelfahrt Christi die bedeutendsten biblischen Höhen
auf. Dasselbe sei auch in allen anderen Religionen zu finden
und hier wie dort knüpfe an den Gegensatz zu den Ber-
geshöhen, an das Wort ‚Tal' die Vorstellung des Gegenteils
von Glück und Seligkeit an (May *Geographische Predigten*
1958, 51). Nun sagt die Verbindung von Gut und Böse mit
Höhe und Tiefe noch nichts darüber aus, welche Höhen
Menschen erreichen können oder in welchen Tiefen und
Ebenen sie stecken bleiben. Die Höhenmetaphorik lässt
tiefen Pessimismus ebenso zu wie hochfliegenden Optimismus. Karl May vertrat wie Bertha von Suttner die zweite
Sichtweise. Sie sahen optimistisch auf die Entwicklung der
Menschheit und waren damit zu ihrer Zeit nicht die Einzigen. Nicht weniger hoffnungsfroh zeigte sich zum Beispiel
der bekannte Theologe Adolf von Harnack (1851–1930)
in seiner Vorlesung *Vom Wesen des Christentums*, die an der
Wende vom 19. zum 20. Jahrhundert zum akademischen
Großereignis in Berlin wurde. Dort meinte er, anders als
noch vor zwei- oder dreihundert Jahren werde die sittliche

Verpflichtung gefühlt, sich dem hohen, herrlichen Ideal der (christlichen) Religion anzunähern, „welches unserer geschichtlichen Entwicklung als Ziel und Leitstern vorschweben soll [...] und die zarter und darum prophetisch unter uns Empfindenden blicken auf das Reich der Liebe und des Friedens nicht mehr wie auf eine bloße Utopie" (Harnack 1999, 133; s. auch Koch *in diesem Band*).

Vor dem Hintergrund der Schrecken des 20. Jahrhunderts werden die Jahrzehnte vor dem Ersten Weltkrieg leicht als Zeit der Kriegsvorbereitung, des Militarismus und Imperialismus, als ein direkter Kurs in die Katastrophe wahrgenommen. In der Zeit Mays, von Suttners, Frieds oder auch von Harnacks gab es jedoch genügend Ereignisse und Fortschritte, die einen optimistischen Blick auf die Zukunft erlaubten. Herausragend sind die Haager Friedenskonferenzen von 1899 und 1907, denen 1874 die Brüsseler Konferenz vorausging, auf der bereits eine „Deklaration über die Gesetze und Gebräuche des Krieges" verabschiedet wurde. 1864 ist das Jahr der ersten Genfer Konvention. Sie war von Henry Dunant (1828–1910) angeregt worden, der 1863 das „Internationale Komitee der Hilfsgesellschaften für die Verwundetenpflege" gegründet hatte, aus dem 1876 das „Rote Kreuz" hervorging. Die vierzig Jahre, die zwischen der Schlacht bei Solferino (1859), die Henry Dunant zum Aufbau des Roten Kreuzes veranlasste, bis zur ersten Haager Friedenskonferenz (1899) lagen, sind ungeachtet ihrer zahlreichen Kriege auch eine Erfolgsgeschichte der Friedensbemühungen, die auf weitere Fortschritte hoffen ließ.

Organisatorischer Pazifismus und utopischer Absolutismus

Der Pazifismus vor dem Ersten Weltkrieg war keine einheitliche Bewegung. Die Vorstellungen davon, was Frieden sei und wie ein dauerhafter Frieden geschaffen und erhalten werden könne, sahen zum Teil sehr verschieden aus (Riesenberger 1985; Holl 1988; ders. 2010; Strub/ Grotefeld 2007; Brücher 2008; Kovács 2009). Die Unterschiede sind grundsätzlich und bis heute aktuell. Gertrud Brücher (2008) unterscheidet unter anderem den radikalen und den Rechtspazifismus (ebd., 24). Während der radikale Pazifismus einen generellen Gewaltverzicht fordert und sich gegen jede Art der Rechtfertigung von Gewalt – besonders gegen die Lehre vom sogenannten „gerechten" oder gar „heiligen Krieg" – wendet (ebd., 27), geht es im Rechtspazifismus weniger um das „Prinzip der Gewaltfreiheit" als um die „Sicherung und Verteidigung des Rechts" (ebd., 26). In dieser Unterscheidung steht Karl May dem Rechtspazifismus näher als dem radikalen Pazifismus, denn der Einsatz von Waffen zur Verteidigung der gerechten Ordnung bleibt, wie gezeigt, bis zum letzten Werk, bis *Winnetou IV* eine Option, auch wenn Messer, Gewehre und Kanonen kaum noch zum Einsatz kommen. Eine zweite Unterscheidung ist die von säkularer Humanitätsreligion und revolutionärem Pazifismus (ebd. 17). Damit sind die unterschiedlichen Positionen Bertha von Suttners und Alfred Hermann Frieds bezeichnet. Die Hoffnung der Friedensnobelpreisträgerin von 1905 auf die geistige und moralische Höherentwicklung der Menschheit zum Edelmenschentum (Holl 1988, 74) und die damit verbundene wachsende Einsicht in die Notwendigkeit des Friedens und der Überwindung des Krieges war für Fried, der 1911 mit dem Friedensnobelpreis ausgezeichnet wurde, irrational. Er bezeichnete bei aller Nähe und Zusammenarbeit mit von Suttner ihr Denken spöttisch als „sentimentalen Pazifismus". Der politisch und gesellschaftlich erfolgreiche Pazifismus sollte demgegenüber auf „wissenschaftlicher" Grundlage beruhen und planmäßig die Revolutionierung von Gesellschaft und Politik herbeiführen, da nur in einer neuen Weltordnung Krieg als Mittel zur Durchsetzung von Interessen überwunden werden könne (ebd., 75-81). Seiner

Alfred Hermann Frieds „Reihe ineinandergreifender Zahnräder"

1899 gegründeten und bis heute bestehenden Zeitschrift *Die Friedenswarte* gab er den Untertitel „Zeitschrift für internationale Verständigung" und später „Zeitschrift für zwischenstaatliche Organisation" und symbolisierte dieses Programm ab 1906 mit einem Emblem, das ineinandergreifende Zahnräder zeigt. Diese Zahnräder standen im bewussten Kontrast zu bekannten Friedenssymbolen wie Ölzweig, Taube oder Engel. Emphatisch schrieb Fried 1906: „Keine Oelzweige, keine Tauben, keine Engel, keine weissen Fahnen, keine zerbrochenen Schwerter, keine Pflugscharen! Alle diese Symbole versinnbildlichen die Idee nicht, die in diesen Blättern vertreten wird" (Fried 1906, 1; Lienemann 2007, 79). Die „Reihe ineinandergreifender Zahnräder" sollte vielmehr zeigen, was notwendig sei: „das Zusammenwirken zu einem gemeinsamen Zweck, [...] den Teil im Zusammenhang mit dem Ganzen, das Ganze im Zusammenhang durch den Teil, die ruhige, sichere Führung durch Organisation" (ebd.).

Vom Vizepräsidenten der deutschen Friedensgesellschaft Otto Umfrid (1857–1920) erhielt Karl May einen Dankesgruß für *Und Friede auf Erden!* Umfrid, der wie May auf den Zusammenschluss aller Nationen zu einer allumfassenden Gemeinschaft hoffte, bezeichnete den Roman als „Evangelium der Menschheit" (Schmiedt 2011, 239). Ansonsten wurde May, der sich selbst keiner Organisation anschloss, mit Ausnahme Bertha von Suttners von der Friedensbewegung seiner Zeit und ihren Aktivisten kaum wahrgenommen (Holl 2010; Brenner 2012, 75f.). In der Gegenüberstellung von Humanitätsreligion und organisatorischem und revolutionären Pazifismus gehört er sicher zur ersten Richtung, allerdings mit einer eindeutig formulierten religiösen (nicht säkularen) Ausrichtung. Ohne die Hilfe Gottes und seiner Engel und damit ohne den Weg aus den Gräbern Ardistans – des irdischen Lebens – zu Gott und seinem Reich des ewigen Friedens, wie er es symbolisch romanhaft in *Ardistan und Dschinnistan* schildert, ist für May überhaupt kein Friede möglich. Das Gleiche gilt auch für den inneren Frieden des Einzelnen. Auch er wird nur gefunden, wenn der Einzelne Gott findet oder besser: sich von Gott finden lässt. Das gilt für den im Westen umherirrenden Old Surehand ebenso wie für den moralisch in die Irre geratenen Old Wabble (*Old Surehand III*). Es gilt für den Mir von Ardistan oder Abu Kital. Es gilt für Old Shatterhands verlorenen Freund Carpio, der im Wilden Westen, dem er nicht gewachsen ist, an einem Weihnachtsabend elend zugrunde geht, aber, indem er die Worte des May'schen Weihnachtsgedichts zitiert, doch versöhnlich sterben kann (*Weihnacht!* 1897). Es gilt letztlich auch für den tragischen Winnetou, dem May als letzte Worte ein Glaubensbekenntnis in den Mund legt.

Aus der religiösen Emphase Mays folgt jedoch nicht, dass er Versuchen, den Frieden zu organisieren und mit staatlicher und zwischenstaatlicher Organisation zu sichern, grundsätzlich ablehnend gegenüberstand – eine solche radikale antiorganisatorische und antistaatliche Position ist eher mit dem Namen des Schriftstellerkollegen Lev Tolstoj in Verbindung zu bringen (s. u.; Kuße 2010, 58-69). Wenn May die kurdische Friedensfürstin Marah Durimeh fordern lässt, nicht auf den Krieg, sondern „auf den Frieden zu rüsten!", und feststellt: „Nur die Macht imponiert, die wirkliche Macht. Will der Friede imponieren, so suche er nach Macht, so sammele er Macht, so schaffe er sich Macht" (May *Ardistan und Dschinnistan II* 1909, 17), so klingt das nicht gerade nach gottergebener Passivität. Die Möglichkeit und Notwendigkeit der Organisation ergibt sich auch aus dem Rechtspazifismus, dessen wesentliche Prinzipen Immanuel Kant in der Schrift *Zum ewigen Frieden* (1795) formuliert hat. André Köhler weist auf die inhaltliche Nähe Mays zu diesem „philosophischen Entwurf", wie Kant die Schrift nannte, hin (Köhler *in diesem Band*). Ausgangspunkt für Kants Überlegungen ist das Postulat, dass Frieden nicht von Natur aus gegeben ist, sondern nur das Ergebnis menschlichen Bemühens sein kann.

> Der Friedenszustand unter Menschen, die nebeneinander leben, ist kein Naturzustand (status naturalis), der vielmehr ein Zustand des Krieges ist, d.i. wenn gleich nicht immer ein Ausbruch der Feindseligkeiten, doch immerwährende Bedrohung mit denselben. […] Er muß also gestiftet werden. (Kant 1983, 203)

Diese Stiftung des Friedens bedarf nach Kant gesetzlicher Grundlagen, zu denen das Verbot von „Staatsschulden in Beziehung auf äußere Staatshändel" (ebd., 198) und das Verbot, „sich in die Verfassung und Regierung eines anderen Staates gewalttätig" einzumischen (ebd., 199), ebenso gehören wie die Forderung nach einem Völkerrecht, das „auf einem Föderalism [sic!] freier Staaten gegründet sein" soll (ebd., 208). Es ist sicher nicht sinnvoll, zu viel in Mays Erzählungen und Romane hineinzuinterpretieren, aber ein Anklang an diese Forderungen ist in *Ardistan und*

Dschinnistan mit seinem freien Bündnis von Stämmen und Fürstentümern schon zu spüren. Auch ist es interessant, dass der Mir von Dschinnistan sich nicht gewalttätig in die „Verfassung und Regierung" Ardistans, so despotisch und wirtschaftlich ruinös sie auch ist, einmischt, sondern erst aktiv wird, als er angegriffen wird.

Die „Stiftung des Friedenszustands" durch die „Organisation des Friedens" war, wie schon gesagt, im späten 19. und frühen 20. Jahrhundert durchaus erfolgreich. Zumindest Bertha von Suttner blickte trotz ihres Optimismus auf die institutionellen Fortschritte jedoch auch mit Skepsis, die daher rührte, dass auf allen Konferenzen die Anwendung von Gewalt, der Krieg immer eine legitime Option der Interessenswahrung blieb und die Abkommen mehr auf eine Regelung des Krieges und Milderung seiner Folgen hinausliefen als auf seine Ächtung – im besten Falle für eine Verringerung kriegerischer Auseinandersetzungen sorgen wollten, indem bessere Rechtsformen der gewaltlosen Konfliktregelung geschaffen wurden. „Ob überhaupt ein Krieg für einen Pazifisten annehmbar sei, darüber waren die Meinungen [...] unterschiedlich. Die Mehrheit hielt einen ‚echten' Verteidigungskrieg (dabei stellte sich die Frage, wann ein Krieg wirklich als Verteidigungskrieg gekennzeichnet werden könne) für annehmbar" (Kovács 2009, 52). Diese Relativierungen des pazifistischen Anliegens hat Bertha von Suttner kritisch beobachtet. In ihrer Autobiografie schreibt sie zur ersten Haager Friedenskonferenz:

> Durch dieses Einführen der Fragen der Kriegsbräuche und der Kriegshumanisierung in die Beratungen der Friedenskonferenz wurde (gewiß nicht unabsichtlich) ein Keil in sie hineingetrieben, der geeignet war, sie ihres eigentlichen Charakters zu berauben. (von Suttner 1909, 428f.)

Auch die Verleihung des ersten Friedensnobelpreises an Henry Dunant im Jahr 1901 sah sie in dieser Weise sehr kritisch.

Die Verleihung des Preises an Dunant war wieder eine Konzession an jenen Geist, der sich auch in die Haager Konferenz zu drängen gewußt hat und der das Dogma aufstellen will, daß die einzige Betätigung gegen den Krieg sich vernünftigerweise auf dessen Milderung beschränken soll. (von Suttner 1909, 521)

Ganz gerecht ist die Einschätzung nicht, da von Suttners konsequent pazifistische Position nicht erst 1905, sondern schon damals mit der Wahl des zweiten Preisträgers von 1901, des heute kaum noch bekannten französischen Politikers Frédéric Passy (1822–1912), eine gewisse Anerkennung erfahren hatte. Wichtig ist aber die Skepsis selbst, die aus der Kritik an Dunants Friedensnobelpreis und dem Unbehagen gegenüber der ersten Haager Friedenskonferenz spricht. Denn diese Skepsis und Kritik übernahm Karl May und legte sie seiner Marah Durimeh in den Mund, in ihrem langen Gespräch mit Kara Ben Nemsi am Anfang von *Ardistan und Dschinnistan*. Als Kara Ben Nemsi hoffnungsvoll feststellt, im Abendland rege sich bereits der Wille zum Frieden, denn die „edelsten der Männer und der Frauen vereinen sich, ihm freie Bahn zu brechen", antwortet Marah Durimeh:

„Ich weiß, ich weiß! Aber was können die Vorschläge selbst der edelsten Menschen fruchten, wenn man die großen, die deutlichen, die riesenhaft in die Augen fallenden Winke nicht beachtet, welche das Leben selbst erteilt? Und wenn sich hundert Kaiserinnen und tausend Königinnen vereinen, um ihre Stimmen für den sogenannten ewigen Frieden zu erheben, was wäre der Chor dieser Stimmen gegen den fürchterlichen, ununterbrochenen Schrei des Blutes, welches von Anfang an bis heute vergossen worden ist, ohne daß auch nur ein einziges Jahr erschien, von dem man sagen könnte, daß es Friede auf Erden gab."
„Die Herrscher und Fürsten beschicken Friedenskonferenzen," sagte ich, „auf denen – –"
„Auf denen man den Krieg, nicht aber den Frieden organisiert!" unterbrach mich Marah Durimeh.

„Man humanisiert den Krieg!"

„Das heißt, man tötet schneller und schmerzloser, aber – man tötet! Ich sage dir, mein Freund, der stolze Krieg steigt nie zum Frieden herab, um ihm die Hand zu reichen, sondern der Friede muß zu ihm empor, um ihn, der ewig widerstreben wird, herabzuschmettern. [...]." (May *Ardistan und Dschinnistan I* 1909, 16)

Daran schließt das in diesem Band von Eckehard Koch in der Überschrift seines Beitrags zu Mays Friedensutopien gewählte Wort an: „Hat der Krieg eine eiserne Hand, so habe der Friede eine stählerne Faust!" (ebd., 17). Eine Friedenstrategie ist damit angedeutet, die mit der bereits zitierten Verknüpfung von Frieden und Macht beginnt – „Will der Friede imponieren, so suche er nach Macht …" (ebd.) –, zur Forderung fortschreitet, stehende Heere für den Frieden zu rüsten (ebd.), und sich dann zum Programm einer weltumspannenden Menschheitsgemeinschaft entwickelt (ebd., 17-21).

Diese weltkulturelle Einbettung ist für Karl Mays Friedensdenken im Spätwerk von zentraler Bedeutung. Denn dass die Relativierung des Friedenswillens vor allem dann, wenn sogenannte zivilisatorische Werte vor den Gewaltverzicht gesetzt werden, gefährlich sein kann, wurde bei der deutschen Beteiligung an der Niederschlagung des Aufstandes in China 1900 deutlich. Darauf reagierten nicht alle Pazifisten so schockiert wie Karl May in seinem Roman *Et in terra pax*, den er in den patriotischen Sammelband *China* (1901) schmuggelte (Roxin 2009, 610) und 1904 in erweiterter Form mit dem Titel *Und Friede auf Erden!* als Band 30 der Gesammelten Reiseerzählungen herausbrachte. Am Anfang dieser Erweiterung erläutert May, dass er sich gezwungen sah, den Roman für das in Lieferungsheften erscheinende Sammelwerk vorzeitig zu beenden, da es nicht den Vorstellungen seines Herausgebers entsprach:

Das Werk war nämlich der „patriotischen" Verherrlichung des „Sieges" über China gewidmet, und während ganz Europa unter dem Donner der begeisterten Hipp, Hipp, Hurra und Vivat erzitterte, hatte ich mein armes, kleines, dünnes Stimmchen erhoben und voller Angst gebettelt: „Gebt Liebe nur, gebt Liebe nur allein!" Das war l ächerlich; ja, das war mehr als lächerlich, das war albern. Ich hatte mich und das ganze Buch blamiert, und mir wurde bedeutet, einzulenken. Ich tat dies aber nicht, sondern ich schloß ab, und zwar sofort, mit vollstem Rechte. Mit dieser Art von Gong habe ich nichts zu tun! (May *Und Friede auf Erden!* 1904, 491)

Zu den Befürwortern der Niederschlagung des sogenannten Boxeraufstandes gehörten aber nicht nur Wilhelm II., dessen „Hunnenrede" („Pardon wird nicht gegeben. Gefangene werden nicht gemacht!") traurige Berühmtheit erlangte, und seine subalternen deutschnationalen Verehrer. Auch Alfred Hermann Fried rechtfertigte den militärischen Einsatz mit zivilisatorischem Fortschrittsdenken (Brücher 2008, 16). Er rechtfertigte später auch Deutschlands Eintritt in den Ersten Weltkrieg. Da die deutschen Friedensfreunde das Recht und die Pflicht zur Verteidigung stets anerkannten, hat jetzt, so Fried 1914, „jeder deutsche Friedensfreund seine Pflicht gegenüber dem Vaterlande genau wie jeder andere Deutsche zu erfüllen" (zit. n. Kovács 2009, 58f.). Es ist müßig, lange darüber zu spekulieren, wie sich May 1914 geäußert hätte. Zu überlegen ist immerhin Folgendes: Das Recht auf Verteidigung stand für May nicht zur Option. Fraglich ist aber, ob er den Ersten Weltkrieg in dieser Weise eingeordnet hätte, nachdem er sich seit 1900 vom kritiklosen deutschnationalen Patriotismus vor 1900 entfernt hatte und zudem den Schock der „Hunnenrede" des Kaisers verkraften musste.

Die pazifistische Haltung Mays, die konsequenter war als die mancher Pazifisten seiner Zeit, ging jedoch nicht einher mit politischen Vorstellungen von der Notwendigkeit einer anderen als der bestehenden Ordnung und Gesellschaft. Im Unterschied zum organisierten und revolutionären Pazifismus setzte er nicht auf politische und gesellschaftliche Veränderungen im Sinne einer Demokratisierung. Sie deutet sich zwar an in *Winnetou IV*, aber auch nur schwach (s. u.). May blieb Monarchist. Stefan Schmatz bezeichnet seine Vorstellungen von Staat und Regentschaft treffend als utopischen Absolutismus (Schmatz 1990, 9 und 11) oder auch als aufgeklärten utopischen Absolutismus (ebd., 32) – der, nebenbei bemerkt auch genretypisch ist: John Ronald R. Tolkiens *Der Herr der Ringe* weist die gleichen utopisch absolutistischen Vorstellungen auf wie *Ardistan und Dschinnistan*. Frieden und Gerechtigkeit sind die Attribute des guten Herrschers, eines Mir von Dschinnistan, eines geläuterten Mir von Ardistan, eines Ustad im Land der Dschamikun (*Im Reiche des silbernen Löwen III-IV*). Dass ein Herrscher diese Attribute erfüllt, ist zumindest nicht undenkbar. Darin wusste sich May auch mit Bertha von Suttner einig, die besonders vor der ersten Haager Friedenskonferenz auf eine ‚Revolution von oben' setzte (Götz 1996, 99). Das kommt in ihrer Begeisterung für Nikolaus II. (1868–1917) und sein „Zarenmanifest" zum Ausdruck. Mit diesem Schreiben vom 24. August 1898 regte der russische Zar vier Jahre nach seiner Thronbesteigung die Haager Konferenz an, die dann 1899 stattfand. Bertha von Suttner war hingerissen. Im Tagebuch notierte sie: „Das humane und hochherzige Streben Sr. Majestät des Kaisers, meines erhabenen Herrn, ist ganz dieser Aufgabe [des Friedens, H.K.] gewidmet" (zit. n. Belentschikow 2012, 171), und erinnert sich in ihrer Autobiografie: „Das war kein Aufsatz aus sozialistischen oder pazifistischen Kreisen – – das war ein offizielles Dokument, im Namen eines obersten Kriegsherrn *an alle Regierungen* gerichtet […] War das nicht wie ein Traum, wie ein Märchen?" (von Suttner 1909, 399)

Wie ein Traum und ein Märchen: Genau diesen Traum formte Karl May zu einem märchenhaften Roman: *Ardistan und Dschinnistan*. Dort ist nicht nur der Herrscher des Friedenreiches Dschinnistan ein guter Herrscher. Auch der

Gewaltherrscher von Ardistan lässt sich bekehren und wird zum guten Regenten. Die Romane Karl Mays lassen sich zwar nicht eins-zu-eins politischen Ereignissen zuordnen, aber ganz ausgeschlossen ist es nicht, dass der Traum und das Märchen des Zarenmanifestes auch hinter Mays Träumen vom Herrscher als Friedensfürsten standen – oder es steckt noch etwas anderes dahinter: eine indirekte, literarisch verpackte Kritik am eigenen Herscherhaus. In *Ardistan und Dschinnistan* finden sich genügend satirische Anspielungen an die imperiale Kultur des Wilhelminismus, ganz besonders an seinen Denkmalkult und seinen ideologiegetränkten Historismus (vgl. Keindorf 2010). Vielleicht ist im Mir von Ardistan auch der deutsche Kaiser zu sehen, der May mit der Hunnenrede erschütterte, der aber doch, so die Hoffnung, sich noch bekehren kann… Ob das der Hintergrund ist, bleibt freilich Spekulation.

May ist in seinen Vorstellungen vom richtigen Leben und dem Reich des Guten und des Friedens dennoch nicht auf Monarchien fixiert. Andere Ordnungen sind unter anderen Umständen genauso gut. Die Weggefährtschaften im Wilden Westen und, wenn auch weniger ausgeprägt, die Reisegemeinschaften im Orient lassen sich als kleine Demokratien verstehen, in denen Freie und Gleiche unterwegs sind. Zwar sind hier das Ich oder andere Haupthelden immer die unangefochtenen Anführer (Schäfer 2010), aber diese Rolle kommt ihnen durch ihre höhere Kompetenz, List, Kraft und Erfahrung zu – deswegen sind ja Superhelden – und nicht aus solchen Gründen wie Geburt, Herkunft usw. (Schmatz 1990, 11). Und die Überlegenheit muss auch immer wieder unter Beweis gestellt werden. Die utopischen Reiche und Gemeinschaften im Spätwerk sind ebenfalls nicht alle gleich. Dschinnistan und Ardistan sind Monarchien. Das Reich der Shen in *Und Friede auf Erden!* ist eher eine aus englischem Vermögen privat finanzierte Stiftung. Die Gemeinschaft, die sich in *Winnetou IV* im Clan Winnetou zusammenfindet, hat überhaupt keinen Herrscher, allenfalls in dem Medizinmann Tatellah-Satah einen spirituellen Lehrer. Die vergangenen indianischen Hochkulturen – Monarchien – werden in dem Roman zwar als untergegangene Ideale in Erinnerung gerufen und die Welt der Reiterstämme, die eigentlich ein Reich der Freiheit ist, als Verfallserscheinung angesehen (May *Winnetou IV* 1910, 579), aber die neue Perspektive ist keine indianische Monarchie, sondern eine Stadt am Fuße des Mount Winnetou (ebd., 601) – wenn man so will, ein ganz amerikanisches Ideal des freien, sich selbst verantworteten Bürgertums.

Was den Frieden aber tatsächlich sichert, ist in den Romanen Mays etwas ganz anderes, nämlich die Selbstverpflichtung aller allen gegenüber, in Nächstenliebe einander zu begegnen. Das ist die Maxime Dschinnistans, jeder solle der gute Engel seines Nächsten sein, ohne dass dieser davon weiß (May *Ardistan und Dschinnistan I* 1909, 549). Dieselbe Maxime befolgen die Angehörigen des Clans Winnetou in *Winnetou IV* und leben damit auch in Dschinnistan. Denn Dschinnistan ist, wie Hadschi Halef Omar in Mays Schlüsselroman erklärt wird, eigentlich gar kein Land, sondern eine Geisteshaltung und jeder Kreis von Menschen, der die Maxime Dschinnistans sich zu eigen gemacht hat (May *Ardistan und Dschinnistan I* 1909, 549f.). Auf diese Weise soll sich unabhängig von den äußeren Formen der gesellschaftlichen und politischen Ordnung die Menschheit aus sich heraus zum Edelmenschentum entwickeln. Das ist die große Hoffnung, die sich mit dem weltumspannenden Friedensweg verbindet, der allen Utopien Mays gemeinsam ist.

Dieser Optimismus findet sich auch in anderen, radikaleren pazifistischen Strömungen der Zeit, allen voran in der asketischen Lebensphilosophie Lev N. Tolstojs, die in ihrer entschiedenen Gesellschaftskritik eine andere Richtung nahm als das Friedensdenken von Suttners oder Mays, die in ihrer religiösen Emphase aber auch Ähnlichkeiten zu Mays Denken aufweist (Kuße 2012).

Das Böse in der Normalität: Lev Tolstoj

Karl May nannte sich selbst einen Schüler Bertha von Suttners, sie wiederum sah in Lev Nikolaevič Tolstoj ihren „Lehrmeister" (Belentschikow 2012, 65). Wiederholt versuchte sie den berühmten Autor von *Krieg und Frieden* (1868–1869) und *Anna Karenina* (1875–1877) für ihre Friedenskongresse zu gewinnen. Tolstoj selbst war von *Die Waffen nieder!*, dessen erste russische Buchausgabe 1891 erschien, begeistert. Er zog eine Parallele zur Wirkung von *Onkel Toms Hütte* (1852) und schrieb 1891 an von Suttner: „Der Abschaffung der Sklaverei ging das berühmte Buch einer Frau voraus, der Mrs. Beecher-Stowe; Gott gebe, dass die Abschaffung des Krieges durch das Ihre geschehe" (zit. nach Belentschikow 2012, 62). In diesem Brief äußerte sich Tolstoj auch positiv zu einem bevorstehenden Friedenskongress in Rom, der – so schrieb er in diesem Fall zuversichtlich – „viel dazu beitragen wird, in der Öffentlichkeit das Bewusstsein des offenbaren Widerspruchs zu wecken, in dem sich Europa befindet, des Widerspruchs zwischen dem kriegerischen Zustand der Völker und den christlichen und humanitären Grundsätzen, zu denen sie sich bekennen" (ebd.). Tatsächlich aber stand Tolstoj organisierten und offiziellen Unternehmungen skeptisch und von Suttners Versuchen, über die damaligen Herrscherhäuser Friedenssicherung von oben zu schaffen, sogar ablehnend gegenüber. Bertha von Suttner gelang es deshalb auch nicht, ihn zu nennenswerter Unterstützung zu bewegen (ebd., 60-86). Seine Ablehnung begründete Tolstoj unmissverständlich in einem Brief aus dem Jahr 1898:

> Die Befreiung der Menschen von der militärischen Sklaverei kann weder von den gekrönten Häuptern, noch von den Gelehrten und Schriftstellern kommen, sondern von religiösen Menschen, die ihr Leben nach ihrem Gewissen richten werden und sich nicht mehr auf das

Niveau des Tieres herabdrücken und zu Sklaven machen lassen, sondern jede Entbehrung solcher Erniedrigung vorziehen werden.

Doch dies kann nur kommen, wenn die Menschen zu dem Bewusstsein der Menschenwürde gelangen, die einzig aus einer wahren und religiösen Weltanschauung hervorgehen kann.

Der Militarismus ist nur ein Symptom der Krankheit. Wenn die Krankheit (Mangel an wahrer Religion und falsche Religionen) schwinden würde, so schwände auch der Militarismus mit den anderen Übeln zugleich. (zit. n. Belentschikow 2012, 67f.)

In diesem Briefabschnitt ist Tolstojs eigenes Friedensprogramm verdichtet. Es ging ihm nicht nur um die Verhinderung kriegerischer Auseinandersetzungen, die Abschaffung des Militärs und das Verbot von Gewalt zur Konfliktlösung. Es ging ihm auch nicht nur um die Überwindung von Irrtümern, falschen Werten wie Ehre und Ruhm, die Verherrlichung des Krieges usw., die für von Suttner das Hauptanliegen war (zumindest in *Die Waffen nieder!*). All das waren für ihn eben nur Symptome, aber nicht die Krankheit. Die Krankheit war vielmehr die ganze bestehende Gesellschaft mit allen ihren Ordnungen, Hierarchien und Institutionen. Für Tolstoj waren nicht einzelne Irrtümer zu überwinden, sondern eine neue Gesellschaft musste geschaffen werden, um Frieden dauerhaft gewährleisten zu können. Tolstoj, der gestützt auf die zehn Gebote und Jesu Bergpredigt einen radikalen Gewaltverzicht predigte, war auch in allen anderen Überzeugungen radikal. Das Böse war für ihn nicht ein Defekt in der Realität, sondern alles scheinbar Normale. Alle Institutionen gehörten abgeschafft, nicht nur das Militär, auch der Staat, die Kirche, die ihn 1901 aus ihrer Gemeinschaft ausschloss, und ganz besonders das Recht, das ohnehin nur ein Mittel sei, mit dem Menschen, die Gewalt ausüben, ihre Gewalt rechtfertigen (Kuße 2010, 65). Für Tolstoj stand fest, dass alle Institutionen in ihrer Macht, die sie über Menschen haben, diese nur davon abhalten, dem inneren Weg zur Vollkommenheit und dem Gesetz der Liebe zu Gott und dem Nächsten zu folgen. Sie halten sie davon ab, gut zu werden, durch Zwang, Überredung, die Bequemlichkeit, die sie bieten, den finanziellen Gewinn, den sie versprechen usw. (ebd., 63f.).

Bertha von Suttner versuchte dennoch Tolstojs Zweifel am Sinn ihres Friedensengagements zu zerstreuen, indem sie die öffentliche Wirkung von Friedenskongressen hervorhob:

> Mein Lehrmeister! Ich weiß, Sie glauben nicht an die Funktion unserer Kongresse und unserer interparlamentarischen Konferenzen. Indes sind das Methoden, mit deren Hilfe sich die Antriebskraft der menschlichen Gesellschaft entwickelt: die öffentliche Meinung. Unterstützen Sie meine bescheidenen Bemühungen, Lew Nikolajewitsch [...] (zit. n. Belentschikow 2012, 65).

Die Werbung um Tolstoj hatte einen guten Grund. Während der Dichter heute vor allem als Autor großer Romane im öffentlichen Bewusstsein präsent ist, war seine Wirkung und Popularität als streitbarer Publizist, Denker und Propagandist des radikalen, religiös begründeten Pazifismus, der Askese, Keuschheit, Technik- und Zivilisationskritik um 1900 mindestens ebenso groß (vgl. Schmid 2010). Er war der „Weise von Jasnaja Poljana" – nach dem Namen seines Landguts, das wie die Villa „Shatterhand" für die Verehrer Karl Mays zu einer Pilgerstätte mit europäischem Zulauf wurde. Begeisterte Anhänger seiner Ideale eines einfachen agrarischen und kommunitären Lebens gründeten weltweit Gemeinschaften von Tolstojanern. Tolstoj war somit einer der prominentesten und einflussreichsten Vertreter des Pazifismus seiner Zeit und Repräsentant seiner radikalsten Ausrichtung. Von Suttners

Erwartung, mit Tolstoj die Öffentlichkeitswirksamkeit ihrer Unternehmungen zu erhöhen, war also ganz naheliegend und hätte Tolstoj, der selbst die damals modernsten Mittel der Presse und Pressefotografie nutzte, um seine Ideen zu verbreiten, durchaus überzeugen können. Das war aber nicht der Fall. Zu groß war seine Aversion gegen jede Form von Institutionalisierung. Überhaupt konnte für den „Weisen" Friedenspolitik auf zwischenstaatlicher Ebene nur Augenwischerei sein, da sie die Akzeptanz der Wurzel allen Übels, den Staat selber, voraussetzte, der den Menschen in Tolstojs Augen zu einem seelenlosen Teilchen im Mechanismus seines Apparats degradiert.

Den Höhepunkt der Degradierung des Einzelnen und der Kultivierung des Bösen erreichen die Staaten im Militär und im Krieg, in dem Menschen zur bloßen bewegten Masse werden (vgl. Hauck 1950, 184f.). In seinem Kommentar *Einige Worte zum Buch Krieg und Frieden* (1867) sieht Tolstoj in der selbstzerstörerischen Bewegung von Menschenmassen im Krieg das gleiche *„elementare zoologische Gesetz"* wirken, das auch *„die Bienen erfüllen, wenn sie sich zum Herbst hin gegenseitig vernichten"* (Tolstoj *Einige Worte* 1955, 14). Ist aus Menschen erst eine Menschenmasse geworden, so lösen sich elementare moralische Standards auf und Millionen bringen einander um, obwohl es *„seit der Schöpfung der Welt bekannt ist, dass das physisch und moralisch verwerflich ist"* (ebd.). Aber das ist die äußerste Form der Gewalt, in der Menschen aufhören, das zu sein, was sie als Gottes Geschöpfe sind und sein sollen: göttliche Wesen. Die Voraussetzung und der Beginn der Dynamik der Gewalt liegen für Tolstoj im Staat selber, der die Institutionen des Rechts, der Kirche, des Militärs usw. überhaupt erst möglich macht und alle seine Übel bis hin zum Krieg mit der Ideologie des Patriotismus und der Vaterlandsliebe rechtfertigt, die Menschen nach ihrer Staatsangehörigkeit in Freunde und Feinde einteilt und überhaupt ein grober Betrug am Menschen ist – so Tolstoj in der Schrift *Worin besteht mein Glaube?* aus dem Jahr 1893, in der er sich selbst als ehemaligen Anhänger dieser Ideologie vorstellt (Tolstoj *Worin besteht mein Glaube?* 1957, 453f.).

Tolstojs Staatsfeindlichkeit und seiner christlich-anarchistischen Verneinung aller offiziellen Ordnungen steht Karl Mays klares Ordnungsdenken gegenüber, das von seinem Friedensdenken nicht zu trennen ist. Auch bei May gibt es genügend Kritik an sozialen Realitäten, die in den frühen Romanen besonders deutlich hervortritt. In dem Fortsetzungsroman *Der verlorene Sohn oder Der Fürst des Elends* (s. o.) stellt May eindrücklich die schauderhaften Lebensumstände der erzgebirgischen Weber dar, die er ja aus eigenem Erleben kannte. Aber der Roman ist nicht sozialrevolutionär, nicht einmal im vollen Umfang sozialkritisch, denn das Elend der Weber hat seinen Grund nicht in der wirtschaftlichen, rechtlichen und politischen Ordnung selbst, sondern in der Person des Betrügers und Kriminellen Fritz Seidelmann, der sich als Zwischenhändler mit unrechten Bewertungen und Vergütungen der gewebten Stoffe am Elend der Armen bereichert. Das Unrecht besteht für May also nicht in der Ordnung, sondern in der Störung der Ordnung durch das Verbrechen (vgl. Müller-Haarmann 2011, 58-62). Das Gleiche gilt im Wilden Westen, wenn hilflose Auswanderer betrogen werden, in Bergwerke verschleppt und dort als Zwangsarbeiter schuften müssen. Auch dieser Schrecken in den ersten beiden Bänden von *Satan und Ischariot* (1897) hat seine Ursache nicht im staatlich gewollten Eroberungs- und Raubtierkapitalismus, sondern allein in den privaten kriminellen Machenschaften des satanischen Harry Melton.

Erhellend für Mays Rechtsvorstellung ist das von den ersten Erzählungen bis ins Spätwerk immer wieder vorkommende Motiv des Schmuggels. In *Der verlorene Sohn* steht es im Zentrum. Der Betrüger Seidelmann hintergeht nicht nur seine Arbeiter, er ist aus lauter Habgier auch der Kopf einer polizeilich gesuchten Schmugglerbande an der sächsisch-böhmischen Grenze. Vom Schmuggel lebt Abdahn Effendi in der späten Erzählung gleichen Namens (s. o.). Im zweiten Band von *Im Reiche des silbernen Löwen* wird der Schmuggel auf besonders makabre Weise betrieben. Die Ware wird in Särgen mit schon verwesenden Leichen versteckt. Kara Ben Nemsi und Hadschi Halef Omar können sich der Schmugglerbande und ihrer grausigen Fracht kaum nähern, so groß ist der Gestank (May *Im Reiche des silbernen Löwen II* 1898, 88). Episoden wie diese zeigen, dass Schmuggel für May kein minderschweres Vergehen war, sondern ein Verbrechen, das weder zu entschuldigen noch zu rechtfertigen ist. Deutlich ausgesprochen wird diese Einstellung in der Erzählung *Im Sonnenthau* von 1879 (1921 unter dem Titel *Der Grenzmeister* aufgenommen in den Band 43 der Gesammelten Werke) in einem Dialog zwischen dem Grenzmeister, dem Anführer einer berüchtigten Schmugglerbande, und seinem grundehrlichen Stiefsohn. Die Gründe, mit denen der Grenzmeister den Schmuggel rechtfertigt, klingen eigentlich ganz vernünftig: „Der Zoll ist eine Ungerechtigkeit, die uns den Beutel lichtet, und darum muß jederman sich dageg'n wehr'n so viel er kann […]. Pascherei und Schmuggel nennt man dies Geschäft, aber es ist nix als Notwehr, zu der mich mein Vortheil und mein Gewiss'n treibt" (May *Im Sonnenthau* 1879, 15f.). Der Stiefsohn sieht die Sache anders und lässt als der Gute sicher die Stimme seines Autors sprechen: „Wenn Brot im Land gebraucht wird und verkaufst das Getreid' dennoch über die Grenz' hinüber, so hat der König das Recht, den Zoll zu setzen […]. Der Schmuggel ist net Nothwehr, sondern ein Verbrech'n, das große Straf' verdient" (ebd., 16).

Die Störung der Ordnung geschieht bei May nicht nur durch böse Menschen und Verbrechen, sie kann auch die Folge von Dummheit und Unfähigkeit sein. Diese begegnen Kara Ben Nemsi auf Schritt und Tritt auf seinen Reisen durch den Orient in Gestalt korrupter und regelrecht dösiger Statthalter wie dem Wekil von Kbilli am Rande der tunesischen Wüste, der tief in der osmanischen Provinz ein bizarres Willkürregime führt, das eher lächerlich als schrecklich ist (May *Durch Wüste und Harem* 1892, 54-82). Oder der versoffene Befehlshaber der Festung Amadijah in Kurdistan, Selim Agha, der sich von Kara Ben Nemsi Wein als Medizin besorgen lässt und kaum ein Hindernis darstellt, den im Gefängnis festgehaltenen Sohn des Scheiks der Haddedihn, Amad el Ghandur, zu befreien (May *Durchs wilde Kurdistan* 1892, 159-368). Figuren wie diese sind Karikaturen staatlicher Ordnung. Sie stützen nicht die Ordnung, sondern gefährden sie und sind einer der Gründe, warum der „Mann am Bosperus", das osmanische Reich, ein „kranker Mann" ist, aber sie sind kein Argument gegen die Ordnung selbst. Sie zu übertölpeln und zu überwinden, was nicht schwer ist, stellt die richtige Ordnung wieder her. Kara Ben Nemsi reist im „Schatten des Großherrn" mit einem offiziellen osmanischen Pass und verhält sich aus Überzeugung vollkommen loyal gegenüber seinem Gastimperium. Freiheitskämpfer auf dem Balkan – Bulgarien wurde 1878, drei Jahre vor dem ersten Zeitschriftenjahrgang des Orientzyklus (1881–1888) unabhängig – kommen bei May nur in Gestalt von Verbrechern vor, die sich über die vermeintlich hehren Ziele ihrer Gewalttaten lustig machen. „Man spricht nicht mehr von Räubern, sondern von Patrioten", ist von den Bandenmitgliedern des Schuts zu hören: „Wer nach dem Besitz Anderer trachtet, der gibt an, sein Volk frei und unabhängig machen zu wollen" (May *Der Schut* 1892, 199f.). Damit ist keine feindliche Einstellung Mays gegenüber slawischen Völkern verbunden – besonders unter den Bulgaren gibt es eine Reihe sehr positiver Figuren (Radkov 1982) –, sondern allein sein ordnungspolitisches Denken (Radkov 1991, 254).

Auf der anderen Seite der Welt, im Wilden Westen, tritt das Militär als Vertreter der offiziellen Ordnung auf. Offiziere sind bei Karl May in der Regel nicht besonders fähig und auf die Hilfe von Westmännern angewiesen, um zwischen feindlichen Indianerstämmen und Gangsterbanden überhaupt zurechtzukommen, aber sie gehören nicht zu den zerstörerischen und bösen Kräften in den „dark and bloody grounds". Sie gehören auch nicht zu den Schuldigen des Völkermords. Überhaupt erscheint es fast verwunderlich, wieso die Indianer eine Nation sind, die im Sterben liegt (May *Winnetou I* 1893, 1), wenn weder die US-Army noch die Siedler, die von indianischen Helden, allen voran Winnetou, beschützt werden, für die Verdrängung verantwortlich sind. Tatsächlich ist es wiederum das Verbrechen – und das ist in Karl Mays Wild West allgegenwärtig –, das die blutige Prärie blutig macht. Kein Sand-Creek-Massaker (1864) findet statt und kein Geronimo (1829–1909) kapituliert mit seinen letzten Getreuen (1886) wie in der traurigen Wirklichkeit. Nscho-tschi und Intschu tschuna fallen einem primitiven Verbrechen, einem versuchten Raubmord zum Opfer. Es ist also auch hier nicht die Ordnung, zu der reguläres Militär ebenso gehört wie die legitime Ansiedlung deutscher Auswanderer, die schlecht ist, sondern die Abweichung von der Ordnung. Auf der gleichen Linie liegt Mays Haltung zum Recht. Ob in den erzgebirgischen Dorfgeschichten, im Orient oder in der Neuen Welt, immer wieder fallen gute Menschen und sogar Helden (z. B. Dr. Sternau) der Justiz zum Opfer. Dass May in diesen Erzählungen seine eigenen traumatischen biografischen Erfahrungen verarbeitete, ist naheliegend. Wichtig ist aber, dass er in seinen Justiz- und Haftgeschichten keine grundsätzliche Kritik am Recht oder einem bestimmten Rechtssystem formuliert. Anders als Tolstoj verteidigt May das Recht. Was er anklagt, sind Willkür und Rechtsbeugung, die vor allem in den korrupten Statthalterschaften des Orients anzutreffen sind, und Justizirrtümer, die meist jedoch durch Falschaussagen und untergeschobene Beweisstücke zustande kommen, also ein Resultat verbrecherischen Handelns sind (z. B. in *Old Surehand*).

Zwischen Tolstojs und Mays Vorstellungen vom inneren und äußeren Frieden lassen sich jedoch nicht nur Unterschiede, sondern auch bemerkenswerte Übereinstimmungen feststellen (Kuße 2012). Es ist möglich, dass May im Ustad in *Im Reiche des silbernen Löwen III-IV* nicht nur sich selbst, sondern auch Tolstoj porträtiert hat (Hatzig 1967, 38ff.; Wörner 1979, 24). Beide erlebten eine einschneidende Wende in ihrem Leben, die das Frühere vom Späteren deutlich scheiden sollte. Tolstoj legte diese Wende in einer Schrift mit dem Titel *Beichte* (1879/1882) nicht lange nach Erscheinen von *Anna Karenina* dar. Hier vollzog er die Trennung von seinem früheren, aus seiner Sicht dekadenten Leben und Schreiben (Tolstoj *Beichte* 1957). Karl May schrieb von seiner Orientreise (1899–1900) theatralisch an das befreundete Ehepaar Plöhn, er habe den „früheren Karl" im Roten Meer versenkt – „mit großer Ceremonie" (zit. n. Schmiedt 2011, 197). Die Rede vom eigentlichen Werk, das nun entstehen werde, begleitet das Spätwerk Mays (May *Mein Leben und Streben* 1910, 310; Wollschläger 1990, 277). Ihre zum Teil sicher auch inszenierte Lebenswende (vgl. Schmiedt 2011, 197) fassten beide exemplarisch auf. Tolstoj wollte der Welt an seiner Person zeigen, wie ein Mensch zu einem guten Menschen werden und das Ideal des Menschseins verkörpern kann, auch wenn er in das Leben eines Adligen und Reichen hineingeboren wurde, der nach Matthäus 19, 24 schwerer ins Reich Gottes kommen kann als ein Kamel durch ein Nadelöhr. May sah sich als Verkörperung der Menschheitsfrage. Sein Leben sollte zeigen, wie jeder Mensch auf die Frage Gottes „Adam wo bist Du?", von der May in seinem Wiener Vortrag sagt, sie laute nun: „Edelmensch wo bist du?" (Kuße/Bartsch *in diesem Band*), eine Antwort finden und mit seinem Leben geben kann. Im Werk selbst spielen Umkehrerzählungen sowohl beim späten Tolstoj als auch beim späten May eine zentrale Rolle. Tolstojs dritter großer Roman trägt den programmatischen Titel *Auferstehung* (1899). Es ist eine moralische Auferstehung. Der leichtlebige Fürst Nechljudov hat das Bauernmädchen Maslova verführt und ins Elend gestürzt. Als Schöffe vor Gericht begegnet er ihr wieder. Maslova wurde aus Not zur Prostituierten und ist nun fälschlich eines Mordes angeklagt. Ein ordentlicher Prozess findet angesichts ihres niedrigen Standes und der Vorverurteilung der Prostituierten nicht statt. Aber Nechljudov erkennt seine Tat und erlebt in der moralischen Läuterung seine persönliche innere Auferstehung (Tolstoj *Auferstehung* 1936). In der Erzählung *Herr und Knecht* (1895) geraten der betrügerische Kaufmann und Ausbeuter Vasilij Andreič Brechunov und sein Knecht Nikita in einen Schneesturm. Gefangen in Schnee und Kälte erkennt Brechunov, dass das Leben nicht nur Geschäft, sondern vor allem Gemeinschaft ist. Er rettet seinem Knecht das Leben, indem er ihn mit seinem Körper bedeckt, obwohl er weiß, dadurch selbst zu erfrieren (Tolstoj *Herr und Knecht* 1954). In der Erzählung *Der Tod des Ivan Il'ič* (1886) stirbt der erfolgreiche Staatsanwalt Ivan Il'ič Golovin unerwartet eines qualvollen Todes. Im Todeskampf wird ihm die Sinnlosigkeit seines bisherigen Lebens bewusst. Er schreit vor Schmerzen, körperlichen wie seelischen zugleich, findet aber noch im Sterben Erlösung, ändert gewissermaßen in letzter Minute sein Leben und stirbt als froher, geläuterter Mensch (Tolstoj *Der Tod des Ivan Il'ič* 1936).

Umkehrgeschichten gibt es auch bei May in großer Zahl. In *Ardistan und Dschinnistan* geht es vor allem um den Wandel des Mirs von Ardistan vom Gewaltmenschen und Gewaltherrscher zum Edelmenschen und guten Herrscher. Wörner (1979) hat seine Wandlung mit der von Tolstojs Nechljudov verglichen, und dieser Vergleich ist zumindest in so weit berechtigt, als beide – wie auch Brechunov und Golovin bei Tolstoj und viele Figuren Karl Mays – ihre Bekehrung und Wandlung in dem Moment erfahren, als sie, an die äußerste Grenze des Lebens geführt, mit dem Tod konfrontiert werden. Nechljudov begegnet dem Tod in der falschen Mordanklage gegen sein früheres Opfer sexueller Gier. Der Mir von Ardistan wird in das Totenreich, die Dschemma der Toten geführt, die ihn mit seinem eigenen verfehlten Leben konfrontiert. Der finstere Cowboy Old Wabble in *Old Surehand* bekehrt sich im Angesicht seines nahenden Todes vor dem Grab, das Old Shatterhand vor seinen Augen ausheben lässt (May *Old Surehand III* 1896, 493-498). Wie beim Tod von Tolstojs Ivan Il'ič Golovin mischen sich in der Läuterung körperliche Schmerzen des im Unterleib zerquetschten Opfers mit den seelischen Qualen der Gottverlassenheit. Old Shatterhand kann sich an keinen Schrei erinnern, der „mit dem fürchterlichen, langgezogenen, kein Ende nehmenden Schrei zu vergleichen" wäre, der, „die Schmerzen einer ganzen Welt herausbrüllend, aus Old Wabbles Mund kam" (ebd., 490).

In die Umkehr gehört immer wieder die Erkenntnis, dass das physisch-fleischliche Leben und das geistige und seelische Leben nicht dasselbe sind, dass ein Mensch sterben kann, um zu leben, dass – nach Matthäus 10, 39 – der Tod das Leben bedeuten und umgekehrt das (physische) Leben eine Form des Todes sein kann (Wohlgschaft 1994, 696-698). Das Reich Gottes, dem Tolstoj eine seiner größten und bekanntesten Schriften widmete – *Das Reich Gottes ist in Euch* (1890–1893) –, ist für ihn das Reich des Geistes, das die Welt verändert (Tolstoj *Das Reich Gottes ist in Euch* 1957). Karl Mays Reich der Edelmenschen ist das Reich der Seele. Beide, der Geist und die Seele müssen nach den Vorstellungen Tolstojs und Mays befreit werden aus den Zwängen des materiellen Lebens und der materiellen Werte.

Die Gegensätze von Geist und Fleisch, irdischem und himmlischen Leben, Licht und Finsternis, die Lev Tolstojs Denken ebenso prägten (Kuße 2012, 16-53) wie das Karl Mays, haben Konsequenzen für das irdische Leben selbst.

Die Konsequenzen fallen jedoch unterschiedlich aus. Für Tolstoj reduzierte sich das wahre authentische Leben, das den Weg ins Reich Gottes und damit auch den Weg zum dauerhaften und umfassenden Frieden frei macht, auf die schlichte Welt einfacher Bauern. Er ließ sich selbst mit der Sense auf dem Feld fotografieren, um sein Lebensideal zu verbreiten, das er bereits in seinem zweiten berühmten Roman *Anna Karenina* in der Gestalt Levins, der sich mit seiner Frau Kitty zum Landleben in der Gemeinschaft mit seinen Bauern bekehrt, literarisch gestaltet hatte. Nach der *Beichte* (s. o.) schlug sich dieses Natürlichkeitsideal auch literarisch nieder. Romane, wie er sie selbst geschrieben hatte, verurteilte Tolstoj und ließ nur noch die einfache Form der Volkserzählung gelten (Kuße 2010, 70-76). Einen vergleichbaren Bruch vollzog May nicht. Er vertrat weder das Ideal eines archaischen bäuerlichen Lebens – das Ideal der Zukunft in *Winnetou IV* ist das der utopischen Stadt –, noch konnte May die Idealisierung der Armut einfallen, die er aus der eigenen Kindheit und Jugend nur zu gut kannte. In der Beurteilung seines eigenen Werkes und der Literatur selbst, forderte er in seinen *Briefen über Kunst* (1906–1907) genauso wie Tolstoj in seiner großen Schrift *Was ist Kunst?* (1897–1898) eine religiöse und moralisch aufbauende Kunst (May *Briefe über Kunst* 2000, 421, 429 u. ö.), verdammte aber nicht seine eigene literarische Vergangenheit (Kuße 2012, 160f.). Viel wichtiger war es ihm, auch die früheren Werke als symbolische Erzählungen des Aufstiegs der Menschenseele aus den irdischen Niederungen der Gewalt in die himmlischen Höhen des Edelmenschentums umzudeuten. Was May mit Tolstoj ebenso wie mit den Lebensreformbewegungen (s. u.) gemeinsam hat, ist ein starkes Natürlichkeitsdenken. Sein schriftstellerisches Gewand sei nicht geschnitten, genäht und gebügelt, sondern Naturtuch, schreibt May in seiner Autobiografie (May *Mein Leben und Streben* 1910, 228).

Konsequenter Vegetarismus gehörte für Tolstoj zur Natürlichkeit und Gewaltlosigkeit, was sich so bei Karl May
nicht findet. Noch im letzten Roman *Winnetou IV* kommt
es zu einer Bärenjagd, wenn auch zu einer sehr unspektaku-
lären. Der Bär ist schon schwer verletzt, und genau damit
rechtfertigt Old Shatterhand seine Tötung gegenüber dem
Herzle (May *Winnetou IV* 1910, 188). Die naive Jagdlust,
die sportive Freude am Kampf mit Löwen und Bären geht
also zurück. Mehr aber auch nicht. Ebenso findet sich bei
Karl May nicht der radikale Pazifismus, der bei Tolstoj in der
Überzeugung gründet, dass ausnahmslos jede Gewalt die
Gewalt in der Welt vermehrt und deshalb unbedingt strikt
Jesu Gebot zu befolgen sei: Widersteht dem Bösen nicht
(Matthäus 5, 39). In Mays Welt tritt eher ein wehrhafter
Frieden zutage, der Gewaltoptionen zur Friedenssicherung
immer noch zulässt (Köhler *in diesem Band*).

Und schließlich gibt es einen Unterschied zwischen Mays
und Tolstojs Vorstellungen vom Frieden der Religionen. Bei
beiden taucht das Bild des Tempels auf, in dem alle Religionen
zusammenkommen (Tolstoj *Briefe* 1954, 199; Kuße 2010,
104), aber bei May steht nicht nur im Orientzyklus oder
in den Nordamerika-Romanen, sondern auch in *Im Reiche
des silbernen Löwen III-IV* das Christentum an der Spitze
aller Religionen. Ihre Synthese wird in der christlichen
Kirche erreicht. In *Ardistan und Dschinnistan* läutet sogar
die Ausrichtung einer erzgebirgischen Weihnachtsfeier den
Beginn einer neuen, friedlichen, nicht mehr von Gewalt,
sondern von Versöhnung bestimmten Zeit ein. Bei Tolstoj
hat zwar auch die Lehre Jesu Vorrang, aber das nur im moralischen Sinne. Grundsätzlich gibt es keinen Unterschied
zwischen den verschiedenen Religionen und Konfessionen,
wenn sie von ihren speziellen und, so Tolstoj, überflüssi-
gen und unverständlichen Dogmen befreit werden. In seinem letzten Buch, das aus dem gleichen Jahr wie der vierte
Band des Winnetou stammt (zugleich Tolstojs Todesjahr),
der Sprüche- und Kurztextsammlung *Der Weg des Lebens*

(1910), hat Tolstoj diesen Universalismus seiner moralisch-religiösen Grundüberzeugung als Leitgedanken formuliert:

> Damit der Mensch gut lebt, muss er wissen, was er tun soll und was er nicht tun soll. Um das zu wissen, ist Glauben notwendig. Glauben ist das Wissen darum, was der Mensch ist und wozu er auf der Welt lebt. Und dieser Glaube war und ist bei allen vernünftigen Menschen zu finden (Tolstoj *Der Weg des Lebens* 1956, 13; Kuße 2010, 115).

In einem entscheidenden Punkt stimmt das Denken Tolstojs und Mays jedoch wieder überein. Sie sind beide überzeugt, dass das Reich Gottes oder das Reich der Edelmenschen bereits im Irdischen seinen Anfang nehmen kann. 1906 verfasste May ein persönliches Glaubensbekenntnis, in dem er im vorletzten Paragrafen sagt:

> Und ich glaube an das Gute im Menschen, an die Kraft der Nächstenliebe, an die Verbrüderung der Nationen, an die Zukunft des Menschengeschlechts. Das ist das irdische Paradies, nach dem wir streben sollen, und in diesem Streben beginnt schon hier auf Erden die uns für dort verheißene Seligkeit. (May *Mein Glaubensbekenntnis* 2000, 447)

Das ist eine klare Formulierung des irenischen Optimismus, den Tolstoj und May teilen. Der Beginn der Seligkeit liegt für May ebenso wie für Tolstoj im Einzelnen und seinem Streben nach dem Paradies (Lowsky 2012, 143; Kuße 2012). Das Reich Gottes oder das Reich der Edelmenschen setzt die innere Erneuerung des Einzelnen bzw. der Einzelnen voraus, denn nur, so Tolstoj, wenn jeder Einzelne die Wahrheit des göttlichen Willens anerkenne, könne das Reich Gottes auf Erden von allen erkannt und für alle Wirklichkeit werden, denn: „Verbessern kann der Mensch nur das, was in seiner Macht steht – sich selbst" (Tolstoj *Der Weg des Lebens* 1956, 202; zit. n. Kuße 2010,

134). Dieser Satz könnte auch bei Karl May stehen. Die Erzählung vom Mir von Ardistan ist ein weltpolitisches Mysterienspiel, aber auch ein Drama des Inneren jedes Menschen:

> Denn, aufrichtig gesagt, ist doch wohl ein jeder Mensch in Beziehung auf das, was er innerlich zu leben und zu kämpfen hat, ein größerer oder kleinerer Mir von Ardistan, der zwischen dem unsichtbaren Mir von Dschinnistan und dem Verräter ‚Panther' um den leeren Titel kämpft, den nur derjenige auszufüllen vermag, der den Letzteren durch den Ersteren bezwingt. (May *Ardistan und Dschinnistan II* 1909, 415)

Das Böse als Krankheit: Die Lebensreform

Die Gegenwart als Krankheit des Geistes und des Leibes. Diese Wahrnehmung war in den Jahrzehnten vor dem Ersten Weltkrieg keine Seltenheit. Verschmutzte Städte, Zerstörung der Landschaften und Armut auf der einen sowie kapitalistische Anhäufung von Reichtümern, Dekadenz und Egoismus auf der anderen Seite wirkten wie eine Entmenschlichung des Menschen, in der jeder zum gefangenen, kranken und degenerierten Tier wird: zu geschundenen Arbeitstieren die einen, zu Masttieren die anderen. Der fiktive Beobachter aus Afrika in Hans Paasches (1881–1920) *Die Forschungsreise des Afrikaners Lukanga Mukara ins innerste Deutschland* (1912/13, als Buch 1921) schildert seinem König voll Verwunderung das viele Trinken und Rauchen (Stinkrauchen), er schreibt über den Rauch, der aus langen Röhren über die Städte geblasen werde, über riesige Hallen, die nur der Herstellung unnützer Dinge dienen, über die sinnlose Betriebsamkeit, den Wert von wertlosem Papier, die Sklaverei, in der die meisten Menschen lebten, und nicht zuletzt die Hässlichkeit der Menschen, die den Wahnsinn der Wasungus (Europäer) auch äußerlich

Fidus, Lichtgebet *(Postkarte 1913)*

offenbare. Besonders unter den Männern, stellt Lukanga Mukara fest, sehen viele aus wie „gemästete Hunde" oder wie „Flusspferde" (Paasche 1988, 27). Der Beobachter sieht sich als Zeugen einer großen körperlichen, geistigen und moralischen Verwirrung. „Über diesem Lande liegt etwas wie ein großer Trug" (ebd., 19), stellt er schon zu Beginn seiner Reise fest, und dieser Trug ist nicht nur eine Krankheit des Einzelnen, er zieht auch die allgegenwärtige Gewalt aller gegen alle und schließlich der europäischen Staaten untereinander nach sich. Dekadenz und Ausbeutung sind für Paasches Lukanga Mukara die Krankheiten, die zum Kriege führen:

> Nicht nur einzelne Menschen, auch Menschen ganzer Gegenden und Völker wetteifern, wer von ihnen mehr Unsinniges tut, mehr Schätze zerstört, mehr hin und her rast. Sie nennen das Leben. Ich nenne es Tod. Sie nennen es gesund: ich sehe, daß es Krankheit ist. (ebd., 57f.)

Aber der Reisende findet am Ende seiner Expedition auch den Ausweg, die Heilung und die neue Welt, in der die Menschen Krankheit, Dekadenz und Gewalt überwunden haben und ein neues gesundes und friedliches Leben führen – und deshalb auch zu schönen Menschen werden. Lukanga Mukara nimmt teil am Ersten Freideutschen Jugendtag am 11. und 12. Oktober 1913, der die verschiedensten Richtungen der Lebensreform zusammenführte. Nicht zufällig ist es wieder ein Berg, der Hohe Meißner in der Nähe von Kassel, auf dem das Treffen stattfand. Dem geistigen Aufstieg entsprach wie in Karl Mays Symbolik der Aufstieg auf die Höhe. Das symbolisiert auch die Postkarte mit dem damals weithin bekannten *Lichtgebet* (1908) des Reformkünstlers Fidus (1868–1948). Berg, Mensch, Gebet und Sonne bilden eine aufstrebende Linie.

Auf diesem Berg seien alle Menschen gut zu ihm gewesen, bemerkt Lukanga Mukara (Paasche 1988, 85f.). Und sie seien schön gewesen, obwohl sie bekleidet waren –

„denn ihre Kleider waren anders als die anderer Wasungu" (ebd., 90). Sie bildeten eine glückliche Gemeinschaft: „Sie sprachen im Kreis und faßten sich an den Händen, sie sangen und tanzten" (ebd.). All das erfüllt den Beobachter mit der Hoffnung und dem Optimismus, dass Heilung im Herz der Finsternis, im Innersten Deutschlands möglich sei: „Ich wußte, daß es Schlechtes gibt, von dem sich dies Volk befreien kann. Und ich sah, daß die Wasungu Kinder haben, die Großes leisten werden" (Paasche 1988, 86).

In Paasches fiktiver Reisebeschreibung und ihrer optimistischen Pointe am Schluss sind die Programmatik und der hoffnungsvolle Anspruch der Lebensreform enthalten (Landmann 2000; Schwab/Lafranchi 2001; Böhme 2001; Buchholz u.a. 2001; Voswinckel 2009; Zeit Geschichte 2013). Das Unbehagen an der Gesellschaft und am eigenen Leben war auch ein Unbehagen an der Körperlichkeit, die „zu jener Zeit ein Kollektivzustand gewesen zu sein" scheint (Radkau 2001, 56) und die nach Erlösung rief, die den Körper gewissermaßen aus der Materie befreien und den Menschen damit frei machen sollte vom Kampf des Materiellen und um das Materielle.

In jeder Hinsicht freie Menschen würden keine Gewalt kennen und keine Kriege führen – auch das gehörte zum Traum zumindest des überwiegenden Teils der Lebensreform. Kaum jemand hat das zukunftsfreudiger und plakativer gestaltet als Friedrich Eduard Bilz (1842–1922), der in Oberlößnitz nahe Dresden das renommierte Bilz-Sanatorium betrieb, mit dem naturheilkundlichen Buch *Das neue Naturheilverfahren* (1888) berühmt wurde, die Bilz-Brause erfand, die später in Sinalco (= ohne Alkohol) umbenannt wurde, und mit dem Karl May befreundet war (Helfricht 1999; ders. 2012; Bürger 2007; Heermann 2012a, 85-94). Bilz schrieb und verlegte opulente Visionen einer glücklichen Zukunft: *Der Zukunftsstaat* (1904) und *In hundert Jahren* (1907), in denen eine Welt entworfen und vorausgesagt wird, die frei von Krankheit, Ausbeutung, Armut,

Friedrich Eduard Bilz (1842–1922)

Gewalt, Unterdrückung, Gefängnissen, Militär und Krieg ist (Wolbert 2011, 13; Kerbs 2001). In *Der Zukunftsstaat* ist diese Utopie mit einer großen Farbtafel illustriert. Auf der linken Seite ist „das Volk im heutigen Staat", auf der rechten „das Volk im Zukunftsstaat" zu sehen. Links wird die düstere Wirklichkeit gezeigt mit „überfüllten Irrenanstalten" und „überfüllten Zuchthäusern", mit den Schrecken eines „Kriegsschauplatzes", dem „Krankenzimmer", Bildern von „Arbeitslosen und Bummlern", vom „Existenz-, Konkurrenzetc. Kampf", aber auch von einer „Schlafkammer mit geschlossenem Fenster" und einem „mit Rauch gefüllten Gastzimmer". Dem steht auf der rechten Seite „das irdische Paradies" gegenüber. Die Seite der Zukunft zeigt „glückliche und zufriedene Menschen", die „glückliche Familie", ein „Haus mit 2 überdachten Schlafbalkons" und „3 stündige Arbeitszeit", Männer beim Schwur der „Freiheit, Gleichheit, Brüderlichkeit" und vor allem eine „Reigenaufführung in freier Natur" von nur leicht und luftig bekleideten Mädchen. Das alles ist zusammen zu sehen. Ein gesundes Leben, Natur und von der beengenden Mode des 19. Jahrhunderts befreite Körper, Licht, Tanz und Sport sollten einher gehen mit sozialen Reformen und dem Abbau von Nationalismus und kriegerischem Hass.

Schon die Idee der Naturheilkunde konnte (und kann es heute nicht weniger) weit über die bloße Erweiterung der Medizin hinausreichen. Als umfassende Weltanschauung beruht sie „auf dem lebensreformerischen Weltanschauungsaxiom der allumfassenden Harmonie, die den einzelnen mit den natürlichen Gesetzen und diese mit den gesellschaftlichen Normen verbindet. Gesundheit wird demnach als Einklang mit den kosmischen Beziehungen und Krankheit als deren Störung definiert" (Krabbe 2001, 27). Eine Naturheilkunde zu verfassen, Brause statt Alkohol zu propagieren und ein erfolgreiches Sanatorium zu betreiben, sollten deshalb nicht nur Angebote für genesungsbedürftige Kunden und Patienten sein, mit ihnen war ein gesellschaftsreformerischer und pazifistischer Anspruch verbunden und ein Traum von nichts weniger als dem „Paradies auf Erden" (Bürger 2007).

Den gleichen Anspruch und Traum hatten auch andere Lebensreformer dieser Zeit. 1900 gründeten die aus Siebenbürgen stammende Pianistin Ida Hofmann (1864–1926) und der Sohn einer belgischen Industriellenfamilie Henri Oedenkoven (1875–1935) auf einer Anhöhe bei Ascona am Lago Maggiore ein Sanatorium, das „eine Schule für höheres Leben, eine Stätte für Entwicklung und Sammlung erweiterter Erkenntnisse und erweiterten Bewusstseins" sein sollte (Ida Hofmann-Oedenkoven; zit. bei Landmann 2000, 94f.). Monte Verità – Berg der Wahrheit – nannten die Gründer die Anhöhe und ihre Kolonie. Die Menschen, die in ihr Sanatorium kommen, schrieb Ida Hofmann, sind „teils durch Krankheit körperlicher, teils durch Krankheit gemütlicher Art zur Erkenntnis gelangt" und wollten „ihrem Leben eine natürlichere und gesündere Wendung […] geben. Wahrheit und Freiheit in Denken und Handeln sollten künftig als teuerster Leitstern ihr Streben begleiten" (Hofmann-Oedenkoven 1906, 3).

Vieles aus diesen Utopien und Therapien der Lebensreform ist auch bei Karl May zu finden. Bis in Details lassen sich in seinen Erzählungen Parallelen zu den Heilverfahren in der Lebensreform und zu neuen technischen Entwicklungen entdecken. Bemerkenswert ist die Rolle des Lichts in seiner physischen und immer zugleich symbolischen Bedeutung. Die Licht- und Luftbäder, die in den Sanatorien als Therapie angeboten wurden, die Entdeckung der Durchleuchtung mit Röntgenstrahlen, die Fotografie – all diese neuen Formen des Lichtes lassen sich bis zu einem gewissen Grade in der Bedeutung, die der Gegensatz von Licht und Finsternis in vielen Erzählungen Mays hat, wiedererkennen (vgl. Hahn 2004, 181; Kraus 2011).

Die Genesung von körperlichen Leiden ist auch bei May fast immer die äußerliche Erscheinung der Genesung von

Friedrich Eduard B...

... er Zukunftsstaat *(1904)*

seelischen und geistigen Leiden. Auch für ihn sind ungesundes Leben und Krankheit und Materialismus, Unfrieden und Gewalt eng miteinander verbunden. Deshalb ist sein Friedensdenken auch nicht nur als pazifistisch, sondern als irenisch im Sinne eines ganzheitlichen Heilungsprozesses zu verstehen (s. o.). Die Heilung ist ein Motiv im ganzen Werk. Dr. Sternau aus dem *Waldröschen*-Roman der Anfangszeit ist Arzt. Kara Ben Nemsi übernimmt im Orient immer wieder die Rolle des Arztes, erkrankt aber auch selbst mehrfach und teilweise schwer und durchlebt schwierige, tief die Persönlichkeit durchdringende Heilungsprozesse (Zeilinger 2000, 92-145; Ueding 2012, 162-181). Winnetou ist nicht nur Häuptling und Friedensstifter, sondern auch Heiler (wie die Könige in Sagen oder Aragorn in Tolkiens *Der Herr der Ringe*). Heilungen können Episoden im Strom der Abenteuer sein – so die Pest, an der Kara Ben Nemsi und Hadschi Halef Omar in *Von Bagdad nach Stambul* (1892) erkranken und die sie an den äußersten Punkt des Dunkels einer Welt im Verfall und im Schmutz führt. Heilungen können aber auch der Weg in ein neues Leben sein. Das klingt an bei Old Shatterhands Gesundung unter den pflegenden Händen Nscho-tschis in *Winnetou I*. Hier wird die Heilung begleitet vom Hineinkommen, Hineinleben in eine neue, bisher gänzlich fremde Gemeinschaft, die in der Blutsbrüderschaft ihren höchsten Ausdruck findet. In den späten Romanen werden Krankheit, Heilung und Heilungsprozess in diesem Sinne der Erneuerung immer dichter und intensiver. In *Im Reiche des silbernen Löwen III* sind Kara Ben Nemsi und Hadschi Halef Omar schwerst an Typhus erkrankt. Die Genesung im Hause des Ustad ist wie das Aufwachen in eine neue Existenz. Der fanatische Missionar Waller in *Und Friede auf Erden!* steigert sich immer weiter in seinen religiösen Wahn hinein, zerstört einen Tempel, gerät in Fieber, bis er geheilt wird und zu einem neuen Leben erwacht. Der blinde Münedschi wird in *Am Jenseits* als Scheintoter von Kara Ben Nemsi und seinen Gefährten in der Wüste gefunden. Er steht ganz unter dem Bann von Verbrechern und kann sich von ihnen nicht lösen. Für Kara Ben Nemsi leidet der Seher unter einer Nervenkrankheit (May *Am Jenseits* 1899, 112) und seine Versuche auf den Wahrsager einzuwirken, sollen zur Heilung von seelischen Verwirrungen und religiösen und ethischen Verunsicherungen führen, die sich symbolisch in der Blindheit zeigen. Die Heilung gelingt in diesem Roman nur unvollkommen. Ein Detail ist dabei bemerkenswert: Wie May selbst ist der Münedschi starker Raucher – eine Angewohnheit, die von allen Richtungen der Lebensreform abgelehnt und bekämpft wurde. Kara Ben Nemsi hält dem Mündschi vor, er sei mit Tabak durch und durch vergiftet (ebd.).

Wie sehr die Heilung immer auch eine Heilung zum Frieden ist, erzählt Karl May im ersten Buch von *Ardistan und Dschinnistan*. Dort wird der Dschirbani (in den Gesammelten Werken Bd. 31-32 „Erdschani"), dessen Name „der Räudige" bedeutet, der Sohn des Mir von Dschinnistan und der Tochter des Zauberers der Ussul (der Urmenschen in der Kulturtypologie des Romans), von seinem eigenen Großvater als Wahnsinniger in einem Stachelzwinger gefangen gehalten. Diese gruselige Szenerie am Rande Ardistans, dem Reich der Gewalt, weckt heute Assoziationen an ganz andere Lager des Grauens. Bewacht wird der Zwinger von drei gewaltigen Bluthunden in Monstergröße – ihre Schulterhöhe überragt die von Bären –, denen vom Sahahr, dem Zauberer, „durch Qual und Pein, durch immerwährende Hiebe und Schläge jener Haß gegen die Menschen aufgezwungen werden konnte, der ihnen dann als Vorzug angerechnet wurde" (May *Ardistan und Dschinnistan I* 1909, 255). Kara Ben Nemsi gelingt es, den Dschirbani zu befreien. Den ersten der Wachhunde, der sich bei der Aktion auf den Sahahr und damit seinen eigentlichen Herrn stürzt, der die Befreiung verhindern will, muss Kara Ben Nemsi erschießen, um den Angegriffenen zu retten (ebd., 260). Die beiden anderen Hunde besiegt er jedoch nicht mit Bärentöter und Henrystutzen, sondern zunächst mit bloßen Händen, indem er ihnen im Moment des Angriffs die Luft abdrückt und sie vorübergehend bewusstlos macht – ein Trick den flüchtende Sklaven in Amerika angewandt haben sollen (ebd., 271). Den benommenen Tieren wendet sich Kara Ben Nemsi dann liebevoll zu und macht sie sich vertraut. Am Schluss steht er zwischen beiden Hunden und klopft und zaust „ihnen die dicken, nie gekämmten Felle derart […] daß sie vor Wonne stöhnten. […] Ihre Augen waren mild und freundlich. Von der früheren Menschenfeindlichkeit gab es keine Spur mehr" (ebd., 274f.). Die Szene wirkt einigermaßen unrealistisch. Blutrünstigen Hunden von der Größe ausgewachsener Bären nacheinander die Luft abzudrücken, das übersteigt noch den Kampf gegen einen Grizzlybären mit einem Bowiemesser, mit dem sich Old Shatterhand in *Winnetou I* in die Welt des Wilden Westens einführte. Aber es geht ja auch nicht um Realismus. Der Ablauf von Kampf, Sieg, Zähmung und Liebe bildet den Prozess ab, in dem aus dem Kreis von Hass und Aggression ein Kreis der Liebe und Freundschaft wird. Die Wachhunde werden etwas später zu den Hunden Hadschi Halef Omars. Kara Ben Nemsi erhält zwei weitere Hunde, die von einem brutalen Wächter gequält werden. Er befreit sie von ihren Leiden, wendet sich ihnen liebevoll zu und macht sie so zu seinen Hunden. Der Dschirbani wiederum wird zum Arzt seines Großvaters und heilt die schweren Bisswunden, an denen dieser zu sterben droht. Der Sahahr ist durch die Gewalt, die er selbst gegen Mensch und Kreatur ausübte, schwer verletzt worden. Der erste Hund stürzte sich auf ihn und „stieß dabei ein Geheul aus, wie aus Freude, seinen Quälgeist nun endlich, endlich einmal vor sich zu haben, ohne durch Ketten, Stricke, Stacheln und Peitschen an der Vergeltung behindert zu sein" (ebd., 260). In der Heilung von den Wunden öffnet sich der Weg für den Verletzten, aus dem Hass einen Weg zur Liebe zu finden. Äußere Krankheit und Verletzung und innere Krankheit hängen also auch hier wie in der Vorstellung von Krankheit und Gesundheit in den lebensreformerischen Naturheilanstalten unmittelbar zusammen.

Und das gilt nicht nur für den Einzelnen, sondern auch für die Gesellschaft als ganze, deren Grenzen und Ausgrenzungen eine Art von Krankheit darstellen. Ideen des sozialen Ausgleichs zwischen Menschen, der Überwindung von trennenden Religionsunterschieden und Nationengrenzen teilte May spätestens ab 1900 mit der Lebensreformbewegung. Wenn Ida Hofmann überzeugt war: „Das Kind kommender Geschlechter wird nicht mehr als Christ, Mohammedaner, Buddhist, Jude, nicht mehr als Russe, Franzose, Pole oder Deutscher erzogen werden. Seine erste Bestimmung und Aufgabe ist, ‚Mensch‘ im vollen Sinne des Wortes zu sein" (zit. n. Landmann 2000, 220), dann klingt das sehr nach der inneren moralischen Religion Lev Tolstojs, der in den Kreisen der Lebensreform eine große Autorität war. Nah kommt dieser Vorstellung aber auch der Religionsfrieden im Reiche der Shen in *Und Friede auf Erden!* oder im Reiche des Ustad in *Im Reiche des silbernen Löwen III-IV*, wenngleich bei May die Dominanz des Christlichen und die Idee des Christentums als die eigentliche Synthese aller Religionen immer unangefochten bleibt. Der Fortschritt der Gleichberechtigung der Geschlechter, den Bilz besonders in *In hundert Jahren* vertritt und für die Zukunft erhofft und der auch auf dem Monte Verità eine große Rolle spielte, wird in Mays letzten Romanen erkennbar. In *Ardistan und Dschinnistan* werden die Ussul, das Urmenschenvolk, faktisch matriarchal regiert, und der Erzähler sieht das durchaus positiv. Auf der höchsten Stufe menschlicher Entwicklung steht die Fürstin Marah Durimeh, also wieder eine Matriarchin. In *Winnetou IV* gibt es im Clan Winnetou keinen Rangunterschied zwischen Frauen und Männern (vgl. Maier 2012, 194-205).

Auch das Ideal der Natürlichkeit, das für alle Richtungen der Lebensreform von höchster Bedeutung war, klingt bei

Frau im Reformkleid (Monte Verità um 1910)

May immer wieder an. Natürlichkeit, die Rückkehr zur Natur, die Entdeckung der Körperlichkeit und das Ideal eines Lebens ohne Heuchelei und Materialismus gehörten in der Lebensreform zusammen. Das eine war das Echo des anderen (Minazzi 2001, 69). Ida Hofmann erinnert sich in ihrem Buch *Monte Verità. Wahrheit ohne Dichtung* (1906), wie die Gemeinschaft auf der Suche nach einem geeigneten Ort für ihr Sanatorium zu Fuß die „märchenhafte" Gegend am Comer See durchstreifte und als ganz exotisch wahrgenommen wurde: „Unsere einfache und luftige Kleidung, unsere Hutlosigkeit, unsere entweder bloßen oder nur mit Sandalen bekleideten Füße erregten allenthalben großes Aufsehen" (Hofmann-Oedenkoven 1906, 9f.). Genauso barfuß und schlicht gekleidet ist auch Merhameh in *Ardistan und Dschinnistan*. Sie trägt ein „einfaches, orientalisches Gewand [...] aus gewöhnlichem, billigem Linnen", das „von einem Ledergürtel zusammengehalten" wird und, wie Kara Ben Nemsi „bei der Seltenheit des Wassers in dieser Gegend" besonders hervorhebt, „weiß und gänzlich fleckenlos" ist. Auch ihr „starkes, dunkles, welliges Haar" ist bemerkenswert. Es „war nicht geflochten, sondern wurde im Nacken von einer Schnur mit Blumen zusammengehalten und fiel von da wieder offen und in seltener Länge hernieder" (May *Ardistan und Dschinnistan I* 1909, 529f.). Das gleiche Schönheitsideal erfüllt Kara Ben Nemsis Begleiterin Schakra in *Im Reiche des silbernen Löwen* (in ihrem Fall mit geflochtenen Haaren): „Weiß war ihr Gewand. Sie hatte den Schleier nach hinten geschlagen. Ihr dunkles Haar hing in langen, schweren Flechten herab" (May *Im Reiche des silbernen Löwen VI* 1904, 258). Die Gewänder erinnern an die Reformkleidung um 1900. Die Mädchen in der Illustration zur Utopie des Zukunftsstaats bei Bilz oder auch zeitgenössische Fotografien aus dem Umfeld der Lebensreform (Peckmann 2001, 218 und 247) könnten Illustrationen zu den orientalischen Heroinen Mays sein.

In Dresden konnte Karl May dem Lebensreformgedanken nicht nur im Bilz-Sanatorium begegnen. Oberhalb der Stadt entstand ab 1909 die Gartenstadtsiedlung Hellerau mit einem Festspielhaus, in dem die Aufführung von Mays Mysterienspiel *Babel und Bibel*, das er eine Fantasia nannte, durchaus vorstellbar gewesen wäre. Unternehmer wie der Hersteller und Vertreiber des Mundwassers Odol, Karl August Lingner (1861–1916), lassen sich zur Lebensreform zählen. Lingner initiierte 1911 die I. Internationale Hygiene-Ausstellung in Dresden, aus der das lebensreformerische Projekt des Dresdner Hygienemuseums hervorging. Der Architekt des 1930 eröffneten Museumsgebäudes, Wilhelm Kreis (1873–1955), gehörte zu Mays Künstlerfreunden um 1900 (damals stand der Name Wilhelm Kreis allerdings vor allem für Bismarcktürme). Die stärkste Berührung zur Lebensreform erfuhr May jedoch in seiner engen Zusammenarbeit und für einige Zeit auch engen Freundschaft mit dem Maler und Bildhauer Sascha Schneider (1870–1927). In Schneiders Deckelbildern zu Karl Mays gesammelten Reiseerzählungen verbinden sich christlich religiöse Mystik und kosmologisch spiritualistische Vorstellungen aus der Lebensreform. Zwischen dem gen Himmel schwebenden Winnetou auf dem Titelbild zu *Winnetou III* und der Anbetungshaltung des nackten Knaben im *Lichtgebet* von Fidus besteht eine erkennbare Ähnlichkeit (Scholdt 2000, 105; Schmiedt 2011, 271; Starck 2012, 241f. und 260). Der kraftvolle männliche Leib, der auf Schneiders Bild zu *Durchs wilde Kurdistan* (1904) das Dickicht des irdischen Dschungels zerteilt, gleicht den Inszenierungen von Nacktheit, Bewegung und Naturverschmelzung auf dem Monte Verità (vgl. Wedemeyer 2001) oder der Idealisierung von Nacktheit in lebensreformerischen Journalen wie *Die Schönheit* oder *Ideale Nacktheit* (Frecot 2001; Holzrichter 2001). Aber es gibt auch Unterschiede. Die Armhaltungen von Sascha Schneiders aufstrebendem Winnetou und des Son-

Sascha Schneider,
Winnetou III
und
Durchs wilde Kurdistan
(beide 1904)

nenanbeters von Fidus sind entgegengesetzt. Der Knabe im Lichtgebet zieht aktiv von der Erde aus den Kosmos zu sich herab. Er bildet mit seinen Armen die (heidnische) Lebensrune. Winnetou wird passiv in die Höhe gezogen, und das Licht, dem er entgegenfliegt, geht vom christlichen Kreuz aus. Die weltanschaulichen Unterschiede sind in der gleichen Spannung von Höhe und Tiefe, Licht und Dunkelheit also auch nicht zu übersehen. Das Gleiche gilt für den entblößten Körper. Nacktheit als Symbol und Metapher für die Befreiung des Geistes, für die Ehrlichkeit der Seele oder auch für die Offenlegung der ‚nackten Existenz', das war Karl May nahe. Das ließ er für sich von Sascha Schneider verwirklichen, der Winnetou, nicht nur befreit von allen irdischen Bindungen (die letzte Feder löst sich aus dem Haar), sondern auch androgyn und somit der irdischen Geschlechtlichkeit entledigt dem Kreuz entgegenschweben lässt. Die Entblößung des eigenen Körpers lag May dagegen fern. Auf allen Fotografien zeigt er sich ausgesprochen zugeknöpft. „Wir sind nackt und nennen uns du" war das Motto der nudistischen Richtung der Lebensreform (Andritzky/Rautenberg 1989). Karl Mays Motto war es nicht. Moralische Konventionsverletzungen wie die Propagierung der freien Liebe (auch zur Befreiung der Frau), wie sie bei Ida Hofmann zu finden waren, kamen für ihn gar nicht in Frage.

Nun ist die Lebensreform in sich kein einheitliches Phänomen. Bestimmte Werte wie Echtheit, Reinheit, Klarheit, Schönheit oder Natürlichkeit waren allgemein verbreitet (Buchholz 2001, 41). Von zentraler Bedeutung war der Gegensatz von Krankheit und Gesundheit. Gemeinsam war auch das starke utopische Potenzial aller Richtungen. Aber die Wege konnten sehr unterschiedlich sein und auch die sozialen Schichten, die angesprochen wurden oder sich angesprochen fühlten. Asketischen Tolstojanergemeinden standen mondäne Sanatorien (z. B. auf dem „Weißen Hirsch" bei Dresden) gegenüber. Elitäre Intellektuellentreffs wie der Monte Verità verkörperten die Lebensreform, aber auch bürgerliche Geschäftsleute, die wie Bilz mit ihren Angeboten und Produkten einen möglichst großen Kundenkreis erreichen wollten (vgl. Krabbe 2001, 28). Tolstojaner waren radikale Pazifisten, radikale Vegetarier und Antialkoholiker, idealisierten das bäuerliche Leben und vertraten moralisch konservative Werte. Der Anarchist Erich Mühsam (1878–1934) spottete nach seinem Besuch auf dem Monte Verità: „Das sind Leute, die glauben, wenn sie statt Schweinekoteletts Radieschen essen, statt Doppelkorn Orangeade trinken, […] sich manchmal durch kalte Wasserumschläge gegen den Überschwang unkeuscher Begierden schützen, […] dann werden sie ihres Meisters würdig leben und alle Zeitgenossen beschulmeistern dürfen" (zit. n. Hanke 2001, 31). Andere Lebensreformer sahen sich als Naturmenschen und wollten das menschliche Leben in die Natur im unmittelbaren, ganz physischen Sinne zurückführen. Diesen Weg propagierte besonders Gusto Gräser (1879–1958), einer der Mitbegründer der Kolonie auf dem Monte Verità. Er lebte in einer Höhle nahe des Sanatoriums und übte – ein Paradox der Zivilisationskritik – eine exotische Anziehungskraft aus, die dem Berg auch touristischen Zulauf verschaffte. Hermann Hesse (1877–1962), der sich ab 1906 mehrmals zur Kur auf dem Monte Verità aufhielt, hat der Welt der Sinn- und Lebenssucher mehrere Erzählungen gewidmet (Radermacher 2011), darunter *Doktor Knölges Ende* (1910), eine wunderbare Satire auf das „Barfußgehen", die „langhaarigen Apostel", „Fanatiker des Fastens" und „Pflanzenesser", von denen einer, der Waldmensch „Bruder Jonas", zum bedrohlichen Gorilla mutiert, dem der ehemalige Gymnasiallehrer Doktor Knölge am Ende zum Opfer fällt (dies allerdings in einer Kolonie in Kleinasien und nicht mehr im Tessin). Bruder Jonas ist mit einem Lendentuch bekleidet, das jedoch „kaum von seinem behaarten braunen Körper zu unterscheiden" ist (Hesse 1975, 52). In der Rückkehr zur Natur gehörte Nacktheit selbstverständlich zum Programm. Aber das war nicht alles. Das Leben sollte ganz ohne menschliche Technik und nur mit dem auskommen, was die Natur unmittelbar zu bieten hat oder (höchstens) durch einfache Landwirtschaft und elementares Handwerk erzeugt werden kann. Sanatoriumsbetreibern wie Ida Hofmann und Henri Oedenkoven ging das zu weit. Sie verzichteten nicht auf fließendes Wasser, elektrisches Licht und Heizung und stiegen, da sie einen Sanatoriumsbetrieb führten, auch nicht aus dem „kapitalistischen Wirtschaftsgetriebe" aus (Hanke 2001, 29f.; Minazzi 2001).

Welche Richtung Karl May nah war, steht außer Frage. Er verachtete weder Geld, wenn es ehrlich erworben war, noch die moderne Technik, war weder Vegetarier noch ein früher Ökologe, auch wenn der Jagdeifer des Old Shatterhand/Kara Ben Nemsi im Spätwerk nachlässt. Mays Ethos entsprach dem seines Freundes Friedrich Eduard Bilz, seinen Heilungsmethoden und seinen Empfehlungen für eine gesunde Küche. Bilz verband Gesundheit mit Hygiene, mit Licht, Wärme und Wasser und mit Gemeinschaft. Der Einsatz technischer Mittel gehörte dazu. In seinem Sanatorium gab es nicht nur Barfußlaufen im Gras und Lichtkuren unter freiem Himmel, sondern ein Schwimmbad (ab 1912 sogar ein Wellenbad), Dampf- und Heißluftbäder, künstliche Höhensonnen. Angeboten wurden zahlreiche „elektrische Behandlungen" – „elektrische Bäder mit faradischem, galvanischem und Wechselstrom" und vieles mehr (Helfricht 1999, 173). Das Bilz-Kochbuch sieht für jeden Tag ein vegetarisches und ein Fleischgericht vor (Bilz 1999). An der Empfehlung solcher Gerichte wie „Karpfen à la polonaise" am ersten Januar, „Schellfisch mit Butter" als Vorspeise und „Kalbsgulasch mit Reisrand" als Hauptgericht am zweiten Januar und an farbigen Abbildungen von Speisen wie „Garnierter Schinken mit Pastetchen" oder „Kalbslende, garniert mit Pastetchen, Carotten und Rosenkohl" ist ab-

Speisesaal im Bilz-Sanatorium

zulesen, dass die Ratschläge für eine gesunde Ernährung nicht gerade asketisch und auch nicht für einen schmalen Geldbeutel gedacht waren. Angesprochen war das erfolgreiche junge Bürgertum, das im Wilhelminismus prosperierte, aber auch schon die Auswirkungen von Industrie, Reichtum und Konkurrenz spürte, von ersten wirtschaftlichen Turbulenzen verunsichert wurde (Ueding 2012, 281) und sich nicht auf Geld und Vaterlandsliebe reduzieren lassen wollte. Es ging um die Harmonie von Wohlstand und jenen Lebenswerten, die ihm zum Opfer fallen können – ein Wunsch, der auch heute alles andere als unbekannt ist. Dazu gehörte (und gehört) die Sehnsucht nach Gesundheit, Natürlichkeit und Gemeinschaft, und auch die konnte ein Naturheilunternehmer wie Bilz erfolgreich geben. In seinem Sanatorium fanden Feste statt, an denen auch Karl und Klara May teilnahmen (Steinmetz 1991; Wohlgschaft 1994, 583f.). Der Speisesaal im Bilz-Santorium wies eine große gemeinschaftliche Tafel auf, an der sich die Gäste wie zu einem Fest, einem großen Familientreffen versammelten. Thomas Mann (1875–1955) hat solche Sanatoriengemeinschaften, wie sie vor dem Ersten Weltkrieg gang und gäbe waren, in *Der Zauberberg* (1924) mit der ihm eigenen Ironie verewigt.

Der Traum von einer friedlichen und geistig wie seelisch hochstehenden Gemeinschaft von Edelmenschen stand für Karl May nicht im Widerspruch zum technischen Fortschritt – wie übrigens auch für von Suttner nicht, für die die Eisenbahn „ein großartiges Unternehmen" war (von Suttner *Inventarium einer Seele* 1904, 43) und die von sich sagte: „Ich genieße dankbar die tausend Bequemlichkeiten und Annehmlichkeiten, die als Resultate unabsehbar verketteter Kultur- und Industriefortschritte mich rings umgeben, sowie die verfeinerten Freuden des Kunst- und Geisteslebens" (ebd., 71). Einen gewissen Zwiespalt im Blick auf technische Entwicklungen offenbaren bei May zwar schon die *Geographischen Predigten*, in denen er prophezeit: „Eine riesige Industrie wird sich mit ge- waltigem Flügelschlag auf den ‚fernen Westen' hiernieder- senken, Haus wird an Haus, Stadt an Stadt sich reihen" (May *Geographische Predigten* 1958, 47; 1875/1876, 158). Das „Feuerross", dessen Pfade die Savanne durchschnei- den, wird für den Untergang der Prärieindianer mit ver- antwortlich gemacht, was ja nicht falsch ist (ebd.; Schaper 2012, 203). Aber diese kritischen Beobachtungen führen nicht zur Ablehnung der Technik (auch Intschu tschuna stimmt in *Winnetou I* dem Eisenbahnbau am Ende zu). Die positive Haltung ändert sich in der Werkbiografie Mays nur leicht. Die naive Begeisterung für die Ausbeutung einer Silbermine einschließlich der Ausnutzung der Was- serreserven eines Bergsees (noch dazu eines archäologisch bemerkenswerten Zeugnisses einer alten indianischen Kul- tur), wie man sie in *Der Schatz im Silbersee* (1890-1891) antrifft, setzt sich nicht fort. In *Winnetou IV* gibt es statt- dessen Andeutungen einer ökologischen Technikkritik, wenn der Häuptling und Gegner des Winnetoudenkmal-Projekts, Athabaska, klagt: „Man pumpt in der Nähe schon Oel. Man hat den einen Wasserfall schon in Ketten geschlagen, um Elektrizität zu gewinnen. Dadurch ist mit der Zerstörung des herrlichen Landschaftsbildes und der Entweihung und Beschmutzung aller Ideale unseres großen Tatellah-Satah begonnen" (May *Winnetou IV* 1910, 397). Auf das Lob des Fliegens und des Flugzeugs in *Empor ins Reich der Edelmenschen!* folgt die Warnung von Suttners vor der Möglichkeit des Luftkriegs (Kuße/Bartsch *in diesem Band*). Am Ende überwiegen aber immer die Begeisterung für die Technik und die utopische Hoffnung, die sich an sie knüpft: Der technische Höhenflug ist ein Symbol der geistigen Höhen, die die Menschheit erreichen kann. Er ist bei May nicht die hinreichende, wohl aber eine notwendige Bedingung des ersehnten „menschheitsgeschichtlichen Evolutionsschubs, der mit einer Blütezeit der Kunst einhergehen müsse und werde" (Schwab 2012, 197). Technische Modernität steht für May auch nicht im Widerspruch zur Natürlichkeit. Im Gegenteil: Fotografie und Luftfahrt (*Winnetou IV*) gehen mit der Natur eine Synthese ein und sind ein notwendiges Hilfsmittel auf dem Weg zum Edelmenschentum. Wenn der Junge Adler sich in die Luft erhebt und mit menschlicher Technik wie ein Adler fliegt, dann lässt er auch die alte, am Boden liegende Welt hinter sich (Vollmer 2012, 17). Und wenn Winnetou als Fotografie auf einen Wasserfall projiziert wird, dann zeigt diese Technik eine neue Welt, in der die Materie gleichsam lichtdurchflutet und durchgeistigt sein wird. Die grobe Bildhauertechnik, in der Winnetou als monumentales, erdenschweres Denkmal errichtet werden soll, ist dagegen ein Archaismus.

Hierin scheint eine Hierarchie der Technik auf. Gut ist die Technik, die Dynamik ermöglicht (Bewegung als Lebenskraft), weshalb die Eisenbahn grundsätzlich positiv bewertet wird. Besser aber ist jene Technik, die der

Höherentwicklung dient, ohne die Natürlichkeit des Lebens zu verletzen. Im Unterschied zum Bauwerk ist die Fotografie auf der Natur eine Aussage ohne Zerstörung und Raumbeherrschung – auch die Abzüge der Fotografien der Bilder Sascha Schneiders, die Old Shatterhand und sein Herzle mitführen, nehmen kaum Raum im Koffer ein (Krauss 2011, 37). Die Gefahr der Technik besteht darin, dass sie beherrschend und raumgreifend wird, die ganz moderne Technik ist dies nicht (ähnliche Träume wurden auch am Beginn des Internetzeitalters geträumt). Auch das Flugzeug greift zu Karl Mays Zeit noch nicht Raum, sondern erscheint als ökologische Alternative zu bodenhaftenden Verkehrsmitteln: Geräuschlos und nach Benutzung unsichtbar (keine Wege zerstören die Landschaft) ist es in *Winnetou IV* die Technik der Zukunft für die moderne indianische Gesellschaft. Sie ermöglicht die Annährung, vielleicht sogar die Synthese von Zivilisation und Wild West (Sudhoff 1981, 91). „Das Dampfross hat die Jagdgründe zerschnitten, Tod und Verderben gebracht", schreibt Rüdiger Schaper: „Hier nun legt er [May] den Indianern moderne Technik in die Hand, damit sie sich befreien können. Der Junge Adler soll sein Volk das Fliegen lehren!" (Schaper 2011, 203f.).

Die Technik ist nur eine Hilfe, ein Anschub auf dem Weg zur Heilung, zur Überwindung des Bösen, zum Frieden und der Höherentwicklung der Menschheit. Der Flug im Raum und der Flug des Geistes müssen zusammenkommen, fordert May in *Empor ins Reich der Edelmenschen!* (Kuße/Bartsch *in diesem Band*). Das Ziel dieser Flüge ist die vollendete menschliche Gemeinschaft. In der Lebensreform wie bei Karl May sind Gesundheit und Höherentwicklung immer mit Formen eines utopischen Zusammenlebens verbunden, dessen Bindungen über den Aufbau einer einigermaßen gerechten Gesellschaft hinausgehen. Bei May ist dies die Gemeinschaft der Nächstenliebe, die der Welt egoistischer Machtinteressen gegenübersteht, ausgedrückt im

Märchen von Sitara als die beiden Maximen von Ardistan und Dschinnistan:

> Tief unten herrscht über Ardistan ein Geschlecht von finster denkenden, selbstsüchtigen Tyrannen, deren oberstes Gesetz in strenger Kürze lautet: „Du sollst der Teufel deines Nächsten sein, damit du dir selbst zum Engel werdest!" Und hoch oben regierte schon seit undenklicher Zeit über Dschinnistan eine Dynastie großherziger, echt königlich denkender Fürsten, deren oberstes Gesetz in beglückender Kürze lautet: „Du sollst der Engel deines Nächsten sein, damit du nicht dir selbst zum Teufel werdest!" (May *Mein Leben und Streben* 1910, 2f.)

Wenn May staatliche und rechtliche Ordnungen bejaht (s. o.), so erfüllen diese doch nicht das Ideal der Gemeinschaft und des Friedens. Der Weg zum Frieden führt in die Gemeinschaft, die sich ohne äußere Ordnungen, allein durch die Nächstenliebe bildet. Deshalb ist es nicht nur ein Zufall – weil er gerade die USA bereist hatte –, dass sich May im letzten Roman *Winnetou IV* noch einmal dem Wilden Westen (der nun ein ehemaliger Wilder Westen ist) zuwandte. Die Gemeinschaften, die sich in der Prärie und dem Felsengebirge finden, sind immer selbst organisiert, niemals staatlich überformt (auch wenn die Westmänner als Scouts im Dienste des Militärs stehen oder als Detektive durch die Wildnis ziehen). In verschiedenen Romanen, besonders in *Satan und Ischariot* und *Der Ölprinz* stehen am Ende der Abenteuer Gemeinschaften von indianischen Stämmen und Siedlern, die auf eine friedliche Zukunft hoffen lassen (Kuße *in diesem Band*). In *Winnetou IV* wird diese Entwicklung fortgeführt. Zwar wird eine große indianische Vergangenheit beschworen – „Bevor die Rasse der Indianer sich in winzige Stämme auflöste, wurde sie nicht von kleinen Häuptlingen, sondern von gewaltigen Kaisern und Königen regiert" (May *Winnetou IV* 1910, 579) –

und dem Jungen Adler, dem Hoffnungsträger der Nation, kommt die Aufgabe zu, den Weg zu den unzugänglichen Königsgräbern wieder frei zu machen (ebd.), was sich aber neu formiert, ist keine Neuauflage der Vergangenheit (kein neues Kaiserreich wie in Deutschland 1871), sondern eine Gemeinschaft von Großfamilien, die keiner formalen staatlichen und rechtlichen Ordnung mehr bedarf – auch keinen Mir braucht wie in *Ardistan und Dschinnistan* und keinen Ustad oder Schah wie im *Reiche des silbernen Löwen* und nicht einmal ein Führungsduo wie im Reich der Shen in *Und Friede auf Erden!* Die Gemeinschaft am Mount Winnetou kommt mit einer fernen, mythischen Marah Durimeh und den Ratschlägen eines Weisen aus den eigenen Reihen, Tatellah-Satah, aus und braucht vielleicht nicht einmal sie, weil alle das Ethos Dschinnistans verinnerlicht haben. So entsteht eine Stadt, in der es keine nationalen, kulturellen, rassischen oder geschlechtlichen Grenzen zwischen den Bewohnern gibt. Die Gemeinschaft der Frauen auf dem Weg zum Mount Winnetou ist so stark wie die der Männer (auch das eine Forderung der Lebensreform). Die Unterscheidung von ‚Weißen‘ und ‚Roten‘ spielt keine Rolle mehr.

Der irenische Optimismus Karl Mays besteht darin, dass er, wie seinem Vortrag in Wien zu entnehmen ist (Kuße/Bartsch *in diesem Band*), überzeugt war, dass solche Gemeinschaften und sogar die Weltgemeinschaft in dieser Verinnerlichung der höchsten ethischen Prinzipien nicht nur im Roman, sondern auch in der Wirklichkeit möglich sind. Sie zu erreichen, darauf hinzuarbeiten, ist der Friedensweg Karl Mays, zu dem alle anderen Friedenswege hinführen.

3. Ehrfurcht vor den Kulturen

Karl May hat sich in den letzten Lebensjahren immer wieder als Hakawati, als Märchenerzähler bezeichnet. Seine Utopien liegen auf genau dieser Linie. Sie führen in ein Märchenland. Das Märchenhafte erscheint leicht als das Unrealistische, als bloße Träumerei oder – schlimmer noch – Spielerei. Aber so träumerisch, märchenhaft und spielerisch Mays erzählte Friedenswege und das „Land der Sternenblumen", in dem und aus dem heraus die Friedenskönigin Marah Durimeh regiert (May *Ardistan und Dschinistan I* 1909, 1-3), auch sind, so ganz irreal und damit unbrauchbar für das ‚wirkliche Leben' sind sie doch nicht. Sie können „weltpolitisch" sein, wenn sie zum Leitbild des Handelns werden. Die Ideen Bertha von Suttners waren kaum weniger weitreichend und utopisch. Das Ethos Lev Tolstojs ging noch über Karl Mays Maxime Dschinnistans hinaus. Der Erste Weltkrieg hat viele Träume und Utopien beendet und Friedenswege abgeschnitten, aber die Entwicklung wurde nicht auf Null gestellt, auch durch die noch größeren Grauen der ersten Hälfte des 20. Jahrhunderts nicht.

Im März 1913, ein Jahr nach dem Tod Karl Mays, machte sich Albert Schweitzer (1875–1965) zusammen mit seiner Frau auf den Weg nach Afrika, um sein Krankenhaus in Lambarene zu gründen. Er wählte diesen Weg aus christlicher Nächstenliebe und, wie er immer wieder betonte, um eine Wiedergutmachung für das Unrecht des Kolonialismus zu leisten. „Zuletzt ist alles, was wir den Völkern der Kolonien erweisen, nicht Wohltat, sondern Sühne für das viele Leid, das wir Weißen von dem Tage an, da unsere Schiffe den Weg zu ihren Gestaden fanden, über sie gebracht haben", schreibt Schweitzer in seiner Autobiografie (Schweitzer *Aus meinem Leben und Denken* 1973, 205). Eine pragmatische, ‚vernünftige' Denkweise lehnte er ab. Sein Anspruch war utopisch und darin brisant

Albert Schweitzer (1875–1965)

und zukunftsträchtig. Politisch seien die Probleme, die der Kolonialismus mit sich gebracht habe, nicht mehr zu lösen. Es müsse etwas Neues kommen. Und dieses Neue war für Schweitzer, dass „Schwarz und Farbig sich in ethischem Geiste begegnen. Dann erst wird Verständigung möglich sein. An der Schaffung dieses Geistes arbeiten heißt zukunftsreiche Weltpolitik treiben" (ebd.). Zu behaupten, Schweitzer sei in seinem Denken von Karl May beeinflusst gewesen, wäre vielleicht zu viel gesagt. Immerhin schätzte Schweitzer ihn und nahm ihn auch als Pazifisten wahr (Interview mit René Wagner *in diesem Band*). Aber auch wenn Schweitzer Karl May gar nicht gekannt hätte – seine Vorstellung von „zukunftsreicher Weltpolitik" ist von den Träumen Mays am Mount Winnetou und im Land der Sternenblumen nicht weiter entfernt als von Martin Luther Kings (1929–1968) „I have a dream".

Albert Schweitzer hatte jedoch noch eine ganz eigene Vorstellung davon, was der „ethische Geist" ist, in dem sich die Völker begegnen sollen. Diese Vorstellung brachte er auf die berühmte Formel „Ehrfurcht vor dem Leben". Wie er die Formel fand, ist eine bekannte Geschichte. Auf einer Fahrt über den Urwaldfluss Ogowe im Jahr 1915 kam ihm die Erkenntnis, dass um ihn herum lauter Leben ist, das den Willen zum Leben hat: „Ich bin Leben, das leben will, inmitten von Leben, das leben will" (Schweitzer *Die Entstehung der Lehre* 1973, 181). Diese, so Schweitzer, „fundamentale Tatsache des Bewußtseins des Menschen" (ebd.), hatte für ihn eine weitreichende ethische Konsequenz: „Es ging mir auf, daß die Ethik, die nur mit unserem Verhältnis zu den anderen Menschen zu tun hat, unvollständig ist und darum nicht die völlige Energie besitzen kann" (ebd.,180). Aus dieser Erweiterung des Ethischen auf die ganze Schöpfung folgt ein klares Verständnis von Gut und Böse:

Das geheimnisvolle meines Willens zum Leben ist, daß ich mich genötigt fühle, mich gegen allen Willen zum Leben, der neben dem meinen im Dasein ist, teilnahmsvoll zu verhalten. Das Wesen des Guten ist: Leben erhalten, Leben fördern, Leben auf seinen höchsten Wert bringen. Das Wesen des Bösen ist: Leben vernichten, Leben schädigen, Leben in seiner Entwicklung hemmen. Das Grundprinzip der Ethik ist also Ehrfurcht vor dem Leben. Alles, was ich einem Lebewesen Gutes erweise, ist im letzten Grunde Hilfe, die ich ihm zur Erhaltung und Förderung seines Daseins zuteil werden lasse. (Schweitzer *Das Problem der Ethik* 1973, 158)

Das ist im Grunde das Ethos Dschinnistans, aber über die menschliche Gemeinschaft hinaus erweitert auf alles Leben. Diese Erweiterung macht die Ethik, eben weil sie nicht mehr nur auf Menschen bezogen ist, universal (Altner u. a. 2005). Schweitzer sieht sie in kosmischen Dimensionen, in denen sogar die Spannung von Anspruch und Wirklichkeit, von ethischer Maxime und den Möglichkeiten, sie zu befolgen, aufgehoben wird:

Durch ethisches Verhalten zu aller Kreatur gelangen wir in ein geistiges Verhältnis zum Universum. In der Welt ist der Wille zum Leben in Konflikt mit sich selber. In uns will er Frieden mit sich selbst sein. In der Welt tut er sich kund, in uns offenbart er sich. Der Geist gebietet uns, anders zu sein als die Welt. Durch die Ehrfurcht vor dem Leben werden wir in elementarer, tiefer und lebendiger Weise fromm. (ebd., 159)

Schweitzers Ethik ist eine Erweiterung des irenischen Denkens, wie es bei May zu finden ist, und zugleich sein mögliches, vielleicht notwendiges Korrektiv. Denn der Friedensweg, der von der Vorstellung klarer Unterscheidungen von Gut und Böse, Krankheit und Gesundheit, Licht und Dunkel begleitet wird, wie das bei May im ganzen Werk der Fall ist, ist nicht ohne Gefahren: Gefahren von Innen wie von Außen.

Die größte innere Gefahr des Denkens im Gegensatz von Gesundheit und Krankheit, Leben und Tod oder auch

Geist und Fleisch (Materie), liegt in der Dämonisierung des ,Feindes'. Vielleicht ist es gar nicht erstaunlich, dass Lev Tolstoj und Karl May, die beide in diesen Gegensätzen dachten, im Scheitern ihrer Ehen mit Sof'ja Andreevna und Emma Pollmer sich den einstmals geliebten, nun gehassten Menschen als ein dämonisches Wesen vorstellten. In seinem abgründigen Pamphlet *Frau Pollmer, eine psychologische Studie* bezeichnet May seine frühere Frau als Dämon und Bestie, die von Geburt an von sexueller Gier besessen gewesen sei und selbst vor Mordanschlägen gegen ihn nicht zurückgeschreckt habe. Die Schrift wurde zu Lebzeiten nicht veröffentlicht (vgl. Schmiedt 2012, 276-278). Die zweite Gefahr ist eher eine Äußere: der Missbrauch des Denkens, seine Verkehrung ins Gegenteil, die May, der sich nicht mehr wehren konnte, im Nationalsozialismus widerfuhr (Graf 2012), die aber auch von der eigenen Person ausgehen kann. Innerhalb der Lebensreform gab es nach dem Ersten Weltkrieg Richtungen und Einzelne – wie den Schöpfer des Lichtgebets, Fidus –, die sich dem Nationalsozialismus anschlossen, obwohl das dem Ethos dieser Bewegungen eigentlich widersprach. Denn die Gegensätze von Licht und Dunkel, Krankheit und Gesundheit, guter Natürlichkeit und böser Zivilisation ließen sich ja auch dort wiederentdecken. Auch Klara May meinte, Werke wie *Und Friede auf Erden!* dem nationalsozialistischen Geist anpassen zu können und zu müssen und das christliche Kreuz durch das Hakenkreuz ersetzen zu dürfen, wozu es zum Glück nicht kam (Schmiedt 2012, 289-290).

Die Fortsetzung der Maxime Dschinnistans in Schweitzers „Ehrfurcht vor dem Leben" macht Verkehrungen des Ideals vom Edelmenschentum in sein Gegenteil unmöglich. Der Fortschrittsoptimismus Mays oder auch von Suttners und eines Teils der Lebensreform kann in dieser Perspektive nicht in Fortschrittswahn oder gar fortschreitende Menschenverachtung umgelenkt werden. Denn auch darin gleichen sich die Vorstellungen Mays und Schweitzers, dass sie die Entwicklung der Kultur grundsätzlich optimistisch betrachteten. Auch nach den Erfahrungen der Weltkriege, des europäischen Totalitarismus, des Rüstungswettlaufs im Kalten Krieg, der Atombombenversuche, gegen die Schweitzer mit der publizistischen Macht, die ihm zur Verfügung stand, polemisierte (Suermann 2012, 204-240), blieb er überzeugt, dass Pessimismus „herabgesetzter Wille zum Leben" ist (Schweitzer *Kultur und Ethik* 1971, 132). Kultur war für ihn „Fortschritt, materieller und geistiger Fortschritt der einzelnen wie der Kollektivitäten" (Schweitzer *Verfall und Wiederaufbau der Kultur* 1971, 45). Sie war für ihn eine Höherentwicklung, in der das Ethische dem materiellen und Fortschritt vorausgehen und sein Maßstab sein muss:

> Als das Wesentliche der Kultur ist die ethische Vollendung der einzelnen wie der Gesellschaft anzusehen. Zugleich aber hat jeder geistige und jeder materielle Fortschritt Kulturbedeutung. Der Wille zur Kultur ist also universeller Fortschrittswille, der sich des Ethischen als des höchsten Wertes bewußt ist. (Schweitzer *Aus meinem Leben und Denken* 1973, 161)

Auch dieser ideale Kulturbegriff, dessen hohes Ethos außer Frage steht, hat jedoch einen Haken. Der Singular von Kultur in Schweitzers Universalismus ist mit kulturellen und ethischen Schwierigkeiten behaftet, die wir heute eher spüren als vor hundert Jahren. Der Singular passt allzu leicht zu einem Kulturstufenmodell, an dessen unterstem Treppenabsatz die „wilden Völker" und auf dessen höchster Stufe die „europäische Zivilisation" gesehen wird – zum Beispiel bei dem Anthropologen Sir Edward B. Taylor (1832–1917) in seinem einflussreichen Buch *Primitive culture* (1871). Wie sehr Schweitzer seiner Zeit und Vorstellungen wie diesem Modell verhaftet war (Suermann 2012, 225f.), zeigt eine Bemerkung zu den „Primitiven", denen er sich aus christlicher Nächstenliebe zuwandte. In seiner Autobiografie erinnert sich Albert Schweitzer, wie er seine Patienten und Kollegen in Lambarene zumindest anfänglich einschätzte:

> Im Umgang mit den Primitiven kam ich naturgemäß dazu, mir die vielverhandelte Frage vorzulegen, ob sie einfach in Traditionen gefangene oder wirklich selbständigen Denkens fähige Wesen wären. Zu meinem Erstaunen fand ich in den Gesprächen, die ich mit ihnen führte, daß sie mit den elementaren Fragen nach dem Sinn des Lebens und nach dem Wesen von Gut und Böse durchweg viel mehr beschäftigt waren, als ich angenommen hatte. (Schweitzer *Aus meinem Leben und Denken* 1973, 154)

Die Überraschung, dass man sich mit „den Primitiven" tatsächlich unterhalten kann wie mit intelligenten Menschen, passt zur Vorstellung von Kultur als einer aufsteigenden Entwicklung – und nicht mehrerer unterschiedlicher Entwicklungen. Die exotische Vielfalt der Kulturen bei Karl May scheint da trotz ihrer Naivität schon weiter zu sein. Old Shatterhand wundert sich über englischsprachige Lyrik in den Händen Winnetous (wer würde sich unter den gegebenen Umständen nicht wundern?), aber ob er mit den ‚Wilden' sinnvolle Gespräche führen könne, diese Frage kommt ihm gar nicht in den Sinn (May *Winnetou I* 1893, 304).

Eine gewisse Unentschiedenheit ist in den May-Welten freilich zu spüren: einerseits die Freude an der Vielfalt, andererseits ein biedermeierlicher Kulturuniversalismus. Es gibt beides. Der Wechsel der Gewänder und der Sprachen Old Shatterhands/Kara Ben Nemsis und seine Verbrüderung mit Menschen unterschiedlichster Kulturkreise ist das eine, sein deutscher Kulturimport in die entlegensten Weltgegenden das andere. Dem Orgelspiel Schweitzers im Urwald entspricht in *Ardistan und Dschinnistan I* die Ausrichtung einer erzgebirgischen Weihnachtsfeier, die die Wandlung des Mir von Ardistan vom Gewaltmenschen zum Edelmenschen vorbereitet. In der Aufstiegsmetaphorik der symbolistischen Deutung seines Werks (von den Prärien zum Mount Winnetou, von der Wüste zum Dschebel Marah Durimeh) vertritt May eindeutig den Entwicklungsgedanken, was nicht anders möglich ist, wenn er auf die Höherentwicklung der ganzen Menschheit hofft. Die Kulturen und die Topografie in *Ardistan und Dschinnistan* bilden eine fiktive Typologie von den urtümlichen Naturmenschen Ussulistans bis zu den Edelmenschen in den Bergen Dschinnistans. Am Beginn von *Winnetou IV* lässt May seinen Ich-Erzähler (der wohl niemand anders als er selbst ist) einen Zeitschriftenartikel über den „Untergang der roten Rasse" kritisieren. Der Verfasser „schien die Hauptaufgabe des Menschengeschlechtes in der Entwicklung der völkerschaftlichen Sonderheit und Individualität zu suchen, nicht aber in der sich immer mehr ausbreitenden Erkenntnis, daß alle Stämme, Völker, Nationen und Rassen sich nach und nach zu vereinigen und zusammenzuschließen haben zur Bildung des einen, einzigen, großen, über alles Animalische hoch erhabenen Edelmenschen" (May *Winnetou IV* 1910, 3). Das Modell von Kultur, das sich hinter dieser Forderung am ehesten vermuten lässt, ist das einer aufwärtsführenden Paradetreppe, die keine Nebenaufgänge und keine Abzweigungen erlaubt. Die Forderung der gemeinsamen Höherentwicklung der ganzen Menschheit geht jedoch auch mit einem anderen Modell von Kultur oder besser: von Kulturen zusammen als nur mit dem Stufenmodell. Die Alternative ist in der Einleitung zum ersten Band der *Winnetou*-Trilogie zu lesen, in der May den Untergang der „indianischen Nation" nicht nur als Unrecht anprangert, sondern auch als unwiederbringlichen Kulturverlust beklagt: „Welche eigenartige Kulturformen werden der Menschheit durch den Untergang dieser Nation verloren gehen?" (May *Winnetou, der rote Gentleman* 1893, 5). Hier deutet sich eine andere Vorstellung von Kultur an, wie sie sich im romantischen Kulturmodell von Johann

Gottfried Herder (1744–1803) findet: „Jede Nation hat ihren Mittelpunkt der Glückseligkeit in sich, wie jede Kugel ihren Schwerpunkt" (Herder *Auch eine Philosophie der Geschichte der Menschheit* 1985, 204). Das Modell der Kugel lässt jeder Kultur ihren Eigenwert (ihren jeweils eigenen Schwerpunkt) und ordnet sie nicht voreilig Rangstufen zu. Das muss Entwicklung und die Beurteilung von Entwicklungsstufen nicht ausschließen. Es wirkt heute etwas befremdlich, wenn Old Shatterhand in *Winnetou IV* am Denkmal des Seneca-Häuptlings Sa-go-ye-wat-ha in Buffalo doziert, der „gütige Manitou" habe „den Indsmen", als sie „nicht aufhören wollten, sich untereinander zu zerfleischen", das Bleichgesicht gesandt, um sie zu retten, damit „der Kind gebliebene Indianer sich aufraffte, Mann zu werden." Und: „Mann werden, heißt nicht, Krieger werden, sondern Person werden" (May *Winnetou IV* 1910, 61f.). Völkermord als Pazifizierungshilfe ist eine merkwürdige Vorstellung. Auf der anderen Seite wird die Verklärung der indianischen Vergangenheit als einer Welt glücklicher Nomaden und Kleinbauern, die im steten Einklang mit der Natur leben, der historischen Wirklichkeit auch nicht gerecht. Die kritische Anteilnahme, die sich bei May findet, öffnet den Weg zur kritischen Verehrung, in der sich Menschen und Kulturen respektvoll begegnen können. Die Formulierung „kritische Verehrung" mag paradox klingen, sie ist es aber nicht. Sie bezieht vielmehr das Ethos der „Ehrfurcht vor dem Leben" auf die Vielfalt und die Begegnung unterschiedlicher Kulturen, die nicht verklärt, aber eine Begegnung in der Ehrfurcht vor den Kulturen ist.

In der weiten Welt der May'schen Fantasien lässt sich die kritische Verehrung der Kulturen erleben, die sich in der Chronologie des Werkes immer deutlicher zum Ideal der Synthese aller Kulturen entwickelt, in der alle das Beste, das sie haben, einbringen. So denkt sich May auch die von ihm im Spätwerk immer wieder beschworene „Aussöhnung von Orient und Okzident". Der Sprung, der in *Im Reiche des silbernen Löwen III* den typhuskranken Kara Ben Nemsi zusammen mit Hadschi Halef Omar über eine fast unüberwindliche Schlucht ins Reich des Ustad bringt, symbolisiert den Sprung des Abendlands ins Morgenland, die Begegnung des einen mit dem anderen – Kara Ben Nemsi entschuldigt sich, dass das Abendland, „so krank" gekommen ist (May *Im Reiche des silbernen Löwen III* 1903, 260). Das orientalische kulturelle Erbe Europas sieht May als Verpflichtung, sogar als Schuld, die im kulturellen Austausch zurückzahlen sei. „Das Morgenland hat dem Abendlande geistig so viel, so viel geliehen", lautet einer der Aphorismen in den *Himmelsgedanken,* „was dieses ihm mit Zinsen zurückzuerstatten hat. Wir werden noch lange, lange seine Schuldner sein (May *Himmelsgedanken* 1900, 85). Diese Verehrung der anderen Kultur bedeutet aber keine Kritiklosigkeit. Die negativen Seiten von Blutrache, Willkür, Fanatismus, Rückschrittlichkeit und Verfall, denen im Orientzyklus das Ich und seine Leser von Seite zu Seite begegnen, bleibt für Karl May auch im pazifistischen und kulturversöhnenden Spätwerk die Schattenseite dieser Welt. Die Kritik muss in die Ehrfurcht eingehen, damit die Aussöhnung zu einer Aussöhnung der guten und nicht der schlechten Seiten der Kulturen wird. Nur so kann die Geschichte „Taten der Liebe" statt „Taten der Gewalt und des Hasses" verzeichnen, wie Marah Durimeh am Ende von *Ardistan und Dschinnistan* fordert (May *Ardistan und Dschinnistan II* 1909, 633). Denn nicht jede Synthese von Kulturen ist schon deshalb gut, weil sie eine Synthese ist. In *Winnetou IV* haben die Söhne von Apanatschka und Old Surehand zunächst an der Ostküste der USA, dann in Paris und in Italien Architektur, Malerei und Bildhauerei studiert und machten sich in Ägypten „mit den Gesetzen der einstigen Gigantenkunst vertraut" (May *Winnetou IV* 1910, 12). Sie vereinen in sich also Indianisches und Europäisches, Gegenwärtiges und Vergangenes. Eigentlich ein Ideal, aber sie vereinen aus der Sicht des Autor-Erzählers nicht das

Beste, sondern das Schlechteste der Kulturen und Zeiten. Ihre Bildhauerei ist monumentalistisch und martialisch – in einer Weise, wie sie sich in den Denkmalklötzen des Wilhelminismus schon andeutete (Ueding 2012, 282), tatsächlich aber erst in den Architekturen und Monumenten des Dritten Reichs und des Stalinismus umgesetzt wurde. Für die kulturelle Synthese steht auch das Denkmalkomitee, dem bis auf Old Surehand nur Indianer angehören, die jedoch akademische Titel und amerikanische Namen haben. Der Vorsitzende Tscho-lo-let heißt Simon Bell und ist Professor der Philosophie, der Kassierer Okih-tschin-tscha unterzeichnet als Antonius Paper und ist Bankier usw. Diese Komiteemitglieder stehen für den modernen US-amerikanischen Kapitalismus, der für May eine ebenso große Bedrohung auf dem Weg ins Reich der Edelmenschen darstellt wie die offene kriegerische Aggression. Auch sie haben also nicht das Gute der Anderen, sondern das Schlechte übernommen.

Wie sich May dagegen die gelungene Synthese dachte, spricht er in einem kleinen Artikel aus, den er für eine französische Zeitschrift anlässlich des 16. Internationalen Friedenskongresses in München im September 1907 verfasste. Der Friedensweg, der über die Einrichtung einer deutsch-französischen Zeitung gehen soll, ist die Kultur- und Sprachbegegnung im gemeinsamen Ethos der Ehrfurcht vor den Kulturen. Die Erwartung dieser Macht des Friedens einer einzigen Zeitung, von der May hoffte, sie werde nicht zum Traum, nimmt Jahre vor dem Ersten Weltkrieg bereits die Politik des Élysée-Vertrags (1963) vorweg.

Also vor allen Dingen ein Journal, in zwei Ausgaben, französisch und deutsch, aber genau desselben Inhalts. Viele werden beide lesen, um sich mit der anderen Sprache zu befreunden. [...] Dieses Blatt soll uns lehren, einander verwandt und einander vertraut zu werden und dabei doch die Eigenart zu achten, die jedem Freund am Freunde heilig ist. Auch dieses Blatt würde ein Macht sein, und zwar eine unendlich segensreiche. Werde es nicht zum Traum! (May *Sur le rapprochement franco-allemand* 2000, 456)

Mays Stellungnahme zur deutsch-französischen Annäherung ist umso bemerkenswerter, als er mehr als einmal den deutsch-französischen Gegensatz beschworen und an der Frage, wer in diesem Gegensatz das Gute und das Böse vertrete, keinen Zweifel gelassen hatte. Von den kritiklos patriotischen siebziger Jahren und achtziger Jahren – *Die Liebe des Ulanen* erschien 1883–1885 – bis zu diesem Friedensartikel hat sich also eine Entwicklung vollzogen, die ich eingangs bereits als Weg der Überwindung (von Irrtümern, Stereotypen und Aggressionen) bezeichnet habe. Dieser Weg kann in Mays Welten in tiefen Abgründen seinen Ausgang nehmen, wenn wir an die erwähnten Völkerhierarchien mit Armeniern und Griechen am unteren Ende der Beliebtheitsskala denken und alle Stereotypenbildungen, in denen May oft nur nachschwatzte (auch das ist kein Ruhmesblatt), was zu seiner Zeit gängiges Gerede war. Auf Friedenswege hat sich Karl May begeben, weil er diese verinnerlichten Aversionen hinter sich lassen und mit seinen Helden überwinden konnte, ohne sie einfach zu verneinen. Karl Mays Friedenswege sind Wege zur Gemeinschaft, zur Synthese der Kulturen und der Begegnung in der Ehrfurcht vor den Kulturen, und sie sind Wege der Überwindung.

4. Wege und Wirkungen:
Karl Mays Friedenswege in diesem Band

Karl Mays Friedenswege als Kulturbegegnungen und als Wege zur Gemeinschaft werden in den folgenden Teilen und Kapiteln nachvollzogen. Gezeigt wird, wie Mays Völkerstereotypen und Xenophobien und seine Haltung zum

Judentum im Kontext seiner Zeit einzuschätzen sind. Thomas Kramer und Ludger Udolph machen deutlich, dass sich May schon in den frühen Heftchenromanen auch gegen seine Zeit stellen konnte, und damalige Auswüchse der verbalen Aggression von ihm nicht mitgemacht wurden. Die klare Haltung seiner Helden (des Helden Kara Ben Nemsi) zu Gut und Böse, wahrem und falschem Glauben, Toleranz und Fanatismus ist davon unbenommen, kommt aber nie zu einer ausnahmslosen Gleichsetzung von Person und Glaube, Nation und Rasse, wie Johannes Zeilinger an der Begegnung mit dem fundamentalistischen Islam in der *Mahdi*-Trilogie und Svenja Bach an religiösen Gesprächen (die manchmal nur kurze, heftige Wortwechsel sind) im Orientzyklus zeigen. Die Wege zum inneren Frieden zeigt Wilhelm Brauneder und wendet sich in seiner Darstellung dem Schauplatz Nordamerika zu. Der innere Frieden ist nicht erst in den Bergen Dschinnistans, jenseits des irdischen Vorstellungsvermögens zu finden, sondern schon mitten in den „dark an bloody grounds". Der bunten Vielfalt der Kulturbegegnungen in der Literatur besonders des 19. Jahrhunderts, aber auch des 18. Jahrhunderts und der Gegenwart ist der letzte Beitrag dieses Teils mit dem Titel „Begegnungen mit Fremden" gewidmet (Holger Kuße).

Karl Mays Versuche, die Vollendung zu zeigen, vom Reich der Edelmenschen und vom Edelmenschentum zu erzählen, sind das Thema des dritten Teils. Es geht um die Friedensutopien vom Reich Shen über Dschinnistan bis zum Reich des Clan Winnetou (Eckehard Koch), um die Boten des Friedens wie Klekih-petra, Marah Durimeh, den Ustad, aber natürlich auch Old Shatterhand/Kara Ben Nemsi (Hagen Schäfer), und es geht um die verborgenen Wesen und Kräfte, die Engel, die in Karl Mays Werken immer wieder und in unterschiedlichster Gestalt auftauchen, besonders aber in dem Friedensroman Mays schlechthin, in *Und Friede auf Erden!*, anwesend sind (Christoph F. Lorenz).

Karl Mays Friedensdenken ist, so verträumt und realitäts-
fern es erscheint, nicht ohne Wirkung geblieben. Damit ist
hier nicht die nachhaltige literarische Wirkung und die Frage
nach Karl Mays Popularität in der Gegenwart gemeint, sondern die lebensweltliche Wirkung seines Friedensdenkens
und seines irenischen Optimismus in der Arbeit von
Institutionen und in der Populärkultur. Die Frage nach der
Wirkung beginnt mit Karl Mays Vortrag in Wien 1912 und
den zum Teil zwiespältigen Eindrücken, die dieser letzte
Auftritt hinterließ (Holger Kuße und Ekkehard Bartsch).
Das Presseecho auf den Vortrag hat Odette Bereska von den
Sächsischen Landesbühnen als fiktive Kritikerrunde gestaltet, die 2012 zum hundertsten Todestag von Karl May aufgeführt wurde. Der Fortsetzung des Friedensdenkens in der
deutschlandweiten Festspielkultur ebenso wie in den Filmen
der sechziger Jahre widmet sich André Köhler. Er zieht in
seiner Darstellung Vergleiche zum Erfolg von Buffalo Bill's
Wild West-Show, die May selbst ablehnte, die aber dem
Friedensweg der Kulturbegegnung gar nicht so fern war,
wie es auf den ersten Blick den Anschein haben mag. Karl
Mays Friedenswegen sind heute ganz besonders die beiden Museen, das Karl-May-Haus in Hohenstein-Ernstthal
und das Karl-May-Museum in Radebeul verpflichtet, die
von ihren jeweiligen Direktoren, André Neubert und René
Wagner vorgestellt werden. Dass Mays Friedenswege keine
musealen Rundwege sind, beschreibt Peter Wayand aus seinen Erfahrungen als Lehrer. Verständigung und Frieden im
multikulturellen Schulalltag – auch dazu kann Karl May
eine Hilfe sein.

II Begegnung mit Fremden

Apachen, Goten, Ordensritter.
Stereotype und Xenophobien bei Karl May
und im historischen Roman seiner Zeit

von Thomas Kramer

Karl Mays zentrale Schaffensphase im ausgehenden 19. Jahrhundert geht einher mit einem regelrechten Boom des historischen Romans nach 1871. In jener Zeit zwischen Reichsgründung und Erstem Weltkrieg entstandene populäre Gattungsprodukte, besonders Felix Dahns (1834–1912) *Ein Kampf um Rom* von 1876, genossen über Generationen Bestsellerstatus bei den gleichen Zielgruppen – v. a. der männlichen Jugend – wie die Abenteuerromane Karl Mays. Nicht zufällig verglühte aber auch das zweiteilige Leinwandepos EIN KAMPF UM ROM von 1968/1969 unter der Regie von Robert Siodmak in der Götterdämmerung der Karl-May-Film-Reihe. Aufgrund der Übereinstimmungen im Zielpublikum und in der Popularität ist der Vergleich von Parallelen und Unterschieden in der Verwendung nationaler Stereotype und Rassismen in den Abenteuerromanen Karl Mays und im historischen Roman seiner Epoche unbedingt notwendig, um die Ambivalenz von Völkerstereotyp und Völkerversöhnung bei Karl May im Kontext seiner Zeit verstehen und einordnen zu können.

Karl May und der historische Roman im 19. Jahrhundert

Mit dem 1876/77 verfassten historischen Roman *Der beiden Quitzows letzte Fahrten*, vor allem aber den etwa gleichzeitig entstandenen Humoresken um Leopold von Anhalt Dessau (1676–1747), dem *Alten Dessauer*, stehen Mays

eigene historische Werke am Ende einer Entwicklung, in
deren Verlauf sich zwischen 1840 und 1870 die moralische
und die patriotische Ausprägung der Gattung zusammen-
fanden (Steinlein 2000, 17f.). Bei einem Vergleich zu anderen historischen Romanen seiner Epoche erweisen sich
jedoch Mays populäre, außerhalb Deutschlands spielende,
Orient- und Wild-West-Abenteuer, wo interkulturelle Kommunikation per Definition eine zentrale Rolle spielt, als
fruchtbarer.

In dem von Wolfram Pyta herausgegebenen Band *Karl
May: Brückenbauer zwischen den Kulturen* (Pyta 2010a) werden Karl Mays Verdienste aus verschiedenen fachlichen wie
methodischen Perspektiven gewürdigt. Daran anknüpfend
werde ich am Beispiel historischer Romane seiner Epoche
demonstrieren, dass sich unser Autor damit von den maßgeblichen Exponenten jenes Metiers im Wilhelminischen
Deutschland unterscheidet. Pyta weist darauf hin, „dass
kollektive Identitätsstiftung einen Akt der Grenzziehung
zum Anderen benötigt, ohne dass dies mit feindseliger
Ab- und Ausgrenzung gleichgesetzt werden darf" (Pyta
2010b, 14). Im Unterschied zu May bedeutet nationale
Identitätsstiftung bei den Autoren umfänglicher historischer Romane vor allem gerade diese Ab- und Ausgrenzung.

Historischen Romanen wächst „seit dem Motivations-
schub durch Romantik und Befreiungskriege ab 1810 die
Qualität eines besonderen, nämlich auf nationale Eigenart
orientierenden Imaginationsproduktes zu. Die Autoren
erfinden Traditionen, nationale Charakteristiken: Eigen-
und Fremdgruppenstereotype auf der Grundlage etwa
der europäischen Völkerspiegel des 18. Jahrhunderts.
[…] sie imaginieren entsprechend diesen Zuschreibungen
und Merkmalssyndromen Entwicklungen und Konflikte,
Koalitionen und Freund-Feind Konstellationen samt dazugehörigen Begründungen – durch Exklusionen und In-
klusionen entsteht eine ganze imaginäre Landschaft von
Allianzen, Affinitäten, Abstoßungen und Entgegenset-

zungen" (Steinlein 2000, 23). Es bedürfte gar nicht des Hinweises auf diese imaginären Landschaften, um ähnliche Konstrukte für die exotischen Abenteuerromane Karl Mays zu konstatieren. Nach der Reichsgründung mutiert der deutsche historische Roman allerdings „in großem Maßstab zu jenem aggressiven, triumphalistischen Nationalismus" (ebd.), der Karl May – und das ist ein wichtiger Unterschied – bei aller durchaus vorhandener Deutschtümelei fremd blieb.

Mays Abenteuerromane bilden für den Leser bis in die sechziger Jahre des 20. Jahrhunderts die ideale Ergänzung zum historischen Roman des Wilhelminismus. Schließlich las man nicht Dahn *oder* May, sondern Dahn *und* May und beide in einem durchaus erzieherischen Kontext. Die historischen Romane der Zeit waren belletristisch aufgearbeitete Verlängerungen des Unterrichtsstoffes. Ihre populärste Spielart, der ‚Professorenroman‘, signalisiert das schon im Gattungsnamen. Als ‚Professorenroman‘ wird eine Gruppe historischer Romane bezeichnet, „deren Verfasser als dichtende Professoren [...] aus ihren Fachgebieten Werke gestalteten, in denen die angeblich historisch getreue Darstellung von Leben und Sitten der Vergangenheit oder fremder Kulturkreise die [...] überspannt wirkende Handlung überwiegt und Gelehrsamkeit die dichter[ische] Gestaltung zurückdrängt" (Wilpert 2001, 636). Die beabsichtigte Nähe zur wissenschaftlichen Publikation dokumentierte sich bis in Äußerlichkeiten: Autoren wie Ebers, Freytag oder Dahn verzichteten ganz bewusst auf Illustrationen zu ihren fiktionalen Texten. Im Unterschied zu den ebenfalls Seriosität ausstrahlenden „grünen Bänden" der Fehsenfeld-Ausgabe von Mays Werken, die ab 1892 deshalb zwar ohne Abbildungen im Text, aber dennoch mit Spannung verheißenden bunten Titelbildern erschienen, gab es bei *Ein Kampf um Rom* oder *Uarda* nicht einmal Illustrationen auf dem Titel.

Bekundete Karl May die Absicht, der „Lehrer meiner Leser" (May *Winnetou I* 1893, 153) sein zu wollen, sahen

Georg Ebers:
Uarda. Band 1.
Stuttgart/Leipzig:
Deutsche Verlags-Anstalt
1883 (10. Auflage).
Titelblatt

Karl May:
Durch Wüste
und Harem.
Reiserlebnisse von
Carl May.
Carl May's gesammelte
Reiseromane. Band 1.
Freiburg i.Br.: Friedrich
Ernst Fehsenfeld 1892.
Titelblatt

sich Autoren wie Georg Ebers (1837–1898) oder Gustav Freytag (1816–1895), neben Felix Dahn die populärsten Autoren von ‚Professorenromanen‘, weit darüber hinaus als die Oberlehrer einer ganzen Nation. Warf man Karl May die angebliche „Mischung aus Apostel Paulus und [...] Jules Verne" (Hatzig 1974, 124) vor, so bezeichnete ein Hauptexponent des Professorenromans, der Ägyptologe Ebers, seine schriftstellerische Mission selbst als „Apostelamt" (Matschiner 1991, 155). Ein wahrer Furor Teutonicus ent-äußert sich in dieser Blütezeit der Philologie allein in dessen Erklärungswut: So scheut sich Ebers in seinem 1877 in erster Auflage erschienenen dreibändigen Pharaonenepos *Uarda* nicht, auf einer Seite vier Zeilen erzählenden Textes zweiunddreißig Zeilen erläuternde Fußnoten gegenüber-zustellen (Ebers *Uarda* 1883, 129). Während die wirren Erklärungen Hobble-Franks bei Karl May autodidaktische Bildungshuberei zum Vergnügen der Leser ad absurdum führen, laborieren die Professorenromane an völliger Hu-morlosigkeit.

So erklärt Unterheld Hobble-Frank den Begriff ‚Schi-boleth‘, der dem May-Leser aus dem Religionsunterricht vertraut war, indem er ihn mit Bildungsbrocken aus Handlungszeiten beliebter Historienromane und Elementen des exotischen Abenteuerbuchs der Zeit vermengt:

„Was das Wort ‚Schiebebock‘ betrifft, was eegentlich eenen Schubkarren bedeutet, so hat dasselbe damals, als die Hunnen zur Zeit des Kaisers Themistokles die Elbe erobern wollten, eene gewaltige Rolle geschpielt. Die Hunnen wa-ren bekanntlich keene Reiter, sondern nur eene Rotte von fußgängerischen Infanteristen. Sie führten ihre Ausrüstung off Schiebeböcken bei sich. Als sie nun über die Elbe woll-ten, gedachten sie, inkognito hinüber zu kommen, und ga-ben sich für brasilianische Araber aus. Da aber schtand der alte Feldmarschall Derfflinger am Wasser und ließ eenen jeden das Wort Schiebebock ausschprechen. Wer das nich fertig brachte, dem wurde eenfach der Kopf abgesäbelt. Weil nun aber die Hunnen nich die nötigen Gutturalwerkzeuge besaßen, um das ‚Sch' behaglich ausschprechen zu können, so sagten sie alle ‚Siebebock' und verloren so viel Köpfe, daß der Maharadscha von Delhi bei Torgau an der Elbe mit diesen Köpfen die berühmte Schädelpyramide errichtet hat, dieselbige Pyramide, welche schpäter Timurlenk wieder umgerissen hat." (May *Der Sohn des Bärenjägers* 2009, 35f.)

Im Dialog mit einem tatsächlich gebildeten Gefährten wird das Missverständnis mit ausführlichem Verweis auf die Textquelle aufgeklärt. Der Autor lässt keinen Zweifel daran, dass es wichtig ist, die Bedeutung des Begriffs zu kennen. Der Reiz des offiziell verpönten Karl May erhöhte Leselust und Akzeptanz der in der Lektüre vermittelten Wertesysteme, die mit dem des historischen Romans vielfach korrespondierten. Denn auch dort wurde gymnasiales Wissen vermittelt – allerdings auf weniger unterhaltsame Art. Komische Figuren kommen bei Ebers nicht vor. Macht ein ägyptischer Edler in seinen Büchern eine scherzhafte Bemerkung, so kommentiert der *Uarda*-Autor das ausführlich in einer Fußnote:

> Griechen und Römer berichten, die Ägypter wären der Satire und dem beißenden Witze so geneigt gewesen, dass sie Habe und Leben aufs Spiel setzten, wenn es ihre spöttische Neigung zu befriedigen galt. (Ebers *Uarda* 1883, 142)

Das wird nach weiteren Ausführungen abschließend mit einem vierzeiligen lateinischen Zitat belegt.

Der historische Roman, der sich an Tatsachen orientierte, musste angesichts der schwierigen, von partikularen und konfessionellen Auseinandersetzungen – Stichwort Dreißigjähriger Krieg – geprägten Geschichte den Leser nach der Reichsgründung auf ein gesamtdeutsches, „übergreifendes ‚Deutschsein' orientieren", was „mittels scharfer Gegensatzbildung im Aufeinanderprallen verschiedener Kulturen, Sprachen und Mentalitäten" in der „Gefährdung

durch Nicht-Deutsches" funktionierte (Steinlein 2000, 25).
Das Paradebeispiel der Gattung ist Gustav Freytags Zyklus *Die Ahnen* (s. u.). Hier werden nahezu alle jahrhundertelangen ‚innerdeutschen' Konflikte durch die gemeinsame Bündelung der Anstrengungen wider äußere Feinde – v. a. Franzosen und Polen – überwunden.

Mays exotische Abenteuererzählungen waren auch in Schwaben oder Mecklenburg so erfolgreich, weil sich in ihnen die unbestritten sächsische Herkunft Kara Ben Nemsis oder Shatterhands wie der zumeist thüringische Ursprung Freytagscher Heroen im Mythos eines imaginären Deutschseins, getragen von jenen Helden, auflöst.

Der Bestsellerautor Józef I. Kraszewski – ein Zeitgenosse Mays in Dresden

Wie nun zu zeigen sein wird, erinnert die Beschreibung der „Landschaften von Allianzen, Affinitäten, Abstoßungen und Entgegensetzungen" (Steinlein 2000, 23) bei May nicht zufällig weniger an deutsche Autorenkollegen, sondern vielmehr an den 1812 in Warschau geborenen und 1887 in Genf verstorbenen Polen Józef Ignacy Kraszewski. Der nach dem Januaraufstand von 1863/64, dem erfolglosen Widerstand polnischer Adliger gegen die russische Herrschaft im geteilten Polen, geflüchtete Schriftsteller verbrachte drei Lebensjahrzehnte – seit 1869 als sächsischer Staatsbürger – in Dresden. Das Kraszewski-Museum in seinem damaligen Haus ist heute ein Zentrum des deutschpolnischen Kulturaustausches. Interessant ist, dass die populärsten Texte des mit ca. 240 Büchern und Erzählungen ähnlich May ultraproduktiven Autors, die *Romane aus der Sachsenzeit* wie *Gräfin Cosel* oder *Brühl* zwischen 1873 und 1885 in Dresden, und damit fast zeit- und ortsgleich mit Mays Texten jener Jahre, v. a. den Kolportageromanen und den Anfängen des Orientzyklus, entstanden. Ob der damals noch um bürgerliches Ansehen ringende Ex-Häftling May den auf der Höhe seines Ruhmes befindlichen Bestsellerautor persönlich kannte, ist nicht belegt und eher unwahrscheinlich. Der Name seines populären Mitbürgers dürfte dem jungen Redakteur May aber vertraut gewesen sein. Beide Autoren widmeten sich ähnlichen Sujets. Mays in den späten siebziger und frühen achtziger Jahren entstandene Humoresken um den *Alten Dessauer* spielen vor dem gleichen historischen Hintergrund wie die Sachsenromane Kraszewskis. Aber auch Mays frühe Erzählung *Aqua benedetta* (May 1967; 2004), ursprünglich 1878 unter dem Mädchennamen seiner ersten Frau Emma Pollmer erschienen, erinnert mit der turbulenten Handlung um Liebe, Glücksritter, Hofintrigen und Geheimdiplomatie nicht nur an Alexandre Dumas (1802–1870), sondern auch an den polnischen Bestsellerautor. Ähnlichkeiten zwischen Kraszewskis Historienromanen und Mays Romanen finden sich in Nutzung von Stereotypen, zu denen zum Beispiel das Bild der früh erblühten und ebenso schnell verblassten Frau des Südens gehört:

> Die Primadonna war schon über ihre erste Jugend hinaus, aber trotz ihres italienischen Blutes, das eine Frau so schnell erblühen und ebenso rasch verblühen lässt, hatte sie verstanden, sich die volle Kraft ihrer Stimme zu erhalten, die Anmut ihrer Gestalt und die junonische Schönheit ihres Antlitzes, womit sie die Natur beschenkt hatte. (Kraszewski *Brühl* 1979, 74f.)

So beschreibt Kraszewski eine Opernsängerin am sächsischen Hof. Bei May heißt es noch an der Schwelle zum Spätwerk:

> Die orientalischen Frauen altern schnell, und Hanneh war eine Orientalin; sie hatte Falten. (May *Im Reiche des silbernen Löwen II* 1898, 459)

Mit ihren Degenduellen, Amouren und Kabalen vor realem historischen Hintergrund bewegen sich Kraszewskis Romane im Grenzbereich zwischen Dumas' Mantel-und-Degen-Stücken und dem historischen Roman in der Nachfolge Walter Scotts (1771–1832). Gerade hinsichtlich der interkulturellen Kommunikation unterscheiden sie sich von den zeitgleich entstehenden politisch motivierten Historienbestsellern des Metiers im Kaiserreich. Dabei entgehen dem Leser nicht Kraszewskis große Sympathien für seine Wahlheimat Sachsen wie für das geteilte Polen, an dessen Schicksal der frühere Freiheitskämpfer und Emigrant zeitlebens Anteil nimmt. Im Unterschied zu Dahn oder Freytag zeichnet der Exilautor den Verlauf der Geschichte, insbesondere den politischen Niedergang Polens und Sachsens, nicht als Folge eines Weltgerichts oder nationalitätenspezifischer Defizite, sondern als Ergebnis absolutistischer Vettern- und Höflingswirtschaft. Den Konflikt zwischen Preußen und Sachsen, bei ihm personifiziert in den Herrschern Friedrich dem Großen und August III., charakterisiert er wie folgt:

Auf der einen [preußischen, Th. K.] Seite stand der Zynismus, bis zur äußersten Schamlosigkeit und zum vor nichts haltmachenden Spott gesteigert: auf der anderen [sächsischen, Th. K.] Seite herrschte die Falschheit, als anmutige Göttin verkleidet, geschminkt mit bunten Fetzen behängt, die die Lumpen verdecken sollten, mit einem süßen Lächeln auf den Lippen, das Tod und Gift verströmte. (Kraszewski *Aus dem Siebenjährigen Krieg* 1975, 83)

Wie May erweist sich Kraszewski tatsächlich als ein bis heute mit Gewinn zu lesender Brückenbauer der Kulturen. Seine Romane vermitteln ein anschauliches Bild von der kulturellen Blütezeit Sachsens, insbesondere Dresdens, als gemeinsamer europäischer Kulturleistung von Deutschen, Polen oder Italienern.

Gustav Freytags „Die Ahnen":
Deutsch-morgenländische Allianzen

Im Unterschied zu Kraszewskis Sachsentrilogie sind die etwa zeitgleich entstandenen historischen Romane deutscher Autoren von ausgeprägt nationalistischen, chauvinistischen bis zu offen rassistischen Einstellungen dominiert. Zwischen 1872 und 1880 verfasste der Autor Gustav Freytag sein sechsbändiges, über dreitausend Seiten umfassendes Romanepos *Die Ahnen*. Darin verfolgt er das Schicksal einer deutschen Familie zwischen dem 4. Jahrhundert und der bürgerlichen Revolution von 1848. Freytags Helden befinden sich in permanenter Auseinandersetzung mit ,artfremden' Ideen wie Katholizismus, Demokratie oder Sozialismus sowie den entsprechenden inneren und äußeren Feinden. Im 1874 vorgelegten dritten Teil des Zyklus, *Die Brüder vom deutschen Hause*, folgt der thüringische Ritter Ivo 1228 seinem Kaiser Friedrich II. von Hohenstaufen, dem Enkel Barbarossas, ins Heilige Land. Nun wird erstmals im deutschen historischen Roman eine literarische Lanze für ein einvernehmliches Vorgehen von Moslems und Deutschem Reich – also nicht mehr einzelnen Fürstentümern wie Preußen oder Sachsen usw. – gegen den ,welschen Erbfeind' gebrochen. Interessant ist, dass solche Pläne bereits etwa anderthalb Jahrzehnte bevor Wilhelm II. unmittelbar nach seiner Thronbesteigung an deren Realisierung ging, in einem populären Roman entwickelt wurden. Der Stauferkaiser Friedrich II. plädiert in *Die Ahnen* für eine Verständigung mit einem besonders gefährlichen Gegner: den Assassinen des ,Alten vom Berge'. Sein logistisches und spirituelles Zentrum hatte dieser Geheimorden in der geheimnisumwitterten persischen Bergfeste Alamut im Elbrus-Gebirge. Was europäische Schriftsteller wie Gustav Freytag oder im 20. Jahrhundert den italienischen Bestsellerautor Umberto Eco an den Assassinen besonders faszinierte, ist die explosive Mischung aus Mysterium, Gewalt und exzessivem

Drogenkonsum. Sogar der Name der Sekte leitete sich vom arabischen *hashishiyyin*, also ‚Haschischesser‘, her.

Die Assassinen entführten junge Männer der gehobenen Gesellschaftsschichten. Auf ihren Burgen setzen sie diese zunächst intensiven Drogengenüssen aus. Nach deren Entzug wurde ihnen die ewige Fortsetzung der erlebten Wonnen suggeriert, wenn sie bedingungslos Mordaufträge ausführten. Mit Gift und Dolch schickte man sie dann an die Höfe christlicher oder muslimischer Herrscher – die Sekte war da nicht wählerisch –, zu denen sie aufgrund ihrer guten Erziehung und adligen Herkunft problemlos Zugang fanden.

Gustav Freytag benutzt die dem Leser vermittelte Aufgeschlossenheit Friedrichs II. gegenüber dem Islam, um auf die Vorteile einer Verbindung seiner militanten Flügel mit deutschen Interessen zu verweisen. Vor dem Feldlager in Akkon erscheint ein junger Ismaelit, also ein Assassine, der einen Christen zum Zweikampf fordert. Der Thüringer Ivo stellt sich der Herausforderung und besiegt den Moslem. Wie der junge Ritter Balian von Ibelin im Ridley-Scott-Film Königreich der Himmel von 2005 schont er dessen Leben und beginnt, sich für die Persönlichkeit seines Gegners zu interessieren. Dabei wird er vom Kaiser selbst bestärkt: „Zeige ihm Vertrauen, ich wette, es ist mehr Redlichkeit in diesem Heiden als in manchem Christen" (Freytag *Die Ahnen* 1902, 272). Die folgende Passage Freytags verrät viel über Gründe einer spezifisch deutschen Faszination für die Glaubenskrieger:

„Oft war ich begierig, das Geheimnis zu erkunden, welches die Bruderschaft vom Messer [die Assassinen, Anm. Th. K.] verbindet, denn ihr Scheikh, wie er auch sei, hat doch etwas Großes bewirkt, sein ganzes Volk gehorcht ihm bis zum Tode. Wären sie die Bösewichter, zu denen ihre Nachbarn sie gern machen, so hätten sie sich längst untereinander gleich Ratten vertilgt." (ebd.)

Hier kommt zum einen die Hochachtung vor einem Einiger seines Volkes, die an Kaiser Wilhelm I. gemahnen soll, zum Ausdruck. Zum anderen manifestiert sich der Traum von Gefolgschaft bis in den Tod, von bedingungsloser Unterwerfung unter einen Führer. Die zumeist französischen Templer gelten in *Die Ahnen* kurz nach der Reichsgründung weniger als der moslemische Feind. Der stellte ja mit dem Niedergang des Osmanischen Reiches nicht mehr die große Gefahr dar; er schien für die Deutschen als das kleinere Übel und wurde als möglicher Bündnispartner kommender Konflikte mit dem europäischen Nachbarn Frankreich medial aufgebaut. Das birgt neue Optionen: den edlen Wilden – in diesem Fall ‚Orientale‘, und nicht Indianer – als Blutsbruder und treuen Freund des deutschen Helden. Freytag lässt keinen Zweifel daran, dass die Orientierung auf Italien und das Heilige Land *der* Fehler staufischer Politik war. Am Ende des Buches ziehen die nach Deutschland zurückgekehrten Ritter erneut gen Osten – in ein Land voller orientalisierter Slawen. Todd Kontje wies nach, dass auch die Deutschen ihren Orientalismus mit diversen exotischen Feindbildern produzierten und auslebten – und zwar am polnischen Nachbarn (Kontje 2004, 177-224).

Das Leiden an der Fremden: ‚Wandamanie‘

Ein zentraler Topos deutsch-polnischer Geschichte und Literatur ist die Schlacht von Tannenberg 1410, die bei Karl May interessanterweise nur einmal, 1876 in *Der beiden Quitzows letzte Fahrten*, kommentarlos am Rande Erwähnung findet (May 1992, 176). Dabei ist „Tannenberg/Grunwald [ ] ein Lieu de memoire [= Erinnerungsort] sowohl im deutschen als auch im polnischen kollektiven Gedächtnis. [ ] Die Rezeptionsgeschichte dieses

Gedächtnisses kann als Spiegelbild der deutsch-polnischen Beziehungen gelesen werden, wobei Tannenberg meist für das Trennende, die Feindschaft beider Völker stand" (Schenk 2001, 438). Der dafür beispielgebende zweibändige Roman Ernst Wicherts *Heinrich von Plauen* von 1881 ist zudem weiterer Beleg dafür, wie Polen in populären Medien der Kaiserzeit abwertend ,orientalisiert' wurden (s. u.).

Die Exotisierung und Orientalisierung im Polenbild Karl Mays wurde bereits von Norbert Honsza und Wojcech Kunicki (1995) kritisch beleuchtet. In jüngerer Zeit war sie ein Gegenstand auf einem Studientag zum Thema „Karl May und die Slaven. Zur Stereotypenbildung im 19. Jahrhundert", der 2007 im Karl-May-Museum stattfand und dessen Ergebnisse inzwischen als Sonderheft der Karl-May-Gesellschaft vorliegen (Sonderheft 2011). Interessant im Vergleich zu Figuren bei Wichert oder Dahn erweist sich insbesondere Karl Mays, von Ludger Udolph dort charakterisierte, Titelheldin *Wanda* (Udolph 2011, 17-21). Auffällig ist die Ähnlichkeit der Stereotypisierung der – wie May sie nennt – „wilden Polin" (May *Wanda* 2004, 5185) in dieser frühen Novelle Karl Mays und im historischen Roman. Das Wort *Polin* signalisiert für den sächsischen Autor eine Frau der Bohème, es steht für ungebundenes Künstlertum jenseits bürgerlicher Zwänge. So ist z. B. die Muhrenleni aus Mays ein Jahrzehnt nach *Wanda* erscheinendem Kolportageroman *Der Weg zum Glück* zunächst eine regelrechte Postkarten-Bajuwarin. Doch mit ihrer Karriere als vom bayerischen Märchenkönig Ludwig II. protegierte Opernsängerin verleiht sie durch das Pseudonym Lena Ubertinka ihrem „deutschen Namen einen fremdländischen Klang" (May *Der Weg zum Glück* 2000, 2884). Sie kommt damit den Erwartungen des zeitgenössischen Publikums entgegen, welches in ihr „natürlich eine Polin, wie der Name errathen lässt" (ebd., 2891), vermutet. Es sind die anscheinend unausrottbaren Stereotype, die sich noch in Oskar Nedbals (1874–1930) ein Jahr nach Mays Tod uraufgeführter Operette *Polenblut* (1913) in der Rolle der Wanda Kwasinskaja, einer Tänzerin an der Warschauer Oper, wiederfinden. Die Wanda-Figur ist ein zentraler Topos der deutschen Literatur des 19. Jahrhunderts (Degen 2008).

Schauen wir uns nun Mays Wanda etwas genauer mit anschließendem Blick auf das Bild polnischer Frauen im zeitgenössischen deutschen Historienroman an.

Laut May war nach ihrer Ankunft „eine rasch um sich greifende Epidemie unter der jungen Männerwelt der Stadt ausgebrochen, welche der alte bißfertige Doctor Kühne mit dem Namen Wandamanie bezeichnet hatte" (May *Wanda* 2004, 5185). Der merkwürdige Begriff *Bißfertigkeit* in unmittelbarer Nachbarschaft zur Erwähnung einer polnischen Frau ist auffällig. May beschreibt Wanda wie folgt:

> Von der Natur mit den herrlichsten Gaben ausgestattet, glänzte sie als leuchtendes aber unberechenbares Phänomen am gesellschaftlichen Himmel. [...] Sie ritt trotz eines Husarenleutnants, schoß mit den Jägerburschen um die Wette [...], tanzte, sang und deklamierte prächtig, spielte das Piano mit ungewöhnlicher Fertigkeit, schien in jeder Sprache, in jeder Kunst und Wissenschaft zu Hause und wußte auch in die steifsten Zirkel Leben und Bewegung zu bringen. (May *Wanda* 2004, 5103f.)

Wie wir sehen werden, weiß das auch eine junge Polin in einem der beliebtesten Historienromane des Wilhelminismus.

Deutsche Helden vs. „polnische Wirtschaft": Ernst Wicherts Roman „Heinrich von Plauen"

Der Roman *Heinrich von Plauen* des schriftstellernden Juristen Ernst Wichert (1831–1902) von 1881 spielt vor dem historischen Hintergrund der Schlacht bei Tannenberg

1410, die mit einer vernichtenden Niederlage des Deutschen Ordens endete, und der anschließenden erfolgreichen Verteidigung der Marienburg durch den Titelhelden gegen die siegreichen Polen und Litauer. Vergleichen wir die Zeichnung Natalias, Tochter einer polnischen Adligen und eines deutschen Ordensritters, in Wicherts Roman mit Karl Mays Wanda.

Heinz, der beste Freund von Natalias Bruder aus der ersten Ehe ihres Vaters mit einer Deutschen, wird vor Natalia gewarnt: „Nehmt Euch in acht vor ihren Blitzaugen, die sind schon manchem gefährlich gewesen" (Wichert *Heinrich von Plauen I* 1943, 176) – wir erinnern uns an die ‚Wandamanie' bei May. Und nun das erste persönliche Zusammentreffen:

> Indessen war die Reiterin näher gekommen. Sie trug eine viereckige Kappe von rotem Samt mit blitzender Agraffe und hochaufstehender Reiherfeder über dem an der Stirn entlang geradlinig abgeschnittenem Haar. […] Wenige Schritte vor den beiden Männern zog sie den Zügel scharf an und neigte sich ein wenig über den Hals des schäumenden Tieres. […] Sie lispelte ein wenig, und alles, was sie sagte, hatte eine fremd klingende Betonung, die sich jedoch dem Ohr leicht einschmeichelte. (ebd., 177)

Heinz ist fasziniert. Er „mußte sich gestehen, daß ihm noch nie die Reitkunst einer Dame so naturwüchsig erschienen war" und erhält bei Nachfrage Bescheid: „In Polen ist es eine Schande, nicht gut zu reiten" (ebd.). Von ernsthafter Arbeit hingegen hielt *die Polin* laut Wichert schon im Mittelalter nicht viel; zum Leidwesen ihres deutschen Bruders ist seine Halbschwester selten „am Spinnrocken […] zu finden" (ebd., 180). Polen werden von Wichert orientalisiert; ihre nachlässige Art hat Natalia nach dieser Logik von der polnischen Mutter, die ähnlich der Wekila von Kbilli in Mays *Durch die Wüste* – die Erstauflage erscheint 1892 noch unter dem Titel *Durch Wüste und*

Harem – beschrieben wird. Der Ich-Erzähler Kara Ben Nemsi

blickte in ein farbloses, mattes, verschwommenes Frauenangesicht, welches so fett war, daß man die Augen kaum und das Stumpfnäschen beinahe gar nicht unterscheiden konnte. Madame Wekil war vielleicht vierzig Jahre alt, hatte aber die Folgen dieses Alters durch hochgemalte, schwarze Augenbrauen und rot angestrichene Lippen zu paralysieren gesucht. Zwei schwarze, mittels einer Kohle je auf der Mitte der Wange hervorgebrachte Punkte gaben ihr ein pittoreskes Aussehen, und als sie jetzt die Vorderarme aus der Hülle streckte, bemerkte ich, daß sie nicht bloß die Nägel, sondern auch die ganzen Hände mit Henna rot gefärbt hatte. (May *Durch Wüste und Harem* 1892, 90)

Die polnische Frau des Mittelalters bei Wichert schwelgt in entnervendem morgenländischen Luxus: Das Gemach der Mutter Natalias ist

recht wohnlich, aber mehr nach orientalischer als nach deutscher Sitte eingerichtet [...]. Die Wände zeigten sich mit wollenen Tapeten verkleidet; auf dem Fußboden lagen weiche Teppiche mit fremdländischen Mustern, und statt der Stühle standen darauf lange niedrige Gestelle, mit Decken und Kissen belegt. Eines derselben hatte Frau Cornelia eingenommen, eine verblühte, etwas fettleibige Schönheit. Sie lag darauf, den Kopf mit dem ungebundenen schwarzbraunen Haar auf den runden Arm gestützt, die Füße ein wenig eingezogen, so daß nur die Spitzen der Pantoffeln von rotem Saffian sichtbar wurden. (Wichert *Heinrich von Plauen I* 1943, 182)

Ihr deutscher Stiefsohn beschreibt ihre Haushaltung dann auch mit einem klassischen antipolnischen Stereotyp: „[H]ier triffst du schon halb und halb polnische Wirtschaft." (Wichert *Heinrich von Plauen I* 1943, 190) Der Sohn einer deutschen Mutter äußert sich im Sinne Wicherts:

„Eine Mutter ist sie mir nie gewesen – nur eine polnische Frau" (ebd., 192). Die zieht dann erwartungsgemäß auch ihren Mann in den Strudel des Verrats am Orden, den er erst bei Tannenberg mit dem Tode sühnt. Sterbend wünscht er in später Reue „daß ich nie zum zweiten Male gefreit hätte!" (ebd., 242)

„[...] von ihren scharfen Zähnen gebissen": Die schöne Polin als Vampir

Auch bei May, besonders in den Kolportageromanen wie *Die Liebe des Ulanen,* realisieren die Helden oft den im persönlichen Bereich bestmöglichen Status interkultureller Kommunikation: Sie heiraten. Diese Verbindungen führen jedoch ins Glück und nicht, wie bei Wichert, in die Reue, eine ,Fremde' gefreit zu haben. Ein Beispiel für eine gelungene, wenn auch tragisch endende Beziehung zweier Menschen unterschiedlicher Kulturkreise findet sich in *Winnetou II* mit der Ehe von Old Firehand und der Häuptlingstochter Ribanna. Aber es gibt auch das Gegenmodell: die Helden oder besser: der Held heiratet nicht.

Nachdem Old Shatterhand in *Winnetou I* vom späteren Blutsbruder lebensgefährlich verletzt ins Wundfieber fällt, wird er von dessen schöner Schwester Nscho-tschi – wie Wanda in Mays Novelle Halbwaise – gesund gepflegt. Dabei sprießt bekanntlich die Liebe. Da eine Ehe für Old Shatterhand allerdings so schnell nicht in Frage kommt, planen ihr Vater und ihr Bruder zunächst die ,Zivilisierung' der Häuptlingstochter, um einen Sinneswandel des Junggesellen herbeizuführen. Auf dem Weg in den Osten wird sie ermordet und stirbt in den Armen Old Shatterhands, der sich nun – zu spät – zu seiner Liebe bekennt.

Karl May lässt sich im Unterschied zu Autoren historischer Romane vom sich gerade ausprägenden rassistischen Diskurs seiner Zeit nicht beeinflussen. Dass es nicht zur Heirat Nscho-tschis und Old Shatterhands kommen darf, hat im Unterschied zu ähnlichen Konstellationen bei Wichert oder Dahn keine rassistischen oder nationalistischen, sondern handlungsimmanente Gründe. Eine Ehe und die daraus erwachsenden Verpflichtungen würden weitere gemeinsame Abenteuer des Blutsbrüderpaares wenn auch nicht unmöglich machen, so doch erschweren (vgl. auch Maier 2012, 37 u. ö. zu den ‚Heiratsverweigerungen' Old Shatterhands).

Bei Wichert pflegt die schöne Polin den bei Tannenberg lebensgefährlich verwundeten jugendlichen Helden Heinz von Waldstein in ihrer Burg nicht minder aufopferungsvoll als die schöne Indianerin Nscho-tschi den jungen Westmann im Pueblo am Rio Pecos. Der junge Ritter bei Wichert wurde für tot gehalten und auf dem Schlachtfeld liegengelassen. Polnische Verwandte Natalias finden den lebensgefährlich Verletzten, nehmen ihn gefangen wie einst die Apachen den verletzten Shatterhand und überstellen ihn Natalias Pflege. Beim Schachspiel, dem die beiden jungen Leute während der Rekonvaleszenz frönen, kommt es zu einer psychoanalytisch interessanten Szene, an der Arno Schmidt, der Karl May psychoanalytisch zu deuten versuchte, seine Freude gehabt hätte (Schmidt 1993). Als zunehmend ihren Reizen erlegene Heinz gesteht, dass ihn Natalias schöne Finger beim Ziehen der Figuren ablenken, versichert sie ihm:

„Ich will künftig die Hand unter dem Tische behalten [...] bis mein Entschluß reif ist." Sie handelte auch eine Weile danach. Nun haschte er aber, unter der Platte weg, ihre Hand und hielt sie fest, als sie eben nach der Figur greifen wollte [...] „Gebt mich frei!" Sie bat mit den Augen. „Ich bin ja Euer Gefangener." „Nein, ich bin der Eure, wie es scheint. Aber ich will mich mit einem guten

Rat lösen. Gebt acht, Junker, Euer Turm ist bedroht! Ich mag ihn nicht entsetzen." Sie zog rasch ihre Hand fort und warf die Figur vom Brett. „So nehme ich ihn ohne Gnade." (Wichert *Heinrich von Plauen II* 1943, 39f.)

In Gegenwart von Nscho-tschi ist Shatterhand stets unbelastet; es ist eine Liebe, die auf Achtung, Freundschaft und Vertrauen gründet. Dagegen erweist sich Natalia zunehmend als Droge aus dem Orient; wie ein Vampir saugt sie den Lebenssaft aus dem deutschen Manne: Der ihr verfallene Junker Heinz hat „in ihrer Nähe das Gefühl, als müsste ich absterben [...]. Nur dass mir sehr wohl dabei ist." (Wichert *Heinrich von Plauen I* 1943, 194). Das erinnert an Bram Stokers (1847–1912) 1897, also über anderthalb Jahrzehnte nach Wicherts Roman, erschienenen Vampirklassiker *Dracula*. Auch der britische Autor orientalisiert den Osten Europas. Einheimische, besonders Slowaken, wären laut einem Romanhelden „auf unseren Bühnen [...] die ideale Besetzung für eine altorientalische Räuberbande" (Stoker *Dracula* 2012, 12), und als man zu Draculas Vernichtung gen Transsylvanien aufbricht, vergleicht Vampirjäger van Helsing sich und seine Schar mit den Kreuzrittern: „Gleich ihnen fahren wir der aufgehenden Sonne entgegen, um weitere [Seelen] zu retten" (ebd., 491). Stokers Titelheld Dracula, einst ein unerbittlicher Kämpfer gegen die Osmanen, bedient sich schaurig-schöner untoter Frauen für seine teuflischen Pläne. Zugleich angezogen wie abgestoßen, spürt der Londoner Advokat Jonathan Harker „ein sündiges, brennendes Begehren danach, dass mich ihre roten Lippen küssten" (ebd., 63). Als die Fangzähne seine Kehle berühren, schließt er seine Augen in „schwülem Sinnestaumel und wartete, wartete klopfenden Herzens" (ebd., 65).

Die Darstellung des Orients als Weib, das den männlichen Eroberer kastriert, hat in der abendländischen Kultur Tradition. 1905 erschien Jakob Wassermanns (1873–1934) Roman *Alexander in Babylon*. Den sinnlichen Versuchungen der *großen Hure*, personifiziert in der Baal-Priesterin Liblitu, vermag der Heerführer Hephästion nichts entgegenzusetzen. Sie ist die orientalische Geheimwaffe: „Fühlst du, wie Asien zittert? Ich liebe dich, Zerstörer, trinke den Tod aus mir, deine Augen will ich dir aus dem Kopf schlürfen" (Wassermann *Alexander in Babylon* 1990, 80). Vampirgleich schlägt sie dem ihr verfallenen Griechen in sexueller Raserei die Zähne in seine Schulter und trinkt sein Blut.

Beim deutschen Autor Wichert entpuppt sich Natalia als eine Art Vampir. Während die Wandasche Krankheit sich wie eine leichte Erkältung verflüchtigt, führt der durch die Polin Natalia verbreitete Virus fast zum Tode: „Plötzlich fühlte er seine Lippen von ihren scharfen Zähnen gebissen, dass er zurückzuckte. […] Er blieb wie betäubt stehen. […] Wirklich taumelte er zur Seite und sank aufs Bett" (Wichert *Heinrich von Plauen II* 1943, 45). Doch wie bei Stoker die noch nicht vollständig vergifteten Opfer, kämpft bei Wichert die vom Vater geerbte deutsche Seite Natalias immer wieder gegen ihre dunkle, ‚slawisch-orientalische' Vampirhälfte. So warnt sie den Hochmeister des Ordens vor einem Mordkomplott und gibt sich schließlich, zerrissen zwischen Liebe und Hass zu dem Deutschen, dessen Herz einer anderen Jungfrau gehört, den Tod.

Das Polenbild bei Karl May und Ernst Wichert

Dozorca, ein Exilpole im osmanischen Militärdienst, wird in *Von Bagdad nach Stambul* und *Im Reiche des silbernen Löwen* noch mit mitleidiger Sympathie geschildert; nach seiner Rückkehr zum Glauben kommt es am Ende von *Im Reiche des silbernen Löwen* sogar zur Familienzusammenführung. Nichtsdestotrotz verurteilt Kara Ben Nemsi Dozorcas Engagement für den polnischen Befreiungskampf. Er bringt Dozorca sogar zu dem

Bekenntnis, neben patriotischen auch schnöde Karriere-
interessen verfolgt zu haben. Auf die Frage:

„Wolltest du nur die Freiheit deines Volkes, oder gedach-
test du, nach dem etwaigen Gelingen des Aufstandes mit einer hervorragenden Stellung oder Rolle bedacht zu werden?"

antwortet Dozorca verlegen: „Beides" (May *Im Reiche des
silbernen Löwen II* 1898, vgl. auch Udolph 2011, 41).
Ganz sind ihm also edle Motive nicht abzusprechen. Bei
Wichert hingegen hat patriotisches Engagement der Polen
stets und ausschließlich egoistische Motive, wobei der
christliche Glaube nur als Vorwand hehrer Ziele dient.
Damit bedient Wichert die politische Seite des Stereotyps
der „polnischen Wirtschaft" (Orłowski 1996, 319-346).
Wichert erläutert ausführlich, wie der aus Litauen stammende polnische König Jagiełło aus reinem Pragmatismus –
er hätte sonst nicht die junge polnische Königin Jadwiga
heiraten können – zum Christentum konvertierte (Wichert
Heinrich von Plauen I 1943, 212). In Krisensituationen
wendet er sich noch immer an die alten Götter. Wie bei
May, der christliche Armenier negativer charakterisiert
als gläubige Moslems wie Beduinen oder Kurden, schätzt
Wichert die Anhänger nichtchristlicher Religionen wie den
Litauerfürsten Witowd oder einen pruzzischen Wildheger
höher als den Katholiken. Fungieren Polen bei May bei ihren kriminellen Aktivitäten als Einzeltäter, so steht Jagiełło
stellvertretend für die Nation. Wichert beschreibt 1881 den
polnischen Monarchen Jagiełło mit der Fratze des ‚slawischen Untermenschen': In seiner rassistischen Darstellung
sieht man den

König fast unablässig, mit krampfhaft gefalteten Händen
Gebete murmelnd. Das häßliche Gesicht mit dem breiten
gemeinen Munde und den heimtückischen Augen verzerrte
sich noch mehr. Die strähnigen Haare fielen über die niedrige Stirn. (Wichert *Heinrich von Plauen I* 1943, 224)

Der den alten Göttern ganz offen zugetane Litauerfürst Witowd, immerhin „ein stattlicher Kriegsmann" (ebd., 226), wirkt dagegen edel. Allerdings gebärden sich Witowods wilde Litauer und Tataren (ebd., 218) besonders grausam.

> Schrecklich hausten die rohen Horden; von Männern machten sie alt und jung schonungslos nieder, Frauen und Jungfrauen, die sich in die Pfarrkirche flüchteten, peinigten sie in viehischer Weise. [...] Dann schleppten sie die schönsten von den Jungfrauen hinaus und ließen sie in die Sklaverei fortführen, die andern wurden in die Kirche eingeschlossen und mit derselben verbrannt. (ebd.)

Wenig erstaunlich, erlebte Wicherts Roman nach 1933 eine Renaissance mit mehreren Neuauflagen, und 1943 schlägt das Vorwort schließlich den Bogen vom Titelhelden Heinrich von Plauen über Hindenburg zu Hitler (Oehlke 1943, 7).

Ein Kampf um Rom:
Ostgoten als Indianer der Spätantike

Der Name Felix Dahn ist bis heute mit einem Buchtitel, dem Inbegriff des ‚Professorenromans', verbunden, der als feststehender Begriff in den ersten Band der *Deutschen Erinnerungsorte* (Esch 2001, 27-40) übernommen werden konnte: *Ein Kampf um Rom* von 1876, worin der Untergang des Ostgotenreiches in Italien im zweiten Viertel des 6. Jahrhunderts bis zum endgültigen Zusammenbruch im Jahr 552 geschildert wird; vgl. das Historiengemälde zur entscheidenden „Schlacht am Milchberg" von Alexander Zick (1845–1907).

Dahns voluminöses Werk beschreibt damit auch das gleichzeitige Scheitern friedlicher interkultureller Kommunikation zwischen drei Völkern: Ostgoten, Römern und Byzantinern. Der Vergleich zu Mays Indianerwelten bietet sich an. Wie der sächsische Autor im Vorwort zu *Winnetou* zu den Indianern, gibt Dahn gleich zu Beginn des Buches Hinweise auf das tragische Ende der heroischen Ostgoten (Dahn *Ein Kampf um Rom* 2013, 7). Den Schülern des humanistischen Gymnasiums des Wilhelminismus war der Untergang der Ostgoten historisch kaum ferner als die Niederlage der roten Brüder. Die Leser von *Winnetou I*, wiewohl kein historischer Roman, wussten im Erscheinungsjahr 1893 um das tragische Schicksal der ‚roten Brüder‘. 1876, im Erscheinungsjahr von *Ein Kampf um Rom,* hatten die Sioux am Little Big Horn einen letzten großen Sieg errungen, über den auch in der deutschen Presse berichtet wurde (Werner 2004, 29-36). Der letzte verzweifelte Widerstand von Winnetous Stammesbrüdern um Geronimo, eine historische Persönlichkeit, war 1886, also gerade sechs Jahre vor Erscheinen des berühmtesten Romans Karl Mays um einen fiktiven Häuptling, endgültig gebrochen worden. So kann man *Ein Kampf um Rom* als in die Spätantike verlegten *Winnetou* lesen. Nach Meinung der Autoren Dahn und May wird in beiden Fällen ein archaisches, edles ‚Heldenvolk‘ von einer zivilisatorisch überlegenen, ‚dekadenten‘ Kultur – Byzantiner- bzw. Yankeetum – vernichtet. Wie schreibt Karl May im Vorwort zu seinem berühmtesten Roman:

Da behauptet man nun freilich, der Indianer besitze nicht die notwendigen staatenbildenden Eigenschaften. Ist das wahr? Ich sage: nein! will aber keine Behauptungen aufstellen, da es nicht meine Absicht ist, eine hierauf bezügliche gelehrte Abhandlung zu schreiben. (May *Winnetou I* 1893, 2)

Der Breslauer Juraprofessor Felix Dahn legte sich da keine Schranken auf. Sein Roman will keinen Zweifel an der überbordenden Gelehrsamkeit des Autors lassen. Das politisch brisante Potential der ahistorischen Gleichsetzung von

Alexander Zick:
Die Gotenschlacht
am Vesuv
Historiengemälde
(ca. 1890)

Indianern und Germanen machten sich später Autoren des völkischen Indianerbuchs wie Fritz Steuben (1898–1981) zunutze, die Indianer immer wieder als „mit den alten Germanen durchaus" (Steuben *Der fliegende Pfeil* 1930, 5) vergleichbar beschrieben.

Die inhaltlichen Parallelen von Dahns Spätgermanenepos zu Karl Mays Indianergeschichten sind so unübersehbar wie vielfältig. Da gibt es z. B. bei Dahn gleich zu Beginn die ‚Blutsbrüderschaft', die mit ihrem anschließenden Treueschwur am geöffneten Grabe dreier gefallener ostgotischer Helden an die dramatische Szene in *Winnetou I* gemahnt, in der Old Shatterhand den Blutsbruder angesichts des ermordeten Intschu tschuna und dessen Tochter gerade noch vom Racheschwur gegen alle Weißen abzuhalten vermag. In der Vorstellungswelt des jugendlichen Lesers verschmelzen hier Germanen mit Indianern. Peter Bolz weist darauf hin, dass es Blutsbrüderschaft bei Indianern nicht gegeben habe, sondern von der Indianeraus der zeitgenössischen Germanenliteratur übernommen wurde (Bolz 2007, 182). Wie May zwischen ‚Rot' und ‚Weiß' zeigt Dahn das Scheitern interkultureller Verständigungsbemühungen als Gemeinschaft am individuellen Schicksal: Der Enkel Theoderichs stirbt in einer Romeo- und Julia-Konstellation an der Liebe zur Römerin Kamilla, die er ungewollt mit in den Tod reißt. Das erinnert allerdings weniger an Shakespeare denn an Mays Kolportage. Motive Dahns lassen sich vor allem in Mays *Waldröschen* – in den Rodrigandas rollt ‚westgotisches Blut' – wiederfinden und sind Indizienbeweise, dass der sächsische Autor den Roman nicht nur dem Titel nach gekannt haben dürfte: Eine Gartenszene zu Beginn des Romans ähnelt in ihrem schwülstigen Kitsch wie in der personellen Konstellation an das *Waldröschen*: Die Römerin Kamilla trifft den heimlich geliebten jungen Gotenherrscher Athalarich, von dem sie nicht wie bei May Standesgrenzen, sondern politische Gräben trennen – sie ist die Tochter eines hingerichteten antigotischen Verschwörers (Dahn *Ein Kampf um Rom* 2013, 57). Rettet Superarzt Sternau bei May das Leben des zukünftigen Schwiegervaters, so hat Athalarich bei Kamillas Vater es wenigstens im offenen Streit mit seinem Großvater Theoderich versucht (ebd., 79f.). Die Frau von Witichis, der Athalarich auf den Thron folgt, ist der Murenleni aus Mays *Der Weg zum Glück* vergleichbar. Wird jener die Begegnung mit Ludwig II. zum Schicksal, so wird aus der ebenso bodenständigen Almbäuerin eine Königin der Goten, wobei beiden die neue, äußerlich glanzvolle Umgebung fremd bleibt. Lassen wir es bei diesen wenigen Motivähnlichkeiten – der aufmerksame Karl-May-Leser findet dutzende weitere – bewenden.

Kulturbegegnungen bei Felix Dahn und Karl May

Ein Kampf um Rom liest sich auch als spätantikes Gleichnis zum Untergang des osmanischen Reiches aus Mayscher Perspektive: Laut May blieb der Türke einfach und tapfer, „bis er gezwungen wurde, bis an den Leib in dem Sumpfe byzantinischer Heuchelei und griechischer Raffinerie zu waten. Man schmeichelte ihm, man machte ihn zum Halbgott; man zerstreute ihn durch hundert Aufmerksamkeiten; man erfand tausende Sünden, um Einfluß auf ihn zu gewinnen, und lehrte ihn Bedürfnisse, die ihn zugrunde richten mussten" (May *Von Bagdad nach Stambul* 1892, 451). Byzantiner hatten einst auch die Goten mit Verrat und Hinterlist bezwungen. Dahn wie May – für den das Melzig bereits 2003 herausarbeitete – bedienen sich hier der zeitgenössischen Argumentation der verderblichen „Abkehr vom ,typischen Volkscharakter'" und der „pseudodarwinistischen Vorstellung von Nationen als alte oder junge, kranke oder vitale Organismen" (Melzig 2003, 45). Personifiziert wird dieser dekadent-orientalische

Einfluss durch die byzantinische Kaiserin Theodora. Dahns national-konservatives, prävölkisches Bekenntnis findet sich in einem Gespräch des Gotenkönigs Totila mit seinem römischen Freund. An diesem zentralen Punkt des Romans werden Möglichkeiten interkultureller Kommunikation erörtert. Der König der Goten schwärmt zunächst von Verbrüderung seines Volkes mit den unterworfenen Italienern, der Römer Julius leugnet die Möglichkeit friedlichen Zusammenlebens, er sieht „Keine Brücke zwischen Römern und Barbaren!" (Dahn *Ein Kampf um Rom* 2013, 161) In seinem Schmerz darüber findet er Trost im kosmopolitisch anmutenden Gedanken eines überkonfessionellen Christentums:

> „Ich lebe der Menschheit, nicht meinem Volk allein, ein Mensch, kein bloßer Römer mehr. Darum kann ich dich, den Barbaren, lieben wie einen Bruder: sind wir doch Bürger eines Reichs: der Menschheit. […] Ich lebe der Menschheit: sie ist mein Volk!" (ebd.)

Der im Roman von Vertretern beider Völker mehrfach zum Ausdruck gebrachte Wunsch nach Verschmelzung von Römern und Goten erinnert an Mays Fantasien der Entstehung des neuen indianisch-germanischen Edelmenschen im Zeichen eines überkonfessionellen Christentums, wie er sie im Spätwerk und dann eine Woche vor Ende seines Lebens in Wien entwickelte – doch Dahn erteilt solchen Ideen durch den Mund des Gotenkönigs Totila eine deutliche Absage. Der erwidert:

> „Wo ist denn die Menschheit, von der du schwärmst? Ich sehe sie nicht. Ich sehe nur Goten, Römer, Byzantiner! […] Ich kann nicht die Haut abstreifen, darin ich geboren bin. Gotisch denk' ich, in gotischen Worten, nicht in einer allgemeinen Sprache der Menschheit; die gibt es nicht. Und wie ich nur gotisch denke, kann ich auch nur gotisch fühlen. […] Wir können vieles von euch lernen – aber

tauschen könnt' ich und möcht ich mit keinem Volk von Engeln. Ha, meine Goten! Im Grund des Herzens sind mir ihre Fehler lieber als eure Tugenden." (ebd., 162)

Wie die Polin Marina bei Wichert liebt auch bei Dahn eine ‚Artfremde' vergeblich den blonden Helden. Wie Rebecca von Yorck Ritter Ivanhoe – die Spuren Scotts finden sich bei Dahn überall – liebt die schöne Jüdin Miriam König Totila. Der ritterliche Gote, der ihr bei einem Pogrom das Leben rettete, hat aber nur die Römerin Valeria im Kopf.

Dahn liegt nicht am kulturellen Dialog des Kaiserreichs mit seinen Nachbarn; er kritisiert und warnt von rechts: Es gäbe keinen Grund, sich auf den Lorbeeren von 1870/71 auszuruhen. Trotzdem Byzanz dank germanischer Hilfstruppen und genialer Feldherren wie Narses die Goten im Westen schlug wie Preußen mit Moltke den Nachbarn Frankreich, vermochte das oströmische Reich späteren Angriffen der Perser und der Seldschuken nicht standzuhalten. Durch den Mund des byzantinischen Kaisers Justinian verweist Dahn auf die nach seiner Meinung eigentliche, im Osten des jungen Kaiserreiches drohende Gefahr: „Es wäre dem Reiche heilsamer, die Perser abzuwehren als die Goten anzugreifen. Es wäre mehr sichere, weisere Politik. Denn von Osten kommt einst das Verderben" (ebd., 142).

Bei Karl May schließt Old Shatterhand eine Ehe mit einer Indianerin nicht aus. Für Dahn, der „Mischheiraten" (ebd., 342) zwischen Goten und Römern in seinem Roman als verderblich zeichnet, wäre das ein unerträglicher Gedanke.

Bereits James Fenimore Cooper (1789–1851) kritisierte im *Lederstrumpf*, wie Briten und Franzosen verschiedene Indianerstämme als Söldner aufeinanderhetzen, um eigene Kräfte zu schonen und einen gemeinsamen Feind zu schwächen. Immer wieder beklagt May durch den Mund Old Shatterhands oder Winnetous die Selbstzerfleischung der ‚roten Rasse' in sinnlosen Stammesfehden, die sie deshalb auch immer wieder schlichten. Auch bei Dahn ist es die Taktik der Römer und Byzantiner, „Germanen durch Germanen [zu] verderben. Rom gewinnt bei jeder Wunde, die sich Langobarde und Gote hauen" (ebd., 576).

Die Menschen Afrikas werden bei May im Detail recht unterschiedlich beschrieben. „[L]iebenswert, aber geistig zurückgeblieben" (Kuße 2011b, 75) zeigen sich Afrikaner oder ihre nach Amerika verschleppten Nachkommen ihren weißen Herren treu ergeben. Versichert May mehrfach die angebliche Unansehnlichkeit älterer Frauen anderer Kulturen, so bedient sich der Romanautor Georg Ebers bei der Darstellung von Afrikanern in seiner imaginierten Pharaonenwelt rassistischer Stereotype. Besonders drastisch fallen Schilderungen im Pharaonenepos *Uarda* aus: „Ein dunkelschwarzes Negerweib, um deren magere Lenden sich ein zerrissenes farbloses Zeugstück schlang [...] setzte ein großes Thongefäß auf ihre grauen, wolligen und verfilzten Haare" (Ebers *Uarda* 1883, 102).

Stellen Mays Quimbo in Südafrika oder Masser Bob im Wilden Westen ihre Ergebenheit vielfach unter Beweis, so folgt im *Kampf um Rom* der nubische Leibsklave seinem Herrn Cethegus sogar in den Tod – gemeinsam mit dessen Leiche springt er in den Krater des Vesuv.

Über derartige Herr-Knecht-Verhältnisse hinausgehende, gar lebenslange Freundschaften zwischen Menschen verschiedener Kulturkreise wie zwischen Winnetou und Old Shatterhand oder Kara Ben Nemsi und Hadschi Halef wird man bei Freytag, Dahn oder Ebers vergeblich suchen. Die findet man in jener Zeit nur bei einem Autor: Karl May.

Juden und Judentum bei Karl May

von Ludger Udolph

Die Frage nach der Haltung zum Judentum ist eine der empfindlichsten Fragen, um ein literarisches Werk aus dem 19. und frühen 20. Jahrhundert zwischen Völkerstereotyp und Pazifismus zu beurteilen. Dazu genügt es jedoch nicht, einzelne tatsächlich oder auch nur vermeintlich stereotyp antisemitische oder philosemitische Äußerungen zu sammeln. Entscheidend ist gerade bei einem so umfangreichen Werk wie dem Karl Mays, die Haltung insgesamt in den Blick zu nehmen, die sich in der Werkgeschichte zeigt und sich vor allem an den handelnden Figuren erkennen lässt. Die ersten Fragen nach Karl Mays Haltung zu Juden und zum Judentum lauten demnach: Wo treten jüdische Personen im Werk auf? Welche Merkmale werden ihnen zugeschrieben? Wie wird ihr Charakter gezeichnet und wie handeln sie? Daran anzuschließen ist die Darstellung von stereotypen Merkmalen des Judentums, die im Werk zu finden sind, sowie die Frage nach Mays Einstellung zum Judentum als Religion.

Die Personen

Der Bankier Levi Blumenbach
(*Wanda* 1874/75);

Aaron Itzig, seine Tochter und sein Schwager Veit Schmuel, zwei Händler
(*Der beiden Quitzows letzte Fahrten* 1876);

Manasse Ben Aharab, wohlhabender Kaufmann in Mursuk und seine Tochter Rahel
(*Die Rose von Sokna* 1878/79 und *Eine Befreiung* 1894);

Levi Hirsch, Kleiderhändler in Mainz, und seine Frau Sarah,
der Bankier „Don" Salmonno in Saragossa, der eigentlich Salomon heißt
(*Waldröschen* 1882-84);

Samuel Cohn, Bankier in Berlin,
Salomon Levi, ein Hehler, und seine Frau in Algier
(*Die Liebe des Ulanen* 1883-85);

Baruch Silberglanz, Pfandleiher und Altwarenhändler in der Residenzstadt (d. i. Berlin), seine Frau Sulamith und ihre Söhne Elias und Gamaliel,
Illo von Flakehpa-Ociului und seine Tochter Elma, ehemals reiche walachische Juden,
(*Ulane und Zouave* 1883);[1]

der preußische Spion Lesser Wolf
(*Pandur und Grenadier* 1883);

der arme Jude Baruch Schebet und seine Frau in Stambul
(*Giölgeda padiśanün. Stambul* 1883 und *Von Bagdad nach Stambul* 1892);

Salomon Levi, Pfandleiher und Hausbesitzer, seine geschäftstüchtige Frau Rebecca und ihre Tochter Judith (wohl in Berlin),
Sarah Rubinenthal, die Freundin von Judith Levi, und ihr Vater, ein Möbelhändler,
der ehemalige Chemielehrer und Tierarzt Horn, der als Apotheker seine Lizenz verloren hat, und seine Tochter Henriette/Jette,
Jacob Simeon, ein Goldschmied,
Freimann, Mitinhaber der Fa. Freimann & Co.,
(*Der verlorene Sohn* 1883-85);

---

[1] Bei *Ulane und Zouave* handelt es sich um ein Fragment aus dem Umkreis der *Liebe des Ulanen*, das aber mit diesem Roman nicht weiter verbunden wurde. Über Mays Verfasserschaft s. Roxin (1973) sowie Ueding (2001, 319).

Jacub Afir, Bordellbesitzer in Tunis, mit seinen Prostituierten Rahel und Lea,
Sarah, Amme in der Familie v. Adlerhorst
(*Deutsche Herzen – deutsche Helden* 1885-87);

der Bankier, Baron und Kommerzienrat Hesekiel von Hamberger und seine Frau Judith,
Baruch Abraham, Altwarenhändler in Triest, und seine Frau Sarah
(*Der Weg zum Glück* 1886/87);

Jakob Silberstein / Silberberg, Pfandleiher und Rauchwarenhändler aus Kobylin südlich von Posen und seine Tochter Judith, Auswanderer nach Mexiko[1]
(*Satan und Ischarioth I – III* 1893/95; 1896/97);

Eppstein in El Chalil,
Mustafa Bustani, ‚judarabischer‘ Händler in Jerusalem
(*Schamah* 1907/08)

– das ist das jüdische Personal in Karl Mays umfangreichem Werk; es ist nicht viel und es nimmt auch keinen zentralen Platz ein (vgl. auch die Aufstellungen bei Strech 1983 und in http://karl-may-wiki.de/index.php/Judentum, sowie Kosciuszko 1996; 2000). Vielleicht gehört auch Hugo Goldmann zu den jüdischen Figuren; er ist Theateragent in Wien, eine Tätigkeit, die oft von Juden ausgeübt wurde. Jürgen Pinnow (2001, 17) hält ihn „wegen seines Namens und anderer Eigenschaften" für einen Juden. Im Text wird Goldmann jedoch nicht als Jude bezeichnet und May lässt ihn auch nicht mauscheln (May *Der Weg zum Glück* 2004, 34257-34271).

In dem Band *Der Fremde aus Indien* (GW 65), mit dem 1939 die Radebeuler Ausgabe endete, sind Salomon Levi und seine Tochter Judith aus dem *Verlorenen Sohn* zu Salomon Rosenbaum und Leni mutiert. Diese ist aus einer leidenschaftlichen, sinnlichen Schönheit hier zu einem

[1] Der Name erscheint im Roman aus Unachtsamkeit dreimal als Silberstein; Judith heißt immer Silberberg und ändert ihren Namen später in Silverhill.

eher braven deutschen ‚Mädel' geworden, der man ihre Eifersucht und Bosheit, mit der sie das Säureattentat auf ihre Konkurrentin plant und ausführt, nicht recht glauben kann. Der hämische und denunziatorische Ausfall auf ‚die Juden' am Ende des Romans, gut ein Jahr nach der ‚Reichskristallnacht' geschrieben vom Bearbeiter Otto Eicke, war auch eine postume Beleidigung Karl Mays. Nach einer Reihe von Rückbearbeitungen des Textes verschwand der Zusatz endgültig 1995 aus dem Band (Böhm 1993, 56; Schmid/Seul 2013, 67).

Wie die Übersicht zeigt, spielen Juden vor allem in den frühen Werken und den sogenannten Münchmeyer-Romanen eine Rolle, im Spätwerk lediglich in der einen Erzählung *Schamah* (1907/1908).

May hat gerade auch zur Charakterisierung seiner Juden und Jüdinnen mit den traditionellen Stereotypen gearbeitet (zu Stereotypisierungen und zur Stereotypenbildung bei May s. Kuße 2011b, 66-83). Diese Stereotypisierungen weisen zum Teil, allerdings nicht immer und nicht schematisch, die „vier Elemente" auf, die nach Rainer Jeglin (1990, 118) das Judenstereotyp prägen: der schmutzige Jude, die Händlernatur, die jüdische Unrast und das Finanzjudentum. Bei May gehören zur Sterotypisierung die Namensgebung, die Zuweisung bestimmter Berufe, die Sprache, das Äußere und als Denkstereotyp auch das Stereotyp der jüdischen Weltherrschaft.

Stereotype Merkmale der Juden

Namen

Das jüdische Kolorit erreicht May einmal durch die Namen der Personen. So finden wir die Vornamen Aaron, Manasse, Baruch, Jacub bzw. Jacob, Sarah, Judith, Rebecca, Salomon, Samuel, Levi, Sulamith, Elias, Gamaliel, Hesekiel, Rahel,

Lea, Lesser (d. i. Eliezer), alles hebräische, aus der Bibel und aus dem alltäglichen Kontakt bekannte Namen von Juden und Jüdinnen. Recht seltsam wirken die skandinavischen Vornamen Illo und Elma für walachische, also rumänische Juden, wobei aber auch deren mit Adelsprädikat versehener Familienname (von Flakehpa-Ociului) eher monströs wirkt oder wirken soll. Nur Schmuel hat einen christlichen Vornamen: Veit; zwar waren christliche oder germanisch-deutsche Vornamen für Juden zu Mays Zeiten durchaus schon üblich, wären aber vom Leser eben nicht als ‚jüdisch' identifiziert worden. Vielleicht hat May Gustav Freytags viel gelesenen Roman *Soll und Haben* (1855) gekannt, in dem der Jude Veithel Itzig eine unrühmliche Rolle spielt (Jeglin 1990, 121-122; Matoni 1992); die Namensgebungen *Veit* Schmuel und Aaron *Itzig* könnten jedenfalls durch diesen Roman inspiriert sein.

An Nachnamen finden wir einmal durchaus übliche hebräisch-jüdische: Itzig, Abraham, Cohn, Simeon, Levi, Salomon, Schmuel (für Samuel), sodann natürlich auch ‚typisch' deutsch-jüdische: Silberglanz, Silberberg, Silberstein, Rubinenthal, Blumenbach, Hamberger, Hirsch, Wolf, Horn. Die vier ersten sollen offenbar mit ‚Reichtum' assoziert werden, was hier jedoch nur bei Familie Silberglanz zutrifft. Hirsch und Wolf sind dem Segen Jakobs in Gen. 49, 1-27 entnommene metaphorische Namen für Naphthali, den Jakob hier einen schnellen Hirsch, und für Benjamin, den er einen reißenden Wolf nennt. Sie sind als deutsche jüdische Namen durchaus üblich. Horn ist neutral, Blumenbach eher ungewöhnlich. Wohl arabisch sind Schebet, Afir und Ben Aharab.

Berufe

Bankiers sind Levi Blumenbach, Samuel Cohn, Hesekiel von Hamberger, Don Salmonno; ein wohlhabender

Kaufmann ist Manasse Ben Aharab. Händler und Pfand-
leiher sind Levi Hirsch, Baruch Silberglanz, Salomon
Levi, Jakob Silberberg, Baruch Abraham, Aaron Itzig, Veit
Schmuel. In das kriminelle Milieu gehören der Hehler
Salomon Levi, der Hehler und Mädchenhändler Baruch
Abraham, der Bordellbesitzer Jacub Afir und der Fälscher
Jacob Simeon, vielleicht auch der Spion Lesser Wolf. Positiv
wird Simeon von Norman Strech (1983, 34) gesehen: eher
sympathisch, intelligent und scharfsinnig, offen und ehr-
lich gegenüber seinen Handelspartnern, nicht hinterlistig.
Er entspreche „dem Judenbild nur in dem einen Punkt der
Intelligenz".

Allerdings sind diese ‚Professionen' – wie ja auch
Reichtum oder Armut – in Karl Mays Werken keineswegs
nur Juden vorbehalten; Verbrecher aller Couleur finden
sich bei ihm bekanntlich in allen Völkern und Nationen
und bei beiden Geschlechtern.

Sprache

Zu den sprachlichen Signalen für ‚jüdisch' gehören
Interjektionen: „Gott der Gerechte!", „Gott Abrahams,
Isaaks und Jacobs", „Jehova Zebaoth! Gott aller Erzväter!",
„Gott meiner Väter!", vor allem auch das als typisch jüdisch
geltende „Au waih!",[1] „Au waih, au waih!", „O weih, weih!",
„Au waih geschrieen!". Ein anderes Signal sind Komposita,
gebildet aus einem Vornamen und -leben als Anredeform
(Vokativ): Judithleben, Baruchleben, Levileben, aber auch
Vaterleben, Mutterleben, Tochterleben; z. B.: „Immer lies,
mein Tochterleben!" (May *Der verlorene Sohn* 2004, 19673)

Der erste Jude, den wir in einer Erzählung Mays finden,
ist der Bankier Levi Blumenbach in *Wanda*. Als er zum
ersten Mal spricht, hört sich das wie folgt an:

---

[1] „Au waih!" oder „Au weih!" kann aber auch im ‚bairischen' Dialekt bei May vorkommen (May *Die Liebe des Ulanen* 2004, 17585 und *Der Weg zum Glück* 2004, 30064).

„Wer soll sein dieser Mann, der da in Verkleidung geht
vorüber? Ist mir doch, als kleide ihn besser die Uniform,
weil er ist der gefürchteste Polizist in der Residenz und
heißt Winter!" (May *Wanda* 2004, 5377)

Offenbar will May hier das sogenannte Mauscheln wiedergeben, er lässt vielfach Juden und Jüdinnen in seinen
Romanen so reden; so zum Beispiel auch in einem Feuilleton aus derselben Zeit, in dem der ,Eisenbahnkönig' Bethel
Henry Strousberg und sein Vater ebenfalls in dieser Art
sprechen (May *Ein jetzt Vielgenannter* 1875/76, 70). Rainer
Jeglin bemerkt zu Salomon Levi, dass er „ein dem Hochdeutsch angenähertes Pseudojiddisch spricht, was wohl
dem ,jüdischen Mauscheln' nachempfunden sein soll" (Jeglin 1990, 118).[1]
Ein damaliger Leser dürfte diese Sprechimitation in Verbindung mit einem jüdischen Namen wohl spontan als solches identifiziert haben. Es handelt sich allerdings bei May
nur um Umstellungen der normalen deutschen Wortfolge,
keineswegs um typische Eigenheiten des Mauschelns in Pho-
nologie, Morphologie, Lexik oder Grammatik. Möglicherweise ist das recht gemäßigte Mauscheln der Juden in *Soll und
Haben* hier Vorbild gewesen (Jeglin 1990, 124-125). Typisch
für die komische Wirkung dieses Pseudomauschelns in
Verbindung mit der den Juden angeblich kennzeichnenden
Unterwürfigkeit ist die Rede des Commis von Samuel Cohn:

„Herr Cohn, Herr Cohn, Herr Samuel Cohn, beeilen Sie
sich schleunigst zu beginnen sich zu erheben, um aufzustehen
von dem Stuhle, auf welchem Sie doch nicht in sitzend aus-
ruhender Stellung empfangen können den Herrn, welcher
auf französische Manier präsentirt eine Karte mit der Krone
eines Grafen und begehrt zu sprechen das Bankgeschäft und
die Länderagentur des Herrn Samuel Cohn in Berlin." (May
Die Liebe des Ulanen 2004, 17108)

[1] Bemerkungen zum Mauscheln finden sich auch bei: Pinnow 1984, Peters 1985
und Leuthe 1986. Zum Mauscheln und seiner Verwendung in der deutschen Literatur
s. die umfangreiche Monografie von Althaus 2002.

Weniger das Mauscheln als vielmehr das Deutsch eines Nichtmuttersprachlers wird in der Sprache des polnischen Juden Jakob Silberstein mit der umständlichen Syntax, den falsch gebrauchten Partizipien, den Infinitivkonstruktionen und der Mischung hochsprachlicher Lexik und übertriebener Höflichkeitsformen wiedergegeben. Ein weiteres Beispiel ist das komisch-falsche Deutsch des Slovaken Istvan Uszkar in *Die Sklavenkarawane* (Kuße 2011b, 81-82), das Jeglin (1990, 124) für Pseudojiddisch hält. Auch für die ‚Imitation‘ jüdischer Sprechweisen gilt, was Holger Kuße zur ‚Richtigkeit‘ der Dialekte bei May überhaupt festgestellt hat: „Es geht nicht um Authentizität, sondern um den *Eindruck* von Authentizität" (Kuße 2011b, 66), daher kann May ungeniert auch arabisch sprechende Juden wie Manasse Ben Aharab oder Salomon Levi ‚mauscheln‘ lassen.

Das Äußere

Stereotypen des hässlichen Juden sind u. a. eine bestimmte Nasenform, ein stechender Blick, schmutzige Kleidung, der Vollbart. Jakob Simeon hat eine ‚Hakennase‘, Rebecca Levi hat eine lange, scharfe Nase, Sulamith Silberglanz eine Habichtsnase. Der lange, hagere Salomon Levi entspricht mit Habichtsnase, schmutzigem Kaftan und Korkenzieherlocken ganz dem Klischee des ‚schäbigen‘ Juden. Salomon Levis Frau hat eine kratzende Stimme, Sarah Hirsch ist ein schwerhöriges, „altes, häßliches Weib". Lesser Wolf hat scharfe Gesichtszüge und tief liegende lauernde Augen (May *Pandur und Grenadier* 2004, 5097), Salomon Levi hat stechende Augen. Dem Jacub Afir verleiht sein langer grauer Bart zwar „etwas Ehrwürdiges", doch der „stechende[] Blick seiner kleinen Augen" hebt diesen Eindruck wieder auf (May *Deutsche Herzen, deutsche Helden* 2004, 24952). Der „polnische[] Hebräer" Jakob

Silberstein hat ein Gesicht von „ausgesprochenste[m] jüdischen Typus", dessen Vorstellung May dann aber dem Leser überlässt; er trägt eine „schwarzseidene Kappe" (May *Satan und Ischariot I* 1897, 42). Es ist wohl eher ein Klischee, wenn May schreibt, die Angehörigen des jüdischen Stammes pflegten gern den vollen Bart zu tragen (May *Die Liebe des Ulanen* 2004, 18504), obwohl auch bei ihm die Bankiers Blumenbach, Cohn und von Hamberger keinen Vollbart tragen. Der Vollbart gehörte damals sicher noch zum orthodoxen Ostjuden resp. ‚Kaftanjuden'; wenn ihm das Fehlen des (obligatorischen) vollen Bartes aber bei dem Kaftan tragenden Baruch Silberglanz auffällt, dann hängt das wohl mit dessen Totenschädelgesicht zusammen.

Von Sarah Rubinenthal heißt es, sie sei hässlich:

> Dort saß am Tische ein Mädchen, vielleicht zwanzig Jahre alt, aber klein, häßlich und ausgewachsen. Aber wie man grad unter den Häßlichen und Buckeligen oft recht geistreiche Menschen findet, so hatte auch dieses von der Natur äußerlich so kärglich bedachte Mädchen ein herrliches Augenpaar, aus dem eine Seele leuchtete, deren der Körper nicht würdig war. (May *Der verlorene Sohn* 2004, 19637)

Schönheit ist also ein innerer Wert, Äußeres und Inneres müssen nicht konform sein. Auch die Einrichtung ihres Zimmers zeigt den echten inneren Wert Sarahs: ein „Stübchen, welches wirklich allerliebst und gar nicht nach der bekannten, jüdisch überladenen Manier ausgestattet war" (ebd.). Eine ähnliche Stelle findet sich übrigens auch bei Retcliffe, bei dem zum Zimmer von Esther in dem Roman *Biarritz* zu lesen ist: „[...] daß in der Ausstattung dieses Boudoirs ein großer Reichthum und zwar mit weniger Ueberladung entwickelt war, als gewöhnlich in dem Geschmack der orientalischen Racen sich zeigt" (Retcliffe *Biarritz* 1869, 43). Die innere Schönheit Sarahs zeigt sich nicht zuletzt darin, dass sie die Lyrik des (armen) Poeten

Robert Bertram (d. i. Robert von Helfenstein) liebt (zu Sarah s. auch Strech 1983, 34-35). Genau umgekehrt verhält es sich dagegen bei Salomon Levi: „Dieser Jude war vielleicht sechzig Jahre alt und besaß ein vertrauenerweckendes, ja fast ehrwürdiges Aussehen. Wer ihn nicht genau kannte, hätte wohl nicht geglaubt, daß er der berüchtigtste Hehler des ganzen Landes sei" (May *Die Liebe des Ulanen* 2004, 18894).

Den Theoretiker der jüdischen Weltherrschaft, Baruch Silberglanz, markiert der Autor schon durch sein abstoßendes Äußeres – „Modell eines Sensenmannes" – als negative, todbringende Figur, ja als den Tod selbst, für die der „Skelett" genannte Verbrecher in Eugène Sues *Geheimnissen von Paris* (9. Teil, 2. Kap.) ein mögliches Vorbild sein kann (Griese 1993, 15); May zieht alle Register:

Dieser auf dem Sopha liegende Mann konnte den Glauben erwecken, daß er zu den gebräuchlichen Abbildungen des Todes Modell gesessen habe. Sein glänzend nackter Schädel zeigte nicht die Spur eines Haares. Unter seiner weit hervorstehenden Stirn lagen die Augen in tiefen Höhlen, in welche das Licht der Ampel jetzt nicht dringen konnte. Wangen waren nicht mehr vorhanden; die Haut legte sich lederartig an die Backenknochen fest und sank dann gänzlich in die Mundhöhle ein, um sich an den zahnlosen Kinnladen wieder zu erheben und da zwei Lippen zu bilden, aus denen jede Farbe längst verschwunden war. Der Hals war lang und so dürr, daß man seine einzelnen Theile deutlich sehen konnte. Die Brust welche aus dem Hemdenschlitz hervorblickte, zeigte die ganze Häßlichkeit eines Gerippes. Auch die Hände und die bloßen Füße, welche unbekleidet auf der unteren Sophakante lagen, glichen ganz den Extremitäten eines Verstorbenen, einer Leiche. (May *Die Liebe des Ulanen* 2004, 18503)

Silberglanz ist dabei, die Familien von Flakehpa-Ociului und von Wilden, die beide bei ihm hoch verschuldet sind, zu ruinieren.

Die schöne Jüdin

Seit Christopher Marlowes Tragödie *Der Jude von Malta* (1592) und Shakespeares *Kaufmann von Venedig* (1596) gibt es in der Literatur die Paarbildung vom jüdischen Vater und seiner schönen Tochter, die oft keine harmonische Beziehung ist (dazu Krobb 1993; Grözinger 2003; Jeglin 1990, 119-120). Bei May haben wir diese Konstellation in Aaron Itzig und seiner Tochter, Jakob und Judith Silberberg, Manasse und Rahel, Salomon und Judith Levi, und cum grano salis muss man hier auch Jacub Afir und seine Prostituierten nennen, die sich immerhin gegenüber dem Engländer Eagle-Nest als dessen Töchter ausgeben.

Aaron Itzigs Tochter wird als schön, stolz und hochgewachsen beschrieben, mit großen, orientalischen und dunklen Augen, sie entspricht also durchaus dem Topos der schönen Orientalin. Beinahe wird sie das Opfer des Finstermannes Pater Eusebius, der versucht, sie zu missionieren und, als dies nicht gelingt, zu verführen. Daran hindert ihn Detlev von Warwick, der ihn mit einem Faustschlag zu Boden streckt (aber noch nicht Old Shatterhand ist).[1] Zwischen der Jüdin und ihm entwickelt sich Liebe; hier ist es der Vater, der das Glück der Tochter zerstört: Als er sie zur Hochzeit mit einem Ungeliebten zwingen will, ertränkt sie sich.

Dreimal hat May in den Münchmeyer-Romanen die schöne Jüdin als Femme fatale gestaltet. Zunächst in Elma von Flakehpa-Ociului, vom Vater „vollständig verzogen" und daher „selbstsüchtig, hart und rücksichtlos [...]; sogar grausam" geworden (May *Die Liebe des Ulanen* 2004, 18537). Nachdem der Autor uns die „hohe, üppig volle Gestalt" – deren Vergleich mit Juno und Katharina II. eine eher matronenhafte Schönheit evoziert –, Haar, Gesicht, Stirn, Näschen, Mund, Lippen und Zähne hinreichend

---

[1] Jeglin (1990, 114) sieht in Eusebius im „Sinne des Kulturkampfs" eine Polemik gegen „klerikal-antijüdische Einstellungen".

begeistert geschildert hat, kommt er auf ihre Augen zu sprechen. Als Ausdruck ihres Inneren zeigen sie die der Femme fatale eigene Rätselhaftigkeit, ihre Farbe changiert von schwarz, dunkelblau, hellblau, grünlich, grau bis sogar zum „gelblich schillernde[n] Grün". Ihr Blick hat hypnotisierende Kraft, die sie bewusst auch einsetzt, es ist ein ‚böser Blick', „Jettatura" (May *Die Liebe des Ulanen* 2004, 18539f.). Die häßliche Sulamith Silberglanz nennt sie hasserfüllt-triumphierend einen Vampir:

> „Warum hat die Familie geheißen Flakehpa-Ociului, was auf Deutsch bedeutet die Augenflamme? Alle Weiber dieser Familie haben gehabt den bösen Blick; sie sind gewesen Vampyre und haben getrunken das Blut aus den Adern der Lebendigen. Wenn sie gestorben waren, diese Weiber, dann hat man ihnen noch stoßen müssen einen spitzen Pfahl durch den Leib, und sie haben dann vor Schmerz geheult, obgleich sie Leichen gewesen sind." (May *Die Liebe des Ulanen* 2004, 18521f.)

Die Schönheit Judith Levis wird im Kontrast zu der Hässlichkeit ihrer Freundin Sarah Rubinenthal beschrieben. Bei ihrer Schilderung greift May sogar zu Bildungswissen (Bibel, Makart, Hebbel), um seiner Begeisterung über soviel Schönheit Ausdruck verleihen zu können:

> Judith legte das Tuch ab, und nun stand sie im Scheine der Lampe da in einer Schönheit und Herrlichkeit, welche einen Makart in Entzücken versetzt hätte. Groß und voll gebaut, von stolzer Haltung und wahrhaft gebieterischem Gesichtsschnitte, zeigte sie jene Schönheit, welche der Jugend ihres Stammes zu eigen ist, aber leider rasch zu vergehen pflegt, in ihrer ganzen Glorie. Sie hieß Judith, und sie war eine Judith. Wie mag sich Hebbel in seinem classischen Schauspiel die Judith gedacht haben? Welches Bild mag den Malern und Bildhauern, welche sich an dieses Problem wagten, vorgeschwebt haben? Sie hätten hier dieses Mädchen sehen sollen, und sicherlich wären sie einstimmig in den entzückten Ruf ausgebrochen:

„Ja, das ist die wahre Judith, das muthvolle Weib, die Mörderin des Holofernes, die Retterin ihrer Heimat, welche selbst ihre Tugend zum Opfer brachte, um den Ihrigen das abgeschlagene, blutige Haupt des Feindes zu bringen." [...] Judith hätte jene Gewandung tragen sollen, welche ihre Namensschwester trug, und kein Holofernes hätte ihr widerstanden. (May *Der verlorene Sohn* 2004, 19674, 19678)

Zu Beginn der anschließenden Verführungsszene räkelt sich Judith in „eigenthümliche[r] Tracht" – durchsichtige Beinkleider, ein durchsichtiges tief ausgeschnittenes Jäckchen – auf dem Divan (May *Der verlorene Sohn* 2004, 19879). Und schließlich ist auch Judith Silberberg – ebenfalls der Typus der Orientalin – „von ungewöhnlicher Schönheit" (May *Satan und Ischariot I* 1897, 40). Sie ist nur an gesellschaftlichem Erfolg und Geld interessiert, „eitel, genusssüchtig, sinnlich verführerisch und eine wahre Männerfresserin" (Maier 2012, 87). Ihre Liebhaber sind der Herkules, ein deutscher Auswanderer, gutartig, eher beschränkt, sehr eifersüchtig, ein Kraftmensch im Zirkus, der sich am Ende aus Liebeskummer umbringt; ein Reserveleutnant; der ‚Satan' Harry Melton; Listige Schlange, ein junger Indianerhäuptling, den sie heiratet und der von einem ihrer Liebhaber erstochen wird; zahlreiche Verehrer in San Francisco, zuletzt der ‚Judas Ischarioth' Jonathan Melton, der sich am Ende selbst tötet. Wie Judith Levi, und weit mehr als sie, ist sie die klassische Femme fatale.

Zu Rahel, der Tochter Manasse Ben Aharabs, war May – in *Die Rose von Sokna* – zunächst nicht viel eingefallen. Mit „Sie war eine jener Schönheiten, wie sie nur der Orient reift, [...]" bemüht er hier wieder den Topos der schönen Orientalin (May *Die Rose von Sokna* 2004, 6469f.). In der zweiten Fassung dieser Erzählung, *Eine Befreiung*, in zeitlicher Nähe zu Judith Silberberg entstanden, liest sich das dann ganz anders; im Unterschied zu den Femmes fatales Judith Levi, Judith Silberstein und Elma von Flakehpa-Ociului zeichnet er hier den erotischen Typus der ‚Lolita':

Sie trug eine weite, weißseidene Frauenhose, welche mit goldenen Spangen an die feinen Knöchel befestigt war und um die Hüften von einem blaßblauen, reich in Gold gestickten Gürteltuche festgehalten wurde. Die nackten, rosig schimmernden Füße steckten in niedlichen, violettseidenen Pantöffelchen. Um den Oberkörper schloß sich eine eng anliegende, dunkelblauseidene Jacke, welche anstatt der Knöpfe von schwergoldenen Ketten zusammengenestelt war. Das blauschwarze, dichte Haar hing in langen, schweren Zöpfen weit herab; Nadeln mit großen, silbernen Knöpfen glänzten in demselben und über die Stirn breitete sich ein loses Diadem von Goldstücken verschiedener Größe. An den kleinen Händen funkelten Ringe von gewiß sehr hohem Werte. (May *Eine Befreiung* 1974, 26)

Doch Kara Ben Nemsi ist natürlich mehr an den inneren Werten interessiert:

Aber dieses Gesicht! Ich unterlasse es, dasselbe zu beschreiben, denn was ich erzähle, soll keine Liebesgeschichte sein, doch auf diesen prächtig gezeichneten Lippen lagerte der Ausdruck stolzer Reinheit und weiblicher Güte, und aus den mandelförmig geschnittenen, großen, dunklen Augen leuchtete ein ruhiger, offener, selbstbewußter Blick, welcher erkennen ließ, daß die ‚Rose von Sokna‘ auch in Beziehung auf ihren Geist und ihr Gemüt mehr als ein gewöhnliches Mädchen sei. (ebd.)

Im Verlauf der Erzählung schlägt May dem Stereotyp der schönen Jüdin dann aber ein Schnippchen; am Ende erfahren wir, dass sie ‚nur‘ eine Ziehtochter von Manasse und eine Christin ist (May *Eine Befreiung* 1974, 84f.). Die schöne Christin also ist an die Stelle der schönen Jüdin gerückt. Norman Strech (1983, 38) will positive Textsignale ausmachen, die Rahel von Anfang an schon als Christin erscheinen ließen, was aber nicht überzeugt. Wichtiger ist, dass begehrenswerte Körper und erotische Ausstrahlung in Mays Werk nicht nur Jüdinnen vorbehalten sind. Begehrenswert sind zum Beispiel die Beduinin Liama (May *Die Liebe des Ulanen* 2004, 16698), die im Orient aufgewachsene Deutsche Tschita von Adlerhorst (May *Deutsche Herzen, deutsche Helden* 2004, 24371f.), die Deutsche Karparla, die unter Tungusen in Sibirien lebt (ebd., 27653-27655), Semawa, die Tochter des Maharadscha von Nubrida (ebd., 24584f.) und nicht zu vergessen die amazonenhafte Wanda, die wilde Polin, in der gleichnamigen Erzählung (May *Wanda* 2004, 5185f.). Vorbilder konnte May etwa bei Retcliffe finden, so in Wéra Tungilbi und Esther in *Biarritz* (Retcliffe 1868, 301-303; 1869, 43-45).

Schließlich müssen hier auch die Prostituierten Rahel und Lea genannt werden. Zunächst schildert uns der Erzähler lüstern das üppige und sinnliche Äußere von Rahel, das von dem durchsichtigen Gewand eher ent- als verhüllt wird. „Sie war nicht übel. Die dunkeln, herausfordernden Augen waren zwar an ihren Lidern etwas geröthet, wie man es bei Frauenzimmern, welche der Liebe huldigen, so oft findet" (May *Deutsche Herzen, deutsche Helden* 2004, 24917). Ihre Züge aber hatten „etwas angenehm Schmachtendes" (ebd.). Auch Leas Körper schimmert durch ihr dünnes Gewand hindurch. Beide lassen sich zum Schein von Lord Eagle-Nest entführen, der dann von Komplizen Jacub Afirs gefangen und erpresst werden soll. Das misslingt, sie werden nach Algerien abgeschoben und erhalten zuvor noch die Bastonnade.

Stereotype Merkmale des Judentums

Handel und Reichtum

Juden können als anonymes Kollektiv auftreten, allerdings sehr selten; so sieht man in der Menschenmenge im Hafen von San Francisco auch den „schmutzigen polnischen Juden" (May *Winnetou III* 1893, 286) und im Gewimmel des Hafens von Point de Galle auch „schachernde Juden" bzw. „schachernde Juden, mit allen denkbaren und scheinbar wertlosen Kleinigkeiten behangen" (May *Ein Abenteuer auf Ceylon* 2004, 6345 und May *Der Girl-Robber* 1894, 387). Der Typus des habgierigen ‚Schacherjuden' wird uns in Levi Hirsch vorgeführt; er ist die komische Figur des betrogenen Betrügers, denn seine Geldgier macht ihn blind für den Betrug, der an ihm verübt wird. Beim Verkauf eines altneuen Outfits an Trapper Geierschnabel, der Hirsch verächtlich sogar einmal seinen Kautabak ins Gesicht spuckt, wird er von dem Amerikaner betrügerisch mit Papierzetteln statt mit Geldscheinen bezahlt; für seine eigenen abgetragenen Kleider aber hat er sich von Hirsch vierzig Taler bezahlen lassen. Das komische, mauschelnde Jammern Baruchs, nachdem er den Betrug entdeckt hat, soll ihn lächerlich machen.

> „Sarahleben, ich bin matt, ich bin krank, ich bin todt. Mich kann nichts mehr retten, als nur das Grab allein. O vierzig Thaler! O Faulthierwolle! O alte Hosen! O Sarahleben! Mein Testament ist gemacht. Es liegt dort in der Hochzeitslade. Dir vermache ich Alles, die Gläubiger aber bekommen nichts. Lebe wohl. Adieu. Gute Nacht, Du schnöde Welt!" (May *Waldröschen* 2004, 14380)

Der Betrüger ist dagegen sehr zufrieden mit sich: „Es ist doch wahr, fünf gescheidte Juden sind einem Yankee nicht gewachsen" (May *Waldröschen* 2004, 14380) – vgl. eine ähnliche Volksweisheit in der Erzählung *Der Kys-Kaptschiji*: „Ein Jude überlistet zehn Christen; ein Yankee betrügt fünfzig Juden; ein Armenier aber ist hundert Yankees über" (May *Der Kys-Kaptschiji* 1897, 394) oder die Bezeichnung ‚des' Chinesen als „Jude des Ostens" (May *Der Girl-Robber* 1894, 413). Dass der Betrug eben ein Betrug und weniger eine Ruhmestat ist, wird in der Einschätzung Geierschnabels gerne übersehen. Heinz Stolte hält den eigentlich nur flegelhaften Yankee Geierschnabel für „eine Symbolfigur der

Demokratie" (Stolte 1971, 36). Martin Lowsky behauptet, May sympathisiere in Geierschnabel „ganz offen mit der demokratischen Bewegung" (Lowsky 1987, 46), und Helmut Schmiedt, der eine gewisse Sympathie Mays für die „anarchische Unbekümmertheit" Geierschnabels annimmt, verschweigt bei der Aufzählung von dessen Heldentaten schamhaft den Betrug an Levi Hirsch (Schmiedt 2011, 111f.).

Zum Stereotyp des reichen Juden gehören der selbstgefällige Levi Blumenbach, Manasse Ben Aharab, Samuel Cohn, der geizige Don Salmonno, Baruch Silberglanz, der sich aber arm gibt, und die (bankrotten) Flakehpa-Ociuluis. Der ursprünglich wohlhabende Illo von Flakehpa-Ociului war wegen seiner Verdienste in der Großindustrie geadelt worden, „nur wußte man es nicht so recht genau, von welcher Regierung das Diplom ausgefertigt worden war" (May *Die Liebe des Ulanen* 2004, 18536). Zwar tätigt er noch Geschäfte an der Börse und führt ein großes Haus, ist aber bei Baruch Silberglanz hoch verschuldet. Die Rettung vor dem Ruin sieht Illo nun nur noch in der Heirat Elmas mit dem Taugenichts Franz von Wilden, von dem er glaubt, er sei wohlhabend, obwohl auch dieser bei Silberglanz verschuldet ist. Elma, die wie wir hören, „einen starken, männlichen Willen und Character" hat, ist bereit Wilden zu heiraten. Auf die Frage des Vaters, ob sie ihn denn liebe, antwortet sie: „Lieben? Pah! Einen Mann liebt man nicht; aber gerade deshalb heirathet man ihn!" (May *Die Liebe des Ulanen* 2004, 18538)

Salomon Levi interessiert sich nur für Geld und Reichtum: „Der Jude gehörte zu denjenigen Leuten, welche vor Nichts so großen Respect zeigen, wie vor dem Reichthum. Dieser schwedische Graf Holmström ging ihm [sic!] gar nichts an; aber er hörte, dass er reich sei, und so wollte er mehr von ihm hören" (May *Der verlorene Sohn* 2004, 21578). Das Interesse für Geld, gepaart allerdings mit tiefer Liebe zur Ziehtocher Rahel, ist typisch auch für Manasse Ben Aharab. Er hat durch eine Entführung sein Kind verloren.

Die Liebe zur geraubten Tochter, über deren Verlust er in blumigen Worten klagt, und sein Geschäftssinn halten sich die Waage:

> „Es ist ein Mann im Hofe, der Dich zu sprechen verlangt, o Herr!"
> „Ich spreche nicht – ich rede nicht – ich will Niemand sehen. Sag, ich bin verreist – sag, ich bin todt, gestorben vor Gram und Herzeleid!"
> „Ich habe es ihm gesagt," entgegnete der Mann, der seinen Herrn genau kannte; „aber er will reden von einem großen Geschäfte, bei welchem viele Beutel zu verdienen sind."
> „Ein großes Geschäft – viele Beutel? Was hilft mir das Geschäft, und was sollen mir die Beutel, wenn fort ist Rahel, die einzige Erbin von mir! Wer ist der Mann?"
> „Ein Araber mit goldener Spange am Burnus und silberbeschlagenen Pistolen." „Goldner Spange – silberbesch – – ? Er mag kommen!"
> Der Klang des edlen Metalles hatte bei meinem Freunde wohl dieselbe Macht wie sein Schmerz. (May *Die Rose von Sokna* 2004, 6464)

Der Entführer fordert ein Lösegeld, über dessen Höhe Manasse entsetzt ist, aber die Tochter wird von Kara Ben Nemsi in persönlichem Einsatz natürlich gerettet.

Die Handlungskonstruktion, wonach jüdische Geldgeber in Kreditgeschäfte zur Rettung bankrotter Adliger involviert sind, wobei aber der Jude hofft, durch den Bankrott Gewinn erzielen zu können, könnte ebenfalls aus *Soll und Haben* entlehnt sein: Der schwatzhafte Bankier Samuel Cohn ist bei dem betrügerischen Kaufgeschäft des Grafen Raillon behilflich, wodurch die Familie von Königsau ruiniert wird (*Die Liebe des Ulanen*).

Sympathische komische Figuren sind Aaron Itzig und Veit Schmuel. Itzigs Redestil ist hyperbolisch und bilderreich wie später der von Hadschi Halef Omar. Beide sind verbunden mit den positiven Helden des Romans Henning von Bismarck und Gebhard von Alvensleben, von denen sie aus den Fängen der Quitzow-Raubritter gerettet werden.

Assimilation und Emanzipation

Der im 19. Jahrhundert auch in Deutschland rasch sich vollziehende Prozess der Judenemanzipation lässt sich auch an Figuren Mays aufzeigen.

Der Jude Salomon hat seinen Namen – den „Namen seiner Eltern" –, da er sich seiner jüdischen Herkunft schämt, in Salmonno verändert, ihn also ‚hispanisiert', um nun als Spanier zu gelten, seine Herkunft aber damit eigentlich verraten (May *Waldröschen* 2004, 10216). Über Bildung und Mäzenatentum hat dagegen Hesekiel von Hamberger die Eingliederung in die (deutschsprachige) Gesellschaft zu erreichen versucht. Er wird dafür belächelt; seine Charakteristik wird dem Leser allerdings nicht durch den Erzähler, sondern durch Figurenrede vermittelt. Graf Senftenberg nennt ihn einen „Juden und Parvenu" (bei dem er aber gern aus- und eingeht), Criquolini-Krikelanton, der allerdings auf Hamberger wütend ist, einen baronisierten Juden (May *Der Weg zum Glück* 2004, 34309). Nach Darstellung des Verbrechers und Mädchenhändlers Salek, der sich in Wien als Baron von Stubbenau ausgibt, ist er ein Geldprotz, aber keine Geistesgröße, er habe weder Bildung noch Kenntnisse, halte sich aber für klug und belesen.

Bei einem Gespräche über Kunst und Wissenschaft fühlt er sich in seinem Elemente und schießt dabei solche Böcke, daß man platzen möchte, da man ihm natürlich nicht in das Gesicht hinein lachen darf, sondern nicht nur ernsthaft bleiben, sondern ihm sogar Recht geben muß. Das vergrößert natürlich sein Selbstbewußtsein, und so kommt es, daß er sich für einen Mann hält, dessen Urtheil gewichtig in die Wagschale fällt. (ebd., 34203)

Diese Scheinbildung will uns May dann wohl bei einem – allerdings nicht gelungenen – Gespräch über die Venus vorführen, wo Hamberger den Planeten mit der Göttin verwechselt (ebd., 34213f.). Die schlechten Manieren des ehemaligen Altkleiderhändlers soll uns wohl eine etwas unappetitliche Essenszene vorführen (ebd., 34206f.). Sonst tritt Hamberger kaum in Erscheinung, in der Abendgesellschaft in seinem Salon spielt er so gut wie keine Rolle. Wenn er dem arroganten Criquolini nach einer heftigen Auseinandersetzung dessen überhöhtes Auftrittshonorar von 1000 Gulden für zwei Lieder in Kupfermünzen auszahlen lässt, hat er alle Sympathien des Lesers (ebd., 34342-34348).

Die reichen jüdischen Familien wollen für ihre Kinder die gesellschaftliche Anerkennung; so soll die Millionenerbin Judith Levi nach dem Willen ihres Vaters einen Grafen heiraten:

> „Immer lies, mein Tochterleben! Judith, die einzige Erbin von Salomon Levi wird einst erhalten eine Million. Sie soll haben Geist und Bildung, um zu heirathen einen Grafen, und zu erfreuen mit Stolz das Herz ihres Vaters!" (May *Der verlorene Sohn* 2004, 19673)

Salomon ist, so Rainer Jeglin, keineswegs ein assimilierter Finanz- und Börsenjude, sondern eher der ‚Kaftanjude' vormoderner Zeiten (Jeglin 1990, 117). Judith, die ihrem Vater durchaus überlegen ist, will Integration durch Bildung und Kultur. Sie „spricht außerhalb der Familie selbstverständlich Hochdeutsch, schwärmt für deutsche Dichter, versucht sogar selbst zu dichten, eignet sich also tätig und voller Hingabe deutsche Kultur an, ganz wie es liberale Emanzipationsbefürworter sich vorgestellt haben" (Jeglin 1990, 119). Mit ihrer Freundin Sarah deklamiert und reflektiert sie daher die Gedichte von Robert Bertram, in den sie sich wegen dieser Gedichte verliebt hat. Den größten Eindruck macht das sogenannte Lehrgedicht, das von May

selbst stammt und das er in verschiedenen Varianten mehr-
fach in seinen Werken zitiert hat (s. die Zusammenstellung
in May, *Lehrgedicht*). In seiner pathetisch-rhetorischen
Deklamation über einen erhabenen Gegenstand (der Eine
Gott) erinnert es deutlich an Schillers Gedankenlyrik. Der
hässlichen, aber ‚innerlich‘ schönen Sarah ist in diesem
Gespräch die ‚idealistische‘ Sicht auf den Dichter und sein
Gedicht in den Mund gelegt.

> „Er muß ein hochgeborener Mann sein; an seiner Wiege
> hat das Glück gesessen, sonst wäre ihm diese Pracht und
> Herrlichkeit fremd geblieben. Die Worte, in welche er seine
> Gedanken kleidet, gleichen funkelnden Brillanten, welche
> in allen Farben und Nuancen schimmern und flimmern.
> Keiner dieser Diamanten und Smaragden, Rubinen und
> Saphiren hat eine falsch geschliffene Facette. Es ist alles so
> werthvoll, echt und schwer, wie es eigentlich nur ein König,
> ein Kaiser tragen kann.“ (May *Der verlorene Sohn* 2004,
> 19675)

Judith dagegen möchte keine Parallele zwischen der
Lebenslage des Dichters und seinem Werk ziehen:

> „Viele Dichter und Schriftsteller schreiben gerade über
> das, was ihnen am Allerfernsten liegt, am Allerliebsten. Ein
> Prinz schreibt gern Dorfgeschichten, ein Melancholikus
> gern Humoresken, und ein Literat, welcher mit dem
> Hunger kämpft, wagt sich an das Höchste und Beste, was
> der Mensch zu erreichen vermag. Er träumt, es im Besitz
> zu haben; seine Phantasie schmückt es mit allen irdischen
> Werthen und Schönheiten; er fühlt sich während des
> Schreibens als Glücklichster der Sterblichen und sinkt,
> wenn er die Feder fortlegt, dem Knochengespenste des
> Hungers und des Elends wieder in die Arme.“ Sie ahnte
> nicht, wie Recht sie in diesem Falle hatte. (ebd., 19675f.)

Da sie, wie sie sagt, seine Seele liebe, „welche wie ein
schönes, leuchtendes Porträt aus seinen Worten“ spreche,
möchte sie diesen unbekannten Poeten, wie sie sagt: halten,

emporziehen und sogar retten (ebd., 19678). Weder seine mögliche Hässlichkeit, noch seine mögliche Konfession (vielleicht Muhamedaner, „gar ein Christ") noch seine Armut und Elend können Judith abschrecken. „Er sucht Gott und liebt ihn; ich suche den Dichter und liebe ihn. Wir sind Eins in einem und demselben Streben" (ebd., 19679). Die Parallele leuchtet zwar nicht recht ein, aber Judith ist hier eben ganz als die Leidenschaftliche gezeichnet, der sich die Maßstäbe offenbar verwirren. In der Szene, wo sie Bertram verführen will, liest sie ihm ihr „bestes Gedicht" vor und verlangt dazu seine Meinung. Diese fällt schlecht aus („Abscheulich"), wodurch Judith zwar zunächst beleidigt ist, ihm aber – der ohnehin „weibliche Schriftstellerinnen und [...] weibliche Dichterinnen oder gar Lyrikerinnen" verachtet (ebd., 19887, man beachte die hübschen Pleonasmen) – dann Recht geben muss. Und nun lenkt Bertram vom geschriebenen Gedicht – also einem intellektuellen Produkt – das Augenmerk auf ihren schönen Körper, der selber ein Gedicht sei und den er ausführlich preist, worüber Judith nun in Begeisterung gerät: „Bin ich ein Gedicht, so muß mich der Dichter lieben! Er muß mein werden, und ich bin sein!" (ebd., 19891) Aber die Assimilierung über Bildung und Liebe gelingt nicht. Judith ist in ein Dreiecksverhältnis mit Robert Bertram und Fanny von Hellenbach eingebunden; eifersüchtig und voller Hass auf die Konkurrentin – „Sie hatte zuviel vom Orient in sich; sie war feurig, jähzornig und rachsüchtig" (ebd., 22308) – versucht sie, Fanny auszuschalten, indem sie einmal deren Sturz vom Pferd herbeiführt und später ein misslungenes Attentat mit Schwefelsäure auf sie verübt. Urteil: ein Jahr Gefängnis. Judith passe, so ist jedenfalls die Meinung von Jeglin, „nicht in die regulierte deutsche Affektenwelt" (Jeglin 1990, 119). Bertram heiratet die biedere Fanny und schafft so seinen gesellschaftlichen Aufstieg.

Die wohl düsterste jüdische Figur bei May ist der „Handelsmann Baruch Silberglanz". Er wohnt mit seiner Familie in „einem der engen Winkelgäßchen der Stadt" in einem alten Haus, das „den Eindruck der tiefsten Armuth und zugleich der größten Unordnung, der höchsten Unsauberkeit" macht (May *Die Liebe des Ulanen* 2004, 18499f.). Familie Silberglanz beschränkt ihren Kontakt mit der Umwelt auf das Nötigste. Die monströse Hässlichkeit der Familienmitglieder ist hier – anders als bei Sarah Rubinenthal – Ausdruck ihrer Amoralität, ihrer Geld- und Machtgier. Baruchs Verhalten ist geprägt von Misstrauen und Verstellung, sein Ziel scheint so etwas wie die damals in diversen Medien verbreitete und als reale Bedrohung beschworene ‚jüdische Weltherrschaft‘ zu sein. In einem langen Monolog entwickelt er seine Idee des von Gott auserwählten und einstmals mächtigen, dann von Christen und Moslems „in den Staub" getretenen Volkes, deren „Stätten der Anbetung" – wie May kurioserweise schreibt – „das Dickicht des Waldes, das Dunkel der Höhlen und die Tiefen der Grüfte" geworden seien.

Baruchs Referenztext ist die zum geflügelten Wort gewordene Talionsformel aus dem Alten Testament: Auge um Auge, Zahn um Zahn (Ex 21, 23-25). Zur Ausübung dieser Rache bedient sich Familie Silberglanz nun der Verstellung, sie gibt sich arm und schäbig, um ihre Ambitionen zu verbergen. Wenn auch durch die Emanzipation, die ihnen „die Macht des Goldes" erzwungen habe, als Adel, Freiherrn oder Räte in die höhere (Stände-)Gesellschaft aufgenommen, so will Baruch doch die vergangene Erniedrigung nicht vergessen. Seine Herrschaft wird zur Rache an den Unterdrückern; Heirats- und Geldpolitik sowie die Lenkung der öffentlichen Meinung durch die Presse sind die Mittel dieser Herrschaft:

„Ja, wir werden herrschen. Wir haben feine, schöne Töchter; wir vermählen sie an Offiziere und hohe Herrschaften. Wir haben Orden und Sterne. Wir haben Eisenbahnen, Bergwerke und Monopole. Wir haben Actien, Kuxe und Patente. Man hat uns gezwungen, zu handeln, und wir beherrschen den Handel. Wir sind die Könige des Marktes für Gold, Silber und Papiergeld. Wir gebieten an der Börse, und man gehorcht uns. Wir bestimmen die Preise und Kurse und machen arm und reich, wen wir wollen, am reichsten aber uns selbst." Da schlug die Alte ihre fleischlosen Hände zusammen und sagte unter einem grinsenden Lachen: „Ja, reich sind wir, Baruchleben, sehr reich! Wir erhalten Schmuck und goldenes Geschirr zu Pfand. Wenn es verfällt, gehört es uns, und wir nehmen solche Zinsen, daß es verfallen muß. Und was man uns nicht bringt, das holen wir uns. [...] Niemand kann ein Schloß so gut öffnen, wie mein Baruchleben und ---" [...]. „Unsere Leut gehen sogar auf die Universitäten, um zu studiren Klugheit und Wissenschaft. Sie sitzen dann in den Zimmern der Zeitungen und Journale und schreiben von dem Krieg und dem Frieden, von der Verwaltung und der Politik. Wir sind die Herren des Geistes und des Geldes. Der Sclave ist ein Fürst geworden, und Die, welche ihn verachteten, werden seine Sclaven sein." (May *Die Liebe des Ulanen* 2004, 18506-18508)

May stand mit dieser plakativen Schwarzweißmalerei nicht allein; etwa zur selben Zeit kann man in Wilhelm Marrs sehr erfolgreichem publizistischen Pamphlet *Der Sieg des Judenthums über das Germanenthum. Vom nicht confessionellen Standpunkt aus betrachtet* (1879) die antisemitischen (der Begriff soll von Marr stammen) Klischees vereinigt finden: Juden haben die Tagespresse in ihren Händen und machen aus der Journalistik „einen Spekulations- und Industrieartikel", ein „Geschäft mit der öffentlichen Meinung" (Marr *Der Sieg des Judentums* 1879, 24). Die Germanen (lies: Deutschen) erscheinen Marr als „die Besiegten, die Unterjochten": „Dem Semitismus gehört die

169

Weltherrschaft! [...] Die ‚Götterdämmerung' ist für uns angebrochen. Ihr seid die Herren, wir die Knechte. [...] Finden wir uns in das Unvermeidliche, wenn wir es nicht ändern können. Es heisst: Finis Germaniae" (ebd., 48). Zu Germaniens Ende kommt es bei May aber nicht; der preußische Ulanenrittmeister Richard von Königsau verhilft natürlich dem Guten zum Siege. Man kann annehmen, dass May auch Sir John Retcliffes (d. i. Herrmann Goedsche) Roman *Biarritz* (1868–76) mit seinem folgenreichen, Judentum und modernen Kapitalismus identifizierenden Kapitel *Auf dem Judenkirchhof* [sic!] *in Prag* kannte. Hier treffen sich zur Mitternacht Vertreter der zwölf Stämme Israels, die von Dr. Faust und dem italienischen Juden Lasali (d. i. Lassalle) belauscht werden, um darüber zu beraten, wie die jüdische Weltherrschaft errichtet werden könnte, und nennen als Mittel dazu die Beherrschung der Börse; die Ruinierung der adligen Vermögen; die Gewerbefreiheit, um den Handwerker zum Arbeiter zu machen; den Kampf gegen die Kirchen; die Kritik am Militär; dauernde soziale Unruhen („Jede Revolution zinst unserm Kapital [...]"); die rechtliche Gleichberechtigung; den spekulativen Handel mit Spiritus, Öl, Wolle und Getreide; die Mitwirkung bei der Gesetzgebung; die freie Ehe zwischen Juden und Christen, um gesellschaftlichen Einfluss zu bekommen; die Ausübung des Arztberufs, denn der Arzt „dringt in die Geheimnisse der Familie und hat das Leben in seiner Hand [...]"; das Presse-Monopol (Retcliffe 1868, 141-193, hier: 173-184).[1]

---

[1] In die späteren berüchtigten *Protokolle der Weisen von Zion* ist dieses Kapitel als Prätext eingegangen (Hagemeister 1996), was literarisch vor Kurzem von Umberto Eco in *Der Friedhof in Prag* verarbeitet worden ist (Eco 2010).

Gegen das Klischee

In einer eingehenden Analyse der Figur des Baruch Schebet hat Schmiedt (1991) Mays Verfahren, ein Stereotyp zu ‚entlarven‘, aufgedeckt. Zunächst erscheint Baruch wie ein Pfeife rauchendes, grunzendes „Ding" in Kugelform mit einer Nase „nicht viel kürzer als die Pfeife", aus dem dann narrativ die Gestalt eines armen, sympathischen, sogar liebenswerten Menschen entwickelt wird (May *Von Bagdad nach Stambul* 1892, 480), dem Kara Ben Nemsi am Ende dann auch zu seinem Recht verhelfen kann. Letztlich ist Baruch, wie Norman Strech feststellt, „ein gutmütiger, drolliger und anspruchsloser Mann, der nicht übertrieben stolz, noch weniger jedoch kriecherisch ist. Er ist zwar nicht außergewöhnlich intelligent, ebensowenig dumm und ungeschickt und zudem aufrecht und ehrlich" (Strech 1983, 35). Nach der zutreffenden Beobachtung Helmut Schmiedts mobilisiert May zunächst „die antijüdischen Ressentiments der Leser", um sie dann „ad absurdum zu führen" (Schmiedt 1991, 190). „Der Klischeejude verwandelt sich quasi in seinen Widerpart, die Arbeit an der Bestätigung kollektiver Vorurteile verkehrt sich zur Argumentation gegen die Schablone" (ebd., 193).

Anders als die übrigen jüdischen Kaufleute ist Manasse Ben Aharab ein an einer tiefen Schuld leidender Charakter: Aus Geldgier hat er an seiner Ziehtochter Rahel einen Betrug begangen. Ein sterbender französischer Matrose hatte in Dschidda dem damals noch armen Manasse ein kleines Mädchen, Enkelin eines berühmten Kapitäns, anvertraut mit der Bitte, es zum Konsul nach Suez zu bringen. Manasse unterschlug das ihm übergebene Geld und vernichtete die Papiere: „Er wollte ehrlich sein; aber die Geldscheine siegten über sein Gewissen" (May *Eine Befreiung* 1974, 84). Dazu der Kommentar des Erzählers: „Wie hatte er sich an ihr vergangen! Er hatte sie und ihr Vermögen den fernen Angehörigen entzogen" (ebd., 85). Heinz Stolte sieht in dieser Erzählung eine „Strukturverwandtschaft" mit Lessings *Nathan*: Ein christliches Kind wird als Säugling von einem Juden aufgenommen, wobei auch Dokumente zur Abstammung übergeben werden. Nathan und Manasse sind liebevolle Väter, die aber dem Kind seine Herkunft verschweigen. Im Unterschied zu Nathan wird aber Manasse nicht nur im „moralischen, sondern auch rechtlichen Sinne" schuldig, indem er das Geld veruntreut und die Dokumente vernichtet. Die Kindesübergabe wird für Manasse zum „Fehltritt, der als ein lastender Schuldkomplex, als Angst und Reue, sein ganzes weiteres Leben beschwert hat" (Stolte 1977, 46). Vom Betrüger unterscheide sich Manasse durch seine Liebe zum Pflegekind. Sein gewaltsamer Tod – er wird erstochen, weil er dem Konfessionswandel Rahels nicht zustimmen wollte – sei „als Sühne seiner Schuld zu werten, sein Bekenntnis als tätige Reue; [...]" (Stolte 1977, 46). Als guter und ehrlicher Charakter wird Manasse auch bei Strech (1983, 37-38) beschrieben.

Die Femme fatale Judith Silberberg gehört sicher zu Mays besten und ‚lebendigsten' Figuren. Mit den gängigen Stereotypen ist sie nicht zu beschreiben. Anders als für die ihr ähnliche Judith Levi sind für sie Bildung und Liebe nicht die Mittel, mit denen sie ihren gesellschaftlichen Aufstieg betreiben will, den ihr Vater vielmehr durch Reichtum zu erreichen sucht (May 1897 *Satan und Ischariot I* 1897, 41-48). Ihm selber ergeht es in Mexiko dann schlecht; er muss, seiner Freiheit beraubt, im Quecksilbergbergwerk der Meltons arbeiten. Bildung verachtet er:

„Bildung, Bildung! Was ist Bildung!" unterbrach er mich wieder. „Warum soll er nicht haben Bildung, wenn er besitzt Geheimnisse über Gold und Edelsteine? Ist ein neues, seidenes Kleid keine Bildung? Hat derjenige, welcher einen Palast oder gar ein Schloß besitzt, nicht einen großartigen Verstand? Was steckt in einem Seminare, in einem Gymnasium, in einer Universität? Hölzerne Bänke zum

Sitzen mit Tintenfässern zum Schreiben. Was ist das gegen die Möbel von Rokoko oder Renaissance, welche man in einem Schlosse findet?" (May *Satan und Ischariot II* 1897, 99)

Jeglin (1990, 124) sieht in Silberstein eine „böswillige[] Karikatur des Ostjuden"; als nicht assimilierter deutscher Jude entspreche er wie Salomon Levi „dem Stereotyp des Schacher- und Mauscheljuden". Seine Rede ist „mit geschäftlichen Floskeln durchsetzt. Er scheint an nichts anderes zu denken als an Reichtum und Besitz auf der einen und seine Tochter auf der anderen Seite – meistens spricht er von beidem im selben Atemzug" (Maier 2012, 90). Auch Judith ist, in „einer rein materialistischen Welt aufgewachsen", geprägt von Materialismus, Gier und Selbstsucht (ebd., 89-90), dabei ist sie von einer ausgesprochenen Vitalität, mit der sie allen Männern im Roman, einschließlich Old Shatterhand, schwer zu schaffen macht (ebd., 100-104). Diese innere Spannung zwischen Judith und dem Ich-Erzähler bei ihrer unverhofften Begegnung in New Orleans ist genau festgehalten in der Illustration von Claus Bergen (Hermesmeier/Schmatz 2004, 95).

Walter Ilmer hat vermutet, May habe in Judith Silberberg ein Porträt seiner ersten Frau Emma Pollmer gezeichnet (s. dazu Ilmer 1980, 279; Strech 1983, 42; Schmiedt 1991, 193; Maier 2012, 107-108). Jeglin sieht in Jakob und Judith Silberberg eine Fortführung von Salomon und Judith Levi, „nun allerdings in deutlich antijüdischer Ausrichtung" (Jeglin 1990, 121); und Schmiedt (1991, 193) bemerkt, dass es, wenn May in Judith Silberberg seine Frau Emma Pollmer habe zeichnen wollen, für sein Judenbild bezeichnend wäre, „daß er sich zur Attacke auf die wenig geliebte Gattin der antisemitischen Klischees bedient hat". Gegen diese Einschätzungen ist jedoch zu sagen, dass die jüdische Stereotypisierung hauptsächlich ihren Vater trifft: „Für die Interpretation ihres Charakters an und für sich spielt ihre jüdische Herkunft keine Rolle [...]" (Maier 2012, 91).

Claus Bergen, Judith Silberstein. Illustration zu Satan und Ischariot III. Karl Mays Illustrierte Reiseerzählungen. Freiburg im Breisgau: Fehsenfeld, 1911

Judith Silberbergs Unmoral und „provokante[] Sinn-
lichkeit" machen sie zu einem ungewöhnlichen, „subversi-
ve[n] Element"; von den Männern betrogen und ausge-
nützt, führt sie einen triumphalen Rachefeldzug gegen
sie. „Wird sie von Männern ihrer Umgebung als Lust-
objekt betrachtet, so sind Männer in ihren Augen wan-
delnde Geldbeutel und nichts weiter" (Maier 2012, 98).
Aus der „leichtsinnigen Judith zu Beginn [wird] im Laufe
der Handlung eine immer raffiniertere Übeltäterin [...], die
schließlich [...] vor nichts mehr zurückschreckt" (Tippel/
Wörner 1981, 42). Vom „gefallsüchtigen Auswanderer-
mädchen" entwickelt sie sich „zur gewissenlosen Schurkin
aus eigenem Recht", vor der die Männer hilflos ihre Waffen
strecken müssen (Maier 2012, 88; vgl. auch Jeglin 1990,
125). Ein wenig treuherzig fällt die Charakterisierung dieser Femme fatale bei Strech aus: „Judith hat eine von Grund
auf schwarze Seele, wie auch verschiedene Gestalten des
Romans sagen. Herzlosigkeit, Undankbarkeit, Geldgier und
Gewissenlosigkeit sind die hervorstechendsten Merkmale.
Dabei ist sie jedoch von einer Vertrauensseligkeit, daß sie
ihren Feinden alles verrät. Andererseits wieder ist sie schlau
und geschickt. Auch ist sie nicht völlig gefühllos, da sie
verzehrenden Haß empfinden kann und in lichten Augenblicken sogar eine gewisse Zuneigung" (Strech 1983, 36).
   Zwar hat sie mit ihren Plänen keinen Erfolg, doch gibt
sie auch nicht auf. Ihre Geschichte bleibt am Ende offen:
„Judith hat nie wieder von sich hören lassen" (May *Satan
und Ischariot III* 1897, 613) ist der letzte Satz über sie.

Judentum als Religion

May hat sich, anders als für das Christentum und den
Islam, für Juden und Judentum kaum interessiert; außerhalb
seiner erzählerischen Werke finden sich dazu nur wenige

einschlägige Stellen. Wenn May in seinen Werken gelegentlich Gedichte von Heinrich Heine zitiert, spielt dessen Judentum überhaupt keine Rolle (Müggenburg 1979). So ist es auch nicht verwunderlich, dass in den Arbeiten zu Mays religiösem Denken das Judentum nicht thematisiert wird (vgl. Schönthal 1976; Berg 1984; Seybold 1985; Sudhoff 2003; Lorenz 2013).

In der Erzählung *Eine Befreiung* (1894) findet sich an einer Stelle ein leichter Seitenhieb auf den Antisemitismus:

> „Der Jude?" rief er aus, indem, ich wußte nicht, warum, eine tiefe Röte in sein Gesicht schoß und dann schnell wieder aus demselben verschwand. „Sind Sie Antisemit, Mr. Forster?" „Nein, nein, gar nicht, wenigstens nicht in dem Sinne, in dem Sie es wahrscheinlich meinen." (May *Eine Befreiung* 1974, 69)

Den Vater des ‚Eisenbahnkönigs' Bethel Henry Strousberg, den Kaufmann Strausberg in Neidenburg/Ostpreußen, zeichnet May wegen seiner Religiosität, seiner Liebe zur deutschen Literatur (er „kannte Lessings Nathan den Weisen fast auswendig") und seines deutschen Patriotismus mit Sympathie (May *Ein jetzt Vielgenannter* 1875/76, 70; Jeglin 1990, 112-113). Überhaupt ist dieses Feuilleton über Strousberg, dessen Niedergang zu dieser Zeit begann, ohne jeden hämischen oder antisemitischen Ton. In seinem publizistischen Debüt im Münchmeyer-Verlag, *Das Buch der Liebe* (1876), liefert May auch eine ‚Sittengeschichte' des alten Israel und seiner „ursprünglich gastlichen Prostitution", seiner nach den Büchern Mosis referierten Ehegesetze und seiner sich mit der Zeit entwickelnden öffentlichen Prostitution, „welche mit vielem Raffinement geführt wurde" (May *Das Buch der Liebe* 2006, 463), bis zur „zügelloseste[n] Prostitution im ganzen Lande" (ebd., 468) beim Baal- und Molochdienst, bis durch diese „zügellose[] Lasterhaftigkeit" die Nation unterging und unter „das Joch assyrischer und babylonischer Knechtschaft" sank (ebd., 470).

176

Man wird in diesem journalistischem Tiefsinn keine ernsthafte Auseinandersetzung mit dem Judentum sehen wollen, ebensowenig wie in der Bemerkung über den „von seinen Glaubensgenossen so grimmig verfolgte[n] Jude[n]" Spinoza – „einer der tiefsten Denker, den die Erde je getragen hat", dessen Gottesdefinition May aus Philipp Spillers *Gott im Lichte der Naturwissenschaften* (1873) abschreibt.[1]

> „Gott ist eine Ursubstanz mit unendlichem Denken, unendlicher Ausdehnung, mit unendlichem Sein; sie ist untheilbar, wirkt gesetzlich und ist die bleibende Ursache aller Dinge. Die besonderen Dinge sind nur Kraftäußerungen Gottes." Er verwarf also einen persönlichen Gott, der irgendwo im Weltenraume seinen Sitz haben solle. (May *Das Buch der Liebe* 2006, 332)

Und schließlich wendet May sich noch gegen den in das Christentum aus dem Judentum übernommenen Glauben an einen persönlichen Teufel – „eine Unwahrheit, und mit dem echten und wahren Gottesglauben unmöglich zu vereinigen" (ebd., 62). Einen überkonfessionellen Gottesbegriff, den er aber nicht näher präzisiert, hat er auch schon in diesem Frühwerk zu formulieren versucht:

> Hätten wir den wahren Gott gefunden, also nicht etwa blos den Gott der Juden, der Muhamedaner, der Katholiken, der Protestanten und aller Religionsbekenntnisse, so würden wir einen Mittelpunkt für die ganze Menschheit entdeckt haben und könnten dann den Grund legen zu einer Universalreligion, welche dem Sturme der Meinungen nicht ausgesetzt wäre und keine Veranlassung geben würde, daß sich die verschiedenen Secten auf eine solche Art verfolgen, wie es jetzt der Fall ist. (ebd., 315)

Marie Hannes (1881–1953), die May seit etwa ihrem 15. Lebensjahr schwärmerisch verehrte, hatte ein Gedicht

---

[1] Die gesamte Spinozastelle sowie die ihr noch folgenden Zitate sind reine Plagiate aus Spillers Buch (vgl. Spiller *Gott im Lichte der Naturwissenschaften* 1873, 69-71). Vermutlich ist das *Buch der Liebe* überhaupt ein geeignetes Revier für Plagiatejäger.

Eine Frage geschrieben, in dem sie den Refrain eines damals weit verbreiteten Schlagers zitiert: „Haben Sie nicht den kleinen Cohn gesehn?" (zit. bei Steinmetz/Sudhoff 1997, 68). Der darüber empörte May assoziierte diesen kleinen Cohn offenbar mit dem membrum virile, d. h. er vermutete hier eine sexuelle Anspielung, keineswegs aber einen antisemitischen Unterton, den man diesem Schlager und dem ‚kleinen Cohn‘ damals gab (Schweikert 2002). Achtung vor dem Judentum und Ablehnung einer Konversion im Jugendalter spricht aus der Antwort, die May 1906 einem jüdischen Jungen, Herbert Friedländer in Berlin, gab, der nach der Lektüre von *Winnetou* und *Weihnacht!* und unter dem Eindruck des hierin zitierten May-Gedichtes *Weihnachtsabend* den Glauben wechseln wollte und sich dazu Mays Rat und Hilfe gegen den Vater erbat. May riet ab:

Mein lieber, guter Junge! Du bist durch meine Bücher bewegt worden, zum Christentum überzutreten? Es freut mich sehr, daß diese Bücher Dein Herz bewegt haben, aber Du kennst noch nicht einmal den Glauben Deiner Väter und den Christenglauben noch viel weniger. Wie kannst Du da reif genug sein, zwischen ihnen wählen zu dürfen? Ich sage Dir als aufrichtiger und gewissenhafter Christ: der Glaube Deiner Väter ist *heilig, ist groß, edel und erhaben*. Man muß ihn nur kennen und verstehen. Einen solchen Glauben wechselt man nicht einiger Bücher wegen und noch viel weniger des Geldes oder des Geschäftes wegen. Du bist noch viel zu jung und zu unerfahren. Nur im reiferen Alter und nach langen Kämpfen und Erfahrungen gewinnt der Mensch die Einsicht, die dazu gehört, einen solchen Wechsel vorzunehmen.

Aber lies meine Bücher in Gottes Namen weiter! Sie sind nicht etwa nur für Christen, sondern überhaupt für alle geschrieben, die das Ziel der edlen Menschlichkeit vor Augen haben. Denn glaube mir, mein lieber Junge: es kann keiner ein guter Christ oder ein guter Israelit sein, der nicht vorher ein guter Mensch geworden ist. *Werde brav und gut, und glaube an Gott! Du bist zu aller Zeit sein Eigentum, sein Kind.*

Sei stets aufrichtig gegen Deinen Vater und grüße ihn von mir! Schreib auch mal wieder! Dein Karl May. (Brief vom 13. April 1906, zit. b. Stolte 1977, 17-18; vgl. Strech 1983, 41)

Mays letzte Äußerung zum Judentum, in seiner Wiener Rede von 1912, ist demgegenüber, natürlich auch bedingt durch die Situation einer solchen öffentlichen Rede, nur ein emphatisch vorgetragener Allgemeinplatz:

Und *Israel*, das Volk Gottes! Was haben wir von ihm überkommen und geerbt! Nie können wir genug dankbar sein! Was ist sein Gott für den Poeten! Welche Regeln der Menschlichkeit! Ich habe die Weissagung gesungen: Jesaias 9. Und es genügt mir hier das eine Wort aus dem 60. Kapitel Vers 1: Mache dich auf, werde Licht! (Bartsch 1970, 59; Kuße, Es sei Friede! *in diesem Band*)[1]

Nur einmal, in seiner späten Erzählung *Schamah*, hat May sich auch gedanklich mit dem Judentum auseinandergesetzt (siehe dazu die ausführliche Interpretation von Sudhoff 1984 sowie Ueding 2001, 426-429; Kuße/Bartsch *in diesem Band*). Das Jüdische wird hier in enger Verbindung mit dem Islam gesehen; diese Verbindung ist allegorisch in dem judarabischen Kaufmann Mustafa Bustani und seinem Sohn Thar gefasst. In Bustanis Figur ist Mays Abwendung von der äußerlichen Stereotypisierung und seine Hinwendung zur ideellen Auseinandersetzung deutlich erkennbar, denn Bustani ist gar kein Jude, sondern ein Araber, der sich geistig dem Judentum geöffnet, sich damit aber – zunächst jedenfalls – auch dem Christentum verschlossen hat.

Unter Judarabern sind diejenigen Araber des heiligen Landes zu verstehen, welche im Zusammenleben mit den Juden den überlieferten Haß gegen die Hebräer nach und

---

[1] Dieser Passus war seit der 12. Auflage des Bandes *Ich* (GW 34) 1933 getilgt, er ist erst in die 28. Auflage von 1971 wiederaufgenommen worden (Strech 1983, 43).

nach aufgegeben haben und sich den streng alttestamentlichen Ansichten des ‚auserwählten Volkes Gottes‘ mehr
zuneigen als dem Christentum. Ein Christ zu werden ist
bei diesen Leuten keine geringere Schande als der Übertritt
zum Judentum. (May *Schamah* 2000, 108)

Die Familie hatte Mustafas Bruder Achmed verstoßen,
weil dieser Christ wurde und eine Christin im Ostjordanland
heiratete; die Verstoßung bedeutete auch seine Enterbung
und Verarmung. Seine Tochter ist die Titelheldin der
Erzählung, Schamah. Mustafa hält seinen verzogenen und
altklugen Sohn Thar für einen bedeutenden Maler. Thar,
d. h. Rache, ist in der Logik der Erzählung das Prinzip des
ATs. Er spielt alttestamentliche Helden: Gideon, Judas
Makkabäus, und er hat die Wände des Gartenhauses be-
malt, farblich in durchaus expressionistischer Manier: den
Durchgang der Kinder Israel durch das Rote Meer in azurnem
Blau, giftigem Grün, leuchtendem Gelb und glühendem
Rot. Geplant sind noch die Bilder *Die Posaunen von Jericho*
und *Der Untergang von Sodom und Gomorra*, alles also Sujets
aus dem AT und durchaus zerstörerisch und gewalttätig.
In der symbolischen Geografie der Erzählung markiert das
alttestamentlich erstarrte Hebron dieses jüdisch-islamische
antichristliche Prinzip:

Hebron ist also in hohem Grade ehrwürdig, leider aber
nicht freundlich gegen Fremde, zumal gegen Christen. Die
Bevölkerung ist die bigotteste des ganzen Landes, ungefähr
neuntausend Mohammedaner und fünfhundert Juden, die
zwar vom Christen so viel wie möglich Geld verdienen
wollen, ihn aber sonst als einen minderwertigen, wohl
gar unreinen Feind betrachten, durch dessen Berührung
man sich beschmutzt. Ein durch die Gassen Hebrons ge-
hender Christ tut wohl daran, wenn er sich bemüht, die
Augen der ‚wahren Gläubigen‘ so wenig wie möglich auf
sich zu ziehen, sonst kann es leicht kommen, daß wenigstens die Jugend hinter ihm herläuft, um ihn nicht nur

mit Schimpfworten, sondern auch mit noch kompakteren Dingen zu bewerfen. Dieses feindselige Verhältnis spricht sich wohl am deutlichsten durch den Umstand aus, daß es in Hebron kein Gasthaus zur Aufnahme von Christen gibt, obgleich die Stadt durch eine recht gut fahrbare Straße mit Jerusalem verbunden ist. (May *Schamah* 2000, 137f.)

Den unversöhnlichen Zustand der Konfessionen zeigt auch Jerusalem mit seiner klaren Trennung in die Viertel der Muslime, Christen, Armenier und Juden. Mustafa repräsentiert hier „sowohl Islam wie Judentum", die beide „den alttestamentlichen Rachegedanken [verfolgten], beiden sei die neutestamentliche Nächstenliebe und Verzeihung, die das Christentum predige, fremd" (Sudhoff 1984, 209). Seine Profession, die des Händlers, zeigt die Fixierung dieser Religionen „aufs Materielle, aufs Diesseits"; Judentum und Islam sind „Krämer des niederen Lebens" (Sudhoff 1984, 210). Die höhere Daseinsform ist dann das Christentum, verkörpert in der Christin Schamah:

„Was heißt Schamah?" fragte mich meine Frau, indem sie das Kind an sich zog und liebkoste. „Es ist die ostjordanländische Aussprache von Samah, Verzeihung," antwortete ich. (May *Schamah* 2000, 157)

Dieses christliche Prinzip müssen dann auch Thar und Mustafa als das höhere anerkennen.

Fazit

Aus dem Gesagten ergibt sich für die jüdischen Figuren in Mays Werk kein einheitliches Bild. Seine persönlichen und publizistischen Äußerungen lassen keinen Antisemitismus erkennen. Die negativen Stereotypsierungen überwiegen nur in den Münchmeyer-Romanen. Stereotype gehören zur

Poetik des Kolportageromans, sie verhindern die Ausdifferenzierung von Charakteren. Die eindimensionalen Figuren dieser Romane prägen sich, mit Ausnahme vielleicht von Judith Levi und der Weltverschwörungstheorie von Baruch Silberglanz, dem Leser bei der Fülle der Figuren und der Unübersichtlichkeit der Handlungen auch kaum ein. Wie stark sie gewirkt haben – und ob überhaupt, ist empirisch kaum (noch) erfassbar; in die Radebeuler Ausgabe sind als jüdische Figuren nur Baruch Schebet (Band 3, 1913) und Judith Silberberg (Band 20-22, 1913) eingegangen, später noch die Episode mit Geierschnabel und Levi Hirsch (Band 54, 1924). Noch nicht einmal Adolf Hitler scheint sich dafür interessiert zu haben (Scholdt 1984; Graf 2012). Judiths Faszination beruht auf ihrem komplizierten Charakter, der an keiner Stelle mit ihrem Judentum erklärt wird. Das Judentum selber hat in Mays religiösem Denken keine besondere Rolle gespielt. Insgesamt dürfte es schwerfallen, in May einen Autor mit antisemitischer Haltung sehen zu können.

Im Lande des Mahdi – Karl May begegnet dem islamischen Fundamentalismus

von Johannes Zeilinger

Wenn wir heute 100 Jahre nach dem Tode Karl Mays nach der bleibenden Aktualität seiner Werke fragen, so steht sicherlich die Auseinandersetzung des Westens mit dem politischen Islam an vorderer Stelle. Dieser *clash of cultures* wird aber heute weit kontroverser und emotionsgeladener diskutiert als seinerzeit, da May seinen Orient-zyklus oder die Mahdi-Trilogie verfasste. Während heute einige Karikaturen heftige Reaktionen und so folgenschwere Unruhen auslösen können wie 2005 die Proteste gegen Mohammed-Karikaturen in der dänischen Zeitung *Jyllands Posten*, blieb das von Sascha Schneider 1904 geschaffene (und von May autorisierte) Deckelbild zum Sammelband *Orangen und Datteln* ohne Folgen. Dieses Bild zeigt einen hoheitsvollen und sanften Christus, der den kahlköpfigen, finster blickenden und zum Krummsäbel greifenden Mohammed in die Schranken weist. Die Darstellung charakterisierte den Propheten als brutalen Gewaltmenschen, als Schlächter oder Henker und ließ keine Zweifel an der ethischen Superiorität des Christentums über den Islam aufkommen. Der Wert der Karl-May-Lektüre war damals zwar umstritten, an der Ikonografie des Sascha-Schneider-Bildes wurde aber öffentlich kein Anstoß genommen. Und für Karl May selbst, der in seiner Romanwelt weit umfangreicher den Orient bereiste als etwa den Wilden Westen, war es auch kein Bekenntnis zu grundsätzlicher Islamfeindlichkeit. Vielmehr verstand sich May in der Auseinandersetzung zwischen Islam und Christentum sowie Orient und Okzident als Vermittler zwischen beiden Welten. In einem Interview, das er gut eine Woche vor seinem Tod in Wien gab, klärte er seine Leser auf:

Ich wünsche, daß die Menschheit sich lieben lerne! Vor allem erstrebe ich eine Aussöhnung des Morgenlandes mit dem Abendlande sowie die Erkenntnis alles dessen, was wir von Amerika zu erwarten haben. Darum bemühe ich mich in meinen Büchern, Sympathien für die Orientalen und für die amerikanische Rasse zu erwecken. Und das ist mir, wie ich glaube, gelungen. Jeder Leser meiner Bücher weiß, was wir dem Orient schuldig sind, und ist dankbar dafür! (Sudhoff/Steinmetz 2006, 580f.)

Als im Jahr 1979 die Autoren Inge Hofmann und Anton Vorbichler Mays Islambild untersuchten, kamen sie jedoch zu einem ganz anderen, diametral entgegengesetzten Schluss: „Ja – eben darum ging es Karl May: der Islam sollte vernichtet werden, sollte ausgelöscht werden, und dazu war jedes Mittel recht, von der Übertreibung, einseitigen Darstellung bis hin zur Verleumdung!" (Hofmann/Vorbichler 1979, 242)

Karl Mays Haltung zum Islam wird in dieser Wahrnehmung mit der Ikonografie Sascha Schneiders identifiziert. In gleicher Weise diagnostizierte noch vor Kurzem der Theologe Thomas Naumann in May einen der unseligen Vertreter und Verursacher hiesiger Islamophobie: „Im Orient Karl Mays tritt der deutsche Held Kara Ben Nemsi als Kämpfer Christi den muslimischen Finsterlingen gegenüber, die vor allem durch ihre Verkommenheit und Gewalttätigkeit hervortreten. [...] Muslime sind bei Karl May brutal, rückständig und lasterhaft, und sie sind Verlierer: Sie haben die schlechtere Bildung und die schlechteren Waffen" (Naumann 2009, 33).

Nun gehörte der plakative Gebrauch von Schlagwörtern zu Mays schriftstellerischem Arsenal, daher kam auch immer wieder Kritik an seinem Werk in gleichem Gewande einher. Dazu lassen sich in seinem riesigen Œuvre immer wieder Belege für ganz gegensätzliche Thesen finden und meist kann man negativen Textbeispielen positive gegenüberstellen. Autoren, die sich intensiver mit der Romanwelt

Sascha Schneider, Christus oder Muhammed,
Deckblatt zu Orangen und Datteln
(= Karl May's gesammelte Reiseromane. *Bd. 10. 7. Auflage.*
Freiburg i. Br.: Friedrich Ernst Fehsenfeld 1904)

Mays befasst haben, widersprechen daher vehement der These einer Islamophobie Mays: Seine „Idee von religiöser Toleranz", so etwa Rüdiger Schaper, „seine Offenheit für fremde Kulturen, sein von flachen Hierarchien und einem leidenschaftlichen Friedensgedanken geprägtes Bild der Welt entfalten im 21. Jahrhundert aufs Neue ihren Charme, ihre Verführungskraft" (Schaper 2011,154f.). Und für Andrea Polaschegg wird Mays Alter Ego Kara Ben Nemsi gar zum Inbegriff der Akkulturationsfähigkeit: „Polyglott bis in den entlegensten Dialekt, interkulturell diskret und dabei in allen Sitten, Religionen und Kulturtechniken des Orients, seiner Geographie, Geschichte und Gelehrsamkeit bewandert, verblüfft dieses kulturelle Chamäleon ein ums andere Mal Einheimische wie Leser, die er ebenso kontinuierlich wie ungebeten an seiner unerschöpflichen Kenntnis des Ostens teilhaben lässt" (Polaschegg 2007, 129).

Der Vorwurf einer Islamophobie Mays manifestiert sich just zu einer Zeit, da seine Bücher nicht mehr zum prägenden Leseerlebnis Heranwachsender gehören und ganz andere Phänomene wie etwa der islamistische Terror das populäre Bild vom Islam bestimmen. War zu Mays Zeiten der Orient ein Ort der Verheißung, so ist er heute – glaubt man der medialen Berichterstattung – ein gefährliches Konglomerat von Scharia, Dschihad und Autobomben. Und die erste Begegnung mit dem orientalischen Kulturraum geschieht nicht mehr bei der Lektüre von Abenteuergeschichten, sondern bereits im Kindergarten, ganz sicher aber in der Grundschule – egal ob in Kreuzberg, Bochum oder Hamburg.

Mays Weltbild war dualistisch angelegt und entsprechend sauber ist sein literarisches Personal in gute und böse Menschen eingeteilt, die vom Leser leicht erkennbar sind, da ihr Inneres dem Äußeren weitgehend entspricht. Bei dieser Trennung zwischen Gut und Böse gab es aber keine nationalen, rassischen oder religiösen Präferenzen und daher orientierten sich seine Sympathien auch nicht am Gegensatz Christentum versus Islam. So stellte May lapidar fest: „Es giebt gute und böse Menschen überall, also auch unter den Christen und unter den Moslemim" (May *In den Schluchten des Balkan* 1892, 278). Und doch tauchen in seinem Werk auch abschätzige Beurteilungen über den Islam und über Muslime auf. Bei einer genauen Betrachtung fällt allerdings auf, dass sich diese negativen Zitate fast ausschließlich nur in den frömmelnden Marienkalendergeschichten und in der Romantrilogie *Im Lande des Mahdi* finden. Dort werden von May Islam und Sklaverei eng miteinander verknüpft und so gerät der Kampf gegen die Sklaverei zusehends zu einer scharfen Auseinandersetzung mit dem Islam. Einen ganz besonderen historischen Wert erhält jedoch der Roman, da er den Beginn eines Phänomens schildert, das heute den Rang einer weltgeschichtlichen Auseinandersetzung besitzt: den Beginn des politischen fundamentalistischen Islamismus der Neuzeit. Grund genug also, um die Entstehungsgeschichte des Romans wie auch seinen historischen Kontext zu untersuchen.

Am 17.12.1888 schrieb der Verleger Wilhelm Spemann, in dessen Verlag auch die Knabenzeitschrift *Der gute Kamerad* herausgegeben wurde, an May: „Wollen Sie nicht den Schauplatz der nächsten Erzählung nach Afrika verlegen?, es wäre vielleicht in Folge der dort in Aussicht stehenden Kämpfe und der afrikanischen Bewegung angezeigt, ich weiß aber nicht, ob das Thema Ihnen günstig liegt" (May *Briefwechsel* 2013, 145; Sudhoff/Steinmetz 2005a, 363).

Speemann spielte dabei auf eine ganz aktuelle politische Entwicklung an, die zunehmend die öffentliche Diskussion im Kaiserreich bestimmte. Im August 1888 war es im Pachtgebiet der Deutsch-Ostafrikanischen Gesellschaft unter der Führung des Plantagenbesitzers Bushiri bin Salim zu einem Aufstand gekommen, dem sich nicht nur verbitterte Händler der arabischstämmigen Oberschicht, sondern auch weite Teile der schwarzafrikanischen Bevölkerung anschlossen. Aus eigener Kraft konnte die Gesellschaft das verlorene Pachtgebiet nicht mehr zurückerobern und forderte daher den Reichskanzler Otto von Bismarck zu einer Intervention des Reiches auf, um die Kolonialherrschaft zu sichern. Um die Reichsregierung als auch die Bevölkerung für eine militärische Intervention in Afrika zu gewinnen, wurde nun die ostafrikanische Rebellion als „Sklavenjägeraufstand" denunziert. Willkommener Hintergrund war dabei eine etwa seit 1887 in der deutschen, vor allem kirchlichen Publizistik unterhaltene Antisklavereidiskussion, wobei auf katholischer Seite die Agitation des in Algier residierenden französischen Kardinals Charles Lavigerie dominierte. Er hatte zu einem Kreuzzug gegen Sklaverei und Sklavenhandel in Afrika aufgerufen, und in einem Brief an Papst Leo XIII. skizzierte er 1876 seinen Standpunkt, der den Kolonialismus der Großmächte anprangerte: „Was sie [die europäischen Kolonialmächte, J. Z.] wollen, ist Macht und Gewalt, Wissen und wissenschaftliche Forschung, Handel und Gewinnsucht. Wir aber wollen das Christentum und die wahre Freiheit bringen. Afrika muss das Land der Afrikaner bleiben und die Afrikaner sollen nicht in schwarze Europäer umgewandelt werden" (van Kessel/Papelard 2003, 278).

May griff Spemanns Vorschlag auf und begann schon in den ersten Januartagen 1889 – zunächst noch unter dem Arbeitstitel *Abu el Mot* – mit der Niederschrift seines Romans *Die Sklavenkarawane*. Anders aber als viele Autoren seiner Zeit vermied es Karl May, sich als Herold in den Dienst reichskolonialer Propaganda zu stellen. Deshalb verlegte er den Schauplatz des Romans in den südlichen Sudan, der außerhalb des kolonialen Interesses des Reiches stand und dazu etwa zehn Jahre in die Vergangenheit. Nun war die Befreiung des Menschen aus Abhängigkeit und Sklaverei auch Mays ganz persönliches Anliegen, daher nimmt es nicht wunder, dass er den Stoff des Jugendromans kurz nach seiner Veröffentlichung noch einmal aufnahm und ihn episch erweiterte. Im Januar 1890 schon konnte er die ersten 100 Seiten seines neuen Werkes der Redaktion des *Deutschen Hausschatz* übermitteln; der Arbeitstitel des Romans hieß *Unterm Sclavenjoch* und in die Rolle des Helden schlüpfte nun May selbst als anonymer Ich-Erzähler. Auch hier ergriff er Partei zugunsten der erniedrigten indigenen Bevölkerung und scheute sich nicht, die Schuldigen zu benennen. In aller Deutlichkeit und Ausführlichkeit zeigt der Roman alle Gräuel von Sklavenjagd und Sklavenhandel und appelliert mit Zahlen gleichermaßen an Herz und Hirn des Lesers:

> Vom obern Nil werden jährlich 40 000 Sklaven über das rote Meer geführt. Davon gehen 16 000 in andere Gegenden, 24 000 aber nach Aegypten. Dazu kommen 46 000, welche auf dem Nile und auf Landwegen nach Nubien und Aegypten geführt werden. Dieses Land erhält also über 4 Hafenplätze und auf 14 Landrouten jährlich 70 000 Sklaven. Nun muß man rechnen, daß auf einen verkauften Sklaven vier andere kommen, welche während der Sklavenjagd getötet werden oder während des Transportes umkommen. Das ergiebt den fürchterlichen Schluß, daß die Sudanländer allein für Aegypten jährlich 350 000 Menschen einbüßen. (May *Im Lande des Mahdi I* 1896, 147f.)

Hier wird May zum gnadenlosen Ankläger und in seinem Furor schafft er sich einen fiktiven Täter, einen fanatischen und verbrecherischen religiösen Geheimbund, die Bruderschaft der heiligen Kadirine. Den Namen hatte er einem Bericht des österreichischen Afrikareisenden

Richard Buchta entlehnt, der dort recht neutral erwähnte, dass ein Scheich Mohamed Achmed, der spätere Mahdi, sich „der meistens aus Schiffern bestehenden Verbrüderung der Kadirine" (Buchta *Der Sudan und der Mahdi* 1884, 26) angeschlossen hatte. Namensgeber war die Qadiriyya (türkisch: Kadiri), einer der ältesten mystischen Sufi-Orden, die etwa um 1100 von dem persischen Mystiker Abd al-Qadir al-Dschilani in Bagdad begründet wurde und Mitte des 16. Jahrhunderts den Sudan erreichte. May allerdings ignorierte alle historischen Gegebenheiten und zeichnete die Bruderschaft als eine mafiöse Organisation. Bei genauerem Betrachten des Romans fällt daher auf, dass seine negative Schilderung muslimischer Glaubensausübung durchweg und ausschließlich Mitgliedern der Kadirine gilt:

Und so sind sie alle, diese unwissenden Moslemim, deren Frömmigkeit sich meist nur im gedankenlosen Herleiern einiger Gebete bethätigt, verbissene und verständnislose Menschen, welche mit Verachtung selbst auf ihre Glaubensgenossen herabsehen, falls diese nicht Mitglieder einer Verbrüderung sind. (May *Im Lande des Mahdi I* 1896, 96)

Die Schurken des Romans sind demnach all die Profiteure von Sklavenjagd und Sklavenhandel, deren Glauben, so Mays Vorwurf, diese Schandtaten legitimiert. In der Figur des Reis Effendina, eines hohen ägyptischen Beamten, der als Muslim die Sklavenjagd unbarmherzig verfolgt, setzte er aber einen Kontrapunkt zu der verbrecherischen Bruderschaft. Wenn May also den Islam wegen seiner Erlaubnis der Sklavenhaltung anklagt, so löst er in der Gestalt des Reis die unheilvolle Allianz zwischen islamischer Religion und Unterdrückung auf und ebnet hier den Weg zu einem interreligiösen Dialog, der nicht das Trennende, sondern das Gemeinsame der beiden Offenbarungsreligionen betont:

Allah ist die Liebe und die Gerechtigkeit, und dein Gott ist Allah. Wir Menschen sind alle Gottes Kinder; wir sollen einander lieben und gerecht gegen einander sein. Ich preise meinen Glauben nicht und schände keinen andern; ich mag nicht bekehren und lasse mich nicht bekehren. [...] Gib mir die Hand, Effendi! Du bist ein Christ, und ich bin ein Moslem; aber wir sind Brüder und gehorchen unserm Vater, weil wir ihn lieben! (ebd., 152)

Zur Entstehung der Mahdi-Trilogie

Als der breitangelegte Sklavenjägerroman ab Oktober 1891 in Fortsetzungen im *Deutschen Hausschatz* veröffentlicht wurde, hatte er den Titel *Der Mahdi* erhalten. Damit kehrte May zu einem Projekt zurück, das er bereits Jahre zuvor offenbart hatte. Damals, am 8. März 1885, schrieb er dem Verleger Joseph Kürschner: „Binnen acht Tagen werde ich mir gestatten, ihnen den wohl zeitgemäßen Beitrag ,Die erste Liebe des Mahdi‘ zur geneigten Verfügung zu stellen, falls Ihnen ein derartiger Beitrag genehm sein sollte." (May *Briefwechsel* 2013, 73; Graf 1992, 121-122) Zeitgemäß war das Thema in der Tat, denn Ende Januar 1885 hatten die Truppen des sudanesischen Mahdis Mohammed Achmed die Hauptstadt Khartum erobert und zahlreiche Zeitschriftenartikel und Pressemeldungen informierten eine neugierige Öffentlichkeit über die fatale Entwicklung im Sudan. So hatte die *Gartenlaube*, eine der wichtigen Inspirationsquellen für May, Anfang März einen Bericht des Ägyptologen Heinrich Brugsch mit dem Titel *Im Lande des Machdi* veröffentlicht und damit möglicherweise den Keim für das Mahdi-Projekt gelegt. Ob May zu dieser Zeit tatsächlich schon an einem Roman über den sudanesischen Rebellen schrieb, ist nicht belegt und nicht wahrscheinlich, denn oft genug gab er seinen Verlegern konkrete Titel für nicht existente Werke an. Das Thema aber scheint ihn jedoch sehr beschäftigt zu haben, und so unternahm er bald konkrete Recherchen über den geografischen und historischen Hintergrund seiner geplanten Erzählung. Am 1. Juli berichtete er dem Verleger über fiktive Fortschritte seines Romanprojekts:

> Die ‚erste Liebe des Mahdi' ist halb fertig und, ich möchte es wohl sagen, hoch interessant. [...] Und – falls Sie das Manuscript dennoch zur Durchsicht wünschen, soll ich mich der in Deutschland eingebürgerten aber falschen Schreibweise ‚Mahdi' anbequemen? Richtiger ist es Machdi, Mahedi und am Allerrichtigsten ‚Ma'hdijj'. Im syrischen Dialecte dagegen heißt es ‚Mu'di'. (ebd., 76; Graf 1992, 123)

Diese kurze schulmeisterliche Diskussion über die korrekte Schreibweise sollte May zunächst als ausgewiesenen Kenner der Materie adeln, sie zeigte aber auch, dass May nicht nur den Bericht von Brugsch kannte, sondern auch ein aktuelles Werk als Quelle benützte, nämlich das Buch des österreichischen Geografen und Forschungsreisenden Philipp Paulitschke *Die Sudanländer nach dem gegenwärtigen Stande der Kenntnis*. Es war kurz zuvor in Freiburg erschienen und in ihm erläuterte der Autor: „Der Name Ma'hdijj kommt vom arabischen hádaja = führen, und bedeutet ‚der auf den rechten Weg Geführte, der Paraklet'" (Paulitschke 1885, 210). Doch zu dieser Zeit lebte die Titelfigur seines Romanprojekts nicht mehr, denn der sudanesische Religionsreformer und Rebell Mohammed Achmed al-Mahdi war bereits im Juni 1885 gestorben.

Kürschner erhielt nie das angekündigte Manuskript und musste nur wenig später an anderer Stelle erfahren, dass May einen Mahdi-Roman dem Regensburger Verleger Friedrich Pustet angeboten hatte. Denn in Pustets *Hausschatz*, der gerade mit vielen Verzögerungen und Unterbrechungen die Schlusssequenz der *Reise-Erinnerungen aus dem Türkenreiche* veröffentlichte, konnten im Oktober 1885 die Leser folgende Notiz lesen: „Auf mehrere Anfragen. Herr Dr.

Karl May schrieb uns am 19. September 1885: ‚Der ‚letzte Ritt' wird schon darum Ihre Leser höchlichst interessiren, weil diese Begebenheit unter den jetzt aufständischen Balkan=Völkerschaften spielt. Bin ich damit zu Ende, dann folgt sofort die versprochene Arbeit über den Mahdi.' Unser beliebter ‚Weltläufer' befand sich nämlich im Sommer 1884 in Aegypten" (Deutscher Hausschatz 1885/86, 47).

Als May schließlich im Januar 1890 mit der Niederschrift des lange geplanten Mahdi-Romans begann, dominierte in seinem Konzept – wie auch der Arbeitstitel zeigte – nicht mehr das Schicksal des religiösen Fundamentalisten, sondern der Kampf gegen die Sklaverei. Bei dieser thematischen Ausrichtung konnte dem Mahdi, der tatsächlich in seiner Regentschaft die zuvor abgeschaffte Sklaverei wieder erlaubt hatte, nur noch eine Schurkenrolle zugeschrieben werden. Entsprechend düster malte daher May auch das Bild des Fakirs und schilderte ihn als intriganten und verlogenen Heuchler: „Für einige Zeit Steuerbeamter gewesen, hatte er sich gezwungen gesehen, sein Amt niederzulegen, und war Sklavenhändler geworden" (May *Im Lande des Mahdi II* 1896, 49). Doch diese Denunziation des Mahdi als Sklavenhändler war nicht Mays Erfindung, sondern einer Fehlinformation geschuldet. So berichtete 1884 Meyers Jahres-Supplement V zur Person des Mahdis: „Er wurde [...] dank seinen Talenten zum Generalrechnungsführer im Sudan ernannt [...] bis ihn ein Streit mit dem Gouverneur zum Austritt aus seinem Amt zwang. Er begann jetzt einen Handel mit Sklaven, Elfenbein und Straußenfedern und schwang sich bald zum Haupte der Sklavenjäger auf" (Kosciuszko 1981, 80f.).

May hatte die Handlung seines Sklavenjägerromans etwa in das Jahr 1875 verlegt, in eine Zeit, in der Mohammed Achmed seine Bestimmung zum erwarteten Erlöser der islamischen Tradition noch nicht offenbart hatte. Und so spielte, anders als der Titel suggerierte, die Gestalt des Mahdis in dem Roman nur eine untergeordnete Rolle. Wie sehr sich aber May dem Sujet mit Leib und Seele verschrieben hatte (und wie aktuell es auch war), zeigt ein Postskriptum, das er am 22. Juni 1892 seinem Verleger Fehsenfeld schrieb: „Hatte schon Brief geschlossen, da kam ein Schreiben aus Wien. Ich soll als Leiter einer gut ausgerüsteten Expedition nach dem Sudan, um beim Mahdi gefangene Mönche und Nonnen zu befreien" (May *Briefwechsel* 2007, 82; Sudhoff/Steinmetz 2005a, 430). May hatte hier das Schicksal des österreichischen Paters Josef Ohrwalder in seine fiktive Biografie integriert, dem im November 1891 zusammen mit zwei italienischen Ordensschwestern die Flucht aus der Gefangenschaft der Mahdisten gelang. Unter der Überschrift „Männer des Tages" veröffentlichte der *Deutsche Hausschatz* in Heft 21 des 18. Jahrgangs ein Porträt des Paters mit einem kurzgefassten Bericht seiner Flucht. Der Artikel schloss mit einer Aufzählung der noch in den Händen der Mahdisten verbliebenen europäischen Gefangenen und dem frommen Wunsch: „Hoffentlich gelingt es auch diesen, zu entfliehen, denn die Zeit ist noch fern, wo daran gedacht werden könnte, die Gewalt des Mahdi zu brechen" (*Deutscher Hausschatz* 1891/92, 336). Im gleichen Heft, nur wenige Seiten zuvor, wurde Mays große Reiseerzählung *Der Mahdi* fortgesetzt, das Thema war also aktuell und der Autor präsentierte sich als ein ausgewiesener Experte, ja Augenzeuge der sudanesischen Tragödie. Ohrwalders Bericht *Aufstand und Reich des Mahdi im Sudan und meine zehnjährige Gefangenschaft dortselbst* erschien übrigens erst Ende 1892 in Innsbruck. Wochen zuvor war die englische, von dem Geheimdienstoffizier Francis Reginald Wingate bearbeitete Version erschienen; Königin Victoria soll den Bericht geradezu verschlungen haben.

Als Karl May Ende 1895 die Zeitschriftenversion des Romans für die Buchform bei Fehsenfeld vorbereitete, monierte der Verleger die offensichtliche Diskrepanz zwischen Titel und Inhalt und May hatte Verständnis für den Vorschlag, wie die erhaltene Korrespondenz zeigt: „Da Sie einen

andern Titel wünschten, habe ich ihn ‚Der Sklavenjäger'
benamst" (May *Briefwechsel* 2007, 184; Sudhoff/Steinmetz
2005a, 509). Letztlich entschied sich May aber für den bleibenden Titel *Im Lande des Mahdi*, den Jahre zuvor schon
der Bericht von Heinrich Brugsch trug. Doch Brugsch war
1894 gestorben und so konnte es May riskieren, den Titel zu übernehmen. Ursprünglich sollte die Buchausgabe
zwei Bände umfassen und der erste Zeitschriftenjahrgang
erbrachte etwa 640 Seiten und damit recht genau den Umfang eines Buches. Der zweite Teil war allerdings zu um-
fangreich für einen Band, so entschloss sich May, die Erzählung zu einer Trilogie zu erweitern. Dafür musste er zwei
weitere Kapitel neu schreiben, wobei er auch den Origi-
nalschluss ersetzte. In der *Hausschatz*-Fassung war der Ich-
Erzähler anonym geblieben, erst jetzt wurde im Schlussteil
sein Name offenbart: Kara Ben Nemsi, Mays Alter Ego war
der Held des Romans! Apropos *Roman* – ab dem 3. Band
der Mahdi-Trilogie ließ May den Reihentitel seiner Bände
ändern und schrieb an Fehsenfeld: „Lassen Sie doch endlich
einmal das Titelwort ‚Reiseromane' in ‚Reiseerzählungen'
umändern! Tausende stoßen sich an das Wort Roman..."
(May *Briefwechsel* 2007, 212; Sudhoff/Steinmetz 2005a,
530). Damit sollten die geschilderten Abenteuer mit der
Aura des Authentischen versehen werden.

Der Mahdi

Als May die *Hausschatz*-Erzählung geschrieben hatte,
waren die verfügbaren Berichte über die Person des Mahdi
noch ungenau und widersprüchlich. Jetzt beim Verfassen
des dritten Teils konnte May auf den vorzüglichen Bericht
eines Augenzeugen und Betroffenen des Mahdi-Aufstandes
zurückgreifen, auf das Buch *Feuer und Schwert im Sudan*
von Rudolf Slatin, dem 1895 die Flucht aus der Gefangen-

schaft der Mahdisten gelang (Slatin *Feuer und Schwert* 1896). Was der Leser nicht wissen konnte: Auch Slatins Bericht wurde in seiner veröffentlichten Form von dem britischen Geheimdienstoffizier Francis Reginald Wingate verfasst und sollte – wie schon zuvor Ohrwalders Bericht – auf subtile Weise die öffentliche Meinung in England für einen Rachefeldzug gegen den Mahdi-Staat beeinflussen. May erwarb Slatins Buch (das übrigens eine Übersetzung der englischen Vorlage war) und konnte nun Genaueres über den Namensgeber seiner Trilogie erfahren. Da aber Rolle wie Charakter des Mahdis vorgegeben waren, flocht May nur noch kleinere biografische Details ein, die zusammengefasst in dem Bericht des kurdischen Wanderpredigers und Gottsuchers Ssali Ben Aqil auftauchen: „Dieser von Gott begnadete Mann bekenne sich gegenwärtig zur Terika Samania, heiße Mohammed Achmed Ibn Abdullahi und wohne auf der Insel Aba im weißen Nile [...]" (May *Im Lande des Mahdi III* 1896, 536). Doch „Ssali [...] durchschaute das ganze innere Wesen des Mannes, welcher sich bisher den Fakir el Fukara genannt hatte, und nun den Titel eines Sahed, eines Entsagenden, führte, bald darauf sich als el Murabit, der Heilige, verehren ließ und ihm schließlich die stolze Mitteilung machte, daß er mit Allah in direktem Verkehre stehe und von ihm den Befehl bekommen habe, als der längst erwartete Mahdi den Erdkreis zu erobern und allen Gläubigen das Glück der wahren Erkenntnis zu bringen" (ebd., 537).

Diese Ergänzung wiederholte auch in knapper Form Funktion und Bestimmung des Mahdis, einer Erlösergestalt des islamischen Volksglaubens, die vor allem in Krisenzeiten immer wieder an Bedeutung gewann. Schon viele Seiten zuvor, im zweiten Band der Trilogie, hatte aber May mit einem Kunstkniff den Leser in die Problematik des Mahdi-Glaubens eingeführt, und zwar in einem fiktiven Gespräch zwischen dem Ich-Erzähler und Mohammed Achmed, der als zukünftiger Erlöser selbst den Dialog begann:

„Hast du gehört, daß ein Mahdi kommen wird?"

„Gehört und auch gelesen. Der Kuran erwähnt nichts von ihm, und auch den Kommentaren ist die Sendung eines Mahdi unbekannt; er lebt nur in der mündlichen Ueberlieferung, auf die ich nichts gebe."

„Ich desto mehr. Allah wird einen Propheten senden, welcher das von Muhammed begonnene Werk zu vollenden hat. Dieser Prophet wird die Ungläubigen entweder bekehren oder, wenn sie sich nicht bekehren lassen, sie vernichten und dann die Güter dieser Erde so verteilen, daß ein jeder nach seiner Frömmigkeit erhält, was ihm gebührt."

„Das sind mehr weltliche als religiöse Hoffnungen und Wünsche. Wäre ich Moslem, ich würde mich nur an den Kuran halten, nach dessen Lehren ein solcher Mahdi nicht erwartet werden kann."

„Wieso? Wenn der Kuran nicht von einem Mahdi redet, so ist das doch kein triftiger Grund, anzunehmen, daß es keinen solchen geben kann und geben wird."

„O doch, denn die Prophetologie des Kuran ist vollständig abgeschlossen. Nach Muhammeds eigenen Worten ist er der letzte Prophet, den Allah gesandt hat und senden wird; seine Lehre, der Islam, ist in sich vollendet und kann nicht durch Zusätze ergänzt oder gar verbessert werden, und nach ihm wird, wie er sagt, nur einer kommen, nämlich Isa Ben Marryam, und zwar am jüngsten Tage, an welchem er sich auf die Moschee der Ommijaden in Damaskus niederlassen wird, um zu richten die Lebendigen und die Toten. Ganz abgesehen davon, daß Muhammed da den Heiland der Christen als Weltenrichter hoch über sich selbst stellt, macht er damit eure Mahdihoffnung ganz und vollständig zu schanden." (May *Im Lande des Mahdi II* 1896, 104f.)

Mit seiner strikten Ablehnung der mündlichen Überlieferung nahm May – vermutlich ohne es zu ahnen – eine fundamentalistische Position ein, wie sie etwa heute von den Wahabiten vertreten wird. Im Zentrum des islamischen Glaubens steht unstrittig der Koran, das Heilige Buch. Es ist das ewig gültige, noch vor Erschaffung der Welt aufgeschriebene unveränderliche Wort Gottes und sein Inhalt wurde in zahlreichen Visionen dem Propheten Mohammed aus dem Mund des Engels Gottes offenbart. Neben dem Koran wurden aber auch das Vorbild des Propheten, seine Worte wie Gewohnheiten zur Richtschnur der Lebensgestaltung aller Muslime. Diese Lebenspraxis des Propheten wird mit dem arabischen Wort *sunna* bezeichnet, was in etwa mit ‚Brauch‘ oder ‚Gewohnheit‘ übersetzt werden kann. Die Sunna setzt sich aus tausenden von zunächst mündlich weitergegebenen Texten zusammen, die später auch schriftlich fixiert und in großen Sammlungen zusammengefasst wurden. Eine einzelne dieser zahlreich überlieferten Geschichten bezeichnet man als *hadith*, als ‚Überlieferung‘. Rein äußerlich können diese Hadithe von ganz unterschiedlicher Länge sein, sie bestehen aber immer aus zwei Teilen: dem eigentlichen Text und der Überlieferungskette. Denn genauso wichtig wie der Text ist seine Authentizität und diese muss durch eine Kette von vertrauenswürdigen Gewährsmännern gesichert sein, die eine größtmögliche Nähe zu dem Propheten herstellen soll. In den frühen kanonischen Hadith-Sammlungen fanden sich noch keine Hadithe über die Figur und Funktion eines von Gott gesandten Erlösers. Im islamischen Volksglauben aber war die Hoffnung auf das Kommen eines Mahdis wichtiger Teil der endzeitlichen Vorstellung, sodass 1377 der arabische Historiker Ibn Khaldun in der Vorrede zu seinem Geschichtswerk die Figur des Mahdi folgendermaßen umriss: „Wisse dass es alle Zeit schon gemeinhin unter den zahlreichen Völkern des Islam angenommen wird, dass am Ende der Zeit ein Mann aus dem Volke des Hauses erscheinen wird, welcher den Glauben festigt und die Gerechtigkeit siegen lässt. Ihm werden die Muslime folgen und er wird Herrschaft über die Länder des Islams erringen und man wird ihn den Mahdi nennen" (Nicoll 2004, 61; Übers. JZ). Ibn Khaldun hielt mindestens zwei Hadithe über den Mahdi für authentisch, eines davon sei hier angeführt:

Al Mahdi ist ein Mann meiner Kinder.
Seine Farbe ist die der Araber
und sein Körper wie der von Israel.
Auf seiner rechten Wange ist ein Muttermal
wie ein schimmernder Stern.
Al Mahdi wird zur Seite treten,
wenn Jesus, Sohn Marias herabsteigt
mit von Wasser tröpfelndem Haar.
So wird Al Mahdi zu ihm sprechen:
„Schreite voran und
führe das Volk im Gebet",
doch er wird antworten:
„Den Ruf zum Gebet
ist dir bestimmt
ihn anzuführen."
So wird er beten hinter einem Mann
von meinen Kindern.
(Zit. n. As-Siddiq 1985, 16; Übers. JZ)

Anders als im sunnitischen Islam besitzt der Mahdi in der Schia eine zentrale Erlöserrolle. Die recht frühe Spaltung der islamischen Glaubensgemeinschaft in Sunniten und Schiiten nährte Hoffnungen auf einen Erlöser, der diese Streitigkeiten beenden und Recht und Ordnung wiederherstellen könne. Dieser Glaube wuchs vor allem bei den Unterlegenen der Konflikte, brachte er doch Trost und Hoffnung auf eine zukünftige Rehabilitation. Der große Verlierer der frühen Streitigkeiten war Ali, der Schwiegersohn des Propheten; seine Parteigänger, die Schia Ali, erhofften daher als erste einen Wiederhersteller der rechtmäßigen Ordnung. Während die Sunniten die Gemeinschaft der Gläubigen an sich für unfehlbar halten, kann nach Ansicht der Schia die Gemeinschaft nicht ohne einen von Gott bestimmten Führer existieren. Dieser Führer, Imam genannt, ist ohne Sünde, unfehlbar und Träger allen Wissens, er ist der Mittler zwischen Gott und der gläubigen Menschheit. Als erster Imam wurde Ali angesehen, ihm folgten die Söhne Hassan und Hussein. Die weltliche wie geistige Macht des Imamats wurde also vererbt, der zwölfte Imam allerdings, Mohammed al-Mahdi, entschwand schon als Kind und existiert nun im Verborgenen, ‚in Abwesenheit‘, bis er vor dem Ende der Zeiten in der Gestalt des Erlösers wiederkehren wird. Der feste Glaube an eine baldige Wiederkehr des verborgenen Imams wurde zum Zentrum der schiitischen Theologie; während der Herrschaft der Safawiden in Persien wurden immer zwei Pferde gezäumt und gesattelt bereitgehalten, um für das Erscheinen des Mahdi und seines Nachfolgers Jesus gerüstet zu sein. Auch heute noch ist der Mahdi de jure Oberhaupt der Islamischen Republik Iran und am 26. September 2007 verkündete der damalige Präsident Mahmud Ahmadinedschad der Vollversammlung der Vereinten Nationen das Kommen des Erlösers: „Ohne Zweifel wird der Verheißene Imam und der Große Reformer und endgültige Retter und letzte Bote des Himmels kommen und zusammen mit allen Gottesanbetern, und denen, die Gerechtigkeit fordern und Menschenliebe praktizieren, eine strahlende Zukunft aufbauen und die Welt mit Gerechtigkeit und Schönem füllen. Dies ist […] Gottes Verheißung[,] und Gott hält sein Versprechen" (Ahmadinedschad *President addressing* 2007; Übers. JZ).

Zur Geschichte des Mahdi-Aufstands

Zu Beginn des 19. Jahrhunderts herrschten im Sudan, der von der nubischen Wüste bis zu den Regenwäldern Ostafrikas reichte, nur einige Sultanate; die politische Organisation war im Wesentlichen auf Stammesorganisationen beschränkt, die ungestört und mit eigener Loyalität ihr Land besiedelten. Handel mit Elfenbein und Sklaven bildete den wesentlichen Wirtschaftsfaktor der Region, und die Händler – Europäer, Levantiner, Ägypter und Sudanesen – unterhielten eigene Truppen, die das Land de facto auch militärisch beherrschten. Mehmet Alis Eroberung 1822 importierte eine Klasse von ägyptisch-türkischen Bürokraten, die durchweg korrupt war und sich ihren Anteil an der Ausbeutung der Ressourcen des Landes zu sichern suchte. In Europa aber hatten Berichte von Forschungsreisenden und Missionaren die öffentliche Aufmerksamkeit auf die Gräuel des Sklavenhandels gelenkt, und so wuchs der politische Druck auf die ägyptische Verwaltung, diese Missstände zu beseitigen. Mehmet Alis Enkel Ismael, der neben dem erblichen Titel eines Vizekönigs, eines Khediven, auch eine weitgehende Autonomie seiner Herrschaft im Osmanischen Reich erreicht hatte, beauftragte daher einen Engländer, Samuel Baker, mit der Leitung einer militärischen Expedition zur Bekämpfung des Sklavenhandels am Oberlauf des Nils. Diese Unternehmung sollte in Europa seinen Ruf als zivilisierter und damit kreditwürdiger Herrscher sichern; nicht ganz unwillkommen wurde dabei auch das Staatsgebiet um die neue Provinz Äquatoria erweitert.

Bakers Expedition verschärfte jedoch paradoxerweise das Schicksal der Sklaven, da nach der Blockade des traditionellen Handelswegs auf dem Nil die Transportrouten nun durch abgelegene Wüsten führten und so die Todesrate der verschleppten Gefangenen deutlich anstieg. Eine wirksame Bekämpfung des Sklavenhandels war für den Khediven aber inzwischen zu einer Prestigefrage geworden. Eigentlich hätte sie eine durchgreifende Restrukturierung von Verwaltung, Wirtschaft und Lebensformen des Landes erfordert, denn militärische Unternehmungen allein verschärften nur den Gegensatz zwischen Volk und Staatsmacht und schufen eine unheilige Allianz von Sklavenhändlern und Stammesangehörigen gegen den Eingriff in überkommene Rechte. Der Khedive war aber überzeugt, nur ein Europäer könne sowohl eine effektive Administration als auch einen wirkungsvollen Kampf gegen den Sklavenhandel führen, und ernannte den Engländer Charles Gordon zum Gouverneur der Äquatorialprovinz.

Mohammed Achmed wurde am 12. August 1844, dem 27. Rajab 1260 nach islamischer Zeitrechnung, auf der Nilinsel Labab geboren. Der Vater Abdullah war ein frommer Schiffsbauer, die Familie zählte sich zu den Ashraf, den zahlreichen Nachkommen des Propheten. Schon früh widmete er sein Leben der Askese, besuchte Koranschulen und fiel durch einen tiefen Glauben auf. Im Jahre 1861 schloss sich Mohammed Achmed einem Führer des Sufi-Ordens der Sammaniya an. Religiöse Orden wie dieser oder Brüderschaften waren im Sudan, der am Rande der muslimischen Ökumene kaum orthodox-islamische Institutionen kannte, die wichtigsten Glaubensvermittler. Sieben Jahre blieb Mohammed in seiner Gefolgschaft und zeichnete sich dort durch ein extrem asketisches Leben und unbedingte Treue, ja Unterwürfigkeit gegenüber seinem Lehrer aus. Schließlich wurde er selbst zu einem Scheich der Sammaniya ernannt und begann, das Land als Wanderprediger zu bereisen. Als seine Brüder auf der Suche nach Bauholz ihren Wohnsitz auf die Insel Aba im Weißen Nil verlegten, folgte er ihnen nach und wählte die Insel zu seinem zukünftigen Hauptquartier. Nahe des Ufers hatte er sich eine Höhle zum Meditieren und Fasten erwählt; seine Frömmigkeit und Askese, aber auch seine Freundlichkeit und Mildtätigkeit führten ihm bald eine wachsende Zahl von Jüngern zu, die wiederum seinen Ruf als Gelehrter, ja Heiliger, im ganzen Sudan verbreiteten. So begann Mohammed Achmed seinen Wirkungskreis zu erweitern und reiste durchs Land, um in Predigten seine Ansichten von der Verderbtheit der herrschenden Religionsausübung zu verbreiten und auf das Ende der Welt hinzuweisen. Die einfachen Menschen belagerten ihn förmlich, erbaten sich Segen und lauschten seinen Worten, in denen er mehr und mehr die Gottlosigkeit der Herrschenden anprangerte. Dazu stellte er auch Kontakte mit führenden Kaufleuten her, die in ihrer Unzufriedenheit mit den politischen Verhältnissen in dem bescheidenen, aber rigorosen Prediger das Potential auch eines politischen Führers erkannten.

Die Wirkung seiner Worte wurde von seinem imponierenden äußeren Erscheinungsbild unterstrichen. Mit seiner großen, breitschultrigen Gestalt überragte er die meisten seiner Zeitgenossen. Die hellbraune Hautfarbe war Erbe seiner nubisch-arabischen Herkunft, ein dunkler Bart umrahmte sein ebenmäßiges und wohlgeformtes Gesicht. Auf beiden Seiten waren die Wangen mit drei Schnitten tätowiert, auf der linken war zusätzlich ein Muttermal sichtbar. Eine hohe Stirn lag über tiefdunklen Augen und meistens sah man ihn lächeln. Dabei wurden blendend weiße Zähne sichtbar, die in der Mitte des Oberkiefers eine Lücke zeigten. Dem Volksglauben nach brachte solch eine Lücke seinem Besitzer Glück, und so lautete einer seiner Beinamen ‚Abu Falja‘, übersetzbar in etwa als ‚Vater der Zahnlücke‘. Bekleidet war Mohammed Achmed meist mit einem einfachen Rock, einer Dschuppa, die als äußeres Zeichen seiner Bedürfnislosigkeit von Flicken übersät war. Schon bald wurde diese Dschuppa zum Vorbild, zur Uniform seiner Anhänger, die mit der Zahl der aufgenähten Flecken als Beweis treuer Nachfolge wetteiferten. Seine Worte und sein Tonfall waren stets moderat und freundlich und sicherlich strahlte er Charisma aus, das seine Anhänger als Zeichen seiner göttlichen Sendung deuteten.

Nach dem Tod seines spirituellen Führers wurde Mohammed Achmed neues Oberhaupt der Sammaniya-Bruderschaft. Sein Vorgänger im Amt, Scheich Koreschi, hatte noch seinen Anhängern offenbart, es werde bald ein Mahdi erscheinen, und alle Schüler glaubten nun, dass dieser Erlöser aus ihren Reihen erwachsen werde, eine Hoffnung, die mit Mohammeds Ernennung zum Oberhaupt der Bruderschaft an Aktualität gewann. Diese Erwartung spiegelte einen weitverbreiteten Glauben wider, der vor allem den armen und ungebildeten Bewohnern des Sudan Trost auf eine baldige Besserung ihrer oft verzweifelten

Lage bot – kurz, die Zeit war reif für das Erscheinen des Rechtgeleiteten und Zeichen seiner nahen Ankunft häuften sich. Als ein mittelloser Pilger, Abdullahi Ibn Mohammed, um Aufnahme in die Bruderschaft bat, erhielt die vage, aber noch unbestimmte Hoffnung endlich einen konkreten Namen. Abdullahi stammte aus dem Westen des Sudan, war Mitte dreißig und ein tatkräftiger Mann, in dem sich Rationalität mit einem Hang zum Übersinnlichen paarte. Vor allem war er von der Idee des baldigen Erscheinens eines Erlösers geradezu besessen und der erste Anblick Mohammed Achmeds überzeugt ihn, endlich dem ersehnten Mahdi gegenüberzustehen: „Als ich sein Antlitz erblickte, vergaß ich alle überstandenen Mühsale, ich sah nur ihn, hörte nur seine Worte und mußte meinen ganzen Mut aufbringen, um ihn nach langem, ängstlichen Zaudern anzusprechen" (Slatin *Feuer und Schwert* 1896, 123). Er traf dabei auf einen Mann, der bereits selbst überzeugt war, bei der Wiederherstellung des reinen Glaubens eine bedeutende Rolle spielen zu müssen. So war Abdullahis Ankunft der letzte, möglicherweise aber entscheidende Auslöser für die Formung des sudanesischen Mahdi, denn erst jetzt begann bei Mohammed Achmed die Idee der Sendung als Mahdi konkrete Gestalt anzunehmen.

Zurückgekehrt nach der Insel Aba, begann Mohammed Achmed die traditionellen Prophezeiungen über das Erscheinen des Mahdi zu studieren und bemerkte dabei mehr und mehr Parallelen zu seiner Person, die ihn jetzt auf seine eigentliche Bestimmung vorbereiteten. Die volle Tragweite seines Schicksals erfuhr er allerdings nicht durch sein Studium, sondern durch Visionen, in denen ihm der Prophet die Wahrheit seiner Mission offenbarte: „Ich aber erschrak und wollte ablehnen, doch der Apostel Gottes sagte: ‚Es gibt keinen anderen dafür außer dir, Mohammed Achmed.' So wurde mir in dieser Sache der Befehl von dem Boten Gottes mitgeteilt" (Nicoll 2004, 65; Übers. JZ).

In einer dieser Visionen ließ der Prophet ihn auf seinem eigenen Stuhl Platz nehmen, ernannte ihn zum Nachfolger des Apostels Gottes, zum *khalifatu-l-rasulullah*, und ermächtigte ihn zum Dschihad gegen die Ungläubigen. Der Prophet selbst gürtete ihn mit seinem Schwert und stellte ihm zehn Engel als Schutz zur Seite. Zum ständigen Begleiter wurde Azrael, der Engel des Todes, ernannt, der seine Armee in den Kampf führen sollte und an dessen Seite der Prophet al-Khidr schritt, dem die Sufis Unsterblichkeit, Allwissen und Allgegenwart zuschrieben. In einer weiteren Vision offenbarte der Prophet dem Mahdi die beiden von Gott bestimmten Erkennungszeichen seiner heiligen Mission: das Muttermal auf seiner linken Wange und das ‚Banner des Lichts‘, das ihm vorausging. Mit diesem Banner war zunächst ein Komet gemeint, der im Osten des sudanesischen Nachthimmels, also von Mekka her kommend, sichtbar war. Für Mohammed Achmed war dies letzte Bestätigung seiner Mission: Er war physischer wie spiritueller Nachfolger des Propheten und damit der vorhergesagte Erlöser, der legitime Erbe und Vollender des Glaubens. Seine Aufgabe war vorherbestimmt: Er musste die Welt von Ungerechtigkeit und Unterdrückung erlösen und den ursprünglichen, wahren Glauben wiederherstellen.

Zunächst berichtete Mohammed Achmed nur einem kleinen Kreis enger Getreuer von seiner göttlichen Mission. Alle aber, denen er sich als Mahdi offenbarte, ließ er einen geheimen Treueeid schwören, der schriftlich niedergelegt werden musste. Dann ließ er Flugschriften verteilen, die den Verfall der Religion beklagten, predigte vom Nahen des Mahdi und forderte die Zuhörer auf, ihr altes Leben aufzugeben und sich einer neuen Welt anzuschließen.

Am 29. Juni 1881, im Fastenmonat Ramadan, eröffnete Mohammed Achmed aller Welt seine Bestimmung als der erwartete Mahdi der islamischen Tradition. In einer Reihe von Briefen an Würdenträger nannte er sich nun Mohammed al-Mahdi und forderte seine Anhänger auf, sich um ihn zu scharen und gemeinsam die Hidschra, die Flucht vor den Ungläubigen, zu unternehmen. Damit wollte er sich gleich zu Beginn seiner Mission einer möglichen Verfolgung durch die ägyptische Verwaltung entziehen, aber auch ganz unmissverständlich sein kommendes Programm bekanntgeben: die Nachfolge des Propheten anzutreten. Denn mit der Flucht des Propheten aus Mekka nach Medina begann die islamische Zeitrechnung eines neuen Zeitalters, das nun mit einer erneuten Hidschra den Beginn seiner Vollendung erleben sollte.

Der Generalgouverneur des Sudan, Rauf Pascha, ließ zwei Kompanien Soldaten nach Aba ziehen, um dem Spuk ein Ende zu bereiten. Am Abend des 12. August 1881 landeten die Truppen auf der Insel Aba, und da das Ufer durch Regengüsse in einen Sumpf verwandelt war, versackte der Ansturm im Morast. Nun stürzten sich die Anhänger des Mahdi, nur mit Schwertern, Spießen und Knüppeln oder Steinen bewaffnet, auf die Soldaten, die ohne Orientierung sich gegenseitig beschossen und dann in finsterer Nacht niedergeknüppelt und hingemetzelt wurden. Das Fiasko der ägyptisch-türkischen Truppe war komplett, der Mahdi hatte aber nur zwölf seiner gut 300 Männer verloren. Jetzt wurde aus der religiösen Erneuerungsbewegung eines Fakirs ein politischer Flächenbrand, der bald den ganzen Sudan umgestalten sollte. Vor allem aber kämpften die Anhänger des Mahdis mit der felsenfesten Gewissheit, an einem heiligen Krieg teilzunehmen und so den Willen Gottes zu erfüllen, während ihre militärischen Gegner lediglich schlecht bezahlte Söldner einer korrupten Verwaltung waren.

Nun waren die Türken, wie die türkisch sprechende ägyptisch-osmanische Verwaltung allgemein genannt wurde, durchweg Muslime, aber die vielen Reformversuche der Regierungen in Konstantinopel, Kairo und Khartum und die Übernahme westlicher Wert- und Verwaltungskonzepte mussten vielen Gläubigen wie eine Abkehr von tradierten Lebensformen und Glaubensinhalten erscheinen. Wenn eine

Krieger des Mahdi.
Nach einer Originalzeichnung von Wilhelm Gentz,
in: Die Gartenlaube *1884*

im Kern religiös motivierte Revolution Glaubensbrüder bekämpfen wollte, mussten diese als Verräter, als Ungläubige und Abgefallene denunziert werden, als Feinde Allahs, von denen das Land nur noch mit dem Schwert gereinigt werden konnte. Für den Abfall vom Islam kennt die Scharia nur die Todesstrafe, und so konnte der Mahdi die Ausmerzung der Feinde mit Gottes Gesetz legitimieren. Da er aber auch in direkter Nachfolge und im expliziten Auftrag des Propheten handelte, gab es für alle Muslime des Landes nur noch die Wahl: sich ihm anzuschließen und zum rechten Glauben zurückzukehren oder dem Tode zu verfallen. Diese strikte Trennung zwischen Freund und Feind führte bald so weit, dass allein das Leugnen der Mahdischaft mit dem Tode bestraft werden konnte.

Seine Anhänger nannte der Mahdi *Ansar*, ‚Helfer‘, eine wohlüberlegte Wortwahl, denn der Prophet hatte einst mit demselben Wort auch seine Anhänger betitelt, die treu zu ihm gehalten hatten. In ähnlicher Weise stellte Mohammed al-Mahdi nun immer neue Parallelen seiner Bewegung mit Leben und Sendung des Propheten her. So ernannte er vier Stellvertreter, vier Kalifen, welche die Zahl der ersten vier rechtschaffenen Nachfolger des Propheten repräsentieren sollten. Die Ansar mussten ihrem Führer einen Treueeid ablegen, der in seiner ganzen Diktion den Schwur imitierte, den die ersten zwölf Anhänger dem Propheten geleistet hatten. Das Bestreben, die Frühzeit des islamischen Glaubens wiederherzustellen, ging so weit, dass der Mahdi zunächst den Gebrauch von Feuerwaffen mit dem Argument verbot, auch der Prophet habe ohne Gewehre und Kanonen seine Gegner besiegt.

Nach einem weiteren bedeutsamen Sieg über eine 6.000 Mann starke ägyptische Armee am 30. Mai 1882 überstieg die gewonnene Beute alle Vorstellungen der Ansar. Dazu war solch ein Erfolg in der Geschichte des Sudan ohne Beispiel; zwar hatte es immer wieder kleinere Scharmützel mit der Zentralmacht gegeben, doch nie zuvor hatte

jemand die Regierung so offen und erfolgreich herauszu-
fordern gewagt. „Und nun trat ein bettelarmer, frommer,
bisher gänzlich unbekannter Fakir auf, Mohamed Achmed,
und erfocht mit einer Hand voll halbverhungerter, fast
unbewaffneter Anhänger Sieg auf Sieg! Ja, es konnte nicht
anders sein! Er hatte wahr gesprochen! Er musste der erwartete, der von Gott gesandte Meister, el Mahdi el Monteser
sein!" (Slatin *Feuer und Schwert* 1896, 137)

Bisher waren die Aktionen des Mahdi eher von defensi-
ver Natur gewesen; nun aber wendete sich das Blatt. Denn
mit seiner Manifestation als Erlöser war ja die siegreiche
Ausbreitung des Glaubens auf der ganzen Welt verbunden,
ein Ziel, das nur mit kriegerischen Maßnahmen erreicht
werden konnte. Für die einfache Bevölkerung waren seine Direktiven klar verständlich: „Ich bin der Mahdi, der
Nachfolger des Propheten Gottes. Hört auf, den ungläubigen Türken Steuern zu zahlen und lasst jeden, der einen
Türken findet, ihn töten, denn die Türken sind Ungläubige"
(Holt 1970, 59; Übers. JZ).

Die Botschaft wurde freudig umgesetzt, denn sie war
ein Freibrief für Razzien auf allen Außenposten der Ver-
waltungsmacht. In der Nachfolge des Propheten, der Reli-
gionsstifter und Staatsmann in einem gewesen war, gab nun
der Mahdi seinem Gottesstaat eine neue Ordnung. Zentra-
les Dogma war seine von Gott erwählte Rolle als Mahdi:

„Und der Prophet hat viele Male mir kundgetan, wer an
meiner Bestimmung als Mahdi zweifelt, ist ein Ungläubiger
an Gott und seinen Aposteln, und wer mir feindlich gesinnt
ist, ist ein Ungläubiger, und wer mich bekämpft, ist verlassen [von Gott] in Seinen beiden Häusern [der jetzigen und
der zukünftigen Welt], und sein Besitz und seine Kinder
sind Beute der Muslime" (ebd., 109f.).

In seiner Gestalt manifestierten sich alle Zeichen, die
nach den überlieferten Traditionen den wahren Erlöser
bestimmten: Abstammung, Aussehen, Persönlichkeit und
Charakter. Falls nun manche Traditionen einen abweichen-

den Inhalt hatten, so lag hier kein Widerspruch, sondern lediglich eine Fehlinterpretation vor: Gott muss sich nicht an die überlieferten Dogmen der Theologen halten, er ist absolut frei in seinen Entscheidungen und nicht an menschliche Spekulationen über Ankunft und Erscheinen des Mahdi gebunden. So erklärte der Mahdi seine sudanesische Herkunft, die von keiner Überlieferung gedeckt wurde, als ein besonderes Zeichen der Allmacht und Barmherzigkeit Gottes, der gerade hier bei den schwächsten aller Gläubigen seine Größe und Stärke offenbarte.

War einmal die göttliche Bestimmung seiner Mission gesichert, so folgte daraus die Unfehlbarkeit seiner Botschaften und Gebote, die ja nicht Menschenwerk, sondern Offenbarungen Gottes waren. Über zahlreiche Visionen stand der Mahdi als direkter Mittelsmann zwischen Gott und der Menschheit in dauerndem Kontakt zu dem Propheten, der ihm alle Geheimnisse und den Willen Gottes offenbarte. Diese Visionen hatten recht unterschiedliche Inhalte; sie gaben Ratschläge für Kriegszüge wie Regeln für den Alltag, waren daher Legislative wie Judikative in einem. In ihnen vermischten sich banale Anordnungen mit transzendentalen Erfahrungen; sie basierten aber immer auf einem Prinzip: der Nachfolge des Propheten und der Wiedererrichtung der ursprünglichen Gemeinschaft der Gläubigen.

Viele der Gesetze, die der Mahdi erließ, sollten jene überkommenen Sitten abschaffen oder abmildern, die im Gegensatz zur Scharia standen. Ein großer Teil dieser Verordnungen befasste sich mit dem Schicksal der Frauen, deren Alltag nun strikten Regeln unterworfen wurde: Unverschleiert angetroffene Frauen wurden ausgepeitscht; die gleiche Strafe galt für Eltern, deren Töchter jenseits des fünften Lebensjahres unverschleiert angetroffen wurden. Frauen wurde verboten, auf Marktplätze zu gehen oder sich alleine auf Straßen zu begeben – hundert Peitschenhiebe waren die Strafe für dieses Vergehen. Ebenfalls verboten wurde den Frauen und Mädchen das Hüten von Herden oder der Kontakt zu fremden Männern. Männer wiederum, die eine fremde Frau ansprachen, und sei es nur zum Gruß, wurden mit zwei Monaten Fasten und hundert Schlägen bestraft. Bewiesener Ehebruch hatte die Enthauptung des Mannes und die Steinigung der Frau zur Folge. Auch das Tragen von Schmuck oder Amuletten war Frauen wie Männern verboten; der bei einer Hochzeit zu entrichtende Brautpreis wurde begrenzt. Wenngleich diese Gesetze für die Frauen auch eine gewisse Sicherheit in dem revolutionären Chaos darstellten, so wurden doch viele Freiheiten, die sie bei den nomadisierenden Stämmen genossen, deutlich eingeschränkt.

Wie in anderen islamischen Reformbewegungen wurde Genuss von Alkohol und Tabak geächtet; exemplarisch sei hier die visionäre Begründung durch den Mahdi genannt: „Der Prophet informierte mich und sagte: Die Sünde eines Rauchers von Tabak ist schwerer als die eines Trinkers von Wein, denn der Trinker von Wein wird mit achtzig Hieben geschlagen und der Raucher von Tabak wird mit hundert Hieben geschlagen" (Holt 1970, 131; Übers. JZ).

Sklaven, die von der ägyptischen Regierung freigelassen worden waren, wurden wieder in die Unfreiheit zurückgeführt. Musik und Tanz waren geächtet, ebenso lautes Jammern bei Beerdigungen. Gotteslästerung und Unglaube an den Mahdi wurden mit dem Tode bestraft; überführte Mörder wurden ohne große Umstände sofort enthauptet. Den Dieben wurde je nach Umfang ihres Diebstahls Hand oder Fuß abgehackt. Andere Gesetze oder Anordnungen betrafen Landbesitz und Besteuerung. Kein Landbesitzer etwa durfte Pacht für Land erheben, das er nicht selbst bestellen konnte; damit wurde die wirtschaftliche Stellung der Kleinbauern der Nilregion gestärkt. Die Steuererhebung der ägyptischen Verwaltung wurde abgeschafft und durch die *zakah* ersetzt, dem in der Scharia obligatorisch vorgeschriebenen Zehnten zur Unterstützung der Armen, die den Besitz an Vieh und den Ertrag der Ernten besteuerte.

Oberster Richter war der Mahdi selbst; seine Autorität, Streitfälle anzuhören und zu entscheiden, wurde aber oft an vertrauenswürdige Anhänger delegiert. Einzige Richtschnur aller Entscheidungen waren der Koran und die Verkündigungen des Mahdi, die in einem Sammelband, dem Ratib, zusammengefasst wurden. Alle anderen Bücher im Lande wurden verbrannt, ihr Besitz mit dem Tode bestraft. Gefangene Christen wurden vor die Wahl gestellt, zum Islam überzutreten oder zu sterben, lediglich Pater Ohrwalder durfte als katholischer Priester sowohl Leben wie Glauben behalten.

Als auch die Stadt und Festung El Obeid in die Hände des Mahdi fiel, war die ägyptische Regierung endgültig davon überzeugt, dass nur noch eine großangelegte militärische Kampagne die Herrschaft über den Sudan wiederherstellen konnte. Hilfe von den Engländern konnte sie allerdings nicht erhalten, da der liberale Premier Lord Gladstone jede Intervention seiner Regierung ablehnte. Das Oberkommando über das ägyptische Expeditionskorps erhielt William Hicks, ein pensionierter Offizier der indischen Armee, der jedoch keinerlei Erfahrungen im Sudan sammeln konnte. Sein Amt trat er nicht im Auftrag, sondern nur mit Billigung der britischen Regierung an. Der Feldzug gegen den Mahdi stand von Anfang an unter ungünstigen Vorzeichen. Streitigkeiten zwischen Hicks und ägyptischen Offizieren über Taktik und Marschroute und zunehmender Mangel an Verpflegung schwächten Moral und Effizienz der Truppe. Am 5. November 1883, nur drei Tagesmärsche von El Obeid entfernt, kam es zur Entscheidungsschlacht, die mit einer völligen Vernichtung des ägyptischen Korps endete. Nur 250 Soldaten von 10.000 Mann der Armee überlebten, Hicks war unter den Toten.

Der Sieg hatte das Prestige des Mahdi nicht nur im Sudan, sondern in der ganzen muslimischen Welt vermehrt.

Delegationen aus dem Hedschas im Westen des heutigen Saudi-Arabien, aus Marokko, Tunesien und sogar aus Indien erschienen in El Obeid. Wichtiger aber war, dass die ägyptische Verwaltung nun der Expansion des Mahdi keinen militärischen Widerstand mehr entgegensetzen konnte. London lehnte weiterhin ein Eingreifen im Sudan strikt ab, ordnete aber Maßnahmen zur Evakuierung der in Khartum verbliebenen Europäer und Ägypter an. Gladstone reaktivierte daher George Gordon und gab ihm Order, die beste Art einer Evakuierung des Inneren des Sudans zu erwägen. Am 18. Februar 1884 kam Gordon in Khartum an. In einer dramatischen Geste ließ er öffentlich alle Schuldbücher und Peitschen der Steuereintreiber verbrennen und verkündete ein neues Programm, das nun den Sudan den Sudanesen überlassen sollte: Steuern wurden gesenkt, die ägyptischen Truppen sollten abgezogen werden, und selbst Sklavenbesitz war wieder gestattet. Sein eigentliches Ziel aber sah er nun nicht mehr in einer Evakuierung der Stadt, sondern in der Niederwerfung der Mahdi-Rebellion. So schrieb er, in völliger Verleugnung der tatsächlichen Machtverhältnisse, nach Kairo: „Gegenwärtig wird es vergleichsweise leicht sein, den Mahdi zu vernichten" (Holt 1970, 97; Übers. JZ). Doch im März 1884 wurde die Telegrafenlinie nach Ägypten unterbrochen, Khartum war nun von den Mahdisten eingeschlossen und in mehreren Briefen forderte Mohammed Achmed Gordon vergebens zur Kapitulation auf. Als der Wasserstand des Nils sank, beschloss er, die Stadt anzugrei, fen, um so einem britischen Entsatzheer zuvorzukommen.

In den Morgenstunden des 25. Januar 1885, kurz vor der Dämmerung, begann der Angriff auf Khartum. Die Verteidigungslinien waren schnell durchbrochen und binnen weniger Stunden die Stadt erobert. „Khartum war nun vollständig der Gnade der Eroberer ausgeliefert. Die gab es aber nicht. Es war ein langer, heißer Tag voll von erbarmungslosem Morden. Viele Tausende in Khartum wurden geköpft, aufgespießt, durchbohrt und erschossen" (Nicoll

2004, 220; Übers. JZ). Gordon selbst wurde, als er in Generaluniform die Stufen seines Palastes hinabschritt, von Lanzen durchbohrt. Seine Leiche wurde enthauptet, der Kopf auf eine Lanze gespießt und öffentlich ausgestellt, jeder durfte ihn mit Steinen bewerfen.

Mohammed Achmed al-Mahdi befand sich nun auf dem Zenith seiner Macht. Aus einem abgerissenen Sufi-Asket war der Herrscher eines Gottesstaates geworden, dessen Machtstellung sich auch in einem gewandelten Äußeren dokumentierte. Dieses neue Leben in Luxus – allein sein Harem zählte über einhundert Konkubinen, von denen noch heute über sechzig mit Namen bekannt sind – musste für die europäischen Beobachter anstößig wirken, die seine Botschaft allein als Aufruf zur inneren Einkehr begrenzt sehen wollten, aber die wahre Dimension der Stellung eines Mahdi verkannten: Denn wenn die Ankunft des Mahdi Wohlstand unter den Gläubigen versprach, warum sollte er sich nicht zuallererst in seinem Verkünder manifestieren?

Die Einnahme Khartums sollte für den Mahdi nur eine Etappe in der Expansion seines Gottesreiches darstellen. Dem Herrscher von Fez ließ er daher kundtun: „Wisse, dass binnen kurzem, wenn Gott will, ich mit den Anhängern Gottes nach Ägypten kommen werde, denn die Angelegenheit im Sudan ist beendet" (Holt 1970, 115; Übers. JZ). Am 16. Juni 1885 erkrankte Mohammed Achmed plötzlich und zwei Tage später konnte er erstmals nicht mehr das Freitagsgebet anführen. Das Fieber klang nicht ab, und am Vormittag des 21. Juni starb der Mahdi. Die Kürze der Erkrankung führte schnell zu dem Gerücht, eine seiner Konkubinen habe ihn vergiftet. Wahrscheinlicher ist aber, dass er eines natürlichen Todes starb; Slatin vermutete Typhus als Todesursache. Nur wenige Stunden später wurde er an der Stelle, an dem sein Bett stand, begraben. Über dem Grab ließen seine Anhänger eine Kuppel errichten, die lange Jahre als wichtigste Wallfahrtsstätte des Landes galt.

Grabmal des Mahdi.
Illustration von Robert Talbot Kelly, in: Slatin 1896

Der Tod kam überraschend; zwar hatte der Mahdi in groben Zügen die Grundlagen eines neuen administrativen wie legislativen Systems geschaffen, aber der Staat basierte bis dahin allein auf seiner Autorität. Die Frage der Nachfolge wurde indessen von dem Kalifen Abdullah rasch und energisch geklärt. Er war der engste Vertraute des Mahdi gewesen und zugleich oberster Heerführer. Nun ließ er das Volk den Treueeid auf seine Person schwören; Widerstand kam nur von den Verwandten des Mahdi, die schließlich von Abdullah in blutigen Kampagnen ausgeschaltet wurden. Nach der ersten Konsolidierung seiner Macht führte er den Dschihad weiter, bis ihn wirtschaftliche Schwierigkeiten zwangen, die Expansionspolitik zu beenden und den Staat auch im Inneren zu festigen. Insgesamt vierzehn Jahre herrschte der Kalif. Unter seiner Leitung verwandelte sich die mahdistische Theokratie in eine autokratische Monarchie, die Mitte der neunziger Jahre mehr und mehr von den vorrückenden europäischen Mächten bedroht wurde.

Am 12. März 1896 erhielt Horatio Herbert Kitchener, der Sirdar, also Oberbefehlshaber der anglo-ägyptischen Truppen, die Vollmacht zu einem Vorstoß in den Süden. Ursprünglich sollte durch die Eröffnung einer Front im Norden des Mahdi-Staates nur die italienische Expansion im südlichen Eritrea abgesichert werden, aber Kitchener bereitete sorgfältig und überlegt einen Feldzug zur Wiedereroberung des Sudan vor. Um seiner Truppe den Nachschub zu sichern, ließ er eine Eisenbahnlinie durch die nubische Wüste legen und rückte langsam nach Süden vor. Fast drei Jahre dauerte der Feldzug, in dem schließlich die Truppen des Kalifen durch die überlegene Feuerkraft der englischen Armee besiegt wurden. Am 2. September 1898 kam es nördlich von Omdurman zur ungleichen Entscheidungsschlacht, in der binnen einer Stunde die Armee der Mahdisten im Kugelhagel der englischen Maxim-Maschinengewehre niedergemetzelt wurde. Mehr als 9.000 tote Sudanesen lagen auf dem Schlachtfeld, auf britischer Seite aber starben nur drei Offiziere und 25 Soldaten. Zwei Tage später wurden in den Trümmern von Gordons ehemaligem Gouverneurspalast die englische und die ägyptische Flagge gehisst und es wurde ein Gedenkgottesdienst abgehalten.

Der siegreiche Sirdar ließ das Grabmal des Mahdi zerstören, seine Gebeine ausgraben und den Toten postum enthaupten. Die Überreste des Körpers wurden in den Nil geworfen, um, wie Kitchener stolz seiner Königin mitteilte, dem Irrglauben an den Mahdi ein für allemal ein öffentliches Ende zu setzen. Der Schädel indessen wurde in ein Kästchen gepackt und nach London verschickt; dort sollte er nach dem Willen des Feldherrn die Asservatenkammer des Royal College of Surgeons bereichern. „So war es um die Ritterlichkeit der Eroberer bestellt!" (Churchill 2008, 371) In Kairo unterband aber der britische Generalkonsul Lord Cromer den makabren Transfer und ließ den Schädel anonym in der Ecke eines muslimischen Friedhofs in Wadi Halfa bestatten. Jahrzehnte später überflutete der bei Assuan gestaute Nil den Friedhof und vereinte damit symbolisch wieder Haupt und Körper des Mahdis Mohammed Achmed.

Karl Mays Mahdi. Eine literarische Begegnung

Der eroberte oder – je nach Lesart – befreite Sudan erhielt allerdings nicht mehr den politischen Status quo ante, sondern wurde zu einem anglo-ägyptischen Kondominium umgewandelt, in dem Ägypten allenfalls den Part des Juniorpartners erhielt. Regiert wurde das Kondominium von einem britischen Generalgouverneur; auf Kitchener folgte schon 1899 Reginald Wingate, der übrigens nur wenige Monate später den Österreicher Rudolf Slatin zum Generalinspekteur des Sudans ernannte. Die militärische Niederlage der Mahdisten und auch die Zerstörung des Grabmals in Omdurman hatten aber im sudanesischen Volk den Kult um den Mahdi nicht zerstören können. Die Mehrzahl der Gläubigen verhielt sich passiv, las weiter aus dem Ratib, dem Gebetbuch des Mahdi, und praktizierte von ihm eingeführte Riten. Ein kleiner Teil aber leistete immer wieder aktiv Widerstand und so verging zunächst kaum ein Jahr ohne eine lokale, von Mahdisten angezettelte Revolte. Kaum einer dieser Aufstände konnte die Herrschaft des Kondominiums ernsthaft bedrohen, aber die Obrigkeit blieb wachsam und alle wichtigen Posten in der sudanesischen Verwaltung waren anfänglich mit britischen Offizieren besetzt. Damit war im Sommer 1899 der Sudan auch ganz sicher kein Reiseziel für Touristen vom Schlage Karl Mays, der – anders als sein literarisches alter ego Kara Ben Nemsi – den Orient in gebügeltem weißem Anzug, mit Tropenhelm, Leibdiener und üppigem Bankwechsel sowie Baedeker in der Tasche bereiste. Nun war ein Zweck seiner „Grand Tour" die nachträgliche Legitimierung seiner Rolle als weltreisender Abenteurer, und so versandte May immer wieder Karten, in denen er von vorgeblichen Abenteuern schwadronierte. Am 6.6.1899 schrieb er von Assuan aus an den Chefredakteur der *Pfälzer Zeitung*:

Ich gehe jetzt nach dem Sudan. Die Engländer dulden das nicht, darum reite ich als Kara Ben Nemsi meine alten Karawanenwege. Dann will ich über Mekka nach Arabien zu Hadschi Halef und mit ihm durch Persien nach Indien. Sie sehen, daß meine Bücher nicht in meiner Studierstube entstehen [...] (May *Orientreise* 1999, 74; Sudhoff/Steinmetz 2005b, 247).

Realiter betrat jedoch May nie sudanesischen Boden, den er in seinem Mahdi-Roman so kenntnisreich geschildert hatte. Auch als er an Bord des Passagierschiffes „Gera" den Sudan passierte, war ihm der Titelheld der Trilogie keine Erwähnung wert. Dort aber erfuhr er, wie in einem Brief an das befreundete Ehepaar Plöhn geschildert, eine entscheidende Verwandlung:

Es haben mich viele auf dem Schiff lieb gewonnen, obgleich ich jetzt das gerade Gegentheil vom früheren Karl
bin. Der ist mit großer Ceremonie von mir in das rothe
Meer versenkt worden, mit Schiffssteinkohlen, die ihn auf
den Grund gezogen haben. (ebd. 104f.; ebd., 274)

Mit diesem Satz verbalisierte May eine tiefempfundene
Ahnung, dass die Orientreise eine Zäsur, eine Wende in
seinem privaten Leben, aber auch in seinen literarischen
Ambitionen markieren würde. Und zu einem Beweis dieser
grundlegenden Verwandlung wurde auch der Roman *Et in
terra pax / Und Friede auf Erden!*, in dem May seine Orientreise literarisch verarbeitete. Wenn die Mahdi-Trilogie auch
als Auseinandersetzung mit den gewalttätigen Seiten des
Islams gelesen werden kann, so stellte hier May in der
Person des amerikanischen Missionars Waller ein dogma-
tisches und fanatisches Christentum an den Pranger. Und
wenn für ihn im Islam die Erlaubnis zur Sklavenhaltung
ein Hauptkritikpunkt war, so griff er nun den Kolonialismus des Westens an und verurteilte aufs Schärfste die eurozentrische Weltordnung, eine Zivilisation, „die bis auf den
heutigen Tag mit dem Blute ihrer eigenen Brüder" gedüngt
ist und „deren so laut ausposaunte Humanität nichts als
nur der verkappte Egoismus ist" (May *Und Friede auf Erden!*
1904, 172). Begleitet wurde die koloniale Expansion oft
genug von einer religiösen Missionierung, die für andere
Kulturnationen – so May – als ungeheuere Beleidigung gelten musste:

Wer von seiner Religion und von seiner Kulturform behauptet, daß sie die allein seligmachende und er also ein
Auserwählter Gottes sei, der ist eben ein Egoist in der höchsten Potenz, und Religion und Politik sind für ihn nur die
Mittel, seine Selbstzwecke zu erreichen. Als Christ will er
den ganzen Himmel und als Kaukasier die ganze Erde nur
für sich haben. (ebd. 174)

Diese Kritik gilt für alle monopolistischen Religionen, und ersetzt man im letzten Satz das Wort Christ mit Muslim und Kaukasier mit Mahdi, so schließt sich der Kreis: Die Gestalt des sudanesischen Mahdis war für May eine Metapher, sie stand für eine bigotte, ja unmenschliche Religionsausübung, der jegliche Nächstenliebe fehlt und die den Menschen nicht nur äußerlich versklavte.

May hatte mit der Sudan-Trilogie keinen historischen Roman über den Mahdi geschrieben, die beiden Arbeitstitel *Unterm Sclavenjoch* und *Der Sclavenjäger* führten weit besser zum Kern der Handlung. So fiktiv und abenteuerlich die Handlung aber auch war, mit der Schilderung der Sklavenjagden hatte sie einen ganz und gar realen Hintergrund und May ersparte daher dem Leser kein noch so grausames Detail dieser Menschenjagden. Als ideologischen Überbau dieses Genozids deutete er den im Sudan praktizierten Islam, der sich für May in der Gestalt Mohammed Achmed als selbstproklamiertem Mahdi geradezu idealtypisch personifizierte. Bei dieser Typisierung ignorierte er bewusst die wenigen historisch belegten Schilderungen zur Person und zum Aussehen des Mahdi. So war schon 1884 in der *Gartenlaube* ein (aus England übernommenes) Porträt des Mahdi erschienen, das einen würdevollen Mann mit angenehmen, fast milden Gesichtszügen zeigt. Der *Deutsche Hausschatz* übernahm 1891 dieses Porträt und May hatte es sicher gekannt – trotzdem schilderte er den Mahdi als düster-asketischen Fakir mit einem stolzem, fast drohenden Blick. Ähnlich verhielt es sich mit den wenigen Angaben zum Lebenslauf des Mahdi, den May als ehemaligen Sklavenhändler denunziert. Richard Buchta, dessen Werk *Der Sudan und der Mahdi: das Land, die Bewohner und der Aufstand* May ausgiebig als Quelle für seinen Sklavenjägerroman benutzte, hatte eine realitätsnähere und auch wohlwollendere Biografie des frühen Mahdi geschildert: „Mohammed Achmed ist etwa vor 40 Jahren in Dongola geboren, ein schlanker, gut gewachsener Mann von tief

Porträt des Mahdi.
Unbekannter Künstler, in: Die Gartenlaube *1884;*
Deutscher Hausschatz *1891 (seitenverkehrt)*

brauner Gesichtsfarbe, ein echter Nubier und kein Araber Er lebte in seinen jüngeren Jahren im Vereine mit seinen Brüdern als Schiffszimmermann in Chartum. Von dem Wunsche getrieben, ein Fakir zu werden, lernte er als schon Erwachsener lesen und schreiben" (Buchta *Der Sudan und der Mahdi* 1884, 25).

Als im Januar 1887 in dem ersten Lieferungsheft der neu gegründeten Knabenzeitschrift *Der gute Kamerad* Mays Jugenderzählung *Der Sohn des Bärenjägers* ihren Anfang nahm, war von ihm im gleichen Heft unter dem Pseudonym P. van der Löwen auch eine Kurzgeschichte mit dem Titel *Ibn el 'amm* beigegeben. Diese wenig bekannte Erzählung schildert das Schicksal einer Karawane, die von Rakab es Seraf, einem Sendboten des sudanesischen Mahdi geleitet wird und zu Beginn des Morgengebetes plötzlich von drei Löwen angefallen wird. Die gläubigen Muslime vollenden trotz all ihrer Angst zunächst das Gebet, bevor sie zu den Flinten greifen und den Kampf gegen die mörderischen Bestien führen. Nur ein Schwarzer wartete voller Schreck das Ende des Gebets nicht ab, flüchtete und wurde von einem Löwen mit einem einzigen Biss zermalmt. „Als der Mahdi Mohammed Achmet davon hörte, meinte er: ‚Dieser Neger Er Rih ist wie die Luft gewesen, feig und schnell zur Flucht. Er hat sterben müssen, weil er sein Gebet nicht beendete. Er wird beim jüngsten Gericht von der Brücke der Prüfung hinunter in die Hölle stürzen. Rakab es Seraf aber ist ein wackerer Held. Ich werde ihn zum Mulasim [Lieutenant] erheben'" (May [van der Löwen] *Ibn el'amm* 2008, 303).

In dieser Skizze werden der Sendbote des Mahdis als tapferer Mann und sein Gebieter als gerechter, als ein von den Lehren des Islam durch und durch überzeugter Gläubiger gezeichnet – Karl May hätte also die Person und den Charakter des Mahdis auch ganz anders schildern können. Dass er es trotz besseren Wissens nicht tat, unterstreicht die Funktion Mohammed Achmeds als Metapher. Diese gewollt negative Darstellung änderte sich auch 1896 nicht, als May für die Schlusskapitel des dritten Teils die ausführlichen Berichte von Ohrwalder und Slatin zur Verfügung standen, die beide die angenehmen, ja freundlichen Umgangsformen des Mahdis betonten. Zusätzlich wob er in die Erzählung noch einmal einen eigenen Mythos mit ein und berichtete weiter über die Begegnung des kurdischen Wanderpredigers Ssali Ben Aqil mit dem Mahdi:

> Es war da kein Wunder, daß er gegen Mohammed Achmed, welcher zuweilen bei ihm erschien, um Bekehrungsversuche anzustellen, von dieser Liebe sprach und dabei meinen Namen fallen ließ. Die Wirkung war eine für ihn ganz unerwartete. Er hatte angenommen, daß ich dem Mahdi vollständig unbekannt sei, und erschrak gradezu über die Wut, in welche dieser geriet, als er den Namen Kara Ben Nemsi hörte.
>
> „Den kennst du? Den kennst du also auch?" schrie ihn Mohammed Achmed an. „Du bist wohl gar ein Schüler, ein Anhänger, ein Freund von diesem tausendmal in die Hölle verfluchten Hunde?"
>
> „Ja, ich kenne ihn und habe ihn liebgewonnen, denn er ist es, durch den ich die Liebe und Barmherzigkeit Gottes erkannt habe, von der es bei euch keine Ahnung giebt," antwortete Ssali. (May *Im Lande des Mahdi III* 1896, 538)

Es ist also Liebe, die tätige Nächstenliebe allein, die – egal welchem Glauben man angehört – für May die Quintessenz und auch Legitimation einer Religion als wahre Offenbarung Gottes ausmachte. Denn ohne diese Nächstenliebe kann es ja gerade das nicht geben, was Religion „der Menschheit bringen soll, nämlich die Erlösung" (May *Und Friede auf Erden!* 1904, 145).

Dass diese Nächstenliebe häufig auch Christen fehlte, schilderte May in *Und Friede auf Erden!* exemplarisch an dem Missionar Waller. Ihm aber wird Erlösung zuteil, zudem steht ihm in seiner Tochter Mary quasi die Personifikation der Liebe zur Seite. Schon in ihrem ersten Auftreten zu Füßen der großen Pyramide von Gizeh erklärt sie in einem Moment wunderbarster Fiktion Mays schriftstellerisches Leitmotiv:

„Weißt du, Vater, an wen ich jetzt denke?" sagte sie. „An Karl May. Ich habe seine drei Bände ‚Im Lande des Mahdi' gelesen, und – – – "
„Lies nicht das dumme Zeug von diesem May!" unterbrach er sie rasch und schnarrend. „Dieser Schriftsteller hat nichts als Phantasie, und du weißt, daß mir seine weichliche Frömmigkeit widerwärtig ist!" (May *Und Friede auf Erden!* 1904, 15)

Im Dialog mit dem Orient
Interreligiöse Gespräche als Ausdruck des zentralen Konfliktes in Karl Mays Orientzyklus

von Svenja Bach

Karl Mays Erzählungen spielen in einer Vielzahl an Ländern, Kulturen und Religionen, die dem Leser auf unterschiedliche Art und Weise präsentiert werden. Sehr anschaulich, unter dem Deckmantel „Reiseroman" (und ab 1896 „Reiseerzählung"), der seine Werke als selbst erlebte Geschehnisse und Erfahrungen ausgab, schilderte May ferne Länder und Sitten, die in seinen Lesern Fernweh weckten und sie zum Träumen brachten. Seine meist jugendlichen Leser hatten zu Mays Lebzeiten wenig mediale Möglichkeiten, sich über fremde Kulturen zu informieren. Der Informationsfluss war nicht besonders groß und von Vorurteilen gegenüber bestimmten Nationen und Religionen geprägt. Aus eigenem Erleben konnte man im Deutschland des 19. Jahrhunderts nicht so einfach mit anderen Kulturen in Kontakt kommen, wie es heutzutage der Fall ist. Aus diesem Grund nutzte May verschiedene literarische Mittel, um seinen Lesern geschichtliche und geografische Fakten über die Orte zu vermitteln, an denen er sich in Gestalt seiner Alter Egos Old Shatterhand und Kara Ben Nemsi aufhielt.

Der Orient als Raum des muslimischen Glaubens war für May aus verschiedenen Gründen interessant. Die „Orientalische Frage" und der „Kranke Mann am Bosporus" waren Schlagworte, die zu Mays Zeiten jedem ein Begriff waren. Das mächtige Osmanische Reich war im Untergang begriffen und sowohl Russland als auch England versuchten diese Situation für ihre eigenen Interessen auszunutzen. Das Deutsche Reich war für das britische Empire, das Russland einen Zugang zum Mittelmeer verwehren wollte, ein wichtiger Kooperationspartner in der Militärtechnik und strategischen Beratung. Aus diesem Grund entsandten die Deutschen Offiziere ins Osmanische Reich, das im Krim-Krieg (1853–1856) und im russisch-türkischen Krieg (1877–1878) von Großbritannien gegen Russland unterstützt wurde. Auch der im 19. Jahrhundert vorherrschende Eurozentrismus, in welchem der Orient als untergeordnet, rückständig und nicht entwicklungsfähig betrachtet wurde, rückte diesen Raum in den Fokus. Im deutlichen Gegensatz dazu stand die Entwicklung in Kunst und Literatur, in welcher der Orient kulturell zum Objekt romantischer Sehnsüchte und, ähnlich wie Amerika, ein Fluchtort für europamüde Literaturgestalten wurde. Die Länder des exotischen Orients boten eine geeignete Kulisse für die literarisch ausgetragenen Kämpfe zwischen Anspruch und Wirklichkeit. Europäische Verhältnisse schienen dafür viel zu prosaisch und genügten aus diesem Grund nicht als literarische Schauplätze (Syndram 1989, S. 333; zum Islambild im 19. Jahrhundert und seinem historischen Hintergrund vgl. auch Bach 2010, 5-14).

Um den Anschein aufrecht zu erhalten, bei seinen Romanen handele es sich wirklich um Reisebeschreibungen, fügte May seitenweise, teils von ihm neu formulierte, teils wortwörtlich übernommene, Hintergrundinformationen, beispielsweise über die Geschichte von Land und Leuten, in seine Texte ein. Diese hatte er zuvor selbst in Lexika, Reiseberichten und sogar Märchen gefunden (zu den Quellen Mays vgl. Bach 2010, S.14-20, Schweikert 1995; 2009). So leitet er sein sechstes Kapitel „In Damaskus" in *Von Bagdad nach Stambul* folgendermaßen ein:

> „Sei mir gegrüßt, Damask, du Blumenreiche, du Königin der Düfte, du Augenlicht des Weltantlitzes, du Jungfrau der Feigen, du Spenderin aller Freuden und du Feindin alles Kummers!" So begrüßt der Wanderer Damaskus, wenn er droben am Kubbet en Nassr steht, deren Moschee sich wie eine weit in das Land hinaus schauende Warte auf dem Dschebel Es Salehiëh erhebt. Diese Kuppe Es Salehiëh bie-

tet unbestreitbar einen der herrlichsten Aussichtspunkte der Erde. Im Rücken liegen die malerischen Berge des Antilibanon, deren Mauern sich hoch gen Himmel erheben, und vor dem Blicke breitet sich die von der Natur zum Paradies geschaffene und von dem Moslem hochgepriesene Ebene von Damaskus aus. Zunächst dem Gebirge liegt El Ghuta, die meilenweite, mit Fruchtbäumen und den herrlichsten Blumen dicht besetzte Ebene, bewässert und erquickt durch acht Flüßchen und Bäche, von denen sieben Zweige des Flusses Barrada sind. Und hinter diesem Gartenringe erglänzt die Stadt, von den Arabern ‚Schamm' genannt, wie eine Wahrheit gewordene Fata Morgana des sich nach Labung und Erquickung sehnenden Wüstenpilgers. [...] (May *Von Bagdad nach Stambul* 1892, 348)

Auf diesen kurzen Abschnitt folgen drei Seiten Erläuterung zur Bedeutung von Damaskus, der Mentalität der Bewohner, der Geschichte der Stadt und den „heutigen" Begebenheiten. Um diese Exkurse dem Stil der Bücher anzupassen und gleichzeitig den Eindruck zu erwecken, es handele sich um durch lange Reisen erworbenes Wissen, nutzte May besonders bei den Beschreibungen einen „blumigen Schreibstil", den man auch heute noch als „orientalisch" empfindet, angereichert mit arabischen Fremdwörtern und Namen, die diesen Eindruck noch verstärken.

Märchenadaptionen, wie die Geschichte der Rettung des Mädchens Senitza durch Kara Ben Nemsi (May *Durch Wüste und Harem* 1892), die sich an Wilhelm Hauffs Märchen *Die Errettung Fatmes* (1826) anlehnt, und die immer wieder eingeflochtenen Hinweise auf die Märchen aus *Tausend und einer Nacht* (1823–24), trugen entscheidend dazu bei, dass Mays Schilderungen des Orient als glaubwürdig empfunden wurden. So heißt es beispielsweise:

Als die Dämmerung hereinbrach, leierten sie ihr Gebet ab und rückten dann dem Feuer näher, um sich ihre Märchen aus ‚Tausend und eine Nacht' zum tausend und ersten Male zu erzählen. (May *Von Bagdad nach Stambul* 1892, 222)

Sehr bewusst bezog sich May auf bekannte Werke und weckte Erinnerungen an die vertrauten Beschreibungen, um die Erwartungen seiner Leser zu erfüllen. Auf diese Weise konnte er Sachinformationen, die er aus Lexika entnommen hatte, mit der erwarteten orientalischen Romantik verknüpfen.

Welches Ziel May mit seinen Büchern erreichen wollte, formulierte er selbst folgendermaßen:

> Und über die Undankbarkeit des Abendlandes gegenüber dem Morgenlande, dem es doch seine ganze materielle und geistige Kultur verdankt, machte ich mir allerlei schwere Gedanken. Das Wohl der Menschheit will, daß zwischen beiden Friede sei, nicht länger Ausbeutung und Blutvergießen. Ich nahm mir vor, dies in meinen Büchern immerfort zu betonen und in meinen Lesern jene Liebe zur roten Rasse und für die Bewohner des Orientes zu erwecken, die wir als Mitmenschen ihnen schuldig sind. Man versichert mir heut, dies nicht etwa bei nur Wenigen, sondern bei Hunderttausenden erreicht zu haben, und ich bin nicht abgeneigt, dies zu glauben. (May *Mein Leben und Streben* 1910, 147)

Um dieses Ziel zu erreichen, genügte es jedoch nicht, seine Leser mit Fakten über die fremden Länder und Kulturen zu versorgen. Vielmehr wollte May in ihnen Emotionen wecken, die sie für die Informationen offen machten und für seine Botschaft einnahmen. In diesem Zusammenhang kommt den Dialogen zwischen den Romanfiguren eine zentrale Rolle zu. In ihnen konnte May fremdsprachliche Begriffe und Fachausdrücke einbauen, um beim Leser durch ihre Lebendigkeit und den verstärkten Realitätscharakter den Eindruck zu erzeugen, mit Kara Ben Nemsi wirklich den Orient zu bereisen. Vor allem aber kann sich der Leser mit den Figuren identifizieren oder sie erregen seine Abneigung. Dialoge ermöglichen es, „Charakterzeichnung und Handlung gleichzeitig zu bewältigen" (Stein 1997,

166). Wichtig an Dialogen ist deshalb nicht nur ihr Inhalt, sondern das, was uns die Art zu sprechen, die Ausdrucksweise und der Sprachstil über den Charakter des Sprechers und seine Rolle im Handlungsverlauf verraten. Denn diese haben Einfluss darauf, wie der Leser das, was die Figur sagt, bewertet. Deshalb stellen die Dialoge zwischen Mays Figuren das wichtigste Mittel dar, um Informationen zu vermitteln, Interesse an fremden Kulturen zu wecken, aber auch die Einstellungen zu diesen Kulturen zu lenken.

Christentum, Islam und der Unterschied zwischen den beiden Religionen sind die zentralen Konflikte, welche den Orientzyklus bestimmen, den roten Faden bilden und die sechs Bände miteinander verbinden. Egal, welche Länder Kara Ben Nemsi bereist, solange er sich im Orient als islamischem Raum befindet, bleibt dieser Dualismus, den May immer wieder hervorholen kann, bestehen. Das Thema ergibt sich ganz selbstverständlich aus dem Konflikt, der dem Protagonisten Kara Ben Nemsi immer wieder begegnet.

Im Bezug auf die Informationen, die May über den Islam und das Christentum als dessen Gegenpart den Lesern zur Verfügung stellt, um diese für das Thema zu sensibilisieren, sind vor allem die interreligiösen Gespräche seiner Figuren wichtig.

Unter den Figuren, mit denen sich Kara Ben Nemsi über Religion unterhält, finden sich zwar nicht nur Muslime, sondern auch christliche Helden und Schurken. Im Folgenden werden jedoch nur Dialoge zwischen dem Christentum und dem Islam, vertreten durch Kara Ben Nemsi als dem Protagonisten des Orientzyklus und verschiedenen muslimischen Gesprächspartnern näher beleuchtet. Hierbei gilt es herauszufinden, welcher Figur der Autor Karl May – der von sich selbst lange Zeit behauptete, Kara Ben Nemsi zu sein – welche Worte über Religion, Kultur und Wertevorstellungen in den Mund legt, und welche Effekte mit eben diesen Dialogen beim Leser erzielt werden können. Dazu soll jedoch keine ausführliche Analyse sprachlicher Stilmittel erfolgen, sondern es werden die Figuren betrachtet, die May seinen Lesern als Helden und Schurken präsentiert, und gezeigt, welche Effekte er durch die Gesprächsverläufe zwischen den einzelnen Figuren erzielt und welche Rolle die Religion dabei spielt. Dabei gilt es zu beachten, dass der gesprochene Dialog nicht vollständig von der Schilderung des Handlungsablaufs und den Personenbeschreibungen getrennt werden kann, da diese immer wieder Einfluss auf den Dialog haben. Auch Kara Ben Nemsis Gedanken, in denen er bestimmte Aussagen seines Gegenübers bewertet, sind für den Leser wichtige Informationen und müssen daher in diesem Kontext mitberücksichtigt werden.

Der Orientzyklus wird als Grundlage genutzt, da es sich zum einen um die bekanntesten Orientbände Mays handelt und zum anderen in ihm Mays Vorstellungen vom Christentum und vom Islam nicht nur klar zum Ausdruck kommen, sondern auch besonders stark in den Handlungsablauf integriert sind. Im Unterschied dazu steht in Mays Wild-West-Romanen das Thema Religion nicht als zentraler Konflikt im Vordergrund. Zwar nutzt May auch hier Religion, um Figuren zu charakterisieren, doch insbesondere im Gegensatz von ‚Bleichgesichtern‘ und Indianern ist Religion nicht der entscheidende Faktor, der die Gegner voneinander trennt. Dies lässt sich sicher auch damit erklären, dass es sich bei der Religion der Indianer um eine Naturreligion handelt, deren Inhalte mündlich überliefert wurden und im 19. Jahrhundert noch wenig erforscht waren, sodass May Details über den eigentlichen Glauben nicht in dem Maße bekannt waren wie beim Islam. In den Orient-Romanen konnte er hingegen auf den Koran als Grundlage für sein Wissen über die fremde Religion und eine lange und gut dokumentierte Geschichte zwischen Orient und Okzident zurückgreifen (zur Religion in Mays Reiseromanen vgl.: Gross 1999; Erhardt/Eißler 2012; vgl. auch die einschlägigen Beiträge in Sudhoff 2003 und Lorenz 2013).

Da der Orientzyklus dank des christlichen Protagonisten Kara Ben Nemsi und seiner überwiegend muslimischen Gesprächspartner eine große Anzahl interreligiöser Gespräche enthält, die sich zudem sehr oft mit den Unterschieden und Gemeinsamkeiten in Kultur und Religion befassen, musste eine Auswahl an Gesprächen getroffen werden, die näher beleuchtet werden sollen. Hierzu wurden die Personen betrachtet, mit denen Kara Ben Nemsi diskutiert, und unter diesen einige Gegner und Freunde ausgewählt, die sich aus unterschiedlichen Anlässen mit dem Protagonisten über Religion unterhalten. Zu Wort kommen sollen beispielhaft als Feinde Kara Ben Nemsis der Schut und die Aladschy Bybar und Sandar sowie seine Freunde und Weggefährten Amscha, Schimin und Hadschi Halef Omar. Die Reihenfolge der Gesprächsbetrachtungen ist nicht chronologisch, da nicht die Entwicklung der Figuren im Werk, sondern die Verwendung von Religion in den Gesprächen im Fokus stehen soll. Es geht darum, wie May mit den Aussagen der Figuren Emotionen beim Leser erzeugt, indem er seine Figuren unterschiedlich auf den religiösen Konflikt innerhalb des Orientzyklus reagieren lässt. Im Vordergrund steht bei der Analyse der Dialoge Mays Verwendung der Gespräche zur Aufrechterhaltung des zentralen religiösen Konfliktes im Orientzyklus (zur Theologie in den interreligiösen Gesprächen in Mays Werk vgl. Höbsch 2013).

Wortwechsel mit Feinden

Der Schut

Der größte Feind Kara Ben Nemsis im Orientzyklus ist zweifellos der Schut, der mehr oder weniger unerkannt als reicher persischer Pferdehändler Kara Nirwan in Rugova lebt. Auch wenn er erst im letzten Band des Zyklus selbst in Erscheinung tritt, wird der Leser bereits in den vorangehenden Bänden darauf vorbereitet, dass er es mit dem „größte[n] Bösewicht der Erde" zu tun hat (May *Der Schut* 1892, 384). Er ist der Kopf der Verbrecherbande, die Kara Ben Nemsi auf seiner Orientreise verfolgt. Interessant ist, dass bereits Kara Ben Nemsis erste Beobachtung des Schut eine Aussage über dessen Religion beinhaltet: „Er trug die Tracht der mohammedanischen Skipetaren [...]" (ebd., 387). Karl May, der seine Bücher für ein christliches Publikum schrieb, erreichte mit dieser Beschreibung bereits eine Abgrenzung des Lesers von der beschriebenen Figur.

Allerdings spielt für May die Religion seiner Helden und Schurken bei ihrer Charakterisierung grundsätzlich keine Rolle. In den Reihen des Schut finden sich ebenso wie unter Kara Ben Nemsis Freunden Christen und Muslime gleichermaßen. Nina Berman stellte im Orientzyklus eine „Hierarchie der Völker" fest, bei der sowohl muslimische Völker in den oberen Rängen, wie christliche Völker auf den hinteren Plätzen zu finden sind (Berman 1997, 115-145). Und immer wieder betont auch der Protagonist des Orientzyklus: „Es gibt gute und böse Menschen überall, also auch unter den Christen und unter den Moslemin" (May *In den Schluchten des Balkan* 1892, 278; außerdem: *Durchs wilde Kurdistan* 1892, 605; *Durch das Land der Skipetaren* 1892, 410; *Der Schut* 1892, 623). Jedoch nutzt May die religiösen Unterschiede immer wieder in den Dialogen, besonders natürlich in denen mit Kara Ben Nemsis Feinden, um die Figuren voneinander durch den zentralen religiösen Konflikt abzugrenzen.

Im folgenden Wortwechsel, zu dem es bei der ersten Konfrontation der beiden Figuren kommt, ist es der Schut, der versucht, Kara Ben Nemsi zu diffamieren, weil dieser ein Christ ist: „Du bist ein Giaur aus Germanistan, den wir bald kleinmütig machen werden" (May *Der Schut* 1892, 393). Auf diesen Angriff kontert der sonst sehr gelassene Kara Ben Nemsi in einem für ihn untypisch harschen Tonfall: „Und du bist ein Schiit aus Persien, welcher Hassan und Hosseïn verehrt. Nenne dich also ja nicht einen Rechtgläubigen und bringe das Wort Giaur nicht noch einmal, sonst bekommst du eine solche Ohrfeige wie der Stareschin!" (ebd., 393) Mit diesen Worten schafft er es, den Schut vor den umstehenden Zuhörern herabzusetzen. Es reicht dazu schon das eine Wort: „Schiit" – eine Bezeichnung, die für die sunnitische Bevölkerung im Umfeld des Schut nicht weniger beleidigend wirken musste als „Christ". Kara Ben Nemsi reagiert also auf die Beleidigung des Schut seinerseits mit einer Beleidigung. Der Wortwechsel findet kurz vor dem Ende des Orientzyklus statt und ist besonders bemerkenswert, da May zuvor nicht ausführlich auf den Unterschied zwischen Sunniten und Schiiten eingeht. Immer ist allgemein von „Muslimen" oder „Mohammedanern" die Rede. Doch hier legt der Autor seinem Protagonisten bewusst dieses Wort in den Mund, um den „größten Bösewicht der Welt" von seinen eigenen Männern abzugrenzen. Nur wenige Zeilen später wiederholt er noch einmal: „Ja, dieser Schiit Nirwan ist der Schut. [...]" (ebd., 394), womit er erneut die Stärke seiner eigenen Position hervorhebt. Seine Überlegenheit beruht nicht nur auf dem Wissen, welches Kara Ben Nemsi über seinen Gegner hat, sondern auch darauf, dieses Wissen durch seine geschickte Wortwahl im verbalen Schlagabtausch so einzusetzen, dass der Schut bei den Umstehenden an Unterstützung verliert. Interessant ist hierbei, dass der Schut durch sein Wissen über Kara Ben Nemsi seine Identität ungewollt verrät und das eingesetzte Wissen bei ihm zu einer Schwächung seiner Position führt. So betont Kara Ben Nemsi: „Woher weißt du, daß ich ein Fremder aus Germanistan bin? Du hast dich durch dieses Wort verraten. Deine Rolle als Schut ist in diesem Augenblick ausgespielt!" (ebd., 393-394) In der Konfrontation der beiden Figuren behält Kara Ben Nemsi, der eine Verkörperung des christlichen Ideals darstellt, wie vom Leser bereits zu erwarten war, von Beginn an die

Oberhand. Ein wenig erstaunen dürfte ihn allerdings, dass der schreckliche Bösewicht, der eigentlich als gefährlicher Widersacher zu erwarten war, sich als wenig überzeugender Gegner entpuppt. Er wagt es nicht einmal, sich allein seinem Kontrahenten zu stellen, sondern erbittet stattdessen die Hilfe seiner umstehenden Landsleute gegen den Andersgläubigen:

> „Allah, Allah! Das soll ich hören und dulden! Ich soll ein Räuber und Mörder sein! Frage die Leute, welche deine Lügen hören! Sie werden dir sagen, wer ich bin. Und wenn du fortfährst, mich in einer so frechen Weise zu beschuldigen, so werden sie das nicht dulden, sondern mich beschützen. Nicht wahr, das werdet ihr, ihr Männer und Einwohner von Rugova? Könnt ihr ruhig zusehen, daß ein Fremdling, ein Christ, es wagt, mich, der ich der Wohltäter so vieler bin, in dieser Weise zu beschuldigen und anzuklagen?" (ebd., 395-396)

Durch seine zweifache Anrufung Allahs ruft er den Umstehenden ins Gedächtnis, dass er, so wie sie, ein wahrer Gläubiger sei und versucht dadurch die Ausgrenzung rückgängig zu machen. Dies verstärkt er weiterhin durch seine direkte Anrede an die Umstehenden. Gezielt versucht er einen Antagonismus zwischen den Dorfbewohnern und dem Fremden hervorzurufen, indem er die religiöse Seite des Streits betont und hiermit seinerseits versucht Kara Ben Nemsi auszugrenzen. Dies ist der erste Schritt seiner Verteidigung. Gleich darauf geht er zum verbalen Gegenangriff über, bezeichnet Kara Ben Nemsi als Lügner, steigert seine Anschuldigungen, indem er sich über dessen Aussagen empört und Kara Ben Nemsi anschließend als Christen bezeichnet, um die Zuhörer gleich darauf noch einmal daran zu erinnern, dass er nicht nur unschuldig, sondern außerdem ein Wohltäter sei. Doch auch diese Redestrategie kann Kara Ben Nemsi abwehren, indem er in seiner Erwiderung den Religionsfrieden zwischen Christen und Moslems beschwört und dadurch die Zuhörer sofort auf die Seite der Christen zieht:

> „Ist es Schimpf, ein Christ zu sein? Wohnen nicht grad hier in Rugova Bekenner des Islam und der Bibel friedlich beisammen? Sehe ich nicht hier Leute stehen, welche den Rosenkranz umhängen haben, die also Christen sind? An diese Leute wende ich mich, wenn Kara Nirwan sich auf die Mohammedaner stützt. Was ich ihm vorgeworfen habe, ist alles wahr; ich werde es beweisen. Und nun hört noch das letzte, das ärgste! Der Perser ist der Schut, verstanden, der Schut! Auch das kann ich euch beweisen, wenn ihr es ruhig anhören wollt." (ebd., 397)

Während der Schut nur ganz allgemein die Anschuldigungen gegen ihn als Lügen zurückweist und sich auf seinen vermeintlich guten Ruf als Wohltäter stützt, kann Kara Ben Nemsi ihn auch hier wieder mit Argumenten ausstechen. Dies erreicht er nicht zuletzt dadurch, dass er die Rhetorik des Schuts, seine rhetorischen Fragen und die direkte Anrede der Umstehenden aufnimmt. In ihnen macht er den Zuhörern nicht nur klar, dass es in der Auseinandersetzung nicht um eine Frage der Religion geht – er will sie auch davon überzeugen, dass es sich bei Kara Nirwan eben nicht um einen harmlosen Pferdehändler und Wohltäter, sondern um den Schut handelt.

Auch wenn Religion nicht das eigentliche Gesprächsthema ist, so spielt sie doch eine wichtige Rolle, da die Religionszugehörigkeit von den Figuren im Gesprächsverlauf zur Rechtfertigung für ihr Verhalten eingesetzt wird. Der Schut versucht zu Beginn des Gesprächs Kara Ben Nemsi zu beleidigen und ihn herabzusetzen, indem er ihn als Christen bezeichnet, was ihn in den Augen der Muslime zu einem Ungläubigen und damit zu einem niedrigeren Menschen machen soll. Dieses Argument fruchtet jedoch nicht, da es mit Leichtigkeit von Kara Ben Nemsis Feststellung ausgestochen wird, dass es sich beim Schut um einen Schiiten handelt – so als würde diese Bezeichnung einen „schlechteren" Muslim beschreiben. So führt der verbale Schlagabtausch in die Mitte des religiösen Konflikts.

May nutzt an dieser Stelle, wie schon öfter zuvor im Orientzyklus, die Religion als eine Möglichkeit, um die Unterschiede zwischen seinen Figuren deutlich zu machen. Natürlich muss Kara Ben Nemsi aus den Wortgefechten, in denen man ihn abfällig als Christen bezeichnet, als Sieger hervorgehen. Nicht nur, weil er der Held des Zyklus ist, sondern auch um das christliche Publikum zufriedenzustellen, welches sich dem Islam überlegen wähnte. Jedoch macht May auch hier durch seinen Protagonisten deutlich, dass nicht die Religion den Charakter verdirbt und aus diesem Grund ein Mensch böse Taten begeht. Seine Betonung liegt gegen Ende des Gesprächs nicht darauf, den Schut als bösen Muslim darzustellen. Stattdessen spricht er aus, was seine Zuhörer eigentlich, jenseits der Religion, bedenken sollen: „Und nun hört noch das letzte, das ärgste! Der Perser ist der Schut, verstanden, der Schut!" (ebd., 397) Zwei Ausrufezeichen markieren das, was hier als entscheidendes Argument hervorgebracht werden soll: Das Schlechte an Kara Nirwan ist nicht seine Religion, das Schlechte sind die Verbrechen des Schut. So kann May zeigen, dass Menschen nur nach ihrem Charakter und ihren Taten zu beurteilen sind. Dass dies die richtige Strategie ist, zeigt Kara Ben Nemsis Sieg über den Schut, der unterliegen muss, da er versucht, sich mit Vorurteilen gegenüber Christen vor einer Verhaftung zu retten.

Der Schut ist, obwohl er dem sechsten Band des Orientzyklus seinen Namen gibt, eine sehr blasse Figur, der nur ein kurzer literarischer Auftritt vergönnt ist. In keinem Sinne ist er Kara Ben Nemsi gewachsen, daher erfährt man in dieser Konfrontation nur wenig über das Verhältnis von Islam und Christentum im Orientzyklus. Dennoch passt der Wortwechsel in die Analyse von interreligiösen Gesprächen. Auch wenn in den vergleichsweise wenigen Sätzen, die der

Schut sprechen darf, kaum etwas über ihn selbst verraten wird, so trägt gerade das Aufgreifen des zentralen Konfliktes entscheidend zur positiven Charakterisierung Kara Ben Nemsis bei. Nicht einmal im Angesicht seines ärgsten Feindes fällt dieser aus der Rolle, sondern vertritt seine christlichen Ideale souverän und vor allen Dingen friedlich. Bereits durch ein Wortgefecht kann er den Gegner so unter Kontrolle bringen, dass Handgreiflichkeiten fast nicht mehr nötig sind. Mit wenigen Sätzen zeigt May den guten Charakter Kara Ben Nemsis und verstärkt damit noch einmal dessen Glaubwürdigkeit und seine Eignung als christliches Ideal.

Die beiden Aladschy (Bybar und Sandar)

Die beiden Brüder Bybar und Sandar gehören zur Bande des Schut und sind unter dem Namen Aladschy weithin gefürchtet. Bevor Kara Ben Nemsi auf die beiden trifft, erfährt er bereits von ihrem fürchterlichen Ruf:

> „Es sind die schlimmsten Skipetaren, die es giebt; zwei Brüder von riesiger Gestalt, deren Kugeln niemals fehl gehen und deren Messer stets die Stelle treffen, nach welcher sie gerichtet sind. […]" „Und warum nennt man sie Aladschy?" „Weil sie zwei Schecken reiten, Pferde, welche den Teufel ebenso im Leib haben, wie ihre Herren. Sie sollen am dreizehnten Tag des Monats Moharram geboren sein; das ist der Tag, an welchem der Teufel aus dem Himmel verstoßen wurde. Ihre Herren geben ihnen täglich ein vollgeschriebenes Blatt des Kuran im Futter zu fressen; darum sind sie unverwundbar, schnell wie der Blitz, gegen jede Krankheit gefeit und thun niemals einen Fehltritt."
> (May *Durch das Land der Skipetaren* 1892, 60-61)

Diese Beschreibung der beiden Schurken weist sie, schon bevor Kara Ben Nemsi ihnen zum ersten Mal begegnet, als Muslime aus, deren Religion sich jedoch auf magische Praktiken beschränkt. Im Verlauf der Handlung gelingt es Kara Ben Nemsi und seiner Gruppe, für sich scheinbar selbst ebensolche ‚Superkräfte‘ zu erlangen, also kugelfest zu werden. Mit selbst hergestellten Platzpatronen täuschen die Gefährten ihre Kugelfestigkeit vor (May *Durch das Land der Skipetaren* 1892, 63-114). So sind bei seinem Aufeinandertreffen mit den beiden Brüdern die Kräfte mehr als ausgeglichen. Da Kara Ben Nemsis Fertigkeiten sich nicht nur auf Gerüchte stützen, sondern vor Zeugen belegt sind, übertrifft er die Aladschy sogar.

Das Gespräch zwischen ihm und den Brüdern entspinnt sich unter besonderen Bedingungen, da Kara Ben Nemsi den Aladschy in Verkleidung begegnet. Um die beiden zu täuschen und in Sicherheit zu wiegen, hat sich der Christ Kara Ben Nemsi in einen Scherif, einen muslimischen Gelehrten, verwandelt. Infolgedessen sind sich die Brüder der Tatsache, dass sie mit einem Andersgläubigen sprechen, gar nicht bewusst. Da bereits ihre Verwendung des Koran als „Pferdefutter“ zeigt, wie sie zu ihrer Religion stehen, überrascht den Leser die Respektlosigkeit nicht, mit der sie dem Scherif schon im ersten Satz des Dialogs begegnen: „‚Dur – halt!‘ begann der eine, indem er gebieterisch die Hand erhob. ‚Willst du nicht ein Gläschen Rak mit uns trinken?‘“ (ebd., 124f.) Der Leser weiß natürlich, dass die Gebote des Korans den Alkoholgenuss verbieten. Kara Ben Nemsi, der bereits mehrfach beweisen durfte, wie groß sein Wissen als Christ über den Koran ist – oft größer als das der geschilderten Muslime –, weist die beiden auf ihr Fehlverhalten hin. Dennoch bringen sie, die sich als „fromme Söhne des Propheten“ (ebd., 125) bezeichnen, den vermeintlich naiven Scherif mit Spitzfindigkeiten dazu, ebenfalls eine Sünde zu begehen und den Raki zu trinken:

„[…] Du bist ja Scherif, und von euch kommt keiner in die Hölle. Aber du wolltest uns doch aus derselben erlösen und uns erklären, daß der Raki verboten ist.“ „Das ist er auch, und zwar streng." „Und das steht im Kuran?" „Gewiß und wahr." „Hat es denn, als der Prophet die Offenbarungen erhielt, schon Raki gegeben?" „Nein, denn davon steht in keiner Welt- und Naturgeschichte ein Wort geschrieben." „So kann er also auch nicht verboten worden sein." „O doch! Das betreffende Wort lautet nämlich: ‚Kullu muskürün haram' – alles, was trunken macht, ist untersagt, ist verboten, ist verflucht. – Also ist auch der Raki verflucht." „Er macht uns aber nicht trunken!" „Wohlan, so ist er euch auch nicht verboten." „Und der Wein ist uns gleichfalls nicht gefährlich." „So genießt ihn mit Andacht und in bescheidener Menge." „Das ist gut! Das hört man gern! Du scheinst kein übler Ausleger zu sein. Wirst du denn betrunken vom Raki?" „Wenn ich nur wenig trinke, nicht." „Und was nennst du wenig?" „Einen Fingerhut voll, mit einer solchen Flasche Wassers verdünnt." Ich zeigte auf die große, dicke Schnapsflasche, welche vor uns stand. „Ja, dann kannst du allerdings nicht berauscht werden. So will ich dir Wasser holen, und dann trinkst du mit uns." (ebd., 127f.)

Für den Christen Kara Ben Nemsi spielt der Alkoholgenuss natürlich keine Rolle. Dass jedoch der Scherif in diesem Wortwechsel, der an Ironie kaum zu überbieten ist, dazu gebracht wird, lässt am Charakter der Aladschy keinen Zweifel aufkommen. Da sie mit ihrem raffinierten Trick sogar einen Scherif dazu bringen, gegen die Gebote des Koran zu verstoßen, scheint es, als könne man ihnen alles zutrauen, was sie für Kara Ben Nemsi zu gefährlichen Gegnern macht.

Kara Ben Nemsi weist in seiner Rolle als Scherif seine nicht besonders religiösen Gesprächspartner auf verschiedene Gebote des Islam hin, einerseits um die Verkleidung als Glaubensgelehrter plausibel zu machen, andererseits um die beiden zu einer Reaktion zu provozieren. So spricht er die Schicksalsgläubigkeit der Muslime an, wenn er auf die Frage der Aladschy nach seinem verletzten Bein sagt: „Nein. Es ist mein Kismet" (ebd., 126), und später, nach seiner

Furcht vor den Skipetaren gefragt erklärt: „Warum sollte ich mich fürchten? Könnten sie mir etwas anderes thun, als was mir bereits vorher bestimmt wäre!" (ebd., 129f.) Die Reaktion der Aladschy gibt abermals Aufschluss über ihren Charakter. Sie behaupten, Einfluss auf das Schicksal des Scherifs zu nehmen, was in diesem Zusammenhang eine Form der Hybris darstellt. Scheinheilig fragen sie Kara Ben Nemsi: „Hm! Du reisest ja nach dem Land der Skipetaren. Wenn dich nun ein solcher Räuber überfällt?" (ebd., 130) Während sie das fragen, haben Sie den Plan eigentlich schon gefasst, den Scherif zu überfallen. Der kann sich jedoch mit seinem nächsten Hinweis auf ein Gebot des Islam – die Mildtätigkeit – retten, da er zeigen kann, dass er kein Geld besitzt, jedoch dank der Mildtätigkeit der Menschen einem armen Scherif gegenüber keine Not leiden muss:

> „Da können sie sich bei dir allerdings nicht viel holen, aber du mußt doch auf der Reise Geld haben!" „Geld? – Wozu?" „Nun, um leben zu können." „Dazu brauche ich nichts. Hat der Prophet nicht befohlen, gastfreundlich zu sein?" „Ah, du bettelst?" „Betteln! Willst du einen Scherif beleidigen? Speise, Trank und ein Nachtlager finde ich überall." (ebd., 130)

Die Bezeichnung des Annehmens von Gastfreundschaft als „Betteln" soll den Scherif herabsetzen. Zugleich werden die beiden noch unsympathischer, denn es ist offensichtlich, dass die beiden von Mildtätigkeit nicht viel halten. Wie wenig ihnen Religion wirklich bedeutet, wird deutlich, wenn der Scherif von der neu gewonnenen Kugelfestigkeit der Gefährten Kara Ben Nemsis berichtet, als die Schurken versuchen, ihn – nicht besonders diskret – nach den neuesten Informationen auszuhorchen:

> „Sie mögen so stark sein, wie sie wollen: diesen vier Männern können sie nichts anhaben, weil dieselben kugelfest sind." „Kugelfest? Verflucht! Ich habe niemals daran

geglaubt und es stets für ein albernes Märchen gehalten, daß sich ein Mensch kugelfest machen könne. Hast du es aber auch genau gesehen?" „Sehr genau; ich stand unmittelbar dabei." „Die Kugeln trafen nicht? Und der Mensch fing sie sogar auf?" „Mit der Hand. Dann, als abermals mit denselben Kugeln geschossen wurde, durchbohrten sie das Brett." „Es ist kaum glaublich!" „Aber über fünfhundert Menschen waren dabei, haben es gesehen und sich die Kugeln geben lassen." „Dann muß man es freilich glauben. Wenn ich das Kunststück auch machen könnte, ich verzehrte alle Tage einen ganzen Kuran." (ebd., 134)

Ursprünglich war es ja die Idee der Aladschy, zu verbreiten, ihre Pferde würden durch Verzehr des Korans unverwundbar. In dieser Idee zeigt sich einerseits die Missachtung der Brüder gegenüber dem Koran, andererseits eine vorgetäuschte Gläubigkeit im Vertrauen auf die Wirkung der verfütterten Koranseiten. Dass es sich nur um eine Geschichte handelte, welche die Bevölkerung einschüchtern und deren Leichtgläubigkeit ausnutzen sollte, wird offensichtlich, wenn sie sagen, sie hätten niemals an diese „Wirkung" des Korans geglaubt. Da die Kugelfestigkeit bei ihren Gegnern jedoch vor Zeugen bewiesen wurde, wie der Scherif von Kara Ben Nemsi zu berichten weiß, kehrt sich die Geschichte gegen die beiden Schurken, die nun widerwillig zugeben, dass ein wenig mehr Glaube ihnen womöglich hilfreich sein könne.

Sie suchen daraufhin nach einer anderen Möglichkeit, an das Geheimnis der Kugelfestigkeit zu gelangen. Sie erläutern dem Scherif die Möglichkeit, den Gefährten aufzulauern, um das Geheimnis aus einem der Helden herauszupressen (vgl. ebd., 134). Der Scherif weist zwar darauf hin, dass dies aufgrund der besonderen Unverwundbarkeit schwierig werden könne, aber die beiden schmieden blitzschnell einen Plan, um den Gefährten heimlich aufzulauern. Für den naiven Scherif haben sie auch gleich die passende Ausrede bereit:

„[...] Aber auch ich bin überzeugt, daß ihnen nichts geschieht, zumal wir ihnen beistehen würden.' ‚Ihr wollt dies wirklich tun?' fragte ich gemächlich. ‚Warum zweifelst du? Wir sind ihnen von Radowitsch aus entgegen geritten, wir wollen sie empfangen und sie überraschen. Sie sollen nämlich bei uns wohnen. Wir werden ihre Gastfreunde sein. Wehe dem Menschen, der ihnen ein Leid thun wollte!'" (ebd., 135)

Sie halten den Scherif für leichtgläubig genug, diese Geschichte zu glauben, was abermals ihre Geringschätzung ihm gegenüber zeigt. Dies beweisen sie beispielsweise, wenn sie Kara Ben Nemsi, an der Stelle des geplanten Überfalls angekommen, dazu zwingen möchten, seinen grünen Scherif-Turban abzulegen. Glücklicherweise kann er dies mit seinem Wissen über die Riten des Islam verhindern, da sonst seine Tarnung hinfällig wäre (vgl. ebd. 145f.). Bei den Vorbereitungen für die Falle, welche die Aladschy den Helden stellen möchten, werden sie zunehmend unwirscher zu ihrem „Begleiter". Herrscht im ersten Teil des Gespräches noch eine lockere, heitere Atmosphäre, die vor allem darauf beruht, dass sich die Schurken in einer absolut überlegenen Position wähnen und mit ihrem naiven Gesprächspartner scheinbar leichtes Spiel haben, wird der Ton rauer, je näher die eigentliche Auseinandersetzung rückt. Seinen Höhepunkt erreicht der Wortwechsel, als Kara Ben Nemsi unabhängig von seiner vermeintlichen Religionszugehörigkeit Respekt für sich als Mensch einfordert. So macht er noch einmal deutlich, dass es den Schurken nicht darum geht, einen Scherif als Vertreter seines Standes und Religion niederzumachen, sondern speziell eine harmlose Person, die den beiden gegenüber bisher mehr als nachgiebig und unterwürfig agiert hat:

„Höre, treibe es nicht zu arg! Du nennst mich einen Esel. Wenn du keine Ehrfurcht vor der Abstammung eines Scherif hast, so verlange ich wenigstens Achtung für meine Person. Und wenn du mir sie verweigerst, so werde ich sie mir zu verschaffen wissen." Das hatte er mir nicht zugetraut. „Welch eine Frechheit!" rief er aus. „Mensch, ich Achtung vor deiner lächerlichen Person! Ich brauche dich ja nur anzurühren, so fällst du vor Schreck zu Boden." (ebd., 147)

Durch seine körperliche Kraft kann Kara Ben Nemsi seinen Gegner kurzfristig einschüchtern. Um jedoch den Plan, die Gefährten zu retten, indem er den Hinterhalt sabotiert, nicht zu gefährden, entschärft Kara Ben Nemsi die Situation mit einem kurzen Satz. Dieser spricht den Humor der Brüder an und überzeugt sie, dass sie sich trotz der überraschenden körperlichen Kraft des Scherif nicht in seiner Person getäuscht haben: „‚Mensch, du bist ja ein Riese!' Ich neigte das Haupt und antwortete in demütigem Ton: ‚Das steht wohl so im Buch des Lebens verzeichnet. Ich kann nicht dafür.' Die beiden brachen in ein lautes Gelächter aus" (ebd., 149).

Die Szene mit den beiden Aladschy enthält ein langes Gespräch, das auf mehreren Ebenen funktioniert. May ruft in seinen Lesern Interesse und Mitgefühl für den Islam hervor, weil Kara Ben Nemsi als dessen vorübergehender Vertreter von Angehörigen des vermeintlich gleichen Glaubens schlecht behandelt wird, auch wenn er diese auf ihr Fehlverhalten hinweist. Besonders während des ersten Gesprächsteils spiegelt sich die Unehrlichkeit der Brüder in ihren Aussagen wieder. Erst im Übergang zum zweiten Gesprächsteil, der kurz vor dem Überfall stattfindet, werden auch ihre Handlungen zum Zeichen ihres schlechten Charakters. Kara Ben Nemsi kann in seiner Verkleidung als Scherif viele Informationen über den Islam mitteilen, die dem Leser zum Teil schon aus den vorhergehenden Bänden des Zyklus bekannt sind. Durch die Wiederholung dieser Gebote und die verächtliche Missachtung dieser durch die Aladschy erreicht May, dass sich die Informationen beim Leser noch stärker einprägen.

Bei den Schurken im Orientzyklus fallen die interreligiösen Gespräche, die sich tatsächlich um Religion drehen, naturgemäß kurz aus. Meist sind sie nicht mehr als kurze Wortwechsel. Die negativen Figuren sollen die Handlung durch ihre Missetaten vorantreiben und nicht durch lange religiöse Erläuterungen verzögern. Darüber hinaus kann Kara Ben Nemsi kein Held sein, wenn er seinen Gegnern zu viel Spielraum lässt. Seine Aufgabe ist es, sie möglichst schnell auszuschalten und sich dem nächsten Bösewicht zuzuwenden. Dennoch ist die Religion ein Thema, das auch für die Beziehung zwischen Kara Ben Nemsi und den Antagonisten eine wichtige Rolle spielt. Hierbei sind es meist die Schurken, welche die Religion ins Spiel bringen, während sich Kara Ben Nemsi diesbezüglich zurückhält. Da die Ganoven oft bereits durch Kara Ben Nemsi in Bedrängnis sind, wenn sie diesem von Angesicht zu Angesicht begegnen, nutzen sie seine Religion, um ihn zu beleidigen. So bezeichnen sie ihn mit Vorliebe als „Giaur", als Ungläubigen, um ihn als untergeordnet herabzusetzen. Dies kann man nicht nur in den oben betrachteten Wortwechseln feststellen. Der Pirat Abu Seïf, der den Beinamen „Vater des Säbels" trägt, bezeichnet Kara in einem seiner ersten Sätze mit diesem Schimpfwort und wiederholt es mehrfach, um seinen Standpunkt klar zu machen (May *Durch Wüste und Harem* 1892, 202-211). Abrahim Mamur, der zunächst so tut, als wäre ihm Kara Ben Nemsis Religion egal, weil er sich seine Hilfe erhofft, zeigt sein wahres Gesicht, sobald er erkennt, dass Kara ihm nicht nach dem Mund redet (ebd., 97-102), und auch der Mübarek nutzt das Wort, um ihn in seinem ersten Satz zu beleidigen und dadurch bei den Umstehenden Sympathien für sich zu gewinnen (May *Durch das Land der Skipetaren* 1892, 10).

Erst auf Angriffe reagiert Kara Ben Nemsi und verschafft dem Leser dadurch Genugtuung, dass er die Beleidigungen der Schurken gekonnt verbal abwehrt und im Rededuell stets Sieger bleibt. Mit Ausnahme des Gesprächs mit den

beiden Aladschy, in dem Kara Ben Nemsi die Gelehrten-
rolle spielt, enthalten die Dialoge nur wenig Sachinformationen. Sie sind aber trotzdem wichtig, weil Kara
Ben Nemsi in ihnen das christliche Ideal durch sein Ge-
sprächsverhalten verkörpert. Er ist niemals derjenige, der
seine Gegner zuerst beleidigt – schon gar nicht nutzt er dabei ihre Religion. Muslimen begegnet er zunächst immer
mit Respekt, selbst wenn es sich dabei um Gegner handelt.
Erst wenn er provoziert wird, wehrt er sich, vor allem verbal. Nur selten ist er gezwungen, wirklich handgreiflich
zu werden und einen Gegner zu verletzen. Demnach wird
durch das Einbringen des religiösen Themas der schlechte Charakter der Schurken noch potenziert, während Kara
Ben Nemsis guter Charakter als Vorbild für den Leser
gefestigt wird.

Gespräche mit Freunden

In den Gesprächen mit den positiven Figuren des
Orientzyklus sind die beiden Religionen ein sehr ausführ-
liches Gesprächsthema. In ihnen vermittelt May die meisten seiner Sachinformationen über den Islam, abgesehen
von denen, die er in Exkursen an seine Leser weiterleitet.
Natürlich unterstreicht auch hier der Umgang mit der eigenen und Kara Ben Nemsis Religion den Charakter des
Gegenübers, doch gibt es dank der in der Regel ruhigen
Situationen, in denen sich die Gespräche abspielen, wesentlich mehr Zeit, die Gedanken seiner Figuren zu den
Eigenheiten der einen oder anderen Religion zu Gehör zu
bringen.

Amscha ist die Mutter von Hanneh und (spätere) Schwiegermutter Hadschi Halef Omars. Als sie in *Durch Wüste und Harem* auf Kara Ben Nemsi trifft, ist sie mit Hanneh und ihrem Vater nach Mekka unterwegs. Scheik Malek, Amschas Vater, berichtet Kara Ben Nemsi von dem schweren Schicksal seiner Tochter, die von Abu Seïf entführt und zu einer Ehe gezwungen wurde, aus der Hanneh als Tochter hervorgegangen ist. Dass Amscha nicht dem Bild einer unterwürfigen Muslima entspricht, zeigt neben ihrem kriegerischen Auftreten (May *Durch Wüste und Harem* 1892, 252-258) – auf den Erzähler macht sie „ganz den Eindruck einer selbständigen, furchtlosen Amazone" (ebd., 255; vgl. auch Maier 2012, 327-340) – die Tatsache, dass sie ihre Tochter nahm und ihren „Ehemann" verließ. Während Halef Hanneh als „Ehemann auf Zeit" nach Mekka begleitet, was ledigen Muslima verboten ist (May *Durch Wüste und Harem* 1892, 261), ergibt sich für Kara Ben Nemsi eine der wenigen Möglichkeiten, mit einer muslimischen Frau unter vier Augen zu sprechen. Das Gespräch mit ihr ist kurz, jedoch umso eindringlicher. Kara Ben Nemsi, der selbst den Entschluss gefasst hat, verbotenerweise heimlich nach Mekka zu reiten, wird darin überraschenderweise von Amscha unterstützt. Dass sie als muslimische Frau, die aufgrund ihrer religiösen Einschränkungen im Orientzyklus kaum Handlungsspielraum hat, es vermag, Kara Ben Nemsi zu helfen, nach Mekka zu gelangen, beweist Amschas Stärke. Doch erst durch ihre wenigen, sehr sorgsam gewählten Worte, zeigt sich der Schmerz, den ihr die Regeln ihrer Religion bereiten:

> „Hältst du deinen Glauben für den allein richtigen, Effendi?" begann sie die eigentümliche Unterhaltung. „Gewiß!" antwortete ich. „Ich auch," bemerkte sie ruhig. „Du auch?" fragte ich verwundert; denn es war das erste Mal, daß ein muselmännischer Mund mir gegenüber ein

solches Bekenntnis aussprach. „Ja, Effendi, ich weiß, daß nur deine Religion die richtige ist." „Woher weißt du es?" „Von mir selbst. Der erste Ort, an dem es Menschen gab, war das Paradies; dort lebten alle Geschöpfe bei einander, ohne sich ein Leides zu thun. So hat es Allah gewollt, und daher ist auch diejenige Religion die richtige, welche das gleiche gebietet. Das ist die Religion der Christen." „Kennst du sie?" „Nein; aber ein alter Türke hat uns einst von ihr erzählt. Er sagte, daß ihr betet zu Gott: Ile unut bizim günahler, böjle unutar-iz günahler! (Und vergieb du unsere Sünden, wie auch wir die Sünden vergessen?) – Ist dies richtig?" „Ja." „Und daß in eurem Kuran steht: Allah muhabbet dir, ile muhabedda kim durar, bu durar Allahda ile Allah durar onada. (Gott ist die Liebe, und wer in der Liebe bleibet, der ist in Gott und Gott in ihm.) – Sage mir, ob das auch richtig ist!" „Auch das ist richtig." „So habt ihr den richtigen Glauben. Darf ein Christ eine Jungfrau rauben?" „Nein. Wenn er es täte, so würde er eine schwere Strafe erhalten." „Siehst du, daß eure Religion besser ist, als unsere? Bei euch hätte Abu-Seïf mich nicht rauben und zwingen dürfen, sein Weib zu sein. […]" (ebd., 294f.)

Amscha ist aufgrund ihres Schicksals davon überzeugt, dass das Christentum im Vergleich zum Islam die bessere Religion ist. Eigentlich sollte das bei Kara Ben Nemsi Begeisterung auslösen, denn immerhin versucht er durch sein Vorbild andere davon zu überzeugen, dass das Christentum gute Werte vermittelt. Dass jedoch Amscha mit ihrem Geständnis ein ganz anderes Ziel verfolgt, als bei Kara Ben Nemsi Unterstützung für eine Konversion zu suchen, macht sie ihm unmissverständlich deutlich:

„[…] Ich hasse diesen Glauben, aber ich muß ihn behalten." „Warum mußt du ihn behalten? Es steht dir zu jeder Zeit – –" „Schweige," unterbrach sie mich barsch. „Ich sage dir meine Gedanken, aber du sollst nicht mein Lehrer sein! Ich weiß selbst, was ich thue: ich werde mich rächen – rächen an allen, die mich beleidigt haben." „Und dennoch meinst du, daß die Religion der Liebe die richtige sei?" „Ja; aber soll ich allein lieben und verzeihen? Sogar dafür, daß wir die heilige Stadt nicht betreten dürfen, werde ich mich rächen. [...]" (ebd., 295)

Die Frau weiß, dass das Christentum, welches sie aus persönlichen Gründen als die bessere Religion ansieht, Rache nicht erlaubt. Aus diesem Grund kann sie ihre Religionszugehörigkeit nicht einfach ändern, denn sie verlangt nach Vergeltung für die Ungerechtigkeit, die ihr vermeintlich ihre Religion zugefügt hat. Dass jedoch nicht die Religion Schuld an Abu Seïfs Handlungen trägt, sondern sie es lediglich möglich macht, dass er ungeschoren davon kommt, spielt für sie keine Rolle. Auch die Tatsache, dass sie als ledige Frau nicht nach Mekka in die heilige Stadt gehen darf, um ihren religiösen Pflichten nachzukommen, empfindet sie als Affront. Deshalb möchte sie den Islam gewissermaßen mit seinen eigenen Gesetzen strafen, indem sie dem Christen Kara Ben Nemsi dazu verhilft, in die heilige Stadt zu gelangen. Denn dies scheint die größte Schande zu sein, die sie nicht einem einzelnen Muslim, sondern der Gesamtheit der Muslime, die nach diesen aus christlicher Sicht frauenfeindlichen Gesetzen leben, antun kann. Dabei ist nicht geplant, dass Kara Ben Nemsi in der Stadt erwischt wird. Vielmehr würde, wenn der Plan gelingt, niemand von Amschas Rache erfahren. Und tatsächlich wird diese Rache im Verlauf der Handlung nicht einmal dann öffentlich, als Kara Ben Nemsi erkannt wird und fliehen muss. Amschas Hilfe bleibt unentdeckt. Es geht ihr ganz allein um die innere Genugtuung, um das Wissen, dass sie als Frau genug Macht hat, ihre Rache zu verwirklichen. Kara Ben Nemsi, der ansonsten keine Skrupel hat, als ‚Moralapostel‘ aufzutreten und anderen Figuren zu erklären, warum ihre Ansichten von Religion im Allgemeinen und Moral im Besonderen falsch sind, reagiert für seine Verhältnisse erstaunlich pragmatisch:

War dies nicht sonderbar? Sie wollte sich am Islam dadurch rächen, daß sie seine heiligste Stätte durch den Fuß eines Ungläubigen entweihen ließ. Als Missionär hätte ich hier eine Aufgabe lösen können – freilich nur mit großem Aufwande an Zeit und Mühe; als ‚Weltbummler‘ war mir dies unmöglich. (ebd., 296)

Mit diesen Gedanken zeigt er seinen Lesern schulterzuckend, dass ihm Amschas Einstellung eigentlich nicht gefällt, lässt sich jedoch zum Werkzeug für ihren Plan machen, da er sich als „Weltbummler" in der Pflicht sieht, für seine Leser unbekannte Orte zu entdecken und Abenteuer zu bestehen. Amscha bietet ihm mit ihrem Plan die Möglichkeit zu beidem, zur Entdeckung der verschlossenen Stadt und zum größten Abenteuer, das einen Christen im Orient erwarten kann. Keine Moral kann ihn davon abhalten, Mekka zu betreten.

Über wen verrät dieses Gespräch mehr? Amschas Schicksal nimmt den Leser mit, besonders, da Halef sich auf den ersten Blick in ihre Tochter verliebt und sie demzufolge mehr oder weniger zur Familie der Protagonisten gehört. Daher kann der Leser die Ungerechtigkeit, die Amscha empfindet, besonders stark nachfühlen und versteht ihren Wunsch nach Rache, der in ihrer Religion nicht verwerflich ist, wie er aus dem Orientzyklus weiß. Dass jedoch der sonst so gerechte Kara Ben Nemsi sich zu Amschas Rachewerkzeug machen lässt, zeigt, dass auch dessen religiöse Wertevorstellungen Grenzen haben. Zwar predigt er die Achtung vor anderen Religionen und deren Glaubensgrundsätzen, doch hat er kein Problem damit, aus Abenteuerlust die religiösen Gefühle vieler Muslime zu verletzen. Interessanterweise gelingt es May, beim Leser das Gefühl der Genugtuung hervorzurufen, obgleich Kara Ben Nemsi mit seiner Entscheidung, nach Mekka zu gehen, scheinbar seinen eigenen Grundsätzen widerspricht. Zum einen gewinnt der Ich-Erzähler die Sympathie des Lesers dadurch, dass dieser ihn nun in die heilige Stadt der Muslime „mitnimmt", die er selbst wahrscheinlich nie sehen wird. Zum anderen triumphiert der Leser so mit Amscha, die durch Kara Ben Nemsis Frevel auf die von ihr erhoffte Art die Gerechtigkeit erfährt, die man sich für sie wünscht. Auf diese Weise findet Kara Ben Nemsi, obwohl er gegen seine Grundsätze handelt, gleichzeitig eine Rechtfertigung für sein Tun. Sein Gang nach Mekka ist aus seiner Sicht keine Beleidigung des Islam, sondern eine Wiedergutmachung für eine Frau, die im weitesten Sinne zu seiner Familie zählt.

Schimin, der Schmied

Schimin, der Schmied, ist hinsichtlich der interreligiösen Gespräche eine der wichtigsten Figuren im Orientzyklus. Die Unterhaltung, die der gelehrte Kara Ben Nemsi im ersten und vierten Kapitel von *In den Schluchten des Balkan* mit diesem einfachen Mann ohne Schulbildung führt, verrät nicht nur viel über dessen Religionsverständnis, sondern führt auf wenigen Seiten anschaulich vor, wie geschickt May die Gedanken seiner Leser zwischen den Zeilen zu lenken weiß. Der Schmied erklärt, dass er nach europäischem Vorbild als Handwerker weit gereist sei und daher viele Einblicke in die christliche Kultur bekommen habe. Das macht ihn für Kara Ben Nemsi aus zwei Gründen zu einem kompetenten Gesprächspartner: Erstens zeichnet sich Schimin durch einen wachen Geist aus und ist nicht fanatisch. Zweitens hat der Schmied sich bereits einen eigenen Eindruck von der christlichen Kultur verschaffen können und kann daher aus Erfahrung sprechen, wenn er Kara Ben Nemsi auf Missstände im Orient und in Europa hinweist.

Der Dialog selbst beginnt mit einem Bericht Schimins über die Bande des Schut und ihr Erkennungszeichen. Er ist für Kara Ben Nemsi eine wichtige Informationsquelle. Schimin, der dem Protagonisten aufgrund der Rettung seiner Familie zu Dank verpflichtet ist, gibt bereitwillig sein Wissen weiter. Bald kommen die beiden in ihrem Gespräch zu politischen und religiösen Themen. Die Aussagen des einfachen Schmiedes stellen die vermeintliche kulturelle Überlegenheit Kara Ben Nemsis (und damit auch der Leser Karl Mays) in Frage. Schimin widerspricht dem Vorurteil, dass der Islam kulturellen Fortschritt verhindere, und erklärt Kara Ben Nemsi:

> „Der Islam verhindert den Kulturfortschritt nicht; aber die Macht, die er dem einen über den andern erteilt, ist in unrechte, treulose Hände gekommen. Auch der Türke ist gut. Er war und ist noch bieder, treu, wahrheitsliebend und ehrlich. Und wenn er anders wäre, wer hätte ihn anders gemacht?" (May *In den Schluchten des Balkan* 1892, 68)

In dieser Aussage greift der Moslem den Gedanken auf, den Kara Ben Nemsi immer wieder im Orientzyklus äußert: Gute und schlechte Menschen gibt es überall, unabhängig von ihrer Religion. Daraufhin wird Schimin noch deutlicher und geht kritisch auf die politische Situation in Europa ein:

> „Haben nicht der Engländer, Deutsche, Russe, der Franzose und alle andern ihr Land ebenso erobert? War nicht noch vor kurzem Prussia so klein wie eine Streusandbüchse, und nun ist es so groß geworden, daß es Millionen von Menschen faßt? Wodurch ist es so groß geworden? Durch Schießpulver, durch das Bajonett und durch das Schwert, wohl auch durch die Feder des Diplomaten. Sie alle haben früher nicht die Länder gehabt, die sie jetzt besitzen. […]" „Der Nemtsche will ihn nicht vertreiben." „Ja, das habe ich gehört; aber der Nemtsche ist auch der Einzige, der Gerechtigkeit besitzt. […] Blicke dich um! Zähle die Verbrechen, die man verübt; sammle die Verleumder, Betrüger und alle, die gegen das Gesetz handeln, aber zu schlau sind, um ergriffen zu werden; gehe in die dunklen Häuser, in denen es nach dem Laster stinkt – wer sind sie,

und woher stammen sie, die du zu zählen hast? Wie viele wirkliche Türken wirst du unter ihnen finden? Geht nicht durch ganz Asia ein ungeheurer Diebstahl, ausgeführt von dem Ingiliz und von dem Moskow? Findest du nicht ein immerwährendes Erdrücken, Ersticken und Abschlachten der Stämme, die zwischen diese beiden Riesen geraten? Das thun diese Christen; der Türke aber ist froh, wenn man ihn in Ruhe läßt!" (ebd., 68f.)

Hiermit wird deutlich, dass Europa, welches sich dem Orient als weit überlegen betrachtet, nicht besser ist als das Osmanische Reich. Schimin erinnert an die Verbrechen der Staaten in ihrer eigenen Heimat und macht gleichzeitig auf die Interessen der Engländer und Russen in der Orientalischen Frage aufmerksam. Natürlich sorgt Karl May dafür, dass sich das schlechte Gewissen der Leser nicht allzu sehr regen muss. Schimin nimmt die „Nemtsche", also die Deutschen, von seiner Kritik aus. Ihnen gesteht Schimin zu, sie seien die einzigen, die Gerechtigkeit besäßen. Doch welches Licht würde es auf den sympathischen Schmied werfen, sollte er in der Gegenwart seines Retters etwas anderes sagen? Es geht ihm schließlich nicht darum, das Christentum oder den Okzident per se als schlecht darzustellen, sondern gerecht und realistisch zu beurteilen. Für ihn ist es wichtig zu zeigen, dass die Schlechtigkeit nicht im Orient beheimatet ist, sondern in Europa genau so existiert. Es hat den Anschein, dass Politik und Macht die Menschen korrumpieren und dazu führen, dass sich die Menschen gegenseitig bekriegen.

„So seid ihr Christen. Ihr verurteilt uns, ohne uns belehren zu wollen, und ebenso greift ihr zu, ohne zu fragen. Wer hat die besten Stellen des Landes? Wer besitzt den Einfluß? Wer bereichert sich fort und fort? Der Armenier, der Jude, der schlaue Grieche, der herzlose Engländer und der stolze Russe. Wer zehrt von unserem Fleisch? Wer saugt von dem Safte unseres Lebens, wer nagt an unsern Knochen? Wer schürt immer und immer den Mißmut, das Mißtrauen, die Unzufriedenheit, den Ungehorsam der Untertanen? Wer hetzt ohne Unterlaß einen gegen den andern? Einst waren wir gesund. Wer hat uns angesteckt? Wer hat uns krank gemacht?" (ebd., 70)

Doch wie kompetent der Schmied als Gesprächspartner auch immer erscheinen mag, Kara Ben Nemsi, dessen Gesprächsanteil bisher deutlich kleiner ausfiel, behält das letzte Wort:

„Du verwechselst Religion mit Politik. Du suchst die Ursachen eurer Krankheit außerhalb des Staatskörpers, in welchem der Krankheitskeim doch bereits von Anfang lag." (ebd., 70)

In Kara Ben Nemsis Augen hat Schimin in seiner sehr politikgeprägten Rede den Fehler begangen, die Christen (und die Juden) in typisch orientalischer, blumiger Sprechweise als Übeltäter im Land darzustellen, welche wichtige Posten besetzen und Unfrieden säen. Das kann Kara Ben Nemsi als Aussage nicht so stehen lassen. Daher berichtigt er Schimin und bietet an zu beweisen, dass in diesem Fall die Religion mit der Politik nicht in Zusammenhang steht. Das Gespräch wird an dieser Stelle jedoch nicht fortgeführt, sondern für beinahe 200 Seiten unterbrochen. Dadurch lässt der versprochene Beweis zwar ein wenig auf sich warten, doch weiß der Leser bereits, dass Kara Ben Nemsi solche Versprechen niemals schuldig bleibt.

Nach der Unterbrechung knüpft May nahtlos an den ersten Gesprächsteil an, indem er Schimin fragen lässt:

„Herr, erinnerst du dich unseres Gespräches, welches leider unterbrochen wurde, als dieser Mosklan kam? Wir saßen neben der Thüre meines Hauses. [...] Du wolltest mir beweisen, daß ihr Christen besser seid, als ich dachte." (ebd., 278)

Nach dieser Erinnerung kann der Dialog weitergehen.

„Es giebt gute und böse Menschen überall, also auch unter den Christen und unter den Moslemim. Nicht von den Christen wollte ich sprechen, sondern von dem Christentum." (ebd.)

Wichtig ist, dass Kara Ben Nemsi zwischen der Religion und den Gläubigen unterscheidet. Er möchte zeigen, dass das Christentum besser ist als der Islam, jedoch sind nicht zwangsläufig alle Christen besser als Muslime. Dass er hier noch einmal diesen Gedanken so deutlich in Worte fasst, dient vor allen Dingen dazu, dass die darauf folgenden Erklärungen zu den beiden Religionen nicht falsch verstanden werden.

„[...] Nimm den Kuran und unsere Bibel her, und vergleiche beide! Die herrlichsten Offenbarungen sind eurem Propheten aus unserem Buch gekommen. Er hat geschöpft aus den Lehren des alten und neuen Testamentes und diese Lehren für die damaligen Verhältnisse seines Volkes und seines Landes verarbeitet. Diese Verhältnisse haben sich verändert. Der wilde Araber ist nicht mehr der einzige Bekenner des Islam; darum ist der Islam jetzt für euch zur Zwangsjacke geworden, unter deren Druck ihr hilflos leidet. Unser Heiland brachte uns die Lehre der Liebe und der Versöhnung; sie ist nicht aus den Gewohnheiten eines kleinen Wüstenvolkes gefolgert; sie ist aus Gott geflossen, der die Liebe ist; sie ist ewig und allgegenwärtig; sie umfaßt alle Menschen und alle Erden und Sonnen; sie kann nie drücken, sondern nur beseligen. Sie streitet nicht mit dem Schwert, sondern mit der Gnade. Sie treibt die Völker nicht mit der Peitsche zusammen, sondern sie ruft sie mit der Stimme einer liebenden Mutter, welche ihre Kinder an ihrem Herzen vereinigen will." (ebd., 279)

Kara Ben Nemsi weist auf die Gemeinsamkeiten der beiden Religionen hin, die darin ihre Ursache haben sollen, dass Mohammed die Bibel teilweise als Vorlage verwendete und sie für seine Zwecke umarbeitete. Nach Kara Ben Nemsis Verständnis ist genau diese Umarbeitung das Problem, welches die Europäer bei den Muslimen sehen. Denn ihre Religion, die jeden Lebensbereich bestimmt, ist in gewissem Sinne nicht mehr aktuell, da ihre Regeln vor Jahrhunderten für andere Lebensvoraussetzungen konzipiert wurden. Infolgedessen sei das Christentum dem Islam überlegen – da hier allgemeingültige Regeln herrschten, die auch unter den veränderten Voraussetzungen noch immer leicht zu erfüllen seien und die Christen nicht in ihrer Entwicklung hemmten. Diese Theorie leuchtet dem bisher noch überzeugten Moslem Schimin ein, was allerdings nur deshalb möglich ist, weil er eben nicht der einfache Schmied ist, als der er zunächst dargestellt wird, sondern sich aufgrund seiner weiten Reisen und den dabei gemachten Erfahrungen mit anderen Kulturen dem Christentum gegenüber aufgeschlossen zeigt. Auch ist er intelligent genug, sich eine eigene politische und religiöse Meinung zu bilden und in seiner eigenen Kultur und Religion negative Seiten zu erkennen, was fanatischen Gläubigen unmöglich ist. Obwohl der Schmied schon bewiesen hat, dass er keinesfalls dumm ist, kann sich Kara Ben Nemsi folgende Bemerkung nicht verkneifen:

> Er war eine Nathanaelseele; an ihm war kein Falsch. Er gehörte zu jenen einfachen Menschen, welche bei geringen Gaben nach der Wahrheit trachten, während geistig reich Begnadete ihre Kräfte an unfruchtbare Spitzfindigkeiten verschwenden. (ebd., 280)

Kara Ben Nemsi hat also in dem einfachen Schmied, der ihm in jeder Hinsicht unterlegen ist, ein Potential erkannt, sich entgegen der europäischen Sichtweise auf den Islam doch weiter zu entwickeln, und diese Entwicklung vollzieht sich innerhalb der kurzen Dialoge in Schimins Annahme des Christentums. So stellt der Protagonist, der eigentlich immer betont, dass er nicht als Missionar im Orient unterwegs ist, fest: „Von jetzt an wirst du Menschen fangen!' An dieses Wort des Heilandes dachte ich, als ich jetzt zu erzählen begann" (ebd., 280). Schimin hingegen empfindet die Erläuterungen Kara Ben Nemsis nicht als missionarisch, sondern als erleuchtend:

> „[…] Ich wollte, ich hätte eure Heilige Schrift; dann könnte ich lesen und lernen, und vielleicht käme dann jener Heilige Geist, von dem du erzähltest, auch über mich, wie über die Gemeinde zum ersten heiligen Pfingstfest. Wenn der Mensch dürstet, so soll man ihm Wasser geben. Auch die Seele hat ihren Durst. Ich habe ihn gefühlt und ich habe geglaubt, Wasser zu trinken, wenn ich meine Gebete sagte und die Moschee besuchte. Jetzt aber ist es mir, als hätte ich kein reines Wasser gehabt, denn deine Worte sind klarer und erquickender als die Worte unseres Vorbeters. […]" (ebd., 281 f.)

Die Worte, die May Schimin in den Mund legt, verraten besonders deutlich, was er bei seinen Lesern erreichen möchte: Kara Ben Nemsi ist die Verkörperung des christlichen Ideals. Er soll den Lesern ein Vorbild sein, auch wenn er aufgrund seiner Überlegenheit an vielen Stellen schon nicht mehr als Identifikationsfigur gelten kann. Da Kara Ben Nemsi bereits perfekt ist, entwickelt er sich als Figur nicht weiter, als Vorbild jedoch kann er zeigen, nach welchen Zielen man streben soll; er verkörpert die Perfektion, die es zu erreichen gilt. Dass es sich lohnt, nach dieser zu streben, erkennt man an den Figuren, die sich, wie Schimin, irgendwann an Kara Ben Nemsis Idealen orientieren. An ihnen zeigt May eine persönliche und geistige Weiterentwicklung, die aus europäischer Sichtweise den Muslimen im Allgemeinen abgesprochen wurde und widerlegt so ein gängiges eurozentristisches Vorurteil. Darüber hinaus kann der Autor dem Leser gleich an zwei Beispielen zeigen, wie man sein Leben gestalten sollte – an Kara Ben

Nemsi, dem Idealbild, und seinen Gefährten, die bereits erkannt haben oder nach und nach erkennen, dass sein christlicher Weg der richtige ist.

Schimin kommt dank seiner Vorgeschichte und der daraus resultierenden Aufgeschlossenheit dem Christentum gegenüber sehr schnell zu dieser Erkenntnis. Dies hat May geschickt eingerichtet, bleiben Schimin doch nur ca. 200 Seiten, um sich zum Christentum zu bekehren. Kara Ben Nemsis andere Gefährten, die natürlich weitaus mehr Raum im Orientzyklus einnehmen und von denen daher naturgemäß ein wesentlich facettenreicheres Bild gezeichnet wird, brauchen erheblich länger, um zu diesem Schluss zu gelangen. Das beste Beispiel hierfür ist Halef, der von der ersten bis zur letzten Seite des Orientzyklus an Kara Ben Nemsis Seite ist und dabei die deutlichste Wandlung von einem überzeugten Moslem zu einem – wenn auch nicht konvertierten – Christen durchmacht.

Hadschi Halef Omar

Hadschi Halef Omar ist es, der im ersten Band des Orientzyklus die ersten Worte spricht. Der Leser wird mitten in einen Dialog geworfen, der sich so ähnlich wohl zwischen den beiden Sprechern, Halef und Kara Ben Nemsi, schon öfter abgespielt hat und in dem Halef versucht, seinen Arbeitgeber und Freund Kara Ben Nemsi zum Islam zu bekehren. Durch die arabischen Ausdrücke, die Halef benutzt, untermalt May die Situation und entführt den Leser mitten in die orientalische Szenerie. Die ersten Zeilen des Orientzyklus enthalten die wahrscheinlich bekanntesten Sätze aus Karl Mays umfangreichem Werk:

> „Und ist es wirklich wahr, Sihdi, daß du ein Giaur bleiben willst, ein Ungläubiger, welcher verächtlicher ist als ein Hund, widerlicher als eine Ratte, die nur Verfaultes frißt?" (May *Durch Wüste und Harem* 1892, 1)

Während diese Frage gestellt wird, weiß der Leser noch nichts vom Sprecher. Die Bemerkungen, die Halef über Christen macht, sind beleidigend und erst Kara Ben Nemsis Antwort und die darauf folgende Erklärung Halefs, warum er die Frage gestellt hat, lösen die erste Anspannung:

> „Ja." „Effendi, ich hasse die Ungläubigen und gönne es ihnen, daß sie nach ihrem Tode in die Dschehenna kommen, wo der Teufel wohnt; aber dich möchte ich retten vor dem ewigen Verderben, welches dich ereilen wird, wenn du dich nicht zum Ikrar bil Lisan, zum heiligen Zeugnisse, bekennst. Du bist so gut, so ganz anders als andere Sihdis, denen ich gedient habe, und darum werde ich dich bekehren, du magst wollen oder nicht." (ebd.)

Es wird klar, dass Halef zwar überzeugter Moslem ist, seinen Sihdi jedoch sehr gerne hat und aus diesem Grund für den eigentlich verhassten Ungläubigen etwas Gutes tun möchte. Es liegt also nicht in seiner Absicht, Kara Ben Nemsi zu beleidigen, sondern er will dem „Giaur" doch noch ins Paradies verhelfen.

Die folgende Beschreibung Halefs stellt die Verhältnisse zwischen den beiden klar: Halef ist Kara Ben Nemsis Diener, und auch wenn dieser den kleinen komischen Kauz als seinen Freund behandelt, stehen beide nicht auf einer Stufe. Dass Halef nicht nur seltsam aussieht und dadurch bereits zu einer komischen Figur wird, sondern auch sein Charakter freundlich, aber merkwürdig ist, wird im folgenden Dialog deutlich, wenn Halef nach verschiedenen Ausführungen noch zweimal seine Aussage wiederholt: „Ich werde dich bekehren, du magst wollen, oder nicht" (ebd., 3-5). Deutlicher als durch diese dreifache Wiederholung kann May nicht auf den Konflikt zwischen den Figuren, der der zentrale Konflikt des gesamten Zyklus ist, hinweisen. Die unterschiedlichen Erläuterungen, die Halef über Paradies und Hölle im Islam abgibt, sind dabei nebensächlich, obwohl sie den Leser in die orientalische Kultur und

Denkweise einführen. Für den Handlungsfortgang interessant sind der Gesprächsfluss zwischen den Figuren, die beiden Charaktere, die gezeigt werden, und der Witz, der im Dialog steckt. Halef provoziert durch seine Bekehrungsversuche, Kara Ben Nemsi blockt die ersten drei zunächst ruhig ab, schlägt jedoch beim vierten verbal zurück:

„Ich bleibe ein Christ!" „Aber es ist nicht schwer, zu sagen: La Illa illa Allah, we Muhammed Resul Allah!" „Ist es schwerer, zu beten: Ja abana 'Iledsi, fi 's – semavati, jata – – haddeso 'smoka?" Er blickte mich zornig an. „Ich weiß es wohl, daß Isa Ben Marryam, den ihr Jesus nennt, euch dieses Gebet gelehrt hat; ihr nennt es das Vaterunser. Du willst mich stets zu deinem Glauben bekehren, aber denke nur nicht daran, daß du mich zu einem Abtrünnigen vom Tauhid, dem Glauben an Allah, machen wirst!" Ich hatte schon mehrmals versucht, seinem Bekehrungsversuche den meinigen entgegen zu stellen. Zwar war ich von der Fruchtlosigkeit desselben vollständig überzeugt, aber es war das einzige Mittel, ihn zum Schweigen zu bringen. Das bewährte sich auch jetzt wieder. „So laß mir meinen Glauben, wie ich dir den deinigen lasse!" (ebd., 7f.)

Den Leser bringt diese Retourkutsche zum Schmunzeln, während Halef schmollt: „Aber ich werde dich dennoch bekehren, du magst wollen oder nicht. Was ich einmal will, das will ich, denn ich bin der Hadschi Halef Omar Ben Hadschi Abul Abbas Ibn Hadschi Dawud al Gossarah!" (ebd., 8) Zum vierten Mal bekräftigt Halef seinen Wunsch, wenn er auch bemerkt, dass er sich für den Augenblick geschlagen geben muss.

Während die bisherigen Informationen über den Islam, die der Dialog dem Leser bietet, für den weiteren Handlungsverlauf keine große Rolle spielen und vor allem der orientalischen Szenerie und der Charakterisierung der Figuren dienen, folgt auf Halefs letzte Erklärung, die mit der Aufzählung seines vollständigen Namens und damit seiner Vorfahren endet, eine Information über die fremde Religion, die für den Leser später wieder wichtig sein wird. Halefs Name gibt Anstoß für eine genaue Erklärung des Begriffs Hadschi bzw. der Hadsch. An dieser Stelle wird jedoch nicht einfach der Begriff erklärt oder in einer Fußnote erläutert, wie es bei vielen anderen Begriffen der Fall ist, sondern durch die Komik des Dialogs, in dem Kara Ben Nemsi Halef zwingt, zuzugeben, dass weder ihm noch einem seiner Vorfahren der Titel eines Hadschi zusteht, da keiner von ihnen jemals nach Mekka gelangte, prägen sich dieser Begriff und seine Bedeutung in das Gedächtnis des Lesers ein. Dieses Wissen wird beim späteren Erreichen Mekkas und durch die Erlebnisse Halefs und Kara Ben Nemsis erweitert und vertieft, da der Leser miterleben kann, wie Halef in den verschiedenen Handlungen unterwiesen wird, die ein Pilger in Mekka zu verrichten hat (ebd., 269-292). Damit wird er als Erster in seiner Familie wirklich zu einem Hadschi.

Beschreibungen von Sitten und Religion können in einem Abenteuerroman natürlich nicht zu lang und ausführlich ausfallen. Sie gehen in die kleinlauten Bedenken Halefs über, ob sein Geheimnis gewahrt bleibe, und enden dann abrupt: „‚Sihdi,‘ fragte er kleinlaut, ‚wirst du es ausplaudern, daß ich noch nicht in Mekka war?‘ ‚Ich werde nur dann davon sprechen, wenn du wieder anfängst, mich zum Islam zu bekehren; sonst aber werde ich schweigen. Doch schau, sind das nicht Spuren im Sande?‘“ (ebd., 10)

In seinem ersten Dialog ist Halef eine Witzfigur, das zeigen sein Aussehen, seine Sprache, sein Verhalten. Er ist Kara Ben Nemsi in vielerlei Hinsicht unterlegen: Halef ist sein Diener, weniger gebildet, arm und aus europäischer Sicht wegen seiner Religion kulturell benachteiligt, da der Islam Fortschritt verhindere und eine Weiterentwicklung seiner Gläubigen zu einer modernen Kultur unmöglich mache. Wenn Kara Ben Nemsi das Ideal verkörpert, nach dem der Leser streben soll, durchlebt Halef von allen Romanfiguren die größte Entwicklung (Lorenz/Kosciuszko 1991): vom tollpatschigen, armen arabischen Diener zum reichen und mächtigen Scheich der Haddedihn. Er sticht zugleich durch seine Mehrdimensionalität aus der Menge der anderen Figuren des Orientzyklus hervor. Zwar entwickeln sich auch andere Figuren weiter und gewinnen durch ihre neue Einstellung die Sympathien des Lesers, doch selbst Osko und Omar, die lange Zeit Begleiter Kara Ben Nemsis sind und ebenfalls eine Entwicklung erkennen lassen, erscheinen zu eindimensional, um den Leser in ihren Bann zu ziehen. Dagegen wird an Halefs Beispiel plastisch dargestellt, zu welchen Wandlungen Muslime fähig sind, wenn sie richtig (in diesem Fall vom Christen Kara Ben Nemsi) angeleitet werden. Dies zeigt sich in besonderer Weise auch in einem der letzten Dialoge, die Kara Ben Nemsi gegen Ende des Bandes *Der Schut* mit Halef führt:

„Du betest?" fragte ich ihn, mich erstaunt stellend. „Ja, Sihdi, ich und Kara Ben Halef, mein Sohn, haben auch hier gebetet." „An den Gräbern eurer Feinde?!" „Nein, denn die Toten sind unsere Feinde nicht mehr; der Christ kennt überhaupt keine Feinde, er haßt keinen Menschen, sondern er liebt sie alle, alle; das hast du mir ja selbst gelehrt." „Was hast du gebetet? Die Fatiha?" „Nein. Wer diese betet, ist ein Muhammedaner, und kein solcher betet am Grabe seines Feindes. Ich und mein Sohn haben als Christen hier gestanden und das heilige Abuna gebetet, welches ich von dir gelernt habe. Hanneh, die Perle unter den Frauen und Müttern, pflegt es auch mit uns zu beten. Wunderst du dich etwa darüber?" „Nein, denn ich weiß, daß das Wort Gottes wie ein kleines Samenkorn ist, welches, in die Erde gelegt, sich zu einem Baume entwickelt, der mächtig und zugleich lieblich anzuschauen ist und immer neue Früchte und Samen entwickelt. Du hast ein solches Korn von mir empfangen; es wächst in dir und wird Früchte bringen. Gieb die Samen davon weiter, mein guter Halef! Dann wirst du Gott wohlgefallen und viele, viele glückliche Menschen machen." „O, das weiß ich, Effendi; ich bin ja selbst so sehr glücklich geworden. Weißt du noch, was für Mühe ich mir gegeben habe, dich zum Islam zu bekehren? Ich habe da manch ein Wort gesprochen, welches wie der zweite Kopf eines Kamels war, das doch nur einen haben kann. Du hast dazu gelächelt und bist, wenn ich dann zornig wurde, immer gut und freundlich geblieben. Diese deine Güte hat mich besiegt. […]" (May *Der Schut* 1892, 580f.)

Hier, kurz vor dem Ende des Zyklus, nimmt Halef noch einmal Bezug auf das Gespräch, welches er zu Beginn von *Durch Wüste und Harem* mit Kara Ben Nemsi führte. Vergleicht man die beiden Dialoge, so erkennt man die deutliche Wandlung, die Halef im Lauf der Geschichte durchgemacht hat.

So sind besonders die – kulturell und religiös gefärbten – Gespräche mit Halef in der Dynamik des Orientzyklus von Bedeutung, da sie den zentralen religiösen Konflikt am Leben halten, weiter entwickeln und schließlich zum Ende des sechsten Bandes durch Halefs Geständnis, im Herzen ein Christ zu sein, lösen. Halef ist gewissermaßen eine Personifikation dieses religiösen Konfliktes, der an seiner Entwicklung aufgezeigt wird. Des Weiteren dient Halefs Figur immer wieder dazu, die Spannungskurve nach oben zu treiben, indem er sich oder seine Begleiter durch sein leichtsinniges Handeln in Gefahr bringt, aus der Kara Ben Nemsi ihn dann retten muss. Würde er also jemals Kara Ben Nemsis Perfektion erreichen, wäre Halef für den weiteren Verlauf der Geschichte überflüssig.

Welche Weisheit Halef am Ende wirklich erlangt, zeigt sein Bekenntnis: „Ein einziges warmes Wort von dir hat mehr gewirkt, als alle meine langen Reden wirken konnten." (ebd., 581) Kara Ben Nemsis wenige Worte und sein konsequentes Vorleben christlicher Werte haben also Halef bekehrt. Die Gespräche der beiden über Religion und Kultur sind wichtig, nicht nur, weil sie dem Leser viele Informationen über den Islam liefern, sondern weil in den Gesprächen der Charakter der Figuren deutlich wird.

Nur wenn sich der Leser mit den Charakteren identifizieren kann, wird er sich für ihre Religion, Kultur, Nationalität, ihr Land oder Sprache interessieren.

Schlussbemerkung

Bei der Betrachtung des zentralen Konflikts des Orientzyklus ist es wichtig, Mays Aussagen über Islam und Christentum, die er seinen Figuren in den Mund legt, in den historischen Kontext des ausgehenden 19. Jahrhunderts einzuordnen. May schrieb für ein deutsches, d. h. christliches Publikum und nahm daher mit seinen sehr liberalen Aussagen über fremde Kulturen und vor allem Religionen eine Vorreiterrolle ein, indem er seine Leser zu Toleranz aufforderte. Er ging jedoch nicht so weit, Muslime in irgendeiner Hinsicht über einen Christen zu stellen.

Insbesondere im Orientzyklus, in dem der Kontrast zwischen Christentum und Islam als Verkörperung von Orient und Okzident einen entscheidenden Konflikt darstellt, spielen Gespräche, Dialoge und Diskussionen eine wichtige Rolle, da sie den Handlungsverlauf vorantreiben, Spannung aufbauen und Informationen lebendig vermitteln.

Die meisten Gespräche im Orientzyklus sind interreligiöse Gespräche – allein schon deshalb, weil die meisten Figuren, die sich mit dem Protagonisten Kara Ben Nemsi unterhalten, Muslime sind. Diese Tatsache verstärkt den zentralen Religionskonflikt im Werk, indem er zwischen den einzelnen Figuren in Teilkonflikten immer wieder auf unterschiedliche Weise beleuchtet wird. Bei dem Konflikt geht es nicht darum, herauszufinden, welche Religion die bessere ist, denn das steht für Autor und Leser bereits im Vorhinein fest. Vielmehr soll der Leser erkennen, dass es immer von Dummheit zeugt, wenn Fremdes verteufelt wird.

Dies zeigt May in den Dialogen zwischen Kara Ben Nemsi und den verschiedenen Schurken des Zyklus, die seine Religion dazu benutzen, um ihn zu beleidigen und gegebenenfalls Zuhörer von Kara Ben Nemsi abzugrenzen, indem Sie darauf hinweisen, dass er anders ist als sie. Wenn sie über Religion sprechen, geht es nicht wirklich um einen Glauben, den es zu verteidigen gilt, sondern die Religion dient ihnen als ein Mittel zur Abgrenzung von Kara Ben Nemsi. Wäre nicht Religion der zentrale Konflikt des Zyklus, sondern beispielsweise Rassismus, könnte man die Aussagen, die die Schurken über Religion treffen, problemlos ersetzen. Es würde dann nicht mehr heißen: „Er ist ein Ungläubiger, glaubt ihm nicht", sondern beispielsweise: „Er ist ein Weißer, glaubt ihm nicht". Der Rest der Geschichte würde noch immer funktionieren.

Immer sind es in den Dialogen mit den Antagonisten die Gegner, die das Thema Religion aufbringen. Hier zeigt sich, dass May die interreligiösen Gespräche vor allen Dingen dazu nutzt, um den Charakter der Figuren zu zeigen. „Wir erkennen, *wer* die Figuren sind, an der Art, wie sie auf solchen Widerstand [einen Konflikt] reagieren; ein Konflikt wirft ein Schlaglicht auf sie und stellt sie bloß" (Frey 1993, 48). Indem die Schurken die Religion im Dialog als eine Art Waffe benutzen, um den Gegner zu beleidigen, offenbart sich ihr schlechter Charakter. Kara Ben Nemsis gelassene Reaktionen darauf und seine Tendenz, nach christlicher Tradition „die andere Wange hinzuhalten", zeigen seinen guten Charakter.

Differenzierter muss man Kara Ben Nemsis Dialoge mit den positiven Figuren des Zyklus betrachten. Auch hier ist Religion immer ein Thema. Jedoch kann May mit diesen Dialogen verschiedene Aspekte des Islam und des Christentums unter einem anderen Gesichtspunkt beleuchten. Wenn sich Kara Ben Nemsis Freunde mit ihm über Religion unterhalten, geht es schließlich nicht darum, sich gegenseitig zu beleidigen. Beide Figuren haben in der Regel ein Interesse daran, mehr über die Kultur des Anderen zu erfahren, um seine Handlungs- und Denkweise besser nachvollziehen zu können oder um das eigene Verhalten zu erklären. Da die Figuren dem Leser sympathisch sind, geht er mit anderen Erwartungen an die Aussagen der Figuren heran und fühlt sich nicht beleidigt, wenn auch einmal kritische Worte zum Christentum fallen. So gelingt es May, ohne in seinem Leser das Misstrauen zu erwecken, dass er ihn insgeheim vom Christentum abbringen möchte, diesem klar zu machen, dass keine Religion oder Kultur perfekt ist und es immer von den Menschen abhängt, wie sie ihren Glauben leben.

Des Weiteren kann er viele Sachinformationen zum Islam geben, ohne Langeweile zu erzeugen, da es sich nicht um eine bloße Aufzählung von Fakten handelt, sondern um Informationen, die mit den Emotionen der Sprecher aufgeladen sind. Wenn Amscha darüber klagt, dass der Islam es den Männern erlaube, eine Frau gegen ihren Willen zu heiraten, leidet der Leser mit ihr. Mit Halef amüsiert er sich zunächst, wenn dieser Kara Ben Nemsi vor den Schrecken der Hölle bewahren will und ihm stattdessen die Gesänge des Engels Israfil und ewig junge Houris anpreist, und triumphiert mit ihm, wenn dieser nach seiner persönlichen (auch religiösen) Entwicklung zum Scheich der Haddedihn wird. Diese Emotionen machen die Informationen über die fremde Religion für den Leser interessant und können ihn dazu bringen, sich auch über den Orientzyklus hinaus für den Islam zu interessieren. Auf diese Weise wird Karl May noch heute zu einem Botschafter des Friedens zwischen den Religionen, denn seine Figuren beweisen in ihren Handlungen zeitlos (insbesondere am Beispiel Hadschi Halef Omar), dass das Überwinden religiöser und kultureller Konflikte zu einem besseren Leben führt.

Karl Mays Nordamerika-Auswanderung als Modell innerer und äußerer Befriedung

von Wilhelm Brauneder

Auswanderer aus Deutschland in die Vereinigten Staaten, zumal in deren Gebiete westlich von Mississippi und Missouri, spielen in Mays Werk eine große, ja eigentlich tragende Rolle. Was wäre der Winnetou-Roman ohne Klekih-petra, was der Llano estakado ohne Helmers' Home, was die *Ölprinz*-Erzählung ohne einen kompletten Auswandererzug? Zufolge der zahlreichen deutschen Auswanderer, die Old Shatterhand nahezu permanent über den Weg laufen, entzündete sich abfällige Kritik: May habe den Wilden Westen mit Deutschen, überwiegend sogar Sachsen, bevölkert, womit in die Ferne transportierter übersteigerter Patriotismus unterstellt wird. Derartige Feststellungen verkennen zweierlei: einmal die Realität der deutschen Auswanderung nach Nordamerika, andererseits Mays Vision, fiktional einen Erfolgsraum für die Auswanderer geschaffen zu haben, Erfolg freilich nicht in erster Linie in materiellem Sinne gemeint.

Die Realität der deutschen Auswanderung

Zur Zeit der Handlung bzw. der Abfassung von Mays Nordamerika-Erzählungen zählte die Auswanderung insbesondere nach Nordamerika zu einem allbekannten Fixpunkt im kulturellen, wirtschaftlichen und politischen Szenarium der deutschen Länder. Ihre Verfassungen enthielten meist das „Recht der freien Auswanderung" als Grundrecht wie beispielsweise Kurhessen 1831 (§ 41), Österreich 1848 (§ 23), Preußen 1850 (Art. 11) wie auch die Reichsverfassung der „Paulskirche" 1849 (§ 36) (Fischer/Künzel 1989; Brauneder 2012). Details regelten zahlreiche Gesetze und Verordnungen (Dölemeyer 2008). Die Auswanderung zeitigte unterschiedliche wirtschaftliche Folgen: Entlastung dort, wo die Bevölkerungsdichte zum Problem geworden war, unerwünscht dann, wenn es an Arbeitskräften mangelte. Literatur mannigfaltiger Art hatte das Thema Auswanderung in den Kulturbetrieb eingeführt, zum unterschiedlich auszulegenden Flügelwort wurde der „Onkel in/aus Amerika".

Ab der Mitte des 19. Jahrhunderts erreichte die Auswanderung aus Deutschland beachtliche Zahlen. Im Zeitraum von 1850 bis 1860 gab es eine Million deutscher Einwanderer in den Vereinigten Staaten, 1854 etwa waren es 215.000, im Jahre 1860 lebten in den USA 1,3 Millionen in Deutschland Geborene. Bis zum Jahr 1890 stieg die Zahl der Auswanderer auf 2,8 Millionen an. Dies schlug sich in den Vereinigten Staaten unter anderem darin nieder, dass es im Jahre 1860 etwa 200 deutsche Periodika gab, im Jahre 1890 bereits deren 800. „German settlements in Kansas" lassen, eingetragen auf einer Karte, diese wie einen Himmel übersät mit Sternen in unterschiedlicher Dichte erscheinen, darunter aufgrund besonderer Anhäufung etliche Sonnen (Pohle 1892, Anhang). Von den 105 countys von Kansas weisen lediglich 17 keine deutsche Siedlung auf, 29 einige, 12 mehrfache und 10 auffallend viele. Die Romanfigur Old Shatterhand hätte daher bei seinen durch Kansas führenden Reisewegen – *Winnetou II*, *Old Surehand II*, *Schatz im Silbersee* – auf zahlreiche deutsche Ansiedlungen stoßen können.

Die Auswanderung war, gerade in Sachsen, mehrfach organisiert. Schon vor 1848 gab es in sächsischen Städten zahlreiche Auswanderervereine wie unter anderem in Dresden, Chemnitz, Freiberg (Rosenthal 1931, 57f.). Beispielsweise schickte der „Zentralauswanderungsverein" in Leipzig im Juni 1849 16 Auswanderer nach New York (ebd., 58). Im Juni 1854 wanderten aus Ernstthal und Hohenstein sogar etwa 90 Einwohner aus: An den Vorbereitungen

hierzu nahm May teil! (Sudhoff/Steinmetz 2005, 56) Eine
„Zunahme der Auswanderung und der Auswanderungslust" lässt sich für 1848 festhalten, und zwar einerseits
aus wirtschaftlichen Gründen wie der Missernte 1847 und
der zunehmenden Labilität der Hausindustrie, andererseits
wegen übertriebener Vorstellungen von Chancen in Amerika (Pohle 1892, 369). Neben den erwähnten Auswande-
rervereinen, also organisierten Vereinigungen, existierten
auch bloße Auswanderergesellschaften, wobei es allerdings
nach 1851 nur mehr vier Vereine gab: in Chemnitz, Zwickau, Auerbach und Hohnstein (nicht Hohenstein!) (ebd.,
370, 376). Teils auf Betreiben der Auswanderervereine beschäftigten sich ab 1848 zahlreiche Initiativen und Maßnahmen des sächsischen Landtags oder der sächsischen
Regierung mit diesen Vereinen, mit der Regelung der Aus-
wanderungsagenturgeschäfte wie 1853. 1858 kam es zu
einem Antrag in der Bundesversammlung des Deutschen
Bundes auf Zulassung der Auswanderung (ebd., 370ff.,
380-383).
Die Auswanderungslust war am größten im Vogtland
und im Erzgebirge, hier entstanden übrigens die ersten
Auswanderervereine (Pohle 1892, 370). Auch in Mays
Geburtsort Hohenstein existierte ein Auswandererverein
(Rosenthal 1931, 57f.). Von den vier Kreisdirektionen
des Königreichs Sachsen (Blaschke 1983, 615) stand die
Kreisdirektion Zwickau, der auch Hohenstein und Ernstthal
unterstanden, meist an der Spitze der Auswanderungsquote
noch vor der Kreisdirektion Leipzig wie etwa 1853/55
mit 1776 Auswanderern (Leipzig 1032) und 1859/61 mit
997 Auswanderern (Leipzig 786) (Pohle 1892, 376). Das
Auswanderungsthema hielten auch die Medien stets präsent. So gab es eigene Auswanderer-Zeitungen, die Briefe
aus den Vereinigten Staaten und Reisenachrichten abdruck-
ten (Bretting-Bickelmann, 1991, 144). Sodann fanden sich
die Abfahrtszeiten der Dampfer des Norddeutschen Lloyd
„in jeder größeren Zeitung annonciert", auch wurde be-

kannt, dass die Auswanderung immer mehr mit „prepaid-tickets" von Verwandten in der Neuen Welt finanziert wur-de (Bretting-Bickelmann 1991, 85).

Die gegenseitige Wahrnehmung deutscher und nord-amerikanischer Gegebenheiten gestaltete sich im 19. Jahr-hundert in mehrfacher Weise höchst intensiv (vgl. Brauneder 1991 mit zahlreichen Details zu den folgen-den Ausführungen). Beiderseits des Atlantik hielten zahl-reiche Periodika, Zeitungen vor allem, das am anderen Atlantikufer ablaufende Geschehen bis in Details fest. So etwa berichteten in Kansas die deutschen Zeitungen wie u. a. *Die Germania. Gewidmet den Interessen des deut-schen Publikums von Lawrence und Umgebung,* ferner die *Kansas-Zeitung,* die *Leavenworth Freie Presse* erstaunlich detailliert über die alte Heimat: Es sei in Hütteldorf bei Wien die Brücke über den Halterbach eingestürzt, der Revolutionär von 1848 Dr. Schütte sei aus dem Gefängnis entflohen, die durch die Revolution 1848 aus München vertriebene Maitresse des bayrischen Königs Lola Montez werde in Buffalo drei Vorlesungen unter anderem über Demokratie halten. Umgekehrt las man in Deutschland Details auch über den fernen Westen wie etwa immer wie-der in der *Gartenlaube* und im *Deutschen Hausschatz.* In der *Illustrierten Zeitung* aus Leipzig war im Jahrgang 1856 eine Reproduktion des Ölgemäldes von Theodore Kaufmann „Westward the Star of Empire" zu sehen, mit indianischen „Railtroublers" vor einem herannahenden Zug – was eine Illustration zu derartigen von May geschilderten Szenen hätte sein können. Eine andere deutsche Zeitung – noch unbekannt – brachte einen Artikel aus der eben erwähnten Zeitung *Germania,* Jahrgang 1881, betitelt „Ein vergessenes Land", den wortwörtlich May in *Der Schatz im Silbersee* in der Satteltasche eines Tramps finden lässt (May *Der Schatz im Silbersee* 1890/91, 108 f.; vgl. Brauneder 1996).

Nicht nur dieses allgemeine Amerika- und spezielle Auswanderungsszenarium umgab May, sondern auch sehr

Konkretes in seiner Heimat Hohenstein-Ernstthal. Der Auswandererverein in Hohenstein ist bereits erwähnt worden, ebenso die dortige Auswanderung von 1854. Dazu kam die Bekanntschaft Mays mit einem Auswanderer von 1855. Im Jahr 1864 fand sich in einer Lokalzeitung für Hohenstein-Ernstthal und Umgebung die Anzeige eines Ferdinand Pfefferkorn aus Hohenstein: Er gäbe Auskunft über die US-Auswanderung auf Grund eigener Erfahrung und seiner zwei in den USA verheirateten Töchter (Plaul 1971, 164 Fußnote 68). Im Jahre 1897 war May, als er *Weihnacht!* schrieb, Stammkunde im Zigarrenladen eines Herrn Spillner in Radebeul, der von 1869 bis 1877 u. a. in St. Louis gewesen war (Hoffmann 1988, 68 f.). Mays Schwager Julius Ferdinand Schöne besaß als zurückgekehrter Auswanderer ebenfalls Nordamerika-Erfahrung (Sudhoff/Steinmetz 2005, 167). Schließlich ist noch Mays Pate Christian Friedrich Weißpflog zu erwähnen, der ebenfalls Amerika-Erfahrungen besaß (Sudhoff/Steinmetz 2005, insbes. 61).

Karl May schöpfte seine Kenntnisse über Auswanderer bzw. Auswanderung natürlich auch aus literarischen Quellen. Ein früher Beleg dafür findet sich im „Repertorium C. May", angelegt wohl während der Haftzeit in Schloss Osterstein: Die Notiz unter Punkt 106 „Die Vigilanten" bezieht sich nach der hierzu gesetzten Quellenangabe auf den Artikel „Volksvehme in Amerika" in *Gartenlaube* Nummer 40/1867. Aber auch den Jahrgang 1862 hat May benützt, nämlich die hier abgedruckte Erzählung von Otto Rupius *Bill Hammer*, der er nicht nur den Roten Cornel für *Der Schatz im Silbersee* entnahm, sondern auch „Missouri-Deutsche" (Brauneder 1998, 14). Zum Kreis der von May benutzten Auswanderungsliteratur zählt besonders ein Buchtitel, „geschildert mit besonderer Rücksicht auf deutsche Einwanderung", nämlich von Friedrich Münch *Der Staat Missouri* in der ersten Auflage von 1859. In *Weihnacht!* finden sich ganze Passagen zum Einwanderungsthema nahezu wortwörtlich: Der „in St. Louis erscheinende Anzeiger des Westens [...] war das erste auf der Westseite des Mississippi herausgegebene deutsche Blatt, wurde stets in vorzüglicher Weise redigiert", heißt es bei May (*Weihnacht!* 1897, 125). „Der in St. Louis erscheinende Anzeiger des Westens war das erste deutsche Blatt auf der Westseite des Mississippi und befand sich von Anfang bis jetzt in geschickten Händen", schreibt Münch (1859, 167). Die Stadt Weston, „deren Einwohner zum dritten Teile Deutsche waren, liegt in einer kulturell sehr reichen Gegend und hatte sich durch die Emigrantenzüge sehr gehoben. Sie besaß damals, so glaube ich, fünf Kirchen, darunter zwei deutsche. Die Deutschen befanden sich in den besten Verhältnissen und hatten mehrere Vereine, sogar eine Jägerkompanie gegründet", ist bei May zu lesen (May *Weihnacht!* 1897, 298). Bei Münch steht: „Weston [...] mit 2700 Einwohnern, worunter 1/3 Deutsche in einer überaus reichen Landschaft, hob sich schnell durch die westlichen Emigrantenzüge [...]. Hier sind 5 Kirchen (worunter 2 Deutsche) [...]. Arme gibt es hier nicht [...]. Die Deutschen, in deren Händen sich mehrere der wichtigsten Geschäfte befinden, haben einen Musik-, einen Unterstützungs-, einen Turn-Verein, und eine Jägercompanie gestiftet" (Münch 1856, 206). Weitere Beispiele liefern zahlreiche andere Autoren. Für den Weg zum Yellowstone-Nationalpark in der *Bärenjäger*-Erzählung diente Ernst von Hesse-Warteggs *Nord-Amerika, seine Städte und Naturwunder, das Land und seine Bewohner in Schilderungen* (1886) zum getreu kopierten Vorbild: Hesse-Warteggs (1886, 231ff.) „Von Botteters Range führt der Weg nach dem Naturpark an dem Thale des Yellowstone Flusses, am Fuße niedriger erloschener Vulkane aufwärts. Nach etwa zehn Meilen gelangt man zur Mündung des sogenannten zweiten oder unteren Canyon des Yellowstone, eine Schlucht circa 1 Meile lang, von den rauschenden Wassern tausend Fuß tief durch die Granitfelsen geschnitten", kürzte May (*Der Sohn des Bärenjägers* 1887, 444) leicht zu: „Man reitet von Bottelers Range im Thale des Flusses aufwärts, an erloschenen Vulkanen vorbei. Nach vier bis fünf Stunden gelangt man in den unteren Cannon, welcher eine halbe Meile lang und wohl tausend Fuß tief in den Granit geschnitten ist". Dies geht so einige Sätze lang weiter, wobei allerdings May auch seine Fantasie einflickt. „Vor uns steht eines der schönsten und seltensten Gebilde natürlicher Architektur, ein terrassenförmiger Aufbau wie aus frisch gefallenem Schnee, mit Eisblumen und Eiskrystallen. Es sind mächtige Terrassen, an den Wänden des Gardiner Canons [...]. Die unterste Terrasse ist flach und ihre halbrunden, wie von Künstlers Hand gemeißelten Bassins sind seicht und ausgetrocknet [...]. Von der zweiten bis zur zwölften Terrasse sind die halbrunden Bassins mit wunderbarer Symmetrie und Schönheit geformt, mit eingekerbten und gezackten Bändern versehen", so Hesse-Wartegg (1886, 232), was May (*Der Sohn des Bärenjägers* 1887, 507) fantasievoll bereichert: „Dieses Gebild – denn es gibt wohl kaum ein anderes, besseres Wort zur Bezeichnung des Gegenstandes – also dieses Gebild war so wunderbar, auf den ersten Anblick so unbegreiflich, daß man hätte meinen mögen, sich in einer Zauberwelt zu befinden, in welcher Feen und Elfen und andere unirdische Wesen ein geheimnisvolles Dasein leben. Es war ein terrassenförmiger Aufbau, so zart gegliedert und phantastisch verziert, als bestehe er aus frisch gefallenem Schnee und den feinsten Eiskrystallen. Die unterste, umfangreichste Terrasse schien aus dem feinsten Elfenbein geschnitten zu sein. Ihr Rand war mit Zierraten bekleidet, welche von weitem wie die Kunstwerke eines phantasiereichen Bildhauers erschienen". Ebenso Verwendung fand Paul Lindaus *Aus der Neuen Welt* von 1885. Seine Pueblo-Beschreibung, um nur ein Beispiel zu nennen, kehrt bei May in *Satan und Ischariot III* wieder. Lindau (1885, 360f.) schreibt: „In früheren Zeiten waren die Pueblos, die festen burgartigen Städte der seßhaften Indianer, über das ganze

Gebiet des jetzigen Neu-Mexiko und eines großen Teils von Arizona verbreitet. Jetzt sind sie [...] in Neu-Mexiko auf etwa 20 zusammengeschmolzen. Die bedeutendsten sind Acoma, Laguna, Isleta und Taos [...]. Das untere Geschoß hat gewöhnlich keine Thür und kein Fenster [...]. Jedes Stockwerk weicht erheblich in der Front zurück, so daß vor jedem ein breiter balkonartiger Raum frei bleibt." Daraus wird bei May: „Unter Pueblos versteht man die festen, burgartigen Städte der alten seßhaften Bevölkerung des Landes; man zählt ihrer in Neu-Mexiko nur noch etwa 20; die bedeutendsten sind Taos, Laguna, Isleta und Acoma [...]. [Sie sind so erbaut,] daß jedes höhere Stockwerk einige oder mehrere Meter zurückweicht, und also in der Decke des tieferliegenden einen freien, balkonartigen Raum vor sich liegen hat. Oft haben auch diese terrassenförmig übereinander liegenden Geschoße weder Thür noch Fenster [...]" (May *Satan und Ischariot III* 1897, 170; s. auch Lieblang 1999, 260f.).

Auswanderermotive: Wege aus dem Unfrieden

Die von May erwähnten oder referierten Auswandererschicksale in Nordamerika lassen sich in mehrere Gruppen gliedern (vgl. auch Gohrbrandt 1995). Da ist einmal jene, die Personen umfasst, zu denen keine besonderen Gründe für die Auswanderung erwähnt werden, wie etwa zu Sam Hawkens (Samuel Falke), Tante Droll (Sebastian Melchior Pampel), dem Dicken Jemmy (David Pfefferkorn), den Snuffles (Jim und Tim Hofmann), einzelner Timpes der ersten Generation oder Adolf Horn (s. dazu die Einträge in Kosciuszko 2000).

Bei der zweiten Gruppe werden zum Drang über den Atlantik Gründe genannt, die in der deutschen Heimat liegen. „Unerquickliche Verhältnisse in der Heimat" (May

Winnetou I 1893, 9) hatten Mays Wild-West-Ich (Old Shatterhand) nach Amerika vertrieben, wo es vorerst, je nach Erzählung, als Detektiv oder Hauslehrer eine Anstellung fand. Emil Reiters Auswanderung in *Weihnacht!* geht auf eine unverträgliche Mutter zurück. Aber wir hören auch Konkreteres. Hobble-Frank hielt es nach einem Streit mit seinem Dienstherrn nicht mehr in Sachsen, ebenso das Ich in der Erzählung *Der Scout* (1888-1889) und John Helmers (*Der Geist des Llano estakado* 1888). Ein Zwist mit seinem Bruder Johannes Daniel trieb Rehabeam Zacharias Timpe in *Der Schwarze Mustang* (1899) über den Ozean. Rechtliche Gründe, auch Flucht vor Inhaftierung, veranlassten etwa Max von Schönburg-Wildauen (*Auf der See gefangen* 1878), von Hiller aus Österreich (*Weihnacht!* 1897) oder Alfred Winter (Desierto) aus Holstein (*El Sendador* 1889-1891) zur Auswanderung. Es sind nur vermeintliche Rechtsbrecher, ihre Unschuld stellt sich schließlich heraus. Speziell die Politik, nämlich die Verwicklung in die Revolution von 1848/49, nötigte zur Flucht aus Deutschland, wie besonders drastisch dargestellt am weißen Lehrer Winnetous, Klekki-petra, und kurz, aber pointiert erwähnt zu einem anderen Winter, nämlich Old Firehand, wie zu seinem Vorgänger Sam Fire-Gun (*Auf der See gefangen* 1878 und *Old Surehand II* 1895).

Bei einer weiteren Gruppe liegen die Gründe der Auswanderung in Chancen, welche die USA boten oder zu bieten schienen. So konnte Hermann Rost in Deutschland nicht Medizin studieren, in den USA aber sehr wohl und schloss hier das Studium ab (*Weihnacht!* 1897). Baumann senior trieb die Möglichkeit, Farmer zu werden, über den Ozean (*Der Sohn des Bärenjägers* 1887), ebenso den Vater von Josef, dem Stiefsohn von Rollins (*Old Surehand II* 1895), der allerdings zum Goldsucher überwechselte. Als solcher versuchte sich auch Eduard Horn (*Old Surehand II* 1895). Carpio ging als Gehilfe zu seinem Geldgeschäfte betreibenden Onkel nach den USA (*Weihnacht!* 1897),

Adolf Wolf als Erbe seines Onkels. Baumgarten ist als Buchhalter eines Bankiers tätig (*Der Ölprinz* 1893-1894), Olbert senior als solcher in New York erfolgreich (*Winnetou II* 1893).

Neben diesen individuellen hören wir auch von kollektiven Auswandererschicksalen. So schleppt sich ein Ochsenwagenzug durch die Wüste des Llano estakado westwärts, es sind „meist Deutsche aus Böhmen und Hessen" (May *Der Geist des Llano estakado* 1888, 507). Eine Gruppe von Steinschneidern aus dem bayerischen Fichtelgebirge, die sich in Chicago zusammengefunden hatten, lässt sich schließlich in Helldorf als Farmer nieder, die aber weiter Ausschau nach Halbedelsteinen halten (May *Winnetou III* 1893, 419). Bei einer anderen Gesellschaft von Auswanderern war es nicht so sehr die Not, die sie aus ihrer sächsischen Heimat vertrieb, sondern sozusagen der Nachzug einer Familie mit ihren Nachbarn zu ihrem kinderlosen Verwandten, einem reichen Farmer in der Neuen Welt (May *Der Oelprinz* 1893, 103-114).

Schließlich zieht sich durch die bisherigen noch eine weitere Gruppe, nämlich gebildet aus jenen Personen, die zur Auswanderung verlockt werden durch Vorspiegelung einer für sie besonders günstigen Situation in der künftigen Heimat, die sich aber an Ort und Stelle ins Gegenteil verkehrt. Zu diesem Themenkreis zählt besonders das „Auswandererschicksal Bergwerk" im Roman *Satan und Ischariot* von 1891/92 (May *Satan und Ischariot I* 1897, 32, 42, 44, 46). Durch einen Agenten waren Auswanderer aus „Kobelyn", einer „Stadt" in der Nähe des damals preußischen Posen angeheuert worden. Die Auswanderung dieser Gruppe führt auf eine große Hacienda im nordmexikanischen Staat Sonora. Old Shatterhand, der auf diese Auswanderergruppe stößt, hält den Vertrag für „nicht nur ehrlich, sondern sogar sehr anständig" (ebd., 52). Das Schicksal der Auswanderer gestaltet sich jedoch ganz anders: Sie werden zur Zwangsarbeit in ein Quecksilberbergwerk geschafft (ebd., 518, 573). Ähnlich die Familie Ebersbach aus Ernstthal, Nachbarn, deren „Gustl" Old Shatterhand in San Francisco trifft (May *Winnetou III* 1893, 290): Es „kam ein Agent, und der Vater ließ sich bereden. Es ging anders, als er dachte". Mit seinen beiden Söhnen ist er daher Goldsucher geworden. Was übrigens besagte Gustl betrifft, so war im *Deutschen Hausschatz* (1882-83/Nr. 20, 318f.) zu lesen gewesen: „Deutsche Dienstmädchen sind im Westen verhältnismäßig stark vertreten"!

Gegen den Missbrauch von Auswanderern bildeten sich die erwähnten Auswanderervereine, die für die korrekte Behandlung der Ankommenden in den USA sorgten. Weiters erschien eine entsprechende Literatur wie etwa Friedrich Münchs Buch. Auch Romane warnten vor Auswandererfallen. Ein Beispiel dafür bietet Friedrich Gerstäcker. Sein Roman *Ein Parcerie-Vertrag* von 1869 trägt den bezeichnenden Untertitel *Erzählung zur Warnung und Belehrung für Auswanderer und ihre Freunde*. Geschildert wird die Verlockung zur Auswanderung aufgrund des zitierten Vertrages, der auf den ersten Blick günstige Bedingungen zu enthalten scheint, aber in der Realität die Auswanderer praktisch zu lebenslänglicher Farmarbeit zwingt

Auswandererschicksale: Wege zum Frieden in der Fremde

Keiner von Mays Reiseromanen stellt eine typische Auswanderererzählung dar. Einzelne Personen entpuppen sich oft erst im Laufe eines Gesprächs als Auswanderer aus Deutschland, nicht immer als Sachsen, beispielsweise auch als Deutschösterreicher wie etwa die Familie von Hiller in *Weihnacht!* (1897). In einigen Erzählungen spielen sie keine tragende Rolle, in anderen hingegen sind sie für die Handlung unentbehrlich und zählen gemäß dem Titel der 1890 erschienenen Union-Buchausgabe von *Der Sohn des*

Bärenjägers und *Der Geist des Llano estakado* zu den *Helden des Westens*. Sie üben nahezu alle den Beruf eines Jägers aus, der meist für sich selbst sorgt. Unter ihnen ist der Dicke Jemmy mit seinen paar Jahren Gymnasialausbildung so etwas wie ein „latin hunter" in Anlehnung an die gebildeten Auswanderer, die manchmal trotz Universitätsstudium als „latin farmers" eine Farm betrieben. Der Hobble-Frank hilft zusätzlich im Store des alten Baumann aus. Sam Hawkens verdingt sich als Scout beim Eisenbahnbau und gehört auch der Pelzjägergesellschaft Old Firehands an. Die Tante Droll ist hauptberuflich Polizeidetektiv. Die Jäger-Fähigkeiten Old Firehands und von Hillers sind dem Geschäftlichen zugewandt: Sie leiten Pelzjägergesellschaften. Abgesehen von diesen beiden zeigen die „Helden" ihre Abkehr von der Zivilisation durch ihr skurriles Äußeres: auffallend schäbige, ja zum Teil sogar wie im Falle der Tante Droll mit zugenähten Ärmeln absurde Kleidung, scheinbar miserabel auch die Reittiere und die Waffen. Nahezu symbolhaft steht diese äußere Erscheinung zur herausragenden Fertigkeit der so Bekleideten, der tatsächlichen Vortrefflichkeit der Reittiere und der Treffsicherheit der Gewehre als innerer Güte. Sie ist offenbar das Fundament, da für diese „Helden" der Wilde Westen – trotz der an das Gegenteil gemahnenden Äußerlichkeiten – dadurch zu ihrem Erfolgsraum wurde, dass sie hier ihren Frieden gefunden haben – ganz anders als in der Alten Welt. Die Freiheit und Ungebundenheit des Wilden Westens ermöglichte die Entfaltung als Individuum, wie skurril sich dies auch immer anlassen mag: in der verdrehten Halbbildung des Hobble-Frank, der antiliterarischen Haltung von Sam Hawkens, nicht zuletzt in sprachlichen Eigenarten wie den Muskel-Vergleichen von Ross, in der nahezu absurden Physiognomie der Snuffles. Selbst die neue Sprache trägt zum Frieden bei. „Wenn Frank sich des Englischen bediente, so war er ein ganz verständiges und bescheidenes Männchen; aber sobald er begann, sich deutsch auszudrükken, erwachte die Erkenntnis seiner Selbstherrlichkeit in ihm" (May *Der Geist des Llano estakado* 1888, 306f.) und, wenig friedvoll, muss er Jemmys Korrekturen einstecken. „[...] mein Dialekt hat mich herübergetrieben", erklärt Tante Droll in der Erstveröffentlichung von *Der Schatz im Silbersee* (May 1890/1891, 216). Den friedensfördernden Erlebnisraum kennzeichnet besonders ein Merkmal, das bei Mutter Thick in Jefferson-City betont wird: Im Wilden Westen „hat man nichts zu bezahlen. Darum braucht man dort weder Gold noch Geld" (May *Old Surehand II* 1895, 607). Diese bewusste Bedürfnislosigkeit der „Helden" trägt mit bei zu ihrem Frieden.

Zwei der Auswanderer gilt es noch besonders zu beleuchten: den schon beschriebenen von Hiller und den bisher nur erwähnten Klekih-petra. Nach dessen Selbstbekenntnis dem werdenden Old Shatterhand gegenüber hatte er, nach seiner Einstellung als „Freigeist", im Zuge der Revolution 1848/49 die „Unzufriedenen" verführt, war nach dem Scheitern der Revolution geflohen, wobei ihm „wie ein Keulenschlag" die Erkenntnis kam, als „Verführer" gehandelt zu haben, und fand erst „Vergebung und Trost, festen Glauben und inneren Frieden" im Gespräch mit „einem deutschen Pfarrer in Kansas" (May *Winnetou I* 1893, 128ff.). Aber nicht nur dies, er „ging in die Wildnis", und zwar zu den Apachen, wo er Winnetou unterrichtete: Er „ist so eigentlich mein eigenstes Werk". Klekih-petra ist so das hervorstechendste Beispiel für den Wilden Westen als eines von May gedachten Raumes, der inneren Frieden bringt. Ähnlich, aber doch auch anders, von Hiller (May *Weihnacht I* 1897, insbes. 610-613 und 622). Er gehörte wohl in Böhmen, wo der junge „May" seiner auswandernden Familie begegnete, dem hohen Adel an, „war stolz, eingebildet und oft sogar brutal mit denen, welche nicht so hoch standen", denn er „glaubte, nichts als nur Herr zu sein". Dies führte dazu, dass ein Widersacher, „mächtiger und klüger", ihn an einem einzigen Tag „zum ehrlosen

Bettler" machte. Seine Reaktion war dementsprechend: Er „wütete gegen das Gesetz, die Behörden", konnte „nur durch die Flucht den schlimmeren Folgen" entgehen und „entkam nach Amerika". Den Glauben an Gott hatte er „längst zu den Kindermärchen geworfen". Der Wilde Westen wurde ihm vorerst zwar äußerlich als Pelzjäger zum Erfolgsraum, nicht aber innerlich, denn nach wie vor war er „nur von dem glühenden Verlangen geleitet, nach dem grausamen Gesetze ‚Auge um Auge, Zahn um Zahn' zu handeln". Erst als er, da verschüttet, bewegungslos dulden musste, dass ein Bär seinen Kopf beschnüffelte, war seine „ganze Seele [...] ein einziges Gebet um Rettung aus dieser Todesnot. Und Gott erhörte dieses Gebet" – mit der Folge: „Ich glaube nun an Gott [...]. Was ich nie besessen habe, ich werde es von heute an besitzen: das wahre Lebensglück". In bedrängender Not wird ihm der Wilde Westen also doch auch zum inneren Erfolgsraum. So hat er „seinen Gott wiedergefunden und mit ihm das einzig wahre Glück im Erdenleben."

Die Auswanderer in *Der Ölprinz* wie auch Hermann Rost in *Weihnacht!* streben ein selbstgestecktes Ziel an, nämlich erstere Siedlungsland im Gebiet der Navajos, letzterer die Ausbildung zum Naturarzt bei einem Indianerstamm. Tatsächlich wird dieser „einer der angesehensten Naturärzte des Ostens" (May *Weihnacht!* 1897, 619).

An der Oberfläche gesehen gibt es materiellen Erfolg, sichtbar gemacht vor allem in der Villa Bärenfett des Hobble-Frank. Ähnliches könnte man von Helmers' Home am Rande des Llano estakado vermuten: Gerade dieses verweist aber doch auf die inneren Erfolgsmomente, den im Gegensatz zur Heimat gefundenen Frieden.

Eingeschoben sei hier die Bemerkung, dass man May keineswegs unterstellen kann, die Auswanderung zu propagieren. In dem mit Auswanderern dicht bestückten Roman *Weihnacht!* stellt nicht nur der unglückliche Carpio ein warnendes Beispiel dar, sondern auch Emil Reiter, denn sein

Aufenthalt in den USA ist nicht vom Glück gesegnet. Er „hatte nichts zu leben und sah [sich] nach Arbeit oder einer Stelle um", glaubte durch eine Intrige einen Mord begangen zu haben und litt darunter bis zur Aufklärung des Gegenteils (May *Weihnacht!* 1897, 601, 608). Ähnlich Josef Haller in *Der Schatz im Silbersee*: Seine Eltern „kamen aus dem alten Lande herüber, um es zu etwas zu bringen, kamen aber nicht vorwärts. Auch mir haben keine Rosen geblüht. Ich habe mancherlei gemacht und gearbeitet"; dann tötet er versehentlich seinen Gegner im Duell, muss fliehen und wird von Tramps erschlagen (May *Der Schatz im Silbersee* 1890/1891, 137). Wenig werbend sind auch andere Auswandererschicksale wie das des Auswandererzugs, der im Quecksilberberg endet, oder jenes, der im Llano estakado nahezu verschmachtet. Und das „Scout"-Ich machte „die Erfahrung, dass die United States nicht einen jeden mit offenen Armen empfangen" (Schmid 1982, Anhang 4. Seite).

Zurück zum Wilden Westen als Friedensraum. Dazu gehören auch die Indianer und vor allem das Verhältnis zwischen ihnen und den Auswanderern. Unter den hier vorgeführten „Helden" ist nur einer, der in früheren Erzählungen ein verschworener Indianerfeind ist, nämlich Sam Hawkens durch den Verlust seines Skalps. Ein solcher ist weiterhin von Hiller, ebenfalls aus einem besonderen Grund, nämlich seiner Gefangenschaft bei den Kräkenindianern (May *Weihnacht!* 1897, 206 u. ö.). Grundsätzlich aber wird von Hiller von den Indianern hoch geachtet. Mit dem Auswandererzug in *Der Ölprinz* zieht auch ein Indianer mit. Es ist dies Schi-So, der nach sechs Jahren Schulbesuch in Sachsen in die Heimat zurückkehrt. Schi-So ist übrigens der Sohn von Nitsas-Ini, dem Häuptling der Navajo, und dessen deutscher Frau! Die Verbindung von Weißen mit Indianerinnen ist kein Tabuthema. Ribanna heiratet Old Firehand, sie haben zwei Kinder; eine Verbindung von Nscho-tschi und Old Shatterhand könnte sich anbahnen; dem Kiowa-Mädchen Kakho-Oto in *Winnteou III* scheint eine Ehe mit Old Shatterhand wünschenswert, sie kommt natürlich nicht zustande, sie bleibt ihr Leben lang ledig (vgl. dazu Maier 2012, 180-193). Zwar stemmen sich Winnetou und sein Häuptlings-Vater gegen den Bahnbau der Weißen durch ihr Land, aber den Bewohnern der Auswanderersiedlung Helldorf-Settlement steht Winnetou hilfsbereit mit großer Sympathie zur Seite: „Winnetou ist Euer Freund; er liebt die Weißen, wenn sie gut sind" (May *Winnetou III* 1893, 418, 452f.). Sympathie von Seiten der Weißen demonstriert beispielsweise Kantor emeritus Matthäus Aurelius Hampel aus Klotzsche bei Dresden, der die Indianer in einer Heldenoper auftreten lassen will (*Der Ölprinz*). Freundschaften zwischen Weißen und Indianern unterstreichen gerade die Jugendschriften wie etwa in *Der Sohn des Bärenjägers* zwischen Martin Baumann und Wokadeh, in *Der Geist des Llano estakado* zwischen Bloody Fox und Eisenherz, in *Der Ölprinz* zwischen Schi-So und seinem Schulfreund Adolf Wolf.

Harmonie soll also gerade seitens der deutschen Auswanderer ihren nordamerikanischen Erfolgsraum beherrschen. Dies unterstreicht auch der Kontrast: Die Yankees missachten in der Regel die Indianer. Sans-ear gilt als Indianertöter und schneidet den Opfern die Ohren ab (*Deadly Dust* 1880 und *Winnetou III* 1893). Auch Old Wabble hasst die Indianer (*Old Surehand I-III* 1894-1898). Unter den deutschen Auswanderern findet sich derartiges nicht. Eine Ausnahme stellt der alte Lachner in *Weihnacht!* dar, der wohl kein Indianerfreund ist: Er beweist übrigens mit seinen sonstigen negativen Eigenschaften, dass May durchaus nicht alle Deutschen in Amerika positiv zeichnet. Das trifft auch auf den heimatlichen Vorgesetzten des „Scout"-Ichs zu, den dieses in den Vereinigten Staaten als Mormonenprediger trifft, wie auf seinen Chef in den USA, den Leiter eines „Privatdetective-Corps", der, obwohl „eigentlich deutscher Abkunft", die „Deutschen nicht für sehr brauchbar" in diesem Beruf hält (Schmid 1982, Anhang 4. Seite).

Schluss: Ein friedvoller Erfolgsraum

Mays Auswandererschicksale nach Nordamerika entsprechen mit den Motiven zum Verlassen der alten Heimat sowie den Realitäten in der Neuen Welt weitestgehend den Tatsachen. Das Auswanderer-Umfeld in Sachsen und auch in seiner engeren Heimat, ja sogar seiner Heimatstadt, trug dazu ebenso bei wie entsprechende Literatur.

In einem Punkt freilich weicht er von diesen Realitäten ab bzw. betont eine Charakteristik einiger Auswanderer durch Überzeichnung. Gemeint sind jene weißen Jäger im Wilden Westen, deren Äußeres, wie erwähnt, an Skurrilität wenig übertroffen werden kann. Gemessen freilich an literarischen Vorbildern wie Mayne Reids *Die Skalpjäger* (*The Scalp Hunters* 1860) ist deren „Realität" nicht zu leugnen. Bei diesem sind Westmänner stolz u. a. auf eine „braune verwitterte Büchse", „eine alte rostige Kentuckybüchse", gekleidet beispielsweise in ein Jagdhemd, das mehr „wie ein lederner Sack ohne Boden aussah, an dem man an den Seiten Ärmel genäht" hatte, „eine Mütze von Katzenfell, das aber auch nicht ein Haar mehr hatte", beritten mit „einer langen, dürren Stute, an der man alle Knochen hätte zählen können" (Reid 1975, 96).

Im Kontrast zur schäbigen Erscheinung steht jedoch der Umstand, dass sie – bedrückenden Verhältnissen in Deutschland entflohen, wo sie nicht nur erfolglos, sondern auch ohne inneren Frieden blieben – nunmehr im Erfolgsraum des Wilden Westens sich „einen Namen gemacht" hatten und obendrein ihren inneren Frieden fanden. (Die Romanfigur Old Shatterhand ist nicht berührt worden, da er als fiktionaler Reiseschriftsteller nicht zum Kreis der Einwanderer zählt.) Es sind ausschließlich innere Tugenden, welche diesen Erfolg herbeiführen: die Absage an das Streben nach materiellen Gütern – was das skurrile Äußere deutlich sichtbar macht, der Respekt vor jedem Menschen, vor allem auch vor den Indianern, und Gottvertrauen.

Der Wilde Westen Mays ist ein – in dieser Hinsicht – friedvoller Erfolgsraum.

„*Ein guter Geist spricht alle Sprachen*"[1] – die Begegnung der Kulturen im Werk Karl Mays und der Literatur des 19. Jahrhunderts

von Holger Kuße

Ein Mann mittleren Alters begibt sich nach Sibirien. Er spricht kein Russisch, bewegt sich recht unbeholfen in der ungewohnten neuen Wirklichkeit, sein humorvoller Dolmetscher und Freund hilft ihm jedoch, sich einigermaßen zurechtzufinden. Unerwartet begegnet er einer Sängerin vom Volk der Schoren, das in Südwest-Sibirien siedelt, ist hingerissen vom Klang ihrer Stimme und ihrer Schamanentrommel. Er lässt, ohnehin schon zivilisationsmüde, seine alte Welt hinter sich und beginnt an der Seite der Sängerin ein neues Leben als Sibirer.

Das ist nicht der Inhalt einer verschollenen Erzählung aus dem Frühwerk Karl Mays, sondern in knappen Worten die Geschichte des 2009 erschienenen Romans *Der Neuling* von Michael Ebmeyer (*1973), dessen Verfilmung 2012 unter dem Titel AUSGERECHNET SIBIRIEN ins Kino kam. Manches in diesem Roman erinnert an Karl May, vieles ist – wie nicht anders zu erwarten – ganz anders, einiges geradezu gegensätzlich. Aber gerade das Verhältnis von Gemeinsamkeiten und Unterschieden erlaubt es, bei *Der Neuling* von einer ‚Fortsetzung Karl Mays mit anderen Mitteln' zu sprechen – besonders wenn die Darstellung von Kulturbegegnungen in Mays Werk mit der Literatur seiner Zeit und früherer Jahrhunderte verglichen wird. Eine Linie, deren Beginn sich bei Karl May andeutet, kommt in *Der Neuling* zu einem vorläufigen Ende, eine Linie in dem, was in der Literatur über die Begegnung von Kulturen, über kulturellen Austausch, über Fremdheit und die Faszination

[1] May *Der Geist des Llano estakado* 1888, 635

am Anderen gedacht wurde und gedacht wird, zu lesen war und zu lesen ist (vgl. Kuße 2011a).

Von den Sehnsüchten des Greenhorns zur Utopie der Weltkultur

Die Bezeichnung *Neuling* erinnert an *Greenhorn*, und wenn Ebmeyers linkischer Held ungeschickt mit einem Taschenbuch „Russisch Wort für Wort" hantiert, ihm aber in wichtigen Momenten das richtige Wort nicht einfällt, kann der Karl-May-Leser unwillkürlich an eines der Merkmale denken, das in *Winnetou I* dem Greenhorn zugeschrieben wird:

> Ein Greenhorn notiert sich achthundert Indianerausdrücke, und wenn er dem ersten Roten begegnet, so bemerkt er, dass er diese Notizen im letzten Couverte nach Hause geschickt und dafür den Brief aufgehoben hat. (May *Winnetou I* 1893, 8)

Gemeinsam ist den Reiseerzählungen Mays und dem modernen Liebes- und Abenteuerroman Ebmeyers die doppelte Fremde, in die ihre Helden geraten: in die raue Welt der Yankees beim Bahnbau und die Exotik des indianischen Pueblos –, in die absurde Welt der osmanischen Bürokratie und in die Wüstenfreiheit der Beduinenstämme –, in den postsozialistischen russischen Kapitalismus und in das Dorf der schorischen Urbevölkerung. Gemeinsam ist auch – und das ist die wichtigste Gemeinsamkeit – der Wunsch des Helden nach Nähe zu den Anderen und ihrer fremden Welt, die Sehnsucht, an dieser Welt Teil zu haben, ihre Sprache zu lernen, die unbekannte Kultur sich anzueignen, ein anderes Leben kennenzulernen.

In diesen Gemeinsamkeiten von Romanwelten, zwischen denen mehr als hundert Jahre liegen, sind jedoch die Unterschiede nicht zu übersehen. Mit Schamanismus konnte Karl May wenig anfangen. ‚Medizinmänner' gehören wie angebliche Derwische (*Deutsche Herzen – Deutsche Helden* 1885–1888) oder Mormonenprediger (*Der Geist des Llano estakado* 1888; *Satan und Ischariot* 1897) vor allem in die Kategorie pseudoreligiöser Betrüger (z. B. in *Old Surehand I, III* 1894, 1896). Ihre Gesänge sind selbst für Winnetou nur „brüllen und schreien" (May *Winnetou III* 1893, 427). Erst im Spätwerk, in *Winnetou IV* (1910), kommt May zu einer etwas differenzierteren Haltung, indem er die geistige Elite der indianischen Kultur – verkörpert in dem berühmten Tatellah-Satah – von ihren Verfallsformen, die die europäische Invasion verschuldete, trennt (May *Winnetou IV* 1910, 17-21; vgl. Koch 2013, 253f.). Das jedoch ist ein Detail. Grundsätzlicher ist der Unterschied zwischen den Hauptfiguren Mays und den Protagonisten der Gegenwartsliteratur: Ein unanfechtbarer Shatterhand-Held, der auch als vermeintliches Greenhorn von der ersten Seite seines literarischen Lebens an sein Geschick und seine Abenteuer voll im Griff hat, ist in der Gegenwart schwer vorstellbar. Deshalb setzt sich die Begegnung der Kulturen heute mit anderen als den May'schen Mitteln fort. Ebmeyers Held ist ein Antiheld, lebenspraktisch ungeschickt – das Russische bereitet ihm große Mühe, es ist ihm kaum möglich, sich in der Stadt zu orientieren. Er wird vom Schicksal überwältigt – etwas, was einem Old Shatterhand oder Kara Ben Nemsi nicht passieren kann und nicht passieren darf. Der May'sche Held ist in seinen verschiedenen Erscheinungsformen nicht nur als Abenteurer souverän, sondern vor allem jemand, den die fremden Kulturen genauso wenig existenziell irritieren können wie die Schattenseiten der eigenen. Auch heftige Emotionen (Liebe, Trauer) fechten ihn nicht nachhaltig an. So kann er immer ein Reisender und Gast bleiben, ein distanzierter Freund des Fremden und der Fremden (im Plural wie im weiblichen Singular), mit Sympathie und

Liebe, aber ohne sich ganz auf die Anderen, das Andere und die Andere einzulassen. Der Gedanke, in die fremde neue Welt einzuheiraten, bleibt ihm fern, und das nicht nur aus dem von Thomas Kramer (*in diesem Band*) genannten erzähltechnischen Grund (weil ein Held im Westen und in der Wüste einsam bleiben muss). Während Ebmeyers Held Matthias Bleuel unter dem Einfluss der Sängerin Ak Torgu eine geradezu magische Metamorphose durchmacht, kommt für einen Old Shatterhand der nachhaltige Kulturwechsel nicht in Betracht. Zwar lehnen Karl May und seine Helden die Mischehe nicht ab (s. u.) und auch die Möglichkeit des Kulturwechsels besteht; er ist in der potenziellen Verbindung mit Nscho-tschi aber nur für sie, nicht für Old Shatterhand vorgesehen. Wenn der Kulturwechsel der möglichen Partnerin nicht vorstellbar ist, zieht der Held sogar die Todesgefahr der Rettung durch die Liebe vor – so in *Winnetou III*, als der gefangene Old Shatterhand im Lager der Kiowas vor die Wahl gestellt wird, Kakho-oto, die Schwägerin des Häuptlingssohns Pida zu heiraten und damit in den Stamm aufgenommen zu werden oder am Marterpfahl zu sterben. Eine Scheinehe, um sich zu retten, lehnt Old Shatterhand selbstverständlich ab, eine echte Ehe hält er trotz einer gewissen Zuneigung aufgrund des kulturellen Abstands für perspektivlos – es ist sein Glück, dass ihm die abgewiesene Frau dennoch zur Flucht verhilft (zu Nscho-tschi und Kakho-oto vgl. Maier 2012, 18-46 und 180-193).

Nach der Begegnung mit einer anderen Kultur sich in dieser Kultur zu verlieren, sein Leben zu wechseln, ein anderer zu werden und in dieser Verwandlung die vollständige Gleichwertigkeit und Gleichrangigkeit der Anderen, wenn nicht gar ihre Überlegenheit anzuerkennen, diese Option in Ebmeyers *Der Neuling* ist für Karl May und seine deutschen Helden zwar noch undenkbar, der Faden lässt sich aus dem Verwandlungsspiel der May'schen Reiseabenteuer und den Mysterien des Spätwerks (neben *Winnetou IV* besonders *Im*

Reiche des silbernen Löwen III-IV, 1902-1903) aber durchaus in diese Richtung weiterspinnen. Die Möglichkeit ist in der Verwandlungsfähigkeit des Old Shatterhand/Kara Ben Nemsi gegeben. Dieses „kulturelle Chamäleon" verblüfft mit seiner Kenntnis fremder Kulturen und Sprachen nicht nur „ein ums andere Mal Einheimische wie Leser", wie Andrea Polaschegg (2007, 129) bemerkt, wichtig ist vor allem die Motivation der Verwandlung, der Wunsch, das Fremde gleichsam von innen her kennenzulernen. Das ist überhaupt der eigentliche Grund, warum das Ich, vor allem das Ich Kara Ben Nemsi, unterwegs ist:

> Ich reise nicht, um Geschäfte zu machen. Ich will die Länder sehen, die Völker, welche dieselben bewohnen, ihre Sprachen und Sitten kennen lernen. Deshalb habe ich für eine so lange Zeit meine Heimat verlassen. (May *Durch das Land der Skipetaren* 1892, 405)

In Karl Mays Spätwerk wird daraus noch mehr: die Sehnsucht nach einer neuen Kultur, die alle Kulturen – die Weisheit des indianischen Altertums, den Fortschritt der europäischen und US-amerikanischen Zivilisationen, die Mysterien des Orients – in einer einzigen Menschheitskultur vereint. In dieser Menschheitskultur käme die Kulturbegegnung gleichsam zur Erfüllung. Sie deutet sich an in der utopischen Gemeinschaft des Ustad in *Im Reiche des silbernen Löwen III-IV*, im Reich der Shen in *Und Friede auf Erden!* (1904) und mehr noch im Clan Winnetou in *Winnetou IV*, in dem die gottgleiche orientalische Herrscherin Marah Durimeh ebenso bekannt ist wie das Vermächtnis des verklärten Winnetou und sich die Verehrung für den indianischen Weisen Tatellah-Satah mit der für den europäischen Gast Old Shatterhand verbindet (vgl. Kuße *in diesem Band*; Koch *in diesem Band*).

In diesen utopischen Gemeinschaften verwirklicht sich die allumfassende Weltkultur, die bereits in der Perspektive einer möglichen Verbindung von Old Shatterhand und

Nscho-tschi und noch mehr in den großen Freundschaften des Old Shatterhand/Kara Ben Nemsi vorgezeichnet ist. Aber auch die Liebesgeschichte von Matthias Bleuel, der ein neuer Mensch werden will, und Ak Torgu, die Englisch sprechend (wenn auch nicht gut) und simsend ganz in der modernen Welt lebt (worüber sich Bleuel anfänglich wundert wie Old Shatterhand über Longfellow in den Händen Winnetous; s. u.), deutet eine neue Weltkultur an – allerdings mit einem Unterschied: Bei Karl May bleibt die christlich-abendländische Herkunft des Haupthelden die ‚Leitkultur‘ der neuen Weltkultur, während für Michael Ebmeyers „neuen Matthias Bleuel" der schorische Schamanismus alles Westlich-Zivilisatorische entweder zum Verschwinden bringt oder substanziell verändert. Die ‚Fortsetzung Karl Mays mit anderen Mitteln‘ kehrt ein Jahrhundert nach *Winnetou IV* die missionarische Wirkung um zugunsten der indigenen Kultur, die zur Rettung von Kultur überhaupt wird.

Das Fremde als Spiegel. Kulturbegegnungen in der Literatur des 17. und 18. Jahrhunderts

In die Ferne zu reisen, um etwas anderes kennenzulernen, Interesse am Fremden zu haben und sei es auch nur in der Lust am Exotischen, scheint heute keine besonders aufregende Motivation zu sein. Davon lebt (zu einem gewissen Teil zumindest) sogar der Massentourismus. Wird der Faden von Karl May aus zeitlich zurückverfolgt, zurück ins frühe 19., ins 18. oder gar ins 17. Jahrhundert, wird dieser Grund für den Ritt in die Fremde jedoch immer weniger selbstverständlich, bis er aus der Literatur nahezu ganz verschwindet.

Das heißt nicht, dass es vor dem 19. Jahrhundert keine literarischen Fremdbegegnungen gegeben habe. Sehr früh finden sich Beobachtungen von sprachlichen Differenzen zwischen verschiedenen Völkern oder auch Volksgruppen. Bekannt sind der *Barbarentopos* in der Antike, der Barbaren als diejenigen definiert, die nicht sprechen können (und damit ein Verstehensdefizit auf der eigenen Seite zum Kulturdefizit der anderen erklärt) oder das sprichwörtlich gewordene biblische *Schibbolet*, das der Entlarvung eines Feindes dient: Im Buch Richter wird vom siegreichen Kampf der Gileaditer gegen die Ephraimiter erzählt. Flüchtende, die behaupteten, nicht zu Ephraim zu gehören, wurden gezwungen, das Wort *Schibbolet* zu sprechen. Gelang der Zischlaut nicht und sprach der Gefangene *Sibbolet*, war er überführt und wurde getötet (Richter 12, 5-6). Diese Beispiele zeugen nicht gerade von einem Verständnis der Anderen als Träger einer anderen Kultur, die zu ergründen wäre. Aber auch in späteren Jahrhunderten, auch nach den großen europäischen Entdeckungsreisen ist die Vorstellung, dass die Anderen eine Kultur haben könnten, die als andere von Interesse ist, noch wenig ausgeprägt. Aus der Zeit der europäischen Entdeckungsreisen, besonders Kolumbus' Landung vor Amerika (1492), sind absurde Kommunikationssituationen berüchtigt, in denen die Fremden in der Sprache und Staatssymbolik der Kolonisatoren angesprochen werden, Verstehen erwartet wird und Nichtverstehen die Frage „Mensch oder Tier?" aufkommen lässt (Bitterli 1991, 88-91; Todorov 1985, 23-46). Das ist nicht nur auf Ignoranz zurückzuführen, sondern hat seine Ursache auch in unhinterfragten theoretischen Konzepten von Sprache, Kultur und Mensch. Todorov nennt als eine wesentliche Ursache für die merkwürdigen Erwartungen an das Sprechen und Verstehen der indigenen Völker bei Kolumbus, der selbst polyglott war und als Italiener am portugiesischen und spanischen Hof vorstellig wurde, also sprachliche Differenz durchaus kannte, seine universalistische Vorstellung von Sprachen und Kulturen. Sie unterschieden sich für ihn nur oberflächlich und stellten in seiner Begriffswelt nicht mehr als Varianten ein und derselben menschlichen Natur dar (vgl. Todorov 1985, 41).

Dieses Denken lässt sich in der deutschen Literatur auch noch in Hans Jacob Christoffel von Grimmelshausens (1622–1676) *Der abenteuerliche Simplicissimus Deutsch* (1669) erkennen. Die Irrfahrten durch den Dreißigjährigen Krieg führen Simplicius nicht nur durch den Schwarzwald und nach Westfalen, sondern er gelangt bis nach Moskau und bis nach Japan und schließlich sogar auf eine Südseeinsel. Er begegnet verschiedenen Völkern und ihren Sprachen, von denen gelegentlich auch Sprachproben gegeben werden. Kroaten, die Simplicius gefangen genommen haben, reden untereinander: „Mi weme daho Blasna sebao, bo we deme ho gbabo Oberstowi. (Den Narren nehmen wir mit und bringen ihn zum Obristen.)" und „Prschis am bambo ano, mi ho nagonie, possadeime, wan rosumi niemezki, won bude mit Kratockwille sebao. (Bei Gott, ja. Wir setzen ihn aufs Pferd. Der Obrist spricht Deutsch. Er wird seinen Spaß mit ihm haben.)" (Grimmelshausen/Kaiser *Der abenteuerliche Simplicissimus Deutsch* 2009, 160f. und 682). Obwohl es Kroaten sind, schreibt Grimmelshausen, dass sie Böhmisch sprechen, und Simplicius versteht sie ohne Sprachkenntnisse. Diese Widersprüche sind im Buch kein Problem. Wichtig ist nur, dass fremde Sprachen und die Namen fremder Völker Fremdheit signalisieren, sehr viel weiter geht die Beobachtung nicht. Nur in Moskau kommt ein wenig Exotik auf: in der Erwähnung üppiger Gewänder, der besonders ausgeprägten höfischen Hierarchie und des Einflusses der Kirche im Moskauer Staat, den der Ich-Erzähler als „reichlich pfäffisch" kommentiert (ebd., 511). Aber letztlich stellt Simplicius in allen Weltteilen und unter allen Völkern dieselben menschlichen Schwächen fest. Mehr Schlechtes als Gutes habe er unter vielerlei Völkern erlebt, bemerkt er am Ende seiner Odyssee von Moskau über Korea und Japan, Ägypten, Konstantinopel und Venedig zurück in den Schwarzwald (ebd., 521). Obwohl

Simplicius um die halbe Welt reist und unterwegs in Kürze sowohl Russisch als auch Arabisch lernt (was gerade gebraucht wird), kann von einer Begegnung verschiedener Kulturen im *Simplicissimus* kaum gesprochen werden, da sich die Kulturen der aufgezählten Völker nur an ihren z. T. kuriosen Oberflächen unterscheiden und sich im Kern, d. h. in ihren allgemeinmenschlichen Unzulänglichkeiten alle gleichen. Was Grimmelshausens Simplicius dagegen vor allem bewegt, ist die Suche nach idealer Gemeinschaft, wie sie in der Frühen Neuzeit in Gestalt von Utopien – Thomas Morus' *Utopia* (1516), Tommaso Campanellas *Der Sonnenstaat* (1623), Johann Valentin Andreaes *Christianopolis* (1619), Francis Bacons *Neu-Atlantis* (1626) – zum Ausdruck kommt.

Die Oberfläche der Kulturbegegnung dient letztlich dazu, Beobachtungen über den Menschen an sich zu machen und positive Gegenentwürfe zur Wirklichkeit zu entwickeln. Das gilt nicht nur für Grimmelshausen, sondern nicht weniger für Miguel de Cervantes' (1547–1616) *Don Quijote de la Mancha* (1605/1615), und es gilt auch noch ein Jahrhundert später für den Prototypen des exotischen Reise- und Abenteuerromans, für Daniel Defoes (1660–1731) *Robinson Crusoe* (1719). Auch hier erlebt der Held verschiedene Kulturen und befindet sich in wechselnden sozialen Lagen. Er ist ein früher Tourist auf englischen Schiffen, dann Sklave in Arabien, schließlich Plantagenbesitzer in Südamerika, bis er auf seiner Robinsoninsel nach einigen Jahren der Einsamkeit mit einem Insulaner zusammenlebt. Aber dieses Zusammenleben führt nicht zum kulturellen Austausch, sondern nur zur Europäisierung des Anderen, der nicht mal nach seinem Namen gefragt wird, sondern dem wie einem Baby (oder einem Sklaven) sein berühmter Name *Freitag* gegeben wird. Die Robinsonade ist vor allem eine innere Pilgerreise zum besseren Ich des Helden und ein Erziehungsprogramm an seinem großen Findelkind, letztlich ein moralischer Traktat im Gewand der Erzählung.

Wenn eine interkulturelle Begegnung stattfindet, dann auf Seiten Freitags, dessen Perspektive aber nicht eingenommen wird (vgl. Frank 2006, 11-13). Und auch in einem weiteren berühmten Werk des frühen 18. Jahrhunderts, in dem der Abstand der europäischen (englischen) Hauptfigur zu den Anderen schon rein körperlich eklatant ist, geht es nur scheinbar um Fremdbegegnungen. Jonathan Swifts (1667–1745) Gulliver gerät in *Gullivers Reisen* (1726) unter Zwerge, Riesen, intelligente Pferde und in allerlei absonderliche Länder und Zivilisationen. Gulliver erlebt nach jeder Rückkehr aus einem der exotischen Länder einen Heimkehrschock. Nach den Zwergen erscheint ihm seine Welt riesengroß, nach der Rückkehr von den Riesen zwergenklein. Am Ende findet er in eine normale Existenz nicht mehr zurück, empfindet Ekel beim Anblick seiner eigenen Familie, lebt im Pferdestall, und wenn er spricht, hört es sich an wie Pferdewiehern (Swift *Gulliver's Travels* 2002, 241-244).

Die Sprachen der verschiedenen Völker muss Gulliver lernen, sie fallen ihm nicht einfach zu, und je fremder die fremde Welt ist, desto mehr Mühe bereitet es ihm, sich die Sprache anzueignen, sie zu verstehen und sich in ihr verständlich zu machen. Das ist ganz besonders bei den Pferden oder genauer den Houyhnhnms, wie sie sich selber nennen, der Fall, denen er kaum sein eigenes Land und seine Welt zu schildern vermag, da es in ihrer Sprache keinerlei Ausdrücke für Lüge und Falschheit gebe (ebd., 199). Es ist unschwer zu erkennen, was Swift damit sagen will. So sehr seine Fiktionen echte Fremde schildern und Gulliver nicht nur mit exotischen Oberflächen, sondern tatsächlich mit (wenn auch ausgedachten) fremden Kulturen konfrontiert wird, handelt es sich bei seinen Reisen dennoch genauso um Widerspiegelungen der eigenen Welt wie beim *Simplicissimus*, im *Don Quijote* oder in *Robinson Crusoe*. Es geht nicht um die andere Welt, sondern um die moralische Kritik der eigenen.

Genau den gleichen Zweck erfüllt auch die Umkehrung der Perspektive, die verfremdete Darstellung der eigenen Welt durch den fremden Blick in Montesquieus (1689–1755) *Perserbriefen* (1721), in denen der persische Fürst Usbek über die „Länder der Barbaren" (Montesquieu *Lettres persanes* 1992, 15), d. h. Frankreich berichtet. Dieser Kunstgriff, Gegenwarts- und Zivilisationskritik aus der Sicht eines fiktiven Reisenden zu üben, ist mehrfach wiederholt worden – zum Beispiel in *Die Forschungsreise des Afrikaners Lukanga-Mukara ins innerste Deutschland* (1912/1913) von Hans Paasche (1881–1920), *Der Papalagi* (1920) von Erich Scheurmann (1878–1957) oder in jüngerer Zeit in Herbert Rosendorfers (1934–2012) *Briefe in die chinesische Vergangenheit* (1983). Bei May gibt es einen Anklang daran in Hadschi Halef Omars Reden und Urteilen über Europa, die allerdings einen gewichtigen Unterschied aufweisen. Da Halef selbst nicht als Europa-Reisender auftritt, kann er lediglich die Berichte Kara Ben Nemsis kommentieren, und seine ‚orientalische' Sicht auf die europäischen Verhältnisse charakterisiert und karikiert nicht Europa, sondern ihn selbst, führt also in den May'schen Orient hinein und ist kein spiegelbildliches Europa – so zum Beispiel, wenn Halef in *Am Jenseits* (1899) die abendländischen Eisenbahnen verdammt, weil in ihnen Frauen und Männer nebeneinander sitzen dürfen:

„So verderbe Allah eure Eisenbahnen bis in den allertiefsten Abgrund der Hölle hinab! Wenn nicht nur mein Weib, welches ich allein besitze, sondern auch alle meine Töchter, die ich glücklicherweise noch nicht habe, es sich gefallen lassen müssen, daß jeder fremde Stadtbewohner und jeder unbekannte Beduine sich im Katr an ihre Seite setzen darf, so mag ich von eurem Abendlande kein Wort weiter hören!" (May *Am Jenseits* 1899, 5)

In einem gleichen sich die klassischen Werke von Cervantes, Grimmelshausen, Defoe, Montesquieu oder

Swift und anderer Autoren des Barock und der Aufklärung (Voltaire, Diderot…): Das Ziel der Erzählung ist immer die Verfremdung der bekannten Welt und Gesellschaft einschließlich ihrer Kommunikationsformen, kommunikativen Konventionen und Rituale (vgl. Bitterli 1991, 405-425). Die Darstellung von und das Spiel mit Kulturbegegnungen ist in dieser Literatur eine Form der Verfremdung von Kommunikation durch Fremdkommunikation oder Fremdwahrnehmung. Nicht das Andere, sondern das Selbst ist das Thema, und dies in der Regel mit klarer moralischer Botschaft. In der Literatur des späten 18. und frühen 19. Jahrhunderts ist das kaum anders. In Johann Peter Hebels (1760–1826) Kalendergeschichte *Kannitverstan* (1808) wandert ein deutscher Handwerksbursche nach Amsterdam, bewundert Blumen, Häuser und Schiffe und immer wenn er fragt, wem das alles gehöre, bekommt er zur Antwort „Kannitverstan". Er versteht die Antwort als Namen und bewundert und beneidet den reichen „Kannitverstan", bis er einem Leichenzug begegnet und auf seine Frage, wer denn da zu Grabe getragen werde, dieselbe Antwort „Kannitverstan" erhält. Er kommt ins Grübeln:

> „Armer Kannitverstan […] was hast du nun von allem deinem Reichtum? Was ich einst von meiner Armut auch bekomme: ein Totenkleid und ein Leintuch und von allen deinen schönen Blumen vielleicht einen Rosmarin auf die kalte Brust, oder eine Raute." (Hebel *Kannitverstan* 1984, 138)

Die Botschaft stellt Hebel seiner Erzählung eines sprachlichen Missverständnisses gleich voran. Es geht darum, wie einer „durch den Irrtum zur Wahrheit und zu ihrer Erkenntnis" kam (ebd., 136). Für solche Moralerzählungen ist es gleich, ob der Weg nach Holland oder über den Ozean führt. So sagt zum Beispiel Johann Gottfried Seume (1763–1810) in der Ballade *Der Wilde* (1793), die auch unter dem Titel *Die Gastfreundschaft des Huronen* bekannt ist, weniger etwas über die Kultur dieser indianischen Nation, als er die moralische Verkommenheit der vermeintlich überlegenen Zivilisation anprangert. Der Inhalt ist folgender: Ein Hurone sucht bei einem Farmer Schutz vor Unwetter, wird von diesem aber mit rassistischen Beschimpfungen fortgejagt:

> Willst du missgestaltes Ungeheuer,
> schrie ergrimmt der Pflanzer ihm entgegen,
> Willst du Diebsgesicht mir aus dem Hause!
> und ergriff den schweren Stock im Winkel.
> (Seume *Der Wilde* 2000)

Etwas später verirrt sich der Farmer in der Wildnis, und eben jener Indianer, der von ihm jedoch nicht wiedererkannt wird, gewährt die Gastfreundschaft, die er selbst verweigerte. Als sie sich verabschieden, sagt der Hurone, wer er ist, und die Moral ist eindeutig:

> Seht, ihr fremden, klugen, weißen Leute, seht,
> wir Wilden sind doch bessre Menschen! (ebd.)

Selbst François-René de Chateaubriands (1768–1848) Erzählung *Atala* (1801), die erste erfolgreiche Indianererzählung in der europäischen Literatur (Beissel 1978, 11 und 29-31), hat im Kern wenig mit Indianern und ihrer Kultur zu tun – auch wenn Chateaubriand einige Monate bei den Onondaga, einem Stamm des Irokesenbundes, gelebt hatte und auch einige Bräuche in der Erzählung andeutet. Erzählt wird die Liebesgeschichte des indianischen Kriegers Schakta und der christianisierten Halbindianerin Atala. Er ist Gefangener ihres Stammes, dem Tode geweiht, und wird von ihr befreit. Die erfolgreiche Flucht führt beide zu einem christlichen Eremiten, doch sie endet nicht in einem neuen Leben in der Zivilisation, sondern mit dem Tod Atalas, die sich selbst vergiftet, um ihr Keuschheitsversprechen, das sie einst ihrer sterbenden christlichen Mutter gegeben hatte, nicht zu brechen. Zu spät erklärt der Missionar, dass sie an dieses Versprechen nicht gebunden sei. Die Problematik – die Diskussion der Werte von Keuschheit, Glaube, Treue, Liebe und des unschuldigen natürlichen Lebens – ist kaum indianisch zu nennen, sondern an der Schwelle von der Aufklärung zur Romantik zeitgebunden europäisch. Zeitgenössische Illustrationen machen dies auch visuell deutlich.

Wie die Fremde fremd wird: Auswanderer- und Reiseliteratur im 19. Jahrhundert

Die Reise ist eine Inspirationsquelle für die literarische Begegnung mit Fremden. Aber das Reisen verändert sich. Im 19. Jahrhundert wurde die Entdeckungsreise immer mehr zur wissenschaftlichen Expedition – im Grunde schon bei James Cook (1728–1779), dann vor allem bei Alexander von Humboldt (1769–1859). Aus der Kavalierstour des europäischen Adels und des gehobenen Bürgertums (z. B. Goethes Italienreise) entwickelte sich der Tourismus – in den vierziger Jahren des 19. Jahrhunderts bot Thomas Cook (1808–1892) die ersten Pauschalreisen an. Immer weitere Bevölkerungskreise konnten am Fremden und Exotischen partizipieren – nicht nur durch eigenes Reisen, sondern auch durch die beginnende Eventkultur, z. B. Buffalo Bill's Wild West oder Völkerschauen in zoologischen Gärten. Karl May hat noch Ende der achtziger Jahre des 19. Jahrhunderts in der Zeitschrift *Der gute Kamerad*, in der u. a. *Der Schatz im Silbersee*, *Der Ölprinz* und *Die Sklavenkarawane* zuerst erschienen, recht positiv über *Das Straußenreiten der Somal* (1889) auf einer „Völkerwiese" berichtet und den dortigen „Schaustellungen" einen vorurteilsabbauenden Effekt zugeschrieben. Wer ihr Zeuge gewesen sei, schrieb May damals, der „wird zu der Ansicht

Die letzten
Worte der Atala.
*Radierung von
J. Duthé nach
Charles Abraham
Chasselat (
um 1820)*

297

gelangt sein, dass der sogenannte schwarze Erdteil keinesfalls nur von bildungsunfähigen Elementen bevölkert ist" (May *Das Straußenreiten der Somal* 1997, 492). Später wurde er allerdings zu einem entschiedenen Kritiker dieser Unterhaltungskultur. Besonders deutlich traf das Verdikt die „von Zeit zu Zeit hier bei uns herumvagabundierenden Völkerwiesenindianer" (May *Winnetou IV* 1910, 21).

Die Begegnung mit fremden, vor allem mit fernen Kulturen ermöglichte aber auch schon das Lesen. Von Bedeutung waren populärwissenschaftliche Publikationen wie zum Beispiel das 1832 gegründete *Magazin für die Literatur des Auslandes*, aus dem auch Karl May Informationen für seine Romane übernahm (vgl. die Beiträge von Hans Grunert in *Der Beobachter an der Elbe* ab Nr. 5/ 2005), und die Reiseliteratur in allen ihren Formen vom dokumentarischen Reisebericht bis zum Roman. Karl May schrieb seinem Old Shatterhand und Kara Ben Nemsi die Rolle des Berichterstatters zu, die wirkliche Reisende wie Friedrich Gerstäcker (1816–1872), Balduin Möllhausen (1825–1905) oder Armand (Friedrich Strubberg, 1806–1889) für sich beanspruchten und die Karl May auf dem Höhepunkt seines Erfolges auch von sich selbst behauptete. In *Winnetou III* offenbart sich der inkognito reisende Old Shatterhand dem Westmann Sans-ear gegenüber als Bücherschreiber und Informant seiner Leser:

> „Also, hm, ja, ein *book-maker* seid Ihr? Aber wozu kommt Ihr da in die Savanne, he? Wollt Ihr etwa hier zum Beispiel Bücher schreiben?"
> „Das thue ich erst, wenn ich wieder daheim bin; dann erzähle ich alles, was ich erlebt und gesehen habe, und viele Tausende von Leuten lesen es und wissen dann sehr genau, wie es in der Savanne zugeht, ohne daß sie nötig haben, selbst in die Prairie zu gehen." (May *Winnetou III* 1893, 10)

Etwas anderes kommt hinzu. Aus der Reise mit geplanter Rückkehr wurde ab 1800 immer häufiger die Auswanderung. Die Fernmigration als Massenphänomen ist ein Merkmal der *Verwandlung der Welt*, wie sie von Jürgen Osterhammel in seiner kolossalen Weltgeschichte des 19. Jahrhunderts beschrieben worden ist (Osterhammel 2009, 199 und 465-564). Ihren Niederschlag haben diese Entwicklungen in einer reichen Reise-, Abenteuer- und Auswanderungsliteratur gefunden (Friedrich Gerstäcker, Balduin Möllhausen, Jules Verne, Hermann Melville, Jack London…). Die Frontier als Zivilisationsgrenze und „contact zone" (Pratt 1992, 7) zwischen Auswanderern und den ‚ganz Anderen', den ‚Wilden' war bis ins späte 19. Jahrhundert nicht nur realer Lebens-, sondern auch literarisch-phantasmagorischer Projektionsraum. In diesem Lebens- und Fantasieraum konnten die Grenzen zwischen Eigenem und Fremdem verschwimmen. „Für einen Patrizier aus Boston waren die backwoodsman in ihren Blockhütten kaum weniger wild und exotisch als indianische Stammeskrieger" (Osterhammel 2009, 465). Diese bereits eingangs festgestellte doppelte Fremdheit kommt bei Karl May in der Charakterisierung des Greenhorns zum Ausdruck, dem nicht nur die Indianer, sondern auch die Yankees fremd sind, mit deren Sprache er nicht zurechtkommt:

> Ein Greenhorn spricht entweder gar kein oder ein sehr reines und geziertes Englisch; ihm ist das Yankee-Englisch oder gar das Hinterwälder-Idiom ein Greuel; es will ihm nicht in den Kopf und noch viel weniger über die Zunge. (May *Winnetou I* 1893, 8)

Die doppelte Fremdheit ist mit einer Unterscheidung zu erweitern, nach der Kulturbegegnungen in der Literatur in zwei Typen eingeteilt werden können: in die Begegnungen mit weit entfernten, in der Regel indigenen Kulturen einerseits und die Begegnungen im kulturellen Nahbereich andererseits – zum Beispiel zwischen Deutschen und Engländern oder Deutschen und Franzosen, aber auch zwischen Auswanderern oder Reisenden mit einheimischen Weißen. Das Zusammenspiel beider Begegnungsarten kann den besonderen Reiz von Erzählungen ausmachen: so in Karl Mays Orientzyklus, wenn Kara Ben Nemsi vom ‚typischen' englischen Weltreisenden Sir David Lindsay durch die fernen Welten des Orients begleitet wird, oder wenn auf dem Weg zum Silbersee sächsische Westmänner zusammen mit dem Schotten Lord Castlepool, dessen stereotype Wettleidenschaft besonders den Haupthelden Old Shatterhand befremdet, Abenteuer mit kulturell fernstehenden Indianern zu bestehen haben.

In Jules Vernes (1828–1905) *In achtzig Tagen um die Welt* (1873) geschieht die eigentliche interkulturelle Begegnung zwischen dem Engländer Sir Phileas Fogg und seinem französischen Diener Passepartout, während alle durchreisten Länder und Kulturen exotische Staffage bleiben und selbst die vor der Witwenverbrennung gerettete Inderin Frau Aouda bemerkenswert wenig fremd ist. Dass Sir Phileas Fogg auf seiner Reise sich auf Fremdbegegnungen erst gar nicht einlässt, sondern nur die Bewegung durch den Raum vorantreibt, macht das Amüsement des Romans aus und bringt eine Wahrnehmung zum Ausdruck, von der schon in Adelbert von Chamissos (1781–1838) *Peter Schlemihls wundersame Geschichte* (1813/14) zu lesen ist. Die Verfügbarkeit der Welt kann die Welt in ihrer Vielfalt auch zum Verschwinden bringen. Als früher Jet-Setter eilt Schlemihl in seinen Siebenmeilenstiefeln um den Globus (vgl. Pinheiro/Ueckmann 2005, 13-14; Schmitz-Emans 2005, 135-136):

> [...] von dem Äquator nach dem Pole, von der einen Welt nach der andern; Erfahrungen mit Erfahrungen vergleichend. [...] Für mangelndes Glück hatt ich als Surrogat die Nicotiana, und für menschliche Teilnahme und Bande der Liebe eines treuen Pudels [...]. Ich weiß nicht, wie lange ich mich so auf der Erde herumtaumelte. (Chamisso *Peter Schlemihls wundersame Geschichte* 1980, 212-213)

Was aber bei Chamisso noch romantische Mystifikation ist, ist bei Jules Verne eine Einsicht in die Auswirkungen der technischen Zivilisation, in der es „keine Abenteuer mehr gibt, sondern nur noch Verspätungen. [...] Nach der Herstellung von Umrundbarkeit ist die Erde für den vollendeten Touristen selbst auf den fernsten Schauplätzen nur noch ein Inbegriff von Situationen und Bildern, von denen die Tageszeitungen, die Reiseschriftsteller und die Enzyklopädien längst ein kompletteres Bild geliefert haben" (Sloterdijk 1999, 838). Ein wenig schimmert diese Negation der Fremde in ihrer Verfügbarkeit sogar bei Karl May durch, wenn er seinen Helden in *Die Sklavenkarawane* (1889/90) sagen lässt:

> In meiner Heimat gibt es Bücher und Bilder über alle Länder und Völker der Welt. Durch diese lernt man die Völker zuweilen besser kennen als diejenigen, welche zu ihnen gehören. (May *Die Sklavenkarawane* 1889/90, 18)

Oder wenn er am Anfang der *Mahdi*-Trilogie (1896) in der Beschreibung Kairos die Ablösung der gefährlichen Exotik des Orients durch den wohlorganisierten Tourismus und eine auch sprachlich sichtbare Globalisierung feststellt:

> Die Siegreiche, ‚El Káhira‘ und ‚Bauwaabe el bilad esch schark‘, das Thor des Orientes, so nennt der Aegypter die Hauptstadt seines Landes. Wenn die erstere Bezeichnung längst nicht mehr am Platze ist, so besteht die zweite doch zu vollem Recht. Kairo ist wirklich die Pforte des Ostens. Als solche ist diese Stadt dem Andrange occidentaler Einflüsse am meisten ausgesetzt, und die einst ‚Siegreiche‘ ist so altersschwach geworden, daß sie demselben kaum mehr zu widerstehen vermag. Sie wird von Jahr zu Jahr fränkischer, und da, wo ein hochgestellter Europäer einfach niedergestochen wurde, nur weil er behauptete, daß der Sultan die Aja Sofia in Stiefeln betrete, da kann heutzutage jeder Giaur die fünfhundertdreiundzwanzig Moscheen

Kairos besuchen, ohne gezwungen zu sein, seine Füße zu entblößen.

Shepheards Hotel, das ‚Neue Hotel‘, das Hotel d'Orient, das Hotel du Nil, das Hotel des Ambassadeurs und zahlreiche öffentliche Kosthäuser, Cafés und Restaurants bieten dem Fremden vollständige Befriedigung aller Bedürfnisse, welche die Heimat ihm anerzogen hat; aber viel, sehr viel muß er dafür bezahlen, und wer, wie ich, nicht gerade über die Einkünfte eines englischen Lords verfügt, dem ist anzuraten, sich von diesen Versammlungsorten europäischer Krösusse möglichst fern zu halten. [...]

Will man den unverfälschten Orient sehen, so muß man sich in eines der arabischen Viertel begeben, und dazu bedarf es keines weiten Weges. Ich erinnerte mich meines frühern Aufenthaltes in Kairo und bog in eine enge Seitengasse ein. Sie mündete in eine andere Gasse, und als ich diese erreichte, winkten mir von der alten Lehmmauer eines niedrigen Hauses die vier Inschriften entgegen:

Beer-house

Cabaret à bière

Birreria

Bira, ingliziji we nimsawiji,

also englisch, französisch, italienisch und arabisch. Die vierte Zeile war natürlich in arabischer Schrift geschrieben. Ich blieb stehen und betrachtete das Lokal. Das Aussehen desselben stieß mich ab, aber das Wort Bier zog mich an.
(May *Im Lande des Mahdi I* 1896, 1 und 5)

Aber das Gefühl, die Möglichkeit zu Fremdbegegnungen und Fremdheitserfahrungen könnte verloren gehen, weil alle überall hinkommen können, weil die unberührte Wildnis und ihre Bewohner zurückgedrängt und nicht zuletzt weil aus fernen abenteuerlichen Ländern Städte und Industrien mit Arbeitern und Angestellten werden, die sich von denen Europas nicht unterscheiden, hat im 19. Jahrhundert das Bedürfnis nach literarischer Kompensation und fremden Welten auf dem Papier eher gesteigert. „Ob die Welt das Reisen erfunden hat oder das Reisen die

Welt, die Frage kann zugunsten der Literatur beantwortet werden", wie Rüdiger Schaper mit Blick auf Reiseliteratur des 19. Jahrhunderts treffend bemerkt: „Der Globus ist der Kopf" (Schaper 2011, 100). Davon abgesehen waren Fremdbegegnungen auch tatsächlich möglich. Der Typ Sir Phileas Fogg war – das darf nicht vergessen werden – eine damals beliebte Karikatur des kulturignoranten englischen Globetrotters, die Karl May in seinen liebenswerten englischen Helden aufgriff und neben seine skurrilen Sachsen stellte, die Indianersprachen sprechen und sich in ihrem verrückten Äußeren der wilden Umgebung anpassen.

Die Kombinationen von ferner und naher Fremde ebenso wie von Auswanderung und Reise sind vielfältig (zu den Formen des Reisens bei May vgl. auch Keindorf 1996). Ein typischer Autor des Auswandererromans ist zum Beispiel Friedrich Gerstäcker, das schließt aber Reisende nicht aus, während in Karl Mays Reiseromanen vor allem die Amerikaauswanderung, aber auch die Auswanderung Einzelner in den Orient (der Deutsche Krüger Bei oder der Pole Dozorca in Bagdad) eine nicht geringe Rolle spielt (vgl. *in diesem Band* die Beiträge von Wilhelm Brauneder und Thomas Kramer).

Es gibt die unterschiedlichsten Formen der Begegnung mit der Fremde: die des Beobachters und Forschers, die des Abenteurers und Glückssuchers, die des Auswanderers und schließlich auch die touristische Haltung, wie sie von Friedrich Gerstäcker der alten Dienerin einer der weiblichen Hauptfiguren seines Java-Romans *Unter dem Äquator* (1861) in den Mund gelegt wird:

> „[...] ehnd' ich heimginge, wollt' ich aach mehr von dem Java gesehn habe – denn so bald komme mer hier nich wider her." (Gerstäcker *Unter dem Äquator* 1977, 355)

Ist dies noch positiv, so wird der Tourist, der kein Interesse am Fremden hat, sondern nur exotische Kulissen konsumiert, zum Gegenstand der Kritik. Karl May äußerte sich schon in den *Geographischen Predigten* abfällig über Weltenbummler ohne Sprachkenntnisse:

Diese Species stammte von ‚zu Hause‘, hatte seine Heimath ‚bei Muttern‘, nahm Absteigequartier ‚in der Herberge‘ und bereiste fechtbummelnd Böhmen, ohne einen Satz böhmisch, Frankreich, ohne ein Wort französisch, Dänemark, ohne eine Sylbe dänisch, und Polen, ohne einen Laut polnisch sprechen oder verstehen zu können. (May *Geographische Predigten* 1875/76, Nr. 36, 287)

In *Und Friede auf Erden!* ist dann eine deutlich Kritik des organisierten Tourismus zu lesen:

Da sind zunächst die Touristen. Man gehe einmal durch die Scharia Bab el Hadid nach dem Bahnhofe, um diese Leute bei ihrer Ankunft aussteigen zu sehen. Sie kommen eigentlich nicht, sondern sie werden gebracht; sie steigen nicht aus, sondern sie werden ausgestiegen. Sie bilden Cook- oder Stangen-‚Herden‘, welche sich jeder Selbständigkeit begeben und ihren Hirten zu parieren haben. Sie sind nicht mehr Personen oder gar Individualitäten, sondern einfach Gegenstände des betreffenden Reisebureaus. [...] Sie machen den Eindruck der Unwissenheit und der Hilflosigkeit, und jeder Eingeborene, dessen Dienste sie in Anspruch nehmen müssen, hält es für sein gutes Recht, ihre Unkenntnis möglichst auszubeuten [...]. Der Tourist, besonders der sogenannte ‚Herdentourist‘, hat seine Individualität daheim gelassen und bringt nichts als nur seine Neugierde und seinen Geldbeutel mit; er ist ein personifiziertes Bakschisch, welches das Abendland dem Morgenlande bringt. Dieses Bakschisch zieht dort den Betrug, die Habsucht und die Lüge groß, fließt meist in die Kassen nicht einheimischer Geschäftsleute und bringt dem eigentlichen Oriente wohl keinen, am allerwenigsten aber einen geistigen Nutzen. Seine Seele aber bleibt nicht unberührt. (May *Und Friede auf Erden!* 1904, 45-47)

Diese Tourismuskritik ist grundsätzlich. Touristen erscheinen als Täter und Opfer zugleich, die sich aus Bequemlichkeit ausbeuten lassen, damit aber auch die Orte, die sie besuchen, mit Habsucht und Betrug infizieren (vgl. auch Koch 2001, 148-150). In *Und Friede auf Erden!* erscheint somit als Bedrohung der Persönlichkeit, der Kulturen und des Friedens, was im 19. Jahrhundert schon länger ein beliebtes Motiv ist: die mal versuchte, mal gelungene Ausbeutung des Neulings im fremden Lande, insbesondere des Touristen, über die sich Ortskundige (und mit ihnen die Leser) amüsieren dürfen. Das Motiv findet sich nicht nur in der westlichen Abenteuerliteratur. Mit ihm beginnt zum Beispiel auch Michail Ju. Lermontovs (1814–1841) Novellenroman *Ein Held unserer Zeit* (1840). Die Fremde ist hier der Kaukasus, in dem sich der Neuling wundert, warum sein fast leerer Wagen nur schwerfällig von der Stelle kommt, obwohl dieser von sechs Ochsen gezogen und mehreren einheimischen Treibern begleitet wird. Ein erfahrener Mitreisender klärt ihn auf: Natürlich seien diese Asiaten entsetzliche Bestien, die mit ihrem Gebrüll die Ochsen nicht antreiben, sondern die Fahrt absichtlich verlangsamen, um den Reisenden das Geld aus der Tasche zu ziehen. Den Erfahrenen aber könnten sie mit solchen Tricks nicht mehr hereinlegen: „Ich kenn' die schon. Zu mir kommen sie damit nicht!" (Lermontov *Ein Held unserer Zeit* 1994, 11).

Ähnliches findet sich bei Karl May im schon zitierten Beginn der Mahdi-Trilogie. Auch hier tritt wieder ein Kundiger auf, der sich nicht mehr so leicht übers Ohr hauen lässt:

Auf die Ehrlichkeit der Dolmetscher und Diener darf niemand sich verlassen. Ja, man kann einem Diener ein Vermögen anvertrauen und wohl darauf rechnen, daß er nichts entwendet; dafür aber wird er bei jedem kleinen Einkaufe, den er zu besorgen hat, seinen Herrn um einige Para oder gar Piaster betrügen, und solche Verluste, so unbedeutend sie im einzelnen sind, ergeben mit der Zeit eine ansehnliche Summe.

Mit den Dolmetschern ist es noch schlimmer. Geht einer, der die Sprache nicht kennt, mit seinem Dragoman auf den Bazar, so kann er annehmen, daß der letztere mit jedem Verkäufer gemeinschaftliche Sache machen und seinen Gewinnanteil sich später holen werde. Wird doch selbst der Landeskundige höchstens die Hälfte oder gar den dritten Teil der Summe, welche man von ihm fordert, bieten. Um dies zu erproben, nahm ein Franzose, welcher sehr gut arabisch sprach, dies aber verheimlichte, einen Dragoman mit in einen Waffenladen. Er war kaum eingetreten und hatte die gebräuchliche Tasse Kaffee noch nicht erhalten, so hörte er den Händler zu dem Dolmetscher sagen: „Bruder, aber wollen wir dieses christliche Schwein betrügen! Er soll schlechte Sheffielder Ware bekommen und dennoch die Preise von Damaskus zahlen. Den Gewinn teilen wir." Wie erstaunten beide, als der Franzose ihnen nun im schönsten Arabisch erklärte, daß er weder ein Schwein sei, noch überhaupt die Absicht gehabt habe, hier etwas zu kaufen! (May *Im Lande des Mahdi I* 1896, 2f.)

Beispiele für sprachliche und kulturelle Missverständnisse bei den Neuankömmlingen in der Neuen Welt finden sich besonders in Friedrich Gerstäckers Erzählungen über Auswanderer und Kolonisten. In *Der Deutsche und sein Kind* (1854) wird ein Mann namens Schwabe von einem Verwandten nach Amerika gelockt, der schreibt, er habe es in den Vereinigten Staaten zum Eigner eines *Coffeehouse* gebracht. Der neue Auswanderer stellt sich eine Art Wiener Kaffeehaus vor und ist mehr als überrascht, am Ende seiner langen Reise eher eine Bude als ein Haus anzutreffen:

An dem kleinen, weiß angestrichenen Bretterverschlag klebte ein großes schwarzes Schild, auf dem mit weißen Buchstaben – wachte er denn oder träumte er? – Coffee-house zur Stadt München stand. Die Buchstaben selber ließen gar keinen Zweifel – das halb englische, halb deutsche gehörte einem Landsmann an, und diese Bretterbude war – das erwartete Asyl. „Ist denn das hier das ganze Kaffeehaus?" stammelte er fast unwillkürlich und ergriff den Arm des Karrenführers, als ob er durch das Aufhalten der Fracht auch sein Geschick verzögern könnte. „Es trifft", meinte der andere trocken, und schien in dem Äußeren des Gebäudes gar nichts Außerordentliches zu finden, „hier ist der Ort – der Gentleman wird wohl zu Hause sein!" (Gerstäcker *Der Deutsche und sein Kind* 1977, 140-141)

Noch größer (und gefährlicher) werden die sprachlich-kulturellen Missverständnisse bei Begegnungen im kulturellen Fernbereich. In Charles Sealsfields (Karl Postel, 1793–1864) zu Lebzeiten populärem Indianerroman *Tokeah oder Die Weiße Rose* (*Tokeah or the White Rose* 1829), dessen deutscher Übersetzung Sealsfield den Titel *Der Legitime und die Republikaner* (1833) gab (Lorenz 2006, 215-217), wird ein verletzter britischer Seemann von zwei Indianerinnen in ihrem Dorf gesund gepflegt, hat aber als vermeintlicher amerikanischer Spion den Martertod zu erwarten. Im Unterschied zu Karl Mays Old Shatterhand, der sich im ersten Band des Winnetou-Zyklus in der gleichen Lage befindet, ist sich Sealsfields Held der Gefährlichkeit seiner Situation nicht bewusst. Als er erklärt, wieso er überhaupt in die Nähe des Indianerdorfes kam, redet er sich regelrecht um Kopf und Kragen. Die unterschiedlichen Vorstellungen vom Anderen lassen ihn und die Indianerinnen aneinander vorbeireden.

Die Indianerin deutete auf die Wachteln und ließ sich dann auf dem entgegenstehenden Sitze nieder, auf dem sie ruhig abwarten zu wollen schien, bis der junge Mann gegessen haben würde.

„Mein junger Bruder," hob sie endlich an, als sie gewahrte, daß dieser keine Miene machte, das Mahl zu versuchen, „ist im Kanu des großen Häuptlings der Salzsee angekommen. Hat er in seinem Wigwam gelebt und die Pfeife des

Friedens mit ihm geraucht?" Sie sprach diese Worte in ziemlich geläufigem Englisch, obwohl in dem tiefen und stark hervorstoßenden Kehltone ihrer Nation.

„Kanu! Wigwam! Pfeife des Friedens!" wiederholte der junge Mann, der, wie es schien, keine Silbe von dem Ganzen verstand. „Ja, in einem Kanu bin ich gewesen," fuhr er halbfröhlich fort, „und das mag der Henker holen! Ich will mein ganzes Leben daran denken. Brr!" murmelte er, „das war kein Spaß, wenn man seine acht Tage, oder Gott weiß wie lange, auf der Salzwelle herumtanzt und an seinen Schuhsohlen Mittagsmahl halten muß. [...]"

Die Indianerin stutzte ein wenig über den fröhlich-humoristischen Wortschwall, der ihm entfahren, und sie schien eine Weile das Gesagte in ihrem Gedächtnisse zu ordnen. Endlich mochte sie damit zu Ende gekommen sein; ihre Miene jedoch, weit entfernt, im nämlichen Tone zu erwidern, drückte eher Mißfallen aus.

„Mein Bruder hat nicht auf die Frage seiner Schwester geantwortet. – Hat er bei dem Häuptling der Salzsee gelebt und die Pfeife des Friedens mit ihm geraucht?"

„Das habe ich", erwiderte er, der sie nun zu begreifen wähnte. „Ich habe bei dem Häuptling der Salzsee gelebt, wenn du, was natürlich, darunter unsere Nation verstehst; aber was das Rauchen aus der Pfeife betrifft, das habe ich nicht getan. Wir rauchen nie aus Pfeifen, das ist nicht Mode bei uns; bloß die Franzosen und Neger tun es. Schmutzige Tiere!" fügte er hinzu.

„Mein Bruder", versetzte die Indianerin ebenso gelassen, „hat eine gekrümmte Zunge, und er will seine Schwester zum Narren machen. Canondah ist die Tochter des Miko", sprach sie mit Würde.

„Canondah, Tochter des Miko"; wiederholte der junge Mann. „Englische Worte, aber wenn ich sogleich mit der Kanonenbraut kopuliert werden sollte, ich weiß wahrlich keine Antwort zu geben." (Sealsfield *Tokeah oder Die Weiße Rose* 1968, 63f.)

In der Begegnung der Kulturen können Missverstehen und Nichtverstehen und sogar vollständiges Unverständnis für die neue Situation auftreten, die sich aus der Begegnung ergibt. Karl May gestaltet dieses Unverständnis in allerlei Variationen humoristisch aus. In *Der Ölprinz* sind es der Kantor emeritus Matthäus Aurelius Hampel, der in der Prärie eine zwölfaktige Helden-Oper schreiben will, und die resolute Anführerin eines Auswanderertrecks, Rosalie Ebersbach, die eine geradezu autistische, aber auch liebenswert naive Ignoranz der Andersartigkeit der Neuen Welt und ihrer Bewohner gegenüber an den Tag legen und jedes Ereignis nach heimischen Maßstäben und Regeln beurteilen.

„Natürlich haben sie es auf unser Eigentum abgesehen," antwortete Sam.

„Natürlich? Das finde ich gar nich so natürlich wie Sie. Mein Eegentum is eben mein Eegentum, an dem mir keen andrer Mensch herumzufispern hat. Wer die Hand nach meinen rechtmäßigen und gesetzlichen Habseligkeeten ausschtreckt, der is een Schpitzbube, verschtehn Se mich! Und da gibt's in Sachsen gewisse Paragraphen, welche von der Polizei schtreng gehandhabt werden. Wer maust, der wird eingeschteckt oder ooch sogar ins Loch geschperrt!"

„Das ist sehr richtig; aber leider befinden wir uns nicht in Sachsen."

„Nich in Sachsen? I was Se nich sagen! Ich bin noch lange keene Amerikanerin; ich befinde mich zwar gegenwärtig off der Auswanderung, aber meine gute, sächsische Schtaatsangehörigkeet habe ich trotzdem noch nich offgegeben. Ich bin immer noch eene Landestochter des schönen Sachsenlandes an der Elbe. Die Sachsen haben in mehr als zwanzig Schlachten gesiegt und werden mich ooch hier herauszuhauen wissen. Verschtehn Se mich? Ich habe dreißig Jahre lang meine Abgaben, Schteuern und Schulanlagen pünktlich und ehrlich bezahlt, bin noch keenen einzigen Pfennig schuldig geblieben und kann also wohl verlangen, daß mein Heimatsschtaat sich tapfer meiner annimmt, wenn so een roter, indianischer Taugenischt und Thunichgut mich betrügen und beschtehlen will! Ich lass' mich nich berauben und dann ohne eenen Pfennig in der Tasche fortjagen." (May *Der Ölprinz* 1893/1894, 146f.)

Es tritt eine ganze Reihe sympathischer kultur- und sprachignoranter komischer Helden in der May-Welt auf. Im Kolportageroman *Das Waldröschen* (1882–1888) meint der Pinero, ein aus Pirna in Sachsen stammender Wirtshausbesitzer, er könne sehr gut Spanisch sprechen denn „Pirnsch und Spansch ist beinahe egal" (May *Das Waldröschen* 2004, 12794). Figuren wie der kuriose Kapitän Frick Turnerstick und spleenige englische Reisende zeichnen sich durch absolute Sprachunkenntnis und bizarre Vorstellungen von fremden Sprachen aus.

„Im Englischen grüße ich ‚good day', im Chinesischen also ‚goodeng daying'. Wer das nicht versteht, ist so dumm, daß ihm kein Doktor helfen kann." (May *Am Stillen Ocean* 1894, 118f.)

„Dieses Türkisch ist doch eine dumme Sprache! Man möchte sie erst lernen, ehe man sie versteht. Die englische Sprache habe ich sogleich verstanden, schon als Kind." (May *Deutsche Herzen, deutsche Helden* 2004, 24347)

Der Running Gag dieser Sprachpannen ist nicht nur die sprachliche Inkompetenz der Figuren, über die sich der schlauere Leser amüsieren darf, sondern vor allem die Unfähigkeit, die Eigenartigkeit des Fremden zu erkennen, die Konsequenz, mit der das Fremde ausschließlich durch die Brille des Bekannten betrachtet und beurteilt wird. Dagegen ist nicht nur Old Shatterhand/Kara Ben Nemsi, sondern auch anderen Helden – vor allem den Helden des Westens – bewusst, dass kulturelle Kenntnisse und Sprachkompetenz überlebenswichtig sein können (vgl. Kuße 2011b, 56-58). In *Der Geist des Llano estakado* entdecken zwei Westmänner eine Spur, die ihnen die Nähe von Komantschen anzeigt:

„Uebrigens dem Totem nach, welches dem Kopfe eingeschnitten ist, scheint der Besitzer ein Komantsche und zwar ein Häuptling zu sein. Gut, daß wir den Dialekt dieser Nation deutlich verstehen. Wir können die beiden anrufen, sonst müßten wir gewärtig sein, bei unserem Nahen von einigen Kugeln begrüßt zu werden, und das ist keineswegs das höchste der Gefühle." (May *Der Geist des Llano esta-kado* 1888, 193)

In den Abenteuerromanen und der Reiseliteratur des 19. Jahrhunderts entführen sprachliche und kulturelle Differenzen den Leser in fremde Welten. Die Sprache selbst erzeugt Fremdheit, und dies nicht nur im Kontakt zu den Völkern Amerikas, Afrikas oder Asiens. Ein schönes Beispiel findet sich im russischen Reisetagebuch Lewis Carrolls (1832–1898), der mit *Alice im Wunderland* (1865) und *Alice hinter den Spiegeln* (1871) absolute Fremdbegegnungen und unübertroffene absurde Gespräche geschaffen hat. Caroll zitiert als Beispiel für „die außerordentlich langen russischen Wörter" den Ausdruck ЗАЩИЩАЮЩИХСЯ, der, so Carroll, „in englischen Buchstaben [...] Zashtsheehtshayoushtsheekhsya ergibt", womit er (beabsichtigt oder nicht) die angebliche Wortlänge im Russischen mit der monströsen Umschrift ins Englische vermischt. Die Ahnung von der fremden undurchsichtigen Welt, die damit hinter der Sprache aufscheint, verstärkt Carroll im Kommentar zu seiner Probe: „– dieses beängstigende Wort ist der Genitiv Plural eines Partizips und bedeutet ‚Personen, die sich verteidigen'" (Caroll *Tagebuch einer Reise nach Rußland* 1997, 30). Als irrationales, dem gesunden Menschenverstand widerstrebendes und in seiner Fremdheit kaum beherrschbares Kommunikationsmittel stellt Mark Twain (1835–1910) „die schreckliche deutsche Sprache – the awful german language" im Anhang zu seinen humoristischen europäischen Reiseerlebnissen von 1880 dar (Twain *A Tramp Abroad* 1997, 390-402). In den Reiseerlebnissen selbst und dann auch in der Sprachsatire wird die Perspektive umgekehrt: Die europäische Welt (besonders Deutschland) erscheint dem amerikanischen Reisenden als exotische Ferne, in der die Reise zur Expedition ins Ungewisse wird. Twain spielt bereits mit den vorhandenen Vorstellungen von Ferne und Nähe, Heimat und Exotik und ihren sprachlichen Merkmalen, wie sie in der Literatur und Populärwissenschaft üblich waren.

Die Fremde – vor allem die weit entfernte – weist besondere Landschaftsbilder auf – das Felsengebirge, das Dickicht des Dschungels, die Weite des Mississippi, die sengende Hitze der endlosen Wüste –, wird aber auch an den Sprachen und markanten Verhaltensweisen der Bewohner dieser Landschaften erkennbar (Kuße 2011b, 54f. und 66f.). Fremdsprachliche Titel wie *Giölgeda padishanün* für die Zeitschriftenfassung des Orientzyklus oder *Kong-Kheou, das Ehrenwort* für den Chinaroman, der später unter dem Titel *Der blau-rote Methusalem* (1892) bekannt wurde, und vor allem fremdsprachliche Zitate in der Figurenrede erzeugen Fremdheit. Das alles gibt es freilich nicht erst bei Karl May. Bernd Steinbrink hält in seinen Studien zur Abenteuerliteratur des 19. Jahrhunderts vor allem die historischen Romane Walter Scotts (1771–1832) für einflussreich, weist aber auch auf James Fenimore Cooper (1789–1851) und Sir John Retcliffe (Hermann Goedsche, 1815–1878) hin, der zum Beispiel seine Gauner italienisch fluchen lasse (Steinbrink 1983, 10). Spanische und französische Einsprengsel finden sich in Mayne Reids (1818–1883) *Die Skalpjäger* (1851) und in Gabriel Ferrys (1809–1852) *Der Waldläufer* (1850) – populäre Bücher ihrer Zeit, die Karl May gut kannte (Ferrys Roman hatte er für eine Jugendausgabe bearbeitet, der Komantschenhäuptling Rayont Brûlant, der bei Karl May Falkenauge heißt, gilt als Vorläuferfigur Winnetous; Kandolf 1959; Koch 1989, 109-111; zu Reid vgl. auch Heermann 2012b, 292-295). Russische Ausdrücke wie „Jeto prawda! Das ist wahr!" verwendet Retcliffe in den sibirischen Episoden des Monumentalromans *Biarritz* (1869-1879) (Retcliffe

Abenteuer in Sibirien 1976, 35), die sicher ein Vorbild für Karl Mays in Sibirien spielende Teile von *Deutsche Herzen, Deutsche Helden* waren. Im Wilden Westen dürfen amerikanische Wortfetzen nicht fehlen. Sie finden sich bei Friedrich Gerstäcker in Flüchen und feststehenden Ausdrücken wie „Dam him!", „Never mind!" (Gerstäcker 1890) und treten in großer Fülle bei Charles Sealsfield auf (vgl. Plischke 1951, 60):

> Die Frage war [...] so ganz ohne *Second thoughts* gestellt [...]; [...] als ein plötzlicher Ruck und der Zuruf: *Mind your beast!* mich seitwärts springen machte [...]; [...] *by a long chalk*, wie wir zu sagen pflegen [...] (Sealsfield *Das Cajütenbuch* 1847/I, 20 und 43 und 219)

An den sprachlichen Signalen wird die Fremdheit der fremden Welt deutlich. Sie verleihen, wie Bernd Steinbrink feststellt, der Fiktion aber auch „Authentizität": Der „Reiz der fremden, andersartigen Welt, der in der Sprache zum Ausdruck kommt, soll sich mit dem Anspruch auf deren Realität verbinden" (Steinbrink 1983, 10). Wie real die Sprachen in der Literatur tatsächlich sind, spielt für den Effekt (vorausgesetzt, dass die Leser keine Kenntnisse der vorkommenden Sprachen haben) kaum eine Rolle. Karl May war in den zahlreichen Sprachen, die in seinem Werk vorkommen, eher desorientiert und seine Quellen (neben Grammatiken und Lexika auch Sprachführer) waren nicht immer zuverlässig (Pinnow 1987, 1988 und 1992; Schleburg 2005; Kuße 2011b, 62-66). Den Eindruck von Authentizität konnte er gleichwohl erzeugen. Christian Heermann führt in seiner May-Biografie deshalb die bekannte Fehleinschätzung Peter Roseggers (1843–1918), Karl May müsse ein vielerfahrener Mann sein und lange Zeit im Orient gelebt haben, „unter anderem auf das geschickte Einflechten von fremdsprachigen Wörtern und Wendungen in Dialoge oder beschreibende Passagen" zurück (Heermann 2012b, 147f.). Der Eindruck von Authentizität gelang May allein schon durch den Klang und das Schriftbild seiner Sprachproben und dadurch, dass wiederholt auftretende sprachliche Signale – Leitbegriffe wie *Giaur* oder *Greenhorn*, Bezeichnungen von Gegenständen und Handlungen wie *Bowiemesser, Chandschar, auslöschen* oder *anhobbeln* (vgl. Kuße 2011b, 52f.; Heermann 2012b, 292) – zu einem Wiedererkennungseffekt führen, der als Lerneffekt beim Leser ankommen kann. Markante sprachliche Ausdrücke werden wie Landschaften und Bekleidung zum Teil der fremden Welt und ihrer manchmal recht bizarren Figuren.

Bestimmte, immer wiederkehrende Sprüche und Ausrufe gehören zu den Merkmalen ausgeprägter Charaktere und kantiger Typen (Kuße 2011b, 66f.; Heermann 2012b, 292) – zum Beispiel Chatillons, einer Figur Balduin Möllhausens in der Erzählung *Die warnenden Schatten* (1862/63): „,Ach sacré tonnère! es ist ein herrliches Dasein!' rief Chatillon mit dem Ausdruck größter Zufriedenheit aus" (Möllhausen *Die warnenden Schatten* 1995, 63), oder auch bei Sealsfield: „Calculire, es ist, – versetzte der Mann mit empörender Kälte" (Sealsfield *Das Cajütenbuch* 1847/II, 59). Bei May wird diese sprachliche Charakterisierung zu einem virtuosen Spiel, ohne das seine Figuren gar nicht denkbar sind. Der wie eine Mütze abnehmbare falsche Skalp macht zusammen mit „Wenn ich mich nicht irre" den Typ Sam Hawkens aus. Zu Tante Droll gehört „Wenn es nötig ist" wie seine Flickenkleider. May gibt sogar Erklärungen zu diesen Spracheigentümlichkeiten:

Es ist ganz eigentümlich und eine alte Erfahrung, daß es selten einen richtigen Westmann gibt, der sich nicht irgend eine bestimmte, stehende Redensart angewöhnt hat. Sam Hawkens z. B. bediente sich häufig der Worte „wenn ich mich nicht irre"; Droll hatte sich den Ausdruck „wenn es nötig ist" angewöhnt. Oft werden diese Redensarten bei Gelegenheiten angewandt, wo sie höchst lächerlich erscheinen und wohl gar das Gegenteil von dem sagen, was ausgedrückt werden soll. (May *Der Oelprinz* 1893/1894, 197f.)

Solche Kommentare zum Sprachverhalten fügen sich ein in Mays Erläuterungen zu fremden Sprachen, mit denen seine Helden konfrontiert werden.

Howgh ist ein indianisches Bekräftigungswort und heißt so viel wie Amen, basta, dabei bleibt's, so geschieht's und nicht anders! (May *Winnetou I* 1893, 124)

Das Wort Medizin ist bei den Indianern erst nach dem Auftreten der Weißen in Gebrauch gekommen. [...] Seitdem bezeichnen sie alles, was sie für Zauberei halten oder was ihnen nicht erklärlich ist, was sie für die Folgen eines höheren Einflusses, einer höheren Eingebung halten, mit dem Worte Medizin. (May *Winnetou I* 1893, 255)

Der Indianer ist wortkarg; aber bei Beratungen spricht er gern und viel. Es gibt Rote, welche als Redner eine ganz bedeutende Berühmtheit erlangt haben. (May *Der Schatz im Silbersee* 1890/1891, 479)

Es muß hier erwähnt werden, daß alle Völker, welche sich der russischen Sprache bedienen, gern den höflichen, freundlichen Diminutiv gebrauchen, also Väterchen, Mütterchen, Brüderchen, Schwesterchen, anstatt dem kälteren Vater, Mutter, Bruder und Schwester. (May *Deutsche Herzen, deutsche Helden* 2004, 27656f.)

Die Beispiele zeigen, dass Erläuterungen zur Sprache und zur Kommunikation mehr sein sollen als nur linguistische Informationen. Sie verraten etwas über den Charakter der Sprecher, manchmal über einzelne, meist jedoch über größere soziale Gruppen (zum Beispiel Westmänner) und vor allem über Völker – mit anderen Worten: In ihnen werden Stereotypen gebildet (Kuße 2011b, 73-83). Es geht immer um *den* Indianer oder *alle*, die Russisch sprechen usw. Und diese Sprach- und Charakterstereotypen sind nicht unbedingt positiv wie in den vorangegangenen Beispielen. Nicht so freundlich klingt es, wenn es heißt, der Chinese, der

„sich mehr durch List und Verschlagenheit als durch Körperkraft" auszeichnet, „bramarbasiert gern, läßt sich aber durch Energie und Charakter sofort einschüchtern" (May *Am Stillen Ocean* 1894, 176). Und auch wenn behauptet wird „Der Neger ist ein Virtuos im Lärm machen, und die Negerin übertrifft ihn noch" (May *Deutsche Herzen, Deutsche Helden* 2004, 26277), ist das kaum als Ehrbezeugung zu verstehen.

Ein Mittel der Stereotypisierung von sozialen Gruppen und Völkern ist die Figurenrede selbst oder ihre Beschreibung. Der blumige, hyperbolische und metaphorische Stil Hadschi Halef Omars gilt als orientalisch schlechthin:

Er verstand es, das Unbewegliche beweglich und das Tote lebendig zu machen; alles bekam durch ihn Gestalt, Farbe und Inhalt; er wußte selbst das Einfachste, und wenn es nur das Sandkorn der Wüste war, in einer Weise zu beschreiben, die ihm Interesse verlieh. Natürlich wurde der Sperling zum Albatroß und der Tropfen zur Ueberschwemmung umgewandelt. Aus Hanneh machte er eine Göttin, aus mir wenigstens einen Halbgott, aber aus sich eines jener unbegreiflichen, paradiesischen Wesen, wie sie, alle Mächte, Kräfte und Gesetze beherrschend, in der Poesie des Morgenlandes leben und Wunder über Wunder thun. Es wurde mir himmelangst, wie der Perser diese Schilderung aufnehmen werde. Glücklicherweise war er Orientale, verstand es also, das wirklich Wahre herauszufühlen, und hörte dem, was der Phantasie entsprang, mit jener stillen, in den Augen strahlenden Begeisterung zu, welche im Abendlande nur dem gläubigen Kinde beim Märchenerzählen eigen ist. (May *Am Jenseits* 1899, 162)

In den Sprachstereotypen sind positive und negative Völkerstereotypen enthalten, manche lassen sich auch als ‚freundliche' Rassismen bezeichnen. Schwarze sprechen in der Regel ungrammatisch: mit grammatischen Reduktionen (Verben tauchen fast nur im Infinitiv auf) und syntaktisch in Inversionen. Von sich selbst reden sie in der dritten Person. Sprachlich sind sie große Kinder.

„Was sein Redman für ein grob Kerl!" zürnte der Neger. „Reiten an Masser Bob vorüber, ohne sagen: good day! Springen über Fenz und gar nicht warten, bis Massa Martin ihm erlauben, einzutreten. Masser Bob ihn werden höflich machen!" Der gute Schwarze gab sich also selbst den Titel Masser Bob, also Master oder Herr Bob. Er war ein freier Neger und fühlte sich sehr beleidigt, von dem Indianer nicht begrüßt worden zu sein. (May *Der Sohn des Bärenjägers* 1887, 51)

Neben mir ritt Quimbo, ein Basutokaffer, welchen ich mir als Führer gemietet hatte. Er hatte lange Zeit auf verschiedenen niederländischen Farmen in Dienst gestanden, war den Weißen freundlich gesinnt und radebrechte das Holländische leidlich. [...] Jetzt ritt er zu meiner Linken und machte in seinem Kauderwelsch die größten Anstrengungen, mich über die politischen Verhältnisse des Landes aufzuklären.
„Hab' Mynheer schon 'sehn Sikukuni, der groß' König von Kaffern?"
„Nein. Hast du ihn gesehen?"
„Quimbo hab' nicht' sehn Sikukuni; Quimbo bin gut Holland, bin gut Basuto, bin schlecht Zulu. Aber Quimbo hab' 'hört von Sikukuni, Quimbo will nicht sehn Sikukuni." (May *Auf fremden Pfaden* 1897, 58)

Dass Schwarze anders sprechen als Weiße, ist keine Erfindung Karl Mays. In Mark Twains *Tom Sawyer* (1876) und *Huckleberry Finn* (1885) spricht der Sklave Jim eine in der Laut- und der Satzbildung besondere Variante des Amerikanischen, die sich nicht nur von der Sprache Toms, sondern auch der Huckleberry Finns unterscheidet. Karl May folgt weitgehend der Vorstellung von Schwarzen und ihrer Art zu sprechen, wie sie, wenn auch weniger konsequent und weniger virtuos, bereits bei früheren Autoren der deutschsprachigen Abenteuerliteratur zu finden ist (besonders Sealsfield, Möllhausen, Gerstäcker). In der Erzählung *Die Flucht aus dem Rebellenlager* (1879) von Balduin Möllhausen trifft im amerikanischen Bürgerkrieg ein Unionssoldat im Dickicht auf einen entflohenen Sklaven, mit dem er sich später anfreundet:

> „Ihr jetzt sterben hier im Sumpf wie verfluchter Alligator", sprach er grinsend, indem die wulstigen Lippen weit von den elfenbeinartigen Zähnen zurückwichen [...]. Ich Euch verdammten Schädel einschlagen, denn Ihr nichts zu suchen habt in diesem Walde hier!" (Möllhausen *Die Flucht aus dem Rebellenlager* 1995, 209)

In Sealsfields *Cajütenbuch* klingt es ähnlich:

> „Gor, Gor! – kreischte sie. – Was für armer junger Mann das seyn! Aber in einer Stunde, Massa, etwas Suppe nehmen." „Suppe? Wozu Suppe kochen? – knurrte Johnny herüber." „Er Suppe nehmen, ich sie kochen; – kreischte die Mulattin." (Sealsfield *Das Cajütenbuch* 1847/I, 119f.)

In diesen Figuren und in Mays liebenswert komischen und kindlichen schwarzen Helden wie Bob oder Quimbo lassen sich gerade in der Ambivalenz der Bewertung koloniale Projektionen erkennen, wie sie Homi Bhabha untersucht hat: „Der Schwarze ist Wilder (Kannibale) und doch zugleich der gehorsamste und ausgezeichnetste aller Diener (der Verwalter der Nahrung); er ist Verkörperung zügelloser Sexualität und doch unschuldig wie ein Kind" (Bhabha 2000, 122). Freilich sind in der jugendfreien und – im Vergleich zu Autoren seiner Zeit wie Reid oder Retcliffe oder auch Cooper – gewaltminimierten Welt Karl Mays die Kontraste nicht so stark. Die Spannung liegt zwischen urwüchsiger Exotik und freundschaftlicher Treue oder Kindlichkeit und Lächerlichkeit auf der einen Seite und Heldentum auf der anderen. Darin aber unterscheiden sich

Bob oder Quimbo gar nicht so sehr von den vielen anderen komischen Helden Mays. Kindlich und tapfer sind jeweils auf ihre Art auch Hadschi Halef Omar oder ein Sir David Lindsey und ebenso die sächsischen Helden wie Hobble-Frank, der dicke Jemmy oder die beiden Snuffles, ganz zu schweigen von reinen Witzfiguren wie dem Kantor emeritus Aurelius Hampel in *Der Ölprinz*. Das ist zu bedenken, wenn die vielfach diskutierte Stereotypenbildung in der Literatur und speziell bei Karl May beurteilt wird (vgl. Schmiedt 1978; Koch 1993; Küppers 1996; Berman 1997, 41-164; Melzig 2003; Udolph 2008; Hodaie 2009 u. a.).

Die Reduktion der Vielfalt der Völker und Kulturen auf jeweils einige prägende Merkmale gehört fast durchgehend zur Darstellung des Fremden in der Unterhaltungsliteratur des 19. Jahrhunderts. Die Andersartigkeit kann als Wildheit, aber auch als Degeneration (man denke zum Beispiel an türkische Statthalter in Mays Orientzyklus) wahrgenommen werden. Im Genre des historischen Romans vor dem Ersten Weltkrieg sind rassistische und antisemitische Untertöne deutlich wahrnehmbar (s. Kramer *in diesem Band*) und auch May verteilt positive und negative Stereotypen. Das Credo, dass es in allen Völkern gute und böse Menschen gebe (May *In den Schluchten des Balkan* 1892, 278; *Winnetou I* 1893, 408), steht zwar über allem, aber Hierarchien der Sympathie, in denen im weltweiten Vergleich Griechen und Armenier am unteren Ende der Skala anzutreffen sind und Indianer vom Stamme der Apachen die oberen Plätze der Beliebtheit belegen, sind nicht zu übersehen. Das ist die eine Seite. Andererseits: Wenn Chinesen in *Kong-Kheou, das Ehrenwort* (1888/1889) als lächerlich oder grausam verschlagen dargestellt werden, so werden sie in *Und Friede auf Erden!* (1904) zu kulturellen Vorbildern. Stereotypen sind zwar hartnäckig, aber doch auch nicht ewig, und sie sind vielfach werkimmanent, also nicht unbedingt als Aussagen zu verstehen, die über den Horizont einer Erzählung hinausgehen. Deshalb können komische lächerliche Figuren von überall herkommen: ulkige deutsche Westmänner, die sich als recht unbrauchbare Reisegefährten erweisen (wie zum Beispiel die beiden Snuffles in *Winnetou III*) oder kuriose Helden wie der Holländer Mijnherr Willem van Aardappelenbosch und der amerikanische Kapitän Heimdall Turnerstick in *Kong-Kheou, das Ehrenwort*.

Sowohl im kulturellen Nahbereich (im Kontakt zwischen Europäern aus verschiedenen Nationen) als auch im kulturellen Fernbereich, also in der Begegnung von Europäern mit Asiaten, Orientalen oder indigenen Völkern, kann das Verhältnis zu den jeweils Anderen in der Literatur des 19. Jahrhunderts tendenziell positiv oder tendenziell negativ dargestellt sein. Besonders im kulturellen Fernbereich ist auch die dualistische Aufteilung der Anderen in gute und böse – der edle Wilde und der grausame Wilde – nicht selten, was ausgeprägt bei James Fenimore Cooper der Fall ist (Delawaren und Mohikaner auf der einen und Irokesen und Huronen auf der anderen Seite) und bei Karl May nicht weniger (Apachen versus Komantschen oder Kiowas oder Sioux Oglalals) (vgl. Hochbruck 1991, 115-129; Hiddemann 1996). Diese Opposition in der Bewertung geht hinein bis in die Darstellung des Äußeren (edel gekleidete, schöne Gestalten gegenüber nackten, narbigen und scheußlich anzuschauenden Barbaren) und der Sprache (gewählte, edle Rhetorik gegenüber dummer, aber bösartiger Stammelsprache oder hinterhältiger Demagogie) (vgl. Hiddemann 1996, 5-13). Fremdheit kann detailreich oder grob, stereotyp und sogar vorurteilsbeladen und rassistisch dargestellt werden, in jedem Fall jedoch sind die Fremde und die Fremden in der Literatur des 19. Jahrhunderts nicht nur Spiegelungen der eigenen Welt. Die Fremden sind tatsächlich fremd, und das heißt, sie sehen anders aus, sprechen anders, haben andere Werte, verhalten sich und leben anders – ob sie es im Buch so tun wie in der Wirklichkeit, das ist damit natürlich noch nicht gesagt.

Perspektiven der Begegnung:
pessimistische und optimistische Blicke

In Karl Mays Werk kommt Kultur- und Sprachignoranz bei sympathischen Figuren wie Rosalie Ebersbach oder Sir David Lindsay vor, sie kann aber auch ethische Implikationen haben und ein Merkmal des Bösen sein. Die Sprachen der Fremden zu beherrschen, ihre Welt zu kennen und ihre Werte zu achten, ist dagegen immer gut. Die Unmoral wird an der Ignoranz sichtbar, die Moral zeigt sich im Interesse an den Anderen. Deshalb ändern sich die Guten unter den Kultur- und Sprachignoranten. Die Treckanführerin Rosalie Ebersbach in *Der Ölprinz* wird am Ende des Romans milder und verständnisvoller. Sir David Lindsay berichtet im Spätwerk, im dritten Band von *Im Reiche des silbernen Löwen*, von seiner Läuterung und seinen schmerzhaften, dann aber doch erfolgreichen Versuchen, Arabisch zu lernen. Riesige Kopfschmerzen, schlechte Verdauung, Augenflimmern, Ohrensausen habe er gehabt und sich ganz elend gefühlt. Er gewann aber den Kampf: „Bin mit jedem Tag arabischer geworden" (May *Im Reiche des silbernen Löwen III* 1902, 36).

Gute Empathie und böse Ignoranz werden von Karl May in verschiedenen Erzählungen zu Schlüsselszenen ausgestaltet. In *Der Geist des Llano estakado* finden kundige Westmänner den Häuptlingssohn der Komantschen Shibabigk, der nach einem Überfall seinen Vater zu begraben hat. Die Westmänner wollen ihm zur Seite stehen, er schickt sie zunächst jedoch fort. Sie respektieren ihn und entfernen sich, um gleich wieder zurückgerufen zu werden:

„Ich wollte sehen, ob die Rede der weißen Männer Wahrheit sei. Wäret ihr Feinde gewesen, so hättet ihr mich nicht verlassen. Da ihr meiner Weisung gefolgt seid, ohne etwas gegen mich zu unternehmen, so habt ihr die Probe bestanden. Ihr gehört nicht zu meinen Verfolgern, und ich bitte euch, mit mir wieder empor zu steigen, um Tevuaschohe zu sehen, der mein Vater ist." (May *Der Geist des Llano estakado* 1888, 538)

Sie folgen der Begräbniszeremonie im Respekt vor den indianischen Traditionen:

Eisenherz legte sein Gewehr weg und setzte sich dem Toten gegenüber nieder. Er schob ein Aststück in das Feuer, zog die Knie hoch empor und legte sein Kinn darauf. In dieser Stellung starrte er die Leiche wortlos an.

Die beiden Westmänner standen ebenso schweigend dabei. Sie kannten die indianische Sitte genau und wußten, daß sie den Schmerz des Sohnes durch Worte beleidigen würden. (ebd.)

Ganz anders agiert dagegen der Schurke, der sich im gleichnamigen Roman *Ölprinz* nennt. Er handelt nur im eigenen Interesse und versucht sich sogar – in völliger Verkennung der indianischen Empfindungen und Werte – durch Mord einen Vorteil zu verschaffen. Diese Missachtung und Verachtung des Anderen führt letztlich in seinen Untergang.

Auf dem Weg mit seinen Opfern zum vermeintlichen Ölsee beobachtet der Ölprinz, wie zwei einander feindlich gesinnte Indianertrupps in gefährliche Nähe zueinander geraten. Er erschießt zwei Indianer und erklärt den entsetzten Begleitern kalt sein Kalkül:

„Zwei Indianer mußten auf alle Fälle sterben. […] Da habe ich das schwarze Los den beiden Navajos zugeworfen und mir dadurch die Dankbarkeit und Freundschaft Mokaschis erworben." (May *Der Oelprinz* 1893/1894, 410)

Dieser Mokaschi reagiert jedoch ganz anders, als es der Mörder seiner Feinde erwartet hatte:

„Du siehst hier neben dem Felsen unsre Pferde stehen, welche uns die Annäherung jedes fremden Menschen verraten. Eben hörten wir sie schnauben und griffen schon nach unsern Messern, als deine Schüsse fielen. Die Navajos hatten dir nichts gethan. Du hast nicht mit ihnen gekämpft, sondern sie aus dem Hinterhalte erschossen. Du bist kein Krieger, sondern ein Mörder. Dort liegen ihre Leichen. Darf ich mir ihre Skalpe nehmen? Nein, denn sie sind von deinen heimtückischen Kugeln gefallen. Wärest du nicht gekommen, so hätte ich sie, durch das Schnauben unsrer Pferde aufmerksam gemacht, mit dem Messer empfangen und dürfte mich mit ihren Skalplocken schmücken. Kennst du den, in dessen Haar die Feder steckt? Sein Name lautet Khasti-tine [= Alter Mann], obgleich die Zeit seines Lebens erst zwanzig Sommer und Winter beträgt. Diesen Ehrennamen erhielt er infolge seiner Klugheit und Tapferkeit. Und so einen Krieger hast du gemordet! Und mich hast du um den Ruhm gebracht, ihn besiegt zu haben! Und da verlangst du anstatt Rache Lohn von mir!" (ebd., 411f.)

Kultur- und Sprachkompetenz ist bei Karl May ein irenisches Programm (s. Kuße Es sei Friede!", *in diesem Band*). Die Sprache des Anderen zu sprechen, schafft Vertrauen und Freundschaft. In *Von Bagdad nach Stambul* lässt Karl May sein Ich zum Beispiel erzählen, dass er „große Freude damit an[richtete]", als er den montenegrinischen Vater von Senitza, die er aus dem Harem des zwielichtigen Abrahim-Mamur befreit hatte, an seinem „serbisch-montenigrinischen Gruße" erkannte und diesen sogleich erwiderte: „Nubo, otatz Osco, dobro, mi docschli – sieh da, Vater Osco! Willkommen!" (May *Von Bagdad nach Stambul* 1892, 513; vgl. dazu Kuße 2011b, 58).

Polyglott zu sein und sich in allen Kulturen bestens auszukennen, gehört zur Omnipotenz des absoluten Helden Old Shatterhand/Kara Ben Nemsi, aber diese Eigenschaft bedeutet mehr. Sie ist ein ethisches Merkmal und Ausdruck der Nächstenliebe. In *Der Geist des Llano estakado* erzählt Shiba-bigk, der gute Geist der Savanne, von dem er noch nicht weiß, dass es sich um Bloody Fox handelt, spreche mit allen Menschen, die in Not geraten, in ihrer Sprache. Das ist für den Häuptlingssohn auch gar nicht erstaunlich, sondern eine notwendige Eigenschaft und das Erkennungsmerkmal eines guten Geistes. Was er über diesen guten Geist sagt, ist die Essenz der May'schen Sprach- und Kulturethik:

> Ein guter Geist spricht alle Sprachen, denn der große Geist hat sie ihm gelehrt, Howgh! (May *Der Geist des Llano estakado* 1888, 635)

Pathosentlastet klingt diese pfingstliche Begabung und Mission so, wie sich die beiden Snuffles in *Im Reiche des silbernen Löwen* über Old Shatterhand unterhalten:

> „Er kann persisch lesen, was grad neben der Sahara liegt!"
> „Yes!"
> „Old Shatterhand soll überhaupt die Sprachen aller dortigen Chinesen und anderer Muselmänner verstehen?"
> „Das soll er allerdings. Man sagt, daß er mit den Muselleuten in allen Indianerdialekten redet." (May *Im Reiche des silbernen Löwen I* 1898, 28)

Mit der Möglichkeit und im Willen, die Sprache der Anderen zu lernen (im wörtlichen wie im übertragenen Sinne), ist in der Karl-May-Welt die Voraussetzung für ein friedliches Zusammenleben der Völker und Kulturen gegeben. Verkörpert wird dieses Zusammenleben in den Freundschaften zwischen Kara Ben Nemsi und Hadschi Halef Omar und zwischen Old Shatterhand und Winnetou. Schon Winnetous Lehrer Klekih-petra hatte die Sprachen der Indianer gelernt und sich – ohne seine Herkunft zu verleugnen – ihrer Lebensweise angepasst, während Winnetou wie auch Nscho-tschi Englisch sprechen und die anglophone Poesie kennen. Winnetou liest Henry W. Longfellows (1807–1882) Indianerepos *Das Lied von Hiawatha*. Old Shatterhand lernt von Nscho-tschi, Winnetou und Intschu tschuna gleich drei Indianersprachen (May *Winnetou I* 1893, 304 und 433).

Schon im Kolportageroman *Waldröschen*, in dem ein harmonisches mexikanisch-indianisches Zusammenleben durch Verbrecher zwar gefährdet, aber nicht nachhaltig gestört wird, und dann in den Reise- und den Jugenderzählungen, besonders in der *Der Ölprinz*, zeigt sich Karl Mays Optimismus, dass die Gemeinschaft aller möglich ist. Die Erzählung *Der Ölprinz* läuft auf die friedliche Verbindung zwischen den Menschen des Auswanderertrecks und den indianischen Stämmen zu, durch deren Gebiet sie ziehen, während die Bösen, denen die Sprache und die kulturellen Werte der Anderen gleichgültig sind, untergehen.

Dieser Optimismus ist im späten 19. Jahrhundert in der Literatur nicht selbstverständlich. Es gibt eine ganze Reihe klassischer Autoren, die zumindest, was Begegnungen und das Zusammenleben von Kulturen mit großem kulturellen Abstand voneinander betrifft, deutlich pessimistisch gestimmt waren. Zu ihnen zählen der späte Mark Twain, Jack London (1876–1916) oder in Russland Lev Tolstoj (1828–1910), dessen Kaukasuserzählungen als das östliche Gegenstück zum Wild-West-Roman gelesen werden können (Tolstoj war ein großer Verehrer Coopers). Deutlich weniger optimistisch, teilweise sogar ausgesprochen pessimistisch blickte auch Friedrich Gerstäcker auf das Zusammenleben indigener und kolonialer Bevölkerungen.

Die optimistische und die pessimistische Sicht auf die Begegnung der Kulturen lassen sich gut im Vergleich von Mark Twains *Huckleberry Finn* (1885) und *Knallkopf Wilson* (1894) sehen, in denen die Kulturen, die miteinander konfrontiert werden, unterschiedliche soziale Welten darstellen: die der Weißen und die der schwarzen Sklaven. Mit einem Floß den Mississippi hinab sind Huckleberry Finn und der Schwarze Jim gemeinsam auf der Flucht – der eine vor seinem brutalen Alkoholiker-Vater, der andere aus der Sklaverei. Doch der grundehrliche Huck gerät, je mehr aus der Zweckgemeinschaft Freundschaft wird, in einen

Gewissenskonflikt. Jim ist für ihn ein „Nigger" und doch ein Freund. So schwankt er zwischen dem Gefühl der Loyalität zum Freund und dem schlechten Gewissen, dass er seine Flucht nicht angezeigt und sich damit des Diebstahls an der „rechtmäßigen Besitzerin" schuldig gemacht hat (Twain *Huckleberry Finn* 1994, 91-95). Doch in dieser berühmten Erzählung siegt die Freundschaft über die moralische Rechtfertigung der Sklaverei, die sogar Huckleberry Finn internalisiert hatte, und auch die „rechtmäßige Besitzerin" erkennt das Unrecht und gibt Jim frei. Ganz anders in *Knallkopf Wilson* (1894). In diesem Roman vertauscht die hellhäutige Sklavin Roxy ihr Baby mit dem gleichaltrigen Sohn ihres Herrn. So wächst das Sklavenkind als Herr und das Herrenkind als Sklave auf. Der falsche Herr entwickelt sich zu einem recht widerlichen Charakter, der sogar seine Mutter verrät und verkauft, als ihm klar wird, wer sie ist, und der auch vor Mord nicht zurückschreckt. Nachdem der „Knallkopf (*Pudd'nhead*)", der Rechtsanwalt Wilson, in einem Prozess, in dem er erstmals die Erkennungsmethode des Fingerabdrucks anwendet, nicht nur die Täterschaft, sondern auch die wahre Identität des unrechtmäßigen ‚weißen' Herrn nachweist, wird dieser, um Schulden auszugleichen, von seinen ehemaligen weißen Freunden und Bekannten als ‚schwarzer' Sklave „in den Süden" verkauft. Aber auch das Schicksal des neuen Gutsherrn ist nicht beneidenswert. Er kann sich in der ungewohnten Welt der Weißen nicht zurechtfinden, sitzt lieber in der Küche als im Salon, darf aber auch nicht mehr in seine alte Welt zurück. Die „Niggerempore" in der Kirche, die ihm eine Zuflucht gewesen war, blieb ihm, so wird auf den letzten Seiten erzählt, „auf immer verschlossen" (Twain *Pudd'nhead Wilson* 2005, 121; *Knallkopf Wilson* 2010 286). Die in der Sklaverei aufgebauten Rassenunterschiede haben zu unüberwindbaren kulturellen Gräben geführt, zu einem „Chaos der Unverständlichkeiten (*Chaos of Incomprehensibilities*)" (Sewell 1987, 126).

Nahezu durchgängig pessimistisch sind Jack Londons Erzählungen aus Alaska und der Südsee. Indigen-kolonisatorische Begegnungen enden tragisch und brutal. Sie scheitern an Dummheit, gegenseitigem Unverständnis, Rassismus, egoistischen Machtinteressen oder auch Naivität oder schlicht an Gleichgültigkeit (s. Reesman 2009). Drei Beispiele seien kurz genannt: *In den Wäldern des Nordens* (1901), die erste Story der Sammlung *Kinder des Frostes*, beginnt in scheinbarer Harmonie. Eine Trappergesellschaft findet einen verschollenen Jäger bei einem Indianerstamm – gut integriert, verheiratet. Doch sein Entschluss, den Stamm zu verlassen, führt zur Katastrophe. Trapper und Indianer metzeln sich gegenseitig nieder. Der aufgefundene Jäger wird von einem Nebenbuhler in den Armen seiner schon tödlich getroffenen indianischen Frau erschossen. Die Story endet mit der Bemerkung, dass nie das weiße Fleisch weißer geleuchtet habe als in der dunkelarmigen und dunkelbrüstigen Umarmung (London *In the forests of the north* 1993, 671). In *Die Art des weißen Mannes* (1906) erzählt ein alter Indianer, wie sein Sohn der Undurchschaubarkeit der Weißen zum Opfer fiel: Ein junger Mann des Dorfes wurde von einem betrunkenen Weißen angegriffen. Er tötete den Angreifer. Kurz darauf wurde er verhaftet und in die nächste Stadt gebracht, im Prozess jedoch freigesprochen. Nach seiner Rückkehr erzählte er von den vielen großartigen Dingen, die er auf seiner Reise gesehen hatte. Darauf riet der Erzähler seinem Sohn, auch einen Weißen zu töten. Das Opfer war ein zufällig vorbeireisender Schmetterlingsjäger. Dem Sohn erging es jedoch ganz anders als seinem Vorbild. Er wurde gehängt. Der alte Indianer kann die Art der Weißen, ihr Denken und Handeln nicht verstehen. Niemand könne es, weil die Art des weißen Mannes nie zweimal die gleiche sei (London *The white man's way* 1993, 997). Von den Weißen aber fragt keiner danach, wie Indianer denken. In der Geschichte *Der Chinago* (1909) fällt der chinesische Arbeiter Ah Cho einer Verwechslung zum

327

Opfer und wird hingerichtet. Er kann seinem Prozess kaum folgen, versteht bis kurz vor Schluss nicht seine Lage. Die weißen Richter und Henker wissen, dass sie den Falschen töten, es ist ihnen jedoch egal, es geht ja nur um einen Chinago, einen billigen gelben Arbeiter (London *The Chinago* 1993, 1416). Nicht weniger düster ist das Bild, das in der russischen Literatur Lev Tolstoj in seinen Kaukasuserzählungen zeichnet, besonders in dem späten, auf historischen Ereignissen aus dem Kaukasuskrieg zwischen 1827 und 1859 beruhenden Werk *Chadži-Murat* (1905). Der Titelheld ist ein kaukasischer Stammesführer, der freiwillig zum russischen Militär überläuft, um seinen Feind Šamil, der seine Familie gefangen hält, zu bekämpfen und zu besiegen. Die Allianz ist für beide Seiten eigentlich von Vorteil, sie scheitert jedoch am Unvermögen, die Werte, Interessen und gesellschaftlichen Hierarchien und Bindungen des jeweils Anderen zu verstehen. Misstrauen herrscht auf beiden Seiten. Obwohl Chadži-Murat zunächst gut empfangen wird, rechnet er mit Verrat. Beim Essen befürchtet er, vergiftet zu werden, und kann diese Befürchtung nicht verbergen. Dass er immer nur von der Stelle das Reisgericht Pilav zu sich nimmt, von dem sich auch seine Tischnachbarin auflegt, wird von ihr gleich registriert: „Er fürchtet wohl, dass wir ihn vergiften könnten, sagte Mar'ja Vasil'evna zu ihrem Mann" (Tolstoj *Chadži-Murat* 1950, 32). Das beiderseitige Misstrauen schwindet nicht, obwohl sich Chadži-Murat und der russische Festungskommandant ein wenig anfreunden. Die russische Hilfe kommt nicht voran, sie scheitert an Unentschlossenheit, Bürokratie und Gleichgültigkeit, aber als Chadži-Murat enttäuscht die russische Festung verlässt, bricht das Misstrauen wieder voll aus. Er wird verfolgt und ermordet. Nur sein Mut und seine Tapferkeit finden sportive Anerkennung. Der abgeschlagene Kopf, aus einem Sack gezogen, wird in grausiger Ehrerbietung von einem Soldaten geküsst – „Gib ihn her, ich küsse ihn", sagt der Soldat (ebd., 110).

Auch wenn Geschichten nicht so schaurig enden wie Tolstojs *Chadži-Murat* und sogar Blutsbrüderschaften über Kulturgrenzen hinweg zum Thema werden wie die zwischen Natty Bumppo und Chingachgook, der berühmtesten indigen-kolonialen Freundschaft der Literatur überhaupt, oder zwischen Ismael und dem wild tätowierten Südseeharpunier Queequeg in Herman Melvilles (1819–1891) *Moby-Dick* (1851), ist die Ausrichtung nicht unbedingt optimistisch. Sie ist es dann nicht, wenn die Freundschaften singulär bleiben. In Coopers *Lederstrumpf*-Erzählungen und ebenso bei Melville ist die Verbindung zwischen den zwei Helden zwar intensiv, aber sie bleiben isoliert und werden für ihre Umgebung nicht zum Modell einer zukünftigen Gesellschaft. Cooper hielt anders als später May die „Verschmelzung des roten und des weißen Volkes zu einem neuen, zu einer amerikanischen Nation für unmöglich" (Hiddemann 1996, 17). Die Figuren scheitern letztlich an ihrer Umgebung. Coopers Chingachgook wird wie vor ihm schon der finstere Mörder seines Sohnes, Magua, Alkoholiker. Die Annahme des Christentums und sein neuer Name, John Mohegan, tragen das ihre zur kulturellen Entwurzelung bei. Das Böse, das sich in Magua verkörpert, ist für Cooper das Ergebnis des verderblichen Einflusses der weißen Zivilisation, mit der er unweigerlich in Berührung kommen musste. Schon darin zeigt sich ein pessimistischer Blick: Der Kulturkontakt verdirbt durch Sittenverfall, Alkoholismus und Krankheiten die ursprüngliche Welt und macht sie böse. Auch das findet sich bei Karl May, der indianische Grausamkeiten ebenso wie den moralischen und materiellen Verfall des osmanischen Reiches auf schädliche Einflüsse von außen zurückführt (vgl. ebd., 14-17 und 24). Doch bei Cooper gibt es kein Gegenmodell, auch Chingachgook geht – anders als Winnetou – an demselben Alkoholismus und derselben Kulturzerstörung zugrunde wie seine Feinde. Sein Freund, der Jäger Natty Bumpoo, wird depressiv.

Bei Melville versinkt Queequeg symbolisch im Strudel der Pequod, des Walfangschiffs, das ein vom wahnsinnigen Kapitän Ahab gesteuertes Höllenschiff, aber auch die Heimat einer kleinen multikulturellen Gemeinschaft aus Walfängern war. Nur die Freundschaft selbst ist ein Trost und eine Rettung für den Ich-Erzähler Ismael: Queequegs für sich selbst gezimmerter Sarg wird nach dem Untergang des Schiffs und der gesamten Besatzung zu seiner Rettungsinsel (Melville 2001, 865).

Freundschaften, die gelingen und dennoch keine Hoffnung auf eine neue Gemeinschaft und neue Formen des Zusammenlebens aufkommen lassen, finden sich in der zu ihrer Zeit populären deutschen Abenteuerliteratur. Am bekanntesten ist wahrscheinlich die Tragik Assowaums, des befiederten Pfeils, in Friedrich Gerstäckers *Die Regulatoren von Arkansas* (1846). Dieser Indianer „der nördlichen Stämme Missouris" hatte sich, „da das Wild immer seltener in den dichter und dichter bevölkerten Jagdgründen der Seinigen wurde", zwei Weißen angeschlossen und in der Nähe ihrer Farmen mit seiner Squaw Allapha niedergelassen. Das Zusammenleben gelingt, doch die erste Störung tritt ein, als der falsche Methodistenprediger Rowson, der in Wirklichkeit der Anführer einer Bande von Pferdedieben ist, Allapha zum Christentum bekehrt und ihrem Mann damit entfremdet. Assowaum wirft dem vermeintlichen Geistlichen (einem Vorbild für Mays falsche Mormonen Tobias Preisegott Burton und Harry Melton), der zu diesem Zeitpunkt noch eine Autorität in der weißen Gesellschaft ist, die ungerechte Einseitigkeit und Engstirnigkeit seiner Predigt und seines Glaubens vor:

> „Das Auge des blassen Mannes sieht nur auf die Seite, auf der sein eigener Wigwam steht – alles andere ist schwarz."
> (Gerstäcker *Die Regulatoren von Arkansas* 1977, 42)

Es kommt noch schlimmer. Als Allapha die Wahrheit Rowsons entdeckt, bringt dieser sie um. Assowaum rächt sich auf seine Art. Er pflegt den auf der Flucht verwundeten Rowson zunächst und martert ihn dann zu Tode, indem er ihn langsam verbrennen lässt. Danach verlässt Assowaum die Siedlung. Die Rache wird von seinen Freunden verstanden, aber in ihr bricht auch die bleibende Fremdheit auf, die unüberbrückbarer denn je erscheint:

> „Der Indianer pflegte den – Mörder seines Weibes?" [...] „Ja, wie wir das Vieh pflegen, das wir schlachten wollen," sagte Bahrens mit leichtem Schauder; „mir ist der Indianer noch nie so entsetzlich vorgekommen wie in seiner zärtlichen Sorgfalt, ich kann sein Bild gar nicht loswerden." (ebd., 375)

Nachdem Assowaum die Siedlung verlassen hat, gibt es in ihr keine indigenen Bewohner mehr. Diese sind gleichsam „im Wald, im grünen, blühenden, duftigen Wald" aufgegangen, in dem der Indianer in der letzten Zeile des Romans verschwindet (ebd., 384). Das lässt sich auch als Metapher für ‚Aussterben' lesen.

Noch deutlicher war schon knapp zwanzig Jahre zuvor Charles Sealsfields in *Tokeah oder Die Weiße Rose* (s. o.), in dem der Untergang des indianischen Lebens und der indianischen Kultur als unaufhaltsamer Prozess geschildert wird. Auch freundschaftsähnliche Verbindungen bieten kaum mehr Halt, und vermeintliche Freundschaften und Zweckgemeinschaften wie die zwischen Indianern und Piraten beschleunigen und verschärfen den Untergang.

Optimistischer gesinnt zeigte sich allerdings Balduin Möllhausen in einer Reihe von Erzählungen wie zum Beispiel *Der Postläufer von Wisconsin* (1863; Möllhausen 1995, 7-49) oder *Fleur-Rouge* (1870; Möllhausen 2006, 1-35). Auch wenn Verdrängung und Völkermord präsent sind, leben im *Postläufer* doch immerhin nicht nur zwei einzelne Menschen, sondern zwei Familien von Kolonisten und Schippwä-Indianern zusammen, die sich gegenseitig helfen, ihre Sorgen teilen. Und in *Fleur-Rouge* wird der Jäger Chatillon von der Dakotaindianerin Fleur-Rouge nicht nur vor ihren eigenen Stammesbrüdern gerettet, sondern er erlebt mit ihr eine perfekte Ehe:

> „Sacre-mille-tonnerre! Während der zwölf Jahre unseres beständigen Umherziehens hat sie sich als Muster einer echten Trapperfrau erwiesen, und nie bereute ich, gerade sie erwählt zu haben." (Möllhausen *Der Postläufer von Wisconsin* 2006, 35)

Dass sie dann an den Blattern stirbt, wirft freilich einen Schatten über den Optimismus, sind die Blattern doch eine durch die Invasion eingeschleppte Krankheit. Chatillon bleibt allein, hat nach dem Tod seiner Frau auch keinen Kontakt mehr zu ihrer indianischen Familie und ihrem Stamm, mit dem sie sich aussöhnen konnte. Eine dauerhafte Verbindung scheint auch hier nicht möglich.

Karl Mays Welt ist auf den ersten Blick von demselben Pessimismus oder höchstens einem verhaltenen Optimismus geprägt. Es kommt zu Freundschaften und zu Liebe, aber sie enden dramatisch: Nscho-tschi stirbt, Ribanna stirbt, Klekih-petra stirbt, Winnetou stirbt… Und die ganze „rote Nation liegt im Sterben", wie May seinen Winnetou-Zyklus einleitet (May *Winnetou I* 1893, 1). Das ist jedoch nur die eine Seite. Karl May ist ein Optimist, weil er nicht nur wie Cooper, Melville, Sealsfield, Möllhausen und viele andere an individuelle und zeitlich begrenzte Freundschaft und Liebe glaubt, sondern von der Möglichkeit nachhaltiger Verbindungen überzeugt ist, auch wenn es zu unvermeidlichen Katastrophen wie dem Tod Nscho-tschis oder Winnetous kommt.

Die nachhaltigen Verbindungen sind in den Erzählungen unterschiedlich positioniert, manchmal am Rand. Sie zeigen sich in der schon erwähnten Gemeinschaft von Siedlern und Indianern in *Der Ölprinz* und ebenso in der Hilfe, die Old Firehands Holzfäller in *Der Schatz im Silbersee* durch die Hüter des Schatzes, Nintropan-hauey und Nintropan-homosch (großer und kleiner Bär), erfahren, oder auch in *Winnetou III* in der Zuneigung Winnetous zu den Auswanderern von Helldorf-Settlement. Sie werden sichtbar in Konstellationen wie dem Brüderpaar Old Surehand und Apanatschka, in dem ‚weiß‘ und ‚rot‘ einander ergänzen. Und schließlich, das kann nicht übersehen werden, führt der Tod von Häuptlingen wie Intschu tschuna und später der von Winnetou nicht zum Untergang ihrer Stämme. Überhaupt findet der Untergang in Karl Mays Welt im Unterschied zur Realität gar nicht statt. Die wiederkehrende Klage über die Vernichtung und das Sterben der Indianer ist zwar ein Topos in Karl Mays Werk, aber brutale Umsiedlungen und staatlich organisierte Ausrottungsfeldzüge bleiben den Menschen seines Westens erspart. Noch in *Winnetou IV* bewegen sich die Stämme in großer Zahl und Pracht zum Mount Winnetou, als ob sie noch immer die Beherrscher der Prärie wären. Somit schildert May eine Welt, wie sie sein könnte, eine erträumte Synthese und Gemeinschaft von Ureinwohnern und Kolonisten, die nicht unbedingt real, aber doch immerhin eine Möglichkeit ist.

Liebe überwindet: das Pocahontas-Motiv

Liebe ist, literarisch zumindest, die stärkste Kraft, die familiäre, soziale, politische, religiöse, nationale und kulturelle Grenzen und Gräben überwindet. Urszenen dieser Grenzüberwindung in zwei Menschen sind die Liebe Romeos und Julias und die Rettung des John Smith durch das Indianermädchen Pocahontas. In der literarischen Begegnung im kulturellen Fernbereich ist die Liebe Pocahontas zu John Smith und ihre spätere Ehe mit dem Pflanzer John Rolfe der Prototyp der indigen-kolonialen Liebe. Ihre Wiederholung in zahlreichen Varianten lässt sich als Pocahontas-Motiv bezeichnen (vgl. Kuße 2011a, 213). Im Ausgang dieser Überwindung – weniger ob sie im Tod endet (das ist in der Regel der Fall), sondern wie und warum sie im Tod endet – lassen sich wieder eine pessimistische oder optimistische Sicht unterscheiden. Die gemeinsame Lehre aller kolonialen Love-Stories sei, dass die kulturelle Harmonie in der romantischen Liebe immer zerstört wird, immer zerbricht, meint Mary Louise Pratt in ihrer Untersuchung der Reiseliteratur des 19. Jahrhunderts (Pratt 1992, 97). Das ist äußerlich richtig, dennoch ist eine Differenzierung notwendig. Pocahontas selbst erlebt zwar koloniale Gewalt (die Retterin des Gründers von Jamestown wird Opfer einer Geiselnahme), wird an der Seite ihres Mannes jedoch zur Kulturbotschafterin und als solche in England gut aufgenommen. Sie stirbt auch nicht durch Mord, Gemeinheit, Ausbeutung, Verachtung und Rassismus, sondern an einer Krankheit im kühlen, schnupfenreichen England.

Dieser Tod lässt sich symbolisch als Untergang der schwächeren, indigenen Welt – in der Regel vertreten durch die Frau – in der kulturellen Begegnung deuten, zumal wenn nicht nur der Schnupfen, sondern auch die kulturelle Entwurzelung als Todesursache angesehen wird. Dennoch kann gerade diese Ursprungserzählung auch optimistisch stimmen. Deshalb stehen in der Tradition der Geschichte von Pocahontas nicht nur Untergangsszenarien, ganz abgesehen davon, dass es nicht wenige Verbindungen auch in der Wirklichkeit gab – in der ganzen Bandbreite von dauerhaften bis episodenhaften Beziehungen: von der mit einem Weißen verheirateten Schoschonin Sacajawea, die als weiblicher Scout der Lewis-Clark-Expedition (1804–1806) berühmt wurde, bis zur kurzen, starken Liebe Balduin Möllhausens zu seiner „Schönheit des Fernen Westens", der Halbindianerin Amelie Papin, von deren literarischer

John Smith wird durch Pocahontas gerettet,
Gemälde von Alonzo Chappel (um 1865)

Verarbeitung in den *Wanderungen durch die Prärien und Wüsten des westlichen Nordamerika* (1860) Andreas Graf eine Linie zu Karl Mays Nscho-tschi zieht (Graf 1991, 90-95; Möllhausen o.J., 214-217). Aktuell stellt Michael Ebmeyers Roman *Der Neuling* eine postkoloniale Weiterführung des Pocahontas-Motivs dar. Auch hier wird ein reisender Held von einer Eingeborenen gerettet – emotional zumindest –, es kommt zur Liebe, und am Ende steht der Beginn eines gemeinsamen Lebens.

Das ist die konsequent optimistische Variante. Die pessimistische Sicht auf die Grenzüberwindung in der Liebe kommt in verschiedenen Variationen des Todes eines oder beider Partner zum Ausdruck. Dazu gehören vor allem der Tod durch Missverstehen (eine Variation des Doppelselbstmordes von Romeo und Julia), der Tod durch Ausweglosigkeit und der Tod als Folge der Aggressivität der Umgebung. Für das Missverstehen lässt sich Heinrich von Kleists (1777–1811) Novelle *Die Verlobung in St. Domingo* (1811) nennen. Während des Sklavenaufstands im heutigen Haiti rettet das Mischlingsmädchen Toni den Weißen Gustav von Ried, indem sie ihn im Schlaf zum Schein fesselt, um seine Verfolger in die Irre zu führen. Er durchschaut nicht den Trick, das Misstrauen siegt, „knirschend vor Wut" erschießt er sie (Kleist *Die Verlobung in St. Domingo* 1985, 218). Als ihm sein Irrtum bewusst wird, jagt er sich „die Kugel, womit das andere Pistol geladen war, durchs Hirn" (ebd., 219). Die kurze Romanze endet in Mord und Selbstmord aufgrund einer Fehleinschätzung. In der russischen Literatur lässt etwas später Aleksandr Puškin (1799–1837) im Poem *Der Gefangene im Kaukasus* (1822) die tscherkessische Liebende einen gefangenen russischen Soldaten befreien, dem es gelingt, über den Fluss zu flüchten. Die Liebe überwindet Sprachbarrieren und kennt nicht mehr den Unterschied von Freund und Feind. Aber diese Pocahontas-Tat endet im Selbstmord der Befreierin. Ihre Lage ist aussichtslos – ihre Liebe ist für immer fort, die Rache der ihren sicher. Sie ertränkt sich (Puškin *Der Gefangene im Kaukasus* 1960). In John Stedmans (1744–1797) *Bericht einer fünfjährigen Expedition gegen die revoltierenden Neger von Suriman* (1796) wird die ehemalige Sklavin Joanna, die einen Weißen geheiratet hatte, von den eigenen Landsleuten vergiftet (Pratt 1992, 90-99). In Coopers *Der letzte Mohikaner* (1826) werden der Mohikaner Uncas und das Mädchen Cora vom gegnerischen und eifersüchtigen Magua umgebracht, der nach seiner Mordtat von Falkenauge erschossen wird.

Das alles sind Geschichten offener Aggression und physischer Gewalt. Die Aggression aus der Umgebung kann jedoch auch sublim und psychischer Natur – psychischer Terror – sein. Das ist in Gerstäckers beeindruckendem Beziehungsroman *Tahiti* (1854) der Fall. Die Geschichte beginnt wieder als Pocahontas-Rettung. Der von einem Walfangschiff geflüchtete französische Matrose René wird von dem tahitianischen Mädchen Sadie vor seinen Verfolgern und vor den Einheimischen, die gerne etwas Lösegeld für gefangene Beachcombers ('Strandläufer'; vgl. Frank 2006, 87-97) kassieren, gerettet. Sie verlieben sich, heiraten und bauen eine gemeinsame Existenz auf der Insel auf. Sie bekommen ein Kind. Die Ehe ist harmonisch, kulturelle Differenzen scheinen keine Rolle zu spielen. Dann aber zerstören die verzwickte gesellschaftliche Situation, das Unverständnis sowohl der tahitianischen Bevölkerung wie der verschiedenen Gruppen von Kolonisten, die alle ein koloniales Konkubinat, nicht aber eine gleichberechtigte Mischehe akzeptieren können, sowie der verbale Angriff von Predigern unterschiedlicher Konfessionen und Loyalitätskonflikte im Kolonialkrieg ihr Leben. Sie sind von 'wohlmeinenden' Ratgebern und intriganten 'Jagos' unterschiedlicher Couleur umgeben. Schließlich werden sie durch unglückliche Umstände für Jahre getrennt. Die Frau stirbt aus Kummer, der Mann verschwindet, nachdem er, zurückgekehrt, nur noch ihr Grab gefunden hat, auf See.

Die abschließend zu nennende stärkste Form des Pessimismus findet sich dort, wo die Liebe zur Anderen aus der kulturellen Ferne nur Exotismus, selbstverliebte Träumerei und sexuelle Bemächtigung ist. In Lev Tolstojs Erzählung *Die Kosaken* (1852–1862) wird die Liebe zur peinlichen Projektion des Soldaten:

> Und dort zwischen den Bergen ist sie in seiner Phantasie eine tscherkessische Sklavin, mit schlankem Leib, langem Zopf und ergebenen tiefen Augen. Er stellt sich eine einsame Hütte in den Bergen vor, und dort auf der Schwelle – *sie*, die ihn gerade jetzt erwartet, wie er, müde, staubbedeckt, voller Blut und Ruhm zu ihr zurückkehrt, und er spürt schon ihre Küsse, ihre Schultern, ihre süße Stimme, ihre Ergebenheit. Sie ist wunderbar, aber sie ist ungebildet, wild, grob. An langen Winterabenden beginnt er, sie zu erziehen. (Tolstoj *Die Kosaken* 1936, 11)

Wie sind die Liebesbeziehungen bei Karl May innerhalb dieser Variationen des Pocahontas-Motivs einzuordnen? Vorherrschend scheint der Aggressionstyp zu sein. Nschotschi stirbt bei einem Raubüberfall, Ribanna, die Frau Old Firehands, kommt in einem Eifersuchtskrieg zu Tode. In der Erstfassung der Erzählung *Old Firehand* (1875) stirbt der Pelzjäger Jahre später selbst in der Schlacht gegen den Mörder seiner Frau. Erst in der umgearbeiteten Fassung in *Winnetou II* lässt Karl May ihn schwer verletzt überleben.

Doch selbst diese Dramen sind implizit optimistisch, denn der Tod wird nicht von innen heraus, aus der Gemeinschaft oder umgebenden Gesellschaft herbeigeführt, sondern er kommt von außen. Santer, der Mörder Nschotschis und Intschu tschunas, ist ein Outlaw. Eine verbrecherische Natur ist auch Tim Finnetey, der Mörder Ribannas, der als usurpatorischer Indianerhäuptling Parranoh selbst unter ‚seinen Leuten‘ kein gutes Ansehen genießt. Auch die Zerstörung der Familie Kolma Puschis, der Mutter

Kakho-Oto, Illustration von Claus Bergen

Old Surehands und Apanatschkas (*Old Surehand III*), ist auf Verbrechen zurückzuführen und hat mit der indianisch-weißen Mischehe selbst gar nichts zu tun. Das Zusammenleben der Paare gestaltet sich, bis es durch das Verbrechen abrupt endet, immer harmonisch, regelrecht ideal (nur die Abwesenheit des Jägers Old Firehand, als der Stamm seiner Frau überfallen wird, kann die Ahnung aufkommen lassen, dass ein Westmann vielleicht nicht ganz zum treusorgenden Ehemann und Vater geeignet ist – auch nicht in der indianischen Welt). Wenn kein Verbrechen in die indigen-weiße Ehe einbricht, wird sie auch nicht gestört – so zum Beispiel beim Navajo-Häuptling Nitsas-Ini und seiner deutschen Frau in *Der Ölprinz*. Auch ihr Sohn Schi-Scho, der in Deutschland studiert hat, verkörpert die Möglichkeit friedlichen Zusammenlebens und einer neuen Zeit für Indianer und Auswanderer (vgl. Brauneder *in diesem Band*). Die ‚Mischehe‘ ist für Karl May also durchaus ein Ding der Möglichkeit und ein Vorbild für ein gutes Zusammenleben der Kulturen, wenn die inneren und äußeren Bedingungen – Liebe und die sozialen Regeln der Gemeinschaft – dafür gegeben sind. In anderen Fällen, dann, wenn sich eine Verbindung als schwierig und von vornherein konfliktbeladen erweisen könnte, lässt Karl May sie gar nicht erst zustande kommen: Die Ehe mit Kakhooto schließt Old Shatterhand aus (s. o.). Claus Bergen hat diese Pocahontas-Geschichte, die in der Rettung aus Liebe verbleibt, in einer Illustration inszeniert. An Verbindungen mit orientalischen Schönheiten wie Senitza, Ingdscha oder Benda wird gar nicht erst gedacht (vgl. Maier 2012, 180-193 und 270-287).

Auf dem Weg zur Weltkultur: der utopische Gehalt

Grenzen zu überwinden, ist ein Ideal, kann aber auch als Gefahr wahrgenommen werden: als Gefahr, nicht mehr in die ‚eigene' Kultur zurückzufinden und nur noch eine ‚gemischte Existenz' leben zu können. Frank (2006) hat die Empfindung dieser Gefahr als „kulturelle Einflussangst" für die britische Literatur des 19. Jahrhunderts beschrieben. Sie findet sich jedoch genauso in anderen Literaturen, unter anderem der russischen und der deutschen. Es handelt sich um die Angst des Europäers, in der Wildnis seine kulturelle Identität zu verlieren – im schlimmsten Fall atavistisch zu degenerieren wie Mr. Kurtz in Joseph Conrads (1857–1924) *Herz der Finsternis* (1899) oder auch Lermontovs Pečorin in *Ein Held unserer Zeit*. Im Philanthropen Kurtz brechen verborgener Sadismus und Machtwillen hervor. Er wird zum grausam-gruseligen Dschungelherrscher. Pečorin gerät im Kaukasus in die ihm zunächst unbekannte Welt eines Reitervolkes, für das Pferde den höchsten Wert (materiell wie ideell) darstellen und Frauenraub und Frauenhandel sozial akzeptierte Praktiken der Familiengründung sind. Und der Held passt sich dieser Welt an, gibt aus Leidenschaft für das Tscherkessenmädchen Bela einen Frauenraub in Auftrag und leistet als Gegenleistung Beihilfe zum Pferdediebstahl. Die Geschichte endet (wie kaum anders zu erwarten) mit dem Tod Belas. Das Böse beherrscht die Szenerie.

Etwas von dieser Einflussangst ist auch bei Karl May zu spüren. Der eigentlich gute Krüger Bei im Fortsetzungsroman *Deutsche Herzen, deutsche Helden* und in *Satan und Ischariot* wird zur komischen Figur, weil er seine Muttersprache vergessen hat, zum Islam übertrat, aber nach wie vor mehr Wein trinkt, als ihm gut tut, Bibel und Koran kaum auseinanderhalten kann und eine merkwürdige Mischung aus Arabisch und Deutsch spricht (vgl. Kohl 2007, 106f.). Und es gibt Schlimmeres: zwar keine Vermischung der Kulturen zum Bösen wie bei Lermontov und Conrad, aber böse Charaktere, die den Kulturwechsel vollziehen, um der Gerechtigkeit zu entfliehen oder ihre Bosheit noch mehr ausleben zu können – so der Betrüger Lothaire Thibaut, der als Medizinmann unter dem Namen Tibo-Taka bei den Komantschen lebt (*Old Surehand I, III*), und Tim Finnetey, der als Parranoh zum grausamen Sioux-Häuptling wird (*Old Firehand, Winnetou III*). Anders als Mr. Kurtz oder Pečorin sind Karl Mays Kulturwechsler jedoch an sich böse Charaktere. Sie sind schon Verbrecher und werden es nicht unter indianischem Einfluss. Sie haben vielmehr einen verderblichen Einfluss auf die Stämme, bei denen sie untergetaucht sind.

Wo die Einflussangst regiert, ist jener der Held, der im Denken, Handeln und nicht zuletzt in seinen kommunikativen Umgangsformen auch in der tiefsten Wildnis unverändert bleibt. Die vielen Idiome, die Old Shatterhand/Kara Ben Nemsi auf muttersprachlichem Niveau beherrscht, wirken sich auf die Literatursprache des ‚deutschen Reiseschriftstellers‘ nicht aus. Seine Vielsprachigkeit steht im Gegensatz zur Sprachmischung eines Krüger Bei. Er verwendet auch nicht das funktionale Pidgin, das in Grenzregionen als Verständigungsmittel dient und das zwar nicht komisch ist, aber doch mit Distanz von May als *Gemisch* bezeichnet wird: wie z. B. jenes „Gemisch von Spanisch, Englisch und Indianisch, welches im dortigen Grenzgebiete zur Verständigung gebraucht wird" (May *Winnetou II* 1893, 247).

Deutsche Siedler pflegen bei Karl May selbstverständlich deutsches Liedgut (nicht zuletzt solches ihres Autors), und Klekih-petra, der zum Indianer geworden ist, bleibt ein deutscher Studienrat und Hauslehrer, der mehr verwandelt – Winnetou ist sein „eigenstes Werk" (May *Winnetou I* 1893, 130) –, als er sich verwandeln lässt (vgl. Kohl 2007). Der sächsische Westmann, so skurril verwildert er auch aussehen mag, ist und bleibt unüberhörbar ein Sachse. Nicht nur eine Rosalie Ebersbach, auch der in Angelegenheiten des Wilden Westens und seiner Bewohner kompetente Prärieläufer macht sich die Neue Welt auf seine Art sächsisch.

Die Kulturbewahrung ist jedoch etwas anderes als die Ignoranz gegenüber Fremdkulturen. Dass sie wie zum Beispiel der stereotype britische Reisende und Forscher oder britisches Militär am wenigsten der Gefahr unterliegen, sich in der Fremde und am Fremden zu verlieren, macht Fremdkulturignoranten nicht zum Vorbild. Henry Mortons distinguierte Begrüßung des vermissten David Livingstone, „Dr. Livingstone, I presume?" (zit. n. Frank, 2006, 51), ist eine Form der Kommunikation und Selbstdarstellung, die bei May zur sympathischen Karikatur wird (Lord Eaglenest, Sir David Lindsay, Lord Castlepool) oder als Ausdruck bösartigsten Imperialismus erscheint. Kultur- und situationsignorant führen sich britische Offiziere im relativ frühen Werk *Die Juweleninsel* (1880–1882) auf und ebenso Rowdies mit imperialistischer Gesinnung in *Und Friede auf Erden!*

Das Ideal ist natürlich Old Shatterhand/Kara Ben Nemsi, der perfekt anpassungsfähig ist, aber die Kulturen klar trennen und jederzeit von der einen in die andere wechseln kann, der Identitätsprobleme nicht kennt und von kulturellen Einflüssen nicht beherrscht wird, sondern vielmehr selbst die Kulturen beherrscht (durchaus im Doppelsinn des Wortes). Hierin ist sicher auch der größte Unterschied zu einem modernen Roman wie Ebmeyers *Der Neuling* zu sehen. Darin, dass das Fremde fremd ist und der Held sich mit dem Fremden verbinden möchte, liegt *Der Neuling* auf der Linie der Verwandlungen des sächsischen Lehrers in den Doppelhelden Old Shatterhand und Kara Ben Nemsi. Darin, dass er sich dem Fremden angleicht und sich in der Fremdbegegnung gleichsam selbst verliert und als ein anderer wiederfindet, geht er über die Grenze hinaus, an der die Verwandlungen bei May und in der Literatur seiner Zeit ihr Ende finden.

Die kulturelle Einflussangst ist ein Ausdruck des numinosen Schreckens vor Vermischungen jeglicher Art, die besonders in der Unterhaltungsliteratur des 19. Jahrhunderts immer wieder begegnet. Für Coopers Lederstrumpf kommt bei aller Freundschaft eine Liebe oder gar Ehe mit einer Indianerin prinzipiell nicht infrage. Coopers Helden seien zweifellos Rassisten, stellt Georg Klein in seiner Besprechung der jüngsten Neuübersetzung von *Der letzte Mohikaner* fest. Obwohl Falkenauge (Lederstrumpf) „kein Mensch auch nur annähernd so nahe steht wie sein indianischer Gefährte Chingachgook und dessen Sohn Uncas, wird die existenzielle Kluft, die jenes ominöse ‚Blut‘ zwischen den Rothäuten und den Bleichgesichtern stiftet, stets säuberlich offen gehalten" (Klein, *Das rote Blut des roten Mannes*, Die Zeit, Nr. 17/2013, 57). Deshalb, so Klein, dürfe es im Roman auch nicht zu einer Verbindung zwischen Uncas und Cora, die selbst wiederum teilweise afro-amerikanische Wurzeln hat, kommen (ebd.). Und dass der Finsterling Magua vor einer Vergewaltigung Coras zurückschreckt, könnte auch der mystizistischen Scheu vor der Vermischung des Blutes geschuldet sein. Cooper lässt am Ende alle drei sterben und setzt damit der Gefahr einer Vermischung der Rassen (und Kulturen) in diesen drei Figuren ein klares Ende.

In Charles Sealsfields *Tokeah oder Die Weiße Rose* ist die Trennung eine bewusste Entscheidung. Die als Kind geraubte, aber letztendlich doch glücklich im Stamm des Creek-Häuptlings Tokeah aufgewachsene Rose liebt und verehrt ihren Ziehvater, spürt aber die Verwandtschaft zur ‚weißen Rasse‘ und verlässt ihn am Ende, um als Weiße zu leben. Zuvor hatte Tokeah bereits seine Tochter Canondah bei einem Überfall durch ehemals mit ihm verbündete Piraten verloren. Nun zerbricht er innerlich an diesem letzten großen Verlust und stirbt wenig später im Kampf mit gegnerischen Indianern.

Während in der schicksalhaften Rassentrennung bei Cooper und Sealsfield die Haltung der Autoren selbst durchscheint und die Aversion gegen Mischungen bei anderen Autoren sogar ganz offen demonstriert sein kann (vgl. Thomas Kramer *in diesem Band*), machte bereits Friedrich Gerstäcker in seinem Roman *Tahiti* die Auswüchse der Mischungsphobie zum Thema. Die Verbindung von René und Sadie scheitert an ihrer Umgebung nicht deswegen, weil es keine tahitianisch-kolonialen Liebespaare geben dürfte, sondern weil sie eine richtige Ehe führen, die Grenzen überwindet. Konkubinate zur sexuellen und monetären Befriedigung werden von Einheimischen, Kolonisten und sogar Missionaren durchaus akzeptiert, nicht jedoch die dauerhafte Verbindung in Form einer regulären Ehe (s. o.). Ist es auf Tahiti die Haltung der Gesellschaft zur Mischehe, die ihr keine Chance auf Glück und Entfaltung lässt, so scheitert in Gerstäckers Java-Roman *Unter dem Äquator* jede Form von einheimisch-kolonialer Paarung von Anfang an der moralischen Verkommenheit der Akteure selbst. Es handelt sich entweder um Frauenhandel und sexuelle Versklavung einheimischer Mädchen oder um ökonomisch kalkulierte Ehen, denen kein Glück beschieden ist. Glücklich werden auf Gerstäckers Java nur das füreinander bestimmte einheimische Paar und das Heldenpaar aus der kolonialen Szene, die sich ohnehin eine europäische Zukunft besser vorstellen können als eine javanische – also doch wieder: ‚jeder dahin, wohin er gehört'…

Bedenklich wird die Mischungsangst, wenn Kinder der gemischten Verbindungen, wenn ‚Halbblüter' zu ‚geborenen Verbrechern' erklärt werden wie der Schurke Half-Breed oder Sang-Mêlé in Ferrys *Der Waldläufer*, der Franz Kandolf (1959) zufolge May zur Figur des Mestizen (Halbblut) in *Der schwarze Mustang* (1896/1897) inspirierte. Mays Old Shatterhand liefert in dieser Erzählung auch gleich die Theorie dazu:

Der Mestize antwortete zornig in dem Englisch, welches diese Leute zu sprechen pflegen:

„Bin ich etwa eine Rothaut, Sir, daß Ihr glaubt, mich du nennen zu dürfen?!"

„Deine Haut ist noch viel schlimmer als rot, Bursche! Man weiß ja ganz genau, daß ihr halbblütigen Menschen nur die schlimmen Eigenschaften eurer Eltern erbt, und du bist der beste Beweis dafür, daß dies kein Irrtum ist." (May *Der schwarze Mustang* 1896-1897, 184f.)

Diese bizarre Vererbungslehre kommt auch an anderer Stelle, in *Winnetou III*, noch einmal vor und wird von May sogar in *Winnetou IV* wiederholt, dort allerdings stark relativiert. Als das Herzle ihren Mann an seine Lehre erinnert – „Du bist doch immer der Meinung, daß diese Halbblutleute meist nur die schlimmen Eigenschaften ihrer Eltern erben?", wiegelt dieser eher ab, als dass er zustimmt: „Ja, meist. Aber schau! Man kommt!" (May *Winnetou IV* 1910, 306). Weiter geht May allerdings nicht und selbst das *meist* scheint mit Blick auf seinen Figurenkanon nicht zu stimmen, sind bei ihm doch die ‚Halbblüter' bevorzugte Helden der zweiten Reihe: Apanatschka und Old Surehand, Helen und später Harry, Old Firehands und Ribannas Tochter oder Sohn, Schi Scho in *Der Ölprinz*, der eine deutsche Mutter hat und im sächsischen Tharandt Forstwirtschaft studierte usw. Auch die Heiratsverweigerungen Old Shatterhands sind vernunftgesteuert (wie lässt sich ein Zusammenleben dauerhaft vorstellen?) und nicht rassistisch motiviert. Denn eigentlich, das spürt Karl May und zeigt er in seinen Figuren, kann die Mischung ja nur gut sein auf dem Weg zur Völkerverständigung und der Überwindung rassischer, nationaler und kultureller Grenzen (vgl. Pyta 2012). In *Und Friede auf Erden!* wird das unmissverständlich klar. Hier wird die Ehe des Briten Sir John Raffley und der Chinesin Yin (die ‚Güte') zum Symbol der utopischen Zeit des Guten. Raffley und Yin gründen das Friedensreich der Shen (vgl. auch Schenkel 2001, 130f.; Koch *in diesem Band*).

Der Abstand zwischen einem wiederholten Stereotyp seiner Zeit und der tatsächlichen Gestaltung der Figuren ist symptomatisch für Karl Mays literarischen Weg zum Frieden als einem Weg der Überwindung, vielleicht mehr noch: Diesen Abstand zwischen Stereotyp und Geschehen erzählend zu formulieren, ist sein Friedensweg.

Dieser Weg, der vom Völkerstereotyp, von Ausgrenzung und Feindbildern zur Freundschaft und darüber hinaus zur Utopie der Weltkultur führt (s. Kuße *in diesem Band*), macht die Besonderheit der May'schen Erzählungen vom und zum Frieden aus. Das geht über die Anteilnahme für bedrohte Völker (*Winnetou*), über die literarische Anklage gegen das Unrecht und Grauen der Sklaverei (*Die Sklavenkarawane*, *Der Mahdi*) und über die Ablehnung von Rassismus (verkörpert zum Beispiel im gottlosen Old Wabble in *Old Surehand*) und Imperialismus (*Die Juweleninsel*, *Und Friede auf Erden!*) hinaus. Wenn sich Mays Universum darin erschöpfte, wäre es kaum eine besondere Welt. Denn die Kritik an Rassismus, Sklaverei und Völkermord ist im 19. Jahrhundert zwar nicht selbstverständlich, aber auch nicht singulär. Sie hat zur Zeit Karl Mays lange Traditionen.

Je nachdem, mit welchen Autoren und geistigen Strömungen Karl May verglichen wird, scheinen seine Haltungen zu anderen Völkern und zur europäischen Expansion im Gegensatz zu den Anschauungen seiner Zeit zu stehen oder ganz auf ihrer Linie zu liegen. Die zur Zeit Karl Mays beliebten Romane Ferrys, Reids und besonders Sir John Retcliffes lassen sich als rassistisch bezeichnen, ebenso ein nicht geringer Teil der im späten 19. Jahrhundert populären historischen Romane (siehe Kramer *in diesem Band*), und auch ein aufklärerisch gesinntes Blatt wie die *Gartenlaube* zeichnete ein im Einzelnen wenig erfreuliches Bild fremder, insbesondere ‚wilder Völker'. Christian Heermann (2012b, 276-279) weist auf die verzerrte Darstellung der Indianer Nordamerikas, besonders der Apachen hin und bemerkt, dass Karl May „die am düstersten Dargestellten – die Apachen – ausgewählt [hat], um sie dem Wohlwollen des

Lesers zu empfehlen" (ebd., 279). Vielleicht geschah das sogar in bewusster Solidarität eines Autors, der wusste, was es heißt, ausgegrenzt und kriminalisiert zu werden, mit den öffentlich am meisten Verachteten und Geschändeten, wie Eckehard Koch (1989, 131) vermutet.

Christian Heermann nennt mit Armands *Amerikanische Jagd- und Reiseabenteuer aus meinem Leben in den westlichen Indianergebieten* (1858) aber auch eine für May mögliche Quelle, die sich durch eine positivere Darstellung auszeichnet (Heermann 2012b, 279-281). Für May nachweislich so wichtige Beschreibungen der indianischen Kultur wie George Catlins (1796–1872) *Sitten, Gebräuche und Lebensumstände der nordamerikanischen Indianer*, die schon 1848 auf Deutsch erschienen war, oder Balduin Möllhausens bereits erwähnte *Wanderungen durch die Prärien und Wüsten des westlichen Nordamerika* lieferten Vorbilder einer respektvollen Annäherung an fremde Kulturen. Bei Möllhausen, auch unter dem Einfluss Alexander von Humboldts (Graf 1993, 50 und 75-78), und mehr noch bei Gerstäcker, der mit zu den maßgeblichen Autoren der Gartenlaube zählte, war eine ausgeprägte Rassismus- und Sklavereikritik zu finden. Harriet Beecher Stowes (1811–1896) Grab besuchte May auf seiner Amerikareise (1908). *Onkel Toms Hütte* erschien 1852. Da war Karl May gerade mal zehn Jahre alt. Auch in der deutschen Literatur war Sklavereikritik zu Karl Mays Zeit schon lange ein Topos. Erwähnt seien nur Adelbert von Chamissos *Die Neger und die Marionetten* (1838) und Heinrich Heines (1797–1856) *Das Sklavenschiff* (1853/54). Ebenso hat die Parteinahme für verdrängte indigene Völker zur Zeit Mays in der Literatur bereits eine längere Tradition. Chamisso prangerte 1829 in *Die Rede des alten Kriegers Bunte Schlange im Rate der Creek-Indianer* das Unrecht der Vertreibung der Creek unter Präsident Andrew Jackson an (Chamisso 1980, 39-43); ebenso Nikolaus Lenau (1802–1850) in *Der Indianerzug* und *Die drei Indianer* (ca. 1833; Lenau 1998, 75-80). „Wehklage hallt am Susquehannaufer", beginnt das erste der beiden Gedichte: „Siehst du sie morden dort in unsre Wälder", lässt Lenau den greisen Häuptling der Vertriebenen klagen. Alexis de Tocqueville (1805–1859) zeigte sich in seiner Reisebeschreibung *Fünfzehn Tage in der Wildnis* (1831) betroffen von verwahrlosten Stadt-indianern in Buffalo und war schockiert von der Herz-losigkeit der amerikanischen Kolonisten gegenüber den Ureinwohnern und ihrer Bigotterie, wenn sie die Indianer verachteten und zugleich in ihren Kirchen die brüderliche Liebe zu allen Menschen priesen (Tocqueville *Quinze jours dans le désert* 2004, 360-364).

Das Besondere bei Karl May ist jedoch, dass es über die Anteilnahme am Schicksal der Anderen und den Reiz der Begegnung mit Fremden hinaus zu einer „Kulturver-flechtung" kommt, in der die Kulturen voneinander lernen, ohne ihre Eigenständigkeit zu verlieren, wie Claus Roxin (1989, 299) schreibt. Sie beginnt in Freundschaften und Weggefährtschaften und findet in utopischen Völkerge-meinschaften ihre Erfüllung. Ihre geistige Basis ist in Karl Mays Welt eine universale Ethik, die sich aus einem über-konfessionellen Christentum ableitet, aber fragmentarisch auch andere Religionen einbindet (darin Hans Küngs Idee des Weltethos nicht unähnlich). Dieser utopische Gehalt der Kulturbegegnung erinnert stark an die Literatur des 17. und 18. Jahrhunderts (s. o.), die sich ja auch dadurch auszeichnet, in Fremdbegegnungen menschliche Schwä-chen aufzuzeigen, denen Utopien idealer Gesellschaften entgegengesetzt werden. Mays Ich wird auf dieser Linie vom individuellen Abenteurer zur Menschheitsfrage, und Mays späte Uminterpretation seiner Behauptung, er habe alles, alles selbst erlebt, ist im universalistischen und utopi-schen Sinne durchaus sinnvoll und nicht nur eine Schutz-behauptung des ertappten Flunkerers. In dieser Lesart ist es durchaus wahr, dass ‚einheimische Rätsel' in ‚fremde Gewänder' gekleidet wurden, um sie „anschaulicher lösen zu können" (May *Mein Leben und Streben* 1910, 209).

Das grenzenlose Selbstbewusstsein des Ich, das auch im Spätwerk nicht nur nicht verloren geht, sondern als Menschheitsfrage eine Überhöhung erfährt, und dessen Ethik zur Ethik schlechthin, also zum Maßstab wird, mit dem gut und böse, richtig und falsch zu unterscheiden sind, kann provozierend wirken. Der Ideologiekritik erscheinen Mays Utopien eurozentristisch und sogar verdeckt imperialistisch. Nina Berman (1997, 60) sieht zum Beispiel in der Figur des Kara Ben Nemsi die „Maskerade des Kolonialherrn", stellt jedoch auch die mögliche zweifache Lesart der Texte „als utopisch-sozialkritische Entwürfe" und als „Propagandaliteratur des Kolonialismus" fest (ebd., 117). Diese Ambivalenz ist in der Karl-May-Forschung ebenfalls am Beispiel Winnetous und seiner Freundschaft zu Old Shatterhand diskutiert worden. Für die Kritik, Winnetou sei eigentlich kein Indianer mehr, sondern eine Kopie jener deutscher Biedermeierlichkeit, der er durch Klekih-petra und Old Shatterhand ausgesetzt war, lassen sich genauso Gründe vorbringen, wie für die Auffassung, dass Winnetou auch in seinen Wandlungen „vom Skalpjäger zum roten Heiland" (Müller 1989) voll und ganz Indianer bleibe und seine Übernahme der fremden Kultur selbstbewusst und ausgewählt geschehe (vgl. Roxin 1989; Küppers 1996; Bolz 2008; Drucker 2009 und 2010; Eggers 2011). Dieses Sich-belehren-lassen und Selbstbewusst-bei-sich-bleiben kommt gar nicht so schlecht in der sonst etwas ungelenk wirkenden Titelillustration der Buchausgabe bei Fehsenfeld zum Ausdruck.

Die unterschiedlichen Bewertungen der May'schen Figuren und ihrer Beziehungen zueinander rühren nicht zuletzt daher, dass in der Synthese nicht alles erhalten werden kann – auch dann nicht, wenn Eigenständigkeiten erkennbar bleiben. Die Bewertung hängt also davon ab, wie die jeweiligen Verluste empfunden werden. Während im 19. Jahrhundert der Verlust ‚des Europäischen' überwiegend als Bedrohung und Negativum galt, nicht jedoch

Winnetou, *Buchcover der Ausgabe
im Verlag Friedrich Ernst Fehsenfeld*

die ‚Bekehrung‘ und Europäisierung der Fremdvölker (die ja nicht gleichzusetzen ist mit ihrer Verdrängung und Unterdrückung), wird das Gleiche heute eher umgekehrt beurteilt und der Verlust einer städtischen euro-amerikanischen Lebensweise als weniger schmerzlich (vielleicht sogar positiv) wahrgenommen als der Verlust indigener Kulturen und ihrer religiösen Vorstellungen (ein literarisches Beispiel für diese Umkehrung in der Bewertung ist Michael Ebmeyers *Der Neuling*).

Im Blick auf Karl May ist in diesem Spannungsfeld der Bewertungen jedoch noch etwas anderes entscheidend: Seine utopische Menschheitskultur und ihre Vorstufen in Freundschaften und kleinen ‚gemischten‘ Gemeinschaften zeichnen sich dadurch aus, dass die aggressiven Seiten der Kulturen, seien es europäischer Imperialismus und expansiver Völkermord, seien es die kriegerische Stammeswelt mit ihren unablässigen blutigen Fehden oder der Teufelskreis der Blutrache im Orient, verschwinden – was kaum als Verlust zu bezeichnen ist. Auch fällt auf dem Weg zur Menschheitskultur nicht jede Synthese überall gleich aus – die Eigenständigkeiten der jeweils beteiligten Kulturen gehen in die Synthese ein und wirken sich in ihr aus. Die universale Ethik, die das Ich verkörpert, erfordert nicht, dass alle Kulturverflechtungen dasselbe Muster, unabhängig von den verschiedenen Kulturen und ihrer Akteure, aufweisen. Die Blutsbrüderschaft Winnetous und Old Shatterhands ist eine andere Freundschaft als diejenige zwischen Kara Ben Nemsi und Hadschi Halef Omar. Eine Blutsbrüderschaft im Orient scheint nicht zu funktionieren. Es gibt sie auch dort: In *Durch Wüste und Harem* schließt der alte Scheik der Haddedihn, Mohammed Emin, mit Scheik Malek, dem Großvater von Hanneh, und Kara Ben Nemsi Blutsbrüderschaft. Es werden die Arme angeritzt, Blut in eine Schale geträufelt, reihum getrunken und erhabene Worte gesprochen: „Wo der Eine ist, da wandeln die Andern, und was der Eine tut, das tue der Andere so, als ob seine Gefährten es täten" (May *Durch Wüste und Harem* 1892, 424f.). Aber diese Blutsbrüderschaft hat für die Erzählung kaum Bedeutung. Die Freundschaft zwischen Hadschi Halef Omar und Kara Ben Nemsi hingegen, die keines Rituals bedarf, bleibt im Vergleich zur nachgerade mythischen Verbindung Winnetous und Old Shatterhands hierarchisch. Dafür ist Halef jedoch ein ganz anderer Gesprächspartner für das Ich als Winnetou, dessen schamanistische Stammeskultur deutlich weniger zur Auseinandersetzung und Diskussion reizt als der Islam und die Gesellschaftsformen innerhalb des osmanischen Reiches (vgl. Bach *in diesem Band*). Erst in Mays letztem Roman, in *Winnetou IV*, deutet sich eine Wende an, die vielleicht radikaler noch hätte werden können als der Übergang zum Spätwerk um 1900. Wie zuvor schon Mara Durimeh erscheint nun – posthum – Winnetou nicht nur als wesens- und herzensverwandter Blutsbruder, sondern als dem Ich überlegener Partner.

> „Winnetou war abgeklärter und größer als damals du, lieber Mann. Sein eigentlicher, sein unschätzbarster Wert lag nicht im Umgange mit dir, lag überhaupt nicht in deiner Nähe" (May *Winnetou IV* 1910, 239),

spricht das Herzle. Das Ich hat ,seinen Winnetou' jahrzehntelang nicht verstanden und das eigentliche Erbe, das Testament, in der Erde vergraben gelassen. Dieses Testament, das nun entdeckt wird, soll die bisherige Geschichte neu erzählen. Bereits im Dezember 1908 kündigte Karl May seinem Verleger Ernst Fehsenfeld Winnetous „wirkliches Testament" an, das aus seinen indianischen Erzählungen bestehe, die er, May, nun ebenso herauszugeben habe wie auch „Hadschi Kara Ben Halefs arabische Erzählungen" (May *Briefwechsel* 2008, 194f.). Das Ich wechselt von Old Shatterhand zu Winnetou und zum Sohn Hadschi Halef Omars. Was sich hier andeutet, ist eine Perspektivumkehr und im Kontext des ganzen Werkes eine Multiperspektivität, wie sie für die Moderne und besonders auch für die Gegenwartsliteratur charakteristisch ist. Ein und dasselbe Geschehen wird aus verschiedenen Perspektiven, mit verschiedenen Wahrnehmungen, von unterschiedlichen Beteiligten erzählt. Einer der wichtigsten Romane in dieser Form ist heute Ilija Trojanows (*1965) *Der Weltensammler* (2006), in dem das Leben des britischen Kolonialangestellten und Forschungsreisenden Sir Richard Francis Burton (1821–1890), einem in der Realität polyglotten ‚kulturellen Chamäleon‘, aus der Sicht seiner Diener und Begleiter – in verschiedenen Ich-Perspektiven – geschildert wird.

Unterschiedliche Perspektiven einnehmen zu können, um auf diesem Weg (als Minimum) friedliches Zusammenleben zu sichern und darüber hinaus (als Utopie) eine zugleich vielgestaltige und gemeinsame Kultur aller zu erreichen, dieser Friedensweg für moderne plurikulturelle Gesellschaften deutet sich in Mays Ankündigungen an. Ob Winnetous Testament und Kara Ben Halefs Erzählungen neue und andere, eine indianische und eine arabische Perspektive auf Mays Weg mit Old Shatterhand und Kara Ben Nemsi geboten hätten oder nur einen anderen Namen desselben Ich, lässt sich zwar nicht beurteilen. Das Testament und die Erzählungen wurden von May ja nicht mehr geschrieben. Bemerkenswert ist aber, dass May mit den Schriften des Apachen und denen Kara Ben Halefs „der Humanität und Nächstenliebe ein Reich erobern" wollte, wie er an Fehsenfeld schrieb, „dessen Grenzen ich jetzt noch nicht zu erschauen vermag" (May *Briefwechsel* 2008, 202). Die Kultursynthese und die Utopie der Menschheitskultur sollten in einer neuen Sicht von denen, die das Reise-Ich vor langer Zeit als fremde Andere kennen lernte, endgültig formuliert werden. Die Belehrten werden zu Lehrern. Intensiver kann die Kulturbegegnung kaum werden und weiter der Friedensweg kaum führen.

III Im Reich der Edelmenschen

„Hat der Krieg eine eiserne Hand, so habe der Friede eine stählerne Faust!"[1]
Karl Mays Friedensutopien: vom Reich der Shen über Dschinnistan bis zum Clan Winnetou

von Eckehard Koch

Von Anfang an zieht sich der Friedensgedanke durch Karl Mays Werk. Dies wurde schon vor vielen Jahren, nämlich bereits 1928, in der hervorragenden Abhandlung von Amand von Ozoróczy, „Karl May und der Friede" aufgearbeitet (Ozoróczy 1928; Ozoróczy/Schmid 1978), über die Dieter Sudhoff und Hartmut Vollmer in ihrer Einleitung zu dem von ihnen herausgegebenen Studienband *Karl Mays Und Friede auf Erden!* schreiben:

„Der Wiener Burgschauspieler, der den Radebeuler Schriftsteller noch persönlich kennenlernen durfte, beschränkt sich nicht auf *Und Friede auf Erden!*, sondern entwirft in Zitat und Analyse ein umfassendes Bild der Friedensidee bei May von den frühen *Geographischen Predigten* bis zu den späten Symbolromanen, das in seiner dichten motivischen Konzentration noch heute vorbildlich sein kann für ähnliche Untersuchungen" (Sudhoff/Vollmer 2001b, 22).

Viel später hat Hermann Wohlgschaft daran angeknüpft und in seiner dreibändigen Karl-May-Biografie immer wieder die Gestaltung der Friedensidee in Mays Werk aufgegriffen und dargestellt (Wohlgschaft 1994; 2005).

Das Friedensdenken in Karl Mays Gesamtwerk

Schon in Mays *Buch der Liebe* (1875/76; 2006) scheint der Weltfriedensgedanke auf und in seine *Geographischen*

---

[1] May *Ardistan und Dschinistan* 1909/2005, 19

Predigten (1875/1876) hat er ihn erneut aufgenommen. Dass letztere Schrift schon quasi viele Leitgedanken seiner späteren Romane bis hin zum Alterswerk enthält, wird heutzutage von der Forschung nicht ernsthaft bestritten.

> Nur eine Macht giebt es, welche, über allen Parteien stehend, nach Milderung und Versöhnung strebt, sich allen religiösen und politischen Zerwürfnissen von Tag zu Tage immer mehr überlegen zeigt und den Menschenfreund veranlaßt, den Gedanken eines Völker- und Erdenfriedens festzuhalten: die Humanität. (May *Geographische Predigten* 1875/1876, 334)

„Diesen Leitgedanken – die Option für den Frieden, das Nein zur Gewalt – hat May in der Folge (nicht immer konsequent, aber mit wachsender Dringlichkeit) tatsächlich beibehalten" (Wohlgschaft 2005/1, 414). Amand von Ozoróczy hat dies an einer, Mays Abenteuererzählungen zu dieser Thematik sehr schön zusammenfassenden Stelle kurz und bündig auf den Punkt gebracht: „Allenthalben bei May finden sich F r i e d e n s s c h l ü s s e v o n g r o ß e m W e i t b l i c k, die auf uns Leidtragende des Gegenteils Eindruck machen müssen [...]" (Ozoróczy 1928, 37). Ausgehend von dem Friedensfest am „Winterwasser" in *Der Oelprinz* (1877/78), das auf Vermittlung Old Shatterhands zustande kommt, schreibt er:

„Dieser Vorgang ist bezeichnend für jede Erzählung, ob nun die Kelhur und Bebbeh ihren Kriegszug in einen Jagdzug verwandeln oder die Haddedihn und Anezeh, ob die Tobas und Mbocovis oder die Aimará und Chiriguanos, ob die Abipones und Cambas, die Nuehr und Niam-Niam oder in ihren ‚shears' die Mescaleros und Naiinis, Yumas und Mimbrenjos, Nijoras und Mogollons, Navajos und Pa-utes, Utahs und Timbabatschen oder die vereinten Schoschonen und Upsarokas mit den Ogellallahs die Schlachtbeile begraben und gegenseitig das Kalumet des Friedens entzünden" (Ozoróczy 1928, 40).

Karl May schließt in seinen Werken Gewalt und Töten zwar nicht aus, aber er vermeidet sie weitgehend, für manche Leser bis zum Überdruss, weil die Haupthelden ihre Gegner fast immer schonen, und immer wieder ruft er zum Frieden auf. So heißt es schon in seiner frühen Erzählung *Der Boer van het Roer*:

> Jedes irdische Geschöpf hat eine Berechtigung, zu sein und zu leben; jede Pflanze, jedes Thier, jeder Mensch, jedes Volk und jede Nation darf nach der eigentümlichen Weise, die ihm gegeben ist, sich entwickeln, damit am Baume der Menschheit verschiedene Blüthen treiben und verschiedene Früchte reifen, je nach dem Boden, dem sie entstammen und dem Himmel, der sich darüber breitet [...] Dann wird die Geschichte das Kind Politik gebären, welches als Königin des Erdkreises demselben den ewigen Frieden bringt und das Schwert in die Pflugschar verwandelt, denn der Streit, der Krieg wird zur Unmöglichkeit werden [...]. Statt der Concurrenz der Waffe wird die Concurrenz des Friedens walten, und die Entwickelung des Menschengeschlechtes wird auf Bahnen geleitet werden, die so hoch über unserer jetzigen Kenntniß liegen, daß wir von ihnen nicht die mindeste Ahnung besitzen [...] (May *Der Boer van het Roer* 1879, 126f.)[1]

In Mays später speziell für die Jugend geschriebenen Erzählungen – wie in *Der Schatz im Silbersee* (1890/91) – geht es zwar nicht ohne rohe Gewalt zu, aber am Ende steht die Versöhnung. Zum gerade schon erwähnten *Oelprinz* bemerkt zum Beispiel Hartmut Kühne: „In dem umfangreichen Jugendroman werden dem jungen Leser auf eine pädagogisch wohltuend zurückhaltende Weise humanitäre Normen angeboten: Achtung vor dem Leben, Nächstenliebe, Menschlichkeit und der Wille zum Frieden. Die Katastrophe des Indianerkrieges findet nicht statt und wird auch nicht von den Helden herbeigesehnt. Im Gegenteil

---

[1] Vgl. dazu Koch 1981a-b

werden vielmehr Krieg und Gewalttätigkeit, wie grund-
sätzlich in den Jugendschriften und im Gesamtwerk Karl
Mays, abgelehnt" (Kühne 2001, 296f.). Und Rainer Jeglin
hat gezeigt, dass May gerade auch in *Der Oelprinz* seinen
Lesern „die brüderliche Liebe und Achtung gegenüber dem
Mitmenschen [...] gleich welcher Rasse und Hautfarbe" ans
Herz gelegt hat (Jeglin 1971, 7).

Man braucht kein „positives Suchbild" zu haben, um
zu der Erkenntnis zu gelangen, dass sich May in seinem
Leben stets der Minderheiten, der Verachteten, Verfolgten,
Geknechteten, der unterdrückten Naturvölker oder der
von den Europäern gedemütigten Völker des Orients angenommen hat. Das ist – neben all seinen Leistungen auf
literarischem Gebiet – eine ganz hervorragende, achtung-
gebietende Leistung, die umso schwerer wiegt, als er damit
offen dem Zeitgeist widersprach, gegen die Vorurteile und
den Hochmut seiner Zeit ankämpfte. Mögen seine Helden
noch so sehr alle Freunde überragen und alle Feinde über-
trumpfen – ganz gleich, ob Indianer, Beduinen, Kurden,
Zigeuner, sibirische Naturvölker oder Juden – immer stand
er auf der Seite der Verlierer, auch wenn er diesen im Laufe
seiner Romane natürlich auch negative Gestalten zuschrieb.
Dass er eine solche Haltung einnahm, die in seiner Zeit nicht
selbstverständlich war, mag mit seiner eigenen Erfahrung
des Leides, der Verachtung und Verfolgung zu tun gehabt
haben, aber er war eben auch eine tolerante, gütige, zuletzt
pazifistisch eingestellte Persönlichkeit, und er besaß die nö-
tige Zivilcourage, in einer Zeit des Kolonialismus, als die
Welt überwiegend ganz anders dachte, Sätze wie den folgenden zu Papier zu bringen:

Ich [...] habe unter den schwarzen, braunen, roten und
gelben Völkern wenigstens ebenso viel gute Menschen gefunden wie bei den weißen, wenigstens sage ich, wenigstens. (May *Old Surehand I* 1894, 241)[1]

[1] Vgl. zur Thematik auch Koch 1993

Der pazifistische, antirassistische Karl May war nicht nur der May des späten und reifen Alterswerkes, auch wenn seine Grundhaltung darin am deutlichsten hervortrat; diese Grundhaltung zieht sich durch sein gesamtes Werk. Auch wenn sie in manchen Erzählungen zurücktritt, ist Mays Botschaft auf Achtung vor den anderen Völkern und auf Völkerverständigung, auf Völkerfrieden ausgerichtet. Wie schon zu Beginn seiner Schriftstellerlaufbahn in *Der Boer van het Roer* bekannte er ähnlich im Alter in *Und Friede auf Erden!*:

> Jedes Volk hat nicht nur das Recht, sondern auch die volle Kraft, sich auszuleben. Und jedes Volk hat die heilige Pflicht, andere Völker sich ausleben zu lassen. (May *Und Friede auf Erden!* 1904, 137)

Und in *Ardistan und Dschinnistan* bekundete er, dass er es sich zur Aufgabe gestellt habe, „in seinen Reiseerzählungen nachzuweisen, daß es in jedem Konflikt des Menschen keine dauernde Siegerin geben kann als nur die wahre Humanität" (May *Ardistan und Dschinnistan* 1909/1, 561). Am Ende, in seinen letzten Romanen, stehen dann seine ausformulierten und in sich abgerundeten Ideen von Friedensreichen, die sich von Werk zu Werk ähneln und am Ende auch, in *Ardistan und Dschinnistan* und in *Winnetou IV*, trotz der unterschiedlichen Herkunft, ineinander greifen, miteinander verschränkt werden – seine letzten „Reiseerzählungen" nehmen uns mit auf die Reise ins *Reich der Shen*, nach *Dschinnistan* und zum *Reich des Clan Winnetou*.

Das Reich der Shen

Am Anfang dieser Reisen in die Friedensutopien steht Mays „Reise"-Erzählung *Und Friede auf Erden!* (1904), deren erste Version bekanntlich *Et in terra pax* (1901) hieß.

May – auch das ist bekannt – schrieb sie für Joseph Kürschners nationalpatriotisches Sammelwerk über China, das den „Streitern und der Weltpolitik" im Zusammenhang mit der europäischen Strafexpedition gegen China anlässlich des Boxer-Aufstandes 1900 ein Denkmal setzen sollte. Der Aufstand hatte sich gegen die Ausbeutung und imperialistische Kolonialisierung Chinas durch die Europäer und Japaner gewandt. Die Einzelheiten der Entstehung des Boxer-Aufstandes sind dem bereits erwähnten Studienband zu *Und Friede auf Erden!* zu entnehmen (Sudhoff/ Vollmer ⟨Hrsg.⟩ 2001a; Koch 2001). Mays, des berühmten Abenteuerschriftstellers (als solcher sollte er ja an dem Band mitwirken) Beitrag zu dem „Denkmal" war allerdings ganz anderer Art, als sich der Herausgeber das gewünscht hatte. Schon Wollschläger hat feinsinnig notiert:

„Und May [...] wittert sehr bald die faule Luft, die er mit entfachen helfen soll, und beschließt sogleich, das Hurrah-Unternehmen empfindlich am Geiste zu schädigen. [...] Gleichwohl entsetzt sich Kürschner nicht eben wenig, als er erblickt, welchen Pfahl er sich da in das patriotische Fleisch gesteckt hat [...]. Und in der zum Abschluß gedruckten Vorrede entschuldigt sich Kürschner dann verkniffen bei den Lesern: ‚Karl Mays Reiseerzählung ... hat einen etwas anderen Inhalt und Hintergrund erhalten, als ich geplant und erwartet hatte. Die warmherzige Vertretung des Friedensgedankens, die sich der vielgelesene Verfasser angelegen sein ließ, wird aber gewiß bei vielen Anklang finden...' [...] Tatsächlich hat May die ‚ganz besondere, ausgesprochen ‚abendländische' Tendenz' – sive: den chauvinistischen Radau – des Unternehmens höchst elegant vereitelt; und wenn auch sein China-Bildnis alles andere als wirklichkeitsgetreu ausfiel, so war es doch, als Gegengift gegen das entschieden falschere der Militärs, eine immer achtenswerte Tat" (Wollschläger 1965, 87-89).

Kürschner war klar, dass – im Gegensatz zu seinen Absichten als Herausgeber – May in seinem Roman den

Friedensgedanken „warmherzig" vertrat. Mit seiner Erzählung entlarvte er neben Kürschners „Denkmal" auch den internationalen Imperialismus und Kolonialismus, die andauernde Unterdrückung, Europäisierung und Amerikanisierung der Welt. Diese Absicht und Aussage Mays hat bis heute nichts an Gültigkeit verloren, wie ein Blick in die Krisengebiete der Erde lehrt. May ging es aber nicht nur um den Völkerfrieden, sondern auch um den Frieden zwischen den Religionen. Sein Roman hat seinen Ausgangspunkt in den Realitäten seiner Orientreise 1899/1900. Sie führte ihn und nunmehr auch seine Leser nach Kairo und zu anderen Orten in Ägypten und dann nach Ceylon und Sumatra. Die fiktive Reise bringt ihn, seine Begleiter und seine Leser danach noch nach Singapur, Hongkong, Shanghai und Macao, aber dann verschwimmt allmählich die Grenze zwischen Traum und Realität – die Reise führt nach der Insel Ocama und nach Ki-tscheng, dem allegorischen Reich der Shen, dem Reich von Mays Friedensutopie. May blieb aber nicht bei der Auseinandersetzung mit dem Imperialismus, bei der Kritik daran stehen, sondern er bemühte sich, einen Gegenentwurf zu schaffen. Einerseits zieht sich seine Botschaft der Ablehnung von rassistischen Vorurteilen, religiöser Intoleranz, der Ausbreitung europäischer Macht, der nationalen und religiösen Überhebung wie ein roter Faden durch seinen Roman, vor dem Hintergrund der heilsgeschichtlichen und aufklärerischen Perspektive, andererseits fordert er vor eben demselben Hintergrund vehement Nächstenliebe, Frieden und Humanität (vgl. Sudhoff/Vollmer ⟨Hrsg.⟩ 2001; Wohlgschaft 2005, 1272ff.; Schenkel/Sudhoff 2001). So steht einerseits die Anklage im Raum:

Wißt Ihr nun, was wir Europäer unter ‚zivilisieren' verstehen? Es kann mir nicht beikommen, ein einzelnes Land, eine einzelne Nation anzuklagen. Aber ich klage die ganze sich ‚zivilisiert' nennende Menschheit an, daß sie trotz aller Religionen und trotz einer achttausendjährigen

Weltgeschichte noch heutigen Tages nicht wissen will, daß dieses ‚Zivilisieren' nichts anderes als ein ‚Terrorisieren' ist! (May *Und Friede auf Erden!* 1904, 278)

An anderer Stelle heißt es:

So lange die Erde steht, hat das Heilige dem Unheiligen, die Menschenliebe der Eigensucht, die Zivilisation der Rücksichtslosigkeit als Vorwand gedient. (ebd., 137)

Und:

Soll es etwa so weit kommen, daß schließlich der ganze Orient unter den Hufen des Occidentes liegt? Fast scheint es so! Ueberall, wohin ich hier gekommen bin, habe ich zwei dunkle, unheilvolle Mächte an der Arbeit gesehen, diese nichts weniger als christliche Aufgabe zu vollenden, nämlich die religiöse Ueberhebung und den nationalen Hochmut. (ebd., 134)

Dagegen setzt nun May die Shen, das Reich der Menschenliebe, den großen „Bund aller Derer, die sich verpflichtet haben, nie anders als stets nur human zu handeln" (ebd., 324). May ging es in seinem Roman um die Überwindung des „Zusammenstoßes der Kulturen und Religionen" – aus religionsphilosophischer Perspektive – durch ein Reich der Menschlichkeit, der Güte, der Liebe, eben der Shen, und wegen seiner undogmatischen Haltung gegenüber dem Christentum, das zwar für ihn immer noch an erster Stelle stand, aber gegenüber dem die anderen Religionen durchaus gleichberechtigt sind, von katholischer Seite angegriffen, bekundete er in einem Brief an seinen Freund, den Pädagogen Franz Weigl:

Also, mein lieber Freund, ich schreibe meine Bücher nicht für die Christlichkeit, sondern für die Menschlichkeit. [...] Daher behandelt das V. Kapitel von ‚Friede' ganz ausschließlich nur die ‚Shen‘, die Menschlichkeit, und wenn dies gegen irgend eine christliche Anschauung oder einen christlichen Gebrauch verstoßen sollte, so liegt das weder an mir noch an der Humanität. (undatiert, vermutlich 1905; zit. bei Wollschläger 1965, 105)

Natürlich ist das Reich der Shen eine Utopie, aber, wie schon Wohlgschaft ausgeführt hat, sicher nicht im negativen Sinne (Wohlgschaft 2005, 1300f.). Es ist eine im besten Sinne positive Utopie, die die Menschen, zunächst Mays Leser, aufrütteln soll. Amand von Ozoróczy hat auch hier sehr schöne, zusammenfassende Worte gefunden. „Den edelmenschlichen Taten einzelner verleiht May Weiterentwicklung in der zeitgemäßen Form der großen Vereinigung zur ‚Shen‘, dem Weltenbund der Menschlichkeit, dem Bund aller derer, die sich verpflichtet haben, nie anders als menschlich zu handeln, denen der F r i e d e auf Erden höher steht als jeder andere vergängliche Vorteil, die nicht glücklich w e r d e n sondern glücklich m a c h e n wollen. Die Satzung hat nur drei Worte: Schin – Menschlichkeit, Ti – Bruderliebe, und Ho, was Friede bedeutet. Jeder, der zur ‚Shen‘ gehört, hat im Sinne dieser drei Begriffe als Bruder aller Bedürftigen zu handeln, gütig, barmherzig und duldsam, ohne nach Verschiedenheit der Religion und Rasse, nach Freundschaft oder Feindschaft zu fragen. Jeder kann beitreten, doch hat er allem zu entsagen, was gegen die Menschenliebe ist. Die Würdigkeit prüft – das Leben“ (Ozoróczy 1928, 52f.). Und Martin Schenkel fasst zusammen:

„Der Ruf *Und Friede auf Erden!* mahnt die Menschen, der nationalen Übersteigerung Einhalt zu gebieten [...] May kündigt so seine Reiseerzählung als Predigt an die Menschen, an die Völker an: Sie sollen dem Krieg, dem Haß, dem Hochmut, dem Stolz, dem diabolischen Anspruch der superbia abschwören.“ Er beendet seine Abhandlung mit den Worten: „Wenn am Schluß dieser Reiseerzählung Fu die kaiserliche Botschaft verkündet: ‚Meine Brüder, es gibt – Krieg!' [May *Und Friede auf Erden!* 1904, 658], so wird der Sieg des ewigen Friedens am Shen-Ta-Shi, am großen Tag der ‚Shen', am Weihnachtstag, durch die Historie kontrastiert. Erneut wird der Höhepunkt der Heilsgeschichte der Peripetie der Weltgeschichte gegenübergestellt. Erst dieser Kontrast aber verhindert, daß aus der Utopie eine Phantasmagorie wird. Erst dieser gebrochene Schluss verleiht dem Mythos die Wirksamkeit einer kontrafaktisch gültigen, konkreten Utopie, auf der sich die Aktualität der Reiseerzählung *Und Friede auf Erden!* gründet" (Schenkel 2001, 109, 140f.).

Beim Reich der Shen handelt es sich zunächst ‚nur' um eine Verbrüderung, die sich über Länder ausgebreitet hat, „in denen über siebenhundert Millionen Menschen wohnen", die aber „immer weitergreifen möge, hoffentlich auch bis in das Abendland hinüber". Die Shen soll zur „Gesamtheit von allen, allen Menschen wachsen, die auf Erden endlich einmal Frieden haben wollen" (May *Und Friede auf Erden!* 1904, 517, 551).

Das Hohe Haus des Ustad

„Im letzten Band des ‚Silberlöwen' kommt es zu der prophetisch weit und menschlich groß geschauten Szene, die um nichts kleiner ist, weil sie sich nicht zur Gänze aufrechterhalten läßt, jener Szene des Verzichts, in der Kara Ben Nemsi seine berühmten Gewehre freiwillig niederlegt und dem Ustad ‚für die Rumpelkammer' schenkt…" (Ozoróczy 1928, 56). Hier weist Amand von Ozoróczy auf eine Schlüsselstelle in Mays Roman *Im Reiche des silbernen Löwen III-IV* (1902-1903) hin; ansonsten teilt er über diese einzigartige, eine Sonderstellung in Mays Werk einnehmende Reiseerzählung – genauer gesagt handelt es sich um „Reiseerlebnisse" – des Alterswerkes nichts weiter mit. In der Tat spielt der Gedanke des Friedens in dem Roman nur indirekt eine Rolle. Eine Friedensutopie in der Form wie das Reich der Shen oder später Dschinnistan bzw. der Clan Winnetou ist ihm nicht zu entnehmen. Dennoch hält auch diese Reiseerzählung, ein symbolischer Schlüsselroman, den Gedanken des Friedens hoch. Die Niederschrift hat sich mit der von *Und Friede auf Erden!* wohl überschnitten, und gemeinsame Elemente finden sich in beiden Werken.

Die „Reise" von Kara Ben Nemsi und Hadschi Halef beginnt sehr real in Basra, aber dann ergreift doch rasch eine traumhafte Umgebung von ihr Besitz. Die beiden Reisenden werden Opfer eines Raubüberfalls und danach auch noch schwer krank. Im Tal der Dschamikun, die von dem „Ustad", dem „Meister", geführt werden, werden sie mit der Zeit gesund gepflegt. Hier im Tal der Dschamikun treffen Freunde und Feinde des Ustad, von Kara Ben Nemsi und Hadschi Halef aufeinander, schmieden ihre guten bzw. finsteren Pläne, und hier spitzen sich nach langen internen Auseinandersetzungen und Diskussionen schließlich die Ereignisse zu. Sie gipfeln in einem dramatischen Pferderennen und in der Niederlage aller Gegner.

Es ist schon länger bekannt, welche verschiedenen Ebenen in Mays *Im Reiche des silbernen Löwen* verschlüsselt sind. Unterhalb der eigentlichen Handlungsebene, die lose an die ersten zwei Bände des *Silberlöwen* (1898) anknüpft, ohne sich zu einer spannenden, bunten Abenteuererzählung wie in früheren Schaffensperioden zu entwickeln, befindet sich die „bedeutendste", als die sie Wollschläger schon vor vielen Jahren bezeichnet hat (Wollschläger 1965, 94): Sie „hat in sich wiederum zwei Dimensionen, die bei der Analyse getrennt zu sehen sind: die erste beinhaltet ein (freilich nicht vollständiges) Gesamt-Biogramm Mays, die zweite eine detailreiche Bilder-Projektion der Jahre 1900-03 (die sich allerdings so mancherlei photo-graphischer Umsetzungen in Schwarz-Weiß-Werte bedient): demzufolge haben Figuren wie Handlungselemente hier jeweils zwei ‚Modelle' –

die dann auf der IV. Ebene (der des spiritistischen Mysterienspiels) noch entsprechend ikonisch erweitert werden..." (ebd., 94f.). Über die Verschlüsselungsebenen sind im Laufe der letzten Jahrzehnte selbstverständlich viele Erkenntnisse hinzu gekommen (vgl. Sudhoff/Vollmer ⟨Hrsg.⟩ 1993; Wohlgschaft 2005; Kalka 2001), aber bezüglich des grundsätzlichen Aufbaus hat sich das Verständnis nicht geändert.

In unserem Zusammenhang müssen die autobiografischen Verschlüsselungen im Detail außen vor bleiben. Hier interessiert vor allem die Ebene des ‚Mysterienspiels'. Deren Grundanliegen ist der Kampf zwischen Gut und Böse, in den der Mensch – Kara Ben Nemsi als Menschheitsfrage – gestellt ist: geistig-moralischer Aufstieg oder Niedergang. Die Mächte des Bösen werden u. a. in Ahriman Mirza und den dazugehörigen Gestalten Khanum Gul, Scheik ul Islam und ihren Schatten, den Sillan, verkörpert. Dabei ist ganz bemerkenswert, dass May die eigene (erhoffte) Erlösung und die der Menschheit verschränkt – wie Joachim Kalka schreibt: „Das Neue und Erstaunliche liegt zunächst in der Verwendung von Strategien des Schlüsselromans in großem Umfang – in der Chiffrierung von Mays privaten und öffentlichen Kämpfen, deren angst- und haßerfüllte Akribie sich merkwürdig mit dem Entwurf einer Erlösungsreligion der Liebe zusammenschiebt" (Kalka 2001, 245). Am Ende des Romans werden nicht nur die persönlichen Gegner Mays überwunden, die sich hinter den diabolischen Gestalten verbergen, sondern auch die bösen Mächte. Ein dramatisches Pferderennen gewinnen die „Guten"; der Angriff der Feinde schlägt in Flucht um, die „Schatten" zerstreuen sich oder werden gefangen genommen. Und die Ruinen des „Hohen Hauses" versinken wie in einer apokalyptischen Katastrophe.

Das Hohe Haus ist als ein Symbol für die früheren Religionen anzusehen. Das unterste Stockwerk stellt ein Sinnbild für die heidnischen Glaubensüberzeugungen dar; dar-

über befindet sich ein Stockwerk, das für die fortgeschrit-
teneren Religionen steht, in denen Götter in Menschen-
gestalt verehrt wurden. Darüber folgen Stockwerke, in
denen sich die israelitische Religion und dann das Wort-
christentum spiegeln. Letzteres predigt zwar die Nächstenliebe, aber seine Werke entsprechen nicht dieser Lehre.
Mit dem Zusammenbruch der Ruinen erscheint das Bild
des „verzauberten Gebetes", des „versteinerten Gebetes" –
das Gebet als Bindeglied zwischen Mensch und Gott – und
der Ustad, der Meister und Herrscher, kann auf den un-
tergegangenen Ruinen eigene Baupläne verwirklichen. Die
Befreiung von Schatten und Schemen ist gelungen.

Im Bild vom „Hohen Haus" setzt sich May sehr kritisch
mit den Religionen auseinander, auch mit dem Namens-
christentum. Ihm stellt er das wahre Christentum gegenüber, die Religion der Liebe, die sich im Alabasterzelt
spiegelt, das hoch über den Ruinen thront und beim Zu-
sammensturz des Hohen Hauses allein übrig bleibt, als
Zeichen der direkten Verbundenheit mit Gott. Hier soll
denn auch eine neue Kirche entstehen.

Und wie sie nun emporstieg, die ersehnte Sonne, so kam
ihr Licht von der funkelnden Alabasterkrone hernieder, wie
auf Engelsschwingen getragen, die sich hold und froh zur
Erde senken. Sie küßte die Stirn, die Wangen, den Mund
des genau unter dieser Krone stehenden Gebetes und floß
dann über das ganze Tal, um zu verkünden, daß es bisher
nur Morgen gewesen, nun aber endlich und wirklich Tag
geworden sei. (May *Im Reiche des silbernen Löwen IV* 1903,
630f.)

Kalka bemängelt: „Die ‚Botschaft' Karl Mays [...] ist rasch
als seicht-unbedarfte, mit spiritistischen Gedankengängen
vermengte Reduktionsform christlicher Theologie zu einem
Pathos der ‚Liebe' charakterisiert", aber er relativiert seine
eigene Kritik mit den Worten: „Und doch gelingt es May
in unerhörter Weise, der trivialen Metaphorik des ‚nach-

oben'-Strebens Umwege durch die Tiefen zu erschließen, deren Geographie ganz andere Aufschlüsse – nämlich die einer Erfahrung großen Leidens und verzweifelter und zum Teil durchschauter Bewältigungsversuche – nun wirklich in ›symbolischer‹ Form zu liefern versteht. So, daß das ständige und seiner Form nach banale Pathos der Liebe als errungenes Erzeugnis eines lieblosen Lebens sichtbar wird [...]" (Kalka 2001, 247f.). Und Wohlgschaft, der hervorhebt, dass das Menschenbild des *Silberlöwen* von den Werten der Aufklärung – Freiheit, Gleichheit, Brüderlichkeit – bestimmt sei, resümiert: „Der Dichter schreibt, den Propheten verwandt, in gewaltigen Traumbildern. Wer den *Silbernen Löwen* studiert und dann die alttestamentlichen Psalmen oder die Bergpredigt Jesu meditiert, kann in zentralen Partien entdecken: dieselbe Thematik, dieselbe Perspektive, dieselbe Provokation" (Wohlgschaft 2005, 1406, 1402).

Zu dem eben gegebenen Zitat Mays bezüglich des Sonnenaufgangs über dem „versteinerten Gebet" schreibt Franz Hofmann:

„Die Fülle des Lichts von oben läßt die Finsternis schwinden. Das ›Gebet‹ offenbart die ›frohlockende Menschheitsseele‹ (May *Im Reiche des silbernen Löwen IV* 1903, 641). Der *Silberlöwe* klingt nach der Katastrophe des unmenschlich Niedrigen in dieser durch poetisch überhöhte sprachliche Gestaltung aufgewerteten Apotheose der durch Liebe und Friedensgesinnung getragenen Menschlichkeit aus. So kann man sich der Aussage Dieter Sudhoffs über Karl Mays ›Phantasmagorie der Erlösung‹ im *Silberlöwen* anschließen. Was er über den ›Großen Traum‹ schrieb, gilt gewiß für das gesamte Spätwerk: ›Mays Ansprüche waren und sind illusionär, aber es gehört zu den Aufgaben der Literatur, solche Utopien zu entwickeln, und sei es nur, um das Elend der Wirklichkeit sichtbar zu machen‹" (Hofmann 1993, 365f.).

So erhält auch Mays *Im Reiche des silbernen Löwen* den literarischen Anspruch einer Utopie für die Entwicklung der Menschheit hin zu Frieden und Humanität. Dafür steht in diesem Roman das Alabasterzelt; es betrifft auf der Ebene des Mysterienspiels die gesamte Menschheit, so wie dies im Roman *Und Friede auf Erden!* das Reich der Shen übernimmt, und im Roman *Ardistan und Dschinnistan* eben Dschinnistan.

Dschinnistan

In Mays Alterswerk *Ardistan und Dschinnistan* steht das Thema „Friede" von vornherein im Mittelpunkt. Zwischen Ardistan und Dschinnistan ist Krieg ausgebrochen und Marah Durimeh, die Herrscherin über beide, über das „Land der Sternenblumen", sendet Kara Ben Nemsi und Hadschi Halef als ihre Sonderbotschafter zum Mir von Ardistan, einem bösen Gewaltherrscher, um einen Frieden zu vermitteln. Am Ende gibt es auch Frieden, aber der Roman beschreibt viel mehr als den Weg dorthin, nämlich den Weg der Entwicklung vom Gewalt- zum Edelmenschen. Natürlich gibt es auch in diesem Werk autobiografische Verschlüsselungen, aber im Vordergrund steht das Märchen vom Aufstieg der Menschen zum Edelmenschen. Der Konflikt in Mays Leben – auf der einen Seite eine Umwelt voller Niederträchtigkeit, Bösartigkeit und Verlogenheit, wie sie sich in der Pressehetze offenbarte, auf der anderen Mays idealistische Weltanschauung, sein Glaube an die Liebe Gottes, die das Welt- und Menschenschicksal trage, an einen Plan Gottes, sodass nichts dem Zufall überlassen bleibe – dieser Konflikt ließ ihn die Weisheit der Märchen entdecken.

Den Grundriss seines Weltbildes hat der späte May im *Märchen von Sitara* (May *Mein Leben und Streben* 1910, 1-10) gegeben. Da wird die Erde, in der Art einer Vergeistigung ihrer Existenz, aufgegliedert in Ardistan, das ethische Tiefland, Märdistan, das Prüfland, in dem alles

Animalische in der ‚Geisterschmiede' abfällt, und Dschinnistan, das ethische Hochland. Sitara ist das geistige Abbild der Erde, Sitara i s t Wahrheit, während die Erde nur
Wahrheit h a t; so spiegeln sich im Märchen von Sitara
geistige Prinzipien, die ihren letzten Ursprung im Absoluten haben, nämlich in Gott. Der Mensch kommt von
Gott und soll zu ihm zurückkehren: im Leben, durch
Ardistan und Märdistan, in der Entwicklung des Gewalt-
zum Edelmenschen bzw. im Kampf zwischen Gut und
Böse. Geschichte und Innenleben des Menschen sind
durch einen höheren Sinn und eine überirdische Ursache
bestimmt. Erst wenn wir den ‚eigentlichen Sinn' unseres
Lebens erkannt haben, ist Sitara erreicht, erst dann beginnt unser ‚eigentlicher Lebensweg' von Ardistan nach
Dschinnistan. Der Schöpferplan sieht vor, dass das Gute
über das Böse siege und jeder Mensch sich zum Edelmenschen entwickle bzw. entwickeln solle; daher kann
dem Menschen auch nichts aus Zufall geschehen. Auch
die Menschheit wird am Ende das Ziel der Geschichte,
Dschinnistan, erreicht haben: „Sitara', das Land der Sternenblumen, und die auf dem imaginären Weg zu ihm
zu durchquerenden und seelisch zu bewältigenden Länder
Ardistan und Dschinnistan sind Gleichnisse des mensch-
heitlichen Aufstiegs vom naiv-zutraulichen Tiersinn über
die machtgierige Bestialität zum sittlichen Zustand der
Humanität. Der *Mir* umfasst Weltanschauung und Ge-
schichtsphilosophie" (Hofmann 1993, 369; vgl. auch
Sudhoff/Vollmer ⟨Hrsg.⟩ 1997; Wohlgschaft 2005; Stolte/
Lowsky 2001). Da, wie einleitend erläutert, nach Mays
Ansicht alle Menschen und Völker gleichberechtigt sind,
bedeutet das aus seiner Sicht natürlich auch, dass nicht nur
Angehörige der weißen Rasse, sondern ebenso Indianer
und Farbige, Chinesen und Araber usw. alle auf dem Weg
nach Dschinnistan unterwegs sind. Mag May für den
Einzelmenschen vielleicht eher davon ausgegangen sein,
dass Dschinnistan erst im Jenseits erreicht sein wird, für

die Menschheit allgemein scheint er aber doch ein irdisches Dschinnistan als Ziel angenommen zu haben. Dabei war ihm durchaus bewusst, dass äußerer, also politischer Friede nur erzielt werden kann, wenn er mit dem inneren Frieden der beteiligten Menschen verknüpft ist. Der Sieg des Mirs von Ardistan über die Empörung des „Panthers", in dem das Böse personifiziert ist, kann sich nur aufgrund der Wandlung des Mirs zum Guten vollziehen: „Aber weil der Mir so gereinigt und als ein neuer Mensch aus dem Fegefeuer hervorgegangen ist, kommen ihm nun alle göttlichen, kosmischen und menschlichen Mächte zur Hilfe. Denn den großen, heiligen Frieden der Welt verwirklicht man nicht, bloß weil man jetzt ein so gütiges, friedliebendes Herz hat, und Gott macht das auch nicht mit einem einfachen Machtwort. Nein, es muß ein gewappneter Friede sein. Der Panther, der Empörer, Thronräuber und Unhold mit seinen Armeen muß überwunden werden. Und so marschieren denn, im Kampf um den Frieden, schießlich ungeheure Heere durch die Lande [...]" (Stolte 1997, 72). May bekennt:

> Daß der Gewaltmensch sich zum Edelmenschen emporzubilden habe, ist eines meiner Ideale. Dazu gehört vor allen Dingen, daß das Niedrige in uns, das Tierische, überwunden wird. Tausende klagen, das sei so schwer. Sie haben Recht und doch auch wieder nicht Recht. Man suche die ‚Schwarzgewappneten' des Mir von Dschinnistan, welche die Bestie in uns, den ‚Panther' nach dem Dschebel Allah zu locken verstehen. (May *Ardistan und Dschinnistan II* 1909, 544)

Heinz Stolte, der diese Stelle in seiner profunden Abhandlung zitiert, fügt erhellend an: „Hier haben wir in kürzester Formel das allegorische System aufgeschlüsselt und zugleich das Neuplatonisch-Mystische seiner Vorstellung von der Ineinssetzung des Makrokosmos mit dem Mikrokosmos und von der Austreibung der Hyle, des ‚Niedrigen' der menschlichen Natur" (Stolte 1997, 73).

Aber May bleibt mit seinem Roman auch ganz nicht-alle-gorisch in der Realität verhaftet. So weist Hans Wollschläger auf folgendes hin: „Man hat, wenn man geboren wird, vergessen, was die Metaphysik an Weltwissen vermittelt hatte; man wird, ans Fest-Land der Welt geworfen, dort in deren Embryonalzustand versetzt; Zeit ist Raum und wird wie ein solcher durchwandert. Vierdimensional eigentlich ist das Verfahren zu sehen, Zeiten so gleichzeitig übereinander zu schichten und zum Unisono zu bringen; dabei ist Gegenwart immer gegenwärtig, ob als solche des Erzählens, ob im erzählten Biographischen oder Geschichtlichen. Nicht nur beantwortet das Buch so in durchtriebener Ironie etwa den Modernisten-Streit der Zeit mit seinen verhärteten fundamentalistischen und positivistischen Positionen, indem es diese einfach als Instrumente einer Partitur übereinbringt; mit den Elementen des Staatsromans kommen auch Humor und Satire in die Intonation, und hochelegant wird in den Schilderungen des ussulischen Militärs, des Denkmalswesens und der Kriegskonferenzen die wilhelminische Polit-Welt verspottet [...]. Das ganze Werk wirkt zuletzt wie eine riesige, über sich selbst hinausweisende und auch -reichende Exposition, wie eine weit aufgerissene Perspektive, und ihr Horizontblick ist die Aussicht auf Dschinnistan: die menschheitliche Jenseitserwartung, die Gewißheit der Transzendenz" (Wollschläger 2005, 969f.). Ähnlich realitätsbezogen erklärt Marah Durimeh Kara Ben Nemsi gegenüber:

Wie man den Krieg führt, das weiß jedermann; wie man den Frieden führt, das weiß kein Mensch. Ihr habt stehende Heere für den Krieg, die jährlich viele Milliarden kosten. Wo habt ihr eure stehenden Heere für den Frieden, die keinen einzigen Para kosten, sondern Millionen einbringen würden? (May *Ardistan und Dschinnistan I* 1909, 17)

Oder Kara Ben Nemsi gegenüber Halef:

Der Völkerfriede, den wir anstreben, kann sich nur nach und nach entwickeln. Umfaßt er mit seinen Wurzeln die ganze Erde, ein Saug- und Faserwürzelchen in jedes Menschenherz, so wächst er hoch über Irdisches empor, und trägt als Früchte die ewigen Sterne in seiner Krone. (ebd., 223)

In der folgenden Aussage aber neigt Marah Durimeh, die Urmutter und Menschheitsseele, schon wieder in die Nähe der Utopie:

Die Zeit dieser Menschen [der Gewaltmenschen] ist dahin. Sie verschwindet, wie die Sonne da vorn verschwunden ist [...]. Zwar kommt morgen ein neuer Tag, unaufhaltsam und unwiderstehlich, aber es ist ein ganz anderer Tag als der heutige. Die Erde sehnt sich nach Ruhe, die Menschheit nach Frieden, und die Geschichte will nicht mehr Taten der Gewalt und des Haßes, sondern Taten der Liebe verzeichnen. Sie beginnt, sich ihrer bisherigen rohen, blutigen Heldentümer zu schämen. Sie schmiedet neue, goldene und diamantene Reifen, um von nun an nur noch Helden der Wissenschaft und der Kunst, des wahren Glaubens und der edlen Menschlichkeit, der ehrlichen Arbeit und des begeisterten Bürgersinnes zu krönen. (May *Ardistan und Dschinnistan II* 1909, 633)

Aber ist es negativ, solche Utopien zu entwerfen?
Wohlgschaft resümiert treffend, die religiöse und die weltliche Komponente in Mays Werk zusammenführend: „*Ardistan und Dschinnistan* ist ein Lied von der Erde, die den Tod, d. h. die Trennung von Gott, überwindet. Der Sühnewille des – zur Liebe bekehrten – Mirs von Ardistan kommt den Vorfahren zugute und nimmt die Nachkommen in Pflicht. Die Teilhabe des Menschen am universalen, die ganze Schöpfung von Sünde und Tod befreienden Heilswirken Christi kommt so zur Anschauung. Die frohe Botschaft des Romans meint die ‚neue Erde' (Fußnote: Vgl. Offenbarung 21,1). Mays religiöse Verkündigung

schließt ein weltliches Programm, den irdischen Frieden, mit ein. Mit dem Höhepunkt (,Punkt Omega') der Menschheitsentwicklung, den der kosmische Christus – der ,Sohn', der mittlere Krater des Dschebel Allah – am Ende herbeiführen wird, fällt das ,Paradies auf Erden' zusammen. Doch der ,eschatologische Vorbehalt', der die innerweltliche Zukunft von der absoluten, die Welt vollendenden Zukunft Gottes unterscheidet, wird in Mays Real-Utopie durchaus gewahrt: Die endgültige *Seligkeit* gibt es auch für May *,nur im Himmel'* (May *Ardistan und Dschinnistan II* 1909, 474)" (Wohlgschaft 2005, 1779).

Wie hat Wollschläger formuliert?

„Der Mir ist Mays zweite, unstreitig bedeutende Literatur-Leistung und erreicht, mag sich das auch erst in weiteren 50 Jahren offiziell herumgesprochen haben, in seinen obersten Augenblicken jene sonderbare Schwelle, an der die Kunstwerke so etwas wie direkte Schöpfungs-Konkurrenzen werden: – diese späte Konzeption Mays wird für den Kenner immer wunderlich-ehrwürdig sein..." (Wollschläger 1965, 118).

Der Clan Winnetou

Mit seinem letzten Roman *Winnetou IV* (1910) knüpft May noch einmal formal an *Und Friede auf Erden!* an. Wie fast ein Jahrzehnt vorher geht er von einer realen Reise aus, diesmal von seiner Amerika-Reise 1908; und beginnt sie auch wie seinerzeit an tatsächlichen Orten, diesmal am Niagara-Fall, so verliert sie sich doch auch bald in den Traumkulissen.

Old Shatterhand, inzwischen in Ehren ergraut, wird von einstigen Gegnern und Freunden, auch von Tatellah-Satah, dem von allen Stämmen verehrten „Bewahrer der großen Medizin" (May *Winnetou IV* 1910, 17) zum Mount

Winnetou eingeladen, wo sich die Indianer zu einem Kongress versammeln. Hier soll es zu bedeutungsvollen Auseinandersetzungen und zur Begleichung alter Rechnungen kommen, aber auch zur Entscheidung über den Bau eines Winnetou-Denkmals. So macht sich Old Shatterhand mit seiner Frau, dem Herzle, noch einmal in den Wilden Westen auf. Über Trinidad, die Teufelskanzel, den Kanubisee und den Nugget-tsil geht es zum Mount Winnetou. Alte Freunde wie Old Surehand oder Apanatschka und frühere Feinde wie Tangua werden wiedergesehen, neue Freunde wie der Junge Adler gewonnen. Nachdem ein Überfall der feindlichen auf die friedlichen Indianer in einer in sich zusammenbrechenden Höhle „stecken geblieben ist", kommt es zur allgemeinen Aussöhnung und zum Sieg des Friedens.

Viele Elemente, die uns in den Romanen des Spätwerks begegnen, finden wir auch hier, bis hin zur Schlusskatastrophe, dem Zusammenbruch des „Alten" und „Falschen": Diesmal ist es das falsche Denkmal, das man Winnetou am Mount Winnetou errichten wollte und das ihn nur äußerlich zeigt – und auch das noch verkehrt –, seinen Idealen aber in keiner Weise gerecht wird – dieses falsche Bild geht unter. Am Mount Winnetou entscheidet sich das Schicksal des Menschen – auch in *Winnetou IV* gibt es verschiedene Leseebenen: die vordergründige, an frühere Abenteuererzählungen anknüpfende, weiterhin autobiografische Spiegelungen, sodann die abstrakte, spirituelle Ebene, in der sich das Märchen von Sitara, die Entwicklung des Menschengeschlechts von Ardistan nach Dschinnistan erkennen lässt, und schließlich noch eine weitere Ebene, auf der sich May mit dem Schicksal der „roten Rasse" auseinandersetzt. Auf all diesen Ebenen gewinnt auch das falsche Winnetou-Denkmal Bedeutung. Wie schon weiter oben erwähnt, hat May die Gleichwertigkeit der Völker hervorgehoben, die nach seiner Anschauung alle auf dem Weg nach Dschinnistan unterwegs sind. Speziell für die Indianer zeigt er das Ziel in *Winnetou IV* sehr deutlich auf (vgl. Sudhoff 1981; Koch 1970, 1971; Riedemann 1979; Wohlgschaft 2005). Und bemerkenswerterweise knüpft er hier direkt an sein Märchen von *Ardistan und Dschinnistan* an. Der Junge Adler, eine der Hauptgestalten in *Winnetou IV*, erzählt von einem Land Dschinnistan:

> Es sind viele, viele tausend Jahre her, da war Amerika noch mit Asien verbunden. Es gab im hohen Norden eine Brücke von dort nach hier herüber. Diese Brücke ist jetzt in einzelne Inseln zerrissen und zerfallen. Zu dieser Zeit, also vor Tausenden von Jahren, kamen große, herrliche Menschen, die körperlich und geistig wie Riesen gestaltet waren, über diese Brücke zu unsern Ahnen und brachten Grüße von ihrer Herrscherin, der Königin Marimeh. [...] Die Gesandten Marimehs erzählten von dem hochgelegenen Reiche Dschinnistan. In diesem gibt es nur ein einziges Gesetz, welches das ‚Gesetz der Schutzengel' heißt. Darum wird Dschinnistan auch das ‚Land der Schutzengel' genannt. Nämlich ein jeder Untertan dort hat im Stillen der unbekannte Schutzengel eines andern Untertanen zu sein. Wer sich entschließt, der Schutzengel seines eigenen Feindes zu sein, der gilt als Held, denn er hat sich selbst überwunden. Das gefiel unseren Urvätern, denn sie waren ebenso edel wie die Bewohner des Erdteiles Asien [...] So vergingen mehrere Jahrtausende. Der Himmel wohnte auf Erden. Das Paradies stand weit geöffnet. (May *Winnetou IV* 1910, 276f.)

Aber dann brach die Brücke nach Asien, die Verbindung zum Edelmenschentum riss ab; die Folge war der große Fall und Zerfall der Menschheit (und der „roten Rasse"), dessen Gleichnis der Niagara-Fall erzählt. Nun lebten die Menschen in Ardistan, dem Land der Hass- und Neiderfüllten, und ihr Ziel – des einzelnen wie der Menschheit – ist es seitdem, nach Dschinnistan zurückzukehren, ein in erster Linie innerlicher Prozess.

Schon in *Ardistan und Dschinnistan* finden wir den Gedanken vom „Schutzengel". Abd el Fadl sagt zu Halef:

Ich meine einen Kreis von höher stehenden, weiter den-
kenden und tiefer fühlenden Menschen, bei dem ein jeder
verpflichtet ist, der gute Engel eines seiner Nächsten zu sein,
ohne daß dieser eine Ahnung davon hat. (May *Ardistan und
Dschinnistan I* 1909, 549)

Und dieser Gedanke weitet sich in *Winnetou IV* zu einem
neuerlichen – und letzten – Friedensreich in Mays Werk,
seiner letzten Friedensutopie aus. Dabei kommt Winnetou
eine ganz besondere Rolle zu. Die diversen Gestalten in
der Reise-Erzählung personifizieren auf der spirituellen
Ebene die geistigen Strömungen wie Atheismus, barbari-
sche Zivilisation, veräußerlichtes Christentum, die niederen Instinkte der Menschen, und auf der anderen Seite das
echte Christentum, das Prinzip des Edelmenschentums, der
wahren Humanität, mit Winnetou an der Spitze. War noch
in einer der ersten Interpretationen von *Winnetou IV* vorsichtig formuliert worden: „Wäre es zu kühn, in ihm gar
den Begründer der Lehre zu sehen, die er vertritt: Christus
selbst?" (Koch 1971, 272), so belegt Dieter Sudhoff klar
die These, dass hier Winnetou für Jesus Christus steht, und
weiter: „Handelt es sich bei Winnetou um die Seele Christi,
deren Botschaft im Neuen Testament festgehalten ist, so
steht der Clan Winnetou für Christi Apostel und Jünger,
denen sich die ganze Menschheit anzuschließen hat, um
den Körper zu bilden, dessen Seele eben Winnetou oder
vielmehr Christus ist" (Sudhoff 1981, 105).
Der Clan der Schutzengel, der Winnetou-Clan, die Pa-
rallelutopie zum Reich der Shen, wird an verschiedenen
Stellen von May erläutert bzw. mit Leben gefüllt. Die
Christen tragen ihren Namen nach ihrem Messias, die
Clan-Mitglieder nennen sich Winnetahs und Winnetous.
Untereinander bezeichnen sich beide Anhängergruppen als
Brüder und Schwestern. Die Mitglieder des Clan Winnetou
tragen den Stern von Sitara als Erkennungszeichen, das auf
die Herkunft Dschinnistan verweist, also auf Gott, wobei
der zwölfstrahlige Stern als Symbol für die Zahl der Apostel

steht. Der Wille zu Verzeihung und Versöhnung gehört zu den obersten Prinzipien – am Ende von Mays Roman findet eine allgemeine Aussöhnung statt. An erster Stelle steht die Feindesliebe, wie Christus sie gelehrt hat, nämlich der Engel eines „Verhaßten oder gar Verachteten" (May *Winnetou IV* 1910, 292) zu sein, was ein „schwerer, steiler Weg zur edlen, wahren Menschlichkeit" sei (ebd.). Erreichen will der Winnetou-Clan, dass jeder „rote Mann sich bestrebt, der Engel seiner Brüder zu sein" (ebd., 287) und dass „dieser Himmel sich [...] dann wieder zur Erde neigt" (ebd.) (auf der spirituellen Ebene geht es May natürlich nicht nur um den „roten Mann", sondern um die Menschheit schlechthin). Es handelt sich um die „Schöpfung eines großen, edlen, lebendigen Winnetoukörpers, eines sich über ganz Amerika und auch darüber hinaus verbreitenden ‚Clan Winnetou', der von seinen Gliedern nichts verlangt, als edle Menschen zu sein, die nur Liebe geben, weil nur diese allein den Menschen edel macht" (ebd., 617), gemäß dem Wunsch der Mitglieder des Winnetou-Clans, dass die von ihnen angestrebte Nächstenliebe die ganze Menschheit vereine. – „Bald wurden es zehn, dann zwanzig, fünfzig, hundert; jetzt zählen sie schon auf tausende" (ebd., 288). Das urzeitliche Gesetz – „Ein jeder soll der Engel eines andern Menschen sein" – hat der Clan Winnetou wieder aufgenommen. Wer den Stern trägt, ist aufgebrochen, „die Vergangenheit zu sühnen", statt zu hassen, zu lieben und so „des verlorenen Paradieses würdig zu werden" (ebd.).

May geht bei dem Begriff *Winnetou-Clan* von dem indianischen Clan-System aus. Ein ausgeprägtes Clan-System gab es allerdings nur bei einigen Stämmen im Osten der Vereinigten Staaten wie den Irokesen und den Algonkin bzw. bei den Völkern im Nordwesten an der Pazifik-Küste. Es handelte sich um Verwandtschaftsgruppen, die ihre Abstammung auf einen gemeinsamen Ahnen – nach den Vorstellungen der Indianer einem Tier, dem Totemtier, z. B. der Schildkröte oder dem Adler – zurückführten.

Indianer, auch wenn sie unterschiedlichen Stämmen oder Stammesgruppen angehörten, unterstützten sich nichtsdestoweniger, wenn sie einem Clan gleichen Namens, also „gleicher Abstammung" angehörten. Einen Clan der Wahrhaftigkeit oder Treue, der Wohltätigkeit oder Ehrlichkeit (Koch 2013) gab es allerdings bei ihnen nicht. Aber das Ziel Mays war es, seiner Friedensutopie nicht nur eine religiöse, sondern auch eine soziale Komponente zu verleihen, um der Zerrissenheit der Menschen und Völker entgegenzuwirken.

> Der theologische Weg der Vereinigung lag in dem Gedanken ‚Großer Geist' oder ‚Großer, guter Manitou'. [...] Und der soziale Weg der Vereinigung wurde in dem Gedanken der Clans gegeben, durch welche die äußerlich gespaltenen Stämme innerlich wieder verbunden und zusammengehalten werden sollten. (May *Winnetou IV* 1910, 165)

Sudhoff resümiert: „Der Clan Winnetou – über die ganze Menschheit ausgedehnt – ist Mays utopische Vorstellung von der Vereinigung aller Menschen zum einen Edelmenschen im Geist Christi. So vereint May hier die beiden Wege, die der Menschheitsspaltung entgegenwirken sollen und getrennt schon lange beschritten wurden, nämlich den theologischen und den sozialen Weg. [...] Die Verbindung beider Wege ist der Weg zur weltumspannenden Familie Gottes, wo Dschinnistan zur Realität wird" (Sudhoff 1981, 108). Wohlgschaft, der die religiöse Komponente von *Winnetou IV* sehr genau analysiert, bejaht, dass es sich um eine „christliche Dichtung" handele, „aber in einem sehr weiten, ‚groß-ökumenischen' Sinne. Denn auch für andere Religionen, für fremde Kulturen und – besonders – die Mythen der Menschheitsseele ist Mays Roman ja sehr offen" (Wohlgschaft 2005, 1923).

Mays Reise-Erzählung ist die Erzählung der Reise der Menschheit, des Menschen, der Seele aus dem irdischen Tiefland zum Reich der Edelmenschen. Sie erreicht nicht mehr das hohe literarische Niveau der vorhergehenden Werke. Aus ihr spricht schon der Alterston, das Müdewerden. Dennoch ist dieser Roman noch einmal voller Kraft und Bilder. Hören wir Wollschläger:

„Trotz aller trockenen Schleicher aber, die das Werk gestört haben (um es ganz gelinde zu sagen), ist *Winnetou Band IV* noch einmal bedeutend geraten und enthält partienweise eine ausgesprochene Fülle der Gesichte: geschickter als bei *Friede* wird die Realität hineinverwoben (der eigenen Reise von 1908 und des großen Indianerkongresses von 1909): und wenn auch die Symbol-Bilder im Schatten des *Mir* bleiben, so ist doch das Ergebnis, das gegen soviel verruchte Umstände zu Stande kam, ansehnlich genug: ‚dieser zitterige Swan-Song eines Greises, der meint, eingesehen zu haben, daß Liebe und Friede wertvoller sind als die interessanteste Prügelei, und der sein unsinnig umfangreiches Lebenswerk in dieser Hinsicht, in aller Einfalt und Ruhe, zu ergänzen gedachte...' (Arno Schmidt)" (Wollschläger 1965, 139).

Karl Mays Utopien im Kontext seiner Zeit

In Karl Mays Werk haben die Toleranzidee Lessings und das Humanitätsideal Herders noch einmal beredten Ausdruck und Widerhall – in May haben sie einen ihrer erfolgreichsten und wirkungsvollsten Protagonisten gefunden (Stolte 1977; Koch 1981). Aber Karl Mays Friedensutopien lassen sich auch nicht aus dem Kontext seiner Zeit herauslösen. May gehörte ganz sicher zu den Vorkämpfern der Weltfriedensbewegung. Den Begriff des Edelmenschen und die Entwicklung dorthin, die er erstmals in seinem Drama *Babel und Bibel* (1906) verwendete, hatten allerdings vor ihm schon der Pädagoge und Historiker Karl Lory in seinem Entwurf einer revolutionären Ethik („Edelmensch und Kampf ums Dasein". Ein Programm. Hannover 1900) und die österreichische Schriftstellerin und Friedensnobelpreisträgerin von 1905 Bertha von Suttner verwendet (Wohlgschaft 2005, 1532). Letztere gehört zweifellos zu den Begründern der modernen Friedensbewegung; so war u. a. durch ihre Initiative 1892 die „Deutsche Friedensgesellschaft" entstanden – ihren berühmten pazifistischen Roman *Die Waffen nieder!* hatte sie schon 1889 veröffentlicht. Im Oktober 1905 besuchte das Ehepaar May einen ihrer Vorträge, und May trat dann mit ihr in Kontakt. Zweifellos haben ihre Ideen das Spätwerk Mays beeinflusst. Ereignisse wie der 16. Internationale Friedenskongress im September 1907 dürfte May mit großem Interesse verfolgt haben, zumal er sich bei einer Umfrage der französischen Zeitschrift *La paix par le droit* im Februar 1907 im Vorfeld des Kongresses für die deutsch-französische Verständigung eingesetzt hatte. Dass sich Mays „Edelmensch" auch in der Auseinandersetzung mit Nietzsche entwickelte, dürfte heute unstreitig sein (ebd., 1604ff.). In Wort und Schrift setzte sich Karl May mit anderen bedeutenden Persönlichkeiten seiner Zeit für den Weltfrieden ein.

Es spricht darüber hinaus einiges dafür, dass May schon bei der Vorbereitung seiner Orientreise mit Gedankengut in Berührung kam, das seine damals wohl erst in Bildung begriffenen Vorstellungen von Friedensutopien bereicherte. In seiner Bibliothek befanden sich Werke über die Weltreligionen und speziell auch über die chinesische Philosophie. Interessanterweise entwickelte der chinesische Politiker und Philosoph K'ang Yu-wei (1858–1927) Ende des 19. Jahrhunderts Vorstellungen von einer „Großen Gemeinschaft". Er plante als verantwortlicher Politiker im „Reich der Mitte" radikale Reformen, um China in die Moderne zu führen und damit dem imperialistischen Zugriff der europäischen Mächte zu entreißen, scheiterte aber damit sehr rasch. Sein Konzept der „Großen Gemeinschaft" beruhte auf pazifistischem und reformiertem konfuzianistischem Gedankengut, war egalitär und teilweise elitär; ihm schwebte eine „mauerlose" Welt vor, mit Beziehungen auf der Basis von Frieden und Gleichheit. Ebenfalls in Asien, in Persien, beheimatet ist die Bahai-Religion, die sich als Zusammenfassung und Überhöhung aller existierenden Religionen versteht und als eines ihrer obersten Ziele den allgemeinen Menschheitsfrieden beinhaltet. Beide Vorstellungen sind mit denen Mays vom Reich der Shen bis hin zum Clan Winnetou verwandt (Koch 2001 u. 2013). War er davon beeinflusst? Der Gedanke liegt nicht fern.

Erst in jüngerer Zeit wurde überzeugend herausgearbeitet, dass es um 1900 nicht nur ein naturwissenschaftlich-biologistisches Verständnis von „Rasse" gab, das seine verheerendsten Auswirkungen in der Hitlerdiktatur des Dritten Reiches fand: nämlich Geschichte als eine Geschichte von Rassenkämpfen mit der „reinsten Rasse" als Siegerin – sondern auch ein Verständnis der Rasse als einer soziokulturellen Ordnungskategorie:

„Rassen waren soziale Einheiten, die durch gemeinsame kulturelle Eigenschaften definiert wurden [...] Auf diese Weise konnte der Rassebegriff auch zu einer Schlüsselkategorie für eine bestimmte Sicht der Zivilisationsgeschichte avancieren, die gerade in der Verbindung und Verschmelzung von Rassen einen zivilisatorischen Motor erblickte. Karl May war ein dezidierter Anhänger der zweiten, kulturanthropologischen Rassevorstellung. Mit dieser Position befand er sich im Übrigen in guter und prominenter Gesellschaft unter den Kulturschaffenden" (Pyta 2012, 22).

Speziell auf *Winnetou IV* und das damit verbundene Konzept Mays von einer sich entwickelnden, Positives bewirkenden germanisch-indianischen Rasse bezogen, kommt Pyta zu dem Schluss: „Damit sollte deutlich geworden sein, dass Karl May nicht nur ein eindrucksvoller Verfechter der kulturellen Höherentwicklung der Menschheit durch

Überschreiten der Rassengrenzen war. May stand mit dieser Position in der Zeit nach 1900 auch keineswegs alleine da. Es wird höchste Zeit, die kulturell hochaufregende Epoche vor 1914 nicht mehr nur zur Vorstufe eines späteren, staatlich verordneten menschenverachtenden Rassismus zu degradieren. Insofern war Karl May nicht nur ein Dichter des 19. Jahrhunderts; er hatte auch Anteil an mächtigen geistigen Unterströmungen, die erst im Verlaufe der zweiten Hälfte des 20. Jahrhunderts zum Durchbruch gelangen sollten" (ebd., 35f.).

Unabhängig von solch kulturell-geistigen Bewegungen in Europa, Amerika und Asien war das ausgehende 19. und das beginnende 20. Jahrhundert eine Ära des idealistischen, ans Utopische gemahnenden Aufbruchs, in dessen Bann auch Karl May hineingezogen worden sein dürfte. In Mays Friedensutopien spiegelt sich auch bis zu einem gewissen Grade der Fortschrittsglaube seiner Zeit wider, der besonders schön und klar von Adolf von Harnack um 1900 während einer seiner berühmten Vorlesungen über „das Wesen des Christentums" formuliert wurde:

„Es ist ein hohes, herrliches Ethos, welches wir von der Grundlegung unserer Religion her erhalten haben, ein Ideal, welches unserer geschichtlichen Entwicklung als Ziel und Leitstern vorschweben soll. Ob die Menschheit es je erreichen wird, wer kann es sagen? Aber wir können und sollen uns ihm nähern, und heute fühlen wir bereits – anders als noch vor zwei- oder dreihundert Jahren – eine sittliche Verpflichtung in dieser Richtung, und die zarter und darum prophetisch unter uns Empfindenden blicken auf das Reich der Liebe und des Friedens nicht mehr wie auf eine bloße Utopie" (von Harnack 1999, 133; s. Zahrnt 1967, 14; vgl. Kuße „Es sei Friede!" *in diesem Band*).

Hier hätte er durchaus Karl May als Beispiel der prophetisch Empfindenden benennen können. Ein Unterschied zwischen beiden lag allerdings darin, dass es von Harnack selbst war, der am Abend des 4. August 1914 den Aufruf des deutschen Kaisers an das deutsche Volk hinsichtlich des Krieges entwarf und der bald danach mit zweiundneunzig anderen prominenten Persönlichkeiten das „Manifest der Intellektuellen" unterzeichnete, in dem diese sich zur Kriegspolitik des Kaisers bekannten. Hier entlarvte sich das Überkommene und Scheinheilige des bürgerlich-idealistischen Zeitalters, das sich in Illusionen hüllte und dann mit diesen endgültig unterging. May stand über diesem Zeitalter, auch wenn er Ideen mit ihm gemeinsam hatte. Schon vor fast einhundert Jahren schrieb Ludwig Gurlitt treffend:

„In einem Zeitalter, in dem es alle Völker nur darauf absehen, sich zu bereichern, auszudehnen, Macht und Übermacht über andere zu gewinnen, in einem solchen Zeitalter predigte May allgemeinen Frieden der Menschen, warnte vor der gemeinen Habgier, vor den Mitteln der Gewalt und List, mit denen der Stärkere und Klügere, Durchtriebenere, Raffiniertere den Schwächeren, Arglosen, Kindlichen Vorteile abjagt, sie schädigt, dienstbar macht, obendrein noch verachtet und mißhandelt. [...] May fordert von dem Europäer, daß er der Befreier, Erlöser, Erzieher der schwächeren Nationen und Volksstämme werde. Er hat diesen Weltkrieg geahnt. Er wußte, wo das Leben ohne Ideen und ohne Ideale landen mußte. Er fühlte die Schuld unserer irregeleiteten Kultur. Sie brannte ihm heiß auf der Seele. Er wollte sich nicht zum Mitschuldigen machen. Deshalb wurde er zum Prediger, zum Volkserzieher. Uns andere mußte erst das fürchterliche Schicksal sehend machen. Er war hellsehend, prophetisch wie Kassandra, teilte aber auch ihr Schicksal: Man hörte nicht auf seine Warnungen, verlachte ihn" (Gurlitt 2009, 544f.).

Mays Streben nach Frieden und Humanität, seine Friedensutopien, wurzelten, auch wenn er von allgemeinen, ihm entsprechenden Zeitströmungen und Ideen seiner Zeit nicht unbeeinflusst war, in ihm selbst. Der Ursprung von „Sitara" lag in erster Linie in seinem eigenen Wesen und wurde durch seine Erfahrungen mit der Realität geprägt. Dieter Sudhoff stellte treffend fest, „daß Mays gesellschaftliche Utopien im Zeichen der Liebe – so illusorisch sie gestern wie heute sein mögen – dem Menschen Karl May zu höchster Ehre gereichen, entstanden sie doch in einer Zeit, in der nicht die Ideale der Liebe aufs Schild gehoben wurden, sondern die des Hasses, in einer Zeit des Hurra-Patriotismus, des Imperialismus, Kolonialismus, Materialismus und des Egoismus. Von dieser Zeit handelt auch ‚Winnetou IV' [und das gesamte Spätwerk, E. K.] und – es ist mit Erschrecken zu konstatieren – auch von unserer Gegenwart, die noch keinen Schritt von Ardistan nach Dschinnistan getan hat. Karl May hat mit ‚Winnetou IV' sein Lebensziel, den Mount Winnetou, erreicht. Uns ist dieser Berg ferner denn je" (Sudhoff 1981, 154).

Und Amand von Ozoróczy beendete seine große Abhandlung mit den Worten: „Mögen die sich eröffnenden Arbeitsstrecken zu einer in brüderlicher Liebe geeinigten Menschheit noch ungeheure sein, mögen wir auf dem Wege von Ussula nach El Hadd auch erst mittwegs halten – Karl May hat der Entwicklung der Menschheit, wie er sie ausmalt, in einer die Probe aufs Exempel bestehenden Weise sein eigenes Leben vorgelebt und die Führer- und Mittlerrolle der Kunst getreulich selbst erfüllt. Und so wird auch sein kraftvoll inbrünstiger Friedensglaube irgendwie im Kosmos der Menschheitsseele weiterschwingen, der er sich verknüpft fühlt:

> Ich weiß es, daß ich mit dir steh und falle,
> daß deine Zukunft auch die meine ist,
> und daß als leiser Ton ich mit erschalle
> in dem Akkorde, dessen Klang du bist."
> (Ozoróczy 1928, 113f.)

„Nicht das Christentum des Wortes, sondern das Christentum der Tat"[1] Boten des Friedens im Werk Karl Mays

von Hagen Schäfer

Der Friedens- und Versöhnungsgedanke bildet einen zentralen Aspekt im Werk Karl Mays. Er ist eng verknüpft mit dem christlichen Humanitäts- und Toleranzideal sowie dem Ziel der Völkerverständigung und des weltweiten Friedens, wie es in den Reiseerzählungen der 1890er-Jahre bereits anklingt und im Spätwerk vollends zum Tragen kommt. Karl May verfolgte, wie er immer wieder betonte, mit seinen Reiseerzählungen das pädagogische Ziel, seinen Lesern nicht nur die Welt fremder Völker näherzubringen, sondern ihnen auch die Werte und die eigenen Erfahrungen der Kraft des christlichen Glaubens zu vermitteln.

> Ein Schriftsteller [...] will, daß sein Volk [...] die Seelen anderer Völker kennen und auch lieben lerne. Er führt darum seine Leser in die Länder jener Völker. [...] Solche Reisewerke hat es bisher noch nie gegeben. Darum ist es kein Wunder, daß jedermann ihnen ein ungewöhnliches Interesse schenkt. Der Leser bewegt sich in einer Welt der Ideale [...]. Es entsteht in ihm das Verlangen, es diesen Gestalten und diesen Seelen gleichzuthun. Hierin liegt der hohe, erzieherische Wert, den diese Bücher haben. Jung und Alt beginnt, für sie zu schwärmen. Sie werden nicht bloß Eigentum, sondern sogar Lieblingseigentum des Volkes, dessen Seele sich in ihnen offenbart. (May *Karl May als Erzieher* 1902, 63f.)

In seiner Autobiografie *Mein Leben und Streben* fasste Karl May die Programmatik seines Werkes folgendermaßen zusammen:

---

[1] May *Durchs wilde Kurdistan* 1892, 634

Aus der Tiefe zur Höhe, aus Ardistan nach Dschinnistan, vom niedern Sinnenmenschen zum Edelmenschen empor. Wie das geschehen müsse, wollte ich an zwei Beispielen zeigen, an einem orientalischen und an einem amerikanischen. [...] Die eine ist mein Winnetou, die andere Marah Durimeh geworden. [...] Die Hauptperson aller dieser Erzählungen sollte der Einheit wegen eine und dieselbe sein, ein beginnender Edelmensch, der sich nach und nach von allen Schlacken des Animamenschentumes reinigt. Für Amerika sollte er Old Shatterhand, für den Orient aber Kara Ben Nemsi heißen. (May *Mein Leben und Streben* 1910, 143f.)

Diesem Weg soll auch der vorliegende Aufsatz folgen, um zu zeigen, wie geschickt May den Friedens- und Versöhnungsgedanken mit der abenteuerlichen Handlung seiner Reiseerzählungen verknüpfte. Dabei spielen die eben genannten Idealfiguren eine entscheidende Rolle. Den Ausgangspunkt bildet Karl Mays bekanntestes Werk, die 1893 erschienenen Bände *Winnetou I-III*. Fortgesetzt wird die Analyse mit der *Old Surehand*-Trilogie. Den Abschluss bilden dann die Reiseerzählungen des Orientzyklus sowie die Romane des Spätwerks *Im Reiche des silbernen Löwen III/IV* und *Ardistan und Dschinnistan I/II*. Boten des Friedens sind in diesen Werken besonders das Ich in Gestalt von *Old Shatterhand* und *Kara Ben Nemsi*, Winnetous Lehrer *Klekih-petra*, der *Ustad*, das spiegelbildliche Gegenüber seines Autors Karl May, und schließlich die Friedensfürstin *Marah Durimeh*.

Klekih-petra und Old Shatterhand

Der eigentlichen Handlung des ersten Bandes der *Winnetou*-Tetralogie geht eine Einleitung voran, in der Karl May, das Schicksal der Indianer Nordamerikas skizzierend, die Geschichte des Unterganges ihrer Kultur in Erinnerung ruft.

Wenn es richtig ist, daß alles, was lebt, zum Leben berechtigt ist, und dies sich ebenso auf die Gesamtheit wie auf das Einzelwesen bezieht, so besitzt der Rote das Recht zu existieren, nicht weniger als der Weiße und darf wohl Anspruch erheben auf die Befugnis, sich in sozialer, in staatlicher Beziehung nach seiner Individualität zu entwickeln. (May *Winnetou I* 1893, 2)

Einem Indianer, dem Häuptling der Apachen, Winnetou, der als der „treueste" und „edelste" charakterisiert wird, will der Autor mit seiner Reiseerzählung ein literarisches Denkmal setzen und damit auch für Humanität und Toleranz, für die Anerkennung und das Verständnis der Kultur dieser fremden Völker werben.

[...] er soll nur körperlich gestorben sein und hier in diesen Blättern fortleben, wie er in meiner Seele lebt, er, Winnetou, der große Häuptling der Apachen. Ihm will ich hier das wohlverdiente Denkmal setzen, und wenn der Leser, welcher es mit seinem geistigen Auge schaut, dann ein gerechtes Urteil fällt über das Volk, dessen treues Einzelbild der Häuptling war, so bin ich reich belohnt. (ebd., 5f.)

Den Ich-Erzähler haben „unerquickliche Verhältnisse in der Heimat" und ein „angeborener Tatendrang [...] nach den Vereinigten Staaten getrieben", weil dort „die Bedingungen für das Fortkommen eines strebsamen jungen Menschen damals weit bessere und günstigere waren" (ebd., 9). Im Mittelpunkt stehen der jugendliche Held und sein Wunsch, im Westen wirken zu können; die soziale Not als Grund für die Auswanderung aus Europa wird hier nur angerissen. Entscheidend für die Figur des Ich-Erzählers ist, dass die neue Welt dem Strebsamen weit bessere Möglichkeiten verspricht, sich seinen Anlagen gemäß entwickeln zu können, als die deutsche Heimat. Mehr noch: In der Wildnis des amerikanischen Westens ist der Einzelne frei von jeglicher Autorität, die ihn an seiner Entfaltung hindern könnte. Einzig bindend ist hier das Gesetz des Westens. In der Welt der Westmänner zählen nicht die materiellen Werke, sondern geistige Überlegenheit und körperliche Kraft. Das sind die Bedingungen, vor die sich das Ich gestellt sieht. Eine umfassende Bildung, Kenntnisse in Mathematik, Arithmetik, Geometrie und Feldmesserei und das Beherrschen zahlreicher, für den Westen notwendiger Fertigkeiten wie Reiten, Fechten und Schießen sind wichtige Voraussetzungen für die Entwicklung des Ichs zum Westmann. Er schließt sich als Vermesser einer Abteilung zum Bau der Eisenbahn an. Hier macht der Erzähler Bekanntschaft mit den ,echten Yankees'. Der strebsame und tugendhafte Deutsche wird den nachlässigen Yankees gegenübergestellt. „Sie wollten Geld verdienen, ohne danach zu fragen, ob sie ihre Aufgabe wirklich gewissenhaft erfüllten. [...] Ich [...] that meine Pflicht" (ebd., 37). Er leistet fast die ganze Arbeit der Abteilung, ohne dass das Anerkennung findet, und weiß sich, obwohl er sich damit nur Feinde macht, als ,Greenhorn' auch den sogenannten ,Westmännern', „Leuten von sehr niederem moralischem Range" (ebd., 38), gegenüber zu behaupten. So ist das Ich „natürlich der Arbeitsmann, während sie sich in steter Abwechslung zwischen dem Trinken und dem Ausschlafen ihres Rausches hielten" (ebd.). Kommt an dieser Stelle im Roman eine gewisse Desillusionierung in Bezug auf die gesellschaftlichen Verhältnisse der Vereinigten Staaten von Amerika zum Ausdruck, wird hier mit Blick auf die Tugendhaftigkeit erstmals eine Gemeinsamkeit zwischen Deutschen und Indianern hergestellt, die in *Winnetou IV* dann in der Idee einer ,germanisch-indianischen Rasse' signifikant wird. Der Gegensatz zwischen Deutschem und Yankee wird erweitert zum Gegensatz zwischen Yankee und Indianer.

Das Ich, dessen Fähigkeiten, mit Ausnahme des Oberingenieurs der Nachbarabteilung White, allein von Sam Hawkens und seinen beiden Gefährten Will Parker und Dick

Stone anerkannt und gewürdigt werden, durchläuft die Schule des Westens. Durch seinen imponierenden Faustschlag inzwischen Old Shatterhand genannt, besteht das Ich drei Prüfungen auf dem Weg zum Westmann: Es erlegt einen Bison, auf der Jagd nach wilden Mustangs fängt es ein Maultier für seinen Lehrer Sam Hawkens und es kämpft mit dem Messer gegen einen Grizzly.

Unvermittelt erscheinen Intschu tschuna, der Häuptling der Apachen, und sein Sohn Winnetou. Ersterer klagt die Weißen der unrechtmäßigen Inbesitznahme seines Grund und Bodens an und fordert sie auf, die Vermessungsarbeiten zu beenden und das Land zu verlassen.

> „Haben wir etwa weniger Recht als ihr? Ihr nennt euch Christen und sprecht immerfort von Liebe. Dabei aber sagt ihr: ihr könnt uns bestehlen und berauben; wir aber müssen ehrlich gegen euch sein. Ist das Liebe? Ihr sagt, euer Gott sei der gute Vater aller roten und aller weißen Menschen. [...] Gehörte nicht das ganze Land den roten Männern? Man hat es uns genommen. Was haben wir dafür bekommen? Elend, Elend und Elend! [...] wir wünschen nur, daß eure Gesetze auch für uns gelten sollen. Tun sie das? Nein! Eure Gesetze haben zwei Gesichter, und diese dreht ihr uns zu, wie es zu euerm Vorteile ist. Du willst hier einen Weg bauen. Hast du uns um die Erlaubnis gefragt? [...] Ich verbiete euch, hier weiter zu messen!" (ebd., 122f.)

Old Shatterhand wird sich hier erstmals bewusst, dass er in seiner Aufgabe als Vermessungsingenieur unwillentlich Teil hat an dem Unrecht, das den Indianern gegenüber verübt wird.

Der Begleiter der beiden Apachen, ein Weißer, der ehrfurchtsvoll Klekih-petra („weißer Vater") genannt wird (ebd., 108), weckt das Interesse des Ich-Erzählers. Klekih-petra, ebenfalls ein Deutscher, bekennt Old Shatterhand seine Vergangenheit als Mann, der dem Glauben an Gott abgesprochen hatte und als einer der geistigen Führer der

Revolution von 1848/49 das Leben zahlreicher Menschen auf dem Gewissen habe.

„Mein größter Stolz bestand darin, Freigeist zu sein, Gott abgesetzt zu haben, [...] nachweisen zu können, daß der Glaube an Gott ein Unsinn ist. Ich war ein guter Redner und riß meine Hörer hin. [...] Dann kam die Zeit der Revolution. Wer keinen Gott anerkennt, dem ist auch kein König, keine Obrigkeit heilig. Ich trat öffentlich als Führer der Unzufriedenen auf; sie tranken mir die Worte förmlich von den Lippen, das berauschende Gift [...]; sie stürmten in Scharen zusammen und griffen zu den Waffen. Wie viele, viele fielen im Kampfe! Ich war ihr Mörder." (ebd., 128)

Polizeilich gesucht, floh er in die Vereinigten Staaten von Amerika. Hier war er zwar frei von der Verfolgung, litt aber unter der Last seines Gewissens.

„Das Gewissen peinigte mich aufs entsetzlichste. Wie oft bin ich dem Selbstmorde nahe gewesen; immer hielt mich eine unsichtbare Hand zurück – Gottes Hand. [...] Ich fand, freilich erst nach langen Zweifeln, Vergebung und Trost, festen Glauben und inneren Frieden. Ich wollte wirken, womöglich grad entgegengesetzt meinem früheren Wirken." (ebd., 129f.)

Das Wissen um den Untergang der Indianer war ihm Anlass für seine zukünftige Aufgabe: Frieden und Versöhnung zu stiften, um dem roten Mann den Weg seines unausweichlichen Schicksals zu erleichtern. Er floh die Welt und ging in die Wildnis.

„Da sah ich den roten Mann sich verzweiflungsvoll sträuben gegen den Untergang [...]. Sein Schicksal war beschlossen; ich konnte ihn nicht retten; aber eins zu tun, das war mir möglich: ihm den Tod erleichtern und auf seine letzte Stunde den Glanz der Liebe, der Versöhnung fallen lassen. Ich ging zu den Apachen und lernte es, mein Wirken ihrer

Individualität anzubequemen. Ich habe Vertrauen gefunden und Erfolge errungen. Ich wollte, Sie könnten Winnetou kennen lernen; er ist so eigentlich mein eigenstes Werk. Dieser Jüngling ist groß angelegt. Wäre er der Sohn eines europäischen Herrschers, so würde er ein großer Feldherr und ein noch größerer Friedensfürst werden. Als Erbe eines Indianerhäuptlings aber wird er untergehen, wie seine ganze Rasse untergeht. Könnte ich doch den Tag erleben, an welchem er sich einen Christen nennt!" (ebd., 130f.)

Diese Mission bittet er, im Sterben liegend – schützend warf er sich vor Winnetou, als Rattler, einer der Surveyors, auf den Häuptlingssohn schoss – fortzusetzen. „Bleiben Sie bei ihm – ihm treu – – – mein Werk fortführen – – –!" (ebd., 135) Old Shatterhand gibt ihm dieses Versprechen. So kurz und unbedeutend die Episode um Klekih-petra auf den ersten Blick erscheinen mag, ist sie in ihrer verweisenden Funktion auf das zukünftige Handlungsgeschehen doch von entscheidender Bedeutung. Klekih-petras Vermächtnis bildet den Schlüssel für das spätere Treuebündnis zwischen Winnetou und Old Shatterhand. Indem das Schicksal der Indianer in dieser Episode reflektiert wird, weist sie indirekt auch auf die in *Winnetou IV* entworfene gesellschaftliche Utopie.

Old Shatterhand sucht infolge des Ereignisses Partei für die Apachen zu ergreifen, erntet zunächst aber nichts als Ablehnung. Bevor es zur Blutsbrüderschaft mit Winnetou kommen kann, muss die Konfliktsituation, die durch die Vermessungsarbeiten und den Tod Klekih-petras entstanden ist, überwunden werden. Winnetou erkennt Old Shatterhands Versöhnungsgesuch nicht an; wie Intschu tschuna erliegt er dem Vorurteil, dass das fremde Bleichgesicht genauso verlogen sei wie die Yankees, die ihn begleiten. Dass Old Shatterhand es ist, der Winnetou und seinen Vater aus der Gefangenschaft der Kiowas befreit und ihnen damit das Leben rettet, verkennt Winnetou ebenso wie die bewusste Schonung, die Old Shatterhand im Kampf ihm gegenüber zeigt. Erst als dieser im Kampf um sein Leben – auch hier schont er seinen Gegner – in die Gefangenschaft der Apachen geraten ist und Winnetou die bei der Befreiung von den Kiowas abgeschnittene Haarlocke zum Beweis vorzeigt, kann er Winnetou von der Aufrichtigkeit seiner Versöhnungsangebote überzeugen – der Grundstein für das Treuebündnis ist gelegt.

Klekih-petra hatte einen wesentlichen Anteil an der Bildung der Apachen. „Klekih-petra ist unser Lehrer gewesen in allen Dingen, die wir nicht kannten, die aber gut und nützlich für uns sind", erinnert Intschu tschuna die Apachen in seiner Grabrede, „er hat auch von der Religion der Weißen gesprochen und von dem großen Geiste, welcher der Schöpfer und Ernährer aller Menschen ist. Dieser große Geist hat befohlen, daß die roten und die weißen Leute untereinander Brüder sein und sich lieben sollen" (ebd., 334). Auch wenn den Apachen der christliche Glaube, den Klekih-petra ihnen zu vermitteln suchte, weitgehend fremd blieb und ihnen die christlichen Werte nur zum Teil verständlich sind, respektieren sie diese doch.

Im weiteren Verlauf der Handlung wird vor allem Winnetou als aufgeklärter, humanistisch denkender Indianer gezeichnet – er liest Henry Wadsworth Longfellows (1807–1882) *The song of Hiawatha*. Klekih-petra hat ihn nach christlichen Grundsätzen ‚erzogen' und damit den Grundstein für seine weitere Ausbildung gelegt. Old Shatterhand setzt dieses Werk fort. Er muss Winnetou, der zu oft die Erfahrung machen musste, dass jemand zwar vorgab, Christ zu sein, aber nicht wie ein Christ handelte, versprechen, ihm gegenüber nicht vom Glauben zu sprechen, bevor er ihn nicht selbst darum bittet (ebd., 425). Das Ich respektiert diesen Wunsch.

Sich an seine Leser wendend, verweist der Erzähler an anderer Stelle, im Orientzyklus, auf die überzeugende Kraft der Tat und zitiert sinngemäß aus dem Matthäus-Evangelium: „An ihren Werken sollt ihr sie erkennen" (May *Durchs wilde*

Kurdistan 1892, 425; vgl. Mt. 7,15f.). Was May hier demonstriert, ist sein Verständnis des christlichen Glaubens, dass ein Christ nicht durch Worte, sondern durch Taten überzeugen muss. Er bringt diese Auffassung direkt zum Ausdruck, wenn er die Figur der Marah Durimeh sagen lässt, dass auch sie das Christentum verkündet habe, aber nicht „das Christentum des Wortes, über dessen Sinn die Abgefallenen streiten, sondern das Christentum der That, daran niemand zweifeln kann" (ebd., 634).

Old Shatterhand verkörpert das Christentum genau auf diese Weise. Durch sein Frieden und Versöhnung stiftendes Handeln steht er prototypisch für das christliche Ideal von Nächstenliebe und Gewaltlosigkeit. Auf diese Weise wird er in erster Linie seinem Blutsbruder zum Vorbild. In diesem Zusammenhang muss erwähnt werden, dass die Entwicklung Winnetous keineswegs linear verläuft, was vor allem entstehungsgeschichtliche Gründe hat. Karl May griff für die Bände *Winnetou II/III* auf frühere Erzählungen zurück, sodass sich dem Leser ein heterogenes Bild der Winnetou-Figur präsentiert. In *Winnetou III* übt das *Ave Maria* des Ich einen „tiefen, gewaltigen Eindruck" auf den Apachenhäuptling aus (May *Winnetou III* 1893, 421). Er befragt seinen Blutsbruder über Unterschiede des Glaubens zwischen Weißen und Indianern. Old Shatterhand antwortet:

> „Meine roten Brüder glauben an eine große, fürchterliche Lüge. Der Glaube der weißen Männer sagt: ‚Der gute Manitou ist der Vater über alle seine Kinder im Himmel und auf Erden.' Der Glaube der roten Männer aber sagt: ‚Manitou ist nur der Herr der Roten; er gebietet, die Weißen alle zu töten.' Mein Bruder Winnetou ist gerecht und weise; er denke nach!" (ebd., 424)

Mit rhetorischen Fragen sucht das Ich Winnetou von der Liebe Gottes zu überzeugen. Die eigene Erfahrung der Kraft des christlichen Glaubens soll dem Apachen Beispiel sein:

„Ich bin dem Heilande nachgegangen und habe den Frieden des Herzens gefunden. Warum will mein Bruder nicht auch zu ihm gehen?" (ebd., 426)

Old Shatterhand bewirkt einen inneren Wandel; im Sterben liegend bekennt Winnetou dann – und damit erfüllt sich auch Klekih-petras Wunsch – „[...] ich glaube an den Heiland. Winnetou ist ein Christ" (ebd., 474). Old Shatterhand ist es gelungen, allein durch seine Vorbildfunktion, die Verkörperung christlicher Tugenden, das Handeln nach den Grundsätzen der Humanität, dass Winnetou sich zum Christentum bekennt. Keine Bekehrung also im Sinne christlicher Missionierung, sondern eine Überzeugung durch das Vorleben christlicher Werte.

Wenn der Ich-Erzähler im ersten *Winnetou*-Band erklärt: „der Lehrer meiner Leser [...] sein" zu wollen (May *Winnetou I* 1893, 153), intendiert das letztlich, auch diese von der Kraft des christlichen Glaubens überzeugen zu wollen. An anderer Stelle erklärt das Ich, dass die Aufgabe eines Schriftstellers darin bestehen müsse, „ein Prediger der ewigen Liebe zu sein und das Ebenbild Gottes im Menschen nachzuweisen!" (May *Old Surehand III* 1896, 308) Dass May mit den seinen Reiseerzählungen zugrundeliegenden ethischen Werten und christlichen Glaubensgrundsätzen – er selbst sprach in einem Brief an seinen Verleger Fehsenfeld (13.03.1899) von der Absicht, damit auf „religiös-ethisch-sozialem Gebiete" wirken zu wollen (May *Briefwechsel* 2007, 295) – ein klares pädagogisches Ziel verfolgte, wurde von vielen aufmerksamen Lesern auch erkannt. In seiner Verteidigungsschrift *„Karl May als Erzieher"* und *„Die Wahrheit über Karl May"* oder *Die Gegner Karl Mays in ihrem eigenen Lichte* zitierte May den Münchner Erzbischof von Stein mit den Worten:

Seine in weiteren Kreisen so beifällig aufgenommenen ‚Reiseerzählungen' haben einen vielseitig belehrenden, sittlich anregenden, stetig interessanten Inhalt, in welchem auch der gesunde Humor zu seinem Rechte kommt. Was dabei besonders zu betonen ist, das ist die christliche Grundlage, auf welcher sie ruhen. (May *Karl May als Erzieher* 1902, 145)

In *Winnetou IV* findet May schließlich die Lösung für den Gegensatz zwischen christlicher Ethik und der damit divergierenden, auf wirtschaftliche Interessen ausgerichteten Welt des von den Yankees geprägten Kapitalismus. Wenn alle Menschen sich hin zum Edelmenschentum entwickeln, kann eine Idealwelt entstehen, die weder politischer noch wirtschaftlicher Herrschaftsstrukturen bedarf, ein herrschaftsfreier Raum der Humanität und Nächstenliebe, ein utopisches Szenario, in dem sich die Indianervölker zu einer neuen Ordnung zusammenschließen und neu erstarken (vgl. Hohendahl 2007, 202).

Old Shatterhand und Old Wabble

Der christliche Glaube verbietet den May'schen Helden, sich zum Richter aufzuschwingen. Indem Old Shatterhand seinen Gegnern vergibt und sie freilässt, gewährt er ihnen stets die Chance, sich zu bessern. Bei den moralisch hoffnungslosen Fällen, denen gegenüber menschliches Handeln und Wirken unzureichend geworden sind, sich aus dem christlichen Werteverständnis heraus eine Bestrafung des Gegners aber verbietet, greift Gott als richtende Instanz ein. Deutlich wird das am Beispiel der Figur des Schut im gleichnamigen Reiseroman aus dem Orientzyklus, Santers in *Winnetou III*, Old Cursing-Drys in *Gott läßt sich nicht spotten* (May *Auf fremden Pfaden* 1897, 501-566), Grinders und Slacks in *Ein Blizzard* (ebd., 567-598) oder Daniel Etters' und Fred Cutters in *Old Surehand I/III*. Zumindest Fred Cutter, besser bekannt als Old Wabble, der Zeit seines Lebens dem Glauben an Gott absprach und Old Shatterhand des seinigen wegen verspottete, findet, im Angesicht des Todes, doch noch den Weg zu Gott.

Zu Beginn des dritten Bandes der *Old Surehand*-Trilogie nimmt der Erzähler direkt Bezug auf den Versöhnungsgedanken. Vielfach sei ihm, Old Shatterhand, vorgeworfen worden, dass er „schlechte Menschen, welche uns nichts als Feindschaft erwiesen und nichts als Schaden bereiteten, dann, wenn sie in unsere Hände gerieten und wir uns also rächen konnten, zu mild und nachsichtig behandelt habe" (May *Old Surehand III* 1896, 1). Er verurteilt die Rache, weil sie der göttlichen und der menschlichen Gerechtigkeit vorgreife; niemand dürfe sich als Richter über andere aufschwingen. Begehe jemand einen Fehler, eine Sünde oder ein Verbrechen, sei er meist nicht der allein Schuldige; vielmehr müsse nach den Voraussetzungen gefragt werden, die Ursache für die Tat waren. Auch wenn das die begangene Schuld nicht rechtfertige, müsse man dem ‚Entarteten', der sich einsichtig zeige und Hilfe suche, Schonung angedeihen lassen. (ebd., 1ff.)

Diese Milde hat uns zuweilen in spätere Verlegenheiten gebracht; [...] aber die Vorteile, welche wir indirekt durch sie erreichten, wogen das reichlich wieder auf. [...] Wer sich uns anschließen wollte, mußte auf die Grausamkeiten und Härten des Westens verzichten und wurde, ohne es eigentlich zu wissen und zu wollen, dann wenn nicht in Worten, so doch in Thaten ein Lehrer und Verbreiter der Humanität, welche er bei uns, sozusagen, eingeatmet hatte. (ebd., 3f.)

Einer, der durch sein eigenmächtiges Handeln Old Shatterhand und die seinigen mehrfach in ernstzunehmende Gefahr gebracht, und dem Old Shatterhand – sehr zum Unverständnis seiner Reisegefährten – immer wieder verziehen und ihn freigelassen hat, ist Old Wabble. Er wird charakterisiert als einer jener Entarteten, dem wir mehr Nachsicht schenkten, als er an uns verdient hatte. [...] Es war, als ob ich nach einem von mir unabhängigen und doch in mir wohnenden Willen handeln müsse, welcher mir verbot, mich an ihm zu vergreifen, weil er, wenn er sich nicht bekehre, für ein ganz besonderes göttliches Strafgericht aufgehoben sei. (ebd., 4)

Warum wählt der Erzähler diese überaus harten Worte, warum bezeichnet er Fred Cutter als einen ‚Entarteten‘? Wohl vor allem deshalb, weil dieser sich allen Versuchen, ihn von der Kraft des christlichen Glaubens zu überzeugen, strikt verweigert, und über diejenigen lästert, die sich wie Old Shatterhand, den er einen ‚Betbruder‘ nennt, ihren Glauben an Gott bewahrt haben. Ethische, religiöse und göttliche Gesetze gelten für ihn nicht, er lehnt jegliche Form von Religion ab. „Ich bin in das Leben hereingehinkt, ohne um Erlaubnis gefragt zu werden, und der Teufel soll mich holen, wenn ich nun meinerseits beim Hinaushinken irgend wen um Erlaubnis frage! Ich brauche dazu weder Religion noch Gott" (May *Old Surehand I* 1894, 401). Old Shatterhand warnt:

„Ihr sagt, daß Ihr weder Gott noch Glauben braucht; ich aber sage Euch und bitte Euch, meine Worte wohl zu merken: Es wird Euch, wie die heilige Schrift sagt, schwer werden, gegen den Stachel zu lecken, und ich sehe es kommen, daß der Herrgott Euch einen Fact entgegenschleudern wird, an welchem Ihr zerschellen müßt wie ein dünnes Kanoe am Felsenrande, wenn Ihr nicht zu der einzigen Rettung greift, die im Gebete liegt. Möge der, an den Ihr niemals glaubtet und zu dem Ihr niemals betetet, Euch dann gnädig und barmherzig sein!" (ebd., 403f.)

Old Wabble zeigt sich unbelehrbar, sodass Old Shatterhand seine Enttäuschung und Wut deutlich zu erkennen gibt: „Wir sind fertig!" (ebd., 404) Zum endgültigen Bruch kommt es, weil Cutter nicht mehr bereit ist, sich

Old Shatterhand unterzuordnen. Infolge wiederholt eigenmächtigen Handelns bricht Shatterhand mit ihm und jagt ihn davon (ebd., 588-591). Damit hat er sich den König der Cowboys zum Feind gemacht. Old Wabble entwickelt in der Folge einen solchen Hass auf Old Shatterhand, dass er ihm nach dem Leben trachtet. Doch immer, wenn er in die Gefangenschaft Old Shatterhands gerät, lässt dieser ihn wieder frei. Er vergibt ihm, weil er Mitleid für den Gottlosen empfindet und hofft, dass Gott diesem Sünder gnädig ist. Es gibt noch einen anderen Grund: Old Shatterhand fühlt sich nicht zum Richter berufen, vielmehr vertraut er auf die Gerechtigkeit Gottes (May *Old Surehand III* 1896, 75).

Die erfüllt sich auf grausame Weise. Old Wabble wird von Utahs gefangengenommen, sein Körper zwischen die beiden Hälften einer gespaltenen Fichte gelegt, sodass der Unterleib langsam zerquetscht wird. Old Shatterhand und die Seinen befreien ihn von dieser tödlichen Folter. In Gegenwart des Schwerverletzten beginnt das Ich zu beten und gibt Old Wabble zu verstehen, dass ihm jetzt nur noch Reue helfen könne. Seine Worte erfüllen sich: Die Angst vor dem Tod, vor Gottes Gerechtigkeit, lässt Fred Cutter um die Vergebung der Sünden bitten. Er sucht Gottes Gnade.

„Ich habe Gott geleugnet und über ihn gelacht; ich habe gesagt, daß ich keinen Gott brauche, im Leben nicht und im Sterben nicht. Ich Unglücklicher! Ich Wahnsinniger! Es giebt einen Gott; es giebt einen; ich fühle es jetzt! Und der Mensch braucht einen Gott; ja er braucht einen! Wie kann man leben und wie sterben ohne Gott! [...]

Herrgott, ich bin der böseste von allen Menschen gewesen, die es gegeben hat. Es giebt keine Zahl für die Menge meiner Sünden, doch ist mir bitter leid um sie, und meine Reue wächst höher auf als diese Berge hier. Sei gnädig und barmherzig mit mir [...] und nimm mich [...] in Deine Arme auf. Amen!" (ebd., 497f., 499f.)

Eine innere Stimme sagt Old Shatterhand, dass Old Wabble „von Gottes Gerechtigkeit gerichtet, aber von seiner Barmherzigkeit begnadigt" wurde. Die Gnade Gottes wird dem sündigen Old Wabble zuteil, er stirbt in Frieden.

Mays Helden werden geleitet von einem Humanitätsideal, von der Mission, den Unterdrückten zu helfen, Unrecht zu verhindern, der Gerechtigkeit zum Sieg zu verhelfen, Frieden und Versöhnung zu stiften und für einen Dialog zwischen den Völkern und Kulturen einzutreten. Feindschaft wird mit Güte, Gewalt mit Schonung, Hass mit Liebe vergolten. Auf diese Weise wird von den May'schen Helden Versöhnung geübt. Die Andersgläubigen werden von der Kraft des christlichen Glaubens überzeugt; bei den verlorenen Seelen der Mörder, Diebe und Verbrecher aber greift, weil der Mensch als richtende Instanz nicht mehr in Frage kommt, ein Gottesurteil als Zeichen der himmlischen Gerechtigkeit ein.

Kara Ben Nemsi

Im Vorwort zu *Durch Wüste und Harem* weist Friedrich Ernst Fehsenfeld auf den „hohe[n] sittliche[n] Gehalt" der May'schen Werke hin: „Er [Karl May] ist, vielleicht ohne es zu beabsichtigen, ein Missionar, ein Prediger der Gottes- und der Nächstenliebe, doch besteht seine Predigt nicht in Worten, sondern in Thaten" (May *Durch Wüste und Harem* 1892, Vorwort). Dass der Verleger diesen Fakt besonders hervorhebt, ist bezeichnend, unterstreicht er damit doch nicht nur ein wesentliches Charakteristikum der *Gesammelten Reiseromane*, sondern stellt zugleich die vom Autor selbst indizierte erzieherische Aufgabe in den Vordergrund, was auch als Ausweis der literarischen Qualität gelesen werden kann. Der Roman beginnt mit einem religiösen Streitgespräch zwischen dem Ich-Erzähler

Kara Ben Nemsi und seinem Diener Hadschi Halef Omar über christliche und islamische Jenseitsvorstellungen. An dieser Stelle wird besonders deutlich, welch hohen Stellenwert May der Vermittlung religiöser Werte beimaß (vgl. Bartsch 2003, 54; ders. 2013, 148). Halef ist der festen Überzeugung, dass sein Effendi nur dann vor der Hölle bewahrt werde, wenn er zum ‚wahren Glauben‘, zum Islam, bekehrt werde.

> „Dich möchte ich retten vor dem ewigen Verderben, welches dich ereilen wird, wenn du dich nicht zum Ikrar bil Lisan, zum heiligen Zeugnisse, bekennst. Du bist so gut, so ganz anders als andere Sihdis, denen ich gedient habe, und darum werde ich dich bekehren, du magst wollen oder nicht." (May *Durch Wüste und Harem* 1892, 1)

Das Ich ist vom Christentum aber ebenso überzeugt wie sein Diener vom Islam. Deshalb bleiben Halefs Bekehrungsversuche ohne Wirkung. Dass er allein durch Worte seinen Diener ebenso wenig vom christlichen Glauben überzeugen kann wie dieser ihn von den Lehren des Propheten Mohammed, weiß Kara Ben Nemsi. Dass er den Missionierungsversuchen Hadschi Halef Omars gegenüber resistent ist und ihnen von Anfang an die seinigen entgegensetzt, wird bereits am ironischen Ton deutlich, mit dem das Ich die Schilderungen seines Dieners kommentiert. Seine Bitte, „laß mir meinen Glauben, wie ich dir den deinigen lasse" (ebd., 8), ist ein deutliches Zeichen, die Freiheit des Glaubens anzuerkennen. Kara Ben Nemsi überzeugt wie Old Shatterhand durch Taten; er lebt die christlichen Werte und Tugenden, gibt Beispiele für Toleranz, Gewaltverzicht und Feindesliebe. Auf diese Weise gelingt es ihm, dass Halef, der seinen Sihdi bis zum Schluss bekehren will, innerlich selbst zum Christen wird. Auch wenn Hadschi Halef Omar sich im Gegensatz zu Winnetou nicht ausdrücklich zum Christentum bekennt und äußerlich Moslem bleibt, übernimmt er doch die

Glaubens- und Wertvorstellungen seines Herren. Das Ich resümiert: „[...] er [Halef] war, ohne es selbst zu ahnen, nur noch äußerlich ein Moslem, innerlich aber bereits ein Christ" (May *Von Bagdad nach Stambul* 1892, 188). Hier wird Kara Ben Nemsis missionarische Tätigkeit, sein Ziel, als „Pionier der Civilisation, des Christentums" zu wirken, erkennbar (May *Durchs wilde Kurdistan* 1892, 615). In *Der Schut* bekennt Hadschi Halef Omar schließlich:

> „Ein einziges warmes Wort von dir hat mehr gewirkt, als alle meine langen Reden wirken konnten. Der Islam ist die Soka [Distel], die nur auf dürrem Boden wächst, das Christentum aber die Nachla [Palme], welche hoch in die Lüfte ragt und viele Früchte bringt. Der Islam gleicht der Wüste, in welcher es nur hier und da einen Brunnen giebt, der schlechtes Wasser hat, das Christentum aber einem schönen Lande mit mächtigen Bergen, auf deren Höhen Glocken erklingen, und schönen Thälern, in denen Ströme fließen [...]. Daß ich dieses weiß, habe ich dir zu danken; es sollen es aber auch von mir noch viele, sehr viele erfahren." (May *Der Schut* 1892, 581)

Die Gerichtsverhandlung nach der Befreiung Senitzas aus der Gewalt Abrahim-Mamurs in *Durch Wüste und Harem* verdeutlicht beispielhaft Kara Ben Nemsis Bestreben, Missstände in der Rechtssprechung zu beheben und ein gerechtes Urteil zu erwirken. Er will Abrahim des Frauenraubes anklagen. Die Verhandlung wird von Sahbeth-Bei, dem Polizeidirektor, geführt, der dem Fremden aus Deutschland keinen Glauben schenkt. Vielmehr lassen die Freiheiten, die er Abrahim-Mamur gewährt, erkennen, dass er von dessen Unschuld überzeugt ist. Dieser, statt sich zu verteidigen, nutzt die Gelegenheit, Kara Ben Nemsi des Raubes an Senitza anzuklagen. Aufgrund der Tatsache, dass Sahbeth-Bei seiner Aufgabe, unparteiisch und gerecht zu urteilen, nicht nachkommt, ergreift Kara Ben Nemsi das Wort:

„Dieses Weib hier [Senitza] ist eine Christin, eine freie Christin aus Karadagh; er [Abrahim-Mamur] hat sie geraubt und mit Gewalt nach Aegypten entführt. Hier mein Freund [Isla Ben Maflei] ist ihr rechtmäßiger Verlobter, und darum ist er nach Aegypten gekommen und hat sie sich wiedergeholt. Du kennst uns, denn du hast unsere Legitimationen gelesen, ihn aber kennst du nicht. Er ist ein Frauenräuber und Betrüger. Laß dir seine Legitimation zeigen, oder ich gehe zum Khedive und sage, wie du Gerechtigkeit übst in dem Amte, welches er dir gegeben hat. [...] Der, welcher sich einen Mamur nennt, aber hat im Ernste und in der Absicht, mich zu töten, auf mich geschossen. Ich klage ihn an. Nun entscheide!" (May *Durch Wüste und Harem* 1892, 166)

Der Polizeidirektor muss erkennen, dass Kara Ben Nemsi ihn nicht nur in aller Öffentlichkeit bloßgestellt hat, indem er auf die Fehler in der Verhandlung hinwies, sondern auch in Bezug auf den Gegenstand des Prozesses im Recht ist. Deshalb beschließt er kurzerhand, die Verhandlung zu vertagen, die Versammlung aufzulösen und die Kläger sowohl als auch die Angeklagten gefangen nehmen zu lassen. Die Bewachung ist aber sehr bald verschwunden, sodass Kara Ben Nemsi und Isla Ben Maflei ahnen, dass, auch wenn sie den Prozess gewinnen und Abrahim-Mamur verhaftet wird, er sich bald darauf freikaufen und von Sahbeth-Bei laufen gelassen wird (ebd., 167). Die Episode zeigt, dass Kara Ben Nemsi sich kraft seiner Autorität eine gerechte Prozessführung erkämpft. Die Verhandlung bleibt zwar ohne Ergebnis, führt aber gerade dadurch, dass auf eine Bestrafung verzichtet wird, zu einer vorübergehend friedlichen Lösung. Das Ich kann seinen christlichen Idealen treu bleiben; Abrahim-Mamur, der zunächst entkommt, entgeht seiner gerechten Strafe nicht (May *Von Bagdad nach Stambul* 1892, 536).

Darüber hinaus ist die Vorbildfunktion Kara Ben Nemsis dadurch gekennzeichnet, dass er nicht nur den Dialog mit den Vertretern verschiedener Glaubensrichtungen sucht, sondern als vermittelnde Instanz auch Partei für religiöse und kulturelle Minderheiten ergreift. Als die Gefährten sich dem Gebiet der Dschesidi (Teufelsanbeter) nähern, weiß Kara Ben Nemsi das Urteil seines Dieners, diese Menschen beteten den Teufel an, zu entkräften: „Sie beten ihn nicht an, obgleich man sie so nennt. Sie sind sehr brave, sehr fleißige und ehrliche Leute, halb Christen und halb Muselmänner" (May *Durch Wüste und Harem* 1892, 486). Ali Bey, ihr Anführer, antwortet auf Kara Ben Nemsis Frage, ob die Dschesidi Christen seien: „Die Dschesidi haben von allen Religionen nur das Gute für sich genommen – – –" (ebd., 554). Er berichtet, dass die Dschesidi in Frieden und Eintracht mit den anderen Völkern lebten, dann aber unterdrückt und vertrieben wurden. Die Übriggebliebenen haben sich eine neue Heimat errungen.

> „[...] wenn du ihre Wohnungen, ihre Kleider, ihre Gärten und Felder siehst, so freust du dich; denn da herrscht Fleiß, Ordnung und Sauberkeit, während du rundum nur Schmutz und Faulheit findest. Das aber lockt die andern, und wenn sie Geld und Leute brauchen, so fallen sie über uns her und morden uns und unser Glück." (ebd., 558)

Deshalb vertritt Ali Bey die Auffassung, dass der Friede nur mit Waffengewalt errungen und erhalten werden kann. „[...] kannst du dir den Frieden denken, ohne daß er mit dem Säbel errungen ist?" (ebd., 557) Dass das nicht unbegründet ist, zeigt sich wenig später, denn Kara Ben Nemsi weiß, dass der Mutessarif von Mossul einen Angriff auf die Dschesidi plant.

Ungeachtet dessen hat das Gespräch mit Ali Bey auch Halef gezeigt, dass seine Vorbehalte den ‚Teufelsanbetern‘ gegenüber unbegründet waren.

> „Und dies soll ein Merd-esch-Scheïtan, ein Teufelsanbeter sein?" fragte Halef. „Einen Dschesiden habe ich mir vorge-

stellt mit dem Rachen eines Wolfes, mit den Augen eines Tigers und mit den Krallen eines Vampyr!"

„Glaubst du nun immer noch, daß dich die Dschesidi um den Himmel bringen werden?" fragte ich ihn lächelnd.

„Warte es noch ab, Sihdi! Ich habe gehört, daß der Teufel oft eine sehr schöne Gestalt annehme, um den Gläubigen desto sicherer zu betrügen." (ebd., 562f.)

Auch hier erweist sich Kara Ben Nemsi als Vorbild (vgl. Koch 2003, 179-188; ders. 2013, 307-317). Unvoreingenommen begegnet er dem Anführer der Dschesidi. Nicht allein seine Toleranz in Bezug auf die als ‚Teufelsanbeter' verschrieenen Christen, sondern auch deren Unterstützung im Kampf gegen die Unterdrücker zeichnen ihn als Friedensboten aus.

Die Milde, die Kara Ben Nemsi seinen Feinden gegenüber zeigt, stößt wiederholt auf das Unverständnis seiner Reisegefährten. In *Von Bagdad nach Stambul* kommt es deshalb zu einer folgenschweren Auseinandersetzung. Kara Ben Nemsi überlässt es seinen Begleitern, zu beraten, was mit dem gefangenen Bebbeh-Kurden Gasahl Gaboyas geschehen soll. Er erläutert Sir David Lindsay, dass er als Christ kein Recht dazu habe, den Gefangenen zu bestrafen. Vielmehr müsste er – zumal als Bürger eines fremden Staates – den Rechtsweg einhalten: „Wir beschweren uns bei unsern Konsulaten; von da geht die Beschwerde nach Konstantinopel, und dann erhält der Pascha von Sulimania den Befehl, den Uebelthäter zu bestrafen – wenn er ihn nicht belohnen soll" (May *Von Bagdad nach Stambul* 1892, 113). Schließlich kann Kara Ben Nemsi Lord Lindsay davon überzeugen, den Kurden laufen zu lassen. Die Verhandlung der Begleiter kommt zu einem anderen Urteil. Mohammed Emin vertritt die Meinung, den Gefangenen zu erschießen, weil er den Namen des Propheten geschändet hat! Kara Ben Nemsi widerspricht: „Das leide ich auf keinen Fall. [...] Seid ihr die Richter darüber? Er mag dies mit dem Imam, mit dem Propheten oder mit seinem Gewissen abmachen!"

(ebd., 114) Doch auch als das Todesurteil in eine entehrende Strafe durch Schläge abgewandelt werden soll, weigert sich Kara Ben Nemsi, diese Entscheidung zu akzeptieren. Amad el Ghandur verweist auf das im Land geltende Recht: „Hier gelten die Gesetze des Kuran, und ein Christ soll uns nicht hindern, sie auszuüben" (ebd., 142). Mohammed Emin zielt gar auf den Unterschied zwischen Christen und Moslems: „Emir, du bist ein Christ, und die Christen sind entweder Verräter oder Weiber!" (ebd., 116) Diese Beschuldigung kann Kara Ben Nemsi nicht hinnehmen:

> „Ich könnte jetzt recht gut den Islam beleidigen; ich könnte sagen: die Moslemin sind undankbar, denn was ein Christ für sie thut, das vergessen sie. Aber ich sage es nicht, denn ich weiß, wenn einer sich einmal von seinem Fleische hinreißen läßt, so giebt es doch viele, die sich beherrschen können!" (ebd.)

Schlussendlich werden dem Bebbeh-Kurden die Fesseln zerschnitten, er ist frei:

> „Ich habe jedes Wort verstanden, denn ich spreche das Arabische ebenso gut wie das Kurdische. Und nun weiß ich auch aus deinen Worten, daß ihr [...] Freunde der Bebbeh gewesen seid. Emir, du bist ein Christ; ich habe die Christen gehaßt: heute lerne ich sie besser kennen. Willst du mein Freund und Bruder sein?" (ebd., 117)

Als wenig später erneut die Frage zur Debatte steht, ob ein Gefangener – diesmal ist es der Scheik der Bebbeh – getötet oder freigelassen werden soll, lehnt sich Mohammed Emin offen gegen Kara Ben Nemsi auf: „Bist du etwa unser Gebieter, daß du dir jetzt angewöhnt hast, ganz aus eigener Macht zu handeln?" (ebd., 139) Kara rechtfertigt sein Handeln. Da er aber weiß, dass er nicht unfehlbar ist und den Bruch mit den Freunden nicht heraufbeschwören will, überlässt er Mohammed Emin die Führung der Reisegesellschaft.

„Ich bin nicht Allah, sondern ich bin ein Mensch, der sich irren kann. Ihr habt mir bisher die Leitung freiwillig überlassen, weil ihr Vertrauen zu mir hattet; da ich nun aber sehe, daß dieses Vertrauen verschwunden ist, so trete ich ebenso freiwillig zurück. Mohammed Emin, du bist der älteste von uns; es sei dir gern die Ehre gegönnt, unser Anführer zu sein." (ebd., 140)

Als Mohammed Emin, um seinen Fehler wieder gutzumachen, den gefangenen Kurden zu früh freilässt, begeht er eine Unvorsichtigkeit, die ihn die Legitimität seiner Führungsrolle kostet. Erneut hat sich die Überlegenheit Kara Ben Nemsis bewahrheitet.

Der Ustad

Ein Spiegelbild des Autors ist die Figur des Ustad (Meister) in *Im Reiche des silbernen Löwen III/IV* (May *Mein Leben und Streben* 1910, 210). Für den Stamm der Dschamikun ist er ein „Bote des Himmels" (May *Im Reiche des silbernen Löwen III* 1902, 129). Als ihr geistiger Führer ist er beispielgebend für ein Leben nach den Grundsätzen der Toleranz und Humanität. Durch seine Lehren haben sich die Dschamikun vom Islam ab hin zur christlichen Nächstenliebe gewandt, ohne im eigentlichen Sinne Christen geworden zu sein (ebd., 192). Der Pedehr, ihr Scheik, resümiert: „Daß ich meinen Stamm durch Kampf und Leid zum Frieden führte, habe ich ihm [dem Ustad] zu verdanken" (ebd., 324). Der Ustad gelangt zu der Einsicht, dass, solange „die Menschheit nicht Frieden hält, [...] auch der Friedliche nicht auf die Wehr verzichten" darf (ebd., 186). Ein wesentlicher Grund für Konflikte sei das fehlende Wissen und Verständnis einer fremden Kultur gegenüber. Weil das Abendland nur die Schattenseiten des Orients kenne, werde der geistige, kulturelle und religiöse Austausch erschwert.

„Wenn es [das Abendland] von uns redet, so spricht es nur von unsern Tiefen, nicht von unsern Höhen! Von unserm Alter, nicht von unserer Jugend! Von unserer Vergangenheit, nicht von unserer Zukunft! Von unserem Tode, nicht von unserm Leben! Von unserer Ohnmacht, nicht von unserer Stärke! Von unserm Verfall, doch nicht von unsern Hoffnungen!" (ebd., 286)

Für Ahriman Mirza, den Fürst der Schatten, ist der christliche Glaube im Verhältnis zur Realität der bestehenden Machtverhältnisse nichts als ein „leere[r] Schein" (ebd., 593f.). Er kritisiert und verhöhnt den Ustad. Auf seine Forderung eines Gottesbeweises entgegnet der Ustad, dass einst die Zeit kommen werde, „in der alle irdische Kreatur erkennen muß, daß Isa Ben Marryam [Jesus] im Geist und in der Wahrheit ihr Erlöser ist! Er ging voran. Wir haben ihm zu folgen. Ihm war die Nächstenliebe gleich der Gottesliebe" (ebd., 592f.).

Thema des *Silberlöwen* ist die göttliche Gnade und die Selbstfindung des Menschen. Der Ich-Erzähler plädiert für den „unverfälschten Gottesglauben" (May *Im Reiche des silbernen Löwen IV* 1903, 143). Der Mensch soll in Einheit mit sich und Gott leben. Ziel eines jeden Einzelnen ist das Erlangen intellektueller Selbständigkeit, geistiger Freiheit und voller Selbstbestimmung (ebd., 40). Vernunftgeleitetes Denken und Handeln ist die Voraussetzung für die erstrebte geistige, kulturelle und religiöse Toleranz. Gott, Allah und Chodeh sind aus der Sicht des Ustad identisch; nicht der Name ist entscheidend, sondern der Glaube an den einen, allmächtigen Gott (May *Im Reiche des silbernen Löwen III* 1902, 289f.).

Ahriman Mirza, der die Dschamikun zu vernichten trachtet, wird vom Ustad besiegt. Der Ustad erscheint ihm als sein Chodem, ein von Gott geschaffener höherer Geist, der die Gestalt des jeweiligen Menschen annehmen kann (ebd., 537f.). Der Fürst der Schatten verfällt daraufhin dem Wahnsinn. Der Sieg des Lichts über die Schatten ist zugleich der Sieg der vom Ustad verkörperten reinen, unverfälschten Gottes- und Nächstenliebe, des Toleranz- und Humanitätsideals.

Marah Durimeh

Eine der bedeutendsten Figuren des Spätwerkes tritt erstmals in dem 1892 erschienenen zweiten Band des Orientzyklus *Durchs wilde Kurdistan* in Erscheinung: Marah Durimeh. Sie, die mehr als hundertjährige Kurdenfürstin, konvertierte früh zum Christentum. Getarnt als Ruh 'i kulyan (Geist der Höhle) hilft sie den Armen und Unterdrückten. Der Ich-Erzähler, der durch die Begegnung mit ihr einen tiefen und nachhaltigen Einfluss auf sein Seelenleben erhalten haben will, spricht von ihrer „wohlthätige[n] Menschenliebe" und „segenspendende[n] Barmherzigkeit" (May *Im Reiche des silbernen Löwen II* 1898, 543). Sie versteht sich als Beschützerin der Christen und stiftet Frieden und Versöhnung zwischen den rivalisierenden Türken, Kurden und Chaldani.

> „[...] in meinem Herzen lebte der Gott, den sie verworfen hatten. Mein Leben starb, aber dieser Gott starb nicht mit. Er berief mich, seine Dienerin zu sein. Und nun wandere ich von Ort zu Ort, mit dem Stab des Glaubens in der Hand, um zu reden und zu predigen von dem Allmächtigen und Allgütigen, nicht mit Worten [...], sondern mit Thaten, die segnend auf jene fallen, die der Barmherzigkeit des Vaters bedürftig sind." (May *Durchs wilde Kurdistan* 1892, 631f.)

In Kara Ben Nemsi hat sie einen Seelenverwandten gefunden, der bestrebt ist, durch seine Taten ‚das Evangelium der Liebe', den christlichen Glauben zu verkündigen: „[...] ich muß immer wieder hinaus, um zu lehren und zu pre-

digen, nicht durch das Wort, sondern dadurch, daß ich
[...] nützlich bin" (ebd., 635).

Mit Blick auf die Biografie des Autors kann die Figur
der Marah Durimeh als eine Mutter-Imago gesehen werden, ein Idealbild, in dem Karl May seine Großmutter
zu einer Heiligen verklärte und sein Mutter-Trauma, die
Erfahrung unzureichender mütterlicher Liebe, überwand.
Bezeichnenderweise spricht Kara Ben Nemsi die greise
Kurdenfürstin mit den Worten „meine gute Mutter" an
(ebd., 630), im Gegenzug behandelt sie ihn wie einen Sohn.
Die Marah-Durimeh-Figur symbolisiert im Spätwerk dann
die ‚Menschheitsseele', eine Bezeichnung, die erstmals in
Und Friede auf Erden! zu lesen ist (May *Und Friede auf Erden!* 1904, 552; vgl. Maier 2012, 238-251). Ausgefüllt wird
der Begriff der ‚Menschheitsseele' bereits in der Reiseerzählung *Im Reiche des silbernen Löwen II*. Marah Durimeh wird zu einer das Schicksal aller Menschen bestim-
menden Heiligen, sie ist die Verkörperung der göttlichen
Liebe:

> Sie [Marah Durimeh] war eine in menschlicher Gestalt
> wirkende Hand Gottes, welche sich in überquellender, er-
> barmender Liebe ausstreckt, die Irrenden zurechtzuweisen
> und die Abgefallenen zurückzuführen zum Heile, welches
> allen Menschen und nicht etwa nur wenigen Auserwählten
> beschieden ist. Indem sie nicht mehr der Erde angehörte,
> gehörte sie in ihrer reichen Liebe der ganzen Menschheit
> an! (May *Im Reiche des silbernen Löwen II* 1898, 546)

Das ‚Christentum der Tat', wie sich Kara Ben Nemsis
Wirken charakteristisch beschreiben lässt, muss – im über-
tragenen Sinn – Aufgabe und Ziel zukünftiger europäischer
Politik werden. In *Ardistan und Dschinnistan I* entwirft
Marah Durimeh die Vision einer zukünftigen Welt des
Friedens. Europa könne nur bestehen, wenn es einig für
eine Politik des Friedens eintritt, das Potential Amerikas,
Asiens und des Orients erkennt und mit der islamischen

Welt, die zu einer Gefahr für das Abendland werden kann, zu kooperieren sucht.

„Der gegenwärtige Yankee wird verschwinden, damit sich an seiner Stelle ein neuer Mensch bilde, dessen Seele germanisch-indianisch ist. Diese neue amerikanische Rasse wird eine geistig und körperlich hochbegabte sein und ihren Einfluß nicht auf die westliche Erdhälfte allein beschränken. Sie wird sich aller geistigen Triebkräfte des Abendlandes bemächtigen, und wehe dem alten Europa, wenn es dem nichts Anderes entgegenzusetzen hat, als nur die alten Vorurteile, die alte Selbstüberhebung, die alten Kultursünden. [...] Der Riese Islam, dessen mächtige Gestalt auf europäischer, asiatischer und afrikanischer Erde ruht, fürchtet sich nicht vor der scheinbaren Uebermacht des Abendlandes. Das Kismet, an welches er glaubt, ist unwiderstehlich im Angriff und von unendlicher Ausdauer. Es wiegt die Uebermacht der europäischen Waffen auf. Gebt dem Morgenlande gute Führer, so wird es siegen. Und siegt es nicht, so wird sein Untergang zugleich der eure sein. Die gelbe Rasse wird sich dann mit der germanisch-indianischen in die Herrschaft über die Erde teilen. Und warum? Weil das Abendland nicht groß, gerecht und edel genug war, seine angeblichen ‚Interessensphären‘ einer humanen Nachprüfung zu unterwerfen und sich mit dem Morgenlande auszusöhnen! [...] Die Wege, welche vom Abendlande zum Morgenlande führen, sollen nicht mehr Wege des Krieges, sondern Pfade des Friedens sein! [...] Und wenn die große, schwere Stunde kommt, in der im fernen Westen wie im fernen Osten die Schicksalsfrage: ob Krieg oder Friede, klingt, dann werden beide, der Orient und das Abendland, als unüberwindliche, weltgebietende Freunde beieinander stehen." (May *Ardistan und Dschinnistan I* 1909, 19, 21f.)

Der Friedensprozess ist lang und schwierig; die Mission, die Marah Durimeh, die Menschheitsseele, dem Ich, der Menschheitsfrage, auferlegt, ist es nicht minder. Allein, nur in Begleitung seines Dieners Hadschi Halef Omar, der

Anima, soll er in das Land des feindlichen Tyrannen Mir von Ardistan, dem Inbegriff des Gewaltmenschen, reisen, um diesen durch sein ‚Christentum der Tat' zur inneren Umkehr zu bewegen und damit die Grundlage für den ewigen Frieden und den Aufstieg des Edelmenschentums zu schaffen. Am Ende – Kara Ben Nemsi hat seine Mission erfüllt – kann Marah Durimeh verkünden:

„Die Erde sehnt sich nach Ruhe, die Menschheit nach Frieden, und die Geschichte will nicht mehr Taten der Gewalt und des Hasses, sondern Taten der Liebe verzeichnen. [...] Sie schmiedet neue, goldene und diamantene Reifen, um von nun an nur noch Helden der Wissenschaft und der Kunst, des wahren Glaubens und der edlen Menschlichkeit, der ehrlichen Arbeit und des begeisterten Bürgersinnes zu krönen. Die Gewalt herrsche nur noch heut, länger aber nicht. [...] die Seelen der Menschen [...] sollen [...] aufatmen und jubeln, wie hoch über uns das Wort Gottes in der Bibel jubelt: Der gestrige Tag ist vergangen; es ist Alles neu geworden!" (ebd., 633)

Der Friede, der von Dschinnistan ausgeht, wird sich in alle Länder verbreiten: „Es gibt nur einen einzigen Sieg, der wirklich Sieg bedeutet; das ist der Sieg der Liebe" (ebd., 646).

Dschinnistan, das Reich der Edelmenschen, erreichen die Helden Karl Mays nicht mehr. Aber ihr Ziel, dem sie zustreben, ist vorgezeichnet. Es soll zugleich unser aller Ziel sein, durch Glaube und Liebe im Kleinen wie im Großen Frieden und Versöhnung zu stiften und in Einheit mit Gott und der Schöpfung zu leben.

Sieben Engel für den Frieden
Die philosophisch-theologische Parallelwelt in
Karl Mays Und Friede auf Erden!

von Christoph F. Lorenz

In *Am Jenseits* (1899), einem Roman des Übergangs vom
Abenteuergenre zum symbolistischen Spätwerk, erinnert
sich Kara Ben Nemsi in der Wüste an seinen Blutsbruder
Winnetou, der seinen eigenen Tod voraussahnte, aber in der
Gefahr auch den Schutz durch jenseitige Mächte spüren
konnte.

> Winnetou, der nüchternste, der hell- und scharfden-
> kendste aller roten Männer, war gewiß kein Phantast, aber
> zuweilen, wenn wir miteinander im nächtlichen Dunkel la-
> gen, rings von Gefahr umgeben, da geschah es, daß er die
> Hand hob, um grüßend rundum zu winken, und als ich
> ihn einst fragte, warum er das thue, antwortete er: „Mein
> weißer Bruder frage nicht. Wir sind beschützt, das mag dir
> genügen!" (May *Am Jenseits* 1899, 340)

Da Winnetou kein Phantast war, wird er zum Garanten
dafür, dass es möglich ist, mit jenseitigen Wesen in Berührung zu kommen, von ihnen Botschaften und Sicherheit
zu empfangen. Für Winnetou waren sie, wie sich Kara Ben
Nemsi erinnert, von Manitou gesandte *Krieger*, die aber
auch *Engel* oder besser noch *Schutzengel* genannt werden
könnten.

> „Ja, der große, gute Manitou verlangt, daß man mit ihm
> rede, denn jedes Kind soll doch mit seinem Vater sprechen.
> Wenn man in Gefahr ist und ihn um Hilfe bittet, so sendet
> er seine Krieger herab, die für uns kämpfen. Mein weißer
> Bruder nennt diese Freunde Engel; ich sage Krieger, denn
> das Leben ist ja stets nur Kampf. Du hast auch zuwei-
> len nicht Engel, sondern Schutzengel gesagt und nur von

413

einem gesprochen; ich aber weiß, daß mehrere bei mir sind, so oft ihr Beistand nötig ist." (ebd.)

In *Am Jenseits* wird diese Vorstellung von Engeln, die Menschen begleiten und sie schützen, ganz plastisch. Die zentrale Figur, den greisen und blinden Münedschi, begleitet ein für andere Menschen unsichtbarer Engel, der ihn wie ein sichtbarer Mensch an der Hand hält und es ihm sogar erlaubt, eine steile Felswand emporzusteigen: „Dabei brauchte er zum Balancieren nur die eine Hand; die andere hielt er unausgesetzt so, als ob jemand, den wir nicht sahen, neben ihm hergehe, und ihn an dieser Hand gefaßt halte, um ihn zu führen" (ebd., 299f.). Der Engel führt jedoch nicht nur, sondern spricht auch deutlich und vernehmlich. Der Münedschi redet mit zwei Stimmen, seiner eigenen und der des Engels, sodass seine Zuhörer, die Botschaften und Lehren, die er aus der jenseitigen Welt empfängt, hören können.

Das hat Anklänge an spiritualistische Vorstellungen und spiritistische Praktiken, die auch im Leben Karl Mays und seiner ersten Frau Emma eine wichtige Rolle spielten (s. Steinmetz 2009). Überhaupt war May der Ansicht, man könne mit geistigen Wesenheiten, auch mit den Seelen der Verstorbenen, auf Erden Kontakt halten. Und in nachgelassenen Gedichten gibt es Hinweise darauf, dass sich Karl May selbst als eine Art ‚Schreibmedium' betrachtete. In den Notizen zu dem Gedicht *Ehrenpreis*, das im Archiv der Verlegerfamilie Schmid in mehreren Fassungen erhalten ist, schreibt May etwa an seine Frau Emma, dieses Gedicht sei ihm so ähnlich von einer „Stimme" diktiert worden und er habe sofort die Niederschrift beginnen müssen (Näheres dazu wird sich Band 90 der *Gesammelten Werke* finden).

Die Thematik *Engel* wird von Karl May in seinen Werken immer wieder angesprochen, die christliche Schutzengelvorstellung zum Beispiel auch in *Old Surehand III* 1896) mehrfach variiert. Deutlich ist aber auch die Skepsis gegenüber allzu konkreten Vorstellungen von der Begegnung mit dem Jenseitigen und dem Kontakt zu Engeln. In *Am Jenseits* lässt May Kara Ben Nemsi eine vorsichtige Haltung gegenüber dem Münedschi einnehmen:

> Er wurde el Münedschi genannt, der Wahrsager. Dieses türkische Wort bedeutet auch Sterndeuter. Wahrsager, Stern- und Zeichendeuter, diese Worte haben selbst für jemanden, der sonst nicht nach biblischen Verboten fragt, einen warnenden Beigeschmack. (May *Am Jenseits* 1899, 98f.)

Die Bedeutung von Engeln für Karl May liegt nicht im Wahrsagen und Zeichendeuten, sondern im Schutz, den sie einem Menschen geben können, der sich Gott und dem Guten zuwendet, und in ihrer Rolle als Boten und Verkündiger des Friedens. In dieser Rolle treten Engel besonders in Mays Roman *Und Friede auf Erden!* (1904) auf, um den es mir im Folgenden gehen wird.

Der Roman Und Friede auf Erden!

Zu den Romanen des Übergangs, mit denen Karl May die Wende zum späten Werk vollzog, gehört neben *Am Jenseits* und dem Zyklus *Im Reiche des silbernen Löwen* (1898–1903), dessen erste beide Bände noch ganz zu den ‚alten‘ Reiseerzählungen zu zählen sind, auch der Roman *Et in terra pax,* den May erst für das Joseph-Kürschner-Sammelwerk *China* (1901) schrieb, dann aber ohne befriedigenden Schluss abbrach, weil er mit Tendenz und Stil der Kürschner-Publikation nicht einverstanden war, aber in Kürschners *Literaturkalender,* in dem Karl May seit 1890 u. a. (durchaus zu Unrecht) als Kenner und Freund der chinesischen Sprache und Literatur verzeichnet wurde, natürlich weiterhin lobend genannt werden wollte. So schloss May also in dem Sammelband die *Friede*-Erzählung provisorisch ab, um in der Buchausgabe bei Fehsenfeld (1904) ein ganz neues, fünftes Schlusskapitel (*Der Shen-Ta-Shi*) dem alten Text anzufügen, aus dem seine eigentlichen, pazifistischen Intentionen deutlich werden sollten.

Mays Erzählung beginnt in Kairo, wo der Ich-Erzähler auf seinen späteren Reisegefährten, den Eselsjungen Sejjid Omar, trifft. Ein amerikanischer Missionar namens Waller versucht, sowohl den Moslem Omar als auch zwei gebildete Chinesen, Vater und Sohn, Fu und Tsi, zum Christentum zu bekehren und wird von fanatischen Mekkapilgern gefangen genommen. Die Befreiung glückt dem Ich-Erzähler mit Hilfe der Geschicklichkeit und des Mutes von Sejjid Omar. Über Indien und Ceylon reisen die Protagonisten nach Sumatra weiter, wo sie nicht nur Waller und seiner Tochter immer wieder begegnen, sondern auch einem alten Weggefährten des Erzählers, dem reichen Engländer Sir John Raffley und seinem Onkel, einem ehemaligen Generalgouverneur (Governor) von Indien. In China will Raffley seine chinesische Frau Yin (Güte) treffen. Vorher wird der Missionar Waller durch konfuzianische Malaien in den Bergen Sumatras gefangen gehalten, weil er den „Heidentempel" niedergebrannt hat, den diese in der Wildnis errichtet haben. Ein weiser malaiischer Priester erweist sich als „Christ" im Geiste und Anhänger der „Shen", des weltumspannenden Geheimbundes der Humanität und Bruderliebe. Der an Dysenterie erkrankte Waller wird von einem chinesischen Arzt geheilt und langsam dem „Erlösungswerk" entgegengeführt, der Befreiung von seinem religiösen Wahn. Im auf dem chinesischen Festland gelegenen Ki-tsching, einem utopischen und surrealen Ort, finden die Ereignisse im letzten, neugeschriebenen Kapitel ihren Höhepunkt und Abschluss. Dilke, der Neffe Wallers, will gegen die Shen kämpfen, erbt aber in einer Art Seelenwanderung (Metempsychosis) die missionarische

Eifer-‚Sucht' des Missionars Waller und stürzt symbolisch in die Tiefe – hier der Schacht eines Elektrizitätswerks. Der abschließende „höchste Feiertag" der Shen, der Shen-Ta-Shi, markiert den Höhepunkt und den Abschluss der Handlung. Gleichzeitig ist es der Tag des Friedens, der Weihnachtstag und der Beginn des „Boxerkrieges", denn die Nachricht „es gibt – – – Krieg!" (May *Und Friede auf Erden!* 1904, 658) steht am Schlusspunkt der Erzählung, ebenso wie die endgültige Heilung des Missionars und die Hochzeit seiner Tochter Mary mit dem jungen chinesischen Arzt Tsi.

In der Sekundärliteratur hat *Und Friede auf Erden!* eine sehr unterschiedliche Rezeption gefunden. Martin Schenkel etwa analysierte in mehreren Arbeiten (besonders Schenkel 1987) akribisch alle wichtigen Aspekte des Textes. Andere Exegeten wie besonders Werner Kittstein (2001) beanstandeten eine gewisse Verhaftung Mays in den Denkmustern seiner Zeit, sahen gar kolonialistische und „eurozentrische" Züge in Mays Roman. Tatsache ist, dass *Und Friede auf Erden!* eine typische Übergangserscheinung im Oeuvre darstellt, die einerseits den ‚alten' Motiven und Stilmustern der ‚klassischen' Reiseerzählungen verhaftet ist, andererseits in ihrer geistesgeschichtlichen Zielrichtung und der klaren Ablehnung imperialistischer Kriegsgebärden neue Wege geht, die May eine teils harsche Kritik seiner Zeitgenossen eintrug.

So beanstandete der Herausgeber und Publizist Paul Schumann in einer Rezension die in seinen Augen verfehlte pazifistische Grundtendenz des Buches, ein „Fräulein Marie Silling", offenbar von anderen May-Gegnern beeinflusst, tadelte in einer langen, aber naiven Kritik die scheinbare Anspruchslosigkeit des Mayschen Stils, und Paul Rentschka, katholischer Dogmatiker und Kaplan der katholischen Kathedrale (Hofkirche) zu Dresden, fand Mays überkonfessionelles Christentum und seine Auseinandersetzung mit außerchristlichen Religionen höchst abwegig.

Werner Kittstein (2001) beanstandet die Tatsache, dass Mays Professor Garden, dessen große Rede in *Und Frieden auf Erden!* zehn Seiten einnimmt (May *Und Friede auf Erden!* 1904, 135-144), angeblich nur geringes „Interesse an den ‚materiellen‘, das heißt ökonomischen und sozialen Problemen der Menschen in Asien" zeige (Kittstein 2001, 243), sodass Gardens Interessen wie die Mays ausschließlich „weltanschaulicher" Natur seien. Unter anderem lehrt Garden: „Jedes Volk hat nicht nur das Recht, sondern auch die volle Kraft, sich auszuleben. Und jedes Volk hat die heilige Pflicht, andere Völker sich ausleben zu lassen" (ebd., 137).

Das mangelnde Interesse Gardens (und Mays) an sozialen und ökonomischen Fragen Asiens hat aber wohl weniger mit einer vermeintlich imperialistischen Tendenz bei May zu tun, als schlichtweg mit der Unkenntnis des Verfassers, der seine in der Radebeuler Bibliothek vorhandene Literatur nur wenig genutzt zu haben scheint (Schenkel/Sudhoff 2001, 250). Vor allem darf auch nicht übersehen werden, dass Garden, der Professor aus Amerika, eine halb allegorische Figur ist (nicht nur Sprachrohr Mayscher Ansichten). *Paradies* bedeutet *Garten*, das verlorene Paradies ist ein Paradigma im späten Werk Mays, der im Morgenland zu suchende Ursprung des Paradieses wird im *Friede*-Roman mehrfach erwähnt, und *garden* ist eben das englische Wort für *Garten*.

Es wäre nicht falsch anzunehmen, dass der weitgereiste amerikanische Professor (und eigentliche Mentor-Lehrer der „liebenden" Mary Waller) im Metaphernsystem des Romans nichts anderes verkörpert als die Sehnsucht des glaubenden Menschen nach dem verlorenen Paradies: Dieses aber ist laut May nicht in Krieg und Auseinandersetzung (und zivilisatorischer Attitüde eines Kaiser Wilhelms II. und seiner gleichgesinnten Kreuzritter) zu suchen, sondern im *Frieden*. So bekannte sich May frei zur Maxime Bertha von Suttners: „Die Waffen nieder!" Das „mangelnde" Interesse Gardens-Mays am Ökonomischen und Sozialen hat mit Kolonialismus und Imperialismus sehr wenig zu tun. Sonst ließe sich die vehemente Ablehnung von Mays „Humanitätsduselei" durch die Rezensenten der Fehsenfeld-Ausgabe auch kaum erklären. Paul Schumann, Marie Silling (wenn wohl auch nur eine „Strohfrau") – haben sie alle geirrt?

Besonders übel nimmt Kittstein (2001) May, dass er vom Christentum ausgeht und zum Christentum zurückkommt, was er als „abendländische" Arroganz verurteilt, aber letztlich missversteht. Tatsächlich ließ Kaiser Wilhelm II. im Nachklang zu der blutigen Niederschlagung des Boxeraufstandes im Jahre 1900/1901 Bilder verteilen, die der seinerzeit bekannte Historienmaler Hermann Knackfuß (1848–1915) zum Teil schon früher auf Anregung des Kaisers gemalt hatte. „Völker Europas wahret eure heiligsten Güter", heißt die Lithografie, die sich auch in Kürschners *China*-Band im Frontispiz findet und die May im Vorspann seiner Erzählung *Et in terra pax* sehen durfte (oder besser: musste). Der Erzengel Michael steht da, besonders edel, aber martialisch gemalt, inmitten einer wilden Kriegerschar von europäischen Heerführern und fordert zum Kampf gegen den am Horizont in Gewitterwolken aufscheinenden Buddha (die ‚gelbe Gefahr'). Hier wird genau jenes militante anti-asiatische und imperialistische Christentum gezeichnet, das May so vehement ablehnte.

Es steht außer Frage, dass für May das Christentum die höchste Religion darstellte. Das schließt die Achtung anderer Glaubenswelten und besonders der Menschen, die in anderen Religionen beheimatet sind, jedoch nicht aus. So hat zum Beispiel Hermann Wohlgschaft in sorgfältiger Analyse herausgestellt, wie May trotz begrenzter Kenntnisse von China und den Chinesen doch Prinzipien des Taoismus und Konfuzianismus im *Friede*-Roman verarbeitet hat (Wohlgschaft 2007). Und wenn es in *Und Friede auf Erden!* heißt: „Ich bin ja Christ" (May *Und Friede auf Erden!* 1904,

China. Schilderungen aus Leben und Geschichte, Krieg
und Sieg. Ein Denkmal den Streitern und der Weltpolitik.
*Herausgegeben von Joseph Kürschner. Leipzig: Verlag von
Hermann Zieger 1901. Frontispiz mit der Lithografie
von Hermann Knackfuß*

„Völker Europas, wahret eure heiligsten Güter"
Lithografie von Hermann Knackfuß

32), und das aus dem Munde des Fu, des (scheinbaren) Konfuzianers, dann ist eben nicht das eifernde missionarische Christentum eines Waller oder Wilhelm II. gemeint, sondern die eigentliche Summe des christlichen Glaubens, die Bruderliebe und das Vertrauen in Gott (ebd., 33).

Engel als Boten in Und Friede auf Erden!

Die neuere May-Forschung hat einen Zusammenhang feststellen können zwischen den Engel-Vorstellungen bei Karl May und Zeiterscheinungen gegen Ende des 19. Jahrhunderts. So kam es zum Beispiel 1891 zur Gründung des katholischen „Schutzengelvereins" (Gammler 2011, 286). Aber der Gedanke, dass jeder Mensch einen besonderen Schutzengel hat, der sozusagen das Bindeglied zwischen irdischer Existenz und geistiger Welt bildet, ist nicht allein im 19. Jahrhundert zeitlich festzumachen, sondern geht zurück auf urchristliche, jüdische und orientalische Überlieferungen. Der bekannte Benediktinerpater Anselm Grün schrieb dazu:

„Im Matthäusevangelium sagt Jesus zu seinen Jüngern: ‚Ich sage euch nämlich: Ihre Engel sehen in den Himmeln jederzeit das Antlitz meines Vaters in den Himmeln' (Mt. 8,10). [...] Diese Bibelstelle hat in der Kirche zur Lehre von einem persönlichen Schutzengel geführt. Die Vorstellung von Schutzengeln gibt es in vielen Religionen. Jesus übernimmt hier die jüdische Vorstellung, aber er führt sie auch weiter. Denn im rabbinischen Judentum sind die ‚Schutzengel' auf der Erde und können Gottes Antlitz nicht schauen. Jesus will nun sagen, dass jeder Mensch einen Schutzengel hat, der zugleich Gott schaut" (Grün 2003, 21).

Grün selbst hat in seinem Buch *50 Engel für das Jahr* (1997) das Verständnis von Engeln noch erweitert. Sie sind für ihn nicht nur Beschützer, sondern vor allem Begleiter des menschlichen Lebens in unterschiedlichen Phasen und Dimensionen. Grün zählt dazu den Engel der Liebe, den Engel der Gemeinschaft, den Engel des Risikos, den Engel der Geduld, den Engel des Abschieds oder auch den Engel der Stille usw. Die Begegnung mit diesen Engeln soll Menschen helfen, das Richtige im Leben zu tun und sich selbst neu zu erfahren. Sie haben in einem weiteren Sinn die Bedeutung von Boten für das Leben, entsprechend der Herkunft des Wortes *Engel* von griechisch *angeloi* („Boten'), in der die Mittlerschaft zwischen Himmel und Erde bereits sinnfällig zum Ausdruck kommt.

Das Motiv der himmlischen Botschaft durchzieht in mancherlei Variation auch die Handlung des *Friede*-Romans, wenn etwa Mays Gedicht *Tragt euer Evangelium hinaus* mit seiner wachsenden Strophenzahl auf geradezu übernatürliche Weise den freiwilligen oder unfreiwilligen Adressaten zugeweht oder zugetragen wird. Typisch für diese Einschätzung des Mayschen Gedichts ist der Satz Sir John Raffleys: „Dieser Dichter scheint entweder allwissend und allgegenwärtig, vielleicht auch unsichtbar [...] zu sein" (May *Und Friede auf Erden!* 1904, 392). Die erste Strophe des *Evangeliums*-Gedichts sei hier wiedergegeben:

> Tragt Euer Evangelium hinaus,
> Doch ohne Kampf sei es der Welt beschieden,
> Und seht Ihr irgendwo ein Gotteshaus,
> So stehe es für Euch im Völkerfrieden.
> Gebt, was Ihr bringt, doch bringt nur Liebe mit,
> Das andre Alles sei daheim geblieben.
> Grad weil sie einst für Euch den Tod erlitt,
> Will sie durch Euch nun ewig weiter lieben.
> (ebd., 133).

Das Motto dazu hat May dem 104. Psalm (nach Vulgata-Zählung) entnommen, wo es heißt: „Du machst die Winde zu deinen Boten / und zu Dienern lodernde Flammen"

(Psalm 104, 4).[1] Der bibelkundige Missionar Waller weist seine Tochter im Buch selbst auf diesen Zusammenhang hin:

> „Ich denke," fuhr er fort, „an den hundertunddritten Psalm [...]; es kann auch der hundertundvierte Psalm sein; ich weiß es nicht genau. Dort steht geschrieben: ‚Er macht seine Engel zu Winden und seine Diener zu Feuerflammen.' Steht kein Name auf dem Blatte? Keine Seitenzahl? Gar nichts, woraus man schließen könnte, wem oder wohin es gehört?" (May *Und Friede auf Erden!* 1904, 59)

Engel als Boten Gottes – dies ist eines der leitmotivischen Prinzipien des *Friede*-Romans; dabei hat May seine Engelvorstellung im Roman selbst präzisiert, indem er den malaiischen Priester (einer der Boten Mayscher Ideen) sagen lässt:

> „Ich hörte hier von Engeln sprechen. So ist also der Himmel eingekehrt in diesem Raume. Denn Boten kennt der Himmel nicht; er naht sich uns stets selbst!" (ebd., 346)

So hat sich Mays Schutzengel-Vorstellung im Spätwerk erkennbar gewandelt: Nicht mehr außerirdische, höhere Wesenheiten werden zu Beschützern von Liebe und Menschlichkeit, zu den Patronen der Entrechteten und Unterdrückten, sondern die Menschen selbst dienen als Schutzengel ihrer Nächsten (vgl. dazu den „Clan Winnetou" in *Winnetou IV*). Dazu wäre auch die Maxime Dschinnistans in Mays *Märchen von Sitara* zu rechnen, wonach jeder Mensch danach trachten solle, der Engel seines Nächsten zu sein (May *Mein Leben und Streben* 1910, 3).

Sieben Engeln in *Und Friede auf Erden!* soll im Folgenden kurz nachgespürt werden: Das sind: *Der Engel der Güte*; *Der Engel der Kunst*; *Der Hafenengel*; *Der Engel mit dem Flammenschwert*; *Der Engel mit der Weltkugel*; *Der Engel der Musik*; *Der Engel des Dialogs*.

---

[1] Übersetzung von CFL nach der *Biblia Hebraica Stuttgartensia*, hrsg. von K. Elliger/W. Rudolph, Stuttgart 1976f.

Der Engel der Güte

> „Es ist Yin, die Güte! Wißt Ihr, Charley,
> was Güte ist? Nein. Niemand weiß es."
> (May *Und Friede auf Erden!* 1904, 243)

Der erste und wichtigste Engel im System des *Friede*-Romans ist der *Engel der Güte*, personifiziert in Yin, der Frau und Beschützerin Sir John Raffleys. Yin ist der „gute Geist" der Shen-Bruderschaft (die Humanität und Bruderliebe verkörpert). Sie wird vom Autor in den Roman eingeführt als aus altem chinesischen Geschlecht stammende Frau, die Europäisches und Asiatisches zwanglos miteinander verbindet.

Und wie es ganz gewiß wahr ist, daß die Seele die plastische Entwicklung des Körpers beeinflusst, so wurde es je länger desto schwerer aus den Gesichtszügen dieses Mädchens die mongolische Abstammung zu folgern. Und grad diese Durchgeistigung des einen von dem andern war es, wodurch Raffley sofort und für immer gefesselt worden war [...]. (ebd., 460f.)

Man wird bei solchen Stellen spüren, dass die Personen in Mays *Friede*-Konzeption keine fiktiven Gestalten mit großem Eigenleben sind. Gerade die Figur Yins ist als Symbol, als Bild zu verstehen. Wenn im Roman von Yin gehandelt wird, so ist stets die personifizierte „Menschheitsgüte" gemeint, nicht Frau, sondern Genius (oder Engel).

> „Ist das Portrait oder Phantasie?"
> (May *Und Friede auf Erden!* 1904, 242)

Eine der zentralen Fragen der Kunstbetrachtung und Kunstwürdigung war immer schon die, ob Kunst die Natur bloß nachahmen soll (imitatio) oder selbsttätig neue Welten erschafft. Für die Welt der Kunst steht in Mays *Friede*-Konzeption wieder die geheimnisvolle Yin, Verkörperung der Liebe, Güte und Hingabe. Im Reich der Shen, der unbeschränkten Bruderliebe, existiert auch ein Künstleratelier; dort herrschen allein der Geist und die segnende Hand der Yin: „Gibt es denn dort einen Künstler, einen Maler oder einen Bildhauer?", fragt der alte Governor den Hafenmeister von Ocama und bekommt zur Antwort: „Ja, und zwar die größte, die einzigste, die wir hier im Osten haben. [...] der Marmorkopf dort, der sie selbst darstellt. Ist ja von ihr gemeißelt! Und auch das Bild in der Kajüte ist von ihrer eigenen Hand!" (May *Und Friede auf Erden!* 1904, 525)

Die Begeisterung für seine eigenen Figuren führt dazu, dass May an dieser Stelle nach dem Muster von *die große – die größte* die *einzige* zur *einzigsten* macht. Schon viele Seiten zuvor, wenn der Ich-Erzähler den Marmorkopf Yin zu Gesicht bekommt – bezeichnenderweise nicht als Original, sondern als „Photographie" – wird die bedeutungsvolle Frage gestellt: „Portrait oder Phantasie?" (ebd., 242)

Die Antwort würde, betrachtet man den gesamten Roman, lauten müssen: beides. Schon etwa mit *Satan und Ischariot* (1897) hatte May eine Grenze in seiner Ich-Bespiegelung überschritten. Trat er in früheren Reiseerzählungen mit seinem ich-erzählenden Alter Ego als berühmter Reisender, als Chronist scheinbar selbst erlebter Abenteuer auf, so wurde er in der Sicht des Werkes immer mehr zum *Dichter*. Schon die Kolportageromane für Münchmeyer sind durchsetzt mit lyrischen Passagen, vor allem in den Kapitelanfängen, nach dem Vorbild romantischer Romankunst. Die ersten Kapitel des Kolportageromans *Waldröschen* (1882–1884) etwa beginnen mit kurzen Gedichtzeilen, meist aus Mays eigener Produktion, die so etwas wie das Motto zu den erzählten Sujets bilden. Im *Friede*-Roman ist der Erzähler auch Schöpfer gleichnishafter Gedichte, ja ‚Universalkünstler‘. Der Engel der Kunst wird nicht nur durch die Gestalt Yins repräsentiert, sondern manifestiert sich auch im Ich-Erzähler und in dem alten, weisen Malaienpriester. Das größte Kunstwerk im Roman ist aber weder das *Evangelium*-Gedicht noch der Marmorkopf der Yin, sondern das neue Raffley-Castle im Zauberreich der Shen.

Raffley-Castle im Reich der Shen ist zweierlei: Reproduktion des originalen, alt-englischen Stammsitzes der Raffleys und eine Stadt der Zukunft, sozusagen das Neue Jerusalem des Buches. Bezeichnenderweise erscheint Raffley-Castle als Abbild des alten Stammsitzes der Raffleys nun im neuen Geist; nun dient es nicht mehr als Herrscher- und Herrschaftssitz, als „Clan-Stadt", die die Ansprüche einer aristokratischen Familie (und mit ihr den „zivilatorischen" Geist des Imperialismus alter Prägung) repräsentiert, sondern als Zeichen eines neuen, brüderlichen Geistes: „das neue [Raffley-Castle, CFL] gleicht dem alten, doch Material und innere Einrichtung sind anders. Die Seele ist geblieben, aber zu dem neuen Körper kam auch ein neuer Geist" (May *Und Friede auf Erden!* 1904, 524). Die Metamorphose von Raffley-Castle wird bewirkt und begründet durch das Zeichen des Kreuzes. Dies steht nun nicht für missionarischen Hochmut, sondern für gleichmachende brüderliche Liebe. Beflügelt wird diese Metamorphose durch die Kunst und ihren Geist-Engel, die in Zukunft neu gestaltet, was in der Vergangenheit vorgeprägt war.

> „Ocama? Wahrscheinlich ein zweites Ma-
> cao, nur daß die Silben anders geordnet sind.
> Darf ich vermuten, dass dies eine sinnbild-
> liche Bedeutung hat?" „Eine symbolische und
> zugleich auch eine erklärende. Ihnen aber
> brauche ich über die Bedeutung dieses Na-
> mens ja wohl nichts mehr zu sagen"
> (May *Und Friede auf Erden!* 1904, 477).

Immer wieder gibt es in Mays *Und Friede auf Erden!*
Symbole und Bilder, die rätselhaft bleiben, die fragmentarisch und erklärungsbedürftig sind, wie dieses ganze Buch
ohnehin den Charakter des Unvollendeten, des wohl erst
in einer fernen Zukunft zu Vollendenden trägt. Zu den
interessanten „Geheimnissen" des Buches gehört der
ganze Charakter der Yin. Rainer Griese hat zum *Friede*-
Sonderband von Sudhoff/Vollmer (2001) eine Fotomon-
tage hergestellt, die eine junge Frau mit europäischen Gesichtszügen, chinesischer Kleidung und Strohhut zeigt, die
mit geschlossenen Augen auf einem Grund von Wüstensand (oder Strand) zu träumen scheint. Der Charakter von
Mays Roman ist hier gut eingefangen. Der Erzähler beginnt quasi dokumentarisch mit Momenten der Orientreise
(Kairo – Ceylon – Sumatra), verknüpft mit einer rein fiktiven, teils gleichnishaften ‚Über-Handlung'. In den Bergen Malaysias, mit der Schilderung des Fieberwahns des
Missionars Wallers und dem Auftritt des greisen Malai-
enpriesters (ein anderer Ustad wie in *Im Reiche des silbernen Löwen III und IV* mit May'schem Denken und der
weisen Autorität einer Marah Durimeh), fängt eine zweite, ganz ‚gleichnishafte' Erzählebene an, eine symbolische
Reise ins Menschheitsinnere. Martin Schenkel urteilt treffend: „Da die innere Befreiung den Kern der Erzählung
bildet, verlagert May konsequent das Geschehen von der
äußeren Ebene der Handlung, die nur noch wenig an die

Sudhoff, Dieter / Vollmer, Hartmut (Hrsg.),
Karl Mays Und Friede auf Erden!
Oldenburg: Igel-Verlag 2001,
Titelbild von Rainer Griese

alten Abenteuerromane erinnert, auf die innere; er gestaltet so den Übergang zum allegorischen Spätwerk" (Schenkel/ Sudhoff 2001, 253).

Man mag im *Friede*-Roman mit Schenkel eine „Total-allegorie" erkennen, doch ist dieser Text eher eine Mixtur, in der sich Abenteuermotive, geistesgeschichtliche und religiöse Symbole, Märchen und Metaphorik mit einer durchgehenden „Märchen- und Seelenlandschaft", wie Gudrun Keindorf (2001, 304f.) es zutreffend formulierte, verbinden. *Und Friede auf Erden!* ist kein geschlossenes System durchgehender Metaphorik; auch nicht ein Spiel auf mehreren „Leseebenen" – wie *Im Reiche des silbernen Löwen* III und IV –, sondern ein Werk des Übergangs, des schönen ‚in between'.

Ocama ist denn auch ein typisches ‚Zwischenreich', nicht bloß das vokalverschobene *Macao*. Die Landschaftsbilder werden immer unklarer und geheimnisvoller, je näher die Reise der Protagonisten dem chinesischen Territorium kommt. Hongkong streift May nur noch:

> Was wir sahen, war so spezifisch europäisch, so nüchtern und so kalt, dass Niemand Sehnsucht fühlte, an das Land zu gehen. [...] Hongkong ist eine englische Schöpfung [...]. (May *Und Friede auf Erden!* 1904, 438)

May beschreibt hier nicht das reale Hongkong, das dem Reisenden unserer Tage trotz englischer Vergangenheit ein spezifisch chinesisches Antlitz zeigt, sondern ein Bild für zivilisatorische Anmaßung, für die europäische Okkupation Asiens. Die Buch-Reise geht dann anscheinend nach Norden, Shanghai wird nur flüchtig erwähnt, der „Ritt über den schattigen ‚Bund'" (ebd., 465) ist offenbar von irgendeinem Buch inspiriert, das May wohl nur durch-blätterte, so unpräzise sind seine Schilderungen. Ocama ist dann ganz eine Traumlandschaft irgendwo im Norden Chinas, keinesfalls in geografischer Nähe zu Hongkong und Macao, der englischen und portugiesischen Kolonie.

Ocama wird präsentiert als „den Hafen beschützende Insel"
(ebd., 477). Wer in das Reich der Shen, der allgemeinen
Menschheitsverbrüderung, eintreten will, muss durch
Ocama reisen, wo der Pu-Schang, der strenge Hafenmeister
und ‚Hüter der Schwelle', unerwünschte Eindringlinge
wie das Opiumschiff Dilkes und seiner Spießgesellen ab-
fängt. Macao ist portugiesische Schöpfung, das Ocama
des Romans ist Hafen, Zuflucht und Tor in eine neue
Welt zugleich. Der Hafenmeister wird so erkennbar als
Personifizierung des Hafenengels, der Gut und Böse schei-
det und das „Tor des Friedens" bewacht.

Der Engel mit dem Flammenschwert

> Gebt mir das Buch, und bringt mir Allahs Worte /
> Die einst er sprach, als wir noch irdisch waren! /
> Holt sie herbei vom heiligsten der Orte; /
> Ich werde sie der Menschheit offenbaren.
> (May *Gabriel*, Gedichtautograf,
> Archiv der Verlegerfamilie Schmid)

Der Erzengel Gabriel gilt in nachbiblischer Überlieferung
als Hüter des Paradieses, als Engel mit dem Flammenschwert,
der nach dem Sündenfall das Tor zum Paradies streng bewacht. In orientalischer Tradition ist er auch der Engel des
Todes, der ‚Würgengel', sowie der Engel der Rache. In
Karl Mays oben zitiertem Gedicht erscheint er anders, hier
überbringt er das „Buch", womit sowohl die Heilige Schrift
als auch das „Buch des Lebens" und des Schicksals gemeint
sein kann. Eine Paradiesdarstellung spielt in Raffleys (und
seiner Yin) Zauber- und Marmorschloss eine wichtige
Rolle. Hier wird „die Darstellung des Sündenfalls, der
Vertreibung des Menschengeistes und aller seiner Untertanen aus dem Paradiese" (May *Und Friede auf Erden!* 1904,
636) in Form eines „lebensechten" Bildes, eines überlebens-

großen Gemäldes (so wie Sascha Schneiders *Das Gewissen*
die Villa Shatterhand in Radebeul prägte) beschrieben.
„Paradies" – das ist nach uralter Überlieferung der Zustand
des Friedens, der Harmonie, der Unschuld. Durch den
„Sündenfall", das heißt die Erkenntnis von Gut und Böse,
die Gewinnung des Urteilsvermögens durch den Menschen
und die Trennung von seinem göttlichen Ursprung, ist
der paradiesische Zustand aufgehoben. Zwischen Gott
und Mensch steht nun das Symbol des „Engels mit dem
Flammenschwert", Gabriel. Schöpferin des Paradiesesbildes
ist wiederum Yin, die Güte. Durch Hass und Selbstliebe
hat Satan einen Keil zwischen Mensch und Gott getrieben, der nur aufgehoben werden kann durch den Glauben,
die Suche des Menschheitsgeistes (als Bettler auftretend)
nach Gott (ebd., 586 f.). Das Paradiesbild wird im Roman
kontrastiert durch den „Ahnensaal" Sir Raffleys. Das ist
ein Totenreich, in dem blasse Fotografien die vergangene
Größe der adeligen Familien repräsentieren, bis das Licht
des Glaubens und der Liebe eindringt.

Gabriel ist auch der Todesengel. Die Auseinanderset-
zung mit dem Tod spielt eine große Rolle in Mays *Friede*-
Roman. Schon der Fieberwahn Wallers ist eine Art
Todeszustand, letztlich aber der Übergang des Menschen
Waller in eine neue Existenz (vom Eiferer zum großen
Liebenden). Darum sind in *Und Friede auf Erden!* auch
die Anknüpfungen an Mays Erzählung *Am Jenseits* wichtig.
In der Gestalt des blinden Münedschi und seines „Licht-
engels" Ben Nur zeigt May seine Auffassung vom Tod als
Durchgang zu einer neuen Existenz, von der göttlichen
Gerechtigkeit (Waage der Gerechtigkeit), von Schuld, Sühne,
Leiden und Erlösung. Der Todessturz Dilkes, des „Letzten
seiner Sippe" (ebd., 606), die „Erlösung" seines Onkels
Waller vom Dämon der Selbstgerechtigkeit und des Hasses
in *Und Friede auf Erden!* – hinter all diesen Bildern steht
die Gestalt Gabriels, des Todesengels.

Der Engel mit der Weltkugel

> He's got the whole world in his hands.
> (Gospel)

Der Band 30 der Fehsenfeld-Serie war der erste, der regulär mit einem aufgeklebten Deckelbild des Dresdener Künstlers Sascha Schneider versehen wurde (später gab es für die Bände 1-33 der Fehsenfeld-Reihe eine Alternativausstattung mit Sascha-Schneider-Bildern). Die Illustration zu *Und Friede auf Erden!* zeigt einen Engel (gestaltet als Jüngling) mit weit ausgebreiteten Flügeln, der auf die Weltkugel wohlwollend, aber ernst niederblickt. Die Themen des Romans sind in diesem Bild sinnfällig eingefangen: Die weltumspannende Brüderschaft der Liebe, die Überwindung des Herrschaftsdenkens der „weißen Rasse", aber auch die Verbundenheit der irdischen mit der geistigen Welt werden von May thematisiert. Was Friedrich Schiller über die Freude, „Tochter aus Elysium", dichtete, wird bei May in *Und Friede auf Erden!* Ereignis: das Bündnis aller Menschen da, wo guter Wille herrscht und die Bereitschaft zur Völkerverständigung. Der Engel mit dem Weltall hält die Erdkugel zwar nicht wie Gott Vater in seiner Hand, aber er inspiriert die Handlung des Buches *Und Friede auf Erden!*, die von Engeln durchwebt ist.

Der Engel der Musik

> Zur wertlosen Klasse zählen die Bedienten,
> Schauspieler, Sänger, Tänzer, Musikanten,
> Sträflinge, Leichenwäscher und Henker.
> (May *Der blau-rote Methusalem* 1892, 233)

Karl Mays Jugenderzählung *Kong–Kheou, das Ehrenwort* (später in der Buchausgabe *Der blau-rote Methusalem* genannt) versorgt die jugendlichen Leser in Form einer

Und Friede auf Erden! *Karl May's Gesammelte*
Reiseerzählungen Bd. 30. Freiburg i. Br.: Fehsenfeld 1904,
Titelbild von Sascha Schneider

bunt-abenteuerlichen, teils humoristischen Geschichte mit vielen Informationen über Leben, Religion, Sitten und Gebräuche (auch Kinderspiele) Chinas. Nicht immer sind Mays Informationen exakt, auch nicht frei von Vorurteilen, aber doch stets anregend. Karl May war ein Kind seiner Zeit, ohne Zweifel. Manche Ansichten, wie die von China als einer uralten, aber „abgelebten" Kultur, hätte man bei genauerer Kenntnis so nicht stehenlassen können. Anderes ist aber durchaus zutreffend. Zu den immer wiederkehrenden Vorurteilen Mays gehört das von der lärmenden „Disharmonie" chinesischer Musik, zweifellos aus einer seiner Quellen übernommen. „Man hörte die schmetternden und doch dumpfen Töne mehrerer Gongs, welche entsetzlich disharmonierten" (May *Der blau-rote Methusalem* 1892, 270), heißt es einmal. In *Und Friede auf Erden!* hat der Dichter dieses Thema variiert; hier wird laute und fremdartige chinesische Musik dazu eingesetzt, um die endlosen Tiraden des Leutnants Dilke verstummen zu lassen:

Sobald die kleinen, schrillen, spitztönigen Instrumente schwiegen, erhob Dilke seine Stimme wieder. Die priesterlichen Mu-Yü's gaben augenblicklich das Zeichen abermals, und der gräßliche Lärm der Sona's und Kuantsus's erscholl in einer zweiten, außerordentlich verstärkten Auflage. So ging der Kampf noch eine Weile fort. (May *Und Friede auf Erden!* 1904, 618)

In der abendländischen Kunst wurde oft eine Gruppe von Engeln dargestellt, die auf mittelalterlichen Instrumenten, meist Saitenspielen oder Harfen, musizieren. May hat das Thema der Musikengel humorvoll variiert, indem die Shen-Priester mit ihrer Musik gegen die hasserfüllten Predigten des „Civilisatoren" anlärmen, bis dieser verstummt. Der Genius der Musik (auch in fremdem Gewand) versus den Dämon des Rassenhasses. Eine originelle Eingebung.

Matthias Grünewald, Engelskonzert
(Isenheimer Altar, 1506–1515)

> Dann saßen wir wohl bis über Mitternacht
> beisammen, China, die Vereinigten Staaten
> und Deutschland, oder Asien, Amerika und
> Europa, in Eintracht und Frieden auf afrika-
> nischem Boden, von allem Guten, Schönen
> und Erhabenen sprechend, aber nicht vom
> Unterschiede der Religionen […].
> (May *Und Friede auf Erden!* 1904, 99)

Der Dialog, das Gespräch, ist das Gegenteil des Monologs,
der einseitigen Rede. Typisch für eine solche Oration, die
keine Antwort erwartet, ist die berüchtigte „Hunnenrede"
Kaiser Wilhelm II. vom 27. Juli 1900, in der der Kaiser
sein Expeditions-Corps, das nach China geschickt wurde,
um den „Boxeraufstand" niederzuschlagen, folgendermaßen zur äußersten Rücksichtslosigkeit anstachelte: „Pardon
wird nicht gegeben, Gefangene nicht gemacht. Wer Euch
in die Hände fällt, sei in Eurer Hand" (zitiert nach Röhl
2008, 111).

Der deutsch-britische Historiker John Röhl, Verfasser einer umfangreichen und detaillierten dreibändigen Biografie
des letzten deutschen Kaisers, urteilt mit Blick auf diese
Rede:

„Des Kaisers Aufruf, der durch die Verteilung seines
Bildes ‚Völker Europas, wahrt eure heiligsten Güter' mit
der Aufschrift ‚Kein Pardon' noch bekräftigt wurde, ist
nach Augenzeugenberichten von den abrückenden Truppen
mit Begeisterung aufgenommen worden. […] Er […] kann
auch als ‚Beginn einer deutschen Vernichtungsstrategie' gesehen werden […]. In seinen Denkwürdigkeiten bezeichnete Bülow die ‚Hunnenrede' als ‚vielleicht die schädlichste
Rede, die Wilhelm II. je gehalten hat'" (Röhl 2008, 111).

Kittstein (2001, 253f.) vergleicht eine Rede des Governor,
die mit „Hip, hip, hurra" endet (May *Und Friede auf Erden!*
1904, 326), mit dem Abschied des Kaisers für seinen nach

Ostasien reisenden Bruder, Prinz Heinrich. Kittstein folgert nun, beide Reden haben „vieles [...] gemeinsam" (Kittstein 2001, 254). Kittstein formuliert das als rhetorische Frage, auf die nur *eine* Antwort erwartet wird, nämlich „Ja". Dabei weist er selbst darauf hin, dass zwischen der Ansprache des Governors und der des Kaisers ein fundamentaler Unterschied besteht: Der ehemalige Governor trinkt auf die Shen, die Brüderschaft aller Menschen, der Kaiser bloß auf seinen Bruder und auf europäische Superiorität – und den „deutschen Michel". Außerdem schließt die Ansprache von „ S.M.", wie seine Untertanen ihn nannten, mit einem dreifachen „Hurrah!" wie im Wilhelminismus üblich, der Uncle aber benutzt als Engländer die englische Formel „Hip, hip, hurray", in der er statt „Hurray" „Hurra" verwendet. Man wird nicht nur mutmaßen können, dass die in vollem Wortlaut in *China* abgedruckte Rede des Kaisers, die berüchtigte „Hunnenrede" eben, und sein Bild mit dem Appell an die „Völker Europas" – der Text bei Joseph Kürschner enthält auch Passagen, die in der zeitgenössischen Presse wohlweislich meist weggelassen wurden, um „S.M." zu schonen, weil viele ausländische und inländische Journalisten auf die Parolen des Kaisers mit offener Empörung reagierten (vgl. Röhl 2008, 111) – bei May Ablehnung und Abscheu auslösten und mit zum Abbruch der *Pax*-Erzählung im Sammelwerk *China* beitrugen.

Vor allem aber ist *Und Friede auf Erden!* in der Buchfassung ein Dokument des Dialogs, auch des interreligiösen. Sicher gibt es in dem Buch Reden zuhauf, von Garden, Fang, dem „Uncle", Raffley, Fu, Sejjid Omar etc., aber letztlich wird durch Rede und Gegenrede der Geist des Dialogs gestärkt, nicht der einer Konfrontation unversöhnlicher Ansichten (vgl. dazu Werner Höbschs 2013 Kommentare zum interreligiösen Dialog bei May). So finden in *Und Friede auf Erden!* Diskurse und Diskussionen zwischen den unterschiedlichsten Partnern statt, dem chinesischen Arzt Tsi, dem namenlosen Malaienpriester, dem

Pfarrer Heartman, seinem Alter Ego und dem Ich-Erzähler: May sieht im Dialog offenbar das einzig wahre Prinzip der Völkerverständigung begründet, und gerade darin ist er kein Imperialist. In *Und Friede auf Erden!* regiert der Engel des Dialogs, nicht der des abweisenden Monologs.

Synthese nach der Kontroverse
oder
Karl Mays Parallelwelt, inspiriert vom Völkerapostel

Die Forschung zur utopisch-fantastischen Literatur des 20. Jahrhunderts (ebenso wie zu jener Gattung, die man als *Science Fiction* bezeichnet) unterscheidet besondere „Parallelwelten" von „Alternativwelten". Eine „Parallelwelt" ist eine fiktive Welt, die fantastische Züge trägt, aber gewisse Parameter unserer Realität übernommen hat, beispielsweise ein Kosmos nach einem – hypothetischen – Atomkrieg. Eine „Alternativwelt" dagegen verwendet historische Fakten und Namen, die aber in einem oder mehreren Punkten von den faktischen Entwicklungen der Menschheitsgeschichte abweichen. Philip Pullman, englischer Autor, hat in seiner Trilogie *His dark materials* (1995–2000) gleich mehrere fiktive Welten aufeinanderprallen lassen, eine Welt, in der die Orte z. B. Oxford heißen, aber nicht im *heutigen* England liegen, ein Kosmos namens Bolvangar (nordisch inspiriert), eine Eiswelt Svalbard mit kämpfenden, sprechenden und ritterlichen Eisbären, eine weitere Parallelwelt, die dem Italien der Renaissance ähnelt (mit Inquisition, adeligen Schurken u. ä.) und Parallel-Kosmen, die aufeinandertreffen in einer Mixtur von Literatur, Theologie (besonders die Geschichte von Adam und Eva und dem Sündenfall wird frei variiert) und keltischen bzw. skandinavischen Märchen (der norwegische Mythos vom „Eisbärenkönig" scheint hier bedeutungsvoll zu sein). Raymond E. Feist, amerikanischer

Autor, schuf in den Romanen *Magician* und *Silverthorn* (1984ff.) eine Parallelwelt namens *Midkemia*, in die mittels eines „Risses" (*Riftwar-Saga*) eine andere, feindliche und kriegerische Gegenwelt plötzlich eindringt. Humoristisch ist die Alternativwelt in Carl Amerys (d. i. Christian Mayer) *An den Feuern der Leyermark* (1979) gezeichnet. Hier erhält Bayern durch den „Fehler" eines fränkischen, hinterhältig-listigen Bürokraten, der meint, Preußen zu helfen, rechtzeitig vor dem preußisch-österreichischen Krieg 1866 „Schützenhilfe" durch eine Truppe amerikanischer bzw. internationaler Desperados und Haudegen, an denen John Wayne und John Houston ihre Freude gehabt hätten. Prompt gewinnen die mit den Österreichern verbündeten Bayern den Krieg von 1866, Versailles findet nicht statt, auch das Deutsche Reich nicht. Stattdessen imaginiert Amery-Mayer augenzwinkernd ein prädemokratisches, vom USA-Freiheitsgeist inspiriertes Reich namens *Leyermark*. Eine Alternativwelt eben, Freiheitstraum eines bayrischen Demokraten. Auch Karl Mays *Und Friede auf Erden!* spielt nicht etwa in Afrika (Ägypten), Ceylon oder Malaysia, nicht in einem realen China, sondern in einer Parallelwelt, die Malaysia genannt wird oder Shanghai oder Hongkong oder Ocama oder Reich der Shen. Alle Versuche, Karl Mays *Friede*-Roman in einem – wenn auch romanhaft veränderten – Asien des ausgehenden 19. Jahrhunderts zu verorten, sind von vornherein zum Scheitern verurteilt. Das gilt auch für Werner Kittsteins ideologiekritischen Ansatz, der gleich eine Schneise schlägt von Mays für ihn „fehlgeleitetem" Idealismus zum KZ Buchenwald: „Mays Roman gehört in die lange Reihe von literarischen Werken, die idealistisches Gedankengut verbreiten wollten, aber die realen Schrecken des 20. Jahrhunderts, z. B. der Naziherrschaft und Holocaust, nicht nur nicht verhindern konnten, sondern ihnen in ideologischer Hinsicht faktisch zugearbeitet [sic!] haben" (Kittstein 2001, 268). Dies ist nicht nur verkürzt, sondern schlichtweg falsch dargestellt. Genauso wenig wie von Schillers *Ode an die Freude* (oder Beethovens 9. Sinfonie) eine direkte geistige Linie zu den Untaten der Nationalsozialisten führt, so kann man von Karl Mays *Und Friede auf Erden!* einen Weg nach Auschwitz finden. „Gebt Liebe nur allein" (May *Und Friede auf Erden!* 1904, 491) – dies war wahrlich nicht das Programm Hitlers und seiner Rassisten und Antisemiten. „Mit dieser Art von Gong habe ich nichts zu tun!" (ebd., 491) Da hat May buchstäblich die Wahrheit gesagt. Es stimmt auch nicht, dass die pazifistischen Ideen des *Friede*-Ansatzes lediglich von einer kleinen „Elite" vertreten werden (Kittstein 2001, 268). Auf die Ärzte Fang und Tsi, den Pfarrer Heartman, den Governor und seinen Neffen Sir John Raffley, vielleicht auf die Wallers mag das zutreffen; für Omar, den Eselsjungen gilt es nicht. Er ist auch keine Karikatur wie Hadschi Halef, kein fanatischer Muslim, der voller Bekehrungseifer steckt, sondern ein Brückenbauer, der viele fremde Sprachen (wenn auch nach einem System) lernt und stets um Dialog und Frieden kämpft, eine der positivsten Gestalten des Buches, eine deutliche Absage an Mays frühere Islam-Konzeption. Schließlich gehört auch der Autor, eben nicht „Dr. Karl May", sondern ein „armer, verwirrter Proletarier" (Ernst Bloch) keineswegs zur geistigen Elite (Höherentwicklung aber nicht ausgeschlossen).

Am Ende aller Kontroversen, die im Buch *Und Friede auf Erden!* ausgetragen werden (und die zahlreichen inneren Widersprüche des Textes werden zweifellos weiterhin für Diskussionen unter den Exegeten sorgen), steht eine *Synthese*. Die Maxime der Shen sind drei chinesische Zeichen: „Endlich erkannten wir sie als die chinesischen Schriftfiguren für Schin, Ti und Ho, die Humanität, Bruderliebe und den Frieden" (May *Und Friede auf Erden!* 1904, 626). Humanität, Bruderliebe und Frieden (statt Menschenhass, zivilisatorisches Überlegenheitsgehabe und Krieg wie bei Kaiser Wilhelm II.), das ist ein deutliches, ja *eindeutiges* Programm. Inspiriert aber ist es durch die

Worte des „Völkerapostels" Paulus aus dem 13. Kapitel des 1. Korintherbriefes, dessen Anfang May zitiert (ebd., 380). Der Schluss dieses Kapitels heißt nun so (in moderner Übertragung):

Jetzt schauen wir wie durch einen Spiegel und erblicken nur Schemen voller Rätsel, dann aber von Angesicht zu Angesicht. Noch erkenne ich unvollkommen, dann aber werde ich durch und durch erkennen, und auch ich werde durch und durch erkannt. Jetzt bleiben noch Glaube, Hoffnung, hingebende Liebe (Agape), diese drei; aber die Agape ist die größte unter diesen (1. Kor. 13, 12-13).[1]

Glaube, Hoffnung, Liebe – und Humanität, Bruderliebe und Frieden: Das war Karl Mays Programm, frei nach Paulus – für ihn bis zu seinem Heimgang 1912 der „einzig wahre Friedensweg".

---

[1] Übersetzung von CFL nach dem *Novum Testamentum Graece*, hrsg. von E. Nestle u. a., Stuttgart 1963 (25. Auflage)

IV Wirkungen

„Edelmensch, wo bist du?"
Karl May am 22. März 1912

von Holger Kuße / Ekkehard Bartsch

Karl Mays Wiener Vortrag, seine Friedensrede, ist jedem, der sich mit der Lebensgeschichte des Schriftstellers beschäftigt hat, ein fester Begriff. Nach den vielen Prozessen und Pressekämpfen hatte der alte Mann noch einmal Gelegenheit, vor der Öffentlichkeit Zeugnis abzulegen von seinem Denken und Wollen.

Beworben wurde die vom Akademischen Verband für Literatur und Musik organisierte Veranstaltung mit breitester Streuung durch Großplakate, mittelgroße Aushänge und kleine Karten, die gezielt versendet wurden. Zum Besuch mussten Eintrittskarten erworben werden. Und schon am 13. und 14. März kündigten Wiener Zeitungen Karl Mays Erscheinen an, das nicht unumstritten war. Während sich die *Neue Freie Presse*, das *Neue Wiener Journal* und das *Neue Wiener Tagblatt* vom 13. März auf eine kurze Nachricht beschränkten, machte das *Illustrierte Wiener Extrablatt* am 14. März seinem Unmut Luft:

Wir werden ersucht, folgender Mitteilung Raum zu geben: „Karl May, der bekannte Romanschriftsteller, dessen Schaffen und Persönlichkeit heute ein öffentliches Problem geworden sind, hat sich entschlossen, einer Einladung des Akademischen Verbandes für Literatur und Musik stattzugeben und zum ersten Male in Wien am Vortragspult zu erscheinen. Karl May spricht Freitag, den 22. März, ½ 8 Uhr abends, im Sofiensaale über das Thema: Empor ins Reich der Edelmenschen." Man kann den Veranstaltern nur beistimmen, wenn sie das Schaffen und die Persönlichkeit Karl Mays ein Problem nennen. Denn dass Beides proble-

AKADEMISCHER VERBAND FÜR LITERATUR U. MUSIK IN WIEN

VORTRAG

KARL MAY

EMPOR INS REICH DER EDELMENSCHEN

SOFIENSAAL FREITAG DEN 22. MÄRZ 1912 ½8 UHR ABDS.

KARTEN ZU K 10.-, 6.-, 5.-, 4.-, 2.-, 1.- UND 50 HELLER BEI KEHLENDORFER, WIEN I, KRUGERSTRASSE 3. MITGLIEDER ZAHLEN BEI KARTEN VON 2 KRONEN AUFWÄRTS HALBE PREISE. EIN TEIL DES REINERTRAGES FÄLLT DEM ASYL FÜR OBDACHLOSE ZU

SOFIENSAAL

III, Marxergasse 13.

Akademischer Verband für Literatur und Musik in Wien.

VORTRAG KARL MAY

Freitag, 22. März 1912   Beginn ½8 Uhr abends

11. Reihe   **CERCLE Links**   K 2.—   Sitz **12**

Ohne Kontroll-Kupon ist die Karte ungültig.

Kontroll-Kupon.

Cercle

Links

11. Reihe   Sitz 12
22. März 1912

Ankündigungsplakat und Eintrittskarte zu Karl Mays Wiener Vortrag am 22. März 1912

matischer Natur ist, darüber sind schon längst die – Gerichtsakten geschlossen. Um so verwunderlicher erscheint es, dass der Akademische Verband für Literatur und Musik, der bereits eine stattliche Reihe vornehm-künstlerischer Veranstaltungen auf sein Verdienstkonto buchen darf, sich veranlasst fühlt, das Problem Karl May, das bereits im Gerichtssaal diskutiert wurde, nun auch im Vortragssaale aufzurollen. Wir sind jedenfalls furchtbar neugierig, bei dieser Gelegenheit zu erfahren, wie sich ausgerechnet Karl May den „Aufstieg ins Reich der Edelmenschen" vorstellt.

Der hier im Vorfeld mit Skepsis bedachte Auftritt wurde zu Karl Mays Vermächtnis. Er hat, mehr noch als die apologetische Autobiografie *Mein Leben und Streben* (1910), zur Verbreitung seiner pazifistisch-utopischen Botschaft beigetragen und lässt sich wie ein Wegweiser zu den Friedenswegen des Gesamtwerks lesen, das in Mays Neudeutung nach 1900 eine symbolhafte Einheit darstellen sollte. Ohne *Empor ins Reich der Edelmenschen!* wäre wahrscheinlich auch der Stellenwert des Spätwerks in der Leserwahrnehmung noch geringer ausgefallen, als er es zu Lebzeiten und danach ohnehin schon war und (letztlich bis heute) ist. Als sich die Karl-May-Gesellschaft am 22. März 1969 gründete, wählte sie diesen Tag nicht zufällig, sondern in Erinnerung an den 22. März 1912, was sich dann auch in den Beiträgen ihres ersten Jahrbuchs (1970) niederschlug. Diese Wirkung von *Karl Mays letztem Vortrag* – so der Titel der Erstpublikation durch Klara May in der zweiten Auflage von *Mein Leben und Streben* (1912) und der ersten Auflage des Materialbandes *Ich* (1917) – beruht bis zu einem gewissen Grad auf dem Nimbus, den ein letzter Auftritt unweigerlich umgibt (Sudhoff 2000, 472; Scholdt 2000, 94), sie verdankt sich aber auch dem Erfolg bei den Zuhörern und dem unüberhörbaren Presseecho, der Aufmerksamkeit also, die Karl May in Wien zuteil wurde. Und schließlich ist die Wirkung von *Empor ins Reich der Edelmenschen!* auch auf die Verklärung, wenn nicht gar Glorifizierung der letzten öffentlichen Worte Mays zurückzuführen. Schon die ab der

11. Auflage von *Ich* (1931) erfolgte Übernahme des Themas in den Titel und die Hinzufügung des Ausrufezeichens, das aus der Benennung des Inhalts eine eindringliche Aufforderung werden ließ, betonte den Charakter einer machtvollen programmatischen Rede. Wollte Karl May mit der „Art von Gong" imperialistischer Kriegsverherrlichung im Wilhelminismus nichts zu tun haben (May *Und Friede auf Erden!* 1904, 490f.), so war das wohl der Gong, den er selbst mit starkem Arm und großer Geste anschlug.

In den zeitgenössischen Besprechungen des Auftritts im Wiener Sofiensaal erscheinen Mays Ausführungen zu seinem Leben, zu Kunst und Religion und zum Edelmenschentum allerdings weniger imposant als irritierend. Der Eindruck, den der Redner und das, was er sagte, hinterließen, war sehr geteilt. Für das *Neue Wiener Tagblatt* sah Karl May „trotz seiner siebzig Jahre rüstig aus. Eine schlanke, ungebeugte Gestalt […] Auch sein Organ hat eine überraschende Kraft, es beherrschte den weiten Saal und ließ während des Vortrages, der mehr als zwei Stunden dauerte, keine Ermüdung spüren" (Bartsch 1970, 73). Für die *Neue Freie Presse* war May dagegen „eine hagere, altmodische Erscheinung" und der Vortrag „eine arge Geduldprobe" (ebd., 72). In der *Wiener Abendpost* wurde May sogar als „unansehnliches, mageres Männchen" bezeichnet, „dessen graue Haare im starken Gegensatze zu der theatralischen Pose stehen, die er einnimmt" (ebd., 74). Ebenso wie die Person wurde der Vortrag zwiespältig aufgenommen, und zwar nicht, weil die Kritiker im Publikum durchweg Militaristen, Imperialisten und Antisemiten gewesen wären (die es, wie die Kritiken zeigen, auch gab), sondern vor allem, weil sich Mays Ausführungen für die Kritiker über weite Strecken einigermaßen konfus anhörten. „Der alte Herr las […] unglaublich viele Gedichte aus Büchern vor, die dutzendweise herumlagen. Das ermüdete" (ebd., 69), war in der *Kleinen Österreichischen Volkszeitung* zu lesen: „Von Jerusalem beginnt er zu sprechen und vom See Genezareth und man lauscht gespannt und glaubt einen Blick in die Tiefe dieser sonderbaren Menschenseele zu schauen, aber im nächsten Moment wird er wieder Phantast und schwer verständlicher Philosoph" (ebd.). Für das *Neue Wiener Journal* glich der Vortrag einer „recht weitläufigen Osterpredigt […], deren Zickzackgängen man nur schwer folgen kann" (ebd., 70). Von „etwas zusammenhanglosen Erörterungen" ist die Rede (ebd., 71). Auf den Korrespondenten des *Fremdenblatts* wirkte „dieses ewige Zitieren eigener Werke" und „dieses Vorlesen eigener Verse, die den Idealen sentimentaler Köchinnen entsprechen mögen […] nicht nur peinlich, sondern tödlich langweilig" (ebd., 72). Die *Neue Freie Presse* sprach von „ziemlich formloser und sprunghafter Weise", in der May „seine Weltanschauung" darlegte, und beschrieb, wie er „öfters unter dem Tisch nach einem der zahlreichen Bände seiner gesammelten Werke" griff, „um daraus mehr oder minder philosophische Betrachtungen, Märchen, Gleichnisse und Gedichte vorzulesen" (ebd.). Dem *Illustrierten Wiener Extrablatt* zufolge legte May „ein ziemlich mystisches und – mysteriöses Glaubensbekenntnis ab" (ebd., 75). Für die *Wiener Abendpost* war es „ein Sammelsurium von Mystizismus, religiösen Gedanken, allgemeiner Weltanschauung und Brocken selbstfabrizierter Poesie" (ebd., 74). Der Kritiker fand sogar: „der Kontrast zwischen seinem hohen Ziel und den schwachen Kräften erweckt Mitleid" (ebd.).

So negativ der Eindruck auf die Kritiker auch war, so sehr mussten sie andererseits die Begeisterung im Saal konstatieren: „Das Publikum folgte dem mehr als zwei Stunden dauernden Vortrag mit kaum ermüdetem Enthusiasmus, der sich am Schlusse wieder heftig entlud" (ebd., 72), stellte die *Neue Freie Presse* fest. Bejubelt und umringt von seinen Jüngern sei er nach dem Vortrag gewesen, schrieb die *Kleine Österreichische Volkszeitung*: „Auch die Aelteren, Besonneneren klatschten ihm Beifall. Ihr Beifall galt nicht so sehr dem Schriftsteller einer toll aufschäumenden, wenig anspruchsvollen Jugendperiode, sondern dem Mann, der es verstanden hat, aus dem Straßenkot sich in die lichten Höhen einer immerhin respektablen Kunst der Schilderung zu schwingen" (ebd., 70). Nach seinen „interessanten, stellenweise tief ergreifenden Ausführungen" wurde May „von dem den Riesensaal bis auf das letzte Plätzchen füllenden Auditorium stürmisch akklamiert" (ebd., 77), blickte zwei Tage später das *Wiener Montags-Journal* auf das Ereignis zurück.

Die Beispiele zeigen, dass der Vortrag oder die Rede assoziativ, manchmal weitschweifig, manchmal ungeordnet war, aber auch, dass Karl Mays Auftreten charismatisch gewesen sein muss. Und sie zeigen, dass die Zuhörer eine, wie sich der Auftritt heute nennen ließe, Performance erlebten, die sich irgendwo zwischen der Schwerfälligkeit eines Gelehrtenvortrags aus dem 19. Jahrhundert und der sprunghaften, sinnzerreißenden Attitüde von Inszenierungen der literarisch-künstlerischen Moderne des frühen 20. Jahrhunderts bewegte – und damit jene ambivalente Position Karl Mays „im Aufbruch zur Moderne" widerspiegelte, die für sein ganzes Werk charakteristisch ist (Vollmer/Schleburg 2012).

Schon das Genre ist nicht so leicht zu bestimmen. Handelt es sich um einen Vortrag, eine Rede oder eine Erzählung der äußeren und inneren Entwicklung ihres Autors? Wie auch immer: *Empor ins Reich der Edelmenschen!* lässt sich kaum als durchdachtes Programm zur Verwirklichung des Weltfriedens oder als ausgefeilte Gesellschaftsutopie verstehen, sondern ist eher als eine eindrückliche Abfolge teils verbundener, teils lose aufeinander folgender Assoziationen zu stichwortartig formulierten Leitgedanken zu lesen: *Edelmensch, empor, Höhe, Frieden, Seele…* Zusammengehalten werden die Assoziationen durch den biografischen Duktus, in dem sich der Vortragende und Redner „selbst als exemplarische Existenz begreift" (Scholdt 2000, 95) und somit die „Problematik seines wechselvollen Lebens

[…] zur Menschheitsfrage schlechthin, seine persönliche Entwicklung zur Wegweisung einer sozialen wie religiösen Utopie" wird (ebd.).

Karl May hatte kein fertiges Manuskript ausgearbeitet, sondern sprach anhand von Notizen und längeren Textfragmenten, die er nicht mehr zu einem durchgehenden Text gestalten konnte. Eigentlich sind es mehrere Konzepte: eine sechs Folioseiten umfassende Gliederung *Empor ins Reich der Edelmenschen*, eingeteilt in 15 Punkte; ein *Edelmensch* überschriebener drei Seiten umfassender Entwurf, der wohl den Beginn des ausgeführten Vortragstextes enthält; außerdem zwei fragmentarische Entwürfe, von denen der eine wohl ebenfalls den Versuch darstellt, den Einleitungstext zu formulieren. Typisch für alle diese Konzepte ist der breit ausgeführte Beginn, dann die immer flüchtiger werdende und schließlich nur mehr in Stichworten endende Textgestaltung. So ist anzunehmen, dass die Disposition (Punkt 1-15) tatsächlich nur das Gerippe darstellt und dass Karl May einen beträchtlichen Teil des Vortrags nicht konzipiert hat.

Die in den Gesammelten Werken Band 34 zu lesende Textfassung Klara Mays – „nach dem flüchtigen Entwurf des Dichters und persönlichen Erinnerungen der Zuhörer", wie sie selber schrieb (May *Empor ins Reich der Edelmenschen!* 2009, 307) – ist eine durchaus sinnvolle Rekonstruktion der Kerngedanken, die aber die assoziative, teilweise als verworren wahrgenommene Form des tatsächlichen Vortrags aufhebt und ihm so aus heutiger Sicht manches von seinem Charisma und seiner Modernität nimmt. Auch hat Klara May einige Passagen, die ihr für die Publikation nicht wichtig erschienen, gestrichen (die ab der 12. Auflage von *Ich* 1933 erfolgte Streichung des Dankes an Israel und das Judentum ist ein eigenes trauriges Kapitel; vgl. Udolph *in diesem Band*). Mays Hymnus auf Österreich wird am Schluss nur erwähnt, aber nicht wiedergegeben: „Nach einigen freundlichen und anerkennenden Worten für Österreich und seine Künstler […] schloss Karl May mit einem

‚Das walte Gott – Amen!' den letzten Vortrag seines Lebens" (ebd., 324). Österreich zu loben mochte als reine Höflichkeit den Gastgebern gegenüber und deshalb für den weiteren Leserkreis als unwichtig aufgefasst werden. Tatsächlich ist dieses Lob im Kontext des Pazifismus und der sozialen und ästhetischen Erneuerungsbewegungen vor dem Ersten Weltkrieg von nicht geringer Bedeutung. Denn es lässt sich nicht nur als „captatio benevolentiae" (Scholdt 2000, 96), sondern auch als indirekte Kritik am deutschen Kaiserreich verstehen, in dem die Menschen noch in „alten, abgelaufenen Filzschuhen stecken" und sich „an mittelalterlichen, längst zersprungenen Ofen-Kacheln wärmen", während in Österreich der Frühling angebrochen sei. Das bezieht sich vordergründig auf den literarischen, künstlerischen Frühling, von dem May explizit spricht, aber es gibt auch Hinweise, dass mehr damit gemeint sein könnte: ein Ausdruck der Hoffnung, dass, wenn schon nicht das deutsche Kaiserreich, so doch das Habsburger Vielvölkerreich den Willen und die Fähigkeit zum Weltfrieden besitzen könnte, um die Menschheit ins Reich der Edelmenschen zu führen. Darauf, dass er an diese politische Dimension seines Vortrags auch gedacht haben könnte, weist eine Streichung hin, die in der Dokumentation Bartsch (1970) wiedergeben ist. Am Schluss eines der Konzepte steht, durchgestrichen, „Kaiserhaus". Darauf folgen die Stichworte „Viel gelitten. Geisterschmiede. Aber auch die Freude, daß Oesterreichs Denker und Dichter…" (ebd., 59). Ebenso lassen sich die hervorgehobene Losung *Österreich ist uns voran* (ebd.; auch im nachfolgenden Text) und ganz besonders der Hinweis auf seine Zuhörerin in der ersten Reihe, Bertha von Suttner, mehrfach interpretieren. Denn ihr Pazifismus war nicht nur literarisch, sondern politisch und direkt an die europäischen Herrscherhäuser gerichtet (Kuße *Es sei Friede! – in diesem Band*).

Am Schluss ihrer Rekonstruktion hat Klara May zwei Zitate aus von Suttners *Der Menschheit Hochgedanken* (1911) eingefügt, die sich in den Konzeptblättern nicht finden.

450

Dort beschränkt sich Karl May auf die Hinweise „Buch: Suttner" (Bartsch 1970, 59) und „Wer hat bei uns gesagt, daß wir fliegen sollen? Meines Wissens noch Niemand. Hier ist eine, die es längst schon sagte!" (ebd. und im nachfolgenden Text). Aber auch wenn die Zitate im Konzept fehlen, ist sehr wahrscheinlich, dass May sie am Ende seines Vortrags vorgelesen hat. Das belegt bereits der Hinweis im *Neuen Wiener Journal*, demzufolge Karl May seine Erörterungen „mit einem Zitat aus Bertha von Suttners ‚Der Menschheit Hochgedanken', die einen Beweis von dem Geistesfrühling Oesterreichs geben", beendete (ebd. 71). In Mays Exemplar des Buchs, das sich in der Bibliothek des Karl-May-Museums Radebeul befindet, sind die zitierten Stellen auf den Seiten 152 und 295 angestrichen. Auf Seite 152 hat May das Zitat gleich mit zwei Ausrufezeichen, einem Verweis auf die Seite 295 und den Anmerkungen „Aäroplan" und „Aviatik" versehen. Auf Seite 295 stehen am Rand die Anmerkungen „Aviatik" und „Herzen empor". Interessanterweise ist das Exemplar nur in Teilen aufgeschnitten – u. a. auf den für den Wiener Vortrag wichtigen Seiten 150-152 und 293-297. Es wurde von May also sehr ausgewählt rezipiert. Auf dem rückwärtigen Einbandpapier befinden sich mittlerweile nicht mehr lesbare Notizen, in denen die Seitenzahl 295 aber noch zu erkennen ist.[1] Das alles spricht sehr dafür, dass May die Zitate tatsächlich verlesen hat. Inhaltlich stimmen sie voll mit seinen Überlegungen überein. Besser – und prophetischer – konnte er seine Rede kaum abschließen als mit von Suttners Einsicht: „Verfolgung, Knechtung, Entrechtung und Vernichtung dürfen nicht länger als legitime Mittel zur Erreichung sozialer und politischer Zwecke gelten. Denn zu gewaltig sind die Vernichtungsmöglichkeiten herangewachsen. Vor dem fliegenden Menschen kann man sich nicht anders schützen, als

[1] Nach Informationen von Hans Grunert vom Karl-May-Museum Radebeul, dem auch die Scans der abgebildeten Seiten aus Bertha von Suttners *Der Menschheit Hochgedanken* zu danken sind.

451

„Gedanken sind die Erzeuger der Affekte," sprach Toker weiter, „vor allem aber sind sie die Grundlagen der Erkenntnis. Wer also Gedanken in die Welt hinausstreut, der streut den Samen aus, dem alle jene Früchte entsprießen, die wir unter dem Namen Kultur genießen. Viel bittere Früchte sind noch darin, weil noch viele niedrige Gedanken umherflattern. Hochgedanken braucht die fortschreitende Menschheit.

Wie jedes Jahr, soll auch diesmal ein Band erscheinen, der Ihre Vorträge enthalten wird; diesem Band will ich einen umfassenden Titel geben; er wird heißen: „Der Menschheit Hochgedanken". Der Anfang unserer Rosenwochen fiel mit dem Anfang der Lufteroberung zusammen. Sie wissen, daß mir der Impuls zu Ihren vereinten Höhenflügen durch die Flüge gegeben wurde, welche damals dem ersten lenkbaren Luftschiff im Aethermeer gelungen sind. Jetzt gilt es, auch mit Flügen ins blaue Reich des Ideals sieghafte Rekords zu schlagen. Vehikel dazu sind die Gedanken; Gedanken, die bis über Wolken schweben — über die Dunstkreise der kleinlichen Privatinteressen, über die Niederungen der nationalen Streitigkeiten — menschliche Hochgedanken mit einem Wort. Und so schließe ich mit dem Ruf, der der Schlachtruf der neuen, höhenbewältigenden Zeit zu werden hat, dem Ruf: „Empor!"

„Empor!" rief die ganze Tafelrunde zurück. Darauf begab man sich in den anstoßenden Saal.

Eine illustre Gesellschaft in der Tat. Freilich wenig Jugend darunter und wenig Frauen. Unbestrittene Ruhmeskränze pflegen sich auf Männerstirnen, und da zumeist auch schon sehr „degarnierte" niederzulassen. Der jüngste der anwesenden dreißig Rosenritter war Chlodwig Helmer. Die jüngste unter den sechs Rosen-

Anstreichung Karl Mays in Bertha von Suttner,
Der Menschheit Hochgedanken *1911 (S. 152)*

zu schaffen und zu wecken tut es not, nur die Güte, die unter uns Menschen schon lebendig ist, gilt es zu mobilisieren. Es gibt ein Feld, ein großes, fast die Gesamtheit der menschlichen Beziehungen umfassendes Feld, an dessen Eingang die Warnungstafel steht: das Betreten dieses Feldes — Politik ist sein Name — ist der Güte und dem Wohlwollen verboten. Diese von Torheit und Verblendung aufgerichtete Tafel muß heruntergerissen werden. Platz auch auf diesem, b e s o n d e r s auf diesem Fele für menschliche Hochgeanken!

Vor zweitausend Jahren hat ein Großer, Gütiger, Weiser einem solchen Hochgedanken Worte geliehen: „Liebet euch untereinander!" Vergebens! Aber vor Tausenden von Jahren hat ein Ikarus versucht, sich fliegend zur Sonne zu erheben — vergebens. Und doch kann man heute fliegen. Und so wird auch jenes andere Höhenreich zu erobern sein, in das nicht unser Körper, sondern unsere Seelen sich schwingen sollen.

Wehe, wenn man noch viel länger säumt, sich zu diesem Eroberungswerke aufzuraffen. Verfolgung, Knechtung, Entrechtung und Vernichtung dürfen nicht länger als legitime Mittel zur Erreichung sozialer und politischer Zwecke gelten. Denn zu gewaltig sind die Vernichtungsmöglichkeiten herangewachsen. V o r d e m f l i e g e n d e n M e n s c h e n k a n n m a n s i c h n i c h t a n d e r s s c h ü t z e n , a l s d a ß m a n i h n z u m B r u d e r m a c h t. Am Scheidewege stehen wir jetzt, wir müssen hinauf — aber ganz hinauf mit Geist und Herz — sursum corda — oder wir versinken abgrundtief. Wohin die beiden Wege führen, die vor uns liegen, das müssen wir uns klar machen, denn die Wahl ist unser."

Hier machte Helmer wieder eine kurze Pause; dann trat er ganz bis zum Rand des Podiums vor:

Anstreichung Karl Mays in Bertha von Suttner,
Der Menschheit Hochgedanken *1911 (S. 295)*

dass man ihn zum Bruder macht" (May *Empor ins Reich der Edelmenschen!* 2009, 323f.; von Suttner 1911, 295).

In der Dokumentation Bartsch (1970) im ersten Jahrbuch der Karl-May-Gesellschaft sind Mays Konzeptblätter der Rede getreu der Handschrift und einschließlich aller Abkürzungen zugänglich gemacht. Nur das Kürzel *M* (= *Mensch*) wurde in dieser Dokumentation ausgeschrieben, um leicht grotesk wirkende Formen wie *Mheitsfrage* oder *Mheitsweh* zu vermeiden. Die Dokumentation gibt damit einen Einblick in die verschiedenen Anläufe, die May zu *Empor ins Reich der Edelmenschen!* machte, und zeigt die Bedeutung, die er seinem Auftritt selbst zumaß. Sie gibt auch einen Eindruck davon, was er, während er sprach, vor sich liegen hatte, und lässt den in der Pressekritik monierten, weil passagenweise ungeordnet wirkenden (und vielleicht gerade deshalb so faszinierenden?) Ablauf des Vortrags erahnen. Der Nachteil dieser auf Authentizität bedachten Dokumentation ist, da May auf verschiedenen Blättern immer wieder neu ansetzte und gelegentlich nur Stichpunkte aneinanderreihte, die schwere Lesbarkeit. Die nun folgende Zusammenstellung folgt deshalb einem dritten Weg zwischen der Fassung Klara Mays und der Dokumentation von 1970, indem ein Text präsentiert wird, der den zum Teil fragmentarischen Charakter der Notizen Mays beibehält und ihre Inhalte vollständig wiedergibt. Die erhaltenen Texte der Konzeptblätter sind nun jedoch so angeordnet, dass zusammengehörige Textvarianten nacheinander folgen. Lediglich Mays teilweise übereinstimmenden Erläuterungen zur „Menschheitsseele" finden sich an zwei Stellen, da er sie auch in seinen Konzepten unterschiedlich positionierte.

Auf diese Weise können die Annäherungen Mays an sein Thema gut überschaut werden. Sie zeigen, wie wichtig ihm der Auftritt war, wie sehr er im Vorfeld versuchte, seinen Text überzeugend zu gestalten – um am Ende dann doch die freie Rede zu bevorzugen. Die Zusammenstellung folgt

Karl Mays eigener Gliederung in 15 Abschnitte. Stichpunkte sind nicht zu Sätzen ergänzt worden. Um den Text lesbar zu halten, wurden jedoch redundante Stichpunkte sowie Angaben von Streichungen nicht mit aufgenommen. Abkürzungen sind grundsätzlich aufgelöst. Die Rechtschreibung ist der heutigen angepasst worden.

Mays Gliederung und die bei Bartsch (1970, 69-80) dokumentierte Berichterstattung über die Rede weichen teilweise etwas voneinander ab. Die Position des Lobes Österreichs und Wiens gehört im Entwurf auf den Konzeptblättern zum „Vorwort", im *Illustrierten Wiener Extrablatt* ist dagegen zu lesen, dass „ein Preislied auf Wien" am Ende der Rede kam (ebd., 75), und dort wird es auch in der Rekonstruktion Klara Mays erwähnt. In Mays Konzeptblättern findet sich zudem die Notiz „Schluß: Oesterreich" (ebd., 63). Andererseits berichtete die *Wiener Abendpost*, dass May „einleitend den Österreichern und im besonderen den Wienerinnen und Wienern in Wort und Gebärde lange und tiefe Komplimente machte" (ebd., 74). Die nachfolgende Textfassung orientiert sich an den handschriftlichen Konzepten, in denen der lange Absatz zum österreichischen Frühling am Anfang steht.

Texte, die May im Konzept mit der jeweils ersten Zeile benennt, sind (bis auf das *Märchen von Sitara*) eingefügt worden, ebenso aus den oben genannten Gründen das Schlusszitat aus *Der Menschheit Hochgedanken* und die Schilderung seiner Blindheit, die im Entwurf nur mit einem Hinweis (blind!) angedeutet wird. Sie ist dem ausführlichen Nachruf und Rückblick auf den Vortrag im Sofiensaal im *Neuen Wiener Tagblatt* vom 2.4.1912 entnommen (Bartsch 1970, 79).

Auch die hier zusammengestellte Fassung ist kein ‚Original', das es nicht gibt, weil von Mays Auftritt keine Tonaufzeichnungen existieren. Wer sich mit den Konzeptblättern vertraut machen möchte, sei deshalb nach wie vor auf Bartsch (1970) verwiesen.

Dem Vortrag vorangestellt ist die bei Bartsch (1970, 67f.) in Faksimile abgedruckte Pressemitteilung Mays, die auf eine recht klare Weise das „Gerippe des Karl Mayschen Vortrags" enthält und seine Grundgedanken – im Text als „führende Gedanken" bezeichnet – zusammenfasst. Am Schluss dieser gedruckt verbreiteten Mitteilung steht der bemerkenswerte Hinweis: „Bitte, obiges nicht wörtlich abdrucken, sondern nur als Unterlage betrachten." Die Bitte ist durch Unterstreichung deutlich hervorgehoben (s. das Faksimile in Bartsch 1970, 68) und macht indirekt deutlich, dass sich May schon im Vorfeld einerseits einen programmatischen Vortrag vorstellte, sich andererseits aber auch die Freiheit zur Assoziation, zur freien Rede, erhalten wollte, die ein allzu strenges Korsett systematisch entwickelter Gedanken nicht zuließ – ein Gerippe ist noch kein lebendiger Leib. Mays Bedenken, dass seine Handreichung die Wahrnehmung des tatsächlichen Auftritts nachteilig beeinflussen könnte, waren aber wohl unbegründet. Die Handschrift dieses Textes hat den Bleistiftvermerk: „50 St. 8° bis Sonnabend." Falls damit Sonnabend, der 23. März, gemeint war, kam der Sonderdruck also ohnehin zu spät. Die meisten Berichte erschienen bereits an diesem Tag (ebd., 69).

Im Anschluss an *Empor ins Reich der Edelmenschen!* folgt hier noch der Nachruf Bertha von Suttners, der in Bartsch (1970, 80) als Faksimile abgedruckt wurde. Dieser Nachruf ist von besonderer Bedeutung, da May in seinem Vortrag von Suttner ausdrücklich als Vorbild und wichtigste Persönlichkeit des von ihm erhofften geistigen Frühlings anspricht und zitiert. Auch hat May, was er im Vortrag nicht sagt, von ihr den Begriff *Edelmensch* übernommen, den sie bereits in ihrem Erfolgsroman *Die Waffen nieder!* (1889) verwendet, wo es zum Beispiel heißt: „Töten und Zerstören widert jeden ‚Edelmenschen' an" (von Suttner 2006, 137; vgl. Kuße *Es sei Friede! – in diesem Band*). Es erstaunt nicht, dass Karl May von der „Friedensbertha", wie sie von ihren Gegnern abfällig genannt wurde (Hatzig 1971, 247), begeistert war. Der Kritiker der *Wiener Abendpost* meinte: „Am meisten wundern dürfte sich Frau Bertha von Suttner, wenn sie erfährt, daß Karl May in ihrem jüngsten Werke ‚Der Menschheit Hochgedanken‘ die Entdeckung gemacht hat, daß er und sie ganz die gleichen Gedanken haben" (Bartsch 1970, 74). Dass der Rezensent hier schlauer sein wollte als die Friedensnobelpreisträgerin selbst und sie sich wohl kaum gewundert, sondern bestätigt gefunden hat, geht aus dem Nachruf deutlich hervor.

Die Wirkungen von Mays Wiener Auftritt, seiner ‚geistigen Aviatik‘ und seines Friedensdenkens reichten, wie die unmittelbaren Presseberichte, aber auch die Nachrufe, die noch unter dem Eindruck der Veranstaltung im Wiener Sofiensaal standen, zeigen (ebd., 69-80), von regelrechten Begeisterungsstürmen bis zu entschiedener Ablehnung. In der späteren Rezeption kam etwas anderes hinzu: die Leugnung, das Übergehen und Verschweigen seines irenischen und utopischen Anliegens – im besten Falle, weil es als peinlich, als schlechte, handgestrickte und dementsprechend verquaste Philosophie und religiöser Kitsch empfunden wurden, im schlechtesten, weil es nicht ins Konzept eines Abenteuerschriftstellers für die ‚deutsche Jugend‘ passte, zumal nicht für eine, die ausziehen sollte, ‚unwertes Leben‘ zu vernichten. Odette Bereska hat in ihrem als *fiktive Kritikerrunde* gestalteten Einakter *Die wahren Kenner unter sich* diese Bandbreite verdichtet. Das Stück, das zum 100. Todestag Karl Mays in den Landesbühnen Sachsen und auf dem Dresdner Symposium *Vom Völkerstereotyp zum Pazifismus* am 30. März 2012 aufgeführt wurde, gibt im vorliegenden Band einen Einblick in die unmittelbare Wirkung von Karl May als Redner und Verkünder des Edelmenschentums (Bereska *in diesem Band*).

Das Spektrum der Reaktionen auf Karl Mays Auftritt in Wien wird durch die beiden bekanntesten Personen verkörpert, die tatsächlich oder vermeintlich zu den über 2.000, dem *Deutschen Volksblatt* vom 23.3.1912 zufolge sogar über 3.000 Zuhörern zählten. Dass Bertha von Suttner dabei war, ist sicher. Die Anwesenheit Adolf Hitlers, der in Hans Wollschlägers vielzitierter Formulierung „weiter hinten [...] gehockt haben" soll (Wollschläger 1965, 147), dürfte mittlerweile ins Reich der Legenden zu verweisen sein (Bartsch 2012). Aber es ist eine bezeichnende Legende, denn in den satanischen Abgrund, der sich mit dieser Figur auf der anderen Seite des Saals auftat, wurde May ja tatsächlich auch hineingezogen, als sein Werk zur „Lieblingslektüre des Führers" erklärt und zur ideologischen Vereinnahmung von Jugendlichen missbraucht wurde. Das hat einige Missverständnisse hervorgerufen wie etwa Klaus Manns Verdikt des „Cowboy Mentor of the Führer" (vgl. Graf 2012, 53-55) und ein Verständnis für Mays Bedeutung innerhalb der pazifistischen Bewegungen seiner Zeit und mehr noch für die aktuelle Bedeutung seines Friedensdenkens und seiner Friedenswege nicht gerade erleichtert. Wie aktuell der utopische Traum von einer Menschheitskultur, in der jeder Einzelne die gleiche Würde und Wertschätzung erfährt, noch immer ist, braucht jedoch kaum eigens betont werden. Wenn Karl May von der Menschheitsfrage spricht, die lautet: „Edelmensch, wo bist du?", und ihre Beantwortung als Aufgabe aller Menschen sieht, so klang das zwar schon vor einem Jahrhundert pathetisch, tatsächlich ist diese Frage aber ein Anspruch, dem alle ernsthaften Bemühungen um Gerechtigkeit, Frieden, Verständigung und heute auch Ökologie, religiöse Versöhnung usw. nachkommen. Die May'sche Menschheitsfrage kann deshalb auch als ein Kriterium ex negativo dienen. Ist die in ihr enthaltende Motivation in politischen, wirtschaftlichen, sozialen usw. Handlungen, die mit Worten von Frieden, Gerechtigkeit, Nachhaltigkeit usw. bedacht werden, tatsächlich nicht zu finden, geht es in Wirklichkeit also um etwas anderes (zum Beispiel um wirtschaftliche oder machtpolitische oder religiös-fundamentalistische Interessen), dann kann etwas nicht stimmen. Karl Mays Menschheitsfrage, so pathetisch sie auch klingen mag, ist hilfreich, in jeder Zeit und an jedem Ort die Geister, die da wirken, zu unterscheiden.

Empor ins Reich der Edelmenschen. Vortrag von Karl May.
Im Sofiensaal
(Pressemitteilung)

Einleitung

Dieses Thema richtet sich sowohl auf das allgemeine, große Menschheitsleben wie auch auf das Leben eines jeden Einzelmenschen. Es ist ein Oster- und Frühlingsthema, also grad jetzt, wo wir in der Osterzeit und im Frühling des neuen Jahrhunderts stehen, in höchstem Grade aktuell.

Führende Gedanken

a) Es gibt drei Wege empor zum Ziele: Die Wissenschaft, die Kunst, die Religion. May sei weder Theolog noch Gelehrter. Auch wolle er sich jetzt noch nicht als Künstler bezeichnen, obgleich er danach strebe, es zu sein. Er spreche also nur als Mensch.

b) Das arabische Märchen von dem Stern Sitara. Sitara ist die Erde, nicht geografisch sondern rein ethisch betrachtet. Darum habe dieser Stern nicht fünf, sondern nur zwei Erdteile. Nämlich Ardistan, das sumpfige, tiefliegende Land der Gewaltmenschen, die nach dem Gesetze handeln: „Du sollst der Teufel deines Nächsten sein, damit du dir selbst zum Engel werdest". Und das hochgelegene, herrliche Land der Edelmenschen, deren Gesetz ihnen befiehlt: „Du sollst der Engel deines Nächsten sein, damit du dir nicht selbst zum Teufel werdest." Zwischen Ardistan und Dschinnistan liegt tief im Walde die Geisterschmiede von Kulub, in welcher die Schlacken aus dem Menschen herausgemeißelt werden.

c) Dschinnistan ist das einstige Paradies, welches Adam verlor, als er gegen Gottes Willen von den schädlichen Früchten Ardistans kostete. Seine Strafe war der Tod; aber die göttliche Barmherzigkeit schenkte ihm dafür die Erlaubnis der Nachkommenschaft, in der er weiterleben durfte, um sich durch fortgesetzte Läuterung das Paradies wieder zu erwerben.

d) „Adam" heißt „Mensch". Gemeint ist der von Gott erschaffene Mensch, also der Edelmensch. Wenn Gott im Paradiese ruft „Adam, wo bist du", so hat das also zu heißen „Edelmensch, wo bist du?" Mit diesem Wort schuf Gott die durch alle Zeiten und alle Länder auf uns gekommene, große „Menschheitsfrage", die wir zu beantworten haben, indem wir sie lösen. Sie hat im Herzen der ganzen Menschheit und im Herzen jedes Einzelnen zu erklingen.

e) Unsere ganze Entwicklung hat sich nur auf Ardistan bezogen. Dieses kennen wir. Dschinnistan ist uns unbekannt. Dort sind ungeheure Gebiete zu entdecken, auf denen die bisherigen Bahnen und Verhältnisse vollständig andere werden. Wer nach diesen Höhen kommen will, ohne durch die Qualen der Geisterschmiede zu müssen, muss fliegen lernen. Die Zeit auch der geistigen Aeroplane ist da. Einige wenige fliegen schon. Andere werden es lernen.

f) So, wie alles Herzeleid durch einen einzigen Menschen auf die Erde kam, so wird es auch durch einen einzigen überwunden werden. Nämlich, wenn die ganze Menschheit in brüderlicher Harmonie einem einzigen, großen Edelmenschen gleicht, dann, aber auch erst dann ist die Schöpfung des Menschen, wie Gott ihn gewollt hat, vollendet.

Das ungefähr ist das Gerippe des Karl Mayschen Vortrages usw. usw.

Empor ins Reich der Edelmenschen!
(der Vortrag)

1. Kennst du den unergründlich tiefen See, Auf dessen Flut ich meine Ruder schlage? Er heißt seit Anbeginn das Menschheit-Weh, Und ich, mein Freund, ich bin die Menschheits-Frage.

2. Anrede: Hochverehrte Damen und Herren. Liebe, liebe Leserinnen und Leser. Und vor allen Dingen sehr geehrte Mitglieder des Akademischen Verbandes für Kunst und Musik.

3. Vorwort: Sie frugen brieflich bei mir an, ob ich wohl geneigt sei, hier, in Ihrem Kreise, einen Vortrag, eine Vorlesung zu halten. Ich ging darauf ein und bin gern, sehr gern gekommen, erstens weil ich Ihr schönes Österreich und Ihre prächtige Kaiserstadt samt allen, die da wohnen, herzlich liebe und zweitens weil es niemals eine geeignetere Zeit geben kann, mein Thema zu behandeln, als grad die gegenwärtige. Wir stehen vor Ostern; mein Thema ist ein Ostherthema, ein Auferstehungsthema. Wir stehen im Frühling; mein Thema ist ein Frühlingsthema. Der Frühling, in dem wir stehen, ist ein doppelter. Erstens unser jährliches Neuerwachen der irdischen Natur. Dieser Frühling bricht bei Ihnen eher an als bei uns im Norden. Unsere Füße stecken noch in alten Filzschuhen, und wir wärmen uns noch an alten, zerbrochenen Ofenkacheln, während bei Ihnen schon alles im Grünen, Blühen und Duften steht. Zweitens der Frühling des kürzlich begonnenen neuen Jahrhunderts, welches Aufgaben an uns stellt, wie noch niemals ein Jahrhundert sie an die Menschheit stellte. Auch da sind Sie uns voraus. Auch da sitzen wir noch am alten Kachelofen, die Füße in Filzschuhe gesteckt. Wir sprechen von neuen Idealen, von einer neuen Kunst, einer neuen Wissenschaft, vom Drama der Zukunft usw. Sie aber sind schon eingetre-

461

ten in diese neue Kunst; Sie arbeiten schon an ihr. Sie haben die Ideale, nach denen wir noch trachten, schon erfasst. Darum komme ich so gern zu Ihnen, um Ihnen die Hand zu drücken und Ihnen zu sagen, dass Ihre Aufgabe auch die meinige ist, der die kurze Zeit gehört, die ich Siebzigjähriger noch zu leben habe. Darum bringe ich grad dieses Thema zu Ihnen: „Empor in das Reich der Edelmenschen." Es ist das Hauptthema des ganzen, großen Menschheitslebens, jedes Einzellebens, auch meines Lebens und ebenso des Ihrigen. Ich konnte für Sie kein besseres, kein wichtigeres, kein höheres und edleres wählen.

Es wurde bei mir angefragt, ob ich geneigt sei, im Bereich des genannten Verbandes eine Vorlesung oder Vortrag über mich und meine Werke zu halten. Auf den Vortrag ging ich ein. Die Vorlesung lehnte ich ab. warum? Öffentlich vorlesen kann man doch nur wissenschaftlich oder künstlerisch Hervorragendes. Ich aber bin trotz meiner 70 Jahre noch kein Gewordener, sondern noch immer ein erst Werdender, und so kann [ich] nur in bittender Weise bei Ihnen anklopfen, um freundlich eingelassen zu werden.

Wissenschaft. Kunst. Religion.

Ich habe das Thema „Auf, ins Reich der Edelmenschen" aus guten Gründen gewählt. Es ist das Hauptthema des großen Menschheitslebens, das Hauptthema jedes einzelnen Menschenlebens und auch das Hauptthema meines eigenen Lebens. Jedes Porträt bedarf der haltenden Leinwand und des Rahmens, jedes Monument oder jede plastische Figur eines tragenden Postamentes. Wenn ich Ihrem Wunsche, mich als Autor kennenzulernen, nachkommen will, so würde es in hohem Grade verfehlt sein, irgendeines meiner Bücher hier in die Hand zu nehmen, um Ihnen daraus vorzulesen. Sondern ich habe Ihnen vor allen Dingen die Leinwand zu zeigen, an welche vor nun 70 Jahren das Schicksal trat, um mich zu porträtieren. Ich habe Sie an das Fundament zu führen, auf dem sich meine innere Gestalt bisher entwickelt hat und noch weiter entwickeln wird. Erst wenn ich das getan habe, werden Sie mich und meine Bücher verstehen, sonst aber nicht. Ihnen diese Leinwand, dieses Fundament zu zeigen, stehe ich heut hier. Und ich sage Ihnen in aller Aufrichtigkeit, dass ich gern, aber wie so gern gekommen bin, weil ich Ihr schönes, braves Österreich liebe und weil besonders Ihre prächtige Kaiserstadt mein ganzes Herz gewonnen hat und für immer festhalten wird. Die Hauptursache aber, dass ich so gern gekommen bin, ist der literarische, der künstlerische Frühling, der bei Ihnen längst schon angebrochen ist, während wir da oben in unserm berühmten Norden noch in den alten, abgelaufenen Filzschuhen stecken und uns an mittelalterlichen, längst zersprungenen Ofen-Kacheln wärmen. In diesen Filzschuhen steckend, sprechen wir von den großen Aufgaben des angebrochenen 20sten Jahrhunderts. Wir sehnen uns nach neuen Idealen, nach einer neuen Kunst, nach dem Drama der Zukunft, nach dem großen Meister, der da kommen soll usw., können aber trotzdem nicht von den alten Satzungen lassen und verrammeln mit ihnen dermaßen die Tür, dass das Neue unmöglich Raum gewinnen kann, hereinzutreten. Bei Ihnen aber stehen Tür und Fenster offen; der Frühling ist da, und wohin man schaut, blüht und duftet und singt und klingt es der Zukunft entgegen. Hier spricht man nicht von neuen, kommenden Idealen, sondern man hat sie bereits. Man schreibt, man zeichnet, man komponiert, man arbeitet für sie, ohne viele Worte zu machen und sich etwas darauf einzubilden. Ich unterlasse es, Namen zu nennen, aber es sind deren genug, und ich kenne sie alle. Darum hat es mich und, ich kann sagen, mein Herz hierhergezogen, um diesen Bahnbrechern der Zukunft, welche Gegenwart zu werden hat, wenn auch nur von Weitem die Hände zu drücken und ihnen von dieser Stelle aus zu sagen, dass ich alter Mann die kurze Zeit, die ich noch zu leben habe, denselben Zielen weihe, die auch die ihrigen sind.

4. **Mein Thema**: Ist ein großes, allgemeines Mensch-heitsthema und ein Thema auch für jeden Einzelmenschen, auch für mich. Die Menschheit soll empor in das Reich der Edelmenschen und jeder Einzelne ebenso. Wie aber komme grad ich dazu, Ihnen dieses Thema zu bringen? Weil es ein Thema meines ganzen Lebens, meines ganzen schriftstelle-rischen Wirkens, das Thema jedes einzelnen meiner Bücher ist. Ich habe viel darüber nachgedacht und fühle mich ver-pflichtet, das Resultat dieser Gedanken mitzuteilen.

Ich habe vorhin, als ich begann, eine vierzeilige Frage ausgesprochen, die ich jetzt wiederhole, um sie stärker zu betonen.

> Kennst du den unergründlich tiefen See,
> In dessen Flut ich meine Ruder schlage?
> Er heißt seit Anbeginn das Menschheit-Weh,
> Und ich, mein Freund, ich bin die Menschheits-Frage.

Meine Freundin, mein Freund, weißt Du, wer oder was die Menschheitsfrage ist? Gott der Herr ist ihr Schöpfer ebenso wie der unsrige. Sie ist ebenso aus seinem Munde ge-flossen, wie die Menschheit selbst, wie auch wir. Es war im Paradiese. Suchen wir dieses Paradies ja nicht in Asien, Afri-ka, Europa, Amerika, sondern da oben in jenem Lande, zu dem wir heut emporzusteigen haben! Dort oben, im herrli-chen Dschinnistan, wohnte Adam. Adam heißt „Mensch". Das tiefer liegende Land von Ardistan mit den dortigen Sumpfpflanzen und Sumpffrüchten war ihm verboten. Er stieg trotzdem hinab und kostete von ihnen. Damit hat-te er das Bürgerrecht von Ardistan[1] verloren. Gott kam, ihn zu rufen. Adam aber versteckte sich. „Adam, wo bist Du?" rief der Herr, d. i. Mensch, wo bist Du? Mit diesem göttlichen Worte entstand die Frage nach dem Menschen, die Frage nach dem Edelmenschen von Dschinnistan, die große, von Jahrhundert zu Jahrhundert immer höher wach-

---

[1] Gemeint ist sicher Dschinnistan.

sende Menschheitsfrage. Denn als Adam endlich antwortete und sich zeigte, stand er nicht mehr als Edelmensch von Dschinnistan vor dem Herrn und musste hinab nach Ardistan, wo er gesündigt hatte. Er hatte durch diese Sünde das Leben verwirkt. Gott aber, der Allgütige, schenkte ihm dafür die Erlaubnis der Nachkommenschaft, in der er weiterleben durfte, um sich durch fortgesetzte innere Läuterung und Veredelung zu befähigen, nach Dschinnistan, dem Lande des Paradieses, zurückkehren zu dürfen.

Er ging nicht allein in die Verbannung. Die Menschheitsfrage begleitete ihn, um zu erinnern, zu erziehen. Seit jener Zeit erklang es überall, wo Menschen gegen Menschen sündigten: „Mensch, wo bist Du? Edelmenschentum von Dschinnistan, wo bist Du hin? Komm wieder! Kehre zurück!" Dieser Klageruf erscholl in Ardistan zum ersten Male, als Kain seinen Bruder Abel erschlug. Von da an ist er stets und stets erklungen, so oft ein Mensch auf den andern Menschen, ein Volk auf das andere schlug. Auf allen Schlachtfeldern des Altertums, des Mittelalters, der neuern Zeit schrie mit der Stimme des rauchenden Blutes derselbe Jammer zum Himmel empor. Wie die Menschheit durch alle Länder und alle Zeiten schritt, so schritt mit ihr die Sünde. Oft in finstrer, hässlicher, oft und meist aber in verlockender Gestalt. Sie vermehrte sich, wie die Menschheit sich vermehrte. Sie schwang sich auf Throne und überfiel ganze Völker.

Wie aber komme grad ich dazu, zu Ihnen über dieses Thema zu sprechen? Genau so, wie ich dazu gekommen bin, über dieses Thema zu schreiben. Ich habe diese Aufwärtsgedanken in ein Buch niedergelegt und diesem Buche eine „Widmung" (2) und eine „Legitimation" (1) vorausgeschickt, die ich auch meinem heutigen Vortrage vorauszuschicken habe, um so viel wie möglich verstanden zu werden. Der Titel dieses Buches ist „Himmelsgedanken". „Widmung" (2) und „Legitimation" (1) lauten:

Meine Legitimation[1]

Grüß Gott, du liebes Tröpflein Tau!
So einen Schmuck gibt es wohl nimmer:
Von jedem Hälmchen auf der Au
Spitzt es wie Diamantenschimmer.
Entstammt der Erde, harrst du froh
Dem holden Morgenlicht entgegen.
Tränkst deinen Halm und wirst ihm so
Nicht nur zur Zierde, auch zum Segen.

Kommt dann aus gold-brokatnem Tor
Die Königin des Tags gestiegen,
So strebst du sehnsuchtsvoll empor,
Dich ihrem Strahle anzuschmiegen.
Du fühlst, du bist ihr untertan,
Du kannst nicht ohne sie bestehen
Und wirst gezogen himmelan.
In ihrem Kusse aufzugehen.

Ein solches Tröpflein bin auch ich
Am Lebensmorgen einst gewesen,
Ein Tröpflein, das den andern glich,
Nicht auserwählt, nicht auserlesen.
Ich hing nicht hoch, ich wurde nicht
Von einer Rose stolz getragen;
Tief unten sah ich auf zum Licht
Und durfte kaum zu hoffen wagen.

Da stieg sie auf, so himmlisch klar,
So gnadenreich, voll Welterbarmen,
Und mich trieb es so wunderbar,
Mit ihr die Menschheit zu umarmen.
Es war, als ob ich beten müsst:
„O komm, und stille mein Verlangen!"
Da hat die Liebe mich geküsst,
Und ich bin in ihr aufgegangen.

[1] May *Himmelsgedanken* 1900, V-VI

Widmung[1]

Ich fragte zu den Sternen
Wohl auf in stiller Nacht,
Ob dort in jenen Fernen
Die Liebe mein gedacht.
Da kam ein Strahl hernieder,
Hell leuchtend, in mein Herz
Und nahm all meine Lieder
Zu dir, Gott, himmelwärts.

Ich fragte zu den Sternen
Wohl auf in stiller Nacht,
Warum in jene Fernen
Er sie emporgebracht.
Da kam die Antwort nieder:
„Denk nicht an irdschen Ruhm;
Ich lieh dir diese Lieder;
Sie sind mein Eigentum!"

Ich fragte zu den Sternen
Wohl auf in stiller Nacht:
„Gilt dort in jenen Fernen
Auch mir die Himmelspracht?"
Da klang es heilig nieder:
„Du gingst von hier einst aus
Und kehrst wie deine Lieder
Zurück ins Vaterhaus!"

5. Mein Ich: Wer aber bin ich, dass ich es wagen darf, meine Gedanken für so wichtig zu halten, dass ich sie mitzuteilen habe? Das will ich Ihnen aufrichtig sagen. Ich stelle mich Ihnen hiermit vor: Ich habe, wie jeder andere Mensch, ein äußeres und ein inneres Leben. Beide sind auszugestalten, dass sie zur Persönlichkeit werden. Viele, sehr viele bringen es nie zur inneren Persönlichkeit, ja, leider viele nicht einmal zur äußerlichen.

[1] May *Himmelsgedanken* 1900, III-IV

Meine äußerliche Persönlichkeit wird Karl May genannt und beschäftigt sich mit Schriftstellerei. Meine innere Persönlichkeit hat keinen Namen. Sie werden sie aber kennenlernen. Denn grad sie ist es, die heut zu Ihnen spricht. Meine äußere Persönlichkeit darf sich keiner großen Wichtigkeit rühmen. Sie würde sehr, sehr schnell abgetan sein, wenn ich nicht gezwungen wäre, von anderer Seite, einige Bemerkungen über sie zu machen. Es gibt nämlich zwei grundverschiedene Karl May, einen echten und einen gefälschten, einen wirklichen und einen erfundenen, einen ernsten und einen karikierten, den man in hunderten von Zeitungen als Luftikus und Hans Wurst gezeichnet findet. Der echte wurde in Hohenstein-Ernstthal, einem kleinen, erzgebirgischen Städtchen geboren, die Karikatur aber in Dresden, in einem Kolportageroman- und Schundverlagsgeschäfte, in welchem man aus prozessualen Gründen den ehrlichen Karl May zur schwindlerischen Fratze gestaltete und hinaus in die Zeitungen schickte. Da aber der Akademische Verband für Literatur und Musik nicht dieses Zerrbild berufen hat, einen Vortrag hier zu halten, sondern den wirklichen, unverfälschten Karl May hören will, so sei und bleibe diese Angelegenheit dem Strafgericht, wohin sie überhaupt und allein gehört, überlassen.

6. Also nicht meine äußere, sondern meine innere Persönlichkeit soll zu Ihnen sprechen, mein Herz! Das ist das Richtige! Die Seele zur Seele, das Gemüt zum Gemüt, das Herz zum Herzen. *Dann* werden wir uns verstehen! So bin ich aber verpflichtet, Ihnen diese meine Seele, mein Gemüt, mein Herz offen und ehrlich zu zeigen, damit Sie mich kennenlernen, nicht wie ich von falsch unterrichteter Seite beschrieben werde, sondern *wie ich wirklich bin!* Wer und was aber bin ich?

„Grüß Gott, du liebes Tröpflein Tau."

„Ich fragte zu den Sternen."

Was für einen Ort aber verstehe ich unter diesem „hier" unter diesem „Himmel", an dem solche Sterne strahlen? Ich bin da, es Ihnen zu sagen.

7. Drei Wege: Es führen 3 Wege hinauf: Wissenschaft, Kunst, Religion. Wissenschaft bringt Erkenntnis; Kunst bringt Offenbarung; Religion bringt Erlösung. Die Kunst dringt in das Innere der irdischen Materie ein, um das Innere herauszuholen und das Äußere damit zu verklären. Sie söhnt Wissenschaft und Religion miteinander aus. Sie weist nach, dass alle Wege endlich doch vereint nach demselben Ziele streben. Ich bin nicht Gelehrter und bin auch nicht Theolog. Ich habe mich also aller gelehrten und theologischen Streitigkeiten zu enthalten. Ich habe über sie zu schweigen. Ich stehe auf dem mittleren Wege, auf dem Wege der Kunst, und spreche zu Ihnen nur als Schriftsteller, als unfanatischer Laie, der nichts und nichts erstrebt als nur das eine, große, irdische Ziel: „Und Friede auf Erden!"

Was meine ich mit diesem „hier", mit diesem „Himmel"? Es gibt 3 Wege nach dort hinauf: die Wissenschaft, die Kunst, die Religion. Die Wissenschaft bringt uns Erkenntnis. Die Kunst bringt uns Offenbarung. Die Religion bringt uns Erlösung. Die Wissenschaft beschäftigt sich mit den irdischen Dingen, die Religion mit den himmlischen. Die Kunst hat beide miteinander zu versöhnen, hat nachzuweisen, dass beide in derselben Richtung gehen und dass der Weg der Einen doch endlich in den Weg der Andern mündet. Für welche nun von diesen Dreien habe ich hier zu sprechen? Ich bin kein Gelehrter; die Wissenschaft fällt also für mich hier aus. Auch Theolog bin ich nicht, sondern Laie. Ich spreche darum auch nicht als Streiter für eine bestimmte Religionsform, für eine bestimmte Konfession. Ich stehe also vor Ihnen nicht als Gelehrter und nicht als Theolog, sondern nur als Mensch, als Schriftsteller resp.

Künstler, der, mögen sie noch so hoch stehen, nur rein menschliche Ziele verfolgt. Doch, um nicht den Anschein zu erwecken, ich sei glaubenslos oder ich halte aus irgendeinem Grunde mit meinem Bekenntnisse hinter dem Berge, will ich es offen und ehrlich hier ablegen, und zwar in der Form, wie ich es in meinem Buche „Friede auf Erden" niedergelegt habe. Da lautet es:
„Tragt Euer Evangelium hinaus."[1]

Tragt Euer Evangelium hinaus,
Doch ohne Kampf sei es der Welt beschieden,
Und seht Ihr irgendwo ein Gotteshaus,
So stehe es für Euch im Völkerfrieden.
Gebt, was Ihr bringt, doch bringt nur Liebe mit;
Das Andre alles sei daheim geblieben.
Grad weil sie einst für Euch den Tod erlitt,
Will sie durch Euch nun ewig weiter lieben.

Tragt Euer Evangelium hinaus,
Indem Ihr's lebt und lehrt an jedem Orte,
Und alle Welt sei Euer Gotteshaus,
In welchem Ihr erklingt als Engelsworte.
Gebt Liebe nur, gebt Liebe nur allein;
Laßt ihren Puls durch alle Länder fließen;
Dann wird die Erde Christi Kirche sein
Und wieder eins von Gottes Paradiesen!

Diese Wünsche sage ich als Mensch, als Schriftsteller, als Dichter, als Poet, der auf dem Wege der Kunst emporzusteigen hat nach den Zielen, die wir uns heute stecken. Was ist nun Kunst? Und was ist Poesie? Die Kunst dringt in das Innere der irdischen Wesen ein, um das, was himmlisch an und in ihnen ist, herauszuholen, zu offenbaren, damit zu verklären. Die Poesie?

[1] May *Und Friede auf Erden!* 1904, 644 und 646

470

Dem wahren Dichter kommt aus einer Welt, die mit der unsrigen zusammenhängt, auf leisen Schwingen schöngebor'ne Kunde; er nimmt sie auf; er gibt sie weiter fort, und wer sie hört, der wird von ihr berührt, als sei sie ein Gedicht aus Engelsmunde. Das ist die Poesie, die aus dem Himmel stammt. Kein Geist, kein Mensch kann sie uns niederbringen. Dort oben, wo das Meer des Lichtes flammt, muss jeder Strahl in goldnen Reimen schwingen.[1]

8. Poesie: Also auf dem Pfade der Kunst, der Poesie empor in das Reich der Edelmenschen! Was ist Poesie?
„Da oben, wo das Meer des Lichtes flammt."
Diese Formen sind also tausendjährig, aber doch nicht ewig. Sie veralten, wie alles Irdische veraltet, um sich neu zu verjüngen. Wir stehen grad jetzt in einer Zeit, die alte Formen zerbricht usw.

Grad unsere Gegenwart ist daran, alte Formen zu zerbrechen und neue an ihre Stelle zu setzen. Die alten Formen sind uns alle bekannt. Welches wäre ihre schönste, liebste, höchste? Das Märchen.

Die allerhöchste, inhaltsreichste und mir liebste Form der Poesie ist das Märchen. Ich liebe das Märchen so, dass ich ihm mein ganzes Leben und meine ganze Arbeit gewidmet habe. Ich bin Hakawati. Dieses orientalische Wort bedeutet „Märchenerzähler". Wer nicht weiß, dass ich Hakawati bin, der beurteilt mich falsch, weil er mich unmöglich begreifen kann. Wie ich Hakawati geworden bin, das werde ich Ihnen erzählen. Vorher aber frage ich:

9. Was ist das Märchen? Irdische Wahrheiten und himmlische Wahrheiten. Die irdischen werden uns von der Wissenschaft gebracht. Die himmlischen steigen an den Strahlen der Sterne zu uns nieder…

[1] May *Und Friede auf Erden!* 1904, 397

10. Das Märchen von Sitara. Vorlesen. „Leben und Streben". „Babel und Bibel".[1]

11. Was will dieses Märchen uns sagen? Das werden wir sofort erfahren. Vorher aber mache ich auf ein ganz bestimmtes Wort am Beginn des Märchens aufmerksam: Nicht geht, sondern fliegt. Ja, können wir denn fliegen? Endlich, ja, endlich! Aber wir können nicht nur, sondern wir sollen, ja, wir müssen fliegen, wenn wir die Aufgaben dieses Jahrhunderts erfüllen, die Rätsel der Zukunft lösen wollen. Der Versuch des Menschen, zu fliegen, ist uralt. Aber ich meine hier weniger den körperlichen als den seelischen Flug, obwohl beide enger zusammenhängen, als man gewöhnlich meint. Das Volk, welches nach einem Corps von leiblichen Fliegern strebt, muss schon vorher kühne und erprobte geistige Flieger haben. Als in Frankreich die Montgolfièren und Charlièren zu steigen begannen, hatte sich vorher schon eine ganze Reihe berühmter geistiger Aeronauten in die freien Lüfte gewagt. Dann kamen die beiden großen deutschen Ballons: Goethe, Schiller, einige kleinere hinterher, doch mit geringem Erfolg. Man blieb darum noch an der Erde, aber man vervielfältigte die bisherigen Bewegungsweisen: Man erfand die Draisine, das Einrad, Drei- und Zweirad, das Motorrad, das Auto. Vor allen Dingen die Lokomotive. Auch in der Dichtkunst wird Rad, Auto und Bahn gefahren. Da kommt plötzlich ein Graf Zeppelin, ein Major Parsival. Sie bauen Luftschiffe. Das Volk jubelt ihnen zu. Hierauf folgen die verwegenen Ein- und Zweidecker, die Aviatiker. Ihnen jubelt man noch

---

[1] *Das Märchen von Sitara* ist enthalten in May *Mein Leben und Streben* 1910, 1-7 und in May *Ich* 2009, 33-38. In May *Abdahn Effendi* 2000, 461-473 ist der 1909 in Augsburg gehaltene Vortrag *Sitara, das Land der Menschheitsseele. Ein orientalisches Märchen* veröffentlicht. Dort sind ebenfalls die Erstfassung des zweiten Akts von *Babel und Bibel* sowie weitere Materialien zum Drama zugänglich (ebd., 232-368), das erstmals 1906 im Verlag Friedrich Ernst Fehsenfeld erschien (May *Babel und Bibel* 1906). In den Gesammelten Werken des Karl-May-Verlags steht es in Bd. 49 *Lichte Höhen* (seit 1998 unbearbeitet).

mehr zu. Aber jubelt man auch den geistigen Aviatikern zu, die sich mit wenigstens ebenso großer Kühnheit hoch über die alt hergebrachten Mauern, Zäune und Schranken, der Wissenschaft und Kunst erhoben? Oder spricht man da vielleicht von Lüge, von Schwindel, von Phantasterei, von literarischer Hochstapelei? Ich lasse diese Frage fallen und bitte Sie, sich getrost meinem Aeroplane anzuvertrauen und mit mir den alten, staubigen Boden, auf dem wir stehen zu verlassen. Wir fliegen drei Monate lang der Sonne entgegen und dann noch drei Monate lang über sie hinaus. Da treffen wir auf – – – – den Stern Sitara? Allerdings. Aber auf wen noch? Auf die Erde. (Nachweis dass Sitara die Erde ist. Nicht geografisch, sondern ausschließlich ethisch betrachtet.) Da kann es nicht 3 oder gar 5 Menschenrassen und 5 Erdteile geben, sondern nur 2 Erdteile mit einer einzigen Rasse, die aber nach gut und bös, nach hoch oder niedrig denkend, nach auf- oder abwärtsstrebend geschieden ist. Körperbau, Hautfarbe usw. sind da vollständig gleichgültig, verändern nicht im geringsten den Wert oder Unwert des betreffenden Menschen. In Ardistan leben die Niedrigen, die Unedlen, in Dschinnistan die Hohen, die Edlen. Beide sind verbunden durch den schmalen, aufsteigenden Streifen von Märdistan, wo im Walde von Kulub der „See der Schmerzen" und die Geisterschmiede liegt. Das ist derselbe See, den ich in meinen Eingangsworten erwähnte:

„Kennst du den unergründlich tiefen See"…

12. Was ist die Menschheitsfrage? Sie wurde von Gott geschaffen, wie er den Menschen schuf. Dieser lebte im Paradiese von Dschinnistan. Die Früchte des Sumpflandes Ardistan waren ihm verboten. Er stieg trotzdem hinab, sie zu genießen. Kaum hatte er das getan, so sah er dass er nackend war, entkleidet alles Adels, aller Hoheit, aller Reinheit, aller Würde. Es war nichts mehr an ihm, was ewig ist; er hatte sich den Tod erworben. Er versteckte sich. Da kam

der Herr und rief: „Adam, wo bist du?" Adam heißt Mensch. Gemeint ist Edelmensch. Also: „Mensch, Edelmensch, wo bist du?" In diesem Augenblicke war die Menschheitsfrage geboren. Sie verließ mit Adam das Paradies. Gott war gnädig mit ihm, der nun in Ardistan wohnte und darum sterben musste. Er verlieh ihm die Erlaubnis der Nachkommenschaft, in der er weiterleben durfte, um im Laufe der Jahrtausende durch fortgesetzte Läuterung nach Dschinnistan ins Paradies zurückzukehren. Als Gewissensprüferin war ihm und seinen Nachkommen die Menschheitsfrage beigegeben. Wohin sie sich immer wendeten, die Menschheitsfrage ging mit. Hochragend, groß, schritt sie durchdringenden Auges durch die Jahrhunderte und Jahrtausende, durch alle Länder der Erde, durch die ganze Menschheitsgeschichte bis auf den heutigen Tag. Sie stand auf allen Schlachtfeldern der Erde, um auszurufen: Adam, wo bist du? Wo ist die Edelmenschlichkeit? Ich sehe sie nicht. Zu jeder Zeit und überall, wo Menschen gegen Menschen sündigten, erhob sie ihre Stimme. Sie schien ewig zu sein, weil das Menschenleid kein Ende zu nehmen scheint. Und sie schien allgegenwärtig zu sein, weil das Menschheitsweh allgegenwärtig ist. Aber nicht bloß bei großen, gewaltigen Völkerschmerzen tritt sie als Klägerin heran, sondern sie steht bei jeder einzelnen Menschenseele, die irgendein Leid zu tragen hat, und flüstert bittend: „Du bist in der Geisterschmiede. Schrei nicht! Werde Edelmensch. Dann kommst du frei und wirst als Sieger die Qual verlassen. Bleib nicht hier unten. Dein Ziel ist Dschinnistan!" Woher weiß ich das? Ich will es Ihnen erzählen.

13. Meine Jugend: Am besten: Vorlesen.

Ich wurde im tiefsten, im allertiefsten Ardistan geboren. Meine Eltern waren blutarm. Mein Vater, meine Mutter, zwei Großmütter, fünf Kinder, zählten wir neun Personen. Wir haben da fleißig gearbeitet und ebenso fleißig gehungert. [am Rand: b l i n d !]

Nie sind meine Eltern irgendeinem Menschen auch nur einen Pfennig schuldig gewesen. Vater streng, doch gut. Jähzornig. Nächtelang lesen. Mutter:

Ich hab gefehlt, und du hast es getragen,
So manches Mal und, ach, so lang, so schwer.
Wie das mich nun bedrückt, kann ich nicht sagen;
O komm noch einmal, einmal zu mir her!
Du starbst ja nicht; du bist hinaufgestiegen
Zu reinen Geistern, meiner Mutter Geist.
Ich weiß, du siehst jetzt betend mich hier liegen;
O komm, o komm, und sag, dass du verzeihst!
Komm mir im Traum; komm in der Dämmerstunde,
Wenn, Stern um Stern, der Himmel uns umarmt.
Bring mir Verzeihung, und bring mir die Kunde,
Dass auch die Seligkeit sich mein erbarmt![1]

Großmutter:

Sie trug mich stets auf ihren Armen;
Sie lehrte mich den ersten Schritt,
Und weinte ich zum Herzerbarmen,
So weinte sie erbarmend mit.
Wenn sie des Abends mich ins Nestchen
Mit linder Segenshand gebracht,
So bat ich: „Bleibe noch ein Restchen",
Und meinte da „die ganze Nacht".
Und wenn ein böser Traum mich schreckte,
So saß sie da beim kleinen Licht,
Nahm weg den Schirm, der es bedeckte,
Und sah mir liebend ins Gesicht.
Trotz ihrer hellen Augensterne
Tat ich sodann die Frage doch:
„Ich träume ohne dich nicht gerne;
Großmütterchen, sag, wachst du noch?"
Zwar ist sie längst von mir gegangen;
Ich selbst bin alt, fast schon ein Greis,

[1] „An die Mutter", in: May *Himmelsgedanken* 1900, 105

Und fühl mich doch von ihr umfangen,
Die mich noch jetzt zu segnen weiß.
Stets ist es mir, geh ich zur Ruhe,
Als setze sie sich zu mir hin,
Und wenn ich etwas Wichtges tue,
Kommt sie mir hilfreich in den Sinn.
So oft ich Sterne leuchten sehe,
Hell wie in meiner Jugendzeit,
Hör ich ihr Wort: „Was auch geschehe,
Du und dein Glück, ihr seid gefeit."
Dann möcht ich, wie in jenen Tagen,
Zwar überflüssig, aber doch
Die lieben, lieben Sterne fragen:
„Großmütterchen, sag, wachst du noch?"[1]

Bilderbibel. Kräuterbuch. Hakawati. „Großmutter, ich will Hakawati werden. Ich will von Dschinnistan erzählen; darum muss ich aus Ardistan hinaus!" Und ich bin Hakawati geworden, weiter nichts, weiter nichts. Wozu? Wozu?

Als ich ein kleiner Knabe war, war ich blind; erst später habe ich das Augenlicht wieder gewonnen. Damals als Blinder wurde ich von meiner alten Großmutter betreut, sie besaß ein altes arabisches Märchenbuch, und aus diesem musste sie mir vorlesen. Wenn ich dann des Abends an dem großen Kirchentor saß, versammelte sich um mich die halbe Kindergemeinde, und ich begann ihnen die Geschichten aus dem alten Märchenbuche der Großmutter wieder zu erzählen. Darum nannten mich die Leute den kleinen Märchenerzähler – und mir war es recht; und heute sagt es mir, wie eigentlich die phantastische Welt, die ich sah, und die Freude am Erzählen in mir entstand.[2]

---

[1] „Großmütterchen", in: May *Himmelsgedanken* 1900, 109f.

[2] Absatz aus dem Nachruf im *Neuen Wiener Tagblatt* vom 2.4.1912, in: Bartsch 1970, 79

So bin ich Hakawati geworden. Und so musste man meine Bücher lesen.

14. Meine Werke. Ich habe in den 4 Eingangszeilen gesagt: „Und ich, mein Freund, ich bin die Menschheitsfrage." Das war nicht etwa zu viel gesagt. Das war nicht Einbildung, Überhebung, sondern Pflicht. Jeder Mensch hat die Pflicht sich mit der Menschheitsfrage zu identifizieren. Sobald er sich innerlich betrachtet, fühlt er, wie ähnlich seine ganze Entwicklung der ihrigen ist. So auch ich. [am Rand: Licht! Liebe!]

Um die Wahrheit der Zukunft, die man jetzt von fast allen Türen weist, weil nur wenige sie erkennen, in das Gewand des Märchens zu kleiden, damit man sich ihrer erbarme.

Ich bin trotz allen Erdenleides ein unendlich glücklicher Mann. Habe mich aus Abgründen emporgearbeitet, werde von Hunderten, von Tausenden mit den Füßen immer wieder zurückgestoßen und liebe sie doch alle, alle. Ich habe meinen Beruf, meinen Erfolg, mein Heim, meinen unerschütterlichen Glauben an Gott und die Menschheit. Dieses große, große Glück möchte ich so gern auch anderen Menschen bereiten, allen, allen, nicht nur meinen Freunden, sondern auch vor allen Dingen meinen Feinden. Darum lege ich dieses mein Glück und diesen meinen Sonnenschein in alles, was ich schreibe. Aber Glück und Sonnenschein kommen von oben. Ich musste also hinauf, musste fliegen. Ich tat es. Um Sonnenschein zu geben, schrieb ich zunächst Humoresken. Ich hatte Glück damit. Ich baute mir den Aeroplan „Erzgebirgische Dorfgeschichten". Die Zahl meiner Leser wuchs. Von diesem Aeroplan sah ich weiter. Ich baute mir also einen zweiten: „Reiseerzählungen". Als ich nun von diesen Höhen aus die Wege nach Dschinnistan betrachtete (Wissenschaft, Kunst, Religion) sah ich, dass alle drei nach der Geisterschmiede führten. Auf ihnen war also das Menschheitsleid nicht zu umgehen. Aber ich sah auch, dass man diesen Ort vermeiden kann, nämlich wenn man – – – f l i e g t. Der Ort, an dem der Flug zu beginnen hat, ist ein hoher Berg. 2 Namen. Mount Winnetou.[1] Dschebel Marah Durimeh.[2] Ich zeige ihn im Alabasterzelt.[3] Schloss der Wasserscheide.[4] Schüler von Winnetou.[5]

Nach diesem Berge führen die 2 Wege meiner Bücher: Prairie nach Mount Winnetou. Wüste nach Dschebel Marah Durimeh. I c h f ü h r e d a s a u s. Hirtenbub.

Vorwürfe: U n s i t t l i c h. J u g e n d s c h r i f t e n. Diese Vorwürfe kommen aus der Tiefe, aus Ardistan. Sie sind aus der Luft gegriffen, aus der dortigen Atmosphäre.

Vor allen Dingen: bisher nur S k i z z e n, V o r ü b u n g e n. Ich habe Fehler gemacht.

---

[1] Der Berg, an dem in *Winnetou IV* ein Winnetou-Denkmal errichtet werden soll und der zum Ziel und Schauplatz des Zusammentreffens aller Indianerstämme des May'schen Amerikas wird.

[2] Zusammen mit dem „Mount Winnetou" erwähnt Karl May den „Dschebel Marah Durimeh" erstmals in dem seit 1904 verwendeten neuen Nachwort zu *Winnetou III*, das auch in allen bis 1939 erschienenen Auflagen der Gesammelten Werke Band 9 des Karl-May-Verlags enthalten war. 1904 muss er also schon Pläne gehabt haben, die dann allerdings nur in Bezug auf den Mount Winnetou ausgeführt wurden. Der „Dschebel Marah Durimeh" sollte vielleicht eine Rolle in dem geplanten Roman *Marah Durimeh* spielen, der bereits auf der letzten Seite des dritten Bandes von *Im Lande des Mahdi* angekündigt ist. Der Roman wurde von Karl May aber nie geschrieben. Möglich ist auch, dass der „Dschebel Marah Durimeh" im ebenfalls nie ausgeführten Roman *Abu Kital* vorkommen sollte, der im Anschluss an das Drama *Babel und Bibel* geplant war.

[3] Im Roman *Im Reiche des Silbernen Löwen III und IV* steht das Alabasterzelt als Stätte und Symbol eines überkonfessionellen (und letztlich auch überreligiösen) Christentums auf der Spitze des Hauses der Religionen. Es wurde vom Ustad (Meister) errichtet, der die kleine utopische Gemeinschaft des Stammes der Dschamikun regiert.

[4] Das „Schloss der Wasserscheide" oder auch einfach das „Wasserschloss" liegt im Grenzland El Hadd zwischen Ardistan und Dschinnistan an einem See, der von den Wasserfällen von El Hadd aus dem Hochgebirge Dschinnistans gespeist wird (May *Ardistan und Dschinnistan II* 1909, 541 und 597-691). Hier entspringt der ausgetrocknete Fluss Ssul, der sich wieder mit Wasser füllt, nachdem die Schleusen des Wasserschlosses vom Mir von Ardistan und dem in El Hadd regierenden Schech el Beled geöffnet wurden.

[5] Gemeint ist der Junge Adler, der in *Winnetou IV* mit einem selbstgebauten Flugzeug den „Berg der Medizinen" umkreist.

Überhaupt, wer hat hierüber zu urteilen? Doch nur Berufene, Koryphäen usw. Ich habe keine Kritik zu scheuen. Denn diese Berufenen, also Künstler, Musiker, Bildhauer, Maler, Dichter, Schriftsteller, K r i t i k e r, sind Fürsten im Reiche der Geister. Sie haben fürstlich zu denken, zu empfinden, zu wollen und zu handeln, nicht niedrig wie in Ardistan, sondern hoch und edel wie in Dschinnistan. Diese Edelkritik kann und soll zwar meine Fehler finden und tadeln, kann aber niemals meine Feindin sein. Der niedrigen Kritik aber rufe ich zu:

Nach meines Lebens schwerem Arbeitstag
Soll Feierabend sein im heil'gen Alter.
Und was ich hier vielleicht noch schauen mag.
Das sing ich Euch zur Harfe und zum Psalter.
Ich habe nicht für mich bei Euch gelebt;
Ich gab Euch alles, was mir Gott beschieden,
Und wenn Ihr nun mir Hass für Liebe gebt,
So bin ich auch mit solchem Dank zufrieden.

Nach meines Lebens schwerem Leidenstag
Leg allen Gram ich nun in Gottes Hände.
Und was mich hier vielleicht noch treffen mag,
Das führe er in mir zum frohen Ende.
Ich hab' die Schuld, die Ihr auf mich gelegt,
Gewisslich nicht allein für mich getragen,
Doch was dafür sich irdisch in mir regt,
Das will ich gern nur noch dem Himmel sagen.

Nach meines Lebens schwerem Prüfungstag
Wird nun wohl bald des Meisters Spruch erklingen.
Doch, wie auch die Entscheidung fallen mag,
Sie kann mir nichts als nur Erlösung bringen.
Ich juble auf. Des Kerkers Schloss erklirrt;
Ich werde endlich, endlich nun entlassen.
Ade! Und wer sich weiter in mir irrt,
Der mag getrost mich auch noch weiter hassen![1]

[1] May *Mein Leben und Streben* 1910, 320

15. Schluss. Menschheit. Das Leben des Einzelnen ist das Menschheitsleben im Kleinen. Auch das meinige. Was ich von mir sagte, habe ich auch von der Menschheit zu sagen: Empor in das Reich der Edelmenschen! Wie ich mir als Einzelmensch dieses Empor gedacht habe, sage ich in meinen „Himmelsgedanken".

„Schon weicht die Fläche hinter mir".

> Schon weicht das Flache hinter mir;
> Die Ebene beginnt, zu steigen.
> So naht das Herz, Jehovah, dir,
> Wenn hinter ihm die Zweifel weichen.
> Es ist, als ob am Horizont
> Ich Bergesspitzen leuchten sähe.
> So reinigt, läutert, wärmt und sonnt
> Die Seele sich in Himmelsnähe.
> Hinauf, hinauf! Ich raste nicht;
> Ich darf und mag nicht unten bleiben.
> Mein frömmstes, herzlichstes Gedicht
> Will ich beim Glühn der Alpen schreiben.
> Dann werde ich es heimlich, still,
> In einem Kirchlein niederlegen;
> Vielleicht gereicht's, so Gott es will,
> Dem, der es findet, dann zum Segen![1]

Ich bin Christ. Wie ich mir dieses Empor für die Menschheit im Allgemeinen denke, sage ich im Silbernen Löwen:

> Ich komm zu dir im Sonnenstrahl
> Und lass mir deine Rosen blühen.
> In tiefer Andacht liegt das Tal
> Vom Morgen- bis zum Abendglühen.
> Ich sehe aus der stillen Flut
> Die Berge Gottes aufwärts steigen,
> Und wo sein Haus auf Säulen ruht,
> Soll heut sich mir der Himmel zeigen.
> „Ich komm zu dir im Sonnenstrahl,"

[1] „In die Berge", in: May *Himmelsgedanken* 1900, 65

480

So spricht der Herr und steigt hernieder.
Die Glocken klingen übers Tal,
Und von den Bergen tönt es wieder.
Brich auf, mein Herz, der Rose gleich,
In der sich alle Düfte regen.
Es naht sich dir das Himmelreich;
Brich auf, und dufte ihm entgegen![1]

Beide kommen einander entgegen im Sonnenstrahl. Gott naht sich uns nicht mehr in Donner und Blitz, sondern nur noch in L i e b e.

Das Menschheitsleben vollzog sich bisher nur unten in Ardistan. Geschichte mit Blut geschrieben. Wir kennen dieses Ardistan.

Leider, leider, wir lieben es. Theater, Literatur… Aber glauben wir ja nicht, dass die Sehnsucht nach Dschinnistan erst von heut ist! O nein! 1.) Heiden. Religion der Inder, Chinesen, der Inkas zeugen von großer Sehnsucht nach Edelmenschlichkeit. Gesetzgeber H a m m u r a b i! Wie das heutige Heidentum hierüber denkt, lasse ich von einem malayischen Priester sagen in „Friede auf Erden".

O komm, sei wieder Gast auf Erden,
Du gottgesandter Menschheits-Christ.
Dein Stern soll nie zur Flamme werden,
Die das verzehrt, was heilig ist.

Wohl mögen Könige und Weise
Sich dir mit Gold und Weihrauch nahn.
Du aber hast dich nur dem Kreise
Der armen Hirten kundgetan.

Der Habsucht sei das Gold beschieden,
Der Weihrauch dem, der Weihrauch liebt,
Uns Armen aber gib den Frieden,
Den uns kein Fürst, kein Weiser gibt![2]

[1] May *Im Reiche des silbernen Löwen III* 1902, 538f.

[2] May *Und Friede auf Erden!* 1904, 388

Und Israel, das Volk Gottes! Was haben wir von ihm überkommen und geerbt! Nie können wir genug dankbar sein! Was ist sein Gott für den Poeten! Welche Regeln der Menschlichkeit! Ich habe die Weissagung gesungen: Jesaias 9. Und es genügt mir hier das eine Wort aus dem 60. Kapitel Vers 1: Mache dich auf, werde Licht! Und der Islam!

„Ich spreche hier von unsrem heilgen Glauben…"

Und nun das Christentum! Was soll ich da noch sagen? Das heutige Christentum?

Bertha Suttner: Österreich. Wien.

Erforschung von Dschinnistan

Österreich ist uns voran. Wer hat bei uns gesagt, dass wir fliegen sollen? Meines Wissens noch niemand. Hier ist eine, die es längst schon sagte!

Jetzt gilt es, auch mit Flügen ins blaue Reich des Ideals sieghafte Rekords zu schlagen. Vehikel dazu sind die Gedanken; Gedanken, die bis über Wolken schweben – über die Dunstkreise der kleinlichen Privatinteressen, über die Niederungen der nationalen Streitigkeiten – menschliche Hochgedanken mit einem Wort. Und so schließe ich mit dem Ruf, der der Schlachtruf der neuen, höhenbewältigenden Zeit zu werden hat, dem Ruf: „Empor!"

Vor zweitausend Jahren hat ein Großer, Gütiger, Weiser einem solchen Hochgedanken Worte geliehen: „Liebet euch untereinander!" Vergebens! Aber vor Tausenden von Jahren hat ein Ikarus versucht, sich fliegend zur Sonne zu erheben – vergebens. Und doch kann man heute fliegen. Und so wird auch jenes andere Höhenreich zu erobern sein, in das nicht unser Körper, sondern unsere Seelen sich schwingen sollen.

Wehe, wenn man noch viel länger säumt, sich zu diesem Eroberungswerke aufzuraffen. Verfolgung, Knechtung, Entrechtung und Vernichtung dürfen nicht länger als legitimes Mittel zur Erreichung sozialer und politischer Zwe-

cke gelten. Denn zu gewaltig sind die Vernichtungsmöglichkeiten herangewachsen. Vor dem fliegenden Menschen kann man sich nicht anders schützen, als
dass man ihn zum Bruder macht.[1]

Das walte Gott!

Einige Worte über Karl May. Von Bertha v. Suttner

Die Nachricht von Karl Mays Tode wird alle jene, die
hier im Sophiensaal dem allerletzten Vortrag, den er gehalten, beigewohnt haben, ganz besonders erschüttern. Er
sprach viel vom Sterben und vom Jenseits, von göttlichen
und ewigen Dingen, und es lag etwas Seherhaftes, Unend-
lichkeitssehnendes in seiner ganzen Art. Zwar dachte er
nicht an ein eigenes nahes Ende, denn er teilte mit, dass
er, der Siebzigjährige, erst sein Hauptwerk schreiben wolle.
Einmal aber erwähnte er, der Arzt habe ihm verboten, zu
reisen und öffentlich zu sprechen – es könnte ihm – nach
kaum überstandener Krankheit – das Leben kosten.
Und richtig, so ist es auch gekommen; kaum von Wien
in sein Heim bei Dresden zurückgekehrt, legte er sich und
starb. Er hatte noch eine große Freude erlebt. Der Jubel,
mit dem ihn die dreitausend Zuhörer umtosten, war ja
nicht nur der Ausdruck von dem Schriftsteller gewidme-
tem Beifall gewesen, sondern vielmehr eine Demonstration
von persönlicher Verehrung, ein Protest gegen die Bosheits-
und Verleumdungskampagne, die gegen ihn geführt worden und aus der er voll rehabilitiert hervorgegangen war,
die ihm aber durch zehn lange Jahre das Leben verbittert
hatte.
Wer den schönen alten Mann an jenem 22. März (am
30. März, seinem Hochzeitstag, traf ihn ein Herzschlag)

[1] Zitate aus von Suttner, *Der Menschheit Hochgedanken* 1911, 152 und 295

sprechen gehört, durch ganze zwei Stunden, weihevoll, begeisterungsvoll, in die höchsten Regionen des Gedankens strebend – der musste das Gefühl gehabt haben: In dieser Seele lodert das Feuer der Güte.

„Mit einem Herzensgruß nach dem Jenseits"
Bertha von Suttners Eintrag in Karl Mays Gästebuch
vom 12.2.1913 während ihres Besuchs bei Karl Mays
Witwe Klara May in Radebeul

Die wahren Kenner unter sich

Eine fiktive Kritikerrunde nach Karl Mays Friedensrede in Wien, März 1912

Unter Verwendung der Dokumentation
von Ekkehard Bartsch[1]
Szene für die Landesbühnen Sachsen, Januar 2012

von Odette Bereska

Figuren

A   älterer Kritiker einer seriösen Wiener Tageszeitung, Doktor, Typ Reich-Ranicki

B   junger Kritiker, Adept von A

C   älterer Kritiker einer weiteren Wiener Zeitung, Jude

D   junger Kritiker, der für die „Arbeiterzeitung" schreibt, Berufsanfänger

Spielort

Foyer des Wiener Sophiensaals, 22.3.1912

Eventuell ein Plakat mit der Ankündigung des Vortrags von Karl May auf Einladung des Akademischen Verbands für Literatur und Musik. Man hört im Off Karl May reden.

Karl May (off)   Meine hochverehrten Zuhörer, vergeben Sie mir meine Schwäche. Es ist nur wenige Tage her, dass ich schwer krank mit dem Tode gekämpft habe. Sie werden fragen, wieso ich aber dennoch nach Wien gereist bin?
Wie Sie wohl wissen, hat man mich in meinen alten Tagen vor hundert Gerichte geschleppt, und wenn man

[1] Bartsch, Ekkehard 1970: Karl Mays Wiener Rede. Eine Dokumentation. In: Jahrbuch der Karl-May-Gesellschaft. Hrsg. von Claus Roxin. Hamburg: Hansa, S. 47-80

mir jetzt in Wien zeigt, dass man doch Vertrauen zu mir hat und mich nicht für unehrlich hält, wie konnte ich da fernbleiben? Ich muss beweisen, dass ich nichts zu scheuen und nichts gutzumachen habe. Ich habe gutgemacht....

Im letzten Teil der Rede kommt A auf die Bühne.

A   *zu sich* Genug gelitten, mein Guter!

Als er seinen Mantel anziehen will kommen B und C.

A   Grüß Gott, die Herren, auch auf der Flucht?

B   Er ist tatsächlich am Ende! 2 Stunden ohne Pause! Fast immer frei, selbst die Gedichte!

A   Das zumindest ist beeindruckend. Immerhin ist er 70, der alte –

C   Psst!

A   Indianerhäuptling!

C   Still! Ich will das Schlusswort hören!

Karl May (off)   *beendet seine Rede...* Ja, so ist es: Hier in Österreich sehe ich die Ziele der Edelseele verwirklicht! Viele Ihrer Künstler und Dichter haben den Menschheitsgedanken gelebt und gelitten. Diesen wünsche ich jenen höchsten Erfolg, der ihrem Streben gebührt. Das walte Gott, Amen!

B   *sarkastisch* Amen.

Zunächst herrscht für einen kurzen Moment Stille im Saal.

A   *erfreut* Enttäuschung! Kein Wunder!

Dann bricht tosender Applaus los. Frenetischer Jubel, vor allem von jungen Menschen. (off)

Karl May (off) *ergriffen* Danke, danke! Bleiben Sie mir treu!

Während des nachfolgenden Dialogs verebben Applaus und Jubel.

B   *ironisch* Enttäuschung also? Was Sie nicht sagen!

C   3000 Zuhörer! Vor allem Jugend. Hören Sie, was für ein Enthusiasmus!

A   Verblendete junge Menschen. Dachten, sie treffen Winnetou und Old Shatterhand. Stattdessen: „Empor ins Reich der Edelmenschen". Mein Gott, was für ein Schmarrn.

C   Bumvoll war's. Dem Volke immerhin ging's ans Herz.

B   Doch nicht ins Hirn. Hirnloses kann nicht ins Hirn gehen. *Lacht*

C   Oh, ein Witzbold. Sind wir uns schon begegnet?

D kommt dazu.

A   Noch ein Vertreter unserer Zunft. Haben Sie noch auf das Maysche Rezept gewartet, wie man ein „Edelmensch" wird? Welche Zutaten empfiehlt er?

D   *erfreut* Herr Doktor. Ich grüße Sie. Und die werten Kollegen.

       Ich wollte unbedingt ein Autogramm, hier sehen Sie. „Winnetou 1" – für meinen Sohn, er wird nächste Woche 7. Bald kann er alles selber lesen, meine Karl-May-Sammlung umfasst mehr als 20 Bände!

A   Doch wie wir heute gelernt haben, ist May auch ein – *sieht nach* – „Hakawati": Also vergessen Sie nicht ihrem Sohn auch seine Märchen zum Studium zu geben!

C   Seien Sie doch nachsichtig, Doktor, Sie wären doch froh gewesen, wenn es in Ihrer Jugend derart spannende Lektüre gegeben hätte.

D   *ehrlich enthusiastisch* Aber was sagen Sie: War es nicht
    wunderbar?! Ist er nicht großartig, in seiner Mischung
    aus religiösem Pathos und Menschheitsbeglückung!
    Das nenne ich einen wahren Visionär.

A   Ich nenne das: Schaumschläger. „Geläuterter Mensch-
    heitsbefreier mit martialischem Schnurrbart im Wild-
    westkostüm".

B   Drapiert vorm Bärenfell!

C   *zu A* Sie spitzen also schon wieder die Feder, Ver-
    ehrtester?

A   *zu C* Dass so ein dürrer Greis eine derart weitläufige
    Osterpredigt zu halten vermag, hat mich allerdings
    ehrlich überrascht! Sie etwa nicht?

B   Eine Kreuzung aus zerknirschtem Räuberhauptmann
    und gekränktem Paradieswächter?! Wie finden Sie
    das?

Niemand antwortet.

B   Ich halte May für eine Bedrohung. Verbieten muss
    man ihn.

D   Aber ich bitte Sie, er hat doch wirklich ergreifend ge-
    sprochen! Mit welcher Jugendkraft er seinem Alter
    spottet und mit flammendem Auge von seiner Zukunft
    spricht.

B   Die möge ihm Gott verwehren. Man stelle sich nur
    vor: Wir müssten Ähnliches noch einmal ertragen.

D   Sie sind geschmacklos. Solch intime Geständnisse
    über bitterste Seelenqualen – wer sonst hat den Mut
    zu einer derart schonungslosen Offenheit?!

A   Niemand, hoffe ich. Ich kann ganz gut leben ohne
    derart peinliche Enthüllungen.

C   Frau Baronin hatte sich das sicherlich anders ge-
    dacht. Oder meinen Sie nicht, dass sich die Suttner
    etwas mehr intellektuelle Klarheit von der Rede ihres
    Freundes erwartet hat?

A   Sollte unsere Friedensfurie tatsächlich auf Verwertba-
    res bei May gehofft haben, kennt sie ihn schlecht.
    Ich habe sie beobachtet. Sie hing inbrünstig an sei-
    nen Lippen. Eine erstaunliche Konstitution hat diese
    Dame, ich selbst bin mehrfach eingenickt.

D   War sie es, die ihn eingeladen hat? Ich war 10 Minuten
    zu spät und habe den Anfang leider verpasst.

B   Ja, die beiden heldischen Friedenskämpfer haben zu-
    sammen eine Pfeife geraucht und dabei...

C   Können Sie Ihre Dummheiten nicht für sich behal-
    ten? In der Morgenausgabe werden wir sie ja ohnehin
    nachlesen können.

    zu B Ja, die Suttner hat ihn eingeladen, aber organi-
    siert hat das Ganze der Akademische Verband, eine
    Vereinigung Junger Studenten.

A   Eine wunderliche Einladung. Als gäbe es nicht
    Künstler genug, die wie Jensen, Ewers oder Hermann
    Hesse, die Welt tatsächlich durchwandert haben und
    uns nicht nur mit uferlosen Phantastereien martern
    müssten.

C   Es war natürlich eine arge Geduldprobe, da haben
    Sie recht. Aber finden Sie nicht auch, dass der alte
    Herr eine auffällige Würde hat? Und wenngleich alles
    etwas zusammenhanglos schien, so muss ich doch ge-
    stehen, dass mich die autobiografischen Schilderun-
    gen – Hunger in der Kindheit, entbehrungsvolle
    Jugend, Blindheit, Großmutters Liebe... irgendwie...
    angerührt haben.

A   Werter Kollege, in Ihrem Alter sollten Sie doch vor solchen Scharlatanen gefeit sein! *zitiert ironisierend aus seinen Mitschriften* „Der blinde Knabe sitzt auf dem Schoß der Großmutter, die ihm aus einem alten Märchenbuch arabische Märchen erzählt." Oder: „Kennst du den unergründlich tiefen See, In dessen Flut ich meine Ruder schlage? Er heißt seit Anbeginn das Menschheitsweh, Und ich, mein Freund, ich bin die Menschheitsfrage". Er ist „die Menschheitsfrage", Himmel, was für eine Anmaßung! Ich bitte Sie, so etwas können Sie doch nicht ernsthaft anrührend finden?!

B   Und das mit der Blindheit hat er sich ausgedacht. Reine Wichtigtuerei. Es ist nämlich ganz unmöglich, dass so etwas ohne Dauerfolgen einfach vergeht.

C   Augenarzt sind Sie also auch noch. Hatte ich Sie nicht um etwas gebeten?!

B   Ich lasse mir doch von Ihnen nicht das Wort verbieten!

A   *mit freundlichem Nachdruck zu B* Ich bitte Sie, mein lieber junger Freund!

B   Ich gehe wohl besser. Man sieht sich. *Ab*

C   Tut mir leid, aber diese dreiste Großmäuligkeit ertrage ich nicht.

A   Das Recht der Jugend.

D   Wissen Sie, mich quält die Frage, wie ich das, was der Herr May da vorgetragen hat – ich meine nicht den privaten, sondern den, sagen wir, philosophischen Teil – für meine Leser zusammenfassen soll...

A   Mich würde es eher beunruhigen, wenn Sie sich in der Lage sähen, dieses wirre Glaubensbekenntnis sinnvoll in 3 Sätzen wiederzugeben.

D   Aber wenn Sie nichts dagegen haben, will ich es gerne versuchen?

A   Oh bitte bitte, tun Sie sich keinen Zwang an.

D   Warten Sie. Gleich. *sieht in seine Mitschriften*

B   *kommt zurück* Keine Sorge, ich habe nur meinen Schirm vergessen. *Will gehen, bleibt aber, als D zu reden anfängt, doch stehen.*

D   Also vielleicht so: *in Gedanken suchend* In seinem mehr als 2stündigen Vortrag behandelte May das Thema „Empor ins Reich der Edelmenschen" nicht als Philosoph, nicht als Künstler, sondern vom rein menschlichen Standpunkt aus. Er führte aus, dass die innerliche Läuterung des Einzelmenschen ebenso wie die der Menschheit dadurch erfolgt, dass die Selbstsucht getilgt wird, dass die – äh, Selbstlosigkeit, nein – Uneigennützigkeit, nein, Altru... *Findet das Wort nicht.*

B   „Altruismus" vielleicht?

D   Ja, genau, Altruismus. Also dass der Altruismus den gewaltsamen Egoismus verscheucht. Wenn man diesen Prozess der Selbstreinigung vollzogen hat, steigt man auf ins Reich der Edelmenschen. *Längere Pause* Und, meinen Sie, das könnten unsere Leser verstehen?

A   Meine sicher nicht. Aber Sie schreiben doch für's „Fremdenblatt"? Dafür war es perfekt, finden Sie nicht auch, Herr Kollege?

D   Aber ich schreibe doch für die „Arbeiterzeitung"!

B   Na, da braucht es wohl eher ein paar eindeutige Zeichnungen von edlen Menschen weiblichen Geschlechts.

D   *ist gekränkt und will gehen.*

A Was haben Sie denn? Warum denn plötzlich diese jüdische Hast?

C Nehmen Sie es nicht persönlich. Unter Kritikern kann man keine seriösen Gespräche führen, soviel sollten Sie doch schon wissen. Aber ehrlich gesagt, ich finde es eindrucksvoll, wie klar Sie jetzt schon formulieren können!

D *irritiert* Vielen Dank. Danke. Sehr freundlich von Ihnen.

   Jetzt muss ich wirklich los, der Drucker wartet nicht. Gehaben Sie sich wohl. *Ab*

B *zitiert ironisch A* „Jüdische Hast". Haben Sie gehört, wie May den Juden schmeichelte? Dass ihre Sehnsucht nach Erlösung die größte sei innerhalb der Religionen?

C May ist Jude?

A Nein, nein. Obwohl, ebenso schlitzohrig ist er ja. Und 60 komplette Romane, das geht wohl nur mit jüdischem Eifer.

B Und die ganze kleine jüdische Saubande, mit sicherlich 10 Bälgern oder mehr, die muss immer mitschreiben! *Lacht dröhnend.*

C Bei diesem Thema lasse ich Sie wohl besser alleine. Sie kennen mich offenbar nur unter meinem Pseudonym. Darf ich mich vorstellen: Rosenfeld, allerdings nicht Itzig, nur Jonathan. *Ab*

A *zitiert C* „Nehmen Sie es nicht persönlich!" Und ist selbst so überempfindlich!

B Sag ich ja: Humorlos bis auf die Knochen. Sehen wir uns in der Burg am Dienstag?

Black

Vermarktung als Friedensmanagement: William F. Cody, Karl May und die Festspielkultur

von André S. Köhler

Buffalo Bill alias William F. Cody (1846–1917) und Old Shatterhand alias Karl F. May (1842–1912) waren geborene Selbstdarsteller, PR-Genies und frühe Marketing-Strategen, die auch 100 Jahre nach ihrem Tod noch eine starke Wirkung im öffentlichen Bewusstsein haben, wenn es um das Thema „Wilder Westen und Indianerkultur" geht. Diese Wirkungen sind fest in der deutschen Kultur und in der Vorstellung vom amerikanischen Westen verwurzelt. Hätte William F. Cody sich jemals vorstellen können, dass seine „Wild-West-Theateraufführung" im Disneyland Paris und ähnliche Vorstellungen in „Pullman City" in Hasselfelde im Harz oder in Egging am See in Bayern weiterleben und der durch ihn geprägte Begriff „Wilder Westen" ein Synonym für den amerikanischen Westen des 19. Jahrhunderts werden würde? Hätte Karl May sich vorstellen können, dass 2013 eine Delegation der Oneida-Indianer aus dem Staat New York nach Radebeul mit einer Friedensbotschaft zu den 22. Karl-May-Festtagen kommt, in seinem Garten eine „Villa Bärenfett" steht und in sein Radebeuler Museum inzwischen über acht Millionen Menschen gepilgert sind? Die Fragen sind natürlich hypothetisch und bleiben unbeantwortet. Und bei genauerer Betrachtung dessen, was Buffalo Bill und seine Indianer und Old Shatterhand und sein Blutsbruder Winnetou in den Köpfen der Menschen von damals und heute hinterlassen haben, tauchen Schlagworte auf wie: „Indianer als exotische und edle Wilde", „Leben in der Natur", „Freiheit und Selbstbestimmung", „Abenteuer und Romantik", „Tapferkeit und Mut der Helden", „Sieg des Guten über das Böse" und „Kampf für Gerechtigkeit und Frieden".

493

Ein Google-Suchanfrage zum Begriff „Friedensmanagement" brachte am 11. Januar 2013 ungefähr 5.360 Ergebnisse in 0,33 Sekunden. Pshaw! – würde dazu vielleicht Karl May in seiner „Westmannssprache" schreiben. Die Frage aber, die noch vor der Google-Anfrage steht, wenn man zu den öffentlichen Wirkungen von May und Cody in einem grüngoldenen Karl-May-Friedensband einen Beitrag leisten möchte, lautet einfach: „Was ist eigentlich Frieden?"

Die Bedeutung von Frieden und Krieg

Eigentlich scheint der Begriff ja klar zu sein. Frieden ist das Wichtigste auf der Erde für alle Menschen im Allgemeinen und das eigene Leben im Speziellen. Assoziationen, die sich mit dem Wort „Frieden" verbinden, sind: „friedlich", „Friedenstaube", „kein Krieg" und vielleicht noch „Leben", um es auf vier Stichworte zu begrenzen. Stellt man die Frage von Assoziationen von Frieden in Zusammenhang mit Karl Mays Leben und Werk, so lauten meine ersten vier Gedanken-Speicher-Plätze: „Karl Mays Roman *Und Friede auf Erden!*", „Bertha von Suttner, Karl Mays Friedens-Nobelpreis-Freundin", „Winnetou und der Friede – ich meine Pierre Winnetou Brice's Filmimage", „das vielzitierte May-Zitat ‚Als ob es unmöglich wäre [...] auf den Frieden zu rüsten!' (May *Ardistan und Dschinnistan I* 1909, 17)."

Diese ersten vier Assoziationen sind sicher sehr individuell. Thomas Grübner, ein Kurator der Karl-May-Stiftung, antwortete auf meine Frage: „Welche vier Assoziationen von *Frieden* haben Sie in Zusammenhang mit Karl Mays Leben und Werk?"

Erstens: Old Shatterhand, einer der mit der Faust kämpft. Er ist äußerst darauf bedacht, niemanden zu verletzen und nur in Notwehr zu reagieren und ist Gott sei Dank mit einer stahlharten Faust gesegnet, mit der er einen Feind schnell k.o. schlägt, ohne dass ihm ernsthafter Schaden entsteht.

Zweitens: das ständige Bemühen seiner Helden, Konflikte möglichst friedlich beizulegen. Es wird drumherum geschlichen, es wird verhandelt. Und es gibt eine ganz klare Botschaft: Das sind die Helden, die es geschafft haben, den Konflikt friedlich beizulegen.

Drittens: das Verteidigen der Schwachen, zur Not auch mit Gewalt. Da kann man ja schon fast unseren Bundeswehreinsatz in Kunduz als Vergleich nehmen. May sagte durch seine Figuren: Naja, wenn's gar nicht anders geht und der Böse zu böse wird, dann muss halt der Starke sich vor die Schwachen stellen und zur Not auch kämpfen, dann muss es halt sein, aber immer mit dieser Unternote, dass man ganz klar merkte, seine Helden haben immer in Notwehr reagiert, die wären nie von allein auf die Idee gekommen, jemanden mit Gewalt zu etwas zu zwingen. Diese Fortentwicklung in seinem Werk finde ich sehr spannend.

Und viertens: dass May ein ganz klares Bild von Gut und Böse in seinen Werken hat. Die Guten sind immer die Intellektuellen, die geistigen Typen, die mit List und sehr viel Geschick, Verhandlungsgeschick, operieren. Nehmen wir mal den Blauroten Methusalem, eine „gescheiterte, verkrachte Existenz", der nach China fährt, um seinem Haushaltsgehilfen beizustehen. Das, finde ich, sind sehr schöne Friedensbotschaften, dass er wirklich sagt, in einer gewalttätigen Welt kann man trotzdem mit anderen Mitteln, die nichts direkt mit den Waffen zu tun haben, zum Zuge kommen.[1]

Über den Begriff Frieden habe ich das erste Mal ernsthaft nachgedacht, als ich 2012 bei einem Karl-May-Symposium in Cleveland Ohio[2] eine Wissenschaftlerin traf, die zum Frieden forschte und „Frieden als einen philosophischen

[1] Aus einem Interview vom 07.03.2013

[2] Case Western Reserve University, 24./ 25. Oktober 2012: „Why Germans love Cowboys and Indians: Karl May, the American West and the German Imagination" – Symposium aus Anlass des 100. Todestages Karl Mays im Max Kade Center for German Studies

Ansatz" betrachtete. Sie war erstaunt, dass Karl May mit der Friedensnobelpreisträgerin Bertha von Suttner bekannt war, und ich war erstaunt über Frieden als Ansatz in der Philosophie.

In meiner Vorstellungswelt hatte Frieden bis dahin zwei Dimensionen: erstens der „innere Frieden" als mein persönliches Verhältnis zu meiner Umwelt und zweitens der „Frieden zwischen den Ländern der Erde" als Ergebnis dessen, dass ich Krieg und Frieden vor allem über die Nachrichten wahrgenommen habe und dabei zumeist von Kriegen zwischen Ländern oder Staaten gesprochen wird. Werner Stegmaier, Professor für Philosophie an der Universität Greifswald, beantwortete die Frage nach dem Begriff des Friedens in einem Interview zum Thema „Frieden als philosophische Herausforderung" folgendermaßen:

> Die Frage kann man nur differenziert beantworten. Die einfachste Differenzierung wäre die nach Lebensbereichen. Wir sprechen etwa von persönlichem Frieden, innerem Frieden – hier spielen persönliche Beziehungen eine Rolle –, von politischem Frieden, wo das Recht, von sozialem Frieden, wo die Moral maßgeblich ist. Durch all das kann der Frieden aber auch wieder verunsichert werden. Um Recht kann man kämpfen, um Moral kann man kämpfen, um persönliche Beziehungen kann man kämpfen. Kann man um Frieden kämpfen, oder ist das nicht paradox?[1]

Und bei der Beantwortung dieser Frage „Kampf für Frieden?" kommen wir nun wieder zu Karl May. Der oben genannte und so oft in der May-Sekundär-Literatur zitierte May-Satz zur Rüstung auf den Frieden findet sich im ersten Band von *Ardistan und Dschinnistan*, und der

---

[1] Frieden als philosophische Herausforderung. Pascal Delhom im Gespräch mit Alfred Hirsch, Hajo Schmidt und Werner Stegmaier. In: Information Philosophie – Die Zeitschrift, die über Philosophie informiert. [http://www.information-philosophie.de/?a=1&t=2913&n=2&y=1&c=3] (Zugriff: 12.01.2013)

Zusammenhang, in dem May diesen Satz schreibt, macht uns deutlich, dass er sich des Friedensparadoxons bewusst war. Karl May war in diesem Sinne ein Friedens-Philosoph. Lassen wir den Mayster durch seine kurdische Fürstin Marah Durimeh sprechen:

„Ich sage Dir, mein Freund, der stolze Krieg steigt nie zum Frieden herab, um ihm die Hand zu reichen, sondern der Friede muß zu ihm empor, um ihn, der ewig widerstreben wird, herabzuschmettern. Hat der Krieg eine eiserne Hand, so habe der Frieden eine stählerne Faust! Nur die Macht imponiert, die wirkliche Macht. Will der Friede imponieren, so suche er nach Macht, so sammele er Macht, so schaffe er sich Macht. Du siehst, dass der Friede niemals wirklich Friede sein kann. Er ist es nur solange, als er die Macht besitzt, es zu sein. Er hat stets auf Vorposten zu stehen. Sobald er sich beschleichen und überfallen lässt, tritt der Feind an seine Stelle. Alle Rüstung der Erde und alle Rüstung ihrer Völker war bisher auf den Krieg gerichtet. Als ob es unmöglich wäre, in eben derselben und noch viel nachdrücklicheren Weise auf den Frieden zu rüsten! Begreifst Du, was ich meine?"
„Ich verstehe Dich," antwortete ich. „Krieg oder Friede. Wer von beiden die größere Macht besitzt, der wird herrschen." (May *Ardistan und Dschninnistan 1* 1909, 16f.)

Schön, wie unser Dichter May sowohl den Krieg als auch den Frieden personifiziert, um uns, seine Leserinnen und Leser, erkennen zu lassen, was er meint und denkt. Damit lassen sich auch Immanuel Kants Argumente zur Voraussetzung des Friedens vergleichen. Kant prägte den Begriff vom „Ewigen Frieden" in der Schrift *Zum ewigen Frieden* (1795), deren Intention Kants Biograf Moritz Kronenberg darlegt:

Sie will nicht die Idee des ewigen Friedens der Völker erst ableiten und begründen, sondern die Mittel und Wege aufzeigen, um ihn zu verwirklichen. Und als ob es sich um einen regelrechten Vertrag handelte, geschlossen zwischen allen Völkern der Erde in der Absicht, ewig Frieden zu halten und den Rechtszustand dauernd zu sichern, so stellt Kant zunächst Präliminar-Artikel auf, d. h. vorläufige Artikel des Vertrags, durch welche der ewige Friede zunächst erst einmal angebahnt werden soll, und darauf Definitivartikel, durch welche er allererst verwirklicht werden kann. [...] Unter den vorläufigen Artikeln verbietet Kant zum Beispiel die Geltung eines Friedensschlusses, wenn er unter geheimen Vorbehalten für einen künftigen Krieg geschlossen wurde, oder auch gewalttätige Einmischung und andere Feindseligkeiten, „welche das wechselseitige Zutrauen im künftigen Frieden unmöglich machen müssen [...]." (Kronenberg 1904, 278f.)

Kants philosophische Überlegungen, wie denn ein „ewiger Frieden der Völker" verwirklicht werden kann, und Karl Mays Gedanke „Krieg oder Friede. Wer von beiden die größere Macht besitzt, der wird herrschen", machen deutlich, wie ernst beiden die Beschäftigung mit dem Thema war und wie eng sie mit geltendem Recht und gelebter Gerechtigkeit in Verbindung stehen. Wie und wann kommt man als Mensch an diesen Punkt, so über Frieden nachzudenken? Meine Generation und alle die, die selbst nie einen Krieg erlebt haben, wahrscheinlich erst durch Medien-Bilder aus Kriegsgebieten. William F. Cody kannte den Krieg aus dem eigenen Erleben der Indianerkämpfe im mittleren Westen. Bekannt geworden ist ein Foto, das Buffalo Bill mit Sitting Bull zeigt. Aufgenommen 1885 in Montreal wurde es mit der Bildunterschrift „Feinde 1876 – Freunde 1885" (Kasson 2000, 178) versehen. Bei einem Besuch 1903 in England wurde Cody in der Presse mit folgenden Worten zitiert:

[...] und während mein alter Kommandeur, General Sherman, richtiger Weise den Krieg als ‚Hölle' definierte, sind die Bedingungen so, dass bis die Bedürfnisse der Menschheit nicht zusammentreffen, die Vorbereitung auf

Buffalo Bill und Sitting Bull „Feinde 1876 – Freunde 1885"

den Krieg, die beste Prävention ist. Die Lektionen, die wir jungen und alten Kriegsveteranen, euch heute lehren ist die Linie der Vorbereitung, die dem Union Jack und dem Sternen-Banner die Möglichkeit geben, mit Gerechtigkeit und Ehre der ganzen Welt gegenüber, den Frieden zu repräsentieren und, wenn nötig, zu erzwingen.[1]

Der Zwang zum Frieden äußert sich auch in den dem preußischen General von Clausewitz zugeschriebenen Worten, Krieg wäre „eine bloße Fortsetzung der Politik mit anderen Mitteln." Schaut man sich den genauen Text in *Vom Kriege* (1832) an, so ist zu lesen: „die politische Absicht ist der Zweck, der Krieg das Mittel" (zit. n. Keegan 2012, 21). Damit wäre der Krieg, wenn man ihn als ein Vorhaben betrachtet, immer mit einer Absicht respektive einem Zweck verbunden. Ich denke, es lohnt darüber nachzudenken, was das Wort „Krieg" noch bedeuten kann, und zwar auch unabhängig von politischen Komponenten, also dem, was als bewaffnete Auseinandersetzung zwischen Staaten sichtbar wird. „Krieg" steht auch für Konflikte zwischen Individuen. Die Essenz des Krieges ist der Kampf. Bei Führungen im Karl-May-Museum erläutere ich Besuchern, dass Krieg bei den Prärievölkern im Nordamerika des 19. Jahrhunderts nicht in erster Linie etwas mit dem Töten von Menschen zu tun hatte. Das Berühren des Gegners in der Nähe im Kampf (counting coup) und das Rauben von Pferden und Frauen war weit höher angesehen, als auf Entfernung den Gegner mit Pfeil und Bogen zu töten. Nationen wie die Lakota waren Kriegerkulturen, Gesellschaften, die ihren individuellen Stolz und ihre Identität als Nation aus dem erfolgreichen Kampf gezogen haben. Ist es nicht der für seine Freiheit kämpfende Prärieindianer, der die

[1] Daily News (England) vom 21. Februar 1903. BBHC HMCRL MS 6, Series VI:G, Box 3, Folder 5. Cody überliefert Shermans Aussage richtig. Der Bürgerkriegsgeneral William Tecumseh Sherman hat vor der Militärakademie von Michigan am 19. Juni 1879 den Krieg als Hölle bezeichnet: „Ich habe den Krieg satt und bin seiner müde. Sein ganzer Ruhm ist nichts als fauler *Zauber [...]. Der* Krieg ist die Hölle" (zitiert nach Keegan 2012, 26).

Indianerbegeisterung durch Literatur, Völkerschauen und historische Wirklichkeit auslöste? John Keegan verweist in seinem Werk *Die Kultur des Krieges* auf die Aspekte zum Krieg hin, die jenseits der Existenz von Staaten liegen:

> Nun ist der Krieg aber nahezu ebenso alt wie der Mensch und damit um viele Jahrtausende älter als Staat, Diplomatie und Strategie. Er reicht in die geheimsten Tiefen des menschlichen Herzens, dorthin, wo das Ich rationale Ziele auflöst, wo der Stolz regiert, Emotionen die Oberhand haben und der Instinkt herrscht. (Keegan 2012, 21)

Krieg hat immer mit Macht zu tun, um eigene Interessen durchzusetzen. Konflikte müssen ausgetragen werden, um sie zu bewältigen und zu lösen. Im Idealfall friedlich oder wenn die Gerechtigkeit es erfordert auch mit Gewalt und Macht? Erinnern wir uns an Karl Mays Worte: „Krieg oder Friede. Wer von beiden die größere Macht besitzt, der wird herrschen."

Karl May und William Cody haben im Verlaufe ihres Lebens Konflikte bewältigen müssen. Aus der Lebenserfahrung entstand ein Bewusstsein für Frieden und die Intention, diesen Frieden im Rahmen des eigenen Wirkungskreises als erstrebenswerten Zustand zu erklären. Dieser Wirkungskreis war im Rahmen ihrer Unternehmungen – bei May die Schaffung seines „eigentlichen Werkes", bei Cody die Inszenierung des wirklichen „wilden Westens" – außergewöhnlich breit. Zudem sind die Auswirkungen der Interkulturalität und des Versöhnungsgedankens so stark, dass sie selbst heute noch fortwirken. Einige ausgewählte Aspekte dieser Weiterentwicklung der Vorstellungswelten von Cody und besonders von May bis in die heutige Zeit will ich im Folgenden darstellen.

Karl Friedrich May und William Frederick Cody

„Mit Freuden sehe ich, dass der Drang nach friedlicher Weltordnung immer mehr und mehr der besten Geister erfüllt" (Sudhoff/Steinmetz 2005-2006, IV, 70). Als Bertha von Suttner (1843–1914) in einem Brief am 12. September 1906 diese Worte an Karl May schreibt, wird dieser – das kann man zumindest vermuten – sich darüber gefreut haben und vielleicht waren ihm diese Worte Ansporn für die kommenden Werke. In diesem Jahr 1906 steht Karl May mitten im Schaffensprozess seines Spätwerkes, das in der Karl-May-Forschung als „symbolisch-pazifistisch" bezeichnet wird. Im Jahr 1906 kommt auch William Frederick Cody mit seinem „Wild-West" das zweite Mal in die sächsische Residenzstadt Dresden (der erste Besuch fand 1890 statt), um tausenden Besuchern authentische Einblicke in das Leben des amerikanischen Westens zu geben. Ein persönliches Zusammentreffen zwischen May und Cody, das in der Forschung immer wieder für möglich gehalten wird, kann noch immer nicht belegt werden, doch konnte die Karl-May-Stiftung Radebeul für die Sammlung des Karl-May-Museums einen Brief Karl Mays vom 6. Juni 1906 antiquarisch erwerben, der eindeutig belegt, dass der erfolgreiche Schriftsteller ein großes persönliches Interesse hatte, den erfolgreichen Wild-West-Unternehmer kennenzulernen. An Franz Schindler in Wien schreibt Karl May:

Nach Colonel Cody / Buffalo Bill habe ich in letzter Zeit vergeblich gesucht. Ich habe ihm eine höchst wichtige Mitteilung zu machen, konnte aber seine Adresse nicht erfahren weil er nicht daheim sondern auf seiner Tour durch Europa ist. Kürzlich war er in Italien. Nun erfahre ich durch Ihre Karte, dass er sich in Wien befindet.

Ich bitte Sie dringend, sich nach seiner genauen Adresse zu erkundigen und diese mir ungesäumt mitzuteilen. Ich muß wissen, wo er wohnt und wie lange er noch in Wien bleibt und wohin er von dort aus geht. Ist er schon fort, so muß ich erfahren, wohin er ist und wo er dort wohnt. Das erfährt man unbedingt in seiner Wiener Wohnung.

Sie würden mich zu großem Dank verpflichten, wenn Sie die Güte hätten, diese Erkundigungen einzuziehen und mir das Resultat schnell mitzutheilen.

Mit besten Gruß! Ihr May.

Karl Mays Worte in diesem Brief sind klar. Die Dringlichkeit seines Anliegens ist offenbar, aber worin die „höchst wichtige Mitteilung" besteht, das verrät May nicht. Mays Verhältnis zu Cody ist Behauptungen zufolge, die May seinerzeit über ihn verbreitete, nicht besonders sympathisch. So schreibt er am 2. November 1894 an den Geschäftsmann Carl Jung (1878–1965): „Buffalo Bill kenne ich persönlich; er war Spion und guter Führer, weiter nichts. Zu den Westmännern à la Firehand wurde er nicht gerechnet. Sein eigentlicher Name ist Cody" (Sudhoff/Steinmetz 2005-2006, I, 489).[1] Dieser William F. Cody wurde von May soweit bekannt zumeist negativ beschrieben. May kannte aber Details aus der Realität, wie der Brief vom 6. Juni 1906 belegt. Noch heute wird Buffalo Bill gern unterschätzt als Büffeljäger und Indianer-Schausteller, dabei lohnt eine etwas ausführlichere Bertachtung seiner Lebensleistung. Er war mit Sicherheit einer, der durch sein Unternehmen „Buffalo Bill's Wild West" dem Erfolg von Karl Mays *Winnetou* den Weg bereitete und der durch die lebendige, informative Darstellung verschiedenster Völker (später „Buffalo Bill's Wild West and congress of rough riders of the world") die Tür zu gegenseitigem Interesse und zur Verständigung öffnete.

Karl May schreibt am 16. Oktober 1892 in Vorbereitung auf die drei *Winnetou*-Bände an seinen Verleger Friedrich Ernst Fehsenfeld:

Am liebsten schriebe ich alle 3 Bände neu. Es müßte ein ethnographisch-novellistisches Meisterstück werden,

---

[1] Hierbei handelt es sich um einen Flunkerbrief im Rahmen der Old Shatterhand-Legende, der inhaltlich anders zu bewerten ist als der Brief von 1906.

nach welchem 100,000 Hände griffen, noch ganz anders als Lederstrumpf und Waldläufer, viel gediegener, wahrer, edler, eine große, verkannte, hingemordete, untergehende Nation als Einzelperson Winnetou geschildert. Es würde ein Denkmal der rothen Rasse sein und sollte eigentlich in einem Kiosk der Ausstellung zu Chicago verkauft werden. (May *Briefwechsel* 2007, 93)

1893 erscheinen in Deutschland die drei *Winnetou*-Bände, und bilden seitdem den herausragenden Planeten im Fantasiekosmos des Mayschen Werkes. May entführt seine Leser aus dem kaiserlichen Deutschland in die Prärien Nordamerikas. In Chicago zur Weltausstellung 1893 erscheint aber ein anderes Buch: *Buffalo Bill – Von der Prärie in den Palast, eine authentische Geschichte des Wilden Westens mit Skizzen, Abenteuergeschichten und Anekdoten von Buffalo Bill, dem Helden der Plains.* Zusammengestellt ist das ganze vom rührigen Presseagenten John M. Burke. Der Titel spielt auf William F. Codys Siegeszug aus den Prärien in die königlichen Paläste Europas an. Cody bringt „Leben und Legenden" aus dem fernen Westen zuerst in den industrialisierten Osten der USA und dann nach Europa. Die Wirkungsrichtungen von Cody und May auf Ihr Publikum verlaufen entgegengesetzt – was beide vereint, ist ihr Erfolg in der Öffentlichkeit als Geschichtenerzähler und Entwickler ihrer Unternehmungen.

Die Welt, in die William F. Cody 1846 geboren wurde und in der er dann bis 1917 gelebt hat, war von der Besiedlung Amerikas mit zahlreichen Planwagentrecks, dem Bau der transkontinentalen Eisenbahn und neuen Methoden und Techniken der Nachrichtenübermittlung, den militärischen Konflikten der Vereinigten Staaten von Amerika mit den Indianern, den politischen Auseinandersetzungen zwischen Nord- und Südstaaten und der zunehmenden Industrialisierung im Osten Amerikas und in Europa geprägt. Die Telegrafie brachte den legendären Pony-Express mit einem Mal um die Existenz, moderne

504

Winchester-Feuerwaffen revolutionierten Militär und Jagd, Buchdruckerei und Zeitungswesen ermöglichten eine ganz neue Kommunikationskultur der Menschen und Edison verhalf der Elektrizität zur Erleuchtung der Zivilisation. Es kamen bewegte Bilder auf die Kinoleinwände. Cody nutzte diese innovativen Entwicklungen für sein Unternehmen.

In Codys Leben, zu dem neben seiner Autobiografie (Cody 1917) zahlreiche lesenswerte Biografien erschienen sind (Russell 1960; Kasson 2000; Warren 2005; Friesen 2010), spiegeln sich die Konflikte und Errungenschaften der Gesellschaft auf ziemlich einzigartige Weise wieder. Er startete als Junge, der mit Pferd und Kutsche bei Russell, Majors and Waddell Transporte bewegte, der als Jugendlicher in der Wildnis Biber jagte, für die Union kämpfte, höchstwahrscheinlich für den berühmten Pony-Express ritt und in der 7. Freiwilligen Kansas Kavallerie aktiv war. Später arbeitete er als Jäger, und als Scout für die U.S. Armee gewann er höchstes Ansehen unter den ausgezeichneten Militärs. Von 1883 bis 1916 entwickelte er seine Wild-West-Theaterauftritte zu dem beispiellos dastehenden, international agierenden Unterhaltungsunternehmen „Buffalo Bill's Wild West". In seinen letzten Lebensjahren war er ein erschöpfter, müder und doch nicht ganz unzufriedener Mann im Ruhestand, mit einem großen Interesse für den modernen Westen, das er finanziell nicht immer ganz erfolgreich nutzbar zu machen verstand. Der Name *Buffalo Bill* aber war Anfang des 20. Jahrhunderts ein Wort, das in jedem amerikanischen Haushalt und auch in Europa einen herausragenden Bekanntheitsgrad genoss. Buffalo Bill war zu einem feststehenden Begriff, zum Synonym für den amerikanischen Westen geworden.

Die Basis des Erfolges war ein strategischer Kompass, dessen Himmelsrichtungen erfundene Bilder und historische Realität sowie das Geschichtenerzählen und die Wissensvermittlung waren. Über die Jahre gelang es dem Unternehmen mit exzellenten Fachleuten wie zum Beispiel dem Plakatierungsmeister H. C Gunning und seinen Männern, über die PR-Generalisten John M. Bruke und Dexter Fellow bis hin zum Gespann von William F. Cody und Nate Salsbury diesen Kompass nicht nur zu lesen, sondern das Schiff auf Kurs zu bringen und erfolgreich nicht nur durch den Osten der USA, sondern quer durch Europa zu steuern. Diese Leistung verdient höchste Anerkennung, wenn man sich bewusst macht, was sich abgesehen von Einzelmeisterleistungen der Präsentation einer Annie Oakley, eines Jonny Baker, eines John Nelson oder von Häuptling Iron Tail logistisch hinter Buffalo Bill's Wild West verbirgt. 1887 gehörten dazu über 200 Mann Personal (darunter 97 Indianer), 180 Pferde, 18 Büffel, 10 Maultiere, 10 Hirsche, 5 wilde Texas Stiere, 4 Esel und 2 Rehe (vgl. Russel 1960, 327). Joy Kasson fasst die Wirkung der Grenzerfahrung des Publikums zwischen Fiktion und Wirklichkeit, zwischen Unterhaltung und Bildung in folgenden Worten zusammen:

BBWW brachte in der Zeit zwischen 1883 bis 1916 eine ungeheuer erfolgreiche Leistung als Spektakel an das Publikum in den USA und in Europa. Mit den Vorführungen von Fertigkeiten wie Reiten, Lasso werfen und Schießen und den dramatischen Erzählungen wie „Der Überfall auf die Deadwood Postkutsche" und geschichtlichen Reenactments wie „Custers letztes Gefecht" verschwommen die Grenzen zwischen Fiktion und Fakten, Unterhaltung und Bildung. Besucher sahen die Schauspieler, die persönliche Erfahrungen im Westen vorweisen konnten – Cowboys, Armeescouts und am wichtigsten Indianer, die oftmals an den Ereignissen teilgenommen hatten, die sie jetzt darstellten, aber zur selben Zeit konnten sie diese Interpretationen des Lebens an der Grenze aus Groschenheften und Sensationspresse ziehen. Die Darsteller zeigten Erinnerungen an den ‚wirklichen' Westen, die das Publikum mit den eigenen Erinnerungen des Westens vermengte, wie er seit Jahren in der Literatur, der Kunst und in der Popkultur dargestellt wurde. BBWW kreierte lebendige persönliche Erinnerungen, die als geschichtliche Erinnerung verstanden werden konnten. In dieser Art und Weise ist es in unserer Zeit der elektronischen Popkultur üblich geworden, dass ein Unterhaltungsspektakel für das wirkliche Leben – „the real thing" – gehalten wird. (Kasson 2000, 15)

Buffalo Bill behandelte die Indianer seines Unternehmens mit Respekt. Schon lange vor dem Theatergeschäft galt es als Grundsatz, dass jeder Scout und Grenzer die Indianer respektierte. Einzelne Episoden der Geschichte von Buffalo Bill's Wild West, die das illustrieren, sind von Indianern überliefert, und dass Cody den Indianern einen angemessenen Lohn zahlte, war zu seiner Zeit noch alles andere als Standard, darin war Buffalo Bill seiner Zeit voraus. Es gelang ihm sogar 1885 Sitting Bull zu gewinnen, der 50 Dollar pro Monat forderte und alle Einnahmen von Bildern, die von ihm gemacht wurden. Codys Marketing-Auge erkannte schnell die Zugkraft des Lakota. Die Würde seiner Erscheinung betonte Cody, indem er den noblen, alten Häuptling ehrwürdig ankündigte und ihn zum passenden Zeitpunkt allein in die Arena reiten lies. Das war nicht ungefährlich, galt doch Sitting Bull nach Little Bighorn 1876 als Feind, um es vorsichtig auszudrücken. Und ein Schuss im Osten der USA auf ihn war mehr als denkbar. Der indianisch-amerikanische Rechts- und Politikwissenschaftler Vine Deloria Junior meint dazu:

Dass es so einen Vorfall nicht gab, glaube ich, ist ein Beweis von Buffalo Bills Genie, wie es im gelang, Sitting Bulls Persönlichkeit und Menschlichkeit zu betonen. Seine Behandlung von Sitting Bull war so, dass Rachegedanken nicht aufkommen konnten und dass das Publikum unzweifelhaft fühlte, dass, wenn der alte Scout Freund des alten Medizinmannes ist, dann auch sie alte Geschichten alte Geschichten sein lassen konnten. (Deloria 1981, 51)

Die direkte und echte Begegnung der Menschen unter der Fahne von Buffalo Bill's Wild West führte zu besseren Informationen. Die Leute sahen nun wirklich, was sie vom Hörensagen aus Mythen und Legenden kannten, und solche Begegnung mit ,dem Anderen' kann zu gegenseitigem Verständnis führen.

Cody machte 1903 sogar Friedensschlagzeilen in Großbritannien: *Buffalo Bill on Peace*, unter dieser Überschrift ist am 20. Februar 1903 ein Bericht über Buffalo Bill's Wild West in London zu lesen, in dem Cody zitiert wird. Vor den fast 5.000 Kindern der Ragged School Union und des Shaftesbury Instituts und 150 behinderten Kindern, die mit roten, weißen und blauen Luftschlangen ausgestattet waren und die den Union Jack und das amerikanische Sternenbanner schwenkten, sagte er:

> Meine lieben jungen Briten, ich danke Euch im Namen meines Volkes für diesen Ausdruck internationaler Freundschaft. Ihr nehmt den kürzesten Weg durch das Feld, um etwas zu tun, wo die Alten nur hoffen können, dass sie es durch die geschlagenen Pfade der Diplomatie erreichen werden. Wenn die Botschaft, die ihr heute sendet, per Kabel an die 86 Millionen Menschen unseres Volkes übertragen sein wird, wird das einen Wert jenseits jeder Kalkulation haben. Wie die Freundschaft zwischen England und Amerika seit meinen Kindertagen angehalten und sich intensiviert hat, können wir glauben, dass, wenn die Köpfe eurer Enkel so grau sind wie meiner, diese Botschaft einzementiert sein wird jenseits der Möglichkeit von Zerstörung. Frieden bedeutet Fortschritt und Wohlstand [...]."[1]

Das sind Worte, die Karl May Buffalo Bill sicher nicht zugetraut hätte. Beide haben es perfekt verstanden, Realität und Fantasie zur Unterhaltung und Bildung zu inszenieren. Sie waren deshalb so erfolgreich, weil sie Fantasie und

---

[1] Daily News (England) vom 21. Februar 1903. BBHC HMCRL MS 6, Series VI:G, Box 3, Folder 5

Wirklichkeit äußerst geschickt, fast möchte man sagen genial, miteinander vermischten. So inszenierten sie dann – der eine auf der Theaterbühne, der andere in der Literatur – ihre eigenen Welten, die in unterschiedlichen Erscheinungsformen für ein Millionenpublikum zur Unterhaltung, Bildung und Begeisterung real wurden. Im Falle des ‚Karl-May-Deutschland' ist ein ganz eigener May-Kosmos entstanden.

Das Karl-May-Universum

Die Idee vom Bild des Karl-May-Universums kam mir, als sich mir die Aufgabe stellte, auf dem eingangs schon erwähnten Karl-May-Symposium an der Case Western Reserve University in Cleveland, Ohio im Oktober 2012 einem US-amerikanischen Publikum nicht nur unseren deutschen Schriftsteller, sondern auch die Lebendigkeit der Wirkungen seines Nachlebens zu schildern. Das Symposium zielte darauf ab, die Liebe der Deutschen zu Karl May und seinen Büchern und die lang andauernde Wirkung des imaginären amerikanischen Westens von Karl May zu erkunden. Der Film DER SCHATZ IM SILBERSEE von 1962 wurde dem amerikanischen Publikum gezeigt. Alina Dana Weber von der Universität Florida präsentierte eine ausführliche Untersuchung zu den „Karl May Festivals in Deutschland" und Petra Tjiske Kalhovens von der Universität Manchester berichtete von Feldforschungen bei Hobby-Indianern in Europa. Die Indianerbegeisterung der Deutschen ist längst Untersuchungsgegenstand der Wissenschaft. Meine Darstellung sollte bildhaft sein, in einfachen Worten erfolgen und trotzdem die Komplexität, die Vielfalt und die Entwicklungsgeschichte der Karl-May-Welt in all ihrer Schönheit aufzeigen. Ich selbst hatte in Gesprächen im Buffalo Bill Center of the West, wo man das Erbe William

F. Codys museal bewahrt und pflegt, erlebt, dass es für Amerikaner unvorstellbar ist, dass Karl Mays Geschichten heute, 100 Jahre nach seinem Tod, in Deutschland auf der Bad Segeberger Freilichtbühne jedes Jahr über 300.000 Besucher anziehen. Wie sollte man da in einer begrenzten Vortragszeit erklären, dass dies nur eine von vielen Bühnen ist und es noch viel mehr wirkungsgeschichtliche Phänomene gibt, die Mays Weiterleben ermöglichen und individuell vorantreiben? Ich habe Folgendes erzählt:

Als PR-Manager des Karl-May-Museums, als der ich nun seit mehr als zehn Jahren tätig bin, beobachte ich alle Karl-May-Aktivitäten und versuche zu verstehen, was da so vor sich geht. Als Museumsmenschen interpretieren wir das Erbe Karl Mays und bewahren sein Vermächtnis, aber wir sind bei Weitem nicht die Einzigen, die das tun. Für eine Person, die neu ins Karl-May-Geschäft einsteigt, könnte es nicht ganz leicht sein zu verstehen, was da mit verschiedenen Bucheditionen und Buchtiteln, Festivals, Freilichtbühnen, Organisationen, Schauspielern, Fan-Clubs, Magazinen, Dokumentarfilmen, Kinofilmen und Geschichten, die alle mehr oder weniger auf dem wirklichen Karl May beruhen, vorgeht. Ich bin seit meiner Kindheit an diesem Karl May interessiert gewesen, und über die Jahre habe ich in meinem Kopf ein Bild entworfen, das ich das Karl-May-Universum nenne, und glauben Sie mir, ich staune noch immer, wie lebendig es ist.

Die Sonne dieses Universums sind Karl Mays wirkliches Leben und sein Werk, das zu Lebzeiten publiziert wurde. Die Planeten sind die verschiedenen Karl-May-Organisationen: die Karl-May-Stiftung, basierend auf seinem Testament, und der Karl-May-Verlag, beide gegründet 1913 in Radebeul; die Karl-May-Freilichtbühnenaufführungen und Festivals, die 1938 begannen und die erfolgreiche Karl-May-Kinofilm-Bewegung der 1960er-Jahre; die Karl-May-Gesellschaft, gegründet 1969, eine Organisation, die sich der interdisziplinären Analyse von Leben und Werk des Autors verschrieben hat. Und neben diesen Planeten, da gibt es viele Karl-May-Sterne. Unter diesen Sternen verstehe ich Dinge, Personen oder Produkte, die in die Erinnerung der Menschen kommen, wenn sie von Karl-May-Buchtiteln oder Namen von Schauspielern hören.

In diesem ersten Bild für ein amerikanisches Publikum, das von Karl May zuvor fast nichts gehört hatte, habe ich nicht die beiden Karl-May-Museen (Radebeul, gegründet 1928 und Hohenstein-Ernstthal, gegründet 1985), nicht Karl-May-Publikationen wie die Jahrbücher der Karl May-Gesellschaft (seit 1970), das Magazin *Karl May & Co* (seit 1984), die *Karl-May-Haus Informationen* (seit 1989), den *Beobachter an der Elbe – das Magazin aus dem Karl-May-Museum* (seit 2003) usw., nicht alle Theater- und Freilichtbühnen, auf denen mehr oder weniger regelmäßig Karl May gespielt wird, erwähnt. Ich habe nicht alle Karl-May-Freundeskreise aufgezählt, und auch nicht von den Reisen der Winne-Tour oder der Shatterhand-Tour oder denen zu den Drehorten der Filme in Kroatien gesprochen, und ich habe auch bewusst darauf verzichtet, erklären zu wollen, worin der Unterschied zwischen den Karl-May-Spielen (darunter verstehe ich alle Freilichtaufführungen) und den Karl-May-Festivals (dabei wären besonders die Feste in Radebeul und Hohenstein-Ernstthal oder das Filmfest der Karl-May-Filmfan-Szene zu nennen) besteht. Selbst für Deutsche ist dieser Unterschied oft nicht klar. Besucher im Karl-May-Museum in Radebeul fragen oft, wann denn nun und wo das Karl-May-Festival stattfinde, und meinen damit „diese Vorführungen der Karl-May-Geschichten". Worauf wir im Museum immer wieder geduldig erklären, dass das Radebeuler Karl-May-Fest mit über 20.000 Besuchern am Himmelfahrtswochenende jedes Frühjahr im Radebeuler Lößnitzgrund in den Weinbergen stattfindet, wohingegen die Karl-May-Spiele in Rathen meist von Juni bis September zu festen Vorstellungsterminen in der Sächsischen Schweiz, eine Stunde mit der S-Bahn von Radebeul elbaufwärts, im sächsischen Felsengebirge aufgeführt werden.

Die Karl-May-Festspielkultur

Wenn man sich den Erfolg der Karl-May-Spiele in Deutschland im Jahr 2013 ansieht, so stellt sich die Frage nach dem Ursprung dieses Phänomens der Karl-May-Freilichttheater und der Karl-May-Fest- und Vereinskultur. In Deutschland sind mindestens drei, wenn nicht noch mehr Orte in der öffentlichen Wahrnehmung fest mit dem Begriff der Karl-May-Spiele verbunden: Rathen in Sachsen, Elspe im Sauerland und Bad Segeberg in Schleswig-Holstein wären sicher als erstes zu nennen. Rathen ist die Freilichtbühne, auf der so genannte „Karl-May-Spiele" im Jahr 1938 erstmals stattgefunden haben. In Bad Segeberg reicht die Tradition der „Winnetou-Spiele" bis zum Jahr 1952 zurück – wohlgemerkt: Winnetou-Spiele, nicht Karl May-Spiele. Das erste Programmheft der Segeberger Bühne aus dem Jahr 1952 trägt den Titel *Winnetou Festspiele auf der Felsen-Freilicht-Rundbühne in Bad Segeberg. Eine Karl-May-Festschrift mit Programm.* Eine Studentin aus Norddeutschland berichtete im Karl-May-Museum im Jahr 2013, dass im Volksmund die Veranstaltung immer schon „Winnetou-Spiele" genannt wurde – nicht „Karl-May-Spiele"[1] – und ein Besuch mit der Familie „Kult" sei. Dieser Kult-Status – auch von Schauspielern in Interviews in Presse und Fernsehen gern erwähnt – ist in seiner öffentlichen Wirkung so stark[2], dass der Name Karl May in Westdeutschland heute wohl eher mit der Stadt Bad Segeberg als mit seinem Geburtsort Hohenstein-Ernstthal bzw. seiner einstigen Wirkungsstätte in Radebeul bei Dresden in Verbindung gebracht wird. Diese Unterschiede liegen in der deutschen Geschichte mit der Trennung in

---

[1] Obwohl gerade im ersten Segeberger Festspieljahrzehnt noch relativ häufig auch Orientstoffe inszeniert wurden: „Hadschi Halef Omar" 1955 und 1959; „In den Schluchten des Balkan" 1956 und 1960.

[2] Zur enormen Popularität trugen v. a. in den 1960er- und 1970er-Jahren auch die vom NDR produzierten TV-Fassungen der Stücke bei, die alljährlich von der ARD gezeigt wurden.

Programmheft Karl-May-Spiele 1938

Programmheft Winnetou Festspiele in Bad Segeberg 1952

513

Ost- und Westdeutschland in der Karl-May-Wahrnehmung und der damit verbundenen unterschiedlichen Karl-May-Wirkungsgeschichte begründet. Bad Segeberg ist mit über 300.000 Besuchern pro Jahr heute die meistbesuchte Karl-May-Bühne in Deutschland, von denen es gut ein Dutzend gibt. In Elspe werden Karl Mays Erzählungen mit viel Action inszeniert, und in Bischofswerda in Sachsen sind die kleinsten Karl-May-Spiele beheimatet, wo Kinder die Stücke auf einer Waldbühne umsetzen. Diese Karl-May-Bühnen sind Teil der deutschen Volkskultur geworden und eine wichtige lebendige Plattform für die Präsenz der Karl-May-Geschichten und -Helden in den Köpfen der Menschen – auch derer, die nie ein Karl-May-Buch gelesen haben.

Die ersten „Karl-May-Spiele – Bilder und Gestalten um Winnetou" erlebten im Sommer 1938 in der Sächsischen Schweiz auf der Felsenbühne Rathen ihre Uraufführung. Bereits im Jahr 1936 kam dort auf der Naturbühne das „Basteispiel" von Kurt Arnold Findeisen zur Aufführung, das sämtlich von Laienschauspielern mit großer Anteilnahme der Rathener Anwohner in der unberührten malerischen Bühnenkulisse der sächsischen Sandsteinfelsen gestaltet wurde. Wie kam es zwei Jahre später zu einem Karl-May-Stück? Eine Antwort findet man in dem Bildband *Das Vermächtnis des alten Indianers*. Im Geleitwort erinnert sich der Bürgermeister der Gemeinde Rathen, Erich Winkler, wie die Idee der Karl-May-Spiele entstand:

> Die vergleichenden Ausführungen von Dr. E. A. Schmid – des Betreuers des literarischen Nachlasses Karl Mays – im Dresdner Jahrbuch über die Beziehungen von Karl May zu den Naturschönheiten des Elbsandsteingebirges gaben die Anregung, das Werk unseres großen Volksschriftstellers in dramatischer Form auf der Felsenbühne Rathen lebendig werden zu lassen. (Winkler o.J.a, 2)

Nach dieser Aussage war die 1984 neu aufgelegte Abhandlung *Der unterirdische Gang* (Schmid 1984) des Karl-

May-Verlegers, der auch zu den Gründern des Karl-May-Museums gehört, die Initialzündung für die Aufführungen in Rathen. Die großformatigen Anzeigen des Radebeuler Karl-May-Museums auf den Programmheften der Rathener Karl-May-Spiele 1938 und 1939 lassen vermuten, dass es eine Zusammenarbeit zwischen der Felsenbühne und dem Karl-May-Museum gab.

Im Jahr 1940, der Zweite Weltkrieg hatte begonnen, kommt es in Rathen zu einer Umbenennung: Es gibt hier keine „Karl-May-Spiele" mehr, sondern „Wild-West-Spiele nach Karl May". Gezeigt wird in Zusammenarbeit mit dem Circus Sarrasani das Stück „Der Schatz im Silbersee – Szenen aus Wild-West nach den Reiseerzählungen von Karl May ,Der Ölprinz' und ,Der Schatz im Silbersee'". Rathens Bürgermeister schrieb dazu:

> Meine Bemühungen, die weit über Sachsens Grenzen als einzigartig anerkannte Felsenbühne nicht unbespielt zu lassen, hatten Erfolg, indem sich Herr Direktor Stosch-Sarrasani trotz der schwierigen Verhältnisse bereit erklärte, Wild-West-Spiele nach Karl May, und zwar ,Der Schatz im Silbersee' aufzuführen. (Winkler o.J.b)

„Karl-May-Spiele" dagegen fanden 1940 vor den Toren der Reichshauptstadt in Berlin-Werder an der Havel statt. Das kann man aus heutiger Sicht dahingehend interpretieren, dass der unerwartet große Besuch der Aufführungen in den ersten zwei Jahren 1938 und 1939 mit dem Potential des Berliner Publikums noch gesteigert werden sollte.

Eine öffentliche Dimension und Bedeutung wurde den Karl-May-Spielen schon 1939 angedacht. Schirmherr war in diesem Jahr der Reichsstatthalter und Gauleiter Martin Mutschmann, dessen Widmung im Rathener Programmheft von 1939 mit dem Satz schließt: „Der große Erfolg der Karl-May-Spiele des vorigen Jahres, der in diesem Jahr zweifellos noch gesteigert wird, ist der lebendige Ausdruck für die Zeitnähe und Volksverbundenheit Karl

Mays und seines Werkes" (Programmheft 1939, 2). Ein wichtiger Förderer der Karl-May-Spiele in Rathen war der Ministerialdirektor und Vorsitzende des Sächsischen Gemeindekulturverbandes Erich Kunz. Auf der Suche nach den Erfolgsgründen der ersten Rathener Karl-May-Aufführung – „diese zog viele zehntausende von Besuchern aus dem Reichsgebiet und auch aus dem Ausland nach der Felsenbühne Rathen im herrlichen Elbgebirge" – sah Erich Kunz die weite Verbreitung von Mays Werken (damals 7 Millionen Bände), das Vertrautsein mit den Helden aus Kindertagen und die Güte der Theateraufführungen in der malerischen Naturkulisse, die neue Wege im Freilichtspiel beschritten. Die Besucherresonanz von 1938 wurde im 1939er Programmheft in einem Text aus dem Nachlass des 1939 verstorbenen Erich Kunz mit lauten Propagandatönen hervorgehoben. Es ist dort von Heroismus, Vaterlandsliebe und Rassenbewusstsein die Rede, die der Inhalt der Erziehungsgrundsätze der rassenbewussten Gegenwart seien usw. (ebd., 7).

Wie Karl May für den Nationalsozialismus vereinnahmt wurde, wer ihn zu seinen Lieblingsschriftstellern zählte und warum die 100. Geburtstagsfeier 1942 abgesagt wurde, kann man an anderer Stelle nachlesen (Linkemeyer 1987; Steinmetz 1995). Für die wirkungsgeschichtliche Betrachtung der ersten Jahre der ersten deutschen Karl-May-Freilichtbühne bleibt festzuhalten: Die heimatliche sächsische Felsen-Naturkulisse wurde mit Mays Figuren und deren Abenteuern zu dem ‚realen' Amerika, das man aus Mays Büchern kannte. Die individuellen Vorstellungen eines jeden May-Lesers wurden in die Realität hinübergeführt. Die „dark and bloody grounds" von May waren aber schon durch „Buffalo Bill's Wild West" und andere Völkerschauen zum Wilden Westen geworden, der in Deutschland mit einer besonderen Indianerbegeisterung einherging – fruchtbarer Boden für die junge Pflanze der Karl-May-Spiele (vgl. Köhler 1999). Die Spiele waren ein

Publikumserfolg auch weil die Zuschauer Geschichten und Helden aus den eigenen Kindertagen kannten und bereits in ihren Herzen hatten. Das Lesen der grüngoldenen Bände und das Spielen von Winnetou- und Old Shatterhand-Geschichten im Garten und im Wald gehörte zum Leben der Kinder und Jugendlichen wie heute das Spielen mit Smartphones und Tablet-Computern. Der Besuch der Spiele machte dann aus den individuellen Leseerlebnissen oder dem Indianer- und Cowboy-Spiel in der kleinen, lokalen Gruppe ein Erlebnis von unerwartet großen Menschenmassen mit Pilgerfahrtscharakter. Diese Versammlungen zu den Spielen wurden politisch interpretiert und propagandistisch genutzt, entwickelten aber auch eine ganz eigene Kraft, von der ein Artikel in den *Dresdner Nachrichten* mit der Überschrift *Frohe Fahrt zu Winnetou in Rathen* zeugt. Der Autor durfte einer Probe auf der Felsenbühne beiwohnen und beschreibt ausführlich auch die Hinfahrt auf dem Elbdampfer:

> Schon diese Reise, besonders wenn man sie auf dem ‚Wasserwege' macht, ist reich an beglückender Entspannung, die wir heute alle so notwendig brauchen. Man fühlt sich auf dem Schiffe ja so wundersam losgelöst vom festen Boden und seinen oft harten Tatsachen. Wiegend vom Wasser getragen nimmt man die wechselnden Landschaftsbilder in sich auf, die geruhsam vorüberziehen. Und in dem Wechsel der Bilder liegt auch bereits etwas von dem eigenartigen Erlebnis, das der Besuch der Felsenbühne bedeutet. (*Dresdner Nachrichten*, 25.06.1941)

Organisierte Fahrten in der Gruppe, die Ablenkung vom Alltag bringen, waren auch im Krieg eine Art Flucht in eine andere Welt, in der am Ende das Gute und der Frieden siegen.

Nach dem Zweiten Weltkrieg durfte Karl May in der Deutschen Demokratischen Republik vorerst nicht gespielt werden. Der Neubeginn in der Bundesrepublik Deutschland in Bad Segeberg 1952 ging aber aus den Erfahrungen in Rathen hervor, wie im Programmheft dem Grußwort der Festspielstadt Bad Segeberg zu entnehmen ist:

Was in diesem Jahr in Bad Segeberg geboten wird, ist ein Anfang und – wie wir hoffen – ein vielversprechender Anfang. Bad Segeberg will an die Traditionen von Rathen anknüpfen und das, was dort mit viel Liebe und Verständnis eingeleitet wurde, heute aber im Osten nicht mehr sein darf, mit der gleichen Liebe und dem gleichen Verständnis im Westen fortzusetzen, der Jugend zur Freude, den Erwachsenen zur Erinnerung an glückliche Jugendtage in der Gemeinschaft mit ihrem Karl May. (Programmheft 1952, 15)

Das ausführliche Programmheft erschien in Zusammenarbeit mit dem Verlag Joachim Schmid (Karl-May-Verlag). Die Zusammenarbeit zwischen dem Karl-May-Verlag und den Karl-May-Spielen war zu jener Zeit „sehr stark und effektiv; man musste sich einigen – schon weil Urheberrechte noch bestanden und ich erinnere mich, dass mein Onkel[1] mit Bürgermeister Kasch in gutem Kontakt stand", erinnert sich Bernhard Schmid.[2] In diesem Programmheft von 1952, in dem neben Mays Biografie und Texten zu Karl May auch Informationen zum Verlagsprogramm des Karl-May-Verlages platziert sind, kommt wieder ein Schirmherr zu Wort. Dr. Dr. Pagel, Landes-Innen- und Kultusminister, sieht in den Spielen eine

[...] höchst willkommene Pause der Besinnung. Mit gutem Grund haben wir uns für die Ehrenmänner Winnetou und Old Shatterhand begeistert, denen die Treue echter Kameradschaft, Mut und persönliche Ehrenhaftigkeit wie die Liebe zur Freiheit Richtschnur ihres Handelns waren. Man braucht sich nicht zu wundern, daß die Jugend sich

[1] Roland Schmid (1930–1990)

[2] Gespräch mit Bernhard Schmid am 22.08.2013

518

immer wieder durch Generationen hindurch ansprechen läßt von dem Zauber echter Ritterlichkeit, die unabhängig ist vom materiellen persönlichen Vorteil. Wir sollten mehr daran denken, wenn wir versuchen, der Unruhe und der Oberflächlichkeit unserer Tage zu begegnen. (Programmheft 1952, 14)

Karl-May-Motive der Romantik und Ethik, des christlichen Denkens und Handelns werden von offizieller Seite hervorgehoben – für die Besucher ist vielleicht eher das profanere Erholungs- und Erlebnis-Motiv entscheidend für einen Besuch, an dem Ort, „an dem die Herzen höher schlagen". Karl May ist und war immer eine hoch emotionale Angelegenheit.

Die Karl-May-Filme

Zehn Jahre später, im Jahr 1962, erreichen die Karl-May-Emotionen eine ganz neue Dimension. Getragen von den Karl-May-Filmmelodien Martin Böttchers reiten ein „französischer Apache", der bis dahin fast unbekannte Schauspieler Pierre Brice als Winnetou, und ein „amerikanischer Deutscher", der smarte erfolgreiche Lex Barker als Old Shatterhand, durch die grandiose Landschaft des damaligen Jugoslawiens. Diese bewegten Bilder – im Zeitraum von 1962 bis 1968 entstehen ein Dutzend Karl-May-Filme – wurden für Generationen die Bilder vom Wilden Westen. Der Schatz im Silbersee wurde unter der Regie von Harald Reinl ein Publikumsrenner. Der Erzähler beginnt 1962 diese Film-Märchen-Abenteuer mit folgenden Worten:

Nun sehen wir sie endlich von Angesicht zu Angesicht, die schon fast legendären Blutsbrüder Old Shatterhand und Winnetou. Der weiße Mann, der über das große Wasser kam, um im Wilden Westen eine neue Heimat zu finden und Heldentaten zu verrichten, die ihm unsterblichen Ruhm einbringen sollten, und den letzten Häuptling der Apachen, der bedingungslos sein Leben einsetzt, wenn es gilt, dem Recht zum Sieg zu verhelfen, den aber die Tragik seiner sich im Todeskampf aufbäumenden Rasse überschattet. Mit ihnen durchqueren wir die Höhen und Tiefen des gewaltigen Felsengebirges. Mit ihnen reiten wir über die endlose Weite der amerikanischen Prärie. Mit ihnen erleben wir das große Abenteuer eines gnadenlosen Kampfes um den Besitz märchenhafter Reichtümer. (DER SCHATZ IM SILBERSEE, 1962, Filmsequenz 1)

In ihrer Wirkung sind diese Filme kaum zu überschätzen. Nicht nur, dass sie Millionen traumhafte Kino- und Fernsehstunden beschert haben, sondern insbesondere waren diese Filme entscheidend dafür, dass der Name Karl May in den 100 Jahren des 20. Jahrhunderts nicht in Vergessenheit geraten ist. Ihre öffentliche Wirkung in Deutschland war in Ost und West zeitlich versetzt. Während die Blüte der Karl-May-Filmzeit in der Bundesrepublik Deutschland die 1960er-Jahre waren, war in der Deutschen Demokratischen Republik die TV- und Kino-Ausstrahlung erst zu Anfang der 1980er-Jahre freigegeben. Insbesondere zur Weihnachtszeit oder an Feiertagswochenenden wurden diese Filme ausgestrahlt. Nicht selten kommt es noch heute im Karl-May-Museum Radebeul bei Führungen zu spontanen Äußerungen erwachsener Frauen und Männer: „Ach, und was haben wir geheult zu Hause im Wohnzimmer unterm Weihnachtsbaum, als Winnetou erschossen wurde." Und wenn zu dem Familien-Fern-Seh-Erlebnis dann noch ein grüner Karl-May-Band unter dem Weihnachtsbaum oder im Osternest lag – ja dann waren das selige Feiertage für die Kinder, Eltern und Großeltern. Karl-May-Bücher waren mal gehütete Familienschätze. Karl Mays Geschichten, egal ob nun Buch oder Film, verbanden die Generationen. Karl-May-Zeit war damals eine besondere

Zeit, die man mit der Familie verbrachte. Die Bilder der Helden der Filme haben mit Sicherheit Leser für Karl May gewonnen und Gerechtigkeitsempfinden entwickelt.

Das Bild des edlen Apachenhäuptlings Winnetou ist für tausende Menschen das Gesicht von Pierre Brice. Dieser Schauspieler hat in der ihm eigenen Art dem literarischen Karl-May-Winnetou ein eigenes, neues Image gegeben. Was die Menschen für Karl Mays Winnetou halten, das ist eine Weiterentwicklung von Brice. Brice' Erfolg als Schauspieler ist so eng an diese eine herausragende Rolle gebunden, dass er, der Franzose, zum Winnetou wird, wie einst Karl May zu Old Shatterhand wurde. Keiner kann diesen beiden die Identität und Authentizität ihrer Rolle abstreiten. Er ist es! Der Karl-May-Film-Kenner Michael Petzel drückte das wie folgt aus: „Pierre Brice spielte den Winnetou nicht nur, er war Winnetou" (Petzel 2012, 9). Brice hat aber dem Winnetou eine eigene Dimension gegeben. Dem *Tagesspiegel* schilderte er im Frühjahr 2012 anlässlich einer Karl-May-Filmreihe im Kino Babylon Berlin zum 100. Todestag Karl Mays, was ihn an seiner Rolle als Winnetou und an dessen Schöpfer Karl May faszinierte: „Mir hat gefallen, dass Karl May versucht hat, Werte zu vermitteln. Winnetou hat für Friede, Freiheit, Respekt und Menschenrechte gekämpft – wie auch ich" (Brice/Schröder 2012). Diese persönliche Betonung des Friedenskampfwillens des späten Brice-Winnetou ist eine Überhöhung und ein wichtiges Moment der Brice'schen Interpretation. Dem *Focus* sagte der 83-Jährige 2012 in einem Interview: „Ich bin immer ein Soldat geblieben. Deswegen habe ich Winnetou auch so gelebt – und geliebt" (Pröse 2012).

In den Karl-May-Filmen der 1960er-Jahre – der Zweite Weltkrieg ist in Deutschland noch nicht vergessen – ist der Frieden immer ein Thema. In WINNETOU 1. TEIL (1963) findet sich ein bedeutungsschwerer Satz über den Frieden, an dem der Film-Winnetou sein Denken schulen kann. Der junge Apache – noch ist Intschu tschuna (Gute

Winnetou und Klekih-petra, Szenenfoto aus WINNETOU I *(1963)*

Sonne) Häuptling aller Apachen – bekommt eine Lektion von seinem weißen, deutschen Lehrmeister Klekih-petra (Weißer Vater), als die beiden auf ihren Pferden sitzend das Eisenbahnlager in der jugoslawischen Prärie überschauen, und im Konflikt zwischen Apachen und Eisenbahnern eine Lösung finden müssen:

Klekih-petra: „Dein Vater Intschu tschuna hat die Entscheidung in meine Hände gelegt, aber ich will, dass du sie triffst Winnetou. Aber nicht im Zorn – mit ruhigem Herzen."

Winnetou: „Mein weiser Vater verlangt viel von Winnetou."

Klekih-petra: „Ja, denn eines Tages wirst du Häuptling sein, und von deinem Wort wird das Schicksal deines Volkes abhängen."

Winnetou: „Die Bleichgesichter haben geraubt. Die Bleichgesichter haben getötet. Das Recht ist bei uns."

Klekih-petra: „Ja, ich weiß Winnetou, aber mehr als das Recht bedeutet der Friede."

(WINNETOU 1. TEIL, 1963, Filmminute 36)

In den Karl-May-Filmen, so könnte man formulieren, wird der Friede als Endziel des Kampfes für Gerechtigkeit dargestellt. In WINNETOU 2. TEIL (1964) fällt in den anderthalb Stunden Film 26-mal das Wort „Frieden". In der Geschichte – weit weg vom Mayschen Buch, aber das ist dem begeistertem Publikum egal – muss Winnetou des Friedens wegen auf seine Liebe zu Ribanna verzichten und zieht mit Old Shatterhand weiter – neuen Abenteuern entgegen. In OLD SHATTERHAND (1964) sieht man Winnetou dann das erste und einzige Mal in den Filmen mit Kriegsbemalung – er kämpft für den Frieden. Winnetou als Kriegsanführer und nicht als Friedensengel.

Karl Mays Helden und Geschichten haben sich längst von den Seiten seiner Bücher gelöst und führen auf Bühnen und Filmleinwänden, auf DVD und im Internet ein Eigenleben. Es ist eine Weiterentwicklung – eine Art Evolution festzustellen. So skurril und lustig für viele Zuschauer DER SCHUH DES MANITU (2001) auch ist, ohne Karl May und die Filme hätte es diesen Publikumserfolg nicht gegeben. Wikipedia nennt den Film mit 11,7 Millionen Besuchern und 65 Millionen Euro Umsatz an den Kinokassen einen der erfolgreichsten deutschen Filme seit Ende des Zweiten Weltkriegs. Dieser Film spiegelt wieder, was in unserer heutigen Zeit „in" ist und was das große Publikum „wertschätzt".

Die Ideen aus Mays Werken und den Filmen finden sich an vielen Stellen im Karl-May-Universum von heute wieder. Die Bewältigung und Lösung von persönlichen oder gesellschaftlichen Konflikten ist sicher ein Element, warum dieses May-Universum vielen Menschen noch heute etwas bedeutet, und die öffentliche May-Zukunft wird mit davon abhängen, wie May-Organisationen sich selbst darstellen und mit welcher Bedeutung und welchem Sinn sie sich vermarkten – welche Geschichten sie erzählen.

Eine Geschichte vom Karl-May-Fest 2013

10. Mai 2013 im Karl-May-Hain in Radebeul gegenüber der Villa „Shatterhand". Es regnet. Der Himmel ist bedeckt. Der Park ist Mai-grün. Wasser tröpfelt vom Himmel. Gleichmäßiger leiser Regen lässt die Menschen schweigen. „Das wird gut sein für den Baum", sagt Ray Halbritter, der Vertreter der Oneida-Indianer aus dem Staat New York. Er und seine Delegation werden erwartet von Radebeuls

Oberbürgermeister Bert Wendsche, dem Direktor des Karl-May-Museums René Wagner und den eingeladenen Vertretern der Presse.

Ich bin hier als Vertreter der Oneida-Nation, und wir bringen Ihnen Grüße von unserem Volk – Grüße des Friedens. Wir sind sehr glücklich und erfreut, hier bei Ihnen sein zu dürfen, in ihrem Land. Wir sind sehr dankbar und sehr beeindruckt über die Gastfreundschaft ihrer Menschen und die Freundlichkeit und wie wir behandelt werden, während wir hier sind.

Ray Halbritter ist gekleidet in ein weißes Hemd, welches mit lila Stoffbändern verziert ist. Blau-Lila, die Farben der irokesischen Wampumgürtel. Mit einem wampum-typischen Muster ist sein Stirnband in stammes-traditionellem Design erkennbar. Der weiße Federschmuck lässt den Kenner wissen, einen Indianer der Nationen aus dem östlichen Waldland vor sich zu haben. Ray Halbritter ruht in sich und ist seiner Sache sicher, blickt in den Himmel und fährt fort:

Wissen Sie, es ist ein bisschen nass hier, aber ein leichter Regen ist ein gutes Gebet. So, wir nehmen das und es wird gut sein für das, was wir heute Morgen hier vorhaben. Wir möchten mit ihnen hier etwas teilen, etwas von unseren Menschen, etwas sehr Besonderes. Wir möchten ihnen eine sehr besondere Botschaft bringen. Vor vielen Jahren, vor einer langen Zeit lebten unsere Menschen in großen Konflikten untereinander. Es gab fünf Nationen, dort wo wir herkommen, von der östlichen Seite des Landes. Die Traditionen und Kultur unserer Menschen schließen einige der Naturelemente ein [...] so nutzen wir zum Beispiel Blumenmuster, und unser Kopfschmuck sieht ein bisschen anders aus.

Dabei zeigt er auf die perlenbestickten Verzierungen an seinen Unterarmen und die weißen Federn seines Kopfschmucks.

Zu der Zeit als unsere Völker in großen Konflikten waren, da kam eines Tages ein Botschafter – ein Friedensstifter. Wir nennen nicht seinen Namen außerhalb sehr heiliger Anlässe. [...] Er kam in unser Land, und in unserem Land haben wir viele Bäume, vielfältiges Wachsen und Elemente der Natur. Ein besonderer Baum war sehr speziell. Er lehrte uns den Weg des Friedens. Er lehrte uns etwas, was zuvor in der Welt nicht bekannt war. Und es war das erste Mal auf dieser Welt – und ich meine die ganze Welt – dass Nationen in der Lage waren, einen Weg zu finden, in Frieden miteinander zu leben und dabei ihre Identität und Selbstbestimmung zu behalten.

Ein Amsel zwitschert munter und laut aus dem Grün der Pflanzen und Bäume des Karl-May-Hains.

Das war die Botschaft die er unseren Leuten gab. Das war eine Botschaft des Friedens und der Kraft. Eine Botschaft, den richtigen Weg des Lebens zu leben. Den guten Weg des Lebens. Und es wurde symbolisiert – dieser große Frieden wurde begründet zwischen unseren fünf Nationen und das machte uns sehr stark. Und diese Friedensbotschaft war etwas, was nicht nur für unser Volk gedacht war. Es ist symbolisiert in der weißen Kiefer. Und die weiße Kiefer ist ein Baum – seine Nadeln verlaufen in fünf Richtungen an den Ästen – diese fünf Nadeln symbolisieren die fünf Nationen – und auf der Spitze des Baumes war ein Adler. Ein Adler saß da. Der Adler ist ein sehr besonderer Vogel – es war beabsichtigt, dass er einen guten Ausblick hatte über alles, was den Frieden unter uns gefährden würde. Und als er den Baum einnahm, sorgte er dafür, dass alle Waffen, die man gegeneinander erhob, neben dem Baum begraben wurden. Es wird gesagt, dass die Waffen weggenommen wurden unter dem Baum, so dass wir nicht Krieg gegeneinander führen konnten. Als die weiße Kiefer gepflanzt wurde, wandten sich ihre vier Wurzeln in die vier Himmelsrichtungen der Erde. Das war eine Botschaft für die ganze Menschheit. Frieden, so betrachteten das unsere Menschen, ist eines der größten Geschenke des Schöpfers.

Und dieser Frieden und die Wurzeln, die in die Erde strebten, waren für alle Menschen gedacht. Wo immer sie auch sein mochten, wenn sie in Konflikten waren, konnten sie diese Wurzel finden und zurückverfolgen zur Quelle. Sie konnten die Stelle finden, wo der Baum einst zuerst gepflanzt wurde. So hatten sie immer eine Unterkunft unter diesem Baum des Friedens für unsere Menschen.

Ein Hubschrauber fliegt über den Karl-May-Hain. Laut dringt das Motorengeräusch in die Rede Halbritters.

Diese Friedensbotschaft, die wir Ihnen bringen, war für alle Menschen gedacht, die sich in Konflikten befanden oder das Bedürfnis hatten, in Frieden zu leben, denn wir wissen – Frieden kann illusorisch sein.

Der Hubschrauber brummt weiter über dem Park und sein Geräuschpegel verschwindet langsam.

Es gab ursprünglich dreizehn Kolonien und unsere Häuptlinge zeigten ihnen, wie leicht es ist, einen Pfeil zu zerbrechen, aber wenn du alle Pfeile zusammenbindest, kann sie der stärkste Krieger nicht zerbrechen, alle diese Pfeile zusammen. Und einige der Symbole wurden von den Vereinigten Staaten von Amerika adoptiert. Tatsächlich, wenn Sie auf einen Ein-Dollar-Geldschein schauen, werden sie einen Adler sehen, und sie werden sehen, wie dieser Adler in seinen Krallen Pfeile festhält – ein Bündel der Kolonien – und das ist ein Bündel Pfeile. Sie lernten von uns. Sie lernten über den Großen Frieden, aber Frieden ist gut für die gesamte Menschheit. Deshalb haben wir heute eine weiße Kiefer mitgebracht.

Der Stammesälteste tritt hervor. Sein Haar ist weiß wie das Klekih-petras. Sein Hemd ist in Wampum-Lila gehalten, ein silber-türkis-bestücktes Bolotie der einzige Schmuck neben weißen und lila Stoffbändern des Hemdes. In der Hand hält er würdevoll einen Tontopf mit dem winzigen Setzling einer weißen Kiefer. Halbritter fährt fort:

Das ist eine weiße Kiefer. Wir möchten das Symbol der weißen Kiefer mit allen teilen – die Botschaft des Friedens für die ganze Menschheit. Es begann mit unserem Volk, und eines der Schlüssel-Merkmale, der signifikante Unterschied in der Art, wie wir der Botschafter dieses Friedens ihn verstanden hat, besteht darin, dass die einzelnen Nationen ihre eigene Identität und Selbstbestimmung behalten konnten und trotzdem vereint waren. Die Völker mussten nicht erobert werden. Sie konnten leben mit ihrer eigenen Sprache und ihrer eigenen Unabhängigkeit. Und das ist ein ganz großer und wichtiger Unterschied, wie Völker sich selbst betrachten. Entweder als Monarchien oder eine Nation, die versucht, eine andere zu erobern. Und dieser Frieden dauert bis heute an. Unsere Menschen leben noch heute unter dem großen und verbindenden Gesetz des Friedens. Und wir alle betrachten uns unter diesem Schutz. Wir nennen uns selbst die Haudenosaunee. Das bedeutet die Menschen des Langhauses. Das Langhaus war das Gesetz des Friedens, unter dem wir alle lebten. Die Mohawks an der östlichen Tür, die Senecas an der westlichen Tür. Wir haben Vertreter der verschiedenen Nationen hier, das mitzuteilen und die Botschaft des Friedens zu bringen. So möchten wir hier symbolisch das tun, was der Friedensstifter für unsere Menschen gemacht hat. Wir teilen die Botschaft des Friedens mit Ihnen allen.

Der Gesang der Amsel wird inzwischen begleitet von anderen Vogelstimmen. Der Regen hat aufgehört. Die weiße Kiefer wird durch ein Kind der Irokesen in die Erde des einstigen Obstgartens Karl Mays gebracht. In Gebeten in der Sprache der Irokesen wird dem Schöpfer für die Zusammenkunft am heutigen Tage gedankt. An dieser Zusammenkunft der Radebeuler-Deutschen und der Irokesen-Indianer sind Karl May und sein Nachwirken nicht ganz unbeteiligt. Ob es wohl Zufall ist, dass die Tuscarora-Indianer, die May wirklich besuchte, zu den Irokesen gehören, genau wie der Seneca Red Jacket (Sa-go-ye-wat-ha, He-keeps-them-awake), an dessen Denkmal in Buffalo May sich von seiner Klara 1908 fotografieren ließ?

Ohne Karl Mays Werke und deren Weiterwirken – egal ob als Karl-May-Fest, Karl-May-Spiele, Karl-May-Film, Karl-May-Buch, Karl-May-Museum oder als Karl-May-Treffen von Gesellschaften, Familien und Freundeskreisen – wäre dieser Frieden im Karl-May-Universum in dem der Engel um die Erde schwebt, wie auf dem Titel des vorliegenden Bandes zu sehen, nicht so reich in seiner Vielfalt. Karl Mays Werke und Ideen wären vielleicht schon lange vergessen, wenn nicht wer auch immer in irgendeiner Form aktiv gewesen wäre und Karl May präsentiert und vermarktet hätte.

Und Karl Mays Friedenswege?

Es gibt keinen Weg zum Frieden, denn Frieden ist der Weg.
(Mahatma Gandhi – Pazifist und Menschenrechtler)

Das Karl-May-Haus
und seine Begegnungsstätte
als Ort für interkulturelle Begegnungen

von André Neubert

„Es sei Friede!", lässt uns Karl May 1910 in seiner letzten vollendeten Erzählung *Merhameh* wissen. Ist das ein
Wunschtraum, ein Mythos oder eine Vision?

Zwei verheerende Welt- und zahllose regionale Kriege
bis in unsere Tage sind eine geschichtliche Tatsache, die
angesichts der letzten 100 Jahre seit dem Tod des genialen
Fabulierers aus Hohenstein-Ernstthal diesbezüglich eine
sehr nachdenkliche Betrachtungsweise einfordert.

Und doch stehen heute trotz nationaler Befindlichkeiten
im Museum des Karl-May-Geburtshauses sowohl serbi-
sche und kroatische May-Übersetzungen ebenso friedlich
nebeneinander wie die Übersetzungen von *Durchs wilde
Kurdistan* in türkischer und kurdischer Sprache. Eine interkulturelle Begegnung, die Freude macht und hoffen lässt.

Gleich einer Naturgewalt überflutete das Jubiläumsjahr
„Karl May 2012" auch den letzten Winkel Deutschlands.
Ausstellungen, Schreibwettbewerbe, Quizangebote, Lesungen, Theater- und Filmaufführungen – die Liste der Veranstaltungen war schier endlos. Dazu gehörten zwei große Symposien: „Karl May im Aufbruch zur Moderne" in
Leipzig und „Vom Völkerstereotyp zum Pazifismus. Karl
May interkulturell gelesen" in Dresden, von den zahlreichen Neuerscheinungen publizistischer Art und der allge-
genwärtigen Medienpräsenz bezüglich des meistgelesenen
Autors deutscher Sprache ganz zu schweigen.

Sowohl ‚Karlmayophilisten' als auch ‚unbescholtene'
Bürger wurden unweigerlich in den Bann des Werkes des
Hohenstein-Ernstthaler, sächsischen oder, wenn Sie möch-
ten, deutschen Fabulierers gezogen oder zumindest anhand

Joe Burkers, das Einaug
serbisch

Der Schwarze Mustang; Joe
Burkers, das Einaug, *kroatisch*

Durchs wilde Kurdistan
kurdisch (Irak)

Durchs wilde Kurdistan
türkisch (Türkei)

seines Lebens mit einem kompletten Abschnitt deutscher Geschichte konfrontiert.

Doch nicht nur die Deutschen kommen und kamen in den Genuss, sich mit Leben, Werk und Wirken des außergewöhnlichen Menschen und Schriftstellers zu beschäftigen. Während heute noch so mancher über den Begriff Globalisierung und dessen praktische Auswirkungen philosophiert, können wir in Sachen May mit großer Genugtuung nachweisen, dass die internationale Komponente sein Werk sowohl inhaltlich als natürlich auch in seiner Wirkung schon sehr früh durchdrang. Ironie des Schicksals: Die erste ‚Auslandsreise‘ des kleinen Karl mit dem Ziel Spanien endete bereits im sächsischen Zwickau.

An dieser Stelle soll es darum gehen, wie das 1985 eröffnete Karl-May-Haus, wie unser Literaturmuseum heißt, das sich gleichzeitig auch als Forschungsstätte versteht, und seine Begegnungsstätte als Ort interkultureller Begegnungen ihren Beitrag dazu leisten, dass wir unseren Karl May, wie wir ihn liebevoll zu vereinnahmen pflegen, nicht nur zukünftigen Generationen nahebringen, sondern alles dafür tun, ihn auch länderübergreifend zu thematisieren (vgl. auch Karl-May-Haus 2007).

Als Museum ist das Karl-May-Geburtshaus naturgemäß dazu verpflichtet, zu sammeln, zu bewahren und zu forschen. Dabei stehen die fremdsprachigen und ausländischen Karl-May-Ausgaben im Mittelpunkt des Interesses. In unserer Fachbibliothek können wir auf einen sehr großen Bestand solcher Karl-May-Ausgaben zurückgreifen und in einem speziell eingerichteten Fremdsprachenzimmer zeigen wir unseren Besuchern und Gästen die wertvollsten, originellsten und schönsten Ausgaben von fast allen Kontinenten. Optisch gelungen und geografisch eindrucksvoll präsentieren wir Einzelstücke wie einen griechischen *Winnetou*, einen isländischen *Schatz im Silbersee*, *Durch das Land der Skipetaren* auf Albanisch oder *Das Vermächtnis des Inka* auf Vietnamesisch – ebenso wie Bücher aus Ländern mit nahezu unüberschaubaren May-Editionen, wie die tsche-chischen, niederländischen, polnischen oder indonesischen Ausgaben. *Schamah* auf Japanisch ist ebenso dabei wie *Das Vermächtnis des Inka* auf Bulgarisch. In 46 Sprachen ist unser ‚Mayster‘ derzeit übersetzt. Lappländisch steht noch aus…

Am Rande bemerkt, es halfen unserem Museum bei der Beschaffung dieser anerkannten Sammlung nicht nur Privatleute, sondern auch weltweit agierende deut-sche Kulturinstitutionen und Vertreter bundesdeutscher Botschaften in einer Vielzahl von Ländern. Mit zuneh-mender Wertschätzung unserer Sammelleidenschaft wach-sen natürlich auch das Mäzenatentum und der freigiebige Schenkungswille zahlreicher Freunde unseres Museums. Unsere Bibliotheksabteilung der fremdsprachigen und aus-ländischen May-Ausgaben erfährt somit eine stete Erwei-terung. Allein der Zuwachs durch die in den letzten zehn Jahren im Ausland herausgegebenen Ausgaben, die in unse-rer letzten Sonderausstellung „Karl May lebt!“ (25. Februar bis 30. März 2012) die Vitrinen füllen sollten, war so über-wältigend, dass wir nur ein knappes Drittel der eingegan-genen Werke berücksichtigen konnten. Unser Dank dafür ging in alle Himmelsrichtungen.

Die Büchersammlung als solche ist kein reiner Selbst-zweck. Die Objekte stehen der wissenschaftlichen For-schung zur Verfügung, über deren Ergebnisse in knapper Form auch in der *Karl-May-Haus Information* berichtet wird, die halbjährlich erscheint.

Die reine Präsentation fremdsprachiger Karl-May-Bücher reicht uns nicht. In Zusammenarbeit mit verschie-densten Partnern gestalteten und zeigten wir über zehn Sonderausstellungen mit rein internationalen Themen. Besonders großes Interesse fanden: „Jonas Vadeikis – der erste litauische Karl-May-Übersetzer“ (1996) gemeinsam mit dem Karl-May-Museum und seiner Leiterin Danuta Zalpiene in Kelme/Litauen, der wir auch (2002) eine wun-

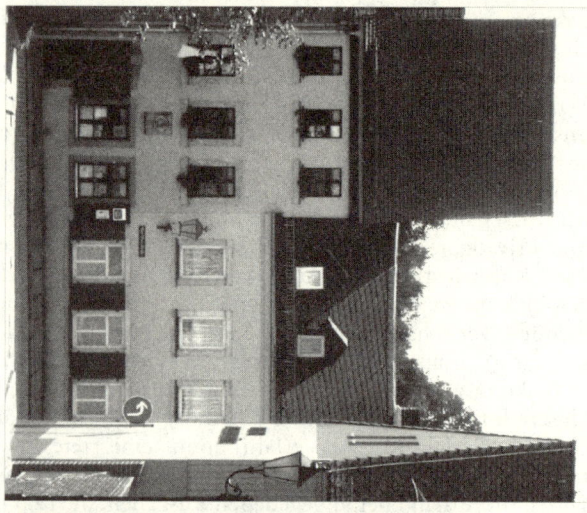

Karl-May-Haus (li., seit 1985 Museum) und Karl-May-Begegnungsstätte (re.)

derbare Ausstellung mit Zeichnungen litauischer Kinder zum Thema Karl May verdanken. Weiter sei genannt „Deutsche Immigranten in Texas und ihre Beziehungen zum Llano Estacado" (2003), eine Wanderausstellung der Texas Tech University Lubbock, die auf dem letzten Kongress der Karl-May-Gesellschaft in Wolfenbüttel auf Dauer an das Karl-May-Haus zum Verbleib übergeben wurde und seitdem für den weiteren Leihverkehr zur Verfügung steht. Ein weiteres Beispiel: „Emilio Salgari – der italienische Karl May", eine Ausstellung in Zusammenarbeit mit dem italienischem Kulturinstitut in Köln, die 2007 in Hohenstein-Ernstthal gezeigt wurde, um anschließend den Weg nach Frankreich anzutreten.

Eindrucksvoll dargeboten wurden 2001 die Sonderausstellungen „Mit dem Skizzenbuch durch die Schluchten des Balkan" mit den Zeichnungen von Udo Scholz und 2003 die Ausstellung von Jan Koten aus Velke Mezirici „Tschechische Karl-May-Ausgaben von Anfang bis zur Gegenwart". Vom Karl-May-Haus selbst bzw. von Mitgliedern seines Wissenschaftlichen Beirats konzipierte und erstellte Ausstellungen wie „Karl Mays Orient" (1994), „Karl May als Europäer" (1999) oder „Eine orientalische Zeitreise" (2005) offerieren eine globale Bandbreite der behandelten Themen.

Nicht nur die Ausstellungen an sich sprachen eine eigene, interkulturelle Sprache. Die in den Begleitprogrammen gehaltenen Vorträge wie von Jan Koten zum Thema „Die Buch-Illustratoren und ihre Werke in tschechischen Karl-May-Büchern" (2002) oder „Piraten, Abenteuer, Helden – die Romanwelten des Emilo Salgari" (2006) der italienischen Kunstwissenschaftlerin Paola Barbon brachten dem Publikum Land und Leute anhand des Mayschen Werkes und dem seiner fremdsprachigen Kollegen nahe. Eine wahrhaft Völker verbindende Wirkung als Maysches Erbe. Mit großem Genuss durften wir den literarisch-musikalischen Abend der Schweizer Karl-May-Freunde erleben, die an historischer Stätte, dem Hohenstein-Ernstthaler Rathaus, 2004 Opernfragmente von Othmar Schoeck nach der Erzählung *Der Schatz im Silbersee* darboten. Reiseberichte wie „Von den Bad Lands bis zum Yellowstone – Bilder auf dem Weg zu Winnetous Grab" von Mario Espig oder „Auf Karl Mays Spuren in Kairo" von Hartmut Schmidt sind immer geschätzte Beiträge.

Auch über die Grenzen der Karl-May-Geburtsstadt Hohenstein-Ernstthal hinaus wirkt das internationale Anliegen unseres Museums bzw. seiner unterstützenden Gremien. Die Teilnahme an internationalen Tourismus-messen wie 1997 in Ljubljana steht ebenso dafür wie die Möglichkeit, allein durch die Anwesenheit in Sokolov (Falkenau) anlässlich der wunderschönen Karl-May-Tafel die Verbundenheit zu unseren tschechischen Freunden zu dokumentieren.

Der „Silberbüchse e.V. – Förderverein Karl-May-Haus" unterstützte insbesondere durch seinen ehemaligen Geschäftsführer Andreas Barth das Museum beim Aufbau der Beziehungen zum von Elyn Bigrope geleiteten Muse-um und Kulturzentrum der Mescalero-Apachen in New Mexico und zum Leipziger Generalkonsulat der Vereinigten Staaten in der Bundesrepublik Deutschland. Als weite-res Beispiel internationaler Verbindungen und interna-tionaler Möglichkeiten der Zusammenarbeit soll auf die Germanistik-Studentin Federica Garcia von der Universität Malang (Indonesien) verwiesen sein. Die Studentin wur-de während ihres Aufenthalts an der Universität Leipzig vom Vorsitzenden des Wissenschaftlichen Beirats Christian Heermann im Rahmen ihrer Karl May gewidmeten Bachelor-Arbeit, die sie im April 2005 mit „Sehr gut" abge-schlossen hat, betreut. Bei der ursprünglichen Themenwahl gewann übrigens May gegen den Literatur-Nobelpreisträ-ger Heinrich Böll. Grund: May war in Indonesien wesent-lich bekannter als Böll, zumal es von letzterem keine Über-setzung in Bahasia Indonesia gab.

Winnetou, der Häuptling
der Apachen, *griechisch*

Der Schatz im Silbersee
isländisch

Das Vermächtnis des Inka
bulgarisch

Schamah
japanisch

537

Neben den anerkannten deutschen May-Forschern und -Publizisten (Hainer Plaul und Hans-Dieter Steinmetz sollen stellvertretend genannt sein) wird unser wissenschaftliches Forum auch von ausländischen, korrespondierenden Mitgliedern wie dem bulgarischen May-Übersetzer Wesselin Radkov aus Sofia, dessen Übertragungen Mays ins Bulgarische natürlich auch zum Fundus des Museums gehören, und der texanischen Universitätsgelehrten und Bundesverdienstkreuzträgerin Meredith McClain unterstützt. Verbindungen, die wir nicht missen möchten und die einer ‚Blutsbrüderschaft‘ doch recht nahe kommen. Von Wesselin ist erst vor Kurzem sein neuester bulgarischer *Ölprinz* im Postfach unseres Museums eingetroffen.

Zu den Museumsbesuchern des Karl-May-Hauses gehören in großer Zahl internationale Gäste, was uns veranlassen wird, bei zu erwartenden Neugestaltungen der Dauerausstellung der Mehr-, zumindest aber der Zweisprachigkeit bei den Informationstafeln mehr Raum zu geben. Um auch zukünftig viele potenzielle ausländische Besucher Deutschlands zu animieren, das Karl-May-Haus zu besuchen, wirbt das Museum mit eigens hergestellten fremdsprachigen Flyern. Englisch, Tschechisch und Polnisch sind vorhanden. Weitere Sprachen werden folgen. Herr Katsuyo Tokano aus Tokio, der Übersetzer der japanischen Orient-Bände Mays, hat bei seinem letzten Besuch im Karl-May-Haus (2012) bereits mit freundlichem Lächeln zugesagt, unsere museale Werbebotschaft ins Japanische zu übersetzen. Selbst wenn damit nicht sofort Heerscharen japanischer Touristen unsere Einrichtung überfluten werden: Vorbereitet wollen wir schon sein…

Als Ort interkultureller Begegnungen dokumentieren wir unseren Willen internationalen Wirkens auch mit äußerlichen Attributen. So trägt unsere „Karl-May-Begegnungsstätte“ auch den offiziellen Beinamen „International Karl-May-Heritage Center“ – ein Gedanke der von Mitgliedern unseres Wissenschaftlichen Beirats bei einer Stippvisite während des „Karl-May-Symposiums" der Karl-May-Gesellschaft nahe des „Llano Estacado", also fern der erzgebirgischen Heimat Karl Mays, geboren wurde.

In dieser Begegnungsstätte präsentiert das Museum u. a. 47 Zinnfiguren-Dioramen, welche die bunte Abenteuerwelt Karl Mays in Miniatur zeigen. Die dargestellten Szenen aus den Werken Mays sprechen in ihrer Farbenpracht eine internationale, leicht verständliche Sprache und ihr außergewöhnlich hoher Schauwert wirkt beeindruckend.

Neue Blickwinkel werden von neuen Leser- und Forschergenerationen auf Leben und Werk Karl Mays gerichtet. Der Autor und Mensch Karl May wird uns weiter beschäftigen, und damit natürlich auch das „Kleine Museum mit dem großen Inhalt", wie wir uns bezeichnen.

Karl May ist deutsche Kulturgeschichte: nicht nur für Anfänger und Fortgeschrittene, sondern auch für Experten. Dieser Satz behält auch seine Gültigkeit, wenn wir die Gewichtung ändern: nicht nur für Experten, sondern auch für Anfänger und Fortgeschrittene. Dem stellen wir uns.

Wenn wir uns dabei in unserer durchökonomisierten Welt, neben aller Forschung zu und um Karl May weiterhin auch ein unvoreingenommenes, ja kindliches Lesevergnügen mit Karl May gönnen (egal ob in einer bearbeiteten oder unbearbeiteten Ausgabe), sind wir auf dem richtigen Weg und tun uns selbst Gutes.

May taugt, egal ob wir ihn als Jugendschriftsteller, Reiseschriftsteller, Volksschriftsteller oder bis hin zum Klassiker einordnen, allemal als Vademecum, als unentbehrlicher Wegbegleiter in allen Lebenslagen.

Wir können, wie es so schön heißt, nicht den Wind bestimmen, aber wir können die Segel setzen…

Mays Wirkung: Wunschtraum, Mythos oder Vision? Unser Museum im Geburtshaus Karl Mays und seine interkulturelle Begegnungsstätte werden ihren völkerverbindenden Beitrag auch zukünftig im Sinne Karl Mays leisten, damit aus seiner Vision „Es sei Friede!" Realität wird.

„Wir stellen nicht nur Dinge aus.
Wir vermitteln auch Werte" –
Das Karl-May-Museum Radebeul

Interview mit René Wagner[1]

H.K.: Herr Wagner, vielen Dank für die Einladung in die Villa „Shatterhand". Meine erste Frage zielt auf die Zukunft des Museums. Es sind langfristig Erweiterungen der Museumsgebäude und eine Neukonzeption der Sammlungen geplant. Welche Rolle werden das Friedensdenken Karl Mays und Dokumente wie etwa der Vortrag in Wien 1912, Karl Mays ‚Friedensrede', darin spielen?

R.W.: Es sind tatsächlich umfangreiche Sanierungen und Erweiterungen geplant. Einiges ist in jüngster Zeit auch schon realisiert worden, vor allem die am 30.03.2012 eingeweihte Villa Nscho-tschi als Haus für Museumspädagogik und der davor liegende Spielplatz. Das 1926 errichtete Blockhaus, das 1936 und in den 1970er-Jahren erweitert wurde, bedarf einer baulichen Grundinstandsetzung vom Fußboden bis zum Dach. Das ist nach 84-jähriger Nutzung als Museum mit rund acht Millionen Besuchern auch nicht anders zu erwarten. Auf den bisher ungenutzten Flächen des Museumsgeländes sollen die Ausstellungsräume erweitert und ein Besucherzentrum errichtet werden. Das alles sind sehr komplexe Prozesse, in denen wir eng mit der sächsischen Landesstelle für Museumswesen zusammenarbeiten, mit Architekten, Ethnologen, Ausstellungsgestaltern, Klimatechnikern, Handwerkern, Restauratoren… Wir alle wissen, dass die Sammlung indianischer Gegenstände vornehmlich aus dem 18. und 19. Jahrhundert ein großer Schatz ist. Aber die baulichen und technischen Maßnahmen

---

[1] Das Interview fand am 19.04.2013 im Konferenzraum in der Villa „Shatterhand" des Karl-May-Museums Radebeul statt. Die Fragen stellte Holger Kuße. Anwesend war ebenfalls André Köhler vom Karl-May-Museum.

Die Villa Nscho-Tschi (2012)

sind nur die stabile Hülle, um die wertvollen Exponate, um die sich oft Geschichten und Legenden ranken, würdig zu präsentieren. Persönlich ist mir besonders wichtig, dass die Symbiose zwischen dem wissenschaftlichen Anspruch der Ausstellungen und der romantischen Umgebung erhalten bleibt. Das soll alle Altersklassen ansprechen. Ich denke dabei vor allem auch an Kinder und Jugendliche, die nicht von ihrem Computer zu Hause zu einem Computer im Karl-May-Museum kommen sollen – der Hauch von Karl-May-Romantik soll auch in Zukunft ihre Herzen erwärmen. Und dazu gehört auch Karl Mays humanistisches Grundanliegen, mit dem er ja nicht nur den Verstand erreichen, sondern das Herz ansprechen wollte. Wir werden in der Ausrichtung der Ausstellungen Fragen der Völkerverständigung hervorheben und Mays Friedensgedanken (auch im Hinblick auf die Religionen) betonen. Das gilt für beide Ausstellungsteile: für „Karl May –

Leben, Werk, Wirkung" in der Villa „Shatterhand" ebenso wie für „Indianer Nordamerikas" in der Villa Bärenfett
und in der Präsentation unserer umfänglichen Sammlung
von Gemälden und Plastiken. Allerdings, das muss ich auch
sagen, sind wir in vielem erst am Anfang. Wir überlegen
derzeit also noch, was wir tatsächlich unterbekommen und
was wir in der Ausstellung besonders darstellen wollen.

H.K.: Was wird auf jeden Fall dazu gehören?

R.W.: Für das Thema Frieden ganz sicher *Et in terra
pax* aus dem Jahr 1901, das ja auch schon jetzt in der
Ausstellung in der Villa „Shatterhand" gleich im ersten
Saal einen prominenten Platz hat. In dieser Erzählung,
die er in den militaristischen Sammelband *China* gewissermaßen hineinschmuggelte, hat May sich auf christlich pazifistische Art deutlich zum sogenannten Sieg der
deutschen Waffen in China bei der Niederschlagung des
‚Boxeraufstands' 1900 geäußert. Das begründete auch die
Freundschaft mit Bertha von Suttner und von dort geht
es weiter bis zu seiner letzten großen Rede in Wien 1912:
Empor ins Reich der Edelmenschen! Seine Grundeinstellung,
die hier zum Ausdruck kam, findet sich auch bei Schiller,
den er sehr mochte. Es ist dieses „Alle Menschen werden
Brüder", das May am Herzen lag und das wir, soweit es
geht, vergegenständlichen wollen, indem wir Auszüge aus
seiner Wiener Rede präsentieren. Hinzu kommen wichtige Werke aus dem Umfeld, besonders natürlich Bertha von
Suttners *Die Waffen nieder!*, das ja schon 1889 erschienen
war. Wir haben nicht so viele Räumlichkeiten, aber dass
eine Friedensnobelpreisträgerin mit Karl May, der in dieser
Frage oft unterschätzt wird, einen intensiven Briefwechsel
geführt hat, der heute im Archiv der Vereinten Nationen in
Genf, der ehemaligen Bibliothek des Völkerbundes liegt, ist
für viele eine neue Dimension von Karl May. *Et in terra pax*
würde ich mal als Zäsur in Mays Werk nehmen. Danach

Die Villa „Shatterhand" (Museum seit 1985)

Die Villa Bärenfett (errichtet 1926)

hat er in allen Werken, in denen er seine philosophischen Anschauungen darlegte, zum Thema Frieden geschrieben – besonders in *Ardistan und Dschinnistan*. Dort steht die berühmte Stelle, dass man Armeen für den Frieden rüsten soll und nicht für den Krieg.[1]

Das sind Gedanken, die in der Welt des wilhelminischen Kaiserreiches nicht gerade stromlinienförmig waren. Wir können natürlich auch weiter zurückgehen. Im Grunde hat der Frieden bei Karl May ja immer eine große Rolle gespielt. Im *Winnetou* ist das so oder auch im *Old Surehand*. Da vielleicht ganz besonders. Der Friedensgedanke hat ihn wirklich sehr bewegt. Im Briefwechsel zum Beispiel. Selbst Schülern hat er nicht geschrieben, wie das Wetter in Radebeul ist, sondern große Fragen thematisiert, hat sich zum Verhältnis von Okzident und Orient geäußert, zu religiösen Fragen....

H.K.: Aufgrund der großen Bedeutung des Friedensdenkens für Karl May stellt sich auch die Frage, welche Rolle seine Friedenswege in der Geschichte des Museums gespielt haben. Ich denke zunächst an seine Gründung, die mit den Namen Klara May und Patty Frank verbunden ist. Patty Frank hat das Museum als sein Leiter sehr lange geprägt. Nicht zuletzt mit einem großen Portrait in der Villa Bärenfett ist er bis heute immer noch präsent. Meine Frage ist, inwieweit die Gedankenwelt von Patty Frank und seine Art, das Museum zu führen, auch mit dem Friedens- und Versöhnungsdenken in Verbindung zu bringen ist und mit der Idee einer Menschheitskultur, wie sie Karl May vorschwebte.

---

[1] Gemeint sind die Worte von Marah Durimeh: „Alle Rüstung der Erde und alle Rüstung ihrer Völker war bisher auf den Krieg gerichtet. Als ob es unmöglich wäre, in eben derselben und noch viel nachdrücklicherer Weise auf den Frieden zu rüsten!" und: „Ihr habt stehende Heere für den Krieg, die jährlich viele Milliarden kosten. Wo habt ihr eure stehenden Heere für den Frieden, die keinen einzigen Para kosten, sondern Milliarden einbringen würden?" (May *Ardistan und Dschinnistan I* 1909, 17)

Patty Frank, Gemälde von Hans Hähmt

R.W.: Der Friedensgedanke hatte bei Gründung und Eröffnung des Karl-May-Museums im Dezember 1928 und in den ersten Jahrzehnten danach eine eher untergeordnete, um nicht zu sagen gar keine Bedeutung. Die Vorstellungen der Gründer, der Schriftstellerwitwe Klara May, des Verlegers Euchar Albrecht Schmid und des Artisten und Sammlers Patty Frank, über die inhaltliche Ausrichtung des Museums waren übrigens sehr unterschiedlich. Patty Frank war für eine stärkere Betonung der völkerkundlichen Aspekte; für Klara May und den Karl-May-Verlag war es aber wohl wichtiger, dass es gelang, über die Exponate die Erzählungen von Karl May mit Gegenständen zu illustrieren und damit als Werbeträger für den 1913 gegründeten Karl-May-Verlag zu dienen. Dabei wurde versucht, zwischen der Fantasie Karl Mays und der völkerkundlichen Realität eine Brücke zu schlagen. Die völkerkundlichen Kenntnisse von Patty Frank und das Engagement des Völkerkundlers Hermann Dengler machten das möglich. Die Besucher waren jedenfalls beeindruckt vom vermeintlichen ethnologischen Kenntnisreichtum Karl Mays. Diese Symbiose hatte sich bis in die 1950er-Jahre bewährt und besaß für einige Generationen ihren Charme. Geändert hat sich das eigentlich erst seit 1985 mit der erstmaligen Öffnung der Villa „Shatterhand" für die breite Öffentlichkeit. Wenn ich sage, dass das Thema Frieden am Anfang keine große Rolle spielte, dann muss man aber auch die Zeit, in der Patty Frank, Klara May und auch Euchar Albrecht Schmid aufgewachsen waren und lebten, berücksichtigen. Patty Frank wurde 1876, im Jahr der Schlacht am Little Bighorn geboren und starb 1959. Er hatte vor allem völkerkundliche Interessen, aber in gewisser Weise war sein Leben schon eine Art Verwirklichung des Friedensgedankens. Als er das erste Mal mit Indianern zusammenkam und mit ihnen freundschaftliche Beziehungen aufbaute und ihrer Kultur Wertschätzung entgegenbrachte, war das nicht selbstverständlich. Er war ganz stolz, als er den ersten Mokassin eintauschte. So etwas klingt heute wie eine Belanglosigkeit, aber dass Indianer von einem Weißen als Menschen behandelt wurden, kam nicht so oft vor um das Jahr 1900 herum. Da wurden die Indianer ja in ihrer Heimat noch behandelt wie Aussätzige. Erst 1924 haben Indianer das Bürgerrecht bekommen. Und erst 1934 kam der Indian Reorganization Act, mit dem Indianern das Recht auf kulturelle Selbstbestimmung gegeben wurde. Patty Frank hat von Anfang an ihre Kultur geachtet. Das ist das Entscheidende, auch wenn wir heute mit den Gegenständen anders umgehen als er. Bei Patty Frank war das noch sehr volkstümlich. Das hat sich natürlich geändert. Er war übrigens auch mit namhaften Leuten befreundet wie dem Anthropologen und Leiter des Linden-Museums für Völkerkunde in Stuttgart, Theodor Koch-Grünberg, der mehrfach Expeditionen durch Brasilien durchführte, wo er 1924 auch gestorben ist. Mit ihm hat Patty Frank korrespondiert und über ihn viele Tauschgeschäfte machen können. Eines ärgert die ‚Lindner‘ bis heute. Das ‚Schreyvogelkleid‘, also das Kleid einer Schwarzfußindianerin, das ursprünglich aus dem Besitz des Malers Charles Schreyvogel stammte, hat er über ihn erworben. Nun, das ist heute kein Grund mehr, das Kriegsbeil auszugraben... Zurück zur Sache: Patty Frank hat eine Auffassung davon gehabt, Völkerkunde zu präsentieren, wie man es heute nicht mehr tut. Es ging ihm um das Spektakuläre. Man darf nicht vergessen – er war Artist, er hat verstanden, sich zu verkaufen. Er hat stolz Skalps gezeigt, die er eintauschen konnte, weil das eben etwas ist, das ein bisschen außergewöhnlich ist, makaber natürlich, aber eben auch werbeträchtig. Sogar auf den Briefbögen des Museums waren Skalps zu sehen, also etwas, was eigentlich dem widersprechen würde, was wir hier besprechen wollen – dem Friedensgedanken. Patty Frank machte aber sichtbar, dass Skalpieren ein religiöser Kult war, und zwar am getöteten Feind, und dass es nicht darum ging, Grausamkeiten an einem Lebenden zu verüben. All dies sind Aspekte, die in den 20er-, 30er-Jahren wichtig waren. Heute haben wir einen etwas anderen Blick und sehen mehr darauf, wie Indianer als Jäger und Sammler und Ackerbauern lebten. Wir sollten aber auch heute nicht vergessen, dass sie ebenso Krieger waren, Menschen, die von Kindheit an erzogen wurden, ihr Stammesgebiet zu schützen und tapfer zu sein. Genau das, vor allem der Mut, spielt natürlich bei Karl May eine Rolle – wenn man Winnetou betrachtet: wie edel und stolz er ist, wie mutig er für die Rechte seiner Leute eintritt und Unrecht besiegen will... Wir sehen: Es gibt in der Ausrichtung des Museums, das heute ja zwei Sammlungen enthält, eine zu Karl May und eine zu den Indianern Nordamerikas, immer auch Beziehungen zwischen beiden Teilen. Wenn wir heute mehr den Friedensgedanken betonen, so betrifft das sowohl die Karl-May-Ausstellung als auch die Darstellung der indianischen Kulturen. Für Patty Frank waren andere Aspekte wichtiger, aber ich möchte noch mal betonen: Die Wertschätzung der Indianer und ihrer Welt ist bei ihm immer ganz klar gewesen. Wir dürfen heute dagegen nicht vergessen, dass zu Karl May auch gehört, ein bisschen Pfadfinder zu sein wie Old Shatterhand. So bedeutsam der Friedensgedanke auch ist. Es springt einem ja nicht bei jedem Band sofort ins Auge, dass Old Shatterhand der Friedenskämpfer ist.

H.K.: Ich möchte an dieser Stelle gern auf einen weiteren Aspekt aus der Frühzeit des Museums zu sprechen kommen, nämlich auf das Verhältnis von Karl-May-Museum und Karl-May-Stiftung, die ja ebenso wie der Karl-May-Verlag ein Jahr nach dem Tod Karl Mays, gegründet wurden – 15 Jahre früher als das Museum. Die Stiftung verfolgte bei ihrer Gründung das Ziel der Unterstützung „unbemittelter Talente und in Not geratener deutscher Schriftsteller und Journalisten". Sie ist in einem sehr weiten Sinne damit sicher auch dem Friedensdenken Mays verpflichtet gewesen, ging gewissermaßen einen seiner Friedenswege. Wie ist das Verhältnis von Museum und Stiftung?

Euer Hochwohlgeboren! Auf Jhre gefl. Anfrage v. _____

beehren wir uns, Jhnen folgendes mitzuteilen:

❧ ❧ J. Die Karl May=Stiftung. ❧ ❧

Der am 30. März 1912 zu Radebeul verstorbene Schriftsteller Karl May hat letztwillig sein gesamtes Vermögen seiner Witwe Klara May mit der Maßgabe vermacht, daß dieses Vermögen nach deren Ableben einer mildtätigen Stiftung zufließen solle. Frau May hat mit einem Teilbetrag ihres Vermögens diese Stiftung schon jetzt errichtet und dieselbe, nachdem ihre Genehmigung als rechtsfähige Stiftung durch das Königlich Sächsische Ministerium des Kultus und öffentlichen Unterrichts erfolgt war, im Wege des Erbvertrags zum Erben des gesamten Vermögens, das ihr von ihrem verstorbenen Gatten hinterlassen worden ist, also einschließlich der Urheberrechte aus den Werken Karl May's, eingesetzt. ⤬

Die Stiftung trägt den Namen „Karl May=Stiftung"; ihr Sitz ist Radebeul bei Dresden. Die Erträgnisse der Stiftung dienen zur Unterstützung unbemittelter Talente und in Not geratener deutscher Schriftsteller und Journalisten. Mit diesen Unterstützungen darf jedoch nach den Stiftungsbestimmungen nicht eher begonnen werden, als bis das Stiftungsvermögen eine bestimmte Höhe erreicht hat.

Stiftungsurkunde der Karl-May-Stiftung (1913)

R.W.: Die Stiftung wurde am 5. März 1913 vom Sächsischen Ministerium für Kultus und öffentlichen Unterricht bestätigt und damit rechtsfähig. Der öffentliche Unterricht war damals auch ausgelegt nach, sagen wir mal, humanistischen Grundgedanken. Zwar rasselte man mit dem Säbel für den Ersten Weltkrieg, aber es war durchaus so, dass eine humanistische Grunderziehung an den Gymnasien und Schulen üblich war. Hier ließ sich Karl May einbringen. Klara May dachte sicher in diese Richtung – die Karl-May-Jahrbücher ab 1918 lassen darauf schließen, auch hat Klara May die Wiener Rede nach ihren Erinnerungen rekonstruiert. Sie hat sie in den Mittelpunkt gestellt, und sie war eine der wenigen unter den gut 2.000 Augen- und Ohrenzeugen, die Mays letzten Vortrag reflektierten. In der Presse ist die Reflexion zwar geschehen, aber bei Lichte gesehen doch ein bisschen dünn. Klara war beeindruckt von Mays Edelmenschendenken, von dem Gedanken, dass der Mensch gut sein kann, wenn er – wie die Häutung einer Schlange – das ablegt, was aus archaischen Zeiten in uns an Bösem mit angelegt ist.

H.K.: Nun gibt es bei Klara May leider eine dunkle Seite, die wir nicht verschweigen können. Sie hat mit dem Nationalsozialismus mehr als nur geliebäugelt, gab Reisebriefen aus dem Jahr 1934 den Titel „Unter dem Hakenkreuz um die Welt", strich nach 1933 das Lob des Judentums aus Mays Wiener Vortrag usw. Wie verträgt sich das damit, dass sie den Gedanken des Edelmenschentums und den Friedensgedanken so hervorgehoben und propagiert hat?

R.W.: Da gibt es viele Ebenen, die man betrachten muss. Bei Klara Mays Sympathie für den Nationalsozialismus ist sicher auch eine gehörige Portion Naivität mit im Spiel gewesen. Zu den Aktivisten des Nationalsozialismus gehörte sie nicht, und es ist heute auch kaum zu beurteilen, wie stark man sie gedrängt hat – oder sie sich gedrängt gefühlt hat –, weil der Verlag sonst in Schwierigkeiten gekommen wäre und dergleichen. Die eindeutig pazifistischen Bücher von May wurden ja bei den Bücherverbrennungen 1933 zum Teil auch verbrannt. Bei der Bücherverbrennung war May dabei, und erst auf Führererlass wurde da einiges gestoppt. Man hat sich dann auf diesen Kompromiss – heute meinen wir vielleicht: auf diesen faulen Kompromiss – eingelassen, dass drei Bücher als ständig vergriffen gekennzeichnet wurden[1]. Damit meinte man, den Dingen Genüge getan zu haben. Es gab natürlich auch Bearbeiter, die May teilweise im nationalsozialistischen Sinne umgeschrieben haben. Das ist auch kein Einzelfall. Denken Sie mal an Lion Feuchtwanger. Zwischen dem Roman *Jud Süß* und dem, was im Nationalsozialismus als Film gedreht wurde, liegen Welten. So schlimm ist es May zum Glück nicht ergangen, aber Ähnlichkeiten gibt es schon. Auch ist May für die Kriegsausbildung missbraucht worden: Jeder deutsche Junge sollte sich anschleichen können, den Feind besiegen und so weiter wie weiland Old Shatterhand und Winnetou… Solche Dinge sind noch in den letzten Befehlen des sächsischen Gauleiters Martin Mutschmann vom April 1945 zu lesen. Wenn wir uns alle Schaffensperioden Mays von 1875 bis zu seinem Tod anschauen, ist natürlich auch nicht zu übersehen, dass er zumindest am Anfang recht deutschnational dachte. Ich denke da zum Beispiel an *Die Liebe des Ulanen*. Aber er hat sich dann – sicher auch unter dem Einfluss von Bertha von Suttner – zu einem christlichen Pazifisten entwickelt. Er hat gegen Ende seines Lebens nicht umsonst gesagt, dass er viele seiner Werke neu oder anders schreiben würde. Und das bezog sich nicht nur darauf, dass er verärgert war, weil man ihn als Kinderbuchautor hinstellte, sondern auch wegen solcher Inhalte. Aber er ging nie soweit, dass er die physische Vernichtung des Anderen gut geheißen hätte. Schon in den frühen Werken wird die deutschnationale Ausrichtung

---

[1] Es betraf die Bände *Und Friede auf Erden!* und *Ardistan und Dschinnistan I-II.*

sogar aufgelöst – in einer charmanten Art und Weise. So heiratet in *Die Liebe des Ulanen*, ein Roman, der ganz im deutsch-französischen Konflikt angesiedelt ist, ein zackiger preußischer Offizier eine hübsche Französin. So wird der Konflikt im May'schen Sinne gelöst…

H.K.: Das eine sind Karl May selbst und sein Missbrauch im Nationalsozialismus. Aber wie hat sich die Zeit auf die Arbeit des Museums ausgewirkt? Hat sie sich überhaupt ausgewirkt?

R.W.: Ja und zum Teil können Sie das auch heute noch sehen. Beim Umbau 1937 wurde zum Beispiel das Diorama „Die Heimkehr von der Schlacht" gestaltet. Dass es darum geht und nicht etwa um die Heimkehr von der Jagd, ist deutlich erkennbar. Wir haben den Titel deshalb auch beibehalten. Zur Eröffnung 1937 gab es eine Sonderausstellung, in der das Hakenkreuz im Mittelpunkt stand. Am Beispiel dieser Ausstellung können Sie gut erkennen, wie der Missbrauch funktioniert. Die Demagogie hat die schlimme Eigenschaft, dass ein Zeichen genommen wird, das in vielen Kulturen vorhanden ist. Die Swastika ist keine Erfindung der Nationalsozialisten. Die Entweihung dieses Zeichens und bestimmte Ableitungen, dass die, die das Symbol verwenden, die Herrenrasse sein sollen oder so was – das ist eine ganz andere Ebene. Die Navajos, um bei Nordamerika zu bleiben, nutzen das Symbol bis heute. Und warum sollen sie es nicht nutzen? Sie haben nicht die Vergangenheit wie wir Deutschen. In ihren Museen weisen sie einfach darauf hin, dass in Deutschland die Nationalsozialisten dieses Symbol für ihre Zwecke missbraucht haben. Zum Hakenkreuz gab es also eine Sonderausstellung. Und es gab auch Materialien wie zum Beispiel das Heftchen Patty Franks *Ein Leben im Banne Karl Mays*. Da gab es eine Schlussseite, die sich änderte. Da war dann in den letzten Ausgaben der Antiamerikanismus deutlich spürbar – und zwar immer vorgeschoben: Wir sind für die Indianer, für die Entrechteten, und deshalb gegen die Herrschenden in Nordamerika… Das hat sich später unter anderen Vorzeichen noch mal wiederholt.

H.K.: Gut, gehen wir in die nächste Epoche, die auf ihre Art auch schwierig war, nämlich in die Zeit nach 1945. Ein eigentliches Karl-May-Museum als Literaturmuseum hat ja erst 1985 geöffnet, aber es gab die ganze Zeit die Sammlung im Blockhaus. Wie ist nun diese Zeit in der DDR zu beurteilen, in der das Museum nicht Karl-May-Museum, sondern Indianermuseum hieß? Mich interessiert das besonders unter dem Aspekt, dass ja die Friedensidee in der DDR auch politisch instrumentalisiert wurde.

R.W.: Das Karl-May-Museum hieß bis 1956 so, dann nannte man es „Indianermuseum der Karl-May-Stiftung", was, wenn man die Inhalte betrachtet, die gezeigt worden sind, eigentlich nicht verkehrt war. Nur steckte eben der, ich möchte sagen, schofelige Gedanke dahinter, dass man Karl May totschweigen wollte – auch wenn immer die „Karl-May-Stiftung" in kleiner Schrift mitgenannt wurde. Unter einer Stiftung konnten sich in der DDR zumindest die Jüngeren, die solche Einrichtungen aus der Weimarer Republik, in der sie gang und gäbe waren, nicht kannten, nichts vorstellen. Es war auch etwas Imaginäres. Schon in den 20er-Jahren war in der Presse nicht selten vom Karl-May-Indianermuseum die Rede, und es gab in der Tat nur wenig Karl May in der Ausstellung. Die grünen Bände wurden gezeigt, die Büste und ein paar Artefakte wie Mays Brille – nicht gerade viel. In der DDR spielte der Friedensgedanke zunächst auch keine Rolle in der Ausstellung. Man konnte damit leben, dass man eine völkerkundliche Schau zeigte. Anders wurde es mit der Eröffnung der Villa „Shatterhand". Da musste man Farbe bekennen. Im Faltblatt zur Ausstellung „Karl May – Leben und Werk" wurde eine Reihe von Zitaten abgedruckt, die den Friedens- und Völkerverständigungsgedanken Karl Mays hervorhoben – natürlich auch deshalb, um ihn in den Kanon der sozialistischen Kulturpolitik einzureihen. Die Zitate wurden aber sehr klug ausgewählt. Zum einen von Zeitgenossen wie Karl Liebknecht und Erich Mühsam, aber auch von Hermann Hesse und Peter Rosegger, auch ein Zitat von Albert Schweitzer ist dabei, und zwar: „...was mich am stärksten an seinem Schrifttum gefangennahm, war das herzhafte Bekenntnis zur Friedfertigkeit und gegenseitigen Verständigung...". Ich habe an der damaligen Konzeption nicht mitgearbeitet. Ich kam erst kurz danach zum Museum. Aber ich weiß, und das ist vielleicht auch ganz interessant, dass schon damals der Chinaband mit *Et in terra pax* wichtig war. Der Roman und seine Geschichte wurden ganz bewusst aufgewertet. Auch Bertha von Suttner war schon Gegenstand der Ausstellung. Dieser ganze Bereich gehörte zu den wenigen Dingen, auf die man eingehen konnte und wollte. Es ließ sich dann ein wenig belehrend über Imperialismus sprechen, was grundsätzlich gar nicht so verkehrt war, da das Kaiserreich ja tatsächlich eine imperialistische Politik betrieb, May sich dagegen wandte und schließlich der Begriff Imperialismus auch keineswegs von Lenin oder Marx erfunden worden ist. Es gab letztlich auch keine Überspitzungen, so dass wir nach 1990 nur wenig ändern mussten. Der Begriff „sozialistische Kulturpolitik" flog natürlich raus. Beeindruckt hat mich, dass ein führender Funktionär in der DDR, Hans Modrow, bei der Abnahme, also ein paar Tage vor der Eröffnung am 9. Februar 1985, im Museum war und sich über einige Textstellen ein bisschen aufregte, über Texte, die einfach überzogen waren, wo man Karl May hochstilisieren wollte – ich übertreibe mal: Marx, Engels, Lenin und dann Karl May. Es war wie bei vielen Dingen in der DDR. In der Agitation und Propaganda wurde leicht ein guter Gedanke durch die Maßlosigkeit des Strapazierens ad absurdum geführt. Modrow wollte, dass solche Stellen zurückgenommen wurden. „Wir sind hier nicht im Parteilehrjahr", meinte er. Einige Funktionäre, die etwas stärker doktrinierten – nicht Peter Neumann und Klaus Hoffmann, denen die Ausstellung vor allem zu verdanken war –, haben vielleicht ein bisschen kariert geguckt. Modrow hat dann noch mal erklärt, wir seien hier ein Museum, das internationalen Zuspruch haben werde. Er sicherte auch mehr Möglichkeiten zu – und da passten überzogene Dinge nicht herein. Dass May gegen die imperiale Politik war und den Mut hatte, in einer katholischen Zeitschrift pazifistische Gedanken unterzubringen, das konnte man stehen lassen. Aber dass er der erste Mann an der Front der Friedenskämpfer gewesen sei, das ging nicht. Das wollte man sicher schon den eigenen Ikonen nicht antun.

H.K.: Denen wohl vor allem nicht. Sie sagten aber, dass das Museum mehr Möglichkeiten bekommen sollte. Was war damit gemeint?

R.W.: Wir waren das einzige Museum, außer den staatlichen Kunstsammlungen, das selbstständigen Kontakt mit dem sogenannten NSW, dem nichtsozialistischen Wirtschaftgebiet, haben durfte.

H.K.: Das klingt fast schon ein bisschen nach Wende. Wie kam es, nachdem in der DDR Karl May lange Zeit nicht gut gelitten war, auf einmal dazu, dass das Karl-May-Museum als einziges international frei agieren konnte?

R.W.: Zumindest waren wir im Bezirk Dresden das einzige nichtstaatliche Museum, das freier, im Rahmen der bestehenden Regularien, agieren durfte. Ich weiß nicht, wie es mit der Wartburg war. Die Wartburg-Stiftung ist neben der Carl-Zeiss-Stiftung die berühmteste Stiftung, die in der DDR erhalten geblieben ist. Die Kulturpolitik in der DDR war nicht homogen. Sie hat in den 40 Jahren der Existenz der DDR manche Wandlung und manchmal Kehrtwendungen bis zu 180 Grad durchgemacht. Ab 1979 gab es den nationalen Erberat[1] und man hat versucht, die Geschichte neu zu bewerten. Die, wie es hieß, humanistische Tradition in der deutschen Geschichte wollte sich die SED nicht entgehen lassen. Der gute Luther wurde in den 50er- und 60er-Jahren in der Schule noch verteufelt, vor allem wegen der Schrift *Wider die Mordischen und Reubischen Rotten der Bawren*. Die Verteuflung wurde dann zurückgenommen. Im Erberat waren unter anderem auch Pfarrer, hohe Geistliche, der Querschnitt der Bevölkerung, nicht nur SED-Genossen. Schließlich wurde sogar Bismarck wieder gehuldigt, Friedrich II. sowieso, dessen Denkmal wieder in Berlin Unter den Linden aufgestellt wurde. Wie mit einem Scanner ging man durch die deutsche Geschichte. Da war der Tag abzusehen, dass Karl May wieder da ist. Ich gehörte wahrscheinlich zu den wenigen, die die Autobiografie von Erich Honecker gelesen haben. Daher wusste ich, dass er in seiner Jugend gerne *Ein Kampf um Rom* von Felix Dahn gelesen hatte. Da habe ich als Schüler irgendwann mal wider den Stachel gelöckt. Ich wollte das Buch auch lesen, was in der DDR nicht gestattet war. Da habe ich dann die böse Frage gestellt: „Wenn Erich Honecker schreibt, dass ihm das Buch gefallen hat, und er es für wert empfindet, es in seiner Biografie zu erwähnen…, warum darf ich es dann nicht lesen?" Meine stille Hoffnung, die in meiner Frage mitschwang, war leider eine Fehlanzeige. Das ist keine Heldentat gewesen. Das war nur artikuliertes Denken wie bei vielen tausend anderen auch. Aber ich habe damals schon gemerkt: Das Eis, mit dem man Karl May umgeben hatte, war brüchig. Und es gab immer wieder kleine, wichtige Veröffentlichungen wie zum Beispiel *Etappe Rom* von Erich Loest, in der eine Novelle enthalten war, die er dann in seinem Karl-May-Roman *Swallow, mein wackerer Mustang* verarbeitete.

---

[1] Nationaler Rat der DDR zur Pflege und Verbreitung des Deutschen Kulturerbes

A.Kö.: *Die Aula* von Hermann Kant…

R.W.: *Die Aula* sowieso.[1] Auch wurde dann nach Weihnachten 1982 ein Karl-May-Film nach dem anderen in der DDR gezeigt, sodass man schon denken konnte, Lex Barker und Pierre Brice seien Nationalhelden der DDR… Es gab sogar ein Poster, das wir im Fundus haben. Sie kennen doch diese Marx-Engels-Lenin-Reihen, in denen die Köpfe hintereinander gestaffelt sind. So gab es auch Winnetou und Old Shatterhand – genauso gestaffelt.

H.K.: So ähnlich…

A.Kö.: Diese Plakate gab es tatsächlich in großen Massen. Es ist erstaunlich, wie die Leute sich heute an diese Plakate erinnern, wenn sie sie wiedersehen: „Das hing in meinem Kinderzimmer!"

R.W.: Die Auflage war unterschiedlich, von zehn- bis fünfundzwanzigtausend. Die Radebeuler Firma Planeta hat die Plakate, um Aufmerksamkeit zu erregen, auf der Leipziger Messe gedruckt. Und was übrigblieb, wurde dem Karl-May-Museum zum Verkauf zur Verfügung gestellt. Die ersten Poster waren innerhalb weniger Tage verkauft. Aber das hat jetzt nichts mit dem Friedensgedanken zu tun. Zurück zu dem. Der spielte bis 1985, wie gesagt, eine untergeordnete Rolle. Es gab aber ein paar Dinge, auf die man aufmerksam machen wollte: auf das, was mit der Solidarität für unterdrückte Völker zusammenhing. Das war also die internationale Solidaritätsschiene, die ja auch nichts Verkehrtes darstellte. Es ging um das Verhältnis zu

---

[1] „O herrlicher sächsischer Lügenbold, gepriesen sei dein vielgeschmähter Name! Dank dir, du genialer Spinner aus Hohenstein-Ernstthal, dank dir für tausendundeine Nacht voller Pulverdampf und Hufedonnern. Heißen Dank für Äquatorsonne und Prärewind und Wüstensand und Steppengras, für Shatterhand und Hadschi, für Winnetou und Geierschnabel, ungeschmälerten Dank dafür, was immer sie dir auch nachsagen" (Hermann Kant, *Die Aula*. Berlin: Rütten und Loening 1987[25], S. 420).

den Indianern, besonders nach 1973, nach der Besetzung von Wounded Knee durch den American Indian Movement und dem, was sich dann danach ereignete. Es gab unter anderem eine Unterschriftensammlung. Ich selbst habe mich damals auch ein bisschen als Aktivist in dieser Sache gesehen, konnte die ganze Sachlage aber natürlich noch nicht überblicken. Dazu gab es zu wenig Informationen. Wie überhaupt Informationen gedruckt und verbreitet werden konnten, ist aus heutiger Sicht übrigens ganz amüsant. Damit Sie mal wissen, wie das lief: Da gab es zum Beispiel eine Indianerfreundin, die sehr linientreu war. Sie gab im Jugendclub ‚Pedro Bissonette' in Cottbus eine Zeitung mit dem Titel *Wampum* heraus, in der Artikel erschienen – teilweise sehr interessante Artikel –, die nicht selten von ihrem Mann aus der sowjetischen Zeitschrift *USA* übersetzt waren. Das waren amerikanische Beiträge, die in der Sowjetunion erschienen und aus dem Russischen ins Deutsche weiterübersetzt wurden. Als Quelle wurde die sowjetische Zeitschrift angegeben. Das war einer der Wege.

H.K.: Lassen sie uns auf die Beziehung zu Indianern kommen. Es ist bekannt, dass Indianer schon in der Zwischenkriegszeit das Museum besuchten, wenn sie in Dresden waren, etwa mit dem Zirkus Krone oder beim Zirkus Sarrasani. Dazu gab es zuletzt auch einen Beitrag im Museumsmagazin *Der Beobachter an der Elbe*.[1]

R.W.: Der bezieht sich auf den Besuch des Chief Strong Fox mit einer Gruppe von Irokesen. Wir haben im letzten Jahr ein Aquarell von Elk Eber erworben, das während des Besuchs 1927 entstand. Auch ein Ölgemälde Ebers, das Strong Fox zeigt, ist im Besitz des Museums. Strong Fox hat damals mit seiner Gruppe das Museum und das Grab Karl Mays besucht. Aber es gab auch in der DDR-Zeit weiterhin Kontakte zu Indianern.

---

[1] Hartmut Rietschel, *Elk Ebers Irokesenhäuptling. Neues aus dem Karl-May-Museum Radebeul.* In: *Der Beobachter an der Elbe* 12/2012, S. 26-32

H.K.: Wenn Sie darüber einfach ein bisschen erzählen könnten.

R.W.: Das erste Mal in meinem Leben bin ich bei den Sommerfilmtagen in Dresden mit einem Indianer zusammengekommen. Im Vorprogramm war der Indianistikclub ‚Old Manitou' in Radebeul aufgetreten. Und der Fahrer vom Karl-May-Verlag, der zufällig mit anwesend war, ist der Indianer Buffalo Child Long Lance, genannt „Nicki", gewesen, der übrigens im Juni 90 Jahre alt wird. Diese Begegnung hatte mich unglaublich begeistert. In den 1980er-Jahren konnte ich mehrfach mit Indianern hier zusammentreffen, eben durch die Tätigkeit, die ich dann ausübte. Man muss ja immer Folgendes sehen: Die DDR hatte, nachdem sie internationale Anerkennung genoss und in die UNO aufgenommen worden war, ein großes Selbstdarstellungsbedürfnis. Besonders die Solidaritätsfrage war immer ein Anliegen, das zum Teil ja auch berechtigt war. Bei den Weltfestspielen 1973 waren die Indianer in der Delegation der USA mit einer Gruppe von ca. 30 Personen in der DDR. Einige besuchten auch unser Museum. Es gab auch Interviews in der *Jungen Welt* und eine Solidaritätsaktion hier im Hause. Wir haben dann auch vereinzelt, mit großen Bauchschmerzen oder wie man es nennen will, Post aus den Vereinigten Staaten bekommen. Ich durfte die Sachen beim Zoll abholen, denn alles wurde kontrolliert.

A.Kö.: Es gab auch eine Spendenaktion für die Pine Ridge Reservation.

R.W.: Ja, wir haben Decken, Schulmaterial und Ähnliches mehr geschickt… Natürlich war eine große Naivität dabei… Denen wären vielleicht Dollars, um vor Ort etwas anderes zu organisieren, lieber gewesen. Aber das hatten wir ja alles nicht. Auf jeden Fall waren diese Aktionen vom guten Willen getragen.

H.K.: Wie ist jetzt die Beziehung des Museums zu Indianern? Ist sie mehr zufällig oder gibt es regelrecht offizielle Kontakte?

R.W.: Nach der Wende haben sich die Rahmenmöglichkeiten natürlich verbessert. Das wurde reichlich genutzt, fast wie im Schneeballsystem. Indianerfreunde reisten in die Vereinigten Staaten, waren bei den Indianern, die ziemlich verblüfft waren, dass es in Ostdeutschland Clubs gab, die sich mit ihrer Kultur und Geschichte beschäftigten. Es gab ja Tausende Indianerfreunde in der DDR in etwa 50 Clubs. Und wenn wir auf die Gegenwart schauen, können wir feststellen, dass Karl May in den USA heute kein Unbekannter ist. Es ist zwar nicht so, dass jeder an jeder Ecke weiß, was er geschrieben hat, aber wenn man mit der indianischen Intelligenz redet, so ist er ein Begriff. Da ist auch das Museum ein Begriff, aus vielen Gründen. Einer der sich schon als Student immer für das Karl-May-Museum und die Indianer interessiert hatte, ist André Köhler. Er hat dann ein halbes Jahr in Cody am Buffalo Bill Historical Center gearbeitet. Er war als Einzelner dort, hat aber bestimmt 100 Leuten erzählt, dass es in Radebeul ein Karl-May-Museum gibt. Das meine ich mit Schneeballsystem. Von den 100 waren gut zehn neugierig und sind hierhergekommen, darunter auch Indianer. Auch das Museum ist also nicht ganz unbekannt. Immerhin haben wir schon in den 20er- und 30er-Jahren Kontakte gepflegt. Der Raum zur Schlacht am Little Bighorn ist gemeinsam mit dem Little Bighorn National Park Service entstanden, und dabei sind natürlich auch Erkenntnisse aus indianischer Sicht mit eingeflossen. Gäste kommen von verschiedenen Stämmen, von den Makah zum Beispiel. Sie wissen, dass es hier ein Museum gibt, in der auch ihre Kultur mit erwähnt wird. Von den Schwarzfüßen war der Historiker Curly Bear Wagner, der leider nicht mehr lebt, unser Gast. Die Namensverwandtschaft hat mich natürlich ganz besonders gefreut. Eine Hilfe sind auch die Kontakte, die wir zu den Indianerfreunden in Europa haben. Eine wichtige Rolle zur Vermittlung spielte Heinz Zbinden aus der Schweiz, mit dem die Schwarzfußindianerin Beverly Hungry Wolf bekannt ist. Beverly Hungry Wolf hat mehrere Romane geschrieben. Am bekanntesten ist vielleicht das Buch *Das Tipi am Rand der großen Wälder*, das auch auf Deutsch erschienen ist.[1] Und da Heinz Zbinden mehrmals bei ihnen war, ist bei den Schwarzfußindianern in Kanada bekannt, dass es hier ein Museum gibt. Ein kleines Dankeschön an mich war ein Foto von Beverly Hungry Wolf mit ihrem Mann und ihrem Sohn, wie sie *Winnetou* lesen…

H.K.: Im letzten Jahr hat auch ein Urenkel von Sitting Bull das Museum besucht.

R.W.: Ja. Wir haben uns an einer Ausstellung zu Sitting Bull beteiligt, die zwischen 2008 und 2010 in Bremen, Tampere und Wien gezeigt wurde.[2] Und dort war Ernie LaPointe dabei, zumindest in Tampere und Bremen. So wurde er neugierig auf uns. Da er mit einer Deutschen verheiratet ist, hatte er die Gelegenheit eines Deutschlandaufenthalts genutzt, um hierherzukommen, worüber wir sehr froh waren. Schon bei Curly Bear Wagner wurde es räumlich sehr eng. Es kamen etwa 80 Leute, die kaum in der Villa Bärenfett Platz fanden. Als wir den „Enkel von Sitting Bull" ankündigten, haben wir gleich die Räumlichkeiten in einem Hotel genutzt. Es kamen ungefähr 300 Zuhörer. Diese Affinität zu den Indianern ist in Deutschland nach wie vor stark ausgeprägt. Bei den Karl-May-Festtagen ist es seit mehr als 15 Jahren Tradition, dass immer auch Indianer

---

[1] Beverly Hungry Wolf, *Das Tipi am Rand der Großen Wälder. Eine Schwarzfuss-Indianerin schildert das Leben der Indianer, wie es wirklich war*. Bern: Scherz 1980

[2] Christian Feest (Hrsg.), *Sitting Bull und seine Welt*. Kunsthistorisches Museum Wien 2009

beteiligt sind, und zwar nicht nur aus Nordamerika. Da gibt es schon lange Beziehungen. Im April 1987 war Robert Smith (Sago-Sa-Lonta) zu Gast im Karl-May-Museum und im Oktober 2012 Ray Halbritter, beide vom Wolf Clan der Oneida. Damals, 1987, haben wir so ein kleines Körbchen geschenkt bekommen. Das ist nicht besonders wertvoll, aber für uns war es wertvoll, weil es uns direkt überreicht wurde. Und für mich war es wertvoll, weil es das erste für Indianer typische Geschenk war, das ich aus ihrer Hand für das Museum entgegennehmen durfte. Das war für mich ein erhebendes Gefühl. Bei allen Begegnungen, schon bei den ersten, habe ich immer die Herzlichkeit der indianischen Gäste gespürt. Oft stehen sie dem Museum am Anfang etwas skeptisch gegenüber. Sie sind vielleicht traurig, dass die Artefakte nicht bei ihnen sind, aber wenn man dann erklärt, dass wir ihre Kultur nicht nur zeigen, um sie bekannt zu machen, sondern bei den Besuchern auch Respekt für die Kultur der Indianer erzeugen, dann sind sie schon überzeugt, dass ihre Kulturgegenstände hier im Karl-May-Museum in sachkundigen Händen sind.

H.K.: Das ist ein gutes Stichwort. In den USA gibt es gelegentlich Rückgabeforderungen, auch den Transfer aus staatlichen Sammlungen in indianisch geführte Museen. Gab oder gibt es solche Forderungen an das Karl-May-Museum?

R.W.: Es gab solche Versuche, die abschlägig beschieden worden sind. Ich kann nicht über solche Gegenstände verfügen. Die Grundeinstellung unseres Hauses ist, dass wir zwar Eigentümer sind, uns aber weniger in der Eigentümerfunktion als in der Bewahrerfunktion sehen, also die Aufgabe haben, die Kultur dieser Welt zu bewahren.

H.K.: Das ist ein schönes Wort. Und es gilt sicher nicht nur für die Sammlung zu den Indianern Nordamerikas.

Karl May hat sich ja nicht nur mit Indianern beschäftigt. Welche Bedeutung kann der Friedensgedanke in der Präsentation des Orients im Museum spielen? Heute sehen wir ein paar Gegenstände in den Vitrinen in der Villa „Shatterhand". Welche Rolle spielt die orientalische Kultur für das Museum in Zukunft?

R.W.: Der Orient ist nicht der Hauptgegenstand, mit dem ich mich in meinem Leben beschäftigt habe. Aber für Karl May war er natürlich ganz besonders wichtig. Er wollte auf die Versöhnung von Okzident und Orient hinarbeiten, auch die religiösen Gemeinsamkeiten zwischen Christentum und Islam herausarbeiten. Das ist der Ansatzpunkt, der stärker bewusst gemacht werden könnte. Die Schwierigkeit ist, dass dazu eine enorme detaillierte Sachkenntnis gehört. Dieses Gebiet ist, ich sag es mal sehr salopp, vermint. Ich selbst habe bis vor einigen Jahren nicht gewusst, dass man Mohammed nicht zeichnen darf – egal, ob respektlos oder mit Respekt. Man darf ihn überhaupt nicht zeichnen, sagte mir ein arabischer Freund, der das selbst lockerer sieht. Wenn du auf einen sehr konsequent Gläubigen triffst, hast du – wieder salopp gesagt – ganz schlechte Karten. So etwas verleidet das Thema an sich, wenn man sich nicht so sicher fühlt. Das sage ich mit aller Offenheit. Es gibt allerdings ein Thema, bei dem man Flagge zeigen kann, ohne ins Fettnäpfchen zu treten. Wenn ich mit Gästen durchs Museum gehe, betone ich immer wieder, dass neben Old Shatterhand und Winnetou, die natürlich immer in den Köpfen sind, wenn es um Karl May geht, Marah Durimeh, die Menschheitsseele wie May sie nannte, eine zentrale Figur ist. Im Spätwerk hat Marah Durimeh einen herausragenden Stellenwert. Sie ist wichtiger als Winnetou. Marah Durimeh ist eine kurdische Christin. Daran lässt sich anknüpfen. Wie sieht es mit dem Verhältnis der Religionen aus? Arbeiten sie zusammen oder bekriegen sie sich? Stellt May die Konflikte seiner Zeit in seinen Büchern richtig dar?

Sind seine Lösungen nur Träumereien oder Perspektiven? Was hat sich seit hundert Jahren geändert und was ist gleich geblieben? Ich kann diese Fragen nicht selbst beantworten, weil ich mich damit zu wenig befasst habe. Aber ich denke, das ist ein Ansatzpunkt. Die Kurdenfrage z. B. ist schließlich auch nicht nur eine Frage der Türkei, sondern mehrerer Länder der Region.

A.Kö.: Es ist auch nicht ganz uninteressant, dass z. B. Mediengrößen wie Peter Scholl-Latour oder Claus Kleber in ihren Berichten stehende Wendungen wie „durchs wilde Kurdistan" oder „von Bagdad nach Stambul" benutzen. Das sind regelrecht Schlagworte, um nicht zu sagen Warnbegriffe, geworden. Karl May taucht also auch in den heutigen Medien immer wieder auf, und sei es nur, um die Aufmerksamkeit zu erhöhen. Wenn ich meinen Artikel überschreibe „Durchs wilde Kurdistan", bekommt er eine andere Aufmerksamkeit, als wenn ich schreibe, dass der Name XYZ über das und das spricht. Karl May erzeugt in Berichten aus diesem Raum und seinen Krisengebieten immer noch Aufmerksamkeit. Auch damit lässt sich das Friedensdenken in Verbindung bringen. Denn wir reden bei den Friedenswegen nicht nur über den Frieden, sondern auch über den Konflikt, und insofern ist es wichtig, die Konfliktfelder aufzuzeigen und zu zeigen, in welchen Konflikten May aktiv genutzt wird. Dass May nach wie vor interessiert, hat 2012, das Jahr seines 100. Todestages ohnehin gezeigt.

R.W.: Wenn man von Friedensbemühungen spricht, dann bedeutet das, dass kein Frieden herrscht, sonst müsste man sich ja nicht darum bemühen. Es hat sogar ganz praktische Versuche gegeben, May in Krisengebieten gewissermaßen zum Einsatz kommen zu lassen. Vor einigen Jahren haben wir Soldaten in Afghanistan Karl May geschickt. Es waren Lesungen innerhalb des Kulturprogramms zu Weihnachten vorgesehen. Nur wurde dann die militärische Situation ‚zu heiß‘, sodass dieses Vorhaben abgesagt werden musste.

H.K.: Ich möchte noch mal auf die sächsische Ebene und die Kernarbeit des Museums zurückkommen, die nicht nur in der Ausstellungspflege, wissenschaftlicher Arbeit und der Organisation von Vorträgen usw. besteht. Einen ganz großen Bereich stellen die Angebote für Familien dar. Seit wann spielt besonders diese Zielgruppe so eine große Rolle in der Arbeit des Museums?

R.W.: Eigentlich von Beginn an. Das Museum war immer ein Familienmuseum, weil oftmals die Eltern, die Karl May gelesen haben, mit den Kindern hierherkamen. Daran hat sich bis heute gar nicht viel geändert. Besondere Veranstaltungen gab es auch zu DDR-Zeiten, zum Beispiel Filmnachmittage, die von den Pionieren oder der FDJ veranstaltet wurden. Besonders für Familien gibt es aber auch inhaltlich wichtige Aspekte im Hinblick auf die Kulturen der Indianer. Deren Familienbande sind etwas, worauf man immer wieder verweisen kann. Familien und die Zukunft der Familien sind heute ja ein Thema, zu dem viele Konflikte gehören. Ich mache in meinen Vorträgen immer darauf aufmerksam, dass die Naturvölker begriffen haben, dass das Wertvollste die Kinder der nächsten Generation sind und nicht irgendwelche Dinge, die man kaufen kann.

H.K.: Kann man die Familienarbeit als Friedensarbeit bezeichnen? Was meinen Sie?

R.W.: Es kommt drauf an, wie weit man die Friedensarbeit fasst. Ich denke, Familie symbolisiert Harmonie, und Frieden bedarf auch der Harmonie, was nicht bedeutet, dass sich einer vor dem anderen bückt, aber dass alle einander mit Respekt begegnen. So gesehen gibt es tatsächliche eine große Schnittmenge von Familienorientierung und dem

Bemühen um Frieden. Familienarbeit ist etwas ganz Wichtiges, weil wir mit ihr Zukunftsarbeit leisten. Und die Zukunftsarbeit mit der Familie hat nur Sinn in einem weitgehend friedlichen Umfeld.

H.K.: Meine letzte Frage knüpft in gewisser Weise daran an. Es gibt schon an die 20 Jahre die Karl-May-Festtage in Radebeul…

R.W.: 22 Jahre.

H.K.: Sogar 22 Jahre – und das mit nachhaltigem Erfolg. Obwohl das Fest jedes Jahr stattfindet, läuft es sich nicht tot. Welchen Stellenwert hat hier Mays Friedensdenken? Immerhin ist der Höhepunkt die Überreichung einer Friedenspfeife an den Gewinner der Sternreiterparade.

R.W.: Wir waren damals mit an der Wiege dieser Karl-May-Festtage. 1992 kam die Idee auf, dass man zum 150. Geburtstag von Karl May zu einem Sternritt von Radebeul, dem Kurort Rathen und Bad Segeberg nach Werder (Havel) aufrufen könnte. Die Sternreiter sollten ähnlich wie die Osterreiter in der Lausitz Verkünder sein. Ja, es sollte eigentlich die Einheit Deutschlands verkündet werden. Das war noch in der euphorischen Phase der Nachwendezeit. Auch das passte zum Denken Karl Mays. Die Idee wurde getragen von namhaften Politikern und damaligen Ministerpräsidenten wie Björn Engholm in Schleswig-Holstein, Kurt Biedenkopf in Sachsen und Manfred Stolpe in Brandenburg. All das hatte einen hohen Symbolwert und ist vielleicht auch der Grund, warum dann irgendwann mal die Zeremonial- oder Friedenspfeife überreicht worden ist – allerdings nicht von Anfang an. Der erste Treffpunkt war übrigens hier auf der Karl-May-Straße…

H.K.: So klein war das Fest damals noch.

R.W.: Wir haben damals noch nicht geahnt, dass es sich zum Volksfest entwickeln würde. Was gut ist, aber natürlich auch die Gefahr mit sich bringt, dass der Charakter der Veranstaltung verwässert wird. Das ließ sich in den letzten Jahren zum Glück ganz gut verhindern. Zum Beispiel auch dadurch, dass nicht irgendwelche Dinge auf dem Festgelände verkauft werden dürfen, sondern nur solche, die thematisch zu Karl May passen – bis hin zur erzgebirgischen Holzschnitzkunst, denn über das Erzgebirge hat May ja auch geschrieben. Wichtig ist, dass man das Fest nicht seines ursprünglichen Inhalts beraubt. Es gibt jedes Jahr ein Thema, das gemeinsam mit den indianischen Gästen, die hier sind, umgesetzt wird. Es hat eine ausgesprochen positive Wirkung, dass die andere Kultur von den Menschen, die diese Kultur verkörpern, dargestellt wird. In den Diskussionsrunden oder an den Abenden zeigen sich auch die Menschlichkeit, der Witz, der Humor dieser Menschen. Man kommt sich menschlich näher und das ist eigentlich das Entscheidende… Man kommt auch von den Idealen etwas runter und erlebt, dass Indianer nicht göttlich zu verehren, sondern Menschen wie du und ich sind. Es werden Kontakte geknüpft, auch über Sprachbarrieren hinaus, denn es ist weiß Gott nicht so, dass jeder perfekt Englisch kann. Auf der anderen Seite lernen Indianer Deutsch.

H.K.: Wie schätzen Sie die Perspektive des Museums ein?

R.W.: Das Karl-May-Museum wird es auch noch in hundert Jahren geben. Davon bin ich überzeugt. Der Grund ist, dass wir nicht nur Dinge ausstellen, sondern auch die Werte, die Karl May und die Indianer verkörpern, vermitteln – dazu gehört ein klein wenig auch Seelen-, Gefühls- und Emotionspflege. Ein Mensch zeichnet sich dadurch aus, dass er Gefühle hat und Gefühle entwickelt. Das ist nicht nur Romantik, sondern soll weit darüber hinausgehen. Wenn man sich mit Indianern und ihrer Kultur beschäftigt, spürt man, dass es vieles gibt, was uns eint, aber auch Unterschiede und Werte, denen man nacheifern könnte. Mir gefällt z. B. die natürliche Ästhetik der Indianer im Südwesten. Die hat für mich was Faszinierendes. Und sicher kann mir einer widersprechen, das Gleiche gebe es auch in Afrika oder in Indien, aber wir haben nun mal diese Ausstellung zur Kultur der Indianer Nordamerikas hier. Diese Kultur darzustellen, ihre Artefakte zu pflegen und zu bewahren ist eine Sache, die für mich wichtig ist. Es wird und es soll auch in der Zukunft eine wertvolle Ergänzung sein zu der eigenen einheimischen Kultur, die ich auch nicht vernachlässigen möchte.

„Wasch dir den Mund mit Seife von Ischnân!"
Karl May in der Schule und darüber hinaus

von Peter Wayand

> Tragt Euer Evangelium hinaus,
> doch ohne Kampf sei es der Welt beschieden.
> Und seht ihr irgendwo ein Gotteshaus,
> so stehe es für euch im Völkerfrieden.
> (Karl May, Und Friede auf Erden!)

In einer Radio-Sendung Anfang des Jahres 2012[1] interviewte Rainer Zerbst die drei Karl-May-Forscher und -Kenner Helmut Schmiedt, Thomas Kramer und Gert Ueding. Er fragte nach deren Einschätzung, welche Zukunft Karl May heute noch zu erwarten habe.

Helmut Schmiedt, Literaturwissenschaftler und Professor für neuere deutsche Literaturwissenschaft an der Universität Koblenz-Landau, Abteilung Koblenz, stellte die These auf, dass May zweifellos den Status verloren habe, der „Liebling der lesenden Jugend" zu sein. Er erfreue sich zwar einer ungeheuren Beliebtheit, wenn man ihn mit Kollegen wie Friedrich Gerstäcker (1816–1872) oder Balduin Möllhausen (1825–1905) vergleiche, aber generell sei sein Stern im Sinken begriffen. Schmiedt hatte immerhin die Hoffnung, dass die Arbeit der Karl-May-Forschung, auf die kulturgeschichtlich interessanten, zukunftsweisenden Aspekte von Karl May und seinem Werk hinzuweisen, nicht fruchtlos sei, und dass May und sein Werk zu überleben vermöge, indem man ihn sozusagen dem kulturellen Erbe der deut-

---

[1] *„Die Welt im Kopf"*. Karl May zwischen wildem Kurdistan und Utopia. SWR2-Forum, 09.01.2012, 17:05 Uhr, Gesprächsleitung: Rainer Zerbst, SWR2 Forum vom 09.01.2012. Es diskutieren: Dr. Thomas Kramer – Privatdozent, Humboldt Universität Berlin, Prof. Dr. Helmut Schmiedt – Literaturwissenschaftler, Universität Koblenz-Landau, stellvertretender Vorsitzender der Karl-May-Gesellschaft, Prof. Dr. Gert Ueding – em. Prof. für Allgemeine Rhetorik, Universität Tübingen (vgl. http://swrmediathek.de/player.htm?show=b8245230-3ae7-11e1-811a-0026b975f2e6) [Zugriff: 19.07. 2013]

569

schen Geschichte zuschlage – in einer besonderen Position, einer Nische vielleicht, aber dann eben doch.

Thomas Kramer setzte seine Hoffnung vor allem darauf, dass Karl Mays Spätwerk neu entdeckt oder in Zukunft zumindest anders rezipiert werde als bisher, nämlich im Vergleich zu großen, aktuellen Mythen aus dem angelsächsischen Bereich: *Ardistan und Dschinnistan* mache unheimlich viel Freude, wenn man es parallel mit Tolkiens *Der Herr der Ringe* oder Lucas' *Krieg der Sterne* läse. Ebenso gab er May eine Chance im Bezug auf die aktuellen Ereignisse im Nahen Osten, da ja May jemand sei, der sich in seinem Werk immer wieder gegen Fundamentalismus, gegen aggressive Meinungen, gegen Nicht-bestehen-lassen-wollen des Anderen wende, im Übrigen nicht nur gegen islamischen, sondern auch gegen christlichen Fundamentalismus jeder Art. Dahingehend müsse er neu entdeckt, gelesen und wertgeschätzt werden.

Gert Ueding war davon überzeugt, dass man May durch die Brille der fantastischen Literatur lesen könne, zum Beispiel durch die Brille Tolkiens. Sein ganzes Werk lasse sich in dieser Art und Weise als fantastisches Literaturwerk lesen, denn solange sich Menschen nicht dort zuhause fühlen, wo sie seien, werde Auszugsliteratur wie die Karl Mays immer gelesen werden.

Wie sieht es mit der Realitätstauglichkeit dieser Einschätzungen aus? Im Folgenden sollen an vier Beispielen sehr unterschiedliche Rezeptionsaspekte aufgezeigt und diese mit den Prognosen der Fachleute verglichen werden. Die Beispiele umfassen einen Zeitraum von zirka zehn Jahren, und es sind ausnahmslos männliche Jugendliche, von denen hier berichtet werden kann. Im Rahmen meiner bisherigen Berufstätigkeit als Haupt- und Realschullehrer habe ich noch keine Frau kennenlernen dürfen, die sich für Karl May eingehender interessiert hätte – was natürlich nicht heißen soll, dass sich Frauen grundsätzlich nicht für Karl May interessieren würden.

Da wäre zunächst Amir Azad (*1984), einer meiner ehemaligen Schüler, den ich während meiner Referendariatszeit in Limburg an der Lahn kennenlernte. Allein schon bei seinem Nachnamen[1] *Azad* werden Erinnerungen an die Orienterzählungen Mays wach, denn der Löwe, der *Assad-Bei*, der *Abu er Rad*, der *Herr mit dem dicken Kopf*, der *Würger der Herden* oder *Herr des Erdbebens* (*Sihdi el salssali*) kommt ja nicht selten dort vor (vgl. u. a. die Romane und Erzählungen *Durch die Wüste*, *Im Landes des Mahdi II*, *Unter Würgern*, *Die Gum*, *Die Wüstenräuber* und *Scheba et Thar/Der Löwe der Blutrache*). Überhaupt habe ich bei sehr vielen Schülerinnen und Schülern an unseren Schulen immer wieder Namen vorgefunden, die ich bereits aus Karl Mays Werken kannte und dementsprechend auch übersetzen konnte. Dies ist auch ein Effekt der zunehmenden Pluralisierung unserer Gesellschaft.

„Hamdullilah, was für ein Buch!", so kommentierte Amir in einer e-Mail, die er mir extra deswegen schrieb, den Band 27 der Gesammelten Werke *Bei den Trümmern von Babylon*. Das Besondere oder Erwähnenswerte daran ist, dass Amir Azad ein Iraner mit Leib und Seele ist. Er wohnte damals erst seit ein paar Jahren in Deutschland, und mit dem Namen Karl Mays verband er bis zu diesem Zeitpunkt nur das Wenige, was er sich aus Film und Fernsehen angeeignet und gemerkt hatte – und das war wirklich wenig – um ehrlich zu sein, eigentlich war es fast nichts.

Als er mich kurz nach seinem Abschluss 2002 einmal besuchte, um sich den Videomitschnitt unseres Theater-

---

[1] Die Nennung des vollständigen Namens von Amir Azad und der im Folgenden noch erwähnten Personen aus den Fallbeispielen erfolgt mit deren ausdrücklicher Genehmigung. Zwar konnte ich Amirs derzeitigen Aufenthaltsort nicht mehr ermitteln, es wurde gemunkelt, er sei sogar ganz und gar in den Iran zurückgekehrt, aber da er 2002 nichts gegen die Nennung seines Namens einzuwenden hatte, gehe ich stillschweigend davon aus, dass er gegen sie im Rahmen dieses Textes auch nichts einzuwenden hat.

projekts *Romeo und Julia*[1] auszuleihen, kamen wir aufgrund eines Bildes Karl Mays, das in meiner damaligen Wohnung an exponierter Stelle hing, ins Gespräch und ich erzählte ihm, dass Karl May auch über seine Heimat, den Iran, das *Reich des Silbernen Löwen*, wie Karl May es nannte, Bücher und Erzählungen geschrieben hatte. Nach anfänglicher Skepsis nahm Amir meinen Vorschlag an, sich doch selbst einmal ein Bild zu machen, anstatt auf das Geschwätz anderer zu hören. Er nahm besagten Band mit nach Hause, mit dem Versprechen, ihn zu lesen. Zwei Tage später bekam ich dann die e-Mail mit der erwähnten Betreffzeile: „Hamdullilah, was für ein Buch!" Ihren Inhalt gebe ich im Folgenden auszugsweise wieder:

> Hallo, Herr Wayand! Wie geht es Ihnen? […] Ich werde inschallah morgen nach Iran fliegen. […] Ich habe Ihr Buch schon zur Hälfte gelesen. Ich bin überrascht, wie gut und genau ein deutscher Schriftsteller unsere orientalischen Verhaltensweisen auf dem Papier bringt. Man kann aus diesem Buch viel lernen, was mit Gott und Menschlichkeit zu tun hat. Außerdem finde ich Karl May viel besser als den Shakespeare. […] (zit. n. Wayand 2002, 7)

Die letzte Äußerung bezog sich auf das Theaterprojekt, das ich mit seiner Klasse durchgeführt hatte. Wir hatten Shakespeares *Romeo und Julia* gelesen, besprochen und in Auszügen auf die Bühne gebracht. Und dieser damals achtzehnjährige Iraner, der in dem Stück die Rolle des Tybalt großartig verkörpert hatte, fand Karl May besser als Shakespeare. Außerdem attestierte er Karl May eine sehr gute Kenntnis orientalischer Verhaltensweisen, ganz ähnlich wie der syrische Schriftsteller Rafik Schami (*1946) über Karl May urteilt: „Bei Allah, dieser Karl Ben May hat

---

[1] Im Rahmen meiner zweiten Staatsarbeit inszenierte ich mit der Abschlussklasse der Theodor-Heuss-Schule in Limburg an der Lahn Shakespeares *Romeo und Julia* in einer von mir erstellten Schnittfassung. Die Aufführung fand am 14. Juni 2002 in der Turnhalle der Theodor-Heuss-Schule in Limburg an der Lahn statt.

den Orient im Hirn und Herzen mehr verstanden als ein Heer heutiger Journalisten, Orientalisten und ähnlicher Idiotisten" (zit. n. Haffmanns u.a. 1991, 196). Er erkannte gar einen Lehrcharakter im May'schen Text und er lernte etwas daraus, was, wie er meinte, mit *Gott* und *Menschlichkeit* zu tun hat. Ist dies nicht genau das, was Karl May immer wollte? Wie schrieb er im Vorwort zur ersten Buchausgabe der *Geographischen Predigten*:

> Der Titel besagt, was ich bereits damals wollte und auch heute noch will: Geographie und Predigten! Kenntnis der Erde und ihrer Bewohner und Aufschau nach einer lichteren Welt! (May *Geographische Predigten* 1958, 6)

Passend ist hier auch eine Aussage Mays zu seinen drei Zeitschriften *Deutsches Familienblatt*, *Feierstunden* und *Schacht und Hütte* aus der frühen Redakteurszeit, die in der Autobiografie *Mein Leben und Streben* zu lesen ist:

> Diese drei Blätter waren darauf berechnet, besonders die seelischen Bedürfnisse der Leser zu befriedigen und Sonnenschein in ihre Häuser und Herzen zu bringen. [...] Ich will nicht fesseln, nicht den Leser von außen festhalten, sondern will eindringen, will Zutritt nehmen in seine Seele, in sein Herz, in sein Gemüt. (May *Mein Leben und Streben* 1910, 184)

Ein wenig, aber auch wirklich nur ein wenig, erinnerte mich Amir damals an Hadschi Halef Omar. Auch trug er Züge eines Omar Ben Sadek. Er lieh sich daraufhin einen weiteren May-Band aus, den ich bis heute nicht wiedergesehen habe. Ich konnte es verschmerzen und habe mir den Band später nachgekauft. Ob er wohl auf den Geschmack gekommen ist und weiter Karl May gelesen hat? Ich will es hoffen, denn zumindest für seinen ‚ersten' Karl May war die Ausbeute doch schon reichlich, oder nicht? (vgl. Wayand 2002, 7)

Yves-Sandro Fuhrmann (*1987) ist das zweite Fallbeispiel, das ich anfügen möchte. Yves' Geschichte lässt sich am allerbesten mit dem berühmten Spruch *„Vom Tellerwäscher zum Millionär"* beschreiben, allerdings nicht so, dass er wirklich Millionär geworden wäre, nein, aber er hat zu seiner Zeit mit seinen Mitteln – und die waren nun doch verhältnismäßig begrenzt – das Beste aus seiner Situation gemacht und weit mehr noch darüber hinaus.

Als ich Yves kennenlernte, war er ein kleiner, abgerissener Niemand, den Figuren, die bei May den sogenannten Wilden Westen durchstreifen, gar nicht so unähnlich. Und genauso, wie man Mays Westernhelden niemals nur anhand ihres Äußeren beurteilen darf – man erinnere sich, je abgerissener, desto mehr *Westmann* –, spürte ich, dass viel mehr in ihm steckte, als er auf den ersten Blick vermuten ließ. Seine traurige Hintergrundgeschichte erfuhr ich erst nach und nach. Seine Mutter war wegen verschiedener Delikte ins Gefängnis gekommen und er hauste mit dem Freund der Mutter, zu dem er ein sehr schlechtes Verhältnis hatte, in einer heruntergekommenen Wohnung in einem alten, noch miserableren Bahnhofsgebäude. Seinen leiblichen Vater hatte er nie kennengelernt. Darüber hinaus lispelte er und galt als wenig zuverlässig. Er erweckte teilweise den Anschein, dass er unter Drogen stand oder zumindest kiffte, was noch durch sein Äußeres verstärkt wurde, das damals einen doch sehr verwahrlosten Eindruck machte.

Eines Tages flanierte ich in der großen Pause, da ich Aufsicht hatte, über den Schulhof und erlebte Folgendes: Yves wurde, wie das wohl öfter vorkam, von einem anderen auf die übelste Art und Weise verbal beleidigt, die man sich nur vorstellen kann. Ich sah mir das aus der Entfernung eine Zeit lang an, da ich auf seine Reaktion gespannt war. Und diese kam, und zwar völlig anders, als ich erwartet hatte. Yves hörte sich die Beleidigungen ein paar Minuten schweigend an, dann drehte er sich zu dem, der ihn so anpöbelte, herum und herrschte ihn in abfälligem Ton an: „Was fällt dir ein, du Wurm, du Laus, du Milbe! Wasch dir den Mund mit Seife von Ischnân!" (May *Babel und Bibel* 1906, 21-22)

Ich musste unwillkürlich schmunzeln. Es tat gut, einmal nicht das vertraute Wort mit Sch… als Antwort auf eine Beleidigung zu hören oder gar noch schlimmere Begrifflichkeiten. Hier wurde Literatur benutzt – die Feder zeigte sich erneut mächtiger als das Schwert! Und es war nicht irgendein Stück Literatur, nein, es war aus einem Text von Karl May und dazu aus einem Text, der nur einer Handvoll Eingeweihter bekannt war (vgl. Wayand 2005, 51).

Yves hatte zu diesem Zeitpunkt bereits die Hauptrolle in Karl Mays einzigem vollendeten Drama *Babel und Bibel* übernommen, das ich an seiner Schule zum Abschlussprojekt der zehnten Klassen gemacht hatte. Es spielten wohlgemerkt Realschüler, keine Gymnasiasten. Er verkörperte – nein, er *war* letztlich Abu Kital, der *„Vater der Gewalt"*, der sich seinem Sohn Ben Tessalah, dem *„Sohn des Friedens"*, in der Maskerade des Scheiks der Todeskarawane stellte, als ihm dieser die schauderhafte Mär von der Geisterschmiede im Wald von Kulub entgegenschleuderte, und der sich letztlich von Marah Durimeh im Strahlenpanzer von Kristall vom Gewaltmenschen zum Edelmenschen läutern ließ. Diese Läuterung hat Yves auf sein eigenes Leben übertragen.

Dietrich Schober ließ in seiner Rezension der Premiere Yves zu Wort kommen, indem er aus dessen Probenbericht zitiert:

> Wir haben uns immer gegenseitig aufgebaut und wuchsen so immer mehr zu einer Einheit, die alle dasselbe wollten, nämlich das Stück so gut wie möglich auf die Bühne zu bringen, zusammen. Die Erfahrungen, die wir während der Proben gemacht haben, haben uns reifer und etwas mehr erwachsen werden lassen. (Schober 2005, 27-28)

Darüber hinaus erwähnt Schober Yves stellvertretend für alle seine Schauspielkollegen, die „ernsthaft und mit Hingabe spielten", und zitiert ihn nochmal mit den Worten: „Aber wieso denn, ich habe doch gar nichts gemacht..." (ebd.; vgl. auch Nickel 2005; Kunz 2005).

Nett, sympathisch, begeistert, großartig, Souveränität und Professionalität ausstrahlend, so Schober weiter, sei unter anderem dieser Yves gewesen, der Yves, von dem mir von seinen eigenen Mitschülern zunächst abgeraten worden war, er werde das nicht durchziehen, er werde kurz vor der Premiere noch abspringen. Ich hatte Yves seinerzeit mit diesen Aussagen konfrontiert. Er hatte sich alles gewissenhaft angehört und mir nur die eine Frage gestellt: „Trauen Sie mir das zu, dass ich das kann?" Dies bejahte ich natürlich. Daraufhin fügte er mit festem Ausdruck hinzu: „Wenn Sie an mich glauben, dann lasse ich Sie nicht hängen!"

Er hat nicht nur mich, er hat sich selbst ebenfalls nicht hängen lassen. Dieser Erfolg prägte ihn – Karl May prägte ihn für sein weiteres Leben. Nach dem Abitur bewarb er sich – wie er mir später erzählte – am renommierten Max-Reinhardt-Seminar in Wien. Er wurde zu einer Aufnahmeprüfung gebeten, die er unter anderem mit seinen Monologen aus *Babel und Bibel* bestritt und – bestand. Er nahm den so erkämpften Studienplatz dort allerdings nicht wahr und kehrte nach Deutschland zurück, um Mathematik und Chemie auf Lehramt zu studieren. Er wollte also Lehrer werden, genau wie Karl May, zu dessen Biografie die seine merkwürdige Parallelen aufwies. Natürlich verbesserte sich sukzessive seine Optik, sein Selbstbewusstsein und sein Leben insgesamt. Aus armen, sozial-schwachen Verhältnissen zum Lehrer! Empor ins Reich der Edelmenschen! Aus Ardistan durch die Geisterschmiede im Wald von Kulub in Märdistan nach Dschinnistan, dem hohen, hehren Land der Geister! Oder, wie ich eingangs schon erwähnte: vom Tellerwäscher zum Millionär, zum

Millionär in Sachen Herz und Bildung. Sein Weg hat ihn bisher weit kommen lassen und ich denke, man wird noch von ihm hören.

Beispiel 3: Von der Macht des Glaubens – Timur Kara in Frankfurt am Main (2010-2013)

Timur Kara (*1995) ist Deutschtürke, allerdings ohne feste Glaubenszugehörigkeit. Sein Vater ist ein *„Hekim"*, ein alevitischer Arzt, der aber mit dem Islam weiter nichts zu tun hat, seine Mutter Krankenschwester und evangelische Christin. Er hat im Jahr 2011 den Sekundarabschluss I (Mittlere Reife) als einer der drei Schulbesten gemacht und ich hatte die Ehre, über vier Jahre (Klassenstufen 7 bis 10) sein Klassenlehrer sein zu dürfen. Mit dem ‚May-Fieber' habe wohl ich ihn angesteckt. Denn seit dieser Zeit steht er immer noch mit mir in regelmäßigem Kontakt, ganz modern übers Internet, was ja heute vieles in dieser Hinsicht erleichtert.

In der Schule war er eher ein Außenseiter, ein ‚Still-Worker', wie man in Lehrerkreisen zu sagen pflegt, also jemand, der im Unterricht wenig bis gar nichts sagt, sich, aus welchen Gründen auch immer, verbal zurückhält, schriftlich aber meistens gute bis sehr gute Leistungen erzielt, fleißig arbeitet und seine Hausaufgaben, auch im übertragenen Sinne dieser Formulierung, immer ordentlich machte. Nach seinem Abschluss zog er dann zu seinem Vater, dem Mediziner, nach Frankfurt am Main, wo er zum gegenwärtigen Zeitpunkt (Juli 2013) noch ein Gymnasium besucht, um sein Abitur zu machen.

Viele Fragen hat der junge Mann, die ich ihm immer wieder beantworten muss, allen voran Fragen zu Kunst, Kultur, Literatur und Musik, wofür er sich leidenschaftlich interessiert. Er kommt dabei immer wieder auf seine May-Lektüre zurück, die er wohl sehr intensiv betrieben hat. In einer e-Mail teilte er mir neulich seine Erfahrungen mit Karl Mays Werken und vor allem seiner Philosophie mit. Unter der Betreffzeile *Die Liebe zum Glauben* schrieb er am 12. Juli 2013:

> Ich wuchs in einer Gemeinschaft auf, in der zwar über den protestantischen Glauben gesprochen wurde, jedoch die Handlung ein Widerspruch zum Gesagten darstellte, so dass ich mich enttäuscht von jenen Leuten kopfschüttelnd abwendete und mich mit Religion überhaupt nicht mehr beschäftigte. Eines Tages entdeckte ich in unserer kleinen Schulbücherei[1] das Karl-May-Buch *Durch die Wüste* und da zu diesem Zeitpunkt die Karl-May-Tour als Programm unserer Klassenfahrt[2] anlief, fing ich mit dem Lesen dieses Exemplars an. Mit der Frage Halefs an Kara Ben Nemsi, ob dieser weiterhin ein Giaur bleiben will, öffnete sich mir das Interesse an der Theologie. Mit dem Satz „So lasse mir meinen Glauben, wie ich dir den deinigen lasse" endet das erste der vielen Gespräche Halefs und Kara Ben Nemsis über ihre religiösen Haltungen und ist der Auftakt eines Wandels beider: Kara Ben Nemsis Abenteuer bestärken ihn in seiner Überzeugung, Halef schließlich wird am Ende des Orientzyklus ein – durch Kara Ben Nemsis Taten – überzeugter Christ.
>
> „Du musst unterscheiden zwischen einer Religion und ihrem Anhänger, der sich äußerlich zu ihr bekennt, aber nicht nach ihr handelt", so spricht später Old Shatterhand zu Winnetou. Es sind diese Lehren, die sich in diesen Abenteuern finden, es scheint eine versteckte dialektische Erörterung in seinen Werken zu stecken, bei der er als Kara Ben Nemsi oder Old Shatterhand die These des religiösen Glaubens vertritt, seine Feinde – die Mörder und Verbrecher, die er verfolgt – sind seine Antithese. Niemals

---

[1] Hier spielt er auf die kleine Klassenbibliothek an, die ich in meinem Klassenraum eingerichtet habe und in der auch etwa zehn Karl-May-Bände stehen.

[2] Diese als *Karl-May-Tour* betitelte Abschlussfahrt führte ihn und seine Klasse unter anderem nach Hohenstein-Ernstthal, Dresden und Radebeul, wo er an den Karl-May-Stätten sehr viel über den Dichter erfuhr.

lässt er die Antithese triumphieren, immer lässt er sie im Schatten seiner These verschwinden, die mal direkt, mal subtil in den Leser eindringt. Am Ende jedes Buches wird man dadurch mit einer Hoffnung erfüllt, die noch lange nachhallt. Es ist, als ob jede Gefahr einem die Liebe zum Leben – und damit die Liebe zum Glauben – befestigt, sodass es scheint, dass gerade meist diejenigen, die keine Not zu leiden haben, ihren Glauben verlieren, während oftmals die Notleidenden niemals von ihrem Glauben abkommen, so paradox es auch klingen mag. Karl May zeigt in seinen Romanen eine Welt voller Zweifel: von Menschen, die glauben wollen, jedoch nicht mehr können, da sie durch die Antithese (vor)eingenommen sind, welche die Schurken durch ihre Untaten verbreiten. Aus diesem Grund begibt er sich auf Reisen: Um sein Evangelium zu verbreiten, wie er es Marah Durimeh in *Durchs wilde Kurdistan* anvertraut, weswegen er Bücher schreibt, um sein Evangelium seinen Lesern zu vermitteln. Denn diese sind schließlich nicht fiktiv. Es gilt die Blumen im Garten zu finden und sich nicht vom Unkraut, auch nicht von dessen Äußeren, irritieren zu lassen. Diese Blumen sind es, die Kara Ben Nemsi oder Old Shatterhand gedeihen lassen wollen – doch ohne Kampf seien sie der Welt beschieden. Denn Leben und Glauben sind in einer Wechselwirkung miteinander verknüpft: das Eine kann ohne das Andere nicht existieren.

In höchster Gefahr das Höchste eines Lebewesens zu berücksichtigen, ist etwas, was ich in dem hohen Maße wie bei Karl May noch bei keinem anderen Schriftsteller gelesen habe. Zurecht ist er der meistgelesene deutschsprachige Schriftsteller.

Wer auch immer seinen Glauben und sein Vertrauen in seine Religion verloren hat, er wird sie in Karl Mays Büchern wiederfinden.

Diese Zeilen sprechen für sich. Meine Antwortmails an ihn sind oft in jenem Stil gehalten, den Karl May selbst in einem Brief an Herbert Friedländer, einen jüdischen Jungen in Berlin, benutzte und dessen Inhalt auf merkwürdige Art und Weise mit der Mail Timurs korrespondiert:

Mein lieber guter Junge!

Du bist durch meine Bücher bewogen worden, zum Christentum überzutreten? Es freut mich sehr, daß diese Bücher Dein Herz bewegt haben, aber Du kennst noch nicht einmal den Glauben Deiner Väter und den Christenglauben noch viel weniger. Wie kannst du da reif genug sein, zwischen ihnen wählen zu dürfen? Ich sage Dir als aufrichtiger und gewissenhafter Christ: der Glaube Deiner Väter ist heilig, ist groß, edel und erhaben. Man muß ihn nur kennen und verstehen. Einen solchen Glauben wechselt man nicht einiger Bücher wegen oder noch viel weniger des Geldes oder des Geschäftes wegen. Du bist noch viel zu jung und zu unerfahren. Nur im reiferen Alter und nach langen Kämpfen und Erfahrungen gewinnt der Mensch die Einsicht, die dazu gehört, einen solchen Wechsel vorzunehmen.

Aber lies meine Bücher in Gottes Namen weiter! Sie sind nicht etwa nur für Christen, sondern überhaupt für alle geschrieben, die das Ziel der edlen Menschlichkeit vor Augen haben. Denn glaube mir, mein lieber Junge, es kann keiner ein guter Christ oder ein guter Israelit sein, der nicht vorher ein guter Mensch geworden ist. Werde brav und gut und glaube an Gott! Du bist zu aller Zeit sein Eigentum, sein Kind.

Sei stets aufrichtig gegen Deinen Vater und grüße ihn von mir! Schreib auch mal wieder!

Dein Karl May (zit. b. Stolte 1977, 17-18; vgl. Strech 1983, 41)

Ich kann nur hoffen, dass Timur weiterhin so geistig rege und aktiv bleiben wird und weiter „seinen" Karl May lesen wird – nebenbei liest er auch fleißig alles andere, was ihn interessiert, vor allem die neueren deutschsprachigen Autoren wie Daniel Kehlmann (*1975) –, denn die Lektüre scheint ihm viel zu geben, vor allem für seine Suche nach dem rechten Glauben, auf der ihm Karl May, wie er immer wieder behauptet, sehr hilfreich ist.

Als letztes Fallbeispiel soll ein ganz aktuelles Interview
stehen, das ich gegen Ende des Schuljahres mit einem
Schüler der achten Klasse, Florian Buhl (*1997), führte.
Florian ist ein völlig normaler, durchschnittlicher Mittel-
schüler mit einer leichten Konzentrationsschwäche. Er
hatte sich seit der siebten Klasse unter anderem aus derselben Klassenbibliothek, aus der sich auch schon Timur
bedient hatte, mit May-Bänden versorgt. Darüber hinaus gab es aber wohl auch private ‚Lieferanten‘, vor allem
den Großvater. So hatte er nach und nach *Der Schatz im
Silbersee*, *Old Surehand I*, *Winnetou I* und *Winnetou II*, den
er zum Zeitpunkt des Interviews „fast fertig“ hatte, gelesen und mein Interesse galt einfach seinen Leseerfahrungen
und Eindrücken.

Dieses mündlich am letzten Schultag (Freitag, 5. Juli
2013) geführte Interviewgespräch habe ich im Folgenden
aus meinen Notizen und Erinnerungen rekonstruiert, teilweise sinngemäß, teilweise konnte ich aber auch den genauen Wortlaut wiedergeben:

„*Warum liest du Karl May und was bringt er dir?*“
„Ich lese Karl Mays Texte, da sie sehr spannend sind und
man sich viel vorstellen kann. Bisher gebracht hat es mir
allerdings noch nichts, außer, dass meine Konzentration
durch viel lesen immer besser wird, aber ich denke, das hat
nichts mehr damit zu tun, welche Texte man liest.“

„*Hat es dir bezüglich deines Wissens und deiner Bildung et-
was gebracht?*“
„Man lernt viel, vor allem über den Westen, da auch
Schilderungen vorkommen.“

„*Kann man heute noch etwas aus diesen Büchern lernen?
Was hast du ganz konkret daraus gelernt?*“

„Es steckt viel Wissenswertes in den Büchern, zum Beispiel, wie damals die Indianer mit und über die *Bleichgesichter* geredet haben; wie es damals zuging. Man soll sich immer gegenseitig respektieren, egal welche Hautfarbe man hat, das war ja damals nicht so; und man soll sich nicht mit Gewalt an jemandem rächen."

„Glaubst du, dass es wirklich so war, wie es in den Büchern steht?"
„Laut diesen Texten war es so, aber da man auch andere Texte über den Westen hat, kann man sich seine eigene Meinung durch mehrere Quellen bilden."

„Welche anderen Quellen kennst du denn? Womit hast du verglichen?"
„Bisher habe ich mit keinen anderen Quellen verglichen, deswegen kann ich nur davon sprechen, wie ich Texte von Karl May empfand."

„Hat May dich also zum Lesen anderer Bücher angeregt?"
„Ich habe schon vorher viel gelesen, deshalb hat mich May nicht dazu angeregt, noch mehr zu lesen."

„Hat May dich denn zu irgendetwas angeregt?"
„Er hat mich nicht zu irgendetwas angeregt."

„Liest du Karl May also nur zum Vergnügen?"
„Ich lese ihn nur zum Vergnügen. Aber seine Texte sind wirklich sehr wissenswert."

„Wieso sind sie wissenswert oder was macht sie dazu?"
„Man erfährt viel über den Westen, bzw. über das alte Amerika, das Leben der Indianer und der *Bleichgesichter*, das Zusammenleben und die Jagd.

„Und das ist das, was heutige Jugendliche daran fasziniert?"
„Es fasziniert mich daran, aber ich weiß nicht, ob andere Jugendliche genauso denken wie ich, da ich generell anders drauf bin."

„Inwiefern bist du anders drauf?"

„Ich höre andere Musik, mache anderen Sport, finde, dass es wichtig ist, dass es welche gibt, die in der Feuerwehr sind, andere lachen nur darüber (aber das ist bei den meisten in dem Alter so), was mir egal ist, und habe ganz andere Hobbies. Ich empfinde es auch als normal, älteren Menschen zu helfen."

Florian leitet also aus seiner Leseerfahrung mit Karl May im Prinzip zwei Dinge ab: Erstens ist da die moralische Dimension. Alle Menschen sollen sich, ohne Ansehen der Person und der Hautfarbe, gegenseitig respektieren. Das klingt doch sehr nach der Formulierung, die auch in unserem Grundgesetz steht: „Niemand darf wegen seines Geschlechtes, seiner Abstammung, seiner Rasse, seiner Sprache, seiner Heimat und Herkunft, seines Glaubens, seiner religiösen oder politischen Anschauung benachteiligt oder bevorzugt werden" (GG Artikel 3 Abs. 3). Darüber hinaus soll man sich nie durch Anwendung von Gewalt an jemandem rächen, was ein christliches Prinzip des Neuen Testamentes ist und die Blutrache von vornherein ausschließt.

Ihr habt gehört, dass gesagt worden ist: Auge für Auge und Zahn für Zahn (vgl. 2 Mose (Ex) 21, 23-25; 3 Mose (Lev) 24, 19-20). Ich aber sage euch: Leistet dem, der euch etwas Böses antut, keinen Widerstand, sondern wenn dich einer auf die rechte Wange schlägt, dann halt ihm auch die andere hin. Und wenn dich einer vor Gericht bringen will, um dir das Hemd wegzunehmen, dann lass ihm auch den Mantel. Und wenn dich einer zwingen will, eine Meile mit ihm zu gehen, dann geh zwei mit ihm. Wer dich bittet, dem gib, und wer von dir borgen will, den weise nicht ab. [...] Ich aber sage euch: Liebt eure Feinde und betet für die, die euch verfolgen, damit ihr Söhne eures Vaters im Himmel werdet; denn er lässt seine Sonne aufgehen über Bösen und Guten, und er lässt regnen über Gerechte und Ungerechte. Wenn ihr nämlich nur die liebt, die euch lieben, welchen

Lohn könntet ihr dafür erwarten? Tun das nicht auch die Zöllner? Und wenn ihr nur eure Brüder grüßt, was tut ihr damit Besonderes? Tun das nicht auch die Heiden? (Mt 5, 38-42.44-47; Einheitsübersetzung)

Zweitens ist neben dem Vergnügen, das es ihm bereitet, Karl May zu lesen, noch ein ausgeprägter Bildungsaspekt verortet. Karl-May-Bücher transportieren Wissen. Dieses Wissen wird zunächst vom Jugendlichen ungefiltert und unreflektiert so angenommen, wie es ihm vermittelt wird. Die intellektuelle Skepsis des kritischen Nachdenkens über das Gelesene wird in späteren Jahren mit Sicherheit von selbst kommen. Dann wird es sich entscheiden, ob der Schritt vom Karl-May-Leser zum Karl-May-Freund oder sogar Karl-May-Forscher getan wird.

„Der Friede sei mit Dir!" – Karl May im Alltag eines Lehrers

Der u. a. durch Karl May bekannt gewordene Gruß Salem Aleikum heißt eigentlich Assalamo Aleikum und bedeutet: *„Friede sei mit Dir"*. Er ist die Anrede, mit der Muslime einander begrüßen und mit der sie sich voneinander verabschieden. Eigentlich ist er ein Gebet, mit dem der Muslim Allah bittet, dem Gesprächspartner Frieden zu gewähren, denn Allah ist der Eigner und die Quelle des Friedens.[1]

Diesen Text findet man auf der Webseite von Ahmadiyya Muslim Jamaat Deutschland, einer aus der Ahmadiyya-Bewegung hervorgegangenen Religionsgemeinschaft, die in Indien ihren Ursprung hat und sich auf den Islam und Mirza Ghulam Ahmad (1835-1908) beruft. Mirza? Diesen persischen Titel kennen wir doch von Karl May, oder? Die

[1] http://www.ahmadiyya.de/islam/haeufige-fragen-zum-islam-faq/allgemeines-zum-islam/ [Zugriff: 19.07. 2013]

Ahmadiyya-Bewegung – werden wir nicht allein schon bei diesem Namen an die Festung Amadije aus *Durchs wilde Kurdistan* erinnert? – ist eine islamische Sondergemeinschaft, eine Reformbewegung des Islam, die sich fest an die islamischen Rechtsquellen Koran, Sunna und Hadith hält, von den meisten Moslems aber als Häresie betrachtet und abgelehnt wird[1]. Und auf deren Webseite wird nun Karl May zitiert, was an und für sich schon eine Besonderheit ist. Wenn man genauer hinschaut, so zitieren sie May nicht korrekt. May folgte der Schreibweise, die er aus den Wörterbüchern seiner Zeit, die ihm zur Verfügung standen und deren wissenschaftliche Aufarbeitung leider noch nicht in umfassendem Rahmen geschehen ist, entnommen hat. In der ersten Buchausgabe im Verlag Friedrich Fehsenfeld lautet der Gruß: *Sallam aaleïkum* oder *Salam aleïk* und die Antwort zum Beispiel *Aaleïkum* (May *Durch Wüste und Harem* 1892, 19 und 339). In der Ausgabe der Gesammelten Werke des Karl-May-Verlages, aus der im Folgenden zitiert wird, da sie eher von den Schülerinnen und Schülern gelesen worden ist und gelesen wird als die Fehsenfeld- oder die historisch-kritische Ausgabe, findet sich die Grußformel *Es selâm 'alejkum!* Die Antwort darauf lautet: *We 'alejkum es selâm!* (May *Durch die Wüste* 2003, 20).

Der Online-Business-Knigge für die Arabisch-Islamische Welt führt dazu aus:

> Wer Karl May gelesen hat, weiß: Ein Muslim begrüßt den andern mit „As-Salam'alaykum", Friede sei mit euch. Jener antwortet: „Alaykum as-Salam", mit euch sei Friede. Da es sich hier um ein Erkennungszeichen für die Zugehörigkeit zum Islam handelt, müssen Sie als Nichtgläubiger, Karl May hin, Karl May her, auf diesen Gruß verzichten.[2]

Karl May selbst erklärt die Bedeutung der Grußformel in seinen Werken immer wieder folgendermaßen:

---

[1] Vgl. http://de.wikipedia.org/wiki/Ahmadiyya [Zugriff: 19.07.2013]

[2] http://www.wissen.de/business-knigge-arabisch-islamische-welt [Zugriff: 19.07.2013]

Sein dunkles Auge musterte uns nicht eben einladend und freundlich. Er hob die Hand zum Herzen und grüßte: „Selâm!"

Dies ist der Gruß eines eingefleischten Mohammedaners, wenn ein ‚Ungläubiger' zu ihm kommt; dagegen empfängt er jeden ‚Gläubigen' mit Selâm ’alejkum.

„’Alejkum!" antwortete ich und sprang vom Pferd. (May *Durch die Wüste* 2003, 298-299)

Nur eins stand bei ihnen fest, und zwar gerade das, worin sie sich irrten, nämlich daß wir Mohammedaner seien, was keiner von uns war. Daß sie diese Ueberzeugung hegten, zeigte ihr Gruß. Nie wird ein strenggläubiger Mohammedaner einen Andersgläubigen mit „Sallam aleikum" grüßen, es ist sogar Nichtmohammedanern verboten, einem Anhänger des Islam gegenüber diesen Gruß zu gebrauchen. Der schwarzbärtige Anführer trieb jetzt sein Pferd einige Schritte vor, legte die Hand aufs Herz und rief zu uns herüber:

„Sallam aleikum, jâ ichwâni – Heil sei mit euch, meine Brüder!"

„Sal – – al – –" erwiderte ich kurz.

Indem ich nur diese beiden Silben gebrauchte, gab ich deutlich zu verstehen, daß ich nicht die Absicht hegte, zu dem Grüßenden in freundliche Beziehungen zu treten. (May *Krüger Bei* 1950, 273-274)

„Sallam!" grüßte der Anführer.

Sein Gruß war nicht kurdisch, weil er uns ansehen mochte, daß wir keine Kurden waren. So kurz wie er grüßt man nur Ungläubige oder Leute, denen man nicht traut.

„Sallam!" antwortete ich ebenso mißachtend, obgleich ich mir mit einem kurzen Aleïkum auch nichts vergeben hätte; es wäre aber doch höflicher als die Wiederholung des Sallam gewesen. (May *Der Löwe der Blutrache* 1954, 432-433)

Der Mudir kam seinem Gast an der Tür entgegen, kreuzte die Hände über die Brust und begrüßte ihn mit einem ausführlichen „Salam aleïk", welches Schwarz mit „W'aleïk issalam" erwiderte, Für den Letzteren war der Gruß des Mudir eine Ehrenerweisung, da der strenge Moslem einem Christen gegenüber meist nur das erste Wort des Grußes, Salam, gebraucht. (May *Die Sklavenkarawane* 1949, 109)

Ich hatte eines Morgens zu Beginn des Schuljahres den ewigen Ritus der immer gleichen Schülerbegrüßungsformel satt – der geneigte Leser kennt das vielstimmige, in monotonem Singsang daherkommende „Guten Morgen, Herr…" als Antwort auf die Begrüßung des Lehrers zu Beginn des Unterrichts wohl noch aus eigener Erfahrung – und wollte etwas Neues probieren. Hatte ich in meinen übrigen Klassen bereits die Nennung meines Namens abgeschafft, ein ordentliches „Guten Morgen!" genügte mir, so probierte ich eines Tages aus einer spontanen Eingebung heraus den mir aus der Karl-May-Lektüre bekannten Gruß: „Es selâm 'alejkum!"

Es war eine Ethik-Gruppe, die hauptsächlich aus türkischen und Kosovo-albanischen Kindern bestand. Ich hatte als Reaktion alles erwartet, hatte mich auf Gekicher genauso eingestellt wie auf etwaiges Unverständnis, allerdings überraschte mich die Reaktion doch ungemein. Alle standen plötzlich stramm, führten ihre Hände an Brust, Mund und Stirn, verbeugten sich und riefen im Chor: „We 'alejkum es selâm!"

Ich überlegte. Was war hier gerade geschehen? Die Aufmerksamkeit meiner Schülerinnen und Schüler war plötzlich eine ganz andere. Es wurde in der Folgezeit zu einem festen Gruß, bei dem ich mir nichts dachte. Natürlich wollten sie wissen, woher ich diese Worte kannte, und ich erzählte ihnen vom deutschen Schriftsteller Karl May, dessen Bücher die Welt des Orients – ihre Welt, aus der sie stammten – in Deutschland erst populär und bekannt gemacht hatte.

Der Türkischlehrer unserer Schule erklärte mir, dass es eine große Form der Höflichkeit und des gegenseitigen

Respekts sei, sich mit dieser Grußformel anzusprechen. Im Folgenden las ich den Schülern oft aus Karl May vor, wir nahmen sogar die Geschichte des Islam anhand der Einleitung zu *Von Bagdad nach Stambul* durch. Sie hatten vorher noch nie etwas von May gehört, nun aber kennen ihn fast alle meine Schülerinnen und Schüler. Dass ich als Christ diese ausführliche Form des Grußes einem gläubigen Moslem gegenüber eigentlich niemals aussprechen darf und es dennoch tat, hat mir bis heute keiner meiner Schüler übel genommen. Ich werde teilweise sogar, wenn ich privat in der Stadt unterwegs bin, auf diese Art gegrüßt. Nicht zuletzt deshalb, weil es sich bei dieser Begrüßung auch um Worte Jesu Christi aus dem Johannesevangelium handelt, grüße ich gerne mit der entsprechenden Formel zurück. Warum auch nicht?

> Am Abend dieses ersten Tages der Woche, als die Jünger aus Furcht vor den Juden die Türen verschlossen hatten, kam Jesus, trat in ihre Mitte und sagte zu ihnen: Friede sei mir euch! [...] Jesus sagte noch einmal zu ihnen: Friede sei mit euch! Wie mich der Vater gesandt hat, so sende ich euch. (Joh. 20, 19. 21; Einheitsübersetzung)

Fazit: Et in terra pax – Und Friede auf Erden?

Wenn man in den Medien und Nachrichten immer wieder etwas von Kriegen hört, die religiös motiviert seien, so lohnt sich ein genauerer Blick auf die näheren Umstände, anstatt pauschalisierend abzuwinken. Meiner Meinung nach sind Kriege in den meisten Fällen, sofern es sich nicht um Bürgerkriege handelt – und auch da lässt sich das oft nachweisen –, durch einzelne politische wie historische Persönlichkeiten angezettelt und auch vorangetrieben worden. Das lässt sich durch die gesamte Geschichte der Menschheit nachweisen.

Die Menschen an der sogenannten Basis allerdings, das Volk, haben solche Probleme untereinander oftmals kaum noch. Unsere Gesellschaft ist in den letzten zwanzig bis dreißig Jahren in rasendem Tempo eine plurale Gesellschaft geworden. Sie besteht nicht mehr nur aus Menschen einer Rasse, einer Herkunft, einer Nationalität, einer Religionsgemeinschaft und einer Sprache. Sie ist sozusagen anthropologisch und kulturell dezentralisiert worden. Dies hat vielfach für Unruhe und Unsicherheit gesorgt, leider auch für Aggressionen unter und Gewalt gegen unsere Mitmenschen.

Die Nachkommen dieses Prozesses rezentralisieren sich allerdings wieder zu einer einzigen Gruppe, in der man miteinander aufwächst, arbeitet und lebt. Sie akzeptieren gegenseitig ihr Anderssein, je jünger sie sind. Eigentlich ein gutes Beispiel für die Erwachsenen um sie herum. Ein Beispiel, was Schule (aus)machen sollte. Ein Beispiel für eine gelebte abrahamitische Ökumene[1]. Bereits schon einmal hat ein solches Friedensmodell in der spanischen Stadt Granada für fast achthundert Jahre zu einer Blütezeit des Friedens, der Gewaltfreiheit und der Kultur und Handwerkskunst geführt[2].

Wenn wir nun also zurückkehren zum Anfang dieser Ausführungen, so bleibt festzustellen, dass es sich bei Karl May nicht um fantastische Literatur in dem Sinne handelt, wie Gert Ueding meint, sondern viel eher um Literatur, deren beschriebene Realität zum Lebensmodell für uns alle

---

[1] Unter *„Abrahamitische Ökumene"* versteht man den Dialog der drei monotheistischen Weltreligionen Judentum, Christentum und Islam mit- und untereinander. Der Begriff wurde von den christlichen Theologen Hans Küng und Karl-Josef Kuschel geprägt, die damit die Notwendigkeit eines Dialogs im Sinne einer Ausweitung der innerchristlichen Ökumene auf die drei abrahamitischen Religionen betonen wollten. Oft wird daher auch von Trialog gesprochen bzw. vom christlich-jüdisch-islamischen Dialog (vgl. http://de.wikipedia.org/wiki/Abrahamitische_Ökumene).

[2] Die Epoche von 712 bis 1492 n. Chr., in der die spanische Stadt Granada unter moslemischer Vorherrschaft stand und die drei großen monotheistischen Religionen miteinander in Frieden existieren konnten, gilt als Musterbeispiel für eine gelebte Abrahamitische Ökumene.

werden könnte. Damit soll nicht gesagt sein, dass fantastische Literatur kein zu erstrebendes Lebensmodell vermitteln könne, sondern eher, dass Karl Mays Texte sich im Groben an der gegebenen Realität orientieren, für die sie ein Lebensmodell entwickeln, das sie im Rahmen einer ‚fantastischen' Handlung vermitteln. So sollte May gelesen und verstanden werden, als Beispiel, als Gleichnis.

Die Parallelen zu Tolkien und Lucas, die Thomas Kramer sieht, sind inhaltlich wohl gegeben, aber nicht in der Rezeption Karl Mays. Denn die Verfilmungen von *Der Herr der Ringe*, die mittlerweile auch wieder über zehn Jahre alt sind, ja selbst die aktuell noch nicht abgeschlossene *Hobbit*-Verfilmung, haben den Konsum der Bücher Tolkiens zwar phasenweise, aber nicht auf Dauer ansteigen lassen und sind auch kaum noch im Gespräch der Jugendlichen; wohl im Gespräch der speziellen Fans und Filmfreunde, nicht aber im Bewusstsein der Öffentlichkeit, wenn man mal vom Boom zu ihrer Entstehungszeit absieht. Da hat ihnen Karl May einfach eine über hundert Jahre gewachsene Reputation und Rezeption voraus. Im Übrigen verhält es sich ähnlich bei Joanne K. Rowling (*1965) und dem siebenteiligen Harry-Potter-Mythos. Hier ließe sich ohne weiteres die – natürlich rein rhetorische – Frage stellen: Wer liest heute noch Harry Potter?

Bleibt letztlich noch der Aspekt, den Helmut Schmiedt hervorhebt, wenn er Karl May als besonderes Kulturgut der deutschen Geschichte verortet sehen möchte. Ein Kulturgut, so möchte ich ergänzen, das durchaus gleichbedeutend mit anderen Großen der Literatur auch in der Schule behandelt und gelehrt werden kann und sollte. Schon allein deshalb, weil die Wertevermittlung, die Karl May in seinen Werken aktiv betrieb, etwas gerade für unsere heutige Gegenwart so Modernes und Notwendiges ist, dass die Aussage der Friedensnobelpreisträgerin von 1905 Bertha von Suttner (1843–1914) in ihrem bekannten Nachruf auf Karl May ganz neu verstanden werden muss:

Wer den schönen alten Mann an jenem 22. März (am 30. März, seinem Hochzeitstag, traf ihn ein Herzschlag) sprechen gehört, durch ganze zwei Stunden, weihevoll, begeisterungsvoll, in die höchsten Regionen des Gedankens strebend – der mußte das Gefühl gehabt haben: In dieser Seele lodert das Feuer der Güte. (zit. n. Kuße/Bartsch *in diesem Band*)

Literaturverzeichnis

Karl May

May, Karl 1875/76: Ein jetzt Vielgenannter. In: Schacht und Hütte. Nr. 9, S. 70-71; Nr. 10, S. 78.

May, Karl 1875/76: Geographische Predigten. In: Schacht und Hütte. Nr. 15-24, 26-46; Dez. 1875-Juli 1876. Reprint Hildesheim/ New York: Georg Olms Verlag 1979.

May, Karl 1877/78: Der Oelprinz. Ein Abenteuer aus den Vereinigten Staaten von Nordamerika. In: Frohe Stunden. 2. Jahrgang. Nr. 10-11.

May, Karl 1879: Der Boer van het Roer. Ein Abenteuer aus dem Kaffernlande. In: Deutscher Hausschatz. 5. Jahrgang. Nr. 8-12.

May, Karl 1879: Im Sonnenthau. Erzählung aus dem Erzgebirge. In: Trewendt's Volkskalender auf das Schaltjahr 1880. Breslau, S. 1-32. [Reprint: Unter den Werbern. Seltene Originaltexte Bd. 2. 1986, S. 293-301.]

May, Karl 1887: Der Sohn des Bärenjägers. In: Der gute Kamerad. Spemanns Knabenzeitung. 1. Jahrgang. Hefte 1-39.

May, Karl 1888: Der Geist der Llano estakata (= Der Geist des Llano estakado). In: Der gute Kamerad. Spemanns Knabenzeitung. 2. Jahrgang. Hefte 1-52.

May, Karl 1888/1889: Kong-Kheou, das Ehrenwort. In: Der gute Kamerad. Spemanns Knabenzeitung. 3. Jahrgang. Hefte 1-52.

May, Karl 1889/1890: Die Sklavenkarawane. In: Der gute Kamerad. Spemanns Knabenzeitung. 4. Jahrgang. Hefte 1-52.

May, Karl 1890/1891: Der Schatz im Silbersee. In: Der gute Kamerad. Spemanns Knabenzeitung. 5. Jahrgang. Hefte 1-52.

May, Karl 1892: Der blau-rote Methusalem. Stuttgart: Union Deutsche Verlagsgesellschaft.

May, Karl 1892: Durch Wüste und Harem. Reiserlebnisse von Carl May. Carl May's gesammelte Reiseromane. Bd. 1. Freiburg i.Br.: Verlag von Friedrich Ernst Fehsenfeld.

May, Karl 1892: Durchs wilde Kurdistan. Carl May's gesammelte Reiseromane. Bd. 2. Freiburg im Br.: Verlag von Friedrich Ernst Fehsenfeld.

May, Karl 1892: Von Bagdad nach Stambul. Carl May's gesammelte Reiseromane. Bd. 3. Freiburg i. Br.: Verlag von Friedrich Ernst Fehsenfeld.

May, Karl 1892: In den Schluchten des Balkan. Carl May's gesammelte Reiseromane. Bd. 4. Freiburg i. Br.: Verlag von Friedrich Ernst Fehsenfeld.

May, Karl 1892: Durch das Land der Skipetaren. Carl May's gesammelte Reiseromane. Bd. 5. Freiburg im Br.: Verlag von Friedrich Ernst Fehsenfeld.

May, Karl 1892: Der Schut. Carl May's gesammelte Reiseromane. Bd. 6. Freiburg i. Br.: Verlag von Friedrich Ernst Fehsenfeld.

May, Karl 1893: Winnetou, der rote Gentleman. 1. Band. Carl May's gesammelte Reiseromane. Bd. 7. Freiburg i. Br.: Verlag von Friedrich Ernst Fehsenfeld.

May, Karl 1893: Winnetou, der rote Gentleman. 2. Band. Carl May's gesammelte Reiseromane. Bd. 8. Freiburg i. Br.: Verlag von Friedrich Ernst Fehsenfeld.

May, Karl 1893: Winnetou, der rote Gentleman. 3. Band. Carl May's gesammelte Reiseromane. Bd. 9. Freiburg i. Br.: Verlag von Friedrich Ernst Fehsenfeld.

May, Karl 1893/1894: Der Oelprinz. In: Der gute Kamerad. Spemanns Knabenzeitung. 8. Jahrgang. Hefte 1-52.

May, Karl 1894: Der blau-rote Methusalem. Stuttgart: Union Deutsche Verlagsgesellschaft.

May, Karl 1894: Am stillen Ocean. Carl May's gesammelte Reiseromane. Bd. 11. Freiburg i.Br.: Verlag von Friedrich Ernst Fehsenfeld.

May, Karl 1894: Der Girl-Robber. In: Am stillen Ocean. Carl May's gesammelte Reiseromane. Bd. 11. Freiburg i. Br.: Verlag von Friedrich Ernst Fehsenfeld, S. 383-476.

May, Karl 1894: Am Rio de la Plata. Carl May's gesammelte Reiseromane. Bd. 12. Freiburg i.Br.: Verlag von Friedrich Ernst Fehsenfeld.

May, Karl 1894: In den Cordilleren. Carl May's gesammelte Reiseromane. Bd. 13. Freiburg i.Br.: Verlag von Friedrich Ernst Fehsenfeld.

May, Karl 1894. Old Surehand. 1. Band. Karl May's gesammelte Reiseromane. Bd. 14. Freiburg i. Br.: Verlag von Friedrich Ernst Fehsenfeld.

May, Karl 1895: Old Surehand. 2. Band. Karl May's gesammelte Reiseromane. Bd. 15. Freiburg i. Br.: Verlag von Friedrich Ernst Fehsenfeld.

May, Karl 1896: Im Lande des Mahdi. 1. Band. Karl May's gesammelte Reiseromane. Bd. 16. Freiburg i. Br.: Verlag von Friedrich Ernst Fehsenfeld.

May, Karl 1896: Im Lande des Mahdi. 2. Band. Karl May's gesammelte Reiseromane. Bd. 17. Freiburg i. Br.: Verlag von Friedrich Ernst Fehsenfeld.

May, Karl 1896: Im Lande des Mahdi. 3. Band. Karl May's gesammelte Reiseerzählungen. Bd. 18. Freiburg i. Br.: Verlag von Friedrich Ernst Fehsenfeld.

May, Karl 1896: Old Surehand. 3. Band. Reiseerlebnisse von Karl May. Bd. 19. Freiburg i.Br.: Verlag von Friedrich Ernst Fehsenfeld.

May, Karl 1896-1897: Der schwarze Mustang. In: Der gute Kamerad. Illustrierte Knabenzeitung. 11. Jahrgang. Nr. 1-52.

May, Karl 1897: Satan und Ischariot. 1. Band. Karl May's gesammelte Reiseerzählungen. Bd. 20. Freiburg i. Br.: Verlag von Friedrich Ernst Fehsenfeld.

May, Karl 1897: Satan und Ischariot. 2. Band. Karl May's gesammelte Reiseerzählungen. Bd. 21. Freiburg i. Br.: Verlag von Friedrich Ernst Fehsenfeld.

May, Karl 1897: Satan und Ischariot. 3. Band. Karl May's gesammelte Reiseerzählungen. Bd. 22. Freiburg i. Br.: Verlag von Friedrich Ernst Fehsenfeld.

May, Karl 1897: Auf fremden Pfaden. Karl May's gesammelte Reiseerzählungen. Bd. 23. Freiburg i. Br.: Verlag von Friedrich Ernst Fehsenfeld.

May, Karl 1897: Der Kys-Kaptschiji. In: Auf fremden Pfaden. Karl May's gesammelte Reiseerzählungen. Bd. 23. Freiburg i. Br.: Verlag von Friedrich Ernst Fehsenfeld, S. 387-454.

May, Karl 1897: Gott läßt sich nicht spotten. In: Auf fremden Pfaden. Karl May's gesammelte Reiseerzählungen. Bd. 23. Freiburg i. Br.: Verlag von Friedrich Ernst Fehsenfeld, S. 501-566.

May, Karl 1897: Weihnacht! Karl May's gesammelte Reiseerzählungen. Bd. 24. Freiburg i. Br.: Verlag von Friedrich Ernst Fehsenfeld.

May, Karl 1899: Am Jenseits. Karl May's gesammelte Reiseerzählungen. Bd. 25. Freiburg i. Br.: Verlag von Friedrich Ernst Fehsenfeld.

May, Karl 1898: Im Reiche des silbernen Löwen. Reiseerlebnisse. 1. Band. Karl May's gesammelte Reiseerzählungen. Bd. 26. Freiburg i. Br.: Verlag von Friedrich Ernst Fehsenfeld.

May, Karl 1898: Im Reiche des silbernen Löwen. Reiseerlebnisse. 2. Band. Karl May's gesammelte Reiseerzählungen. Bd. 27. Freiburg i. Br.: Verlag von Friedrich Ernst Fehsenfeld.

May, Karl 1900: Himmelsgedanken. Gedichte. Freiburg i. Br.: Verlag von Friedrich Ernst Fehsenfeld.

May, Karl 1901: Et in terra pax. Reise-Erzählung. In: Kürschner, Joseph (Hrsg.): China. Schilderungen aus Leben und Geschichte, Krieg und Sieg. Ein Denkmal den Streitern und der Weltpolitik. 3. Teil. Leipzig: Verlag von Hermann Zieger, Sp. 1-284.

May, Karl 1902: „Karl May als Erzieher" und „Die Wahrheit über Karl May" oder Die Gegner Karl Mays in ihrem eigenen Lichte. Von einem dankbaren May-Leser. Freiburg i.Br.: Verlag von Friedrich Ernst Fehsenfeld.

May, Karl 1902: Im Reiche des silbernen Löwen. Reiseerlebnisse. 3. Band. Karl May's gesammelte Reiseerzählungen. Bd. 28. Freiburg i. Br.: Verlag von Friedrich Ernst Fehsenfeld.

May, Karl 1903: Im Reiche des silbernen Löwen. Reiseerlebnisse. 4. Band. Karl May's gesammelte Reiseerzählungen. Bd. 29. Freiburg i. Br.: Verlag von Friedrich Ernst Fehsenfeld.

May, Karl 1903: Sonnenscheinchen. In: Erzgebirgische Dorfgeschichten. Karl Mays Erstlingswerke. Dresden-Niedersedlitz: Belletristischer Verlag, S. 1-47.

May, Karl 1904: Und Friede auf Erden! Karl May's gesammelte Reiseerzählungen. Bd. 30. Freiburg i. Br.: Verlag von Friedrich Ernst Fehsenfeld.

May, Karl 1906: Babel und Bibel. Arabische Fantasia in zwei Akten. Freiburg i. Br.: Verlag von Friedrich Ernst Fehsenfeld.

May, Karl 1909: Ardistan und Dschinnistan. 1. Band. Karl Mays Reiseerzählungen. Bd. 31. Freiburg i.Br.: Verlag von Friedrich Ernst Fehsenfeld.

May, Karl 1909: Ardistan und Dschinnistan. 2. Band. Karl Mays Reiseerzählungen. Bd. 32. Freiburg i.Br.: Verlag von Friedrich Ernst Fehsenfeld.

May, Karl 1910: Mein Leben und Streben. Selbstbiographie. Bd. 1. Freiburg i.Br.: Verlag von Friedrich Ernst Fehsenfeld. [Reprint, hrsg. von Hainer Paul. Hildesheim/New York: Georg Olms Verlag 1997.]

May, Karl 1910: Winnetou. 4. Band. Karl May's gesammelte Reiseerzählungen. Bd. 33. Freiburg i. Br.: Verlag von Friedrich Ernst Fehsenfeld

May, Karl 1949: Die Sklavenkarawane. Karl May's Gesammelte Werke. Bd. 41. Bamberg: Karl-May-Verlag.

May, Karl 1950: Krüger Bei. Karl May's Gesammelte Werke. Bd. 21. Bamberg: Karl-May-Verlag.

May, Karl 1954: Der Löwe der Blutrache. Karl May's Gesammelte Werke. Bd. 26. Bamberg: Karl-May-Verlag.

May, Karl 1958: Geographische Predigten (1875/1876). Bamberg: Ustad-Verlag.

May, Karl 1967: Aqua benedetta. In: Old Firehand. Karl May's Gesammelte Werke. Bd. 71. Bamberg: Karl-May-Verlag, S. 300-331.

May, Karl 1974: Eine Befreiung. In: Ders., Der Große Traum. Erzählungen. Hrsg. von Heinz Stolte und Erich Heinemann. München: dtv, S. 25-97.

May, Karl 1992: Der beiden Quitzows letzte Fahrten. Historischer Roman von Karl May. Karl Mays Werke. Historisch-Kritische Ausgabe. Abt. I. Bd. 4. Zürich: Haffmans Verlag.

May, Karl 1997: Das Straußenreiten der Soma. In: Ders., Old Shatterhand in der Heimat. Und andere Erzählungen aus der Werkstatt. Hrsg. von Lothar und Bernhard Schmid. Karl May's Gesammelte Werke. Bd. 79. Bamberg/Radebeul: Karl-May-Verlag, S. 492-499.

May, Karl 1999: Karl Mays Orientreise 1899/1900. Zusammengestellt von Ekkehard Bartsch und Hans Wollschläger. In: In fernen Zonen. Karl Mays Weltreisen. Hrsg. von Lothar Schmid und Bernhard Schmid. Karl May's Gesammelte Werke. Bd. 82. Bamberg/Radebeul: Karl-May-Verlag, S. 33-231.

May, Karl 2000: Der Weg zum Glück. Bd. V. Karl Mays Werke. Historisch-Kritische Ausgabe. Abt. II. Bd. 30. Bargfeld: Bücherhaus Bargfeld.

May, Karl 2000: Abdahn Effendi (1909). In: Ders., Abdahn Effendi. Reiseerzählungen und Texte aus dem Spätwerk. Hrsg. von Lothar und Bernhard Schmid. Karl May's Gesammelte Werke. Bd. 81. Bamberg/Radebeul: Karl-May-Verlag, S. 10-84.

May, Karl 2000: Merhameh (1910). In: Ders., Abdahn Effendi. Reiseerzählungen und Texte aus dem Spätwerk. Hrsg. von Lothar und Bernhard Schmid. Karl May's Gesammelte Werke. Bd. 81. Bamberg/Radebeul: Karl-May-Verlag, S. 85-107.

May, Karl 2000: Schamah (1907/1908). In: Ders., Abdahn Effendi. Reiseerzählungen und Texte aus dem Spätwerk. Hrsg. von Lothar und Bernhard Schmid. Karl May's Gesammelte Werke. Bd. 81. Bamberg/Radebeul: Karl-May-Verlag, S. 108-187.

May, Karl 2000: Briefe über Kunst (1906/1907). In: Ders., Abdahn Effendi. Reiseerzählungen und Texte aus dem Spätwerk. Hrsg. von Lothar und Bernhard Schmid. Karl May's Gesammelte Werke. Bd. 81. Bamberg/Radebeul: Karl-May-Verlag, S. 418-444.

May, Karl 2000: Mein Glaubensbekenntnis (1906). In: Ders., Abdahn Effendi. Reiseerzählungen und Texte aus dem Spätwerk. Hrsg. von Lothar und Bernhard Schmid. Karl May's Gesammelte Werke. Bd. 81. Bamberg/Radebeul: Karl-May-Verlag, S. 445-447.

May, Karl 2000: Sur le rapprochement franco-allemand (1907). In: Ders., Abdahn Effendi. Reiseerzählungen und Texte aus dem Spätwerk. Hrsg. von Lothar und Bernhard Schmid. Karl May's Gesammelte Werke. Bd. 81. Bamberg/Radebeul: Karl-May-Verlag, S. 454-458.

May, Karl 2003: Durch die Wüste. Reiseerzählung von Karl May nach der Fassung von 1962. Karl May's Gesammelte Werke. Bd. 1. Bamberg/Radebeul: Karl-May-Verlag.

May, Karl 2004: Aqua benedetta. Ein geschichtliches Räthsel von Emma Pollmer. In: Karl Mays Werke. Hrsg. von Hermann Wiedenroth. Digitale Bibliothek. Bd. 77. Berlin: Directmedia, S. 4082-4128.

May, Karl 2004: Pandur und Grenadier. In: Karl Mays Werke. Hrsg. von Hermann Wiedenroth. Digitale Bibliothek. Bd. 77. Berlin: Directmedia, S. 5056-5130.

May, Karl 2004: Wanda. In: Karl Mays Werke. Hrsg. von Hermann Wiedenroth. Digitale Bibliothek. Bd. 77. Berlin: Directmedia, S. 5181-5438.

May, Karl 2004: Ein Abenteuer auf Ceylon. In: Karl Mays Werke. Hrsg. von Hermann Wiedenroth. Digitale Bibliothek. Bd. 77. Berlin: Directmedia, S. 6344-6371.

May, Karl 2004: Die Rose von Sokna. In: Karl Mays Werke. Hrsg. von Hermann Wiedenroth. Digitale Bibliothek. Bd. 77. Berlin: Directmedia, S. 6459-6489.

May, Karl 2004: Waldröschen oder Die Rächerjagd rund um die Erde. Großer Enthüllungsroman über die Geheimnisse der menschlichen Gesellschaft von Capitain Ramon Diaz de la Escosura. In: Karl Mays Werke. Hrsg. von Hermann Wiedenroth. Digitale Bibliothek. Bd. 77. Berlin: Directmedia, S. 9529-15485.

May, Karl 2004: Die Liebe des Ulanen. In: Karl Mays Werke. Hrsg. von Hermann Wiedenroth. Digitale Bibliothek. Bd. 77. Berlin: Directmedia, S. 15486-19356.

May, Karl 2004: Der verlorene Sohn oder Der Fürst des Elends. In: Karl Mays Werke. Hrsg. von Hermann Wiedenroth. Digitale Bibliothek. Bd. 77. Berlin: Directmedia, S. 19357-24330.

May, Karl 2004: Deutsche Herzen, Deutsche Helden. In: Karl Mays Werke. Hrsg. von Hermann Wiedenroth. Digitale Bibliothek. Bd. 77. Berlin: Directmedia, S. 24331-29760.

May, Karl 2004: Der Weg zum Glück. In: Karl Mays Werke. Hrsg. von Hermann Wiedenroth. Digitale Bibliothek. Bd. 77. Berlin: Directmedia, S. 29761-35211.

May, Karl 2006. Das Buch der Liebe (1875/1876). Wissenschaftliche Darstellung der Liebe. Hrsg. von Dieter Sudhoff. Karl May's Gesammelte Werke. Bd. 87. Bamberg/Radebeul: Karl-May-Verlag.

May, Karl 2007: Briefwechsel mit Friedrich Ernst Fehsenfeld. Bd. 1: 1891-1906. Karl May's Gesammelte Werke und Briefe. Bd. 91. Hrsg. von Dieter Sudhoff/Hans-Dieter Steinmetz. Bamberg/Radebeul: Karl-May-Verlag.

May, Karl 2008: Briefwechsel mit Friedrich Ernst Fehsenfeld. Bd. 2: 1907-1912. Karl May's Gesammelte Werke und Briefe. Bd. 92. Hrsg. von Dieter Sudhoff/Hans-Dieter Steinmetz. Bamberg/Radebeul: Karl-May-Verlag.

May, Karl [van der Löwen, P.] 2008: Ibn el 'amm. In: Der schwarze Mustang und andere Erzählungen und Texte für die Jugend. Karl Mays Werke. Historisch-Kritische Ausgabe. Abt. III. Bd. 7. Bamberg/Radebeul: Karl-May-Verlag, S. 296-303.

May, Karl 2009[42]: „Ich". Karl Mays Leben und Werk. Hrsg. von Lothar und Bernhard Schmid. Karl May's gesammelte Werke. Bd. 34. Bamberg/Radebeul: Karl-May-Verlag.

May, Karl 2009[42]: Empor ins Reich der Edelmenschen! (22. März 1912). Vortrag Karl Mays, zusammengestellt von Klara May. In: „Ich". Karl Mays Leben und Werk. Hrsg. von Lothar und Bernhard Schmid. Karl May's Gesammelte Werke. Bd. 34. Bamberg/Radebeul: Karl-May-Verlag, S. 305-324.

May, Karl 2009: Der Sohn des Bärenjägers. Karl Mays Werke. Historisch-kritische Ausgabe für die Karl-May-Stiftung. Abt. III. Bd. 1. Bamberg/Radebeul: Karl-May-Verlag.

May, Karl 2013: Briefwechsel mit Joseph Kürschner. Mit Briefen von und an Wilhelm Spemann u.a. Karl May's Gesammelte Werke und Briefe. Bd. 94. Hrsg. von Hartmut Vollmer/Hans-Dieter Steinmetz/ Wolfgang Hainsch. Bamberg/Radebeul: Karl-May-Verlag.

May, Karl Lehrgedicht: http://karl-may-wiki.de/index.php/Das_große_Lehrgedicht_(Gedicht)

Weitere Primärliteratur

Ahmadinejad, Mahmud 2007: President addressing 62nd UN General Assembly. [http://www.president.ir/en/6781]

Amery, Carl (= Christian Mayer) 1983[2]: An den Feuern der Leyermark. München: Heyne Verlag.

Beverly Hungry Wolf 1980: Das Tipi am Rand der Großen Wälder. Eine Schwarzfuss-Indianerin schildert das Leben der Indianer, wie es wirklich war. Bern: Scherz-Verlag.

Bilz, Friedrich Eduard 1907: In hundert Jahren. Reich illustrierter Roman. Leipzig: F.E. Bilz. [http://www.slub-dresden.de/sammlungen/digitale-sammlungen/werkansicht/cache.off?tx_dlf [id]=9434]

Bilz, Friedrich Eduard 1999: Bilz' Gesundheits-Kochbuch. Ein Leitfaden zur Herstellung gesunder Speisen. Mit besonderer Berücksichtigung vegetarischer Kost. Dresden: Edition Dr.med. Wilfried Krickau. [Reprint der Ausgabe von 1910]

Buchta, Richard 1884: Der Sudan und der Mahdi. Das Land, die Bewohner und der Aufstand des falschen Propheten. Stuttgart: Verlag J. G. Cotta.

Caroll, Lewis 1997: Tagebuch einer Reise nach Rußland im Jahre 1867. Aus dem Englischen von Eleonore Frey. Hrsg. von Felix Philipp Ingold. Ostfildern: Edition Tertium.

Chamisso, Adelbert von 1980. Peter Schlemihls wundersame Geschichte. In: Chamissos Werke in einem Band. Hrsg. von Peter Wersig. Berlin/Weimar: Aufbau-Verlag, S. 153-221.

Chamisso, Adelbert von 1980. Rede des alten Kriegers Bunte Schlange im Rate der Creek-Indianer. In: Chamissos Werke in einem Band. Hrsg. von Peter Wersig. Berlin/Weimar: Aufbau-Verlag, S. 39-43.

Cody, Colonel William F. 1917: Life and Adventures of Buffalo Bill. Chicago: Stantin and Vanvilet.

Cooper, James Fenimore 2013: Der letzte Mohikaner. Neu übersetzt von Karen Lauer. München: Carl Hanser Verlag.

Dahn, Felix 2013: Ein Kampf um Rom. Bamberg/Radebeul: Edition Ustad.

Deutscher Hausschatz in Wort und Bild 1882/83. 9. Jahrgang. Regensburg: Verlag von Friedrich Pustet.

Deutscher Hausschatz in Wort und Bild 1885/86. 12. Jahrgang. Regensburg: Verlag von Friedrich Pustet.

Deutscher Hausschatz in Wort und Bild 1891/92. 18. Jahrgang. Regensburg: Verlag von Friedrich Pustet.

Ebers, Georg 1883[10]: Uarda. Band 1. Stuttgart/Leipzig: Deutsche Verlags-Anstalt.

Ebmeyer, Michael 2009. Der Neuling. Zürich: Kein und Aber-Verlag.

Eco, Umberto 2010: Der Friedhof in Prag. Deutsch von Burkhart Kroeber. München: Carl Hanser Verlag.

Feist, Raymond Elias 1984: Magician. London: Grafton Books.

Freytag, Gustav 1902: Die Ahnen. Dritte Abteilung. Die Brüder vom deutschen Hause. Leipzig: Verlag von Salomon Hirzel.

Freytag, Gustav o. J.: Soll und Haben. Roman in sechs Büchern. Vollständige Ausgabe. Berlin: Theodor Knaur Nachf. Verlag.

Fried, Alfred Hermann 1906: Organisiert die Welt! In: Die Friedens-Warte. Zeitschrift für internationale Verständigung. 8. Jahrgang. Januar 1906, S. 1-3.

Gerstäcker, Friedrich 1890: Die Sklavin. In: Ders., Die Silbermine. Berlin: Neufeld & Henius Verlag, S. 5-44.

Gerstäcker, Friedrich 1977: Tahiti. Wien/Herrsching: Wiener Verlag/
Pawlak Verlag.

Gerstäcker, Friedrich 1977: Unter dem Äquator. Wien/Herrsching:
Wiener Verlag/Pawlak Verlag.

Gerstäcker, Friedrich 1977: Die Regulatoren von Arkansas. Wien/
Herrsching: Wiener Verlag/Pawlak Verlag.

Gerstäcker, Friedrich 1977: Der Deutsche und sein Kind. In: Ders.,
Aus zwei Weltteilen. Wien/Herrsching: Wiener Verlag/Pawlak Verlag, S. 138-168.

Grimmelshausen, Hans Jacob Christoffel von/Kaiser, Reinhard 2009:
Der abenteuerliche Simplicissimus Deutsch. Aus dem Deutschen
des 17. Jahrhunderts von Reinhard Kaiser. Frankfurt am Main:
Eichborn Verlag.

Hebel, Johann Peter 1984: Kannitverstan. In: Ders., Schatzkästlein
des rheinischen Hausfreundes. Hrsg. von Jan Knopf. Frankfurt am
Main: Insel Verlag, S. 136-138.

Herder, Johann Gottfried 1985: Auch eine Philosophie der Geschichte
der Menschheit (1774). In: Ders., Von deutscher Art und Kunst
und andere Schriften. Herrsching: Pawlak Taschenbuchverlag,
S. 178-267.

Hesse, Hermann 1975: Doktor Knölges Ende (1910). In: Ders.,
Die Märchen. Hrsg. von Volker Michels. Frankfurt am Main:
Suhrkamp Verlag, S. 48-54.

Hofmann-Oedenkoven, Ida 1906: Monte Verità – Wahrheit ohne
Dichtung. Aus dem Leben erzählt. Lorch: Verlag Karl Röhm.

Kant, Hermann 1987[25]: Die Aula. Berlin (O.): Verlag Rütten und
Loening.

Kant, Immanuel 1983: Zum ewigen Frieden. Ein philosophischer
Entwurf. In: Ders., Schriften zur Anthropologie, Geschichtsphilo-
sophie, Politik und Pädagogik. Erster Teil. Hrsg. von Wilhelm Wei-
schedel. Darmstadt: Wissenschaftliche Buchgesellschaft, S. 191-
251.

Kleist, Heinrich von 1985[9]: Die Verlobung in St. Domingo (1811).
In: Kleists Werke in zwei Bänden. Erster Band: Gedichte, Erzäh-
lungen, Anekdoten, kleine Schriften. Hrsg. von Helmut Brandt.
Berlin/Weimar: Aufbau-Verlag, S. 183-221.

Kraszewski, Józef Ignacy 1975: Aus dem Siebenjährigen Krieg. Berlin (O.): Verlag Neues Leben.

Kraszewski, Józef Ignacy 1979: Brühl. Berlin (O.): Verlag Neues Leben.

Lenau, Nikolaus 1998: Gedichte. Frankfurt am Main/Leipzig: Insel Verlag.

Lermontov, Michail Ju. 1994: Ein Held unserer Zeit [russ.: *Geroj našego vremeni*]. (1838-1840) Paris: Booking International.

Lindau, Paul 1885: Aus der Neuen Welt. Briefe aus dem Osten und Westen der Vereinigten Staaten. Berlin: Salomon-Verlag.

London, Jack 1993: In the forests oft he north. In: The complete short stories. Edited by Earle Labor/Robert C. Leitz, III., and I. Milo Sherpard. Vol. 1. Stanford: Stanford University Press, S. 656-671.

London, Jack 1993: The white man's way. In: The complete short stories. Edited by Earle Labor/Robert C. Leitz, III., and I. Milo Sherpard. Vol. 2. Stanford: Stanford University Press, S. 986-997.

London, Jack 1993: The Chinago. In: The complete short stories. Edited by Earle Labor/Robert C. Leitz, III., and I. Milo Sherpard. Vol. 2. Stanford: Stanford University Press, S. 1405-1417.

Marr, Wilhelm 1879[8]: Der Sieg des Judenthums über das Germanenthum. Vom nicht confessionellen Standpunkt aus betrachtet. Achte Auflage. Bern: Rudolph Costenoble.

Meville, Herman 2001: Moby-Dick oder Der Wal. Deutsch von Mathias Jendis. Hrsg. von Daniel Göske. München: Carl Hanser Verlag.

Möllhausen, Balduin o.J. [verm. 1979]: Wanderungen durch die Prärien und Wüsten des westlichen Nordamerika vom Mississippi nach den Küsten der Südsee im Gefolge der von der Regierung der Vereinigten Staaten unter Lieutnant Whipple ausgesandten Expedition. München: Lothar Borowsky.

Möllhausen, Balduin 1995: Der Postläufer von Wisconsin. In: Ders., Geschichten aus dem Wilden Westen. Hrsg. von Andreas Graf. München: dtv, S. 7-49.

Möllhausen, Balduin 1995: Die warnenden Schatten. In: Ders., Geschichten aus dem Wilden Westen. Hrsg. von Andreas Graf. München: dtv, S. 49-58.

Möllhausen, Balduin 1995: Die Flucht aus dem Rebellen-Lager. In: Ders., Geschichten aus dem Wilden Westen. Hrsg. von Andreas Graf. München: dtv, S. 49-58.

Möllhausen, Balduin 2006: Fleur-Rouge. In: Ders., Gesammelte Erzählungen. Bd. 1: Der Arriero und andere Erzählungen aus Trowitzsch-Kalendern (1870-1878). Hrsg. von Andreas Graf. München: ABLIT-Verlag, S. 1-35.

Montesquieu, Charles-Louis de 1992: Lettres persanes. Paul Vernière (ed.). Paris: Bordas.

Münch, Friedrich 1859: Staat Missouri, geschildert mit besonderer Rücksicht auf teutsche Einwanderung. New York/St. Louis: Farmer's & Vine-Grower's Society.

Paasche, Hans 1988: Die Forschungsreise des Afrikaners Lukanga Mukara ins innerste Deutschland. Hrsg. von Franziskus Hähnel und mit einem Nachwort von Iring Fetscher. Bremen: Donat Verlag. (Original: 1912/13, als Buch 1921.)

Paulitschke, Philipp 1885: Die Sudanländer nach dem gegenwärtigen Stande der Kenntnis. Freiburg i. Br.: Verlag Herder.

Pullman, Philip 2008: His Dark Materials. 3 Vol.: Northern Lights, The Subtle Knife, The Amber Spyglass. London: Randomhouse.

Puškin, Aleksandr 1960: Der Gefangene im Kaukasus [russ.: *Kavkazkij plennik*]. In: Werke in 10 Bänden [*Sobranie sočinenij v 10 tomax*]. Bd. 3. Moskva: Chudožestvennaja literatura, S. 87-117.

Reid, Mayne 1975. Die Skalpjäger. Frankfurt am Main: Fischer Verlag.

Retcliffe, John 1868: Biarritz. Erste Abtheilung: Gaëta-Warschau-Düppel. 1. Band. Masken ab! Berlin: Verlag von Carl Sigismund Liebrecht.

Retcliffe, John 1869: Biarritz. Erste Abtheilung: Gaëta-Warschau-Düppel. 2. Band. Berlin: Verlag von Carl Sigismund Liebrecht.

Retcliffe, Sir John 1976: Abenteuer in Sibirien. Frankfurt am Main: Fischer.

Schweitzer, Albert 1971: Verfall und Wiederaufbau der Kultur. Kulturphilosophie. Erster Teil. (1958) In: Ausgewählte Werke in fünf Bänden. Hrsg. von Rudolf Grabs. Bd. 2. Berlin: Union-Verlag, S. 17-93.

Schweitzer, Albert 1971: Kultur und Ethik. Kulturphilosophie. Zweiter Teil (1958). In: Ausgewählte Werke in fünf Bänden. Hrsg. von Rudolf Grabs. Bd. 2. Berlin: Union-Verlag, S. 95-420.

Schweitzer, Albert 1973[2]: Aus meinem Leben und Denken (1952). In: Ausgewählte Werke in fünf Bänden. Hrsg. von Rudolf Grabs. Bd. 1. Berlin: Union-Verlag, S. 19-252.

Schweitzer, Albert 1973[2]: Das Problem der Ethik in der Höherentwicklung des menschlichen Denkens (1952). In: Ausgewählte Werke in fünf Bänden. Hrsg. von Rudolf Grabs. Bd. 5. Berlin: Union-Verlag, S. 143-159.

Schweitzer, Albert 1973[2]: Die Entstehung der Lehre der Ehrfurcht vor dem Leben und ihre Bedeutung für unsere Kultur (1963). In: Ausgewählte Werke in fünf Bänden. Hrsg. von Rudolf Grabs. Bd. 5. Berlin: Union-Verlag, S. 172-191.

Sealsfield, Charles. 1847[2]: Das Cajütenbuch oder Nationale Chrakteristiken. Teile I–II. Sämtliche Werke. Bde 16–17. Stuttgart: Verlag der Metzler'schen Buchhandlung. (Nachdruck: Hildesheim/New York: Georg Olms Verlag 1977.)

Sealsfield, Charles 1968: Tokeah oder Die Weiße Rose. Hrsg. von Karl-Heinz Berger. Berlin (O.): Verlag Neues Leben.

Seume, Johann Gottfried 2000: Der Wilde. In: Der neue Conrady. Das große deutsche Gedichtbuch. Von den Anfängen bis zur Gegenwart. Hrsg. von Karl Otto Conrady. Düsseldorf/Zürich: Verlag Artemis und Winkler, S. 330-331.

Slatin, Rudolf 1896: Feuer und Schwert im Sudan. Meine Kämpfe mit den Derwischen, meine Gefangenschaft und Flucht. 1879-1895. Leipzig: Brockhaus Verlag.

Spiller, Philipp 1873: Gott im Lichte der Naturwissenschaften. Studien über Gott, Welt, Unsterblichkeit. Berlin: Denicke's Verlag.

Steuben, Fritz 1930: Der fliegende Pfeil. Eine Erzählung aus dem Leben Tecumsehs. Stuttgart: Franckh'sche Verlagshandlung.

Stoker, Bram 2012: Dracula. Übersetzt von Ulrich Bossier. Stuttgart: Verlag Philipp Reclam jun.

Swift, Jonathan 2002: Gulliver's Travels. Ed. by Albert J. Rivero. London/New York: W.W. Norton & Company.

Tocqueville, Alexis de 2004: Quinze jours dans le désert. In: Œuvres. Vol. 1. André Jardin (ed.). Paris: Gallimard, S. 360-413.

Tolstoj, Lev Nikolaevič 1936: Die Kosaken [russ.: *Kazaki*]. In: Vollständige Werkausgabe in 90 Bänden [*Polnoe sobranie sočinenij v 90 tomach*]. Bd. 6. Moskva: Chudožestvennaja Literatura, S. 3-150.

Tolstoj, Lev Nikolaevič 1936: Der Tod des Ivan Il'ič [russ. *Smert' Ivana Il'iča*] (1886). Vollständige Werkausgabe in 90 Bänden [*Polnoe sobranie sočinenij v 90 tomach*]. Bd. 26. Moskva/Leningrad: Chudožestvennaja literatura, S. 61-113.

Tolstoj, Lev Nikolaevič 1936: Auferstehung [russ.: *Voskresenie*] (1889-1899). Vollständige Werkausgabe in 90 Bänden [*Polnoe sobranie sočinenij v 90 tomach*]. Bd. 32. Moskva/Leningrad: Chudožestvennaja literatura.

Tolstoj, Lev N. 1950: Chadži-Murat. In: Vollständige Werkausgabe in 90 Bänden [*Polnoe sobranie sočinenij v 90 tomach*]. Bd. 35. Moskva: Chudožestvennaja Literatura, S. 3-118.

Tolstoj, Lev Nikolaevič 1951: Was ist Kunst? [russ.: *Čto takoe iskusstvo?*] (1897-1898). Vollständige Werkausgabe in 90 Bänden [*Polnoe sobranie sočinenij v 90 tomach*]. Bd. 30. Moskva/Leningrad: Chudožestvennaja literatura, S. 27-203.

Tolstoj, Lev Nikolaevič 1954: Herr und Knecht [russ.: *Chozjain i rabotnik*] (1894-1895). Vollständige Werkausgabe in 90 Bänden [*Polnoe sobranie sočinenij v 90 tomach*]. Bd. 29. Moskva/Leningrad: Chudožestvennaja literatura, S. 3-46.

Tolstoj, Lev Nikolaevič 1954: Briefe [russ.: *Pis'ma*] (1896). Vollständige Werkausgabe in 90 Bänden [*Polnoe sobranie sočinenij v 90 tomach*]. Bd. 69. Moskva: Chudožestvennaja Literatura.

Tolstoj, Lev Nikolaevič 1955: Einige Worte anlässlich des Buches „Krieg und Frieden" [russ.: *Neskol'ko slov po povodu knigi „Vojna i mir"*] (1867-1868). Vollständige Werkausgabe in 90 Bänden [*Polnoe sobranie sočinenij v 90 tomach*]. Bd. 16. Moskva/Leningrad: Chudožestvennaja literatura, S. 7-16.

Tolstoj, Lev Nikolaevič 1956: Der Weg des Lebens. [russ.: *Put' žizni.*] (1910). Vollständige Werkausgabe in 90 Bänden [*Polnoe sobranie sočinenij v 90 tomach*]. Bd. 45. Moskva/Leningrad: Chudožestvennaja literatura.

Tolstoj, Lev Nikolaevič 1957: Beichte [russ.: *Ispoved'*] (1879-1882). Vollständige Werkausgabe in 90 Bänden [*Polnoe sobranie sočinenij v 90 tomach*]. Bd. 23. Moskva/Leningrad: Chudožestvennaja literatura, S. 1-59.

Tolstoj, Lev Nikolaevič 1957: Das Reich Gottes ist in euch [russ.: *Carstvo Bože vnutri vas*] (1890-1893). Vollständige Werkausgabe in 90 Bänden [*Polnoe sobranie sočinenij v 90 tomach*]. Bd. 28. Moskva/Leningrad: Chudožestvennaja literatura, S. 1-293.

Tolstoj, Lev Nikolaevič 1957: Worin besteht mein Glaube? [russ.: *V čem moja vera?*] (1883). Vollständige Werkausgabe in 90 Bänden [*Polnoe sobranie sočinenij v 90 tomach*]. Bd. 23. Moskva/Leningrad: Chudožestvennaja literatura, S. 304-464.

Trojanow, Ilija 2006. Der Weltensammler. München: dtv.

Twain, Mark 1995: The Adventures of Huckleberry Finn. London/ New York u.a.: Penguin Books.

Twain, Mark 1997: A Tramp Abroad. New York/London u.a.: Pengiun Books.

Twain, Mark 2005²: Pudd'nhead Wilson and Those extraordinary twins. Authoritative texts, textual introduction, tables of variants, criticism. Ed. by Sidney Berger. New York/London: Norton & Company.

Twain, Mark 2010: Knallkopf Wilson. Eine Geschichte. Aus dem Amerikanischen von Reinhild Böhnke. Zürich: Manesse Verlag.

von Harnack, Adolf 1999: Das Wesen des Christentum (1899/1900). Hrsg. von Trutz Rendtorff. Gütersloh: Chr.Kaiser/Gütersloher Verlagshaus.

von Hesse-Warteggs, Ernst 1886²: Nord-Amerika, seine Städte und Naturwunder, das Land und seine Bewohner in Schilderungen. Bd 2: Der große Westen und die Felsengebirge. Leipzig: Verlag von Gustav Weigel.

von Suttner, Bertha 1904⁴: Inventarium einer Seele. Bertha von Suttners Gesammelte Schriften. Bd. 6. Dresden: E. Pierson's Verlag.

von Suttner, Bertha 1909: Memoiren. Stuttgart/Leipzig: Deutsche Verlags-Anstalt.

von Suttner, Bertha 1911: Der Menschheit Hochgedanken. Roman aus der nächsten Zukunft. Berlin/Wien/Leipzig: Verlag der Friedens-Warte.

von Suttner, Bertha 2006²: Die Waffen nieder! Eine Lebensgeschichte (1889). Herausgegeben und mit einem Nachwort von Sigrid und Helmut Bock. Husum: Verlag der Nation.

Wassermann, Jakob 1990: Alexander in Babylon. Berlin: Verlag der Nation.

Wichert, Ernst 1943: Heinrich von Plauen. 1. Band. Berlin: Oswald Arnold Verlag.

Wichert, Ernst 1943: Heinrich von Plauen. 2. Band. Berlin: Oswald Arnold Verlag.

Sekundärliteratur

Althaus, Hans Peter 2002: Mauscheln. Ein Wort als Waffe. Berlin/ New York: Verlag Walter de Gruyter.

Altner, Günter/Frambach, Ludwig/Gottwald, Franz-Theo/Schneider, Manuel (Hrsg.) 2005: Leben inmitten von Leben. Die Aktualität der Ethik Albert Schweitzers. Stuttgart: S. Hirzel Verlag.

Andritzky, Michael/Rautenberg, Thomas (Hrsg.) 1989: „Wir sind nackt und nennen uns Du". Von Lichtfreunden und Sonnenkämpfern. Eine Geschichte der Freikörperkultur. Gießen: Anabas-Verlag.

Bach, Svenja 2010: Islambild Karl Mays und der Einfluss auf seine Leser. Sonderheft der Karl-May-Gesellschaft. Nr. 142. Radebeul: Karl-May-Gesellschaft.

Bartsch, Ekkehard 1970: Karl Mays Wiener Rede. Eine Dokumentation. In: Jahrbuch der Karl-May-Gesellschaft 1970. Hamburg: Hansa-Verlag, S. 47-80.

Bartsch, Ekkehard 2003: Christliche Religion in den Reiseerzählungen Karl Mays. In: Sudhoff, Dieter (Hrsg.), Zwischen Himmel und Hölle. Karl May und die Religion, Bamberg/Radebeul: Karl-May-Verlag, S. 51-112.

Bartsch, Ekkehard 2012: Traf Hitler wirklich May? In: Karl May & Co. Heft 3/2012. Nr. 129, S. 66-67.

Bartsch, Ekkehard 2013²: Christliche Religion in den Reiseerzählungen Karl Mays. In: Lorenz, Christoph F. (Hrsg.), Zwischen Himmel und Hölle. Karl May und die Religion, Bamberg/Radebeul: Karl-May-Verlag, S. 145-206.

Beissel, Rudolf 1978: Von Atala bis Winnetou. Die „Väter des Western-Romans". Bamberg/Braunschweig: Karl-May-Verlag/Verlag A. Graff.

Belentschikow, Valentin 2012: Bertha von Suttner und Russland. Frankfurt am Main u.a.: Peter Lang Verlag.

Berg, Britta 1984: Religiöses Gedankengut bei Karl May. Sonderheft der Karl-May-Gesellschaft. Nr. 47. Hamburg: Karl-May-Gesellschaft.

Berman, Nina 1997: Orientalismus, Kolonialismus und Moderne: Zum Bild des Orients in der deutschsprachigen Kultur um 1900. Stuttgart: Metzler Verlag.

Bhabha, Homi K. 2000: Die Verortung der Kultur. Tübingen: Stauffenburg Verlag.

Biermann, Joachim 2010²: Das ‚wilde Tier'. Überlegungen zur Darstellung des Bösen bei Karl May. In: Sudhoff, Dieter/Vollmer, Hartmut (Hrsg.), Karl Mays „Ardistan und Dschinnistan". Oldenburg: Igel Verlag, S. 126-158.

Bitterli, Urs 1991: Die ‚Wilden' und die ‚Zivilisierten'. Grundzüge einer Geistes- und Kulturgeschichte der europäisch-überseeischen Begegnung. München: Verlag C.H. Beck.

Blaschke, Karlheinz 1983: Königreich Sachsen und thüringische Staaten. In: Jeserich, K.G.A./Pohl, H./v. Unruh, G.-Ch. (Hrsg.), Deutsche Verwaltungsgeschichte. Bd. 2: Vom Reichsdeputationshauptschluß bis zur Auflösung des Deutschen Bundes. Stuttgart: Deutsche Verlagsanstalt.

Böhm, Viktor 1993: Der bearbeitete Karl May. In: Mitteilungen der Karl-May-Gesellschaft. Nr. 96, S. 54-59.

Böhme, Gernot 2001: Monte Verità. In: Buchholz, Kai/Latocha, Rita/Peckmann, Hilke/Wolbert, Klaus (Hrsg.), Die Lebensreform. Entwürfe zur Neugestaltung von Leben und Kunst um 1900. Bände I-II. Darmstadt: Verlag Häusser, Bd. I, S. 473-476.

Bolz, Peter 2007: Der Germanen liebster Blutsbruder. Das Bild des Indianers zwischen Realität und Inszenierung. In: Benecke, Sabine/Zeilinger, Johannes (Hrsg.): Karl May. Imaginäre Reisen. Berlin/Bönen: Deutsches Historisches Museum/DruckVerlag Kettler, S.171-186.

Bolz, Peter 2008: Winnetou – Edler Wilder oder Edelmensch? In: Jahrbuch der Karl-May-Gesellschaft 2008. Husum: Hansa Verlag, S. 113-124.

Brauneder, Wilhelm (Hrsg.) 1991: Grundlagen transatlantischer Rechtsbeziehungen im 18. und 19. Jahrhundert. Frankfurt am Main u.a.: Peter Lang Verlag.

Brauneder, Wilhelm 1996: „Ist das wahr, ist das möglich?" In: Mitteilungen der Karl-May-Gesellschaft. Nr.107, S. 34-36.

Brauneder, Wilhelm 1998: Der „Rote Cornel": Otto Rupius als Vorbild. In: Mitteilungen der Karl-May-Gesellschaft. Nr. 118, S. 14-16.

Brauneder, Wilhelm 2012: Quellenbuch zur österreichischen Verfassungsgeschichte. Wien: Manz.

Brenner, Peter J. 2012: Vom Abenteurer zum Friedenshelden. Karl Mays „Und Friede auf Erden!" als Projekt der Moderne? In: Vollmer, Hartmut/Schleburg, Florian (Hrsg.), Karl May im Aufbruch zur Moderne. Bamberg/Radebeul: Karl-May-Verlag, S. 64-89.

Bretting, Agnes/Bickelmann Hartmut 1991: Auswanderungsagenturen und Auswanderungsvereine im 19. Und 20. Jahrhundert. Stuttgart: Franz Steiner Verlag.

Brice, Pierre/Schröder, Christian 2012: „Zu viel Phantasie ist keine Schande." Winnetou kämpft für Frieden und Freiheit. In: Tagesspiegel, 22. 03. 2012.

Brücher, Gertrud 2008: Pazifismus als Diskurs. Wiesbaden: VS Verlag für Sozialwissenschaften.

Buchholz, Kai 2001: Begriffliche Leitmotive der Lebensreform. In: Buchholz, Kai/Latocha, Rita/Peckmann, Hilke/Wolbert, Klaus (Hrsg.), Die Lebensreform. Entwürfe zur Neugestaltung von Leben und Kunst um 1900. Bände I-II. Darmstadt: Verlag Häusser, Bd. I, S. 41-43.

Buchholz, Kai/Latocha, Rita/Peckmann, Hilke/Wolbert, Klaus (Hrsg.) 2001: Die Lebensreform. Entwürfe zur Neugestaltung von Leben und Kunst um 1900. Bände I-II. Darmstadt: Verlag Häusser.

Bürger, Thomas 2007: „Die Menschheit am Ziel". Im Jahre 1907 träumte der Radebeuler Naturprophet Friedrich Eduard Bilz von einem Paradies auf Erden. In: SLUB-Kurier 2007/2, S. 19-20.

Carman, I. Neale 1962: Foreign-language units of Kansas. Bd. 1. Lawrence/Kansas: University of Kansas Press.

Churchill, Winston S. 2008: Kreuzzug gegen das Reich des Mahdi. Frankfurt am Main: Eichborn Verlag.

Degen, Andreas 2008: Patria und Peitsche. Weiblichkeitsentwürfe in der deutschen Wanda-Figur des 19. Jahrhunderts. In: Grimberg, Martin/Engel, Ulrich/Kaszynski, Stefan (Hrsg.), Convivium. Germanistisches Jahrbuch Polen. Bonn: DAAD, S. 57-78.

Deloria, Vine Jr. 1981: The Indians. In: Buffalo Bill and Wild West. Pittsburgh: University of Pittsburgh Press, S. 45-56.

Dölemeyer, Barbara 2008[2]: Auswanderung. In: Handwörterbuch zur deutschen Rechtsgeschichte. Berlin: Erich Schmidt Verlag, Sp. 389-392.

Drucker, Brabara 2009: Tränen um Winnetou. Wirkungsästhetik im Zeichen von Natur und Zivilisation. In: Schmiedt, Helmut/Vorsteher, Dieter (Hrsg.), Karl May. Werk – Rezeption – Aktualität. Würzburg: Verlag Königshausen und Neumann, S. 83-97.

Drucker, Barbara 2010: Intertextualität im Zeichen der Germanisierung. Überlegungen zu Karl Mays Figur Winnetou. In: Jahrbuch der Karl-May-Gesellschaft 2010. Husum: Hansa Verlag, S. 205-220.

Eggers, Klaus 2011: Nach-Denken über Winnetou. Aus gegebenem Anlass – und darüber hinaus. In: Jahrbuch der Karl-May-Gesellschaft 2011. Husum: Hansa Verlag, S. 175-201.

Ehrhardt, Heiko/Eißler, Friedmann (Hrsg.) 2012: „Winnetou ist ein Christ." Karl May und die Religion. EZW-Texte 220/2012. Berlin: Evangelische Zentralstelle für Weltanschauungsfragen.

Esch, Arnold 2001: Ein Kampf um Rom. In: François, Etienne/Schulze, Hagen (Hrsg.), Deutsche Erinnerungsorte. Bd.1. München: Verlag C.H. Beck, S. 27-40.

Feest, Christian (Hrsg.) 2009: Sitting Bull und seine Welt. Kunsthistorisches Museum Wien.

Feuser, Willfried F. 1982: Rassische Stereotypen im Roman, betrachtet am Falle Karl Mays. In: Konstantinović, Zoran/Kushner, Eva Dubska/Köpeczi, Béla (Hrsg.), Evolution of the Novel. L'evolution du roman. Die Entwicklung des Romans. Innsbruck: Institut für Sprachwissenschaft der Universität Innsbruck, S. 471-476.

Fischer, Erich/Künzel, Werner 1989: Verfassungen deutscher Länder und Staaten. Berlin (O.): Staatsverlag der DDR.

Folini, Mara 2001: Ein architektonischer Rundgang. Von den Licht- und Lufthütten bis zum Hotel Monte Verità. In: Schwab, Andreas/Lafranchi, Claudia (Hrsg.), Sinnsuche und Sonnenbad. Experimente in Kunst und Leben auf dem Monte Verità. Zürich: Limmat Verlag, S. 77-89.

Frank, Michail C. 2006: Kulturelle Einflussangst. Inszenierungen der Grenze in der Reiseliteratur des 19. Jahrhunderts. Bielefeld: transcript Verlag.

Frecot, Janos 2001: Die Schönheit. Mit Bildern geschmückte Zeitschrift für Kunst und Leben. In: Buchholz, Kai/Latocha, Rita/Peckmann, Hilke/Wolbert, Klaus (Hrsg.), Die Lebensreform. Entwürfe zur Neugestaltung von Leben und Kunst um 1900. Bände I-II. Darmstadt: Verlag Häusser, Bd. I, S. 297-301.

Frey, James N. 1993: Wie man einen verdammt guten Roman schreibt! Köln: Hermann-Josef Emons Verlag.

Friesen, Steve 2010: Buffalo Bill. Denver: Fulcrum Publishing.

Gammler, Ruprecht 2011: Literaturbericht II. In: Jahrbuch der Karl-May-Gesellschaft 2011. Husum: Hansa Verlag, S. 283-292.

Geulen, Christian 2009: Blutsbrüder. Über einige Affinitäten bei Carl Peters und Karl May. In: Jahrbuch der Karl-May-Gesellschaft 2009. Husum: Hansa Verlag, S. 309-339.

Gohrbrandt, Elisabeth 1995: „Selbst bei einem drei Jahre langen Urbarmachen einer Wildnis wird man nur ein Settler, aber kein Westmann." Auswanderer und Siedler in Karl Mays Nordamerika-erzählungen. In: Jahrbuch der Karl-May-Gesellschaft 1995. Husum: Hansa Verlag, S. 165-205.

Götz, Christian 1996: Die Rebellin. Bertha von Suttner: Botschaften für unsere Zeit. Elsdorf: Klein und Blechinger Verlag.

Graf, Andreas 1991: Der Tod der Wölfe. Das abenteuerliche und das bürgerliche Leben des Romanschriftstellers und Amerikareisenden Balduin Möllhausen (1825-1905). Berlin: Verlag Duncker & Humblot.

Graf, Andreas 1992: „Von einer monatelangen Reise zurückkehrend." Neue Fragmente aus dem Briefwechsel Karl Mays mit Joseph Kürschner und Wilhelm Spemann (1882-1897). In: Jahrbuch der Karl-May-Gesellschaft 1992. Husum: Hansa Verlag, S. 109-161.

Graf, Andreas 1993: Abenteuer und Geheimnis. Die Romane Balduin Möllhausens. Freiburg im Breisgau: Rombach Verlag.

Graf, Werner 2012: Adolf Hitler begegnet Karl May. Lektürebiografie des ‚Führers'. Baltmannsweiler: Schneider-Verlag Hohengehren.

Griese, Volker 1993: Von May-Figuren und anderen literarischen Verwandten III. In: Mitteilungen der Karl-May-Gesellschaft. Nr. 98, S. 13-16.

Gross, Oliver 1999: Old Shatterhands Glaube. Christentumsverständnis und Frömmigkeit Karl Mays in ausgewählten Reiseerzählungen. Husum: Hansa Verlag.

Grözinger, Elvira 2003: Die schöne Jüdin. Klischees, Mythen und Vorurteile über Juden in der Literatur. Berlin/Wien: Philo-Verlag.

Grün, Anselm 1997: 50 Engel für das Jahr. Ein Inspirationsbuch. Freiburg i.Br./Basel/Wien: Verlag Herder.

Grün, Anselm 2003[10]: Jeder Mensch hat einen Engel. Freiburg i.Br./Basel/Wien: Verlag Herder.

Gurlitt, Ludwig 2009[42]: Gerechtigkeit für Karl May! (1918) In: Karl May, Ich. Hrsg. von Lothar und Bernhard Schmid. Karl May's Gesammelte Werke. Bd. 34. Bamberg/Radebeul: Karl-May-Verlag, S. 465-581.

Haffmans, Gert u. a. (Hrsg.) 1991: Der Rabe. Magazin für jede Art von Literatur. Nr. 31 (Der exotische Rabe).

Hagemeister, Michael 1996: Sergej Nilus und die ‚Protokolle der Weisen von Zion'. Überlegungen zur Forschungslage. In: Jahrbuch für Antisemitismusforschung 5, S. 127-147.

Hahn, Jürgen 2004: Last Exit to „Dschinnistan". Ein Beitrag zur Konstruktion des „Neuen Menschen" um 1900. In: Jahrbuch der Karl-May-Gesellschaft 2004. Husum: Hansa Verlag, S. 157-204.

Hanke, Edith 2001: „Der Mann der Wahrheit". Die Ideen Leo N. Tolstois und der Monte Verità. In: Schwab, Andreas/Lafranchi, Claudia (Hrsg.), Sinnsuche und Sonnenbad. Experimente in Kunst und Leben auf dem Monte Verità. Zürich: Limmat Verlag, S. 23-42.

Hatzig, Hansotto 1967: Karl May und Sascha Schneider. Dokumente einer Freundschaft. Bamberg: Karl-May-Verlag.

Hatzig, Hansotto 1971: Bertha von Suttner und Karl May. In: Jahrbuch der Karl-May-Gesellschaft 1971. Hamburg: Hansa Verlag, S. 246-258.

Hatzig, Hansotto 1974: Mamroth gegen May. In: Roxin, Claus/Stolte, Heinz (Hrsg.), Jahrbuch der Karl-May-Gesellschaft 1974. Hamburg: Hansa Verlag, S. 109-130.

Hatzig, Hansotto 1995: Liebe und Versöhnung oder Das Programm Albert Schweitzers. In: Sudhoff, Dieter/Vollmer, Hartmut (Hrsg.), Karl Mays „Old Shatterhand". Paderborn: Igel Verlag, S. 49-62.

Hauck, Wilhelm-Albert 1950: Rudolf Sohm und Leo Tolstoi. Rechtsordnung und Gottesreich. Heidelberg: Carl Winter Universitätsverlag.

Heermann, Christian 2012a: Winnetou in Dresden. Auf Karl Mays Spuren in und um Elbflorenz. Bamberg/Radebeul: Karl-May-Verlag.

Heermann, Christian 2012[2]b: Winnetous Blutsbruder. Karl-May-Biografie. Bamberg/Radebeul: Karl-May-Verlag.

Heinemann, Erich 1998: Von Leipzig bis Erlangen. Die Karl-May-Gesellschaft im Jahre 1997. In: Jahrbuch der Karl-May-Gesellschaft 1998. Husum: Hansa Verlag, S. 408-418.

Helfricht, Jürgen 1999: Der legendäre sächsische Naturheiler Friedrich Eduard Bilz (1842-1922). In: Bilz' Gesundheits-Kochbuch. Ein Leitfaden zur Herstellung gesunder Speisen. Mit besonderer Berücksichtigung vegetarischer Kost. Dresden: Edition Dr.med. Wilfried Krickau. [Reprint der Ausgabe von 1910], S. 151-185.

Helfricht, Jürgen 2012: Friedrich Eduard Bilz. Naturheiler, Philosoph, Unternehmer. Radebeul: Verlag Notschriften.

Hermesmeier, Wolfgang/Schmatz, Stefan 2004: Traumwelten. Bilder zum Werk Karl Mays. Bd. 1. Illustratoren und ihre Arbeiten bis 1912. Bamberg/Radebeul: Karl-May-Verlag.

Hiddemann, Till 1996: Winnetou und der letzte der Mohikaner. Das Indianerbild bei James Fenimore Cooper und Karl May. Sonderheft der Karl-May-Gesellschaft. Nr. 108. Hamburg: Karl-May-Gesellschaft.

Höbsch, Werner 2013[2]: „Und ist es wirklich wahr, Sidhi, dass du ein Giaur bleiben willst, ein Ungläubiger?" Karl May und der interreligiöse Dialog. In: Lorenz, Christoph F. (Hrsg.), Zwischen Himmel und Hölle. Karl May und die Religion. Bamberg/Radebeul: Karl-May-Verlag, S. 365-390.

Hochbruck, Wolfgang 1991: „I have spoken". Die Darstellung und ideologische Funktion indianischer Mündlichkeit in der nordamerikanischen Literatur. Tübingen: Gunter Narr Verlag.

Hodaie, Nazli 2009: Karl Mays „Orient-Zyklus" als Medium interkultureller Erziehung. In: Schmiedt, Helmut/Vorsteher, Dieter (Hrsg.), Karl May. Werk – Rezeption – Aktualität. Würzburg: Verlag Königshausen und Neumann, S. 98-110.

Hoffmann, Klaus 1988: Karl May. Leben und Werk. Radebeul: Karl-May-Stiftung.

Hofmann, Franz 1993: Höllensturz und Verklärung. Der Handlungsabschluß im ‚Silberlöwen' als Paradigma für die Alterswerke Karl Mays. In: Sudhoff, Dieter/Vollmer, Hartmut (Hrsg.), Karl Mays „Im Reiche des silbernen Löwen". Paderborn: Igel Verlag. S. 358-377.

Hofmann, Inge/Vorbichler, Anton 1979: Das Islam-Bild bei Karl May und der islamo-christliche Dialog. Wien: Afro-Pub.

Hohendahl, Peter Uwe 2007: Von der Rothaut zum Edelmenschentum. Karl Mays Amerikaromane. In: Dieter Sudhoff/Hartmut Vollmer (Hrsg.), Karl Mays „Winnetou". Oldenburg: Igel Verlag, S. 187-209.

Holl, Karl 1988: Pazifismus in Deutschland. Frankfurt am Main: Suhrkamp Verlag.

Holl, Karl 2010: Karl May und die deutsche Friedensbewegung. Überlegungen zu einer ungewöhnlichen Beziehung. In: Pyta, Wolfram (Hrsg.), Karl May. Brückenbauer zwischen den Kulturen. Berlin: LIT-Verlag, S. 189-195.

Holt, Peter Malcolm 1970^2: The Mahdist state in the Sudan 1881-1898. A study of its origins, development and overthrow. Oxford: Clarendon Press.

Holzrichter, Birgit 2001: Leibesertüchtigung. In: Buchholz, Kai/Latocha, Rita/Peckmann, Hilke/Wolbert, Klaus (Hrsg.), Die Lebensreform. Entwürfe zur Neugestaltung von Leben und Kunst um 1900. Bände I-II. Darmstadt: Verlag Häusser, Bd. II, S. 387-399.

Honsza, Nobert/Kunicki, Wojciech 1995: Polnische Motive in den Werken Karl Mays: Stereotype und Charaktere. In: Feindt, Hendrik (Hrsg.), Studien zur Kulturgeschichte des deutschen Polenbildes 1848-1939. Wiesbaden: Harrassowitz Verlag, S. 65-81.

Hurrtig, Marcus Andrew 2013: Weltenschöpfer – Richard Wagner, Max Klinger, Karl May. In: Schmidt, Hans-Werner (Hrsg.), Weltenschöpfer. Richard Wagner, Max Klinger, Karl May. Museum der bildenden Künste Leipzig (15.05-15.09.2013). Ostfildern: Hatje Cantz Verlag, S. 48-139.

Ibn As-Siddiq, Abdullah 1985: Al Mahdi, Jesus, and the Anti-Christ. Buffalo. New York/London: As-Siddiquyah Publishers.

Ilmer, Walter 1980: Nachwort zu Karl May, Krüger Bei. Die Jagd auf den Millionendieb. Reprint. Deutscher Hausschatz. Bd. 9. Regensburg: Pustet-Verlag, S. 275-284.

Jeglin, Rainer 1971: „Das Vermächtnis des Inka" und „Der Ölprinz". Eine ideologiekritische Studie. Fortsetzung und Schluß. In: Mitteilungen der Karl-May-Gesellschaft. Nr. 10, S. 3-12.

Jeglin, Rainer 1990: Karl May und der antisemitische Zeitgeist. In: Jahrbuch der Karl-May-Gesellschaft 1990. Husum: Hansa Verlag, S. 107-131.

Kalka, Joachim 2001: „Im Reiche des silbernen Löwen III-IV". In: Ueding, Gert/Rettner, Klaus (Hrsg.), Karl-May-Handbuch. Würzburg: Verlag Königshausen und Neumann, S. 240-249.

Kandolf, Franz 1959: Karl May und Gabriel Ferry. Nach Aufsätzen aus den Karl-May-Jahrbüchern 1932 und 1933. In: Gabriel Ferry/Karl May, Der Waldläufer. Erzählung aus dem Wilden Westen.

Nach dem Roman von Gabriel Ferry bearbeitet und neu gestaltet von Karl May. Gesammelte Werke. Bd. 70. Bamberg: Karl-May-Verlag, S. 471-479.

Karl-May-Haus 2007: Sächsische Landesstelle für Museumswesen (Hrsg.), Karl-May-Haus Hohenstein-Ernstthal. Sächsische Museen Bd. 20. Wettin-Löbejün: Verlag Janos Stekovics.

Kasson, Joy S. 2000: Buffalo Bill's Wild West. New York: Hill and Wang.

Keegan, John: Die Kultur des Krieges. Köln: Anaconda Verlag.

Keindorf, Gudrun 1996: Formen und Funktion des Reisens bei Karl May. Ein Problemaufriß. In: Jahrbuch der Karl-May-Gesellschaft 1996. Husum: Hansa Verlag, S. 291-314.

Keindorf, Gudrun 2001: „Nehmen wir an, die ‚Yin' sei unser Märchenschiff." Zu Topographie und Topologie einer Märchen- und Seelenlandschaft. In: Sudhoff, Dieter/Vollmer, Hartmut (Hrsg.), Karl Mays „Und Friede auf Erden!" Oldenburg: Igel Verlag, S. 293-316.

Keindorf, Gudrun 2010: „Für mich sind Sagen heilig." Zu Idee und Programm der Sagen in ‚Ardistan und Dschinnistan'. In: Sudhoff, Dieter/Vollmer, Hartmut (Hrsg.), Karl Mays „Ardistan und Dschinnistan". Oldenburg: Igel Verlag, S. 107-125.

Kellmann, Klaus 2011: Stalins langer Tod. In: Großbölting, Thomas/Schmidt, Rüdiger (Hrsg.), Der Tod des Diktators. Ereignis und Erinnerung im 20. Jahrhundert. Göttingen: Verlag Vandenhoeck und Ruprecht, S. 95-114.

Kerbs, Diethart 2001: Die Welt im Jahre 2000. Der Prophet von Oberlößnitz und die Gesellschafts-Utopien der Lebensreform. In: Buchholz, Kai/Latocha, Rita/Peckmann, Hilke/Wolbert, Klaus (Hrsg.), Die Lebensreform. Entwürfe zur Neugestaltung von Leben und Kunst um 1900. Bände I-II. Darmstadt: Verlag Häusser, Bd. I, S. 61-66.

Kittstein, Werner 2001: „Ach was Chinese! Er ist ja gar keiner! Sondern ein Gentleman…" Imperialistische Tendenzen in Karl Mays „Und Friede auf Erden!" In: Sudhoff, Dieter/Vollmer, Hartmut (Hrsg.), Karl Mays „Und Friede auf Erden!" Oldenburg: Igel Verlag, S. 237-271.

Koch, Ekkehard (= Eckehard) 1970: Winnetou Band IV. Versuch einer Deutung und Wertung. Teil 1. In: Jahrbuch der Karl-May-Gesellschaft 1970. Hamburg: Hansa Verlag, S. 134-149.

Koch, Ekkehard (= Eckehard) 1971: Winnetou Band IV. Versuch einer Deutung und Wertung. Teil 2. In: Jahrbuch der Karl-May-Gesellschaft 1971. Hamburg: Hansa Verlag, S. 269-289.

Koch, Ekkehard (= Eckehard) 1981a: „Jedes irdische Geschöpf hat eine Berechtigung, zu sein und zu leben." Zum Verhältnis von Karl May und Johann Gottfried Herder. In: Jahrbuch der Karl-May-Gesellschaft 1981. Husum: Hansa Verlag, S. 166-205.

Koch, Ekkehard (= Eckehard) 1981b: Der Weg zum ‚Kafferngrab'. Zum historischen und zeitgeschichtlichen Hintergrund von Karl Mays Südafrika-Erzählungen. In: Jahrbuch der Karl-May-Gesellschaft 1981. Husum: Hansa Verlag, S. 136-165.

Koch, Eckehard 1989: „Winnetou war geboren 1840 und wurde erschossen am 2. 9. 1874." Zum historischen Hintergrund der Winnetou-Gestalt. In: Sudhoff, Dieter/Vollmer, Hartmut (Hrsg.), Karl Mays „Winnetou". Frankfurt am Main: Suhrkamp Verlag, S. 105-147.

Koch, Eckehard 1993: … die Farbe der Haut macht keinen Unterschied. Betrachtungen zum angeblichen Rassisten Karl May. In: Ilmer, Walther/Lorenz, Christoph F. (Hrsg.), Exemplarisches zu Karl May. Frankfurt am Main u. a.: Peter Lang Verlag, S. 99–120.

Koch, Eckehard 2001: „Soll es etwa soweit kommen, daß der ganze Orient unter den Hufen des Occident liegt?" Zum zeitgeschichtlichen Hintergrund von „Und Friede auf Erden!" In: Sudhoff, Dieter/Vollmer, Hartmut (Hrsg.), Karl Mays „Und Friede auf Erden!" Oldenburg: Igel Verlag, S. 145-189.

Koch, Eckehard 2003: Zwischen Manitou, Allah und Buddha. Die nichtchristlichen Religionen bei Karl May. In: Dieter Sudhoff (Hrsg.), Zwischen Himmel und Hölle. Karl May und die Religion. Bamberg/Radebeul: Karl-May-Verlag, S. 113-208.

Koch, Eckehard 2013²: Zwischen Manitou, Allah und Buddha. Die nichtchristlichen Religionen bei Karl May. In: Christoph F. Lorenz (Hrsg.), Zwischen Himmel und Hölle. Karl May und die Religion. Bamberg/Radebeul: Karl-May-Verlag, S. 239-337.

Kohl, Karl-Heinz 2007: Kulturelle Camouflagen. Der Orient und Nordamerika als Fluchträume deutscher Phantasie. In: Beneke, Sabine/Zeilinger, Johannes (Hrsg.), Karl May. Imaginäre Reisen. Eine Ausstellung des Deutschen Historischen Museums Berlin vom 31. August 2007 bis 6. Januar 2008. Berlin/Bönen: DHM/DruckVerlag Kettler, S. 95-114.

Köhler, André 1999: Buffalo Bill's Wild-West-Company – Ein Vorläufer der Karl-May-Spiele? In: Karl May & Co. Nr.78/1999, S. 33-34.

Kontje, Todd 2004: German Orientalisms. Ann Arbor: University of Michigan Press.

Kosciuszko, Bernhard 1981: „In meiner Heimat gibt es Bücher..." Die Quellen der Sudanromane Karl Mays. In: Jahrbuch der Karl-May-Gesellschaft 1981. Husum: Hansa Verlag, S. 64-87.

Kosciuszko, Bernhard (Hrsg.) 1996²: Großes Karl May Figuren-lexikon. Paderborn: Igel Verlag.

Kosciuszko, Bernhard (Hrsg.) 2000³: Das große Karl-May-Figuren-lexikon. Berlin: Schwarzkopf & Schwarzkopf-Lexikon Imprint Verlag.

Kovács, Henriett 2009: Die Friedensbewegung in Österreich-Ungarn an der Wende zum 20. Jahrhundert. Herne: Gabriele Schäfer Verlag.

Krabbe, Wolfgang R. 2001: Die Lebensreformbewegung. In: Buchholz, Kai/Latocha, Rita/Peckmann, Hilke/Wolbert, Klaus (Hrsg.), Die Lebensreform. Entwürfe zur Neugestaltung von Leben und Kunst um 1900. Bände I-II. Darmstadt: Verlag Häusser, Bd. I, S. 25-29.

Kramer, Thomas 2011: Karl May. Ein biographisches Porträt. Freiburg i.Br./Basel/Wien: Verlag Herder.

Kratzsch, Gerhard 2001: Ferdinand Avenarius und die Bewegung für eine ethische Kultur. In: Buchholz, Kai/Latocha, Rita/Peckmann, Hilke/Wolbert, Klaus (Hrsg.), Die Lebensreform. Entwürfe zur Neugestaltung von Leben und Kunst um 1900. Bände I-II. Darmstadt: Verlag Häusser, Bd. I, S. 97-102.

Krauss, Rolf H. 2011: Karl May und die Fotografie. Vier Annäherungen. Marburg: Jonas Verlag.

Krobb, Florian 1993: Die schöne Jüdin. Jüdische Frauengestalten in der deutschsprachigen Erzählliteratur vom 17. Jahrhundert bis zum Ersten Weltkrieg. Tübingen: Niemeyer Verlag.

Kronenberg, Moritz 1904²: Kant. Sein Leben und seine Lehre. München: C.H. Beck'sche Verlagsbuchhandlung.

Kügler, Dietmar 1983: Die Deutschen in Amerika. Die Geschichte der deutschen Auswanderung in die USA seit 1683. Stuttgart: Motorbuch-Verlag.

Kühne, Hartmut 2001: „Der Oelprinz". In: Ueding, Gert/Rettner, Klaus (Hrsg.), Karl-May-Handbuch. Würzburg: Verlag Königshausen und Neumann, S. 292-297.

Kunz, Michael 2005: Premiere nach 99 Jahren. Karl Mays recht unbeachtetes Drama „Babel und Bibel" feierte Ende Juni dank eines engagierten Westerwälder Schülerensembles seine lange überfällige Uraufführung. In: Karl May & Co. Nr. 101, S. 40-41.

Küppers, Petra 1996: Karl Mays Indianerbild und die Tradition der Fremdendarstellung. Eine kulturgeschichtliche Analyse. In: Jahrbuch der Karl-May-Gesellschaft 1996, S. 315-345.

Kuße, Holger 2010: Lev Tolstoj und die Sprache der Weisheit. Göttingen: Verlag Vandenhoeck und Ruprecht.

Kuße, Holger 2011a: Von Lilliput bis Solaris. Interkulturelle Kommunikation in der Literatur (eine Vorstudie). In: Olga Rösch (Hrsg.), Interkulturelle Studien zum osteuropäischen Sprach- und Kulturraum. Berlin: Verlag News & Media, S. 197-218.

Kuße, Holger 2011b: (Nicht nur) Slawisches bei Karl May. Beispiele sprachlicher Stereotypisierung. In: Karel Hynek Shatterhand. Slawisches bei Karl May zwischen gut und böse. Sonderheft der Karl-May-Gesellschaft. Nr. 143. Radebeul: Karl-May-Gesellschaft, S. 45-88.

Kuße, Holger 2012: Irenischer Optimismus. Friedensdenken bei Karl May (1842-1912) und Lev Tolstoj (1828-1910). In: Jahrbuch der Karl-May-Gesellschaft 2012. Husum: Hansa Verlag, S. 155-191.

Lakoff, George/Johnson, Mark 1980: Metaphors We Live by. Chicago/London: University of Chicago Press.

Landmann, Robert 2000: Ascona – Monte Verità. Auf der Suche nach dem Paradies. Frauenfeld/Stuttgart/Wien: Verlag Huber.

Leuthe, R. 1986: Einflüsse des Jiddischen bei Karl May. In: Mitteilungen der Karl-May-Gesellschaft. Nr. 68, S. 46.

Lieblang, Helmut 1999: „Ich bin noch niemals hier gewesen." Die Quellen zu „Satan und Ischariot". In: Sudhoff, Dieter/Vollmer, Hartmut (Hrsg.), Karl Mays „Satan und Ischariot". Oldenburg: Igel Verlag, S. 234-276.

Lienemann, Wolfgang 2007: Verantwortungspazifismus – legal pacifism. In: Strub, Jean-Daniel/Grotefeld, Stefan (Hrsg.), Der gerechte Friede zwischen Pazifismus und gerechtem Krieg. Paradigmen der Friedensethik im Diskurs. Stuttgart: Kohlhammer Verlag, S. 75-100.

618

Linkemeyer, Gerhard 1987: Was hat Hitler mit Karl May zu tun? Versuch einer Klarstellung. Ubstadt: KMG Presse.

Lorenz, Christoph F. 2006: „Der Legitime und die Republikaner". Charles Sealsfields „Tokeah"-Roman und sein möglicher Einfluss auf Karl May. In: Jahrbuch der Karl-May-Gesellschaft 2006. Husum: Hansa Verlag, S. 215-238.

Lorenz, Christoph F. (Hrsg.) 2013²: Zwischen Himmel und Hölle. Karl May und die Religion. Bamberg/Radebeul: Karl-May-Verlag.

Lorenz, Christoph F./Kosciuszko, Bernhard 1991: Hadschi Halef Omar. Die Genese eines Dieners. In: Sudhoff, Dieter/ Vollmer, Hartmut (Hrsg.), Karl Mays Orientzyklus. Paderborn: Igel Verlag, S. 171–184.

Lowsky, Martin 1987: Karl May. Stuttgart: Metzler Verlag.

Lowsky, Martin 2002: Die „Quellenmixtur" und das Verschwinden des Autors May. Zwei Lesetipps: Roland Barthes und Rudi Schweikert. In: Mitteilungen der Karl May Gesellschaft. Nr. 134, S. 50-52.

Lowsky, Martin 2012: ‚Lieber Leser' / ‚Lieber Winnetou' und die Entgrenzung bei Karl May oder: Naturalismus und Antimetaphysik in *Ardistan und Dschinnistan*. In: Vollmer, Hartmut/Schleburg, Florian (Hrsg.), Karl May im Aufbruch zur Moderne. Bamberg/ Radebeul: Karl-May-Verlag, S. 131-149.

Maier, Katharina 2012: Nscho-Tschi und ihre Schwestern. Frauengestalten im Werk Karl Mays. Bamberg/Radebeul: Karl-May-Verlag.

Matoni, Jürgen 1992: Die Juden in Gustav Freytags Werken. In: Oberschlesisches Jahrbuch. Bd. 8, S. 107–116.

Matschiner, Arno 1991: Ebers, Georg. In: Killy, Walter (Hrsg.), Literaturlexikon. Autoren und Werke deutscher Sprache. Bd. 3. Gütersloh/München: C. Bertelsmann Verlag, S. 155.

May, Klara 1970: Die Lieblingsschriftsteller Karl Mays. Mit Anmerkungen von Hans Wollschläger. In: Jahrbuch der Karl-May-Gesellschaft 1970. Hamburg: Hansa Verlag, S. 149-155.

Melzig, Dominik 2003: Der „Kranke Mann" und sein Freund. Karl Mays Stereotypenverwendung als Beitrag zum Orientalismus. Husum: Hansa Verlag.

Minazzi, Fabio 2001: Naturgemäß leben? Die Erfahrung von Monte Verità im Kontext der philosophischen Debatte. In: Schwab, Andreas/Lafranchi, Claudia (Hrsg.), Sinnsuche und Sonnenbad. Experimente in Kunst und Leben auf dem Monte Verità. Zürich: Limmat Verlag, S. 60-73.

Müggenburg, Horst 1979: Heinrich Heine im Werk Karl Mays. In: Mitteilungen der Karl-May-Gesellschaft. Nr. 41, S. 22-24.

Müller, Horst Wolf 1989: Winnetou. Vom Skalpjäger zum roten Heiland. In: Sudhoff, Dieter/Vollmer, Hartmut (Hrsg.), Karl Mays „Winnetou". Frankfurt am Main: Suhrkamp Verlag, S. 196-213.

Müller-Haarmann, Ulrike 2011: Obrigkeitstreu und rebellisch. Darstellung der sozialen Verhältnisse in den Kolportageromanen Karl Mays. Sonderheft der Karl-May-Gesellschaft. Nr. 144. Radebeul: Karl-May-Gesellschaft.

Naumann, Thomas 2009: Feindbild Islam. Historische und theologische Gründe einer europäischen Angst. In: Schneiders, Thorsten Gerald (Hrsg.), Islamfeindlichkeit. Wenn die Grenzen der Kritik verschwimmen. Wiesbaden: Verlag für Sozialwissenschaften, S. 19-36.

Nickel, Katharina 2005: Echte ,May'sterleistung' auf der Bühne. Realschüler aus Hachenburg überzeugten mit ihrer Premiere des Dramas „Babel und Bibel". In: Westerwälder Zeitung. Nr. 147 vom Dienstag, 28.06.2005, S. 20 (auch enthalten in: KMG-Nachrichten. Nr. 145/2005, S. 46.)

Nicoll, Fergus 2004: The Sword of the Prophet. The Mahdi of Sudan and the Death of General Gordon. Stroud: Sutton Publishing.

Oehlke, Waldemar 1943: Zum Geleit. In: Wichert, Ernst, Heinrich von Plauen. 1. Band. Berlin: Oswald Arnold Verlag, S. 5-8.

Orłowski, Hubert 1996: „Polnische Wirtschaft". Zum deutschen Polendiskurs der Neuzeit. Wiesbaden: Harrassowitz Verlag.

Osterhammel, Jürgen 2009⁴: Die Verwandlung der Welt. Eine Geschichte des 19. Jahrhunderts. München: Verlag C.H. Beck.

Ozoróczy, Amand von 1928: Karl May und der Friede. In: Karl-May-Jahrbuch 1928, S. 29-114.

Ozoróczy, Amand von/Schmid, Roland 1978. Karl May und der Friede. Von Roland Schmid bearbeitete Neufassung. In: Karl-May-Jahrbuch 1978. Hrsg. von Thomas Ostwald u.a. Bamberg/Braunschweig: Karl-May-Verlag/Verlag A. Graff, S. 191-246.

Peckmann, Hilke 2001: Der Mensch im Zustand ursprünglicher Natürlichkeit. Reformkonzept und Thema in der Kunst. In: Buchholz,

Kai/Latocha, Rita/Peckmann, Hilke/Wolbert, Klaus (Hrsg.), Die Lebensreform. Entwürfe zur Neugestaltung von Leben und Kunst um 1900. Bände I-II. Darmstadt: Verlag Häusser, Bd. II, S. 217-256.

Peters, Johann 1985: Einflüsse des Jiddischen bei Karl May. In: Mitteilungen der Karl-May-Gesellschaft. Nr. 64, S. 46.

Petzel, Michael 2012: 50 Jahre Winnetou-Film. Bamberg/Radebeul: Karl-May-Verlag.

Philipp, Wolfgang 1980: Die Verfertigung des Friedens. In: Ders., Zur Irenik und Anthropologie. Hrsg. von Axel Hilmar Swinne. Hildesheim: Gerstenberg Verlag, S. 1-134.

Pinheiro, Teresa/Ueckmann, Natascha 2005: Reiseliteratur und Globalisierung. In: Dies. (Hrsg.), Globalisierung *avant la lettre*. Reiseliteratur vom 16. bis zum 21. Jahrhundert. Münster: LIT Verlag, S. 7-20.

Pinnow, Jürgen 1984: Karl May und das Jiddische. In: Mitteilungen der Karl-May-Gesellschaft. Nr. 60, S. 34-35.

Pinnow, Jürgen 1987: Indianersprachen bei Karl May. Sonderheft der Karl-May-Gesellschaft. Nr. 69. Hamburg: Karl-May-Gesellschaft.

Pinnow, Jürgen 1988: Aus der Geisteswelt der Apachen und Navajo + Indianersprachen bei Karl May II. Sonderheft der Karl-May-Gesellschaft. Nr. 74. Hamburg: Karl-May-Gesellschaft.

Pinnow, Jürgen 1992: Fremdsprachliche Angaben Karl Mays aus Osteuropa, Nord, Zentral- und Südasien (Indien, Ceylon). Hefte 1-2. Sonderhefte der Karl-May-Gesellschaft. Nr. 89-90. Hamburg: Karl-May-Gesellschaft.

Pinnow, Jürgen 2001: Noch einige Worte zu Volksstamm, Volk, Nation und Volks- bzw. Nationalcharakter. In: Mitteilungen der Karl-May-Gesellschaft. Nr. 130, S. 3-20.

Plaul, Heiner 1971: Auf fremden Pfaden? In: Jahrbuch der Karl-May-Gesellschaft 1971. Hamburg: Hansa Verlag, S. 144-164.

Plischke, Hans 1951: Von Cooper bis Karl May. Eine Geschichte des völkerkundlichen Reise- und Abenteuerromans. Düsseldorf: Droste-Verlag.

Pohle, Ludwig 1892: Auswanderungswesen und Auswanderungspolitik im Königreich Sachsen. In: von Philippovich, E. (Hrsg.), Auswanderung und Auswanderungspolitik in Deutschland. Berichte über die Entwicklung und den gegenwärtigen Zustand des Auswanderungswesens in den Einzelstaaten und im Reich. Leipzig: Verlag Duncker & Humblot, S. 351-386.

Polaschegg, Andrea 2007: Durch die Wüste ins Reich des silbernen Löwen. Kara Ben Nemsi reitet durch den deutschen Orientalismus. In: Beneke, Sabine/Zeilinger, Johannes (Hrsg.), Karl May. Imaginäre Reisen. Eine Ausstellung des Deutschen Historischen Museums Berlin vom 31. August 2007 bis 6. Januar 2008. Berlin/Bönen: DHM/DruckVerlag Kettler, S. 115-136.

Pratt, Mary Lousie 1992: Imperial Eyes. Travel Writing and Transculturation. London/New York: Routledge.

Programmheft 1939: Karl-May-Spiele Felsenbühne Rathen. Programmheft. Dresden: Druckerei Curt von Hahn.

Programmheft 1952: Winnetou Festspiele auf der Felsen-Freilicht-Rundbühne in Bad Segeberg. Eine Karl-May-Festschrift mit Programm. Bad Segeberg: Druck C. H. Wäser.

Pröse, Tim 2012: Das Böse. Das Gute. Der Winnetou – Die Deutschen lieben ihre Überhelden. In: Focus 13/2012, S. 122.

Pyta, Wolfram (Hrsg.) 2010a: Karl May: Brückenbauer zwischen den Kulturen. Berlin: LIT Verlag.

Pyta, Wolfram 2010b: Kulturwissenschaftliche Zugriffe auf Karl May. In: Ders. (Hrsg.), Karl May: Brückenbauer zwischen den Kulturen. Berlin: LIT Verlag. S. 9-48.

Pyta, Wolfram 2012: Karl Mays Vorstellungen von Rassenverbrüderungen. In: Vollmer, Hartmut/Schleburg, Florian (Hrsg.), Karl May im Aufbruch zur Moderne. Vorträge eines Symposiums der Karl-May-Gesellschaft, veranstaltet von 2. bis 4. März 2012 im Literaturhaus Leipzig. Bamberg/Radebeul: Karl-May-Verlag, S. 21-39.

Radermacher, Martin 2011: Hermann Hesse – Monte Verità: Wahrheitssuche abseits des Mainstreams zu Beginn des 20. Jahrhunderts. In: Zeitschrift für junge Religionswissenschaft. Nr. 6/2011. [http://zjr-online.net/vi2011/zjr201104_radermacher.pdf]

Radkau, Joachim 2001: Die Verheißungen der Morgenfrühe. Die Lebensreform in der neuen Moderne. In: Buchholz, Kai/Latocha, Rita/Peckmann, Hilke/Wolbert, Klaus (Hrsg.), Die Lebensreform. Entwürfe zur Neugestaltung von Leben und Kunst um 1900. Bände I-II. Darmstadt: Verlag Häusser, Bd. I, S. 55-60.

Radkov, Wesselin 1982: Jules Verne und Karl May über Bulgarien. In: Mitteilungen der Karl-May-Gesellschaft. Nr. 53, S. 27-31.

Radkov, Wesselin 1991: Politisches Engagement und soziale Problematik in den Balkanbänden Karl Mays. In: Sudhoff, Dieter/ Vollmer, Hartmut (Hrsg.), Karl Mays Orientzyklus. Paderborn: Igel Verlag, S. 237–254.

Reesman, Jeanne Campbell 2009: Jack London's Racial Lives. A Critical Biography. Athens/London: The University of Georgia Press.

Riedemann, Kai 1979: Aspekte zur Deutung der Winnetou-IV-Symbolik. Sonderheft der Karl-May-Gesellschaft. Nr. 17. Hamburg: Karl-May-Gesellschaft.

Riesenberger, Dieter 1985: Geschichte der Friedensbewegung in Deutschland. Von den Anfängen bis 1933. Göttingen: Verlag Vandenhoeck und Ruprecht.

Rietschel Hartmut 2012: Elk Ebers Irokesenhäuptling. Neues aus dem Karl-May-Museum Radebeul. In: Der Beobachter an der Elbe. 12/2012, S. 26-32.

Röhl, John C.G. 2008: Wilhelm II. Der Weg in den Abgrund 1900-1941. München: Verlag C.H. Beck.

Rosenthal, Hildegard 1931: Die Auswanderung aus Sachsen im 19. Jahrhundert (1815-1871). Stuttgart: Ausland und Heimat.

Roxin, Claus 1973: Die Liebe des Ulanen im Urtext. In: Mitteilungen der Karl-May-Gesellschaft. Nr. 15, S. 6-11.

Roxin, Claus 1989: „Winnetou" im Widerstreit von Ideologie und Ideologiekritik. In: Sudhoff, Dieter/Vollmer, Hartmut (Hrsg.), Karl Mays „Winnetou". Frankfurt am Main: Suhrkamp Verlag, S. 283-305.

Roxin, Claus 2009[42]: Karl May, das Strafrecht und die Literatur (1977). In: Karl May, Ich. Hrsg. von Lothar und Bernhard Schmid. Gesammelte Werke. Bd. 34. Bamberg/Radebeul: Karl-May-Verlag, S. 383-613.

Russell, Don 1960: The Lives and Legends of Buffalo Bill. Norman: University of Oklahoma Press.

Schäfer, Hagen 2010: „Du sollst der Engel deines Nächsten sein, damit du nicht dir selbst zum Teufel werdest!" Karl May, die Politik und die Religion. In: Jahrbuch der Karl-May-Gesellschaft 2010. Husum: Hansa Verlag, S. 221-235.

Schaper, Rüdiger 2011[2]: Karl May. Untertan, Hochstapler, Übermensch. München: Siedler Verlag.

Schaper, Rüdiger/Lemke-Matwey, Christine 2013: Die Sächsischen Olympier. In: Schmidt, Hans-Werner (Hrsg.), Weltenschöpfer. Richard Wagner, Max Klinger, Karl May. Museum der bildenden Künste Leipzig (15.05-15.09.2013). Ostfildern: Hatje Cantz Verlag, S. 22-46.

Schenk, Fritjof Benjamin 2001: Tannenberg / Grunewald. In: François, Etienne/Schulze, Hagen (Hrsg.), Deutsche Erinnerungsorte. Bd. 1. München: Verlag C.H. Beck, S. 438-454.

Schenkel, Martin 1987: Ecce homo! Zum heilsgeschichtlichen Friedensmythos in Karl Mays Reiseerzählung *Und Friede auf Erden!* In: Arnold, Heinz Ludwig/Lorenz, Christoph F. (Hrsg.), text + krtik: Sonderband „Karl May". München, S. 191-221. (= Schenkel 2001.)

Schenkel, Martin 2001: Ecce homo! Zum heilsgeschichtlichen Friedensmythos in Karl Mays Reiseerzählung „Und Friede auf Erden!". In: Sudhoff, Dieter/Vollmer, Hartmut (Hrsg.), Karl Mays „Und Friede auf Erden!" Paderborn: Igel Verlag, S. 108-144. (= Schenkel 1987.)

Schenkel, Martin/Sudhoff, Dieter 2001[2]: „Und Friede auf Erden!" In: Ueding, Gert/Rettner, Klaus (Hrsg.), Karl-May-Handbuch. Würzburg: Verlag Königshausen & Neumann, S. 250-255.

Schleburg, Florian 2005: "A very famous pleasure!" Sprachwissen und Sprachwissenschaft bei Karl May. In: Jahrbuch der Karl-May-Gesellschaft 2005. Husum: Hansa Verlag, S. 249-292.

Schmatz, Stefan 1990: Karl Mays politisches Weltbild. Ein Proletarier zwischen Liberalismus und Konservativismus. Sonderheft der Karl-May-Gesellschaft. Nr. 86. Hamburg: Karl-May-Gesellschaft.

Schmid, Euchar Albrecht 1984: Der unterirdische Gang. Gedanken über die Bedeutung von Landschaften und anderen Umwelteindrücken für die Gestaltung der literarischen Arbeiten von Karl May. Bamberg: Karl-May-Verlag.

Schmid, Roland 1982. Anhang zu Winnetou II [Reprint]. Bamberg: Karl-May-Verlag.

Schmid, Ulrich 2010: Lew Tolstoi. München: Verlag C. H. Beck.

Schmid, Bernhard/Seul, Jürgen (Hrsg.) 2013: 100 Jahre Verlagsarbeit für Karl May und sein Werk. 1913-2013. Bamberg/Radebeul: Karl-May-Verlag.

Schmidt, Arno 1993: Sitara und der Weg dorthin. Bargfelder Ausgabe. Werkgruppe 3. Bd. 2. Zürich: Haffmans Verlag.

Schmiedt, Helmut 1978: Der Schatz, der Frosch und der Pope. Zur Dialektik der Aufklärung in Mays Kolportageroman „Deutsche Herzen – Deutsche Helden". In: Jahrbuch der Karl-May-Gesellschaft 1978. Husum: Hansa Verlag, S. 142-153.

Schmiedt, Helmut 1991: Der Jude Baruch. Bemerkungen zu einer Nebenfigur in Karl Mays ‚Von Bagdad nach Stambul'. In: Sudhoff, Dieter/ Vollmer, Hartmut (Hrsg.), Karl Mays Orientzyklus. Paderborn: Igel Verlag, S. 185-194.

Schmiedt, Helmut 2011: Karl May oder Die Macht der Phantasie. Eine Biographie. München: Verlag C.H. Beck.

Schmitz-Emans, Monika 2005: Zersplitterung des Ichs und Erschließung des Erdkreises. Zur Komplementarität zweier Kernmotive romantischer Imagination. In: Pinheiro, Teresa/Ueckmann, Natascha (Hrsg.), Globalisierung *avant la lettre*. Reiseliteratur vom 16. bis zum 21. Jahrhundert. Münster: LIT Verlag, S. 133-153.

Schober, Dietrich 2005: „Babel und Bibel". Theateraufführung in Hachenburg am 21. Juni 2005. Vortrag in Radebeul am 24.6. 2005. In: KMG-Nachrichten. Nr. 145/2005, S. 27-28.

Scholdt, Günter 1984: Hitler, Karl May und die Emigranten. In: Jahrbuch der Karl-May-Gesellschaft 1984. Husum: Hansa Verlag, S. 60-91.

Scholdt, Günther 2000: „Empor ins Reich der Edelmenschen". Eine Menschheitsidee im Kontext der Zeit. In: Jahrbuch der Karl-May-Gesellschaft 2000. Husum: Hansa Verlag, S. 94-111.

Schönthal, Walter 1976: Christliche Religion und Weltreligion in Karl Mays Leben und Werk. Sonderheft der Karl-May-Gesellschaft. Nr. 5. Hamburg: Karl-May-Gesellschaft.

Schwab, Hans-Rüdiger 2012: Karl Mays Ästhetik. In: Vollmer, Hartmut/Schleburg, Florian (Hrsg.), Karl May im Aufbruch zur Moderne. Bamberg/Radebeul: Karl-May-Verlag, S. 180-226.

Schwab, Andreas/Lafranchi, Claudia (Hrsg.) 2001: Sinnsuche und Sonnenbad. Experimente in Kunst und Leben auf dem Monte Verità. Zürich: Limmat Verlag.

Schweikert, Rudi 1995: Karl Mays Islamkenntnisse – aus dem „Pierer". In: Mitteilungen der Karl-May-Gesellschaft. Nr. 104/ 1995. Hamburg: Karl-May-Gesellschaft, S. 34-39.

Schweikert, Rudi 2002: Der kleine Cohn. Zum zeitgenössischen (antijüdischen) Hintergrund einer Erregung Karl Mays. In: Mitteilungen der Karl-May-Gesellschaft. Nr. 131, S. 19-23.

Schweikert, Rudi 2009: Mekka, Damaskus, Baalbek. Schilderungen Karl Mays und ihre Quellen. Sonderheft der Karl-May-Gesellschaft. Nr. 140. Hamburg: Karl-May-Gesellschaft.

Sewell, David R. 1987: Mark Twain's Languages. Discourse, Dialogue, and Linguistic Variety. Berkeley/Los Angeles/London: University of California Press.

Seybold, Ernst 1985: Aspekte christlichen Glaubens bei Karl May. Sonderheft der Karl-May-Gesellschaft. Nr. 55. Hamburg: Karl-May-Gesellschaft.

Seybold, Ernst 1986: Plädoyer für Karl Mays Christlichkeit. In: Mitteilungen der Karl-May-Gesellschaft. Nr. 68, S. 11-17; Nr. 69, S. 31-38.

Sloterdijk, Peter 1999: Sphären. Makrosphärologie. Bd. 2: Globen. Frankfurt am Main: Suhrkamp Verlag.

Sonderheft 2011. Karel Hynek Shatterhand. Slawisches bei Karl May zwischen gut und böse. Sonderheft der Karl-May-Gesellschaft. Nr. 143. Radebeul: Karl-May-Gesellschaft.

Starck, Christiane 2012: Im Spannungsfeld des deutschen Idealismus: Entgrenzende und transmediale Aspekte im Werk von Sascha Schneider und Karl May. In: Vollmer, Hartmut/Schleburg, Florian (Hrsg.), Karl May im Aufbruch zur Moderne. Bamberg/Radebeul: Karl-May-Verlag, S. 227-262.

Stein, Sol 1997: Über das Schreiben. Frankfurt am Main: Zweitausendeins Verlag, S. 164-180.

Steinbrink, Bernd 1983: Abenteuerliteratur des 19. Jahrhunderts in Deutschland. Studien zu einer vernachlässigten Gattung. Tübingen: Niemeyer Verlag.

Steinlein, Rüdiger 2000: Geschichte als Jugendliteratur – Anmerkungen zu Entwicklung und Funktion eines besonderen Genres. In: Pohlmann, Carola/Steinlein, Rüdiger (Hrsg.), Geschichts-Bilder. Historische Jugendbücher aus vier Jahrhunderten. Berlin: Staatsbibliothek zu Berlin-Preußischer Kulturbesitz, S. 14-56.

Steinmetz, Hans-Dieter 1991: Karl May und Friedrich Eduard Bilz. Ein weiterer Baustein. In: Mittelungen der Karl-May-Gesellschaft. Nr. 89, S. 13-18.

Steinmetz, Hans-Dieter 1995: Karl Mays Grabmal in Radebeul. In: Jahrbuch der Karl-May-Gesellschaft 1995. Husum: Hansa Verlag, S. 12-91.

Steinmetz, Hans-Dieter 2009: Jenseits von Spiritismus und Spiritualismus? Über den Umgang mit mediumistischen Phänomenen in Karl Mays Lebensumfeld. In: Jahrbuch der Karl-May-Gesellschaft 2009. Husum: Hansa Verlag, S. 131-271

Steinmetz, Hans-Dieter/Sudhoff, Dieter (Hrsg.) 1997: Leben im Schatten des Lichts. Marie Hannes und Karl May. Eine Dokumentation. Bamberg/Radebeul: Karl-May-Verlag.

Stolberg, Eva-Maria 2012: Karl Mays China- und Ostasienbild in Und Friede auf Erden! aus kulturhistorischer Perspektive. In: Vollmer, Hartmut/Schleburg, Florian (Hrsg.), Karl May im Aufbruch zur Moderne. Bamberg/Radebeul: Karl-May-Verlag, S. 40-63.

Stolte, Heinz 1967: Vorwort des Herausgebers. In: Hatzig, Hansotto, Karl May und Sascha Schneider. Dokumente einer Freundschaft. Bamberg: Karl-May-Verlag, S. 7-10.

Stolte, Heinz 1971: „Waldröschen" als Weltbild. Zur Ästhetik der Kolportage. In: Jahrbuch der Karl-May-Gesellschaft 1971. Hamburg: Hansa Verlag, S. 17-37.

Stolte, Heinz 1977: Auf den Spuren Nathans des Weisen. Zur Rezeption der Toleranzidee Lessings bei Karl May. In: Jahrbuch der Karl-May-Gesellschaft 1977. Hamburg: Hansa Verlag, S. 17-57.

Stolte, Heinz 1988: Karl Mays „Ardistan und Dschinnistan" und sein Weltfriedensgedanke. In: Jahrbuch der Karl-May-Gesellschaft 1988. Hamburg: Karl-May-Gesellschaft, S.83-98. (= Stolte 1997.)

Stolte, Heinz 1997: Karl Mays „Ardistan und Dschinnistan" und sein Weltfriedensgedanke. In: Sudhoff, Dieter/Vollmer, Hartmut (Hrsg.), Karl Mays „Ardistan und Dschinnistan". Paderborn: Igel Verlag, S. 59-75. (= Stolte 1988.)

Stolte, Heinz/Lowsky, Martin 2001: „Ardistan und Dschinnistan I-II". In: Ueding, Gert/Rettner, Klaus (Hrsg.), Karl-May-Handbuch. Würzburg: Verlag Königshausen und Neumann, S. 255-265.

Strech, Norman 1983: Die Darstellung der Juden bei Karl May. Mitteilungen der Karl-May-Gesellschaft. Nr. 58, S. 32-43.

Strub, Jean-Daniel/Grotefeld, Stefan (Hrsg.) 2007: Der gerechte Friede zwischen Pazifismus und gerechtem Krieg. Paradigmen der Friedensethik im Diskurs. Stuttgart: Kohlhammer Verlag.

627

Sudhoff, Dieter 1981: Karl Mays „Winnetou IV". Studien zur Thematik und Struktur. Ubstadt: KMG Presse.

Sudhoff, Dieter 1984: Karl Mays „Schamah". Eine Werkanalyse. In: Jahrbuch der Karl-May-Gesellschaft 1984. Husum: Hansa Verlag, S. 175-230.

Sudhoff, Dieter 2001: Empor ins Reich der Edelmenschen. In: Ueding, Gert/Rettner, Klaus (Hrsg.), Karl-May-Handbuch. Würzburg: Verlag Königshausen und Neumann, S. 471-472.

Sudhoff, Dieter (Hrsg.) 2003: Zwischen Himmel und Hölle. Karl May und die Religion. Bamberg/Radebeul: Karl-May-Verlag.

Sudhoff, Dieter 2006: Vorwort des Herausgebers. In: Karl May, Das Buch der Liebe. Wissenschaftliche Darstellung der Liebe von Karl May. Karl May's Gesammelte Werke. Bd. 87. Hrsg. von Dieter Sudhoff. Bamberg/Radebeul: Karl-May-Verlag, S. 5-41.

Sudhoff, Dieter/Steinmetz, Hans-Dieter 2005-2006: Karl-May-Chronik. Bde I-V. Bamberg/Radebeul: Karl-May-Verlag.

Sudhoff, Dieter/Steinmetz, Hans-Dieter 2005a: Karl-May-Chronik. Bd. I: 1842-1896. Bamberg/Radebeul: Karl-May-Verlag.

Sudhoff, Dieter/Steinmetz, Hans-Dieter 2005b: Karl-May-Chronik. Bd. II: 1897-1901. Bamberg/Radebeul: Karl-May-Verlag.

Sudhoff, Dieter/Steinmetz, Hans-Dieter 2006: Karl-May-Chronik. Bd. V: 1910-1912. Bamberg/Radebeul: Karl-May-Verlag.

Sudhoff, Dieter/Vollmer, Hartmut (Hrsg.) 1993: Karl Mays „Im Reiche des silbernen Löwen". Paderborn: Igel Verlag.

Sudhoff, Dieter/Vollmer, Hartmut (Hrsg.) 1997: Karl Mays „Ardistan und Dschinnistan". Paderborn: Igel Verlag.

Sudhoff, Dieter/Vollmer, Hartmut (Hrsg.) 1999: Karl Mays „Satan und Ischariot". Paderborn: Igel Verlag.

Sudhoff, Dieter/Vollmer, Hartmut (Hrsg.) 2001a: Karl Mays „Und Friede auf Erden!" Oldenburg: Igel Verlag.

Sudhoff, Dieter/Vollmer, Hartmut 2001b: Einleitung. In: Dies. (Hrsg.), Karl Mays „Und Friede auf Erden!" Oldenburg: Igel Verlag, S. 7-38.

Suermann, Thomas 2012: Albert Schweitzer als „homo politicus". Eine biographische Studie zum politischen Denken und Handeln des Friedensnobelpreisträgers. Berlin: Berliner Wissenschafts-Verlag.

Syndram, Karl Ulrich 1989: Der erfundene Orient in der europäischen Literatur vom 18. bis zum Beginn des 20. Jahrhunderts. In: Sievernich, Gereon/Budde, Hendrik (Hrsg.), Europa und der Orient 800–1900. Gütersloh/München: Bertelsmann Lexikon Verlag, S. 324–341.

Tippel, Werner/Wörner, Hartmut 1981: Frauen in Karl Mays Werk. Sonderheft der Karl-May-Gesellschaft. Nr. 29. Hamburg: Karl-May-Gesellschaft.

Todorov, Tzvetan 1985: Die Eroberung Amerikas. Das Problem des Anderen. Frankfurt am Main: Suhrkamp Verlag.

Udolph, Ludger 2008: Araber, Türken und Karl May im Lande des Padischah. In: Hose, Susanne (Hrsg.), Minderheiten und Mehrheiten in der Erzählkultur. Bautzen: Domowina-Verlag, S. 179-195.

Udolph, Ludger 2011: Slaven im Werk von Karl May. In: Karel Hynek Shatterhand. Slawisches bei Karl May zwischen gut und böse. Sonderheft der Karl-May-Gesellschaft. Nr. 143. Radebeul: Karl-May-Gesellschaft, S. 17-43.

Ueding, Gert/Rettner, Klaus (Hrsg.) 2001[2]: Karl-May-Handbuch. Würzburg: Verlag Königshausen & Neumann.

Ueding, Gert 2012: Utopisches Grenzland: Über Karl May. Essays. Tübingen: Verlag Klöpfer und Meyer.

van Kessel, Leo/Papelard, Bod 2003: Missionierung und Sklaverei. In: Slavernij en bevrijding in Oost-Afrika in de 19e eeuw – Historische en hedendaagse aspecten. Sklaverei und Befreiung in Ostafrika im 19. Jahrhundert. Geschichte und Gegenwart. Berg en Dal: Afrika Museum, S. 254-296.

Vollmer, Hartmut 2012: Zur Einführung. In: Vollmer, Hartmut/ Schleburg, Florian (Hrsg.), Karl May im Aufbruch zur Moderne. Bamberg/Radebeul: Karl-May-Verlag, S. 9-20.

Vollmer, Hartmut/Schleburg, Florian (Hrsg.) 2012: Karl May im Aufbruch zur Moderne. Bamberg/Radebeul: Karl-May-Verlag.

Voswinckel, Ulrike 2009: Freie Liebe und Anarchie. Schwabing – Monte Verità. Entwürfe gegen das etablierte Leben. München: Allitera Verlag.

Warren, Louis S. 2010: Buffalo Bill's America. New York: Alfred Knopf.

Wayand, Peter 2002: Bei den Trümmern von Babylon. In: KMG-Nachrichten. Nr. 133/2002, S. 7.

Wayand, Peter 2005: Babel und Bibel – Schüler spielen Theater. „Wasch dir den Mund mit Seife von Ischnan!". Karl Mays „Babel und Bibel" im Juni in Hachenburg. In: KMG-Nachrichten. Nr. 144/2005, S. 51.

Wedemeyer, Bernd 2001: „Ich-Kultur" und „Allerlei Sport". Der Monte Verità als Initiator und Spiegelbild neuer Körperkonzepte. In: Schwab, Andreas/Lafranchi, Claudia (Hrsg.), Sinnsuche und Sonnenbad. Experimente in Kunst und Leben auf dem Monte Verità. Zürich: Limmat Verlag, S. 90-103.

Werner, Peter 2004: Ein amerikanisches Trauma. Die Schlacht am Little-Bighorn-Fluß am 25. Juni 1876. In: Mitteilungen der Karl-May-Gesellschaft. Nr. 142, S. 29-36.

Wilpert, Gerovon 2001[8]: Sachwörterbuch der Literatur. Stuttgart: Kröner Verlag.

Winkler, Erich o.J.a (verm. 1941): Die Felsenbühne Rathen. In: Thalheim Richard: Das Vermächtnis des alten Indianers. Rathen: Verlag Felsenbühne Rathen, S. 2.

Winkler, Erich o.J.b: Die Entstehung der Felsenbühne im Kurort Rathen (aus dem Pressearchiv der Landesbühne Sachsen).

Wohlgschaft, Hermann 1994: Große Karl May Biographie. Leben und Werk. Paderborn: Igel Verlag.

Wohlgschaft, Hermann 2005: Karl Mays Leben und Werk. 3 Bde. Bargfeld: Bücherhaus Bargfeld.

Wohlgschaft, Hermann 2007: „Man wirft uns Chinesen vor, dass wir keinen Himmel haben." Die taoistische Weisheit im *Friede*-Roman Karl Mays. In: Jahrbuch der Karl-May-Gesellschaft 2007. Husum: Hansa Verlag, S. 111-164.

Wolbert, Klaus 2001: Die Lebensreform – Anträge zur Debatte. In: Buchholz, Kai/Latocha, Rita/Peckmann, Hilke/Wolbert, Klaus (Hrsg.), Die Lebensreform. Entwürfe zur Neugestaltung von Leben und Kunst um 1900. Bände I-II. Darmstadt: Verlag Häusser, Bd. I, S. 13-21.

Wollschläger, Hans 1965: Karl May in Selbstzeugnissen und Bilddokumenten. Reinbek: Rowohlt Verlag.

Wollschläger, Hans 1990: Karl May. Grundriß eines gebrochenen Lebens. Interpretation zu Persönlichkeit und Werk. Kritik. Hrsg. von Klaus Hoffmann. Dresden: VEB Verlag der Kunst.

Wollschläger, Hans 2005: Editorischer Bericht zu „Ardistan und Dschinnistan". In: Karl May, Ardistan und Dschinnistan. Reise-erzählung von Karl May. Manuskriptfassung. Bd. 2: Der Mir von Dschinnistan. Hrsg. von Hans Wollschläger/Franziska Schmidt. Bamberg/Radebeul: Karl-May-Verlag, S. 963-1098.

Wörner, Hartmut 1979: Tolstoi, Dostojewski und Karl May. Versuch eines Vergleichs. In: Mitteilungen der Karl-May-Gesellschaft. Nr. 42, S. 24-30.

Zahrnt, Heinz 1967: Die Sache mit Gott. Die protestantische Theologie im 20. Jahrhundert. München: Piper Verlag.

Zeilinger, Johannes 2000: Autor in fabula. Karl Mays Psychopathologie und die Bedeutung der Medizin in seinem Orientzyklus. Husum: Hansa Verlag.

ZEIT Geschichte 2013: Anders leben. Wilder denken, freier lieben, grüner wohnen. Jugendbewegung und Lebensreform in Deutschland um 1900. ZEIT Geschichte. Epochen. Menschen. Ideen. Nr. 2/2013.

Die Autoren

Svenja Bach M.A.
Geboren 1982 in Bad Neuenahr-Ahrweiler, Touristikerin.
Studierte Germanistik und Alte Geschichte an der Rheinischen Friedrich-Wilhelms-Universität Bonn. Die Magisterarbeit aus dem Jahr 2008 „Karl Mays Islambild und der Einfluss auf seine Leser" wurde 2010 als Sonderheft der Karl-May-Gesellschaft 142 veröffentlicht. Ein weiterer Artikel zum Thema „Karl Mays Islambild" erschien 2012 im Band „Winnetou ist ein Christ; Karl May und die Religion" (EZW-Texte 220).

Ekkehard Bartsch
Geboren 1943 in Liegnitz (Schlesien), Buchhändler. Seit 1976 selbstständiger Antiquar und Buchhändler; lebt in Bad Segeberg. Mitarbeiter des Karl-May-Verlags und Mitbegründer der Karl-May-Gesellschaft. Zahlreiche Veröffentlichungen in den Periodika der Karl-May-Gesellschaft, kommentierende Beiträge für die revidierten Neuausgaben der Bände 19, 26/27, 38 und 48 von Karl Mays „Gesammelten Werken" im Karl-May-Verlag sowie Abhandlungen zur Entstehungsgeschichte der Winnetou-Figur, zu Mays Spätwerk und zur großen Orientreise 1899/1900 in den Bänden 80-82. Herausgeber der mehrteiligen Archiv-Edition „Karl May. Leben – Werk – Wirkung" (Bad Segeberg).

Odette Bereska
Geboren 1960 in Berlin. Studium der Theaterwissenschaften an der Humbolt-Universität. 1985 – 91 TV-Dramaturgin (Entwicklung von Spielfilmszenarien für Kinder), 1991 – 2005 Chefdramaturgin am carrousel Theater an der Parkaue, dem Kinder- und Jugendtheater des Landes Berlin. Seit 1999 Mitinitiatorin und Dramaturgin großer EU-geförderter Theaterprojekte (u.a. Magic Net, PLAT-

FORM 11+ Artistic Discoveries on European School-yards). Ab 2005 freiberuflich tätig als Autorin, Dramaturgin und Regisseurin für verschiedene Theater in Deutschland und Europa. Für die Landesbühnen Sachsen Konzeptentwicklung für das Theaterspektakel KARL-MAY-TOTAL mit 10 Kurzinszenierungen zu Werken von Karl May, dabei eigene „Erzähltheaterfassung mit Beatboxer" zu „Der Schatz im Silbersee".

Prof. em. MMag. Dr. DDr. h.c. Wilhelm Brauneder
Geboren 1943 in Mödling, war seit 1980 Ordentlicher Universitätsprofessor an der Rechtswissenschaftlichen Fakultät der Universität Wien und hier Vorstand des Instituts für Rechts- und Verfassungsgeschichte bis zu seiner Emeritierung 2011. Aus seiner Feder stammen über 400 Publikationen und an die 200 Buchbesprechungen zur Verfassungs- und Verwaltungsgeschichte (vor allem Lehrbuch „Österreichische Verfassungsgeschichte" 11. Aufl. 2009, ungarische Übersetzung 1994), zur Privatrechtsgeschichte (u.a. Lehrbuch „Europäische Privatrechtsgeschichte" 2013, in ungarischer Sprache 1995), zum ehelichen Güterrecht („Entwicklung des Ehegüterrechts in Österreich", „ABGB-Kommentar") und zum Verfassungsrecht; Aufsätze zum Teil gesammelt in „Studien I: Entwicklung des Öffentlichen Rechts" (579 S.), „Studien II: Entwicklung des Privatrechts" (382 S., beide 1994), „Studien III: Entwicklung des Öffentlichen Rechts II" (2002), „Studien IV" (2011). Die meisten Titel erschienen in Deutsch, eine kleinere Zahl auch in Englisch; von den ersteren wurden einige in Englisch, Französisch, Italienisch, Spanisch, Serbisch, Ungarisch, Chinesisch sowie Japanisch übersetzt.

Gastprofessuren an Universitäten in Kansas/USA, Paris, Budapest. 1987–1989 Dekan der Rechtswissenschaftlichen Fakultät Wien. – Gründungsmitglied und Präsident (1993–1997) der Vereinigung für Verfassungsgeschichte, Präsident der „International Commissison for the History of Representative and Parliamentary Institutions" (1999–2007), Mitglied „Southern African Society of Legal Historians", – Initiator und Mitherausgeber der „Zeitschrift für Neuere Rechtsgeschichte", Herausgeberbeirat „Fundamenia. A Journal of Legal History" (Pretoria), Mitherausgeber der „Rechtshistorischen Reihe", Herausgeber der „Rechts- und Sozialwissenschaftlichen Reihe". – Zahlreiche Arbeiten zu Leben und Werk Karl Mays, vor allem zu dessen Quellen (u. a. „Karl May und Österreich", Husum 1987; „Unter Volldampf", Bamberg-Radebeul 2010). (Näheres unter http://mailbox.univie.ac.at/Wilhelm.Brauneder/)

Dr. rer. nat. Eckehard Koch

Geboren 1948 in München, Diplom-Geophysiker. Ministerialrat im Ministerium für Klimaschutz, Umwelt, Landwirtschaft, Natur- und Verbraucherschutz des Landes Nordrhein-Westfalen in Düsseldorf; 1988 bis 1992 Vorsitzender der Gesellschaft für Verantwortung in der Wissenschaft (Ludwigshafen); lebt in Essen. Etwa 150 Veröffentlichungen in Sammelwerken und Fachzeitschriften in den Bereichen Theoretische Geophysik, Umweltschutz, Umweltprobleme in Entwicklungsländern, Verantwortung in der Wissenschaft, Geschichte und Völkerkunde. Zahlreiche Arbeiten über Karl May, vor allem zu den geografischen und zeitgeschichtlichen Hintergründen seiner Reiseerzählungen (Orient, Wilder Westen, Südamerika, Südafrika, Sibirien u. a.), in den Publikationen der Karl-May-Gesellschaft, in den von Dieter Sudhoff und Hartmut Vollmer herausgegebenen „Karl-May-Studien" und im Magazin aus dem Karl-May-Museum Radebeul „Der Beobachter an der Elbe". – Buchveröffentlichungen: „Pseudowissenschaft. Wissenschaftliche Modelle ohne Menschen" (München 1973); „Karl Mays Väter. Die Deutschen im Wilden Westen" (Husum 1982); „Der Weg zum blauen Himmel über der Ruhr. Geschichte der Vorläufer-Institute der Landesanstalt für Immissionsschutz" (Essen 1983); „Umweltpolitik und technologische Entwicklung in der Volksrepublik China" (Essen 1984, mit Bernd Prinz); „Prinzipien des prophylaktischen Immissionsschutzes" (Essen 1988, mit Peter Altenbeck); „Bodenzerstörung in den Tropen" (München 1991, mit Josef Herkendell); „Umsetzung der Großfeuerungsanlagen-Richtlinie der EG in den Mitgliedsstaaten" (Essen 1992, mit Peter Altenbeck); „Umwelt und Gesundheit. Belastung und Gefahren" (Düsseldorf 1998), „Kleine Weltgeschichte der ‚Großen'. Von Sargon über Alexander und Friedrich bis Bhumibol dem Großen. Eine Einführung" (eBook. neobooks/Droemer Knaur 2013).

Dipl.-Kfm. (FH) André Steffen Köhler
Geboren 1974 in Hoyerswerda, Leiter PR im Karl-May-Museum Radebeul seit 2001. Lehre zum Industriekaufmann bei der Siemens AG in Leipzig und Tätigkeit im Rechnungswesen/Controlling in Brake/Unterweser. Studium der Tourismuswirtschaft an der Hochschule Harz in Wernigerode zum Dipl.-Kfm. (FH). Mit Förderung der Carl-Duisberg-Gesellschaft e.V. Köln Praktikumssemester Museumswirtschaft am Buffalo Bill Historical Center Cody Wyoming 1999. Forschungsstipendium des Cody Institute for Western American Studies 2010. Letzte Veröffentlichungen: „Telling the Greasy Grass Story: Patty Frank, Elk Eber, Standing Bear, and the Karl May Museum" (Greasy Grass – Journal der Custer Battlefield and Museum Assocciation, Montana 2013), „Frau May lässt fragen, ob die Herren nicht zum Kaffee kommen wollen. – Karl May und sein Museum in Radebeul" (Mitteldeutsches Jahrbuch für Kultur und Geschichte, Bonn 2013), „Karl May: I'am Hakawati. The storyteller, who was Old Shatterhand" (Points West-Magazin des Buffalo Bill Historical Center Cody Wyoming 2011).

Priv.-Doz. Dr. Thomas Kramer
Geboren 1959 in Zeitz. Promotion 1989 (Dr. phil) an der Universität Leipzig, Habilitation 2001 Humboldt-Universität zu Berlin. Seit 2001 Privatdozent am Institut für deutsche Literatur der Humboldt-Universität. Zu seinen Arbeitsgebieten zählen u.a. die deutsche Nachkriegsliteratur (v.a. Heiner Müller, Arno Schmidt), der US- und europäische Western, populäre Medien vom Comic über TV-Serien bis zum Computerspiel und mediale Bilder des islamischen Kulturraumes. Mitautor und -herausgeber des „Handbuches Kinder- und Jugendliteratur SBZ/DDR. Von 1945-1990" (Stuttgart 2006). Wissenschaftliche Mitarbeit (Katalog; Entwicklung eines Begleitfilms etc.) an der Ausstellung „Lawrence von Arabien. Genese eines Mythos" (Rautenstrauch-Joest-Museum Köln 2010). Zahlreiche Aktivitäten und Publikationen zu Leben, Werk und Wirkung Karl Mays (u.a. „Karl May. Ein biografisches Porträt", Freiburg i.B. 2011).

Prof. Dr. phil. Holger Kuße
Geboren 1964 in Osnabrück, aufgewachsen in Bielefeld. Professor für Slavische Sprachgeschichte und Sprachwissenschaft an der TU Dresden. Studierte Slavistik und Evangelische Theologie in Mainz, Wien und Frankfurt/M. Studienaufenthalte in Moskau, St. Petersburg und Prag. Promotion 1997: „Konjunktionale Koordination in Predigten in politischen Reden. Dargestellt an Belegen aus dem Russischen" (München 1998). Habilitation 2002: „Metadiskursive Argumentation. Linguistische Untersuchungen zum russischen philosophischen Diskurs von Lomonosov bis Losev" (München 2004). Mitherausgeber der Reihe „Specimina philologiae Slavicae", geschäftsführender Herausgeber der „Zeitschrift für Slawistik". Publikationen zur slavistischen und allgemeinen Linguistik und Kulturwissenschaft; u.a.: „Lev Tolstoj und die Sprache der Weisheit" (Göttingen 2010), „Kulturwissenschaftliche Linguistik.

Eine Einführung" (Göttingen 2012). Zu Karl May erschien u.a.: „(Nicht nur) Slawisches bei Karl May. Beispiele sprachlicher Stereotypisierung" (Karel Hynek Shatterhand. Slawisches bei Karl May zwischen gut und böse. Sonderheft der Karl-May-Gesellschaft Nr. 143/2011, S. 45-88); „Irenischer Optimismus. Friedensdenken bei Karl May (1842–1912) und Lev Tolstoj (1828–1910)" (Jahrbuch der Karl-May-Gesellschaft" 2012, S. 155-191).

Prof. Dr. phil. Christoph F. Lorenz
Geboren 1957 in Duisburg, studierte Germanistik, Musikwissenschaft, Komparatistik, Altphilologie, Judaistik, Indologie und Katholische Religion in Köln, Bonn, Paris und Kraków. Promotion 1980 mit einer Dissertation über „Karl Mays zeitgeschichtliche Kolportageromane" (Frankfurt a. M. /Bern/ Las Vegas 1981), Habilitation 1986 mit dem Thema „Das Mittelalterbild Friedrich de la Motte Fouques". Professor für Historische und Systematische Musikwissenschaft (2012 emeritiert). Zahlreiche Arbeiten zur Literatur des 17.–20. Jahrhunderts; Texteditionen; Artikel zu Martin Gregor-Dellin und Stefan Andres im „Kritischen Lexikon der deutsch-sprachigen Gegenwartsliteratur"; Mitarbeit am „Reallexikon der deutschen Literaturwissenschaft" (Berlin 1997–2003); Herausgeber des „Handbuchs der utopisch-phantastischen und Science Fiction-Literatur. Deutschland und Osteuropa" (in Vorbereitung bei de Gruyter, Berlin); Mitherausgeber der Fouque-Werkausgabe seit 1990. Seit 1985 zahlreiche Projekte für den Karl-May-Verlag, Koautor von „Karl May und die Musik" (mit Hartmut Kühne).

Dipl.-Hist. André Neubert
Geboren 1960 in Karl-Marx-Stadt (Chemnitz), studierte Geschichte und Pädagogik in Berlin und Leipzig. Lebte 1974 bis 1978 im damaligen Jugoslawien. Seit 1993 Leiter des Museums im Karl-May-Geburtshaus in Hohenstein-

Ernstthal. Vorsitzender der Interessengemeinschaft Karl-May-Haus und des Hohenstein-Ernstthaler Geschichtsvereines. Mitarbeit an diversen Periodika und wissenschaftlichen May-Publikationen. Zahlreiche populärwissenschaftliche Veröffentlichungen zur sächsischen Regionalgeschichte sowie zu Leben, Werk und Wirken Karl Mays. Ungezählte Interviews in Presse, Funk und Fernsehen, Vorträge und Lesungen.

Dr. phil. Hagen Schäfer

Geboren 1985 in Dresden, studierte Germanistik, Geschichte und Politikwissenschaft in Chemnitz und Leipzig. Promotion 2012 mit einer Dissertation über „Das Hörspielwerk Fred von Hoerschelmanns" (Berlin 2013); 2011-2012 wissenschaftlicher Mitarbeiter im Sächsischen Landtag, Lehrbeauftragter an der TU Chemnitz (Neuere Deutsche und Vergleichende Literaturwissenschaft, Interkulturelle Kommunikation). Zahlreiche wissenschaftliche Arbeiten und Vorträge zu Leben und Werk Karl Mays, insbesondere zum Stellenwert von Religion, Politik und Musik (Jahrbuch der Karl-May-Gesellschaft, Beobachter an der Elbe). Seit 2013 Arbeit an einem Editionsprojekt zum Briefwechsel Elisabeth Noelle-Neumann – Fred von Hoerschelmann.

Prof. Dr. phil. Ludger Udolph

Geboren 1953 in Warburg/Westfalen. Professor für Slavistik/Literaturwissenschaft an der TU Dresden, Karl-May-Leser seit dem 9. Lebensjahr („Das Vermächtnis des Inka", Bamberger Ausgabe). Studium der Slavistik und Germanistik in Bonn und Köln, Promotion 1983: „Stepan Petrovič Ševyrev 1820-1836. Ein Beitrag zur Entstehung der Romantik in Rußland" (Köln-Wien 1986), Habilitation 1989: „Teodor Trajanov. Die Entwicklung seiner Lyrik 1904-1941. Eine philologische Studie" (Köln-Weimar-Wien 1994). Mitglied des Herder-Forschungsrates Marburg und des Collegium Carolinum München, Kuratoriumsmitglied der Brücke/Most-Stiftung Dresden. Mitherausgeber der Reihe „Biblia Slavica", der „Bausteine zur Slavischen Philologie und Kulturgeschichte" und der „Zeitschrift für Slawistik". Forschungen und Arbeiten zur russischen, tschechischen, bulgarischen und sorbischen Literatur und Kultur. Zu Karl May: „Araber, Türken und Karl May im Lande des Padischah" (Minderheiten und Mehrheiten in der Erzählkultur. Hrsg. von Susanne Hose, Bautzen 2008, S. 179 – 195); „Jan Skácel: Wer war Karl May. Einführung und Übersetzung" (Karel Hynek Shatterhand. Slawisches bei Karl May zwischen gut und böse. Sonderheft der Karl-May-Gesellschaft Nr. 143/ 2011, S. 7 – 16); „Slaven im Werk von Karl May" (Ebd., S. 17 – 43).

Dipl.-Ing. oec. René Wagner
Geboren 1950 in Niedersedlitz (jetzt Dresden), arbeitet seit 1985 im Karl-May-Museum; seit 1987 als Geschäftsführer der Karl-May-Stiftung und Direktor des Karl-May-Museums. Wagner erlernte den Beruf eines Chemiefacharbeiters in der pharmazeutischen Industrie und studierte anschließend Wirtschaftswissenschaften an der damaligen Technischen Hochschule für Chemie Merseburg. Er schloss das Studium als Diplom-Ingenieur Ökonom ab. Seine Kenntnisse zu Karl May und den Indianern Nordamerikas erarbeitete er sich seit seiner Kindheit als Autodidakt und als Mitgliedschaft in Indianistikgruppen (bis 1990). Seit der Gründung des Freundeskreises Karl-May-Museum (jetzt „Förderverein Karl-May-Museum e.V.") im Jahr 1988 ist er dessen Vorsitzender. In seiner Eigenschaft als Direktor leitete bzw. begleitete er zahlreiche Ausstellungsprojekte im In- und Ausland. Zahlreiche Interviews in Presse, Funk und Fernsehen, Vorträge und Lesungen.

Peter Wayand

Geboren 1972 in Bendorf am Rhein. Industriekaufmann. Haupt- und Realschullehrer in Höhr-Grenzhausen. Studium der Germanistik, Katholischen Theologie und Geschichte an der Universität Koblenz-Landau Abtlg. Koblenz. Privates Gesangsstudium (Fach: Bariton) bei Anna Dvořák in Traben-Trarbach und Willi Gesell in Köln. Erste Staatsarbeit zur Theologie des Old Surehand I-III (1998). Zurzeit im Qualifikationsstudium zur Promotion. Autor von Gedichten (Veröffentlichungen 2000 und 2006 im Martin Werhand Verlag in Melsbach bei Neuwied) und Theaterstücken (Fünf Buch-Veröffentlichungen von 2009 bis 2012 im Verlag 28 Eichen in Barnstorf). Gründete 2011 das Projekttheater Westerwald e.V. Für sein Stück „Sünde" (2012) erhielt er die Förderung durch das Bundesfamilienministerium. Sein Stück „Codename Blaue Blume" (2011) entstand als Auftragsarbeit für die BUGA Koblenz 2011. Seit 1996 journalistische Arbeiten für die Presse im Bereich Kulturkritik. Führte 2005 Karl Mays einziges Drama „Babel & Bibel" mit einer Schultheatergruppe vollständig auf (Welturaufführung). Schrieb zum Karl-May-Jahr 2012 die Szenische Collage „Rosensieg. Der Tod Old Shatterhands".

Dr. med. Johannes Zeilinger

Geboren 1948 in Wolfratshausen. Facharzt für Chirurgie und Sportmedizin. Studium der Medizin und Psychologie in Würzburg und Berlin. Kliniktätigkeit in München und Berlin. Promotion mit dem Thema „Autor in fabula. Karl Mays Psychopathologie und die Rolle der Medizin in seinem Orientzyklus". Initiator und Kurator der Karl-May-Ausstellung im Deutschen Historischen Museum 2007, seit diesem Jahr auch Vorsitzender der Karl-May-Gesellschaft. Autor und Herausgeber von zahlreichen Veröffentlichungen zu Karl May und zur Geschichte Zyperns sowie biografische Arbeiten zu Lya de Putti, Frederick A. Cook und B. Traven.